Thomas Gerlinger
Arbeitsschutz und europäische Integration

Forschung
Politikwissenschaft

Band 89

Thomas Gerlinger

Arbeitsschutz und europäische Integration
Europäische Arbeitsschutzrichtlinien
und nationalstaatliche Arbeitsschutzpolitik
in Großbritannien und Deutschland

Leske + Budrich, Opladen 2000

Gedruckt auf säurefreiem und alterungsbeständigem Papier.

Die Deutsche Bibliothek – CIP-Einheitsaufnahme
Ein Titeldatensatz für diese Publikation ist bei Der Deutschen Bibliothek erhältlich

ISBN 3-8100-2720-0

Zugl. Dissertation, Johann Wolfgang Goethe-Universität Frankfurt, 1998

© 2000 Leske + Budrich, Opladen

Das Werk einschließlich aller seiner Teile ist urheberrechtlich geschützt. Jede Verwertung außerhalb der engen Grenzen des Urheberrechtsgesetzes ist ohne Zustimmung des Verlages unzulässig und strafbar. Das gilt insbesondere für Vervielfältigungen, Übersetzungen, Mikroverfilmungen und die Einspeicherung und Verarbeitung in elektronischen Systemen.

Einbandgestaltung: disegno, Wuppertal
Druck: Druck Partner Rübelmann, Hemsbach
Printed in Germany

Inhalt

Danksagung 11

Kapitel 1
Problemstellung und theoretischer Bezugsrahmen 13

1.1	Problemstellung	13
1.2	Zum Forschungsstand	17
1.3	Theoretischer Bezugsrahmen	22
1.3.1	Ausgangspunkt: Ökonomische und institutionelle Restriktionen	22
1.3.2	Der Ansatz der Regulationstheorie	24
1.3.3	Politikwissenschaftlicher Neo-Institutionalismus	27
1.3.4	Akteurinteressen, Machtbeziehungen und institutionelle Arrangements im Politikfeld Arbeitsschutz	31
1.3.5	Der Arbeitsschutz im Spannungsfeld zwischen Fordismus und Postfordismus	38
1.4	Aufbau der Arbeit	43

Kapitel 2
Binnenmarktprojekt und europäische Arbeitsschutzpolitik 45

2.1	Integrationsschub und arbeitsschutzpolitische Kompetenzerweiterung	45
2.2	Institutionelle Zuständigkeiten, Entscheidungsverfahren und rechtlicher Charakter der Arbeitsschutzrichtlinien	50
2.3	Europäische Arbeitsschutzpolitik	55
2.3.1	Die Entwicklung der europäischen Arbeitsschutzpolitik 1987-1991	55
2.3.2	Die Rahmenrichtlinie	56
2.3.3	Die Bildschirmrichtlinie	61
2.4	Europäische Herausforderungen an die Arbeitsschutzpolitik der Mitgliedstaaten	63
2.5	Die Europäische Union als Motor im Arbeitsschutz: Ursachen und Motive	67
2.6	Deutschland und Großbritannien in der europäischen Arbeitsschutzpolitik	79
2.7	Fazit	84

Kapitel 3
Nationalstaatliche Rahmenbedingungen in Großbritannien 87

3.1	Politisches System und politische Regulierungsmuster	87
3.2	Akkumulationsstrategie, politische Konfliktregulierung und Wandel der Arbeitsbeziehungen im Übergang zum Postfordismus	90
3.2.1	Nachkriegskonsens und defizitärer Fordismus	90
3.2.2	Ökonomische Krise und konservativer Strategiewechsel: die Kernelemente des Thatcherismus	94
3.3	Die Struktur des britischen Arbeitsschutzsystems	98
3.3.1	Organisations- und Regulierungsstruktur	98
3.3.2	Interventionsphilosophie	105
3.3.3	Betriebliche Arbeitsschutzorganisation und Arbeitnehmerpartizipation	108
3.3.4	Entschädigung und Haftung bei Arbeitsunfällen und Berufskrankheiten	113
3.4	Fazit	116

Kapitel 4
Nationalstaatliche Rahmenbedingungen in Deutschland 119

4.1	Politisches System und politische Regulierungsmuster	119
4.2	Ökonomische Rahmenbedingungen, politische Konfliktregulierung und Wandel der Arbeitsbeziehungen im Übergang zum Postfordismus	122
4.3	Die Struktur des deutschen Arbeitsschutzsystems	130
4.3.1	Organisations- und Regulierungsstruktur	130
4.3.2	Interventionsphilosophie	136
4.3.3	Betriebliche Arbeitsschutzorganisation und Arbeitnehmerpartizipation	140
4.3.4	Entschädigung und Haftung bei Arbeitsunfällen und Berufskrankheiten	144
4.4	Vergleichendes Fazit	146

Kapitel 5
Wandel der Arbeit und arbeitsbedingter Gesundheitsgefahren im Postfordismus – Großbritannien und Deutschland 151

5.1 Wandel von Arbeit und Arbeitsbedingungen 151
5.2 Art und Umfang arbeitsbedingter Gesundheitsgefahren 156
5.3 Fazit 168

Kapitel 6
Die Umsetzung von EU-Arbeitsschutzrichtlinien in Großbritannien 171

6.1 Europäische Herausforderungen für das britische
 Arbeitsschutzsystem 171
6.2 Akteurbeziehungen im Prozeß der Umsetzung von
 EU-Arbeitsschutzrichtlinien 174
6.3 Interessen und Strategieformulierung der Akteure 183
6.3.1 Regierung 183
6.3.2 Arbeitsschutzbehörden 186
6.3.3 Unternehmerverbände 191
6.3.4 Gewerkschaften 195
6.4. Die Umsetzung der Arbeitsschutzrichtlinien 200
6.4.1 Die Umsetzung der Rahmenrichtlinie 200
6.4.1.1 Kernbestimmungen der Management of Health and
 Safety at Work Regulations 201
6.4.1.2 Modernisierung des Arbeitsschutzrechts und Anpassung an
 europäische Vorschriften – zur Bewertung der Management
 of Health and Safety at Work Regulations 206
6.4.1.3 Reform im Nachzugsverfahren: Die Ausweitung der
 Arbeitnehmerbeteiligung 212
6.4.2 Die Umsetzung der Bildschirmrichtlinie 216
6.4.2.1 Kernbestimmungen der Display Screen Equipment
 Regulations 216
6.4.2.2 Modernisierung des Arbeitsschutzrechts und Anpassung an
 europäische Vorschriften – zur Bewertung der Display Screen
 Equipment Regulations 221
6.5 Nationalstaatliche Anpassungsprozesse und Ausweichmanöver: Wandlungen des Vorschriftensystems und der
 Vollzugsbedingungen 225

6.5.1	Neuordnung und Deregulierung des Vorschriftensystems	225
6.5.2	Ökonomisierung des Arbeitsschutzes: Aufwertung der Kosten-Nutzen-Analyse und Umdeutung der Risikobewertung	235
6.5.3	Legitimationsbegrenzung staatlicher Rechtsetzung: Die Bekräftigung des klassischen Arbeitsschutzbegriffs	240
6.5.4	Ressourcenknappheit und Vollzugsdefizit	242
6.5.5	Der schlanke Staat: Arbeitsschutz und Modernisierung der öffentlichen Verwaltung	250
6.5.6	Wandel des aufsichtsbehördlichen Tätigkeitsprofils	259
6.5.7	Die betriebliche Umsetzung der Bildschirmverordnung	264
6.6	Fazit: Charakteristika und Determinanten nationalstaatlicher Arbeitsschutzpolitik unter europäischer Prädominanz	271

Kapitel 7
Die Umsetzung von EU-Arbeitsschutzrichtlinien in Deutschland ... 281

7.1	Europäische Herausforderungen für das deutsche Arbeitsschutzsystem	281
7.2	Akteurbeziehungen im Prozeß der Umsetzung von EU-Arbeitsschutzrichtlinien	288
7.3	Interessen und Handlungsstrategien der Akteure	293
7.3.1	Bundesregierung	294
7.3.2	Länder	297
7.3.3	Berufsgenossenschaften	300
7.3.4	Unternehmer- und Arbeitgeberverbände	305
7.3.5	Gewerkschaften	309
7.4	Die Umsetzung der Arbeitsschutzrichtlinien	316
7.4.1	Der erste Anlauf: der Entwurf eines Arbeitsschutzrahmengesetzes	316
7.4.1.1	Der Inhalt des Gesetzentwurfs	316
7.4.1.2	Reaktionen auf den Gesetzentwurf	319
7.4.2	Der zweite Anlauf: das Arbeitsschutzgesetz	327
7.4.2.1	Das Arbeitsschutzgesetz – Inhalt und Bewertung	330
7.4.2.2	Reaktionen auf das Arbeitsschutzgesetz	336
7.4.3	Die Umsetzung der Bildschirmrichtlinie	339
7.4.3.1	Der erste Referentenentwurf für eine Bildschirmarbeitsverordnung	339
7.4.3.2	Die Bildschirmarbeitsverordnung – Inhalt und Bewertung	344

7.5	Zwischen Anpassung und Autonomie: Nationalstaatliche Arbeitsschutzpolitik und europäische Vorschriften	349
7.5.1	Ressourcenentwicklung im Arbeitsschutz	349
7.5.2	Wandel des aufsichtsbehördlichen Selbstverständnisses	355
7.5.3	Umfassender Arbeitsschutz und erweiterter Präventionsauftrag – Verbandliche und staatliche Arbeitsschutzstrategien im Wandel?	359
7.5.4	Neuordnung und Deregulierung des Vorschriftensystems	368
7.5.5	Das Schicksal der Unfallverhütungsvorschrift Bildschirmarbeit	372
7.5.6	Erste Erfahrungen mit der betrieblichen Umsetzung der Bildschirmarbeitsverordnung	376
7.6	Fazit: Charakteristika und Determinanten nationalstaatlicher Arbeitsschutzpolitik unter europäischer Prädominanz	381

Kapitel 8
Europäische Arbeitsschutzpolitik nach Maastricht und die nationalstaatliche Umsetzung von EU-Arbeitsschutzrichtlinien 391

8.1	Europäische Arbeitsschutzpolitik nach der Verabschiedung des Sechserpakets	391
8.2	Großbritannien und Deutschland in der europäischen Arbeitsschutzpolitik	398
8.3	Die Rolle der europäischen Institutionen bei der nationalstaatlichen Umsetzung von Arbeitsschutzrichtlinien	403
8.4	Fazit	409

Kapitel 9
Schluß: Nationalstaatliche Arbeitsschutzpolitik im europäischen Mehrebenensystem – Großbritannien und Deutschland im Vergleich ... 413

Quellen	441
Literatur	455
Verzeichnis der Tabellen, Abbildungen und Übersichten	489
Abkürzungsverzeichnis	490

Danksagung

Die vorliegende Untersuchung ist am Institut für Medizinische Soziologie der Johann Wolfgang Goethe-Universität Frankfurt entstanden. Mein besonderer Dank gilt jenen Expertinnen und Experten aus Behörden und Verbänden, die sich mir für Interviews zur Verfügung gestellt haben. Für ihre Unterstützung bei der Durchführung der Untersuchung und für wertvolle Hinweise danke ich Barbara Camboni, Hans-Ulrich Deppe, Ute Germann, Joachim Hirsch, Brian Hogan, Uwe Lenhardt, Kai Michelsen, Klaus Pickshaus, Klaus Priester, Klaus Stegmüller, Hans-Jürgen Urban, Laurent Vogel, David Walters und den Beschäftigten des Information Centre bei der Health and Safety Executive in London. Ferner danke ich Hans-Heinrich Braul und Horst Rakel, die mir freundlicherweise Material über das britische Arbeitsschutzsystem überlassen haben.

Kapitel 1

Problemstellung und theoretischer Bezugsrahmen

1.1 Problemstellung

Mit dem Inkrafttreten der Einheitlichen Europäischen Akte (EEA) am 1.7.1987 ist die Befugnis zur Rechtsetzung auf dem Gebiet des Arbeitsschutzes auf die Institutionen der Europäischen Union (EU) übergegangen.[1] Gleichzeitig erweiterte die EEA die Handlungsfähigkeit der EU, indem sie die arbeitsschutzpolitischen Entscheidungen des Ministerrats dem Prinzip der qualifizierten Mehrheit unterwarf. Die EU-Gremien haben von ihren neuen Kompetenzen in der Arbeitsschutzpolitik umfassend Gebrauch gemacht. Auf der Grundlage des dritten Aktionsprogramms der EU-Kommission verabschiedete der Ministerrat seit dem Ende der achtziger Jahre eine Vielzahl von Arbeitsschutzrichtlinien. Sie erstreckten sich nicht nur auf ein breites Spektrum gesundheitlicher Belastungen am Arbeitsplatz, sondern formulierten auch einen innovativen Zugang zum Arbeitsschutz und legten dabei ein hohes Schutzniveau fest. Der innovative Charakter der europäischen Arbeitsschutzpolitik kommt in verschiedenen Merkmalen zum Ausdruck, vor allem in der Einführung einer umfassenden und vorausschauenden Risikobewertung, in der Ausweitung des Gesundheitsschutzes auf psychische Belastungen und arbeitsorganisatorische Ursachenkomplexe sowie in der deutlichen Stärkung der Arbeitnehmerbeteiligung. Sicherlich auf keinem anderen Gebiet der Sozialpolitik – und darüber hinaus vielleicht nur noch beim Umwelt- und Verbraucherschutz – haben die europäischen Entscheidungsgremien derart weitreichende, für die Mitgliedstaaten verbindliche Regelungen getroffen. Die meisten von ihnen, darunter auch Deutschland und Großbritannien, sahen sich in der Folgezeit mit der Anforderung konfrontiert, eine Vielzahl materieller und prozeduraler Vorgaben, die über das bisher auf nationalstaatlicher

---

1 Der Begriff »Arbeitsschutz« wird häufig als antiquiert kritisiert, weil mit ihm die Begrenzung des Gesundheitsschutzes auf eine technische Gefahrenabwehr verknüpft wird. Diese Kritik besteht zu Recht. Wenn dieser Begriff im folgenden dennoch verwendet wird, so geschieht dies lediglich um der sprachlichen Vereinfachung willen und bezieht er die Gestaltung der gesamten Arbeitsumwelt ein, also auch Fragen der Arbeitsorganisation und der sozialen Beziehungen bei der Arbeit. Ebenfalls aus Gründen der sprachlichen Vereinfachung wird im folgenden die Bezeichnung »Europäische Union« bzw. EU durchgängig verwendet, auch wenn sie erst mit Wirkung vom 1.1.1995 offiziell eingeführt wurde.

Ebene fixierte Schutzniveau teilweise deutlich hinausgingen, in ihre jeweiligen Arbeitsschutzsysteme zu überführen.[2] Dieser Handlungsdruck erreichte die Mitgliedstaaten zu einer Zeit, da unter dem Druck der Globalisierung die Freisetzung von Marktkräften allenthalben zum archimedischen Punkt von Regierungspolitik geworden ist und sich auf nationalstaatlicher Ebene ein weitreichender Wandel von »Staatlichkeit« abzuzeichnen begann.[3] Gleichzeitig traf er in den Nationalstaaten und ihren Arbeitsschutzsystemen auf unterschiedliche politische, ökonomische und institutionell-normative Konstellationen.[4]

Die vorliegende Untersuchung geht der Frage nach, in welcher Weise die Mitgliedstaaten angesichts dieser Bedingungen auf die europäische Arbeitsschutzpolitik reagierten, ob sie im Ergebnis deren innovative Schutzphilosophie übernahmen und welche Bedingungen auf nationalstaatlicher Ebene eine solche Übernahme erschwerten oder förderten. Damit ist die Frage aufgeworfen, durch welche Besonderheiten die nationalstaatlichen Konstellationen gekennzeichnet sind, welche Interessen sich den beteiligten Akteuren (Regierung, Arbeitsschutzbehörden, Unternehmerverbände, Gewerkschaften) zuordnen lassen und welche Handlungsziele und -strategien sie im Hinblick auf die Umsetzung verfolgten. Gleichzeitig ist hiermit ein »vertikales« Problem verknüpft, nämlich die Frage nach dem Charakter des europäischen Mehrebenensystems im Arbeitsschutz und der Prägekraft supranationaler Vorgaben für die Mitgliedstaaten. Kann die Arbeitsschutzpolitik als gelungenes Beispiel einer »positiven Integration« gelten, die Gemeinsamkeiten zwischen den Mitgliedstaaten fördert und die Gesundheit von Beschäftigten dem Zugriff einer ausufernden ökonomischen Rationalität der Standortkonkurrenz entreißt, ja ihr vielleicht sogar ein anderes Prinzip entgegenstellt? Oder wurden auf nationalstaatlicher Ebene erfolgreich Barrieren gegen eine Modernisierung der jeweiligen Arbeitsschutzsysteme errichtet – sei es vor dem Hintergrund einer sich als dominant erweisenden ökonomischen Zweckrationalität, sei es aufgrund des institutionell-normativen Eigensinns der sektoralen Konstellationen im Politikfeld Arbeitsschutz? Verfügen die Mitgliedstaaten über ein wirksames Instrumentarium an Ausweichreaktionen, das es ihnen erlaubt, die europäischen Vorgaben zu unterlaufen, und, wenn ja, worin besteht es?

Die Untersuchung dieser Fragen erfolgt am Beispiel der Umsetzung von Arbeitsschutzrichtlinien in Großbritannien und Deutschland. Machen allein

---

2   Vgl. Bücker/Feldhoff/Kohte, Vom Arbeitsschutz zur Arbeitsumwelt, S. 75ff.; Smith/Goddard/Randall, Health and Safety, S. 15ff.; Neal, The European Framework Directive on the Health and Safety of Workers, S. 80ff.
3   Vgl. z.B. Jessop, Veränderte Staatlichkeit, S. 43ff.; Hirsch, Der nationale Wettbewerbsstaat, S. 44ff., 94ff., 101ff.
4   Vgl. Baldwin/Daintith (Eds.), Harmonization and Hazard.

Problemstellung und theoretischer Bezugsrahmen

schon forschungspraktische Erwägungen eine Beschränkung der zu untersuchenden Staaten zwingend erforderlich, so bieten sich bei der Auswahl diese beiden Länder geradezu an; denn sie repräsentieren jeweils spezifische Regulierungstypen, die zwar bedeutende Gemeinsamkeiten aufweisen, sich aber in wichtigen Strukturmerkmalen deutlich voneinander unterscheiden. Einander ähnlich sind sie im Hinblick auf ihr fortgeschrittenes wirtschaftliches Entwicklungsniveau innerhalb der Gemeinschaft und im Hinblick auf das Spektrum der arbeitsbedingten Gesundheitsrisiken. Darüber hinaus können beide auf eine lange Tradition des Arbeitsschutzes zurückblicken und verfügen über ein entwickeltes, allerdings in wichtigen Bereichen hinter dem Schutzniveau der EU-Richtlinien zurückbleibendes Arbeitsschutzsystem. Diese gemeinsamen Eigenschaften erlauben es, die spezifischen Probleme auszublenden, die gerade die südeuropäischen Mitgliedstaaten aufgrund ihrer besonderen Wirtschaftsstrukturen und ihrer fehlenden Arbeitsschutzinfrastruktur im Anpassungsprozeß zu bewältigen haben. Erhebliche Unterschiede zwischen Großbritannien und Deutschland bestehen im Hinblick auf die politischen Systeme beider Länder[5], das System der Arbeitsbeziehungen[6], die der Rechtsetzung und dem Vollzug zugrunde liegenden arbeitsschutzpolitischen Regulierungsphilosophien und im Hinblick auf die Strukturen des Arbeitsschutzsystems selbst.[7] Schließlich folgt die Konfliktregulierung zwischen Staat, Unternehmern und Gewerkschaften jeweils verschiedenartigen Mustern: Zeichnete sich – unter den Regierungen Thatcher und Major – Großbritannien durch eine äußerst scharfe Frontstellung von Staat und Kapital gegenüber den Gewerkschaften aus, so blieb das deutsche Regulierungsmodell auch unter der konservativ-liberalen Koalition trotz der partiellen Erosion korporatistischer Integrationsmechanismen durch den Versuch gekennzeichnet, weite Teile der Gewerkschaften in die Strategie der weltmarktorientierten Modernisierung einzubinden.[8] Es ist gerade diese Kombination von Gemeinsamkeiten und Unterschieden in den nationalstaatlichen Rahmenbedingungen, deretwegen sich eine Auswahl dieser beiden Mitgliedstaaten anbietet: Denn gerade

---

5 Vgl. z.B. Sturm, Das politische System Großbritanniens, S. 213ff.; Ismayr, Das politische System Deutschlands, S. 407ff.
6 Vgl. z.B. die entsprechenden Beiträge in: Ferner/Hyman (Eds.), Industrial Relations in the New Europe; Ruysseveldt/Visser (Eds.), Industrial Relations in Europe: Traditions and Transitions; Deppe/Weiner (Hrsg.), Binnenmarkt '92; Lecher/Platzer (Hrsg.), Europäische Union – Europäische Arbeitsbeziehungen?
7 Vgl. Baldwin/Daintith (Eds.), Harmonization and Hazard, S. 223ff.; Windhoff-Héritier/Gräbe/Ullrich, Verwaltungen im Widerstreit von Klientelinteressen; Bundesanstalt für Arbeitsschutz und Unfallforschung (im folgenden: BAU) (Hrsg.), Arbeitsschutzsystem, 5 Bde.
8 Vgl. z.B. Ferner/Hyman (Eds.), Industrial Relations in the New Europe; Armingeon, Korporatismus im Wandel, S. 285ff.; Visser/Ruysseveldt, From Pluralism to ... where?, S. 42ff.; dies., Robust Corporatism, still?, S. 124ff.

Kapitel 1

die Gemeinsamkeiten erleichtern es, die Bedeutung der divergierenden Strukturmerkmale für Inhalt und Reichweite der Richtlinienumsetzung auszuleuchten.

Bei der Analyse der Umsetzung erscheint nicht nur eine Beschränkung auf wenige Mitgliedstaaten geboten, sondern – angesichts der Vielzahl der von der EU erlassenen Arbeitsschutzrichtlinien – auch eine Konzentration auf einige wesentliche Aspekte der europäischen Arbeitsschutzpolitik. Die skizzierte Fragestellung soll im folgenden anhand zweier Regulierungsinstrumente erörtert werden, der EU-Rahmenrichtlinie[9] und der EU-Bildschirmrichtlinie[10]. Die Auswahl gerade dieser beiden Regelwerke ergibt sich aus ihrer fundamentalen Bedeutung für die europäische Arbeitsschutzpolitik. Bei der Rahmenrichtlinie handelt es sich um *das* Grundsatzdokument des europäischen Arbeitsschutzes schlechthin, sind mit ihr doch das Herangehen an den Arbeitsschutz sowie die wesentlichen Rechte und Pflichten der unmittelbar Beteiligten kodifiziert, denen Gültigkeit für sämtliche Bereiche des Arbeitsschutzes zukommt. Der Stellenwert der Bildschirmrichtlinie ergibt sich zum einen aus der branchenübergreifend außerordentlich großen und zukünftig weiter wachsenden Bedeutung der Bildschirmarbeit, zum anderen aus der spezifischen Kombination körperlicher sowie psychosozialer und psychomentaler Belastungen, die von dieser Tätigkeit ausgehen und die als prototypisch für ein weites Feld »moderner« arbeitsbedingter Gesundheitsgefahren gelten können.[11] Von besonderem Interesse ist dabei der Umstand, daß die Bildschirmrichtlinie zur Vorbeugung insbesondere gegen psychosoziale Gesundheitsrisiken Bestimmungen über die Gestaltung der Arbeitsorganisation und der Mensch-Maschine-Schnittstelle enthielt, die zu den wichtigsten der den Mitgliedstaaten auferlegten Innovationen gehörten. Da die Umsetzung von EU-Richtlinien zum einen davon abhängig ist, ob das nationalstaatliche Recht an die supranationalen Vorgaben angepaßt wird, zum anderen davon, ob die zur Anwendung des Rechts notwendigen institutionellen Rahmenbedingungen erhalten oder geschaffen werden[12], geht die vorliegende Studie auf beide Gesichtspunkte des Umsetzungsprozesses ein. Von besonderem Interesse sind in diesem Zusammenhang die Problemwahrnehmung und die Handlungsstrategien der verantwortlichen Leitungen in den beteiligten Institutionen und Verbänden.

---

9 Richtlinie 89/391/EWG des Rates vom 12.6.1989, S. 1ff.
10 Richtlinie 90/270/EWG des Rates vom 29.5.1990, S. 14ff.
11 Vgl. Richenhagen, Bildschirmarbeitsplätze, S. 26ff.
12 Vgl. Weiler, The White Paper and the Application of Community Law, S. 346ff.; Rehbinder/Stewart, Environmental Protection Policy, S. 143ff., 231ff.

Problemstellung und theoretischer Bezugsrahmen

1.2 Zum Forschungsstand

Arbeitsschutz und Arbeitsschutzpolitik führen als Untersuchungsgegenstand in der sozialwissenschaftlichen Forschung eher ein Schattendasein. Selbst die jüngere Risikodiskussion in der Soziologie hat von Problemen des Gesundheitsschutzes am Arbeitsplatz kaum Kenntnis genommen: Wo sie sich mit Risiken befaßt, ist vorzugsweise von der Gefährdung der menschlichen Zivilisation durch moderne Großtechnologien die Rede.[13] Auch in der sozialwissenschaftlichen Literatur über die europäische Integration ist die Arbeitsschutzpolitik bisher recht stiefkindlich behandelt worden.[14] Das Hauptinteresse der an sich recht zahlreichen Studien zur Sozialpolitik in Europa gilt der Regional- und Arbeitsmarktpolitik sowie der Entwicklung der sozialen Sicherungssysteme in den Mitgliedstaaten.[15] Der Hauptgrund für die geringe Aufmerksamkeit, die Arbeitsschutzpolitik auf sich zieht, liegt wohl darin, daß nach wie vor das klassische Verständnis von Sozialpolitik weit verbreitet ist: Sie dient der Absicherung von Risiken (Alter, Krankheit, Invalidität, Arbeitslosigkeit, Pflegebedürftigkeit), für deren Bewältigung eine Gemeinschaft auf dem Wege monetärer Umverteilung den Betroffenen Ressourcen bereitstellt, und ist insofern primär kompensatorisch ausgerichtet. Der Arbeitsschutz fällt aus diesem Rahmen heraus, weil er das Ziel verfolgt, einem möglichen Schaden (»Risikoeintritt«) vorzubeugen, also primär präventiv orientiert ist.[16] So finden in den meisten Erörterungen zur Sozialpolitik denn auch arbeitsbedingte Gesundheitsgefahren nur insoweit Berücksichtigung, als vom Unfallversicherungs- und Berufskrankheitenrecht, also von den Bedingungen für die Kompensation eines bereits eingetretenen Schadens, die Rede ist.

---

13 Vgl. Beck, Risikogesellschaft; Perrow, Normale Katastrophen; Luhmann, Soziologie des Risikos; Evers/Nowotny, Über den Umgang mit Unsicherheit; Hiller/Krücken (Hrsg.), Risiko und Regulierung.
14 Ganz anders sieht dies in der rechtswissenschaftlichen Diskussion aus, die – sowohl in Deutschland als auch in Großbritannien – die nationalstaatlichen Konsequenzen der europäischen Rechtsetzung breit rezipiert. Vgl. z.B.: Sehmsdorf, Europäischer Arbeitsschutz und seine Umsetzung in das deutsche Arbeitsschutzsystem; Pieper, Das Arbeitsschutzrecht in der europäischen Arbeits- und Sozialordnung; Hendy/Ford (Eds.), Redgrave, Fife and Machin: Health and Safety, Smith/Goddard/Randall, Health and Safety; Neal, The European Framework Directive on the Health and Safety of Workers: Challenges for the United Kingdom?, S. 80ff. Darüber hinaus existiert eine umfangreiche Zeitschriftenliteratur zu den rechtlichen Aspekten europäischer Arbeitsschutzpolitik.
15 Vgl. z.B. Bieling/Deppe (Hrsg.), Arbeitslosigkeit und Wohlfahrtsstaat in Westeuropa; Schmähl/Rische (Hrsg.), Europäische Sozialpolitik; Schmid, Wohlfahrtsstaaten im Vergleich.
16 Mit Majone ließe sich diese Differenz auch als Unterscheidung von »redistributiver« und »sozialregulativer« Politik fassen. Vgl. Majone, Redistributive und sozialregulative Politik, S. 225ff.

Kapitel 1

Im Hinblick auf die europäische Arbeitsschutzpolitik hat Eichener die wohl wichtigsten Analysen vorgelegt.[17] Er befaßt sich mit den Gründen für das hohe Schutzniveau der Richtlinien, also mit ihrer Formulierung und Durchsetzung in den europäischen Gremien, nicht mit ihrer nationalstaatlichen Umsetzung. Dabei stehen die Maschinenrichtlinie und Fragen der technischen Normung im Mittelpunkt seines Interesses.[18] Den besonderen Eigenschaften der EU-Bürokratie und ihrem eigenständigen Interesse an einer Ausweitung ihrer Zuständigkeiten schreibt er eine große Bedeutung für die Durchsetzung innovativer Regelungen zu. Das hohe Niveau der Vorschriften selbst gilt in der Literatur als unbestritten und wird allgemein als eine der wenigen Ausnahmen von der Regel einer den europäischen Einigungsprozeß dominierenden »negativen« Integration, also einer in erster Linie auf die Beseitigung von Handelshemmnissen und Wettbewerbsbeschränkungen zielenden Politik, angesehen.[19] Allerdings knüpfen sich an diese Bewertung der Arbeitsschutzpolitik divergierende Erwartungen an die europäische Sozialpolitik an. Euro-Optimisten – will man diese plakative Zuschreibung verwenden – interpretieren deren Entwicklung als einen Beleg für die Möglichkeit sozialen Fortschritts im Integrationsprozeß und – auch wenn ihnen die optimistischen Erwartungen der funktionalistischen *spill-over*-Theorie[20] überwiegend als überzogen gelten – für ihre Zuversicht im Hinblick auf einer Ausweitung supranationaler Sozialpolitik.[21] In pessimistischen Deutungen wird hingegen betont, daß die Arbeitsschutzpolitik nicht als Anfangspunkt für die Entwicklung eines europäischen Wohlfahrtsstaates interpretiert werden könne und historische Analogien zur wohlfahrtsstaatlichen Entwicklung im Anschluß an die Arbeitsschutzgesetze des frühen 19. Jahrhunderts unzulässig seien.[22] Auch aus jenen Interpretationen, die auf marxistischen Konzeptionen aufbauen, läßt sich eine grundsätzliche Skepsis gegenüber den realen Chancen

---

17 Vgl. Eichener, Social Dumping or Innovative Regulation?; Eichener/Voelzkow, Europäische Regulierung im Arbeitsschutz; dies., Ko-Evolution politisch-administrativer und verbandlicher Strukturen, S. 275ff., bes. 278f.
18 Dies ist insofern von erheblicher Bedeutung, als es sich bei den Vereinbarungen über die Maschinenrichtlinie um produktbezogene Standards handelt, welche die Beseitigung von Handelshemmnissen und damit das Funktionieren des Binnenmarktes zum Gegenstand haben, während die Rahmen- oder die Bildschirmrichtlinie standort- bzw. produktionsbezogene Regelungen treffen, die auf die Begrenzung reiner Marktmechanismen zielen.
19 Vgl. z.B. Lange, The Politics of the Social Dimension, S. 252ff.; Scharpf, Politische Optionen im vollendeten Binnenmarkt, S. 109ff.; Eichener, Volker, Die Rückwirkungen der europäischen Integration auf nationale Politikmuster, in: Jachtenfuchs/Kohler-Koch (Hrsg.), Europäische Integration, S. 249ff.
20 Vgl. Haas, Beyond the Nation-State, S. 51ff.
21 Vgl. Pierson/Leibfried, Zur Dynamik sozialpolitischer Integration, S. 427; Kowalsky, Europäische Sozialpolitik, S. 116ff.
22 Vgl. Streeck, Politikverflechtung und Entscheidungslücke, S. 101ff.; Streeck/Schmitter, From National Corporatism to Transnational Pluralism, S. 133ff.

Problemstellung und theoretischer Bezugsrahmen

zur Durchsetzung eines hohen sozialen Schutzniveaus ableiten, stellen sie doch heraus, daß Integrationsschub und Globalisierung den Zweck verfolgen, die Verwertungsbedingungen des Kapitals zu verbessern und gesellschaftliche Spaltungsprozesse zu verstetigen.²³

Zum Charakter der nationalstaatlichen Arbeitsschutzsysteme liegen eine Reihe von Untersuchungen vor, von denen einige auch explizit vergleichenden Fragestellungen nachgehen.²⁴ Allerdings sind Inhalt und Reichweite der Übertragung europäischer Anforderungen in die nationalen Arbeitsschutzsysteme von der sozial- und politikwissenschaftlichen Forschung bisher kaum analysiert worden. Eine Ausnahme stellen jene vereinzelte Zwischenbilanzen zum Umsetzungsprozeß dar, die im Umfeld von Institutionen entstanden sind, die sich auf europäischer Ebene mit der Arbeitsschutzpolitik befassen.²⁵ Aus ihnen ergibt sich das Bild einer recht geringen Prägekraft der europäischen Vorgaben und höchst disparater Umsetzungsstrategien: Viele Mitgliedstaaten blieben demzufolge hinter den Anforderungen der Richtlinien zurück; manche von ihnen vollzogen die Umsetzung nicht fristgerecht, und die Interpretationen einzelner Vorgaben wichen mitunter erheblich voneinander ab. Die Skepsis über den Wirkungsgrad der EU-Richtlinien wird auch in rechtswissenschaftlichen Untersuchungen bestätigt. So konstatiert z.B. Birk mit Blick auf die nationalstaatliche Rechtsanpassung an die EU-Rahmenrichtlinie, daß »der

---

23 Vgl. Altvater/Mahnkopf, Grenzen der Globalisierung, S. 54ff.; Deppe, Fin de Siècle; Bieling/Deppe, Internationalisierung, Integration und politische Regulierung, S. 481ff.

24 Als vergleichende Studien zum Arbeitsschutzsystem seien hier vor allem genannt: Wilson, The Politics of Safety and Health; Baldwin/Daintith (Eds.), Harmonization and Hazard, S. 223ff. Brickman/Jasanoff/Ilgen, Controlling Chemicals. Diese Arbeit analysiert die Regulierung von Chemikalien am Arbeitsplatz als Teil der politischen Kontrolle von Chemikalien insgesamt und vergleicht die Entwicklung in den USA mit der in Großbritannien, der Bundesrepublik Deutschland und Frankreich. Des weiteren ist als Vergleich auf betrieblicher Ebene zu erwähnen: Wokutch, Cooperation and Conflict in Occupational Safety and Health, bes. S. 104ff., 191ff. Einen expliziten Vergleich des deutschen und britischen Arbeitsschutzsystems zum Gegenstand hat die Studie: Windhoff-Héritier/Gräbe/Ullrich, Verwaltungen im Widerstreit von Klientelinteressen. Im Mittelpunkt dieser Untersuchung steht der Vergleich des Verwaltungshandelns von Arbeitsschutzbehörden. Als umfassendste und detaillierteste Arbeit zum britischen Arbeitsschutzsystem muß sicherlich gelten: Dawson u.a., Safety at Work. Vgl. zum britischen Arbeitsschutzsystem – mit dem Schwerpunkt auf der Analyse der Umweltpolitik, aber auch unter Einbeziehung von Fragen des Arbeitsschutzes – auch: Vogel, National Styles of Regulation, S. 196ff. Siehe zur Darstellung des deutschen Arbeitsschutzsystems: BAU (Hrsg.), Arbeitsschutzsystem.

25 Dabei handelt es sich um Arbeiten, die beim Europäischen Technikbüro der Gewerkschaften für Gesundheit und Sicherheit (TGB) bzw. im Auftrag Europäischen Stiftung für die Verbesserung der Lebens- und Arbeitsbedingungen entstanden sind. Vgl. Vogel, Gefahrenverhütung am Arbeitsplatz; ders., Das TGB-Observatorium zur Anwendung der europäischen Richtlinie: eine erste Bilanz; TGB, Vergleichende Daten zur Übertragung in den einzelnen Ländern, Workshop 3: Bildschirmarbeit; Walters (Ed.), The Identification and Assessment of Occupational Health and Safety Strategies in Europe, Vol. I: The National Situations; Piotet, Policies on Health and Safety in Thirteen Countries of the European Union, Vol. II: The European Situation.

Kapitel 1

Innovationsschub [...] in konzeptioneller Hinsicht eher bescheiden« ausfällt.[26] Sieht man einmal von diesen Bestandsaufnahmen ab, so handelt es sich bei den bisher vorliegenden Arbeiten überwiegend um Prognosen oder Mutmaßungen, kaum aber um empirisch erhärtete Befunde, die das Ergebnis einer Analyse des bereits vollzogenen Anpassungsprozesses wären.[27]

Die Hypothesen, die sich aus der sozial- und politikwissenschaftlichen Literatur für den hier zu behandelnden Gegenstand gewinnen lassen, weisen in sehr unterschiedliche Richtungen. Zwar besteht eine sehr weitgehende Übereinstimmung darüber, daß von den europäischen Richtlinien ein erheblicher Veränderungsdruck auf die nationale Arbeitsschutzpolitik ausgeht.[28] Darüber, ob die EU-Richtlinien tatsächlich zu einer Angleichung zwischen den Mitgliedstaaten führen werden, gehen die Erwartungen allerdings stark auseinander. So betonen Baldwin/Daintith die Stabilität der Differenzen zwischen den nationalstaatlichen Arbeitsschutzsystemen und halten eine Harmonisierung der Arbeitsschutzpolitik im Gefolge der Anpassung an die europäischen Richtlinien für unwahrscheinlich.[29] Sie begründen dies mit den Eigenheiten der jeweiligen Arbeitsschutzsysteme, die von den europäischen Vorgaben unberührt blieben und auch weiterhin die Arbeitsschutzpraxis prägten. Dazu zählen sie die Tradition der Rechtsprechung, das System der Entschädigung von Arbeitsunfällen und Berufskrankheiten sowie die Gepflogenheiten bei der Vollzugskontrolle. Diese These wird durch zahlreiche Befunde aus der neo-institutionalistischen Policy-Forschung gestützt, die den Institutionen im allgemeinen eine recht geringe Anpassungsfähigkeit an neue Anforderungen attestiert.[30] Gewachsene Handlungsroutinen, überkommene Konflikt- und Austauschbeziehungen, zählebige organisatorische Gefüge und Eigeninteressen, tief verankerte handlungsleitende Normen begründeten – so eine weit verbreitete Überzeugung – eine starke Resistenz gegenüber Neuerungen und gestatteten in aller Regel nur allmähliche Veränderungen im Inhalt

---

26 Birk, Die Rahmenrichtlinie über die Sicherheit und den Gesundheitsschutz am Arbeitsplatz, S. 662.
27 In den seltenen Fällen, in denen dies dennoch zutrifft, ist entweder die empirische Basis der betreffenden Arbeiten sehr schmal oder gehen sie nicht näher auf die Bedingungen des Scheiterns oder des Erfolgs einer adäquaten Umsetzung ein. Mit Blick auf Deutschland sind als Ausnahme zu erwähnen, jüngst erschienen, einzelne Beiträge in: Bieback/Oppolzer (Hrsg.), Strukturwandel des Arbeitsschutzes.
28 Vgl. für Deutschland etwa: Bauerdick, Arbeitsschutz zwischen staatlicher und verbandlicher Regulierung, S. 117ff.; Bücker/Feldhoff/Kohte, Vom Arbeitsschutz zur Arbeitsumwelt, S. 75ff. Vgl. für Großbritannien z.B.: James, The European Community: A Positive Force for UK Health and Safety Law? Jedoch findet diese Bewertung nicht überall Zustimmung: vgl. Watterson, British and Related European Workplace Health and Safety Policies and Practices, S. 62ff.
29 Vgl. Baldwin/Daintith (Eds.), Harmonization and Hazard, S. 223ff.
30 Vgl. etwa March/Olsen, Rediscovering Institutions, S. 53ff., 159ff.; Windhoff-Héritier, Die Veränderung von Staatsaufgaben aus politikwissenschaftlich-institutioneller Sicht, S. 75ff.

Problemstellung und theoretischer Bezugsrahmen

und in den Formen staatlicher Tätigkeit. Auch die Debatte über die Beständigkeit nationaler Politikstile und die Pfadabhängigkeit von Politik gibt Hinweise in diese Richtung. Gewachsene nationalstaatliche Besonderheiten in der Problemdefinition und -bearbeitung könnten Innovationen bei der Übertragung und Anwendung europäischer Normen blockieren und damit zugleich zu einer Aufrechterhaltung existierender Unterschiede beitragen.[31]

In einem eigentümlichen Kontrast dazu stehen jedoch eine Reihe von Prognosen und zum Teil auch von Befunden über einen mehr oder weniger dynamischen Form- und Funktionswandel nationalstaatlicher Regulierungsinstitutionen, der zu einem »hollowing out of the state«[32] oder zu einer »neuen Architektur des Staates«[33] führe oder geführt habe. Noch in der Debatte über die Grenzen staatlicher Steuerungsfähigkeit zunächst eher als notwendiger Modernisierungsschritt diskutiert[34], erscheint auf zahlreichen Politikfeldern die Rücknahme des staatlichen Steuerungsanspruchs und die Entwicklung neuer Formen von *governance* durch eine Rückverlagerung von Kompetenzen auf gesellschaftliche Akteure mittlerweile als empirische Fundsache.[35] Dabei werden Veränderungen von Staatlichkeit – so die Feststellungen und Erwartungen – nicht zuletzt durch die fortschreitenden Internationalisierungsprozesse und – als deren Bestandteil – durch die europäische Integration ausgelöst, denn in vielen Bereiche verliert der Nationalstaat nun von seiner souveränen Gestaltungsmacht.[36] Diese Entwicklung berührt auch den Arbeitsschutz. So formuliert z.B. Windhoff-Héritier die Erwartung, daß sich die nationalstaatlichen Arbeitsschutzsysteme angesichts der europäischen Zuständigkeit einander annähern werden, weil die Mitgliedstaaten den europäischen Vorgaben Rechnung tragen müßten.[37] Eine Reihe von empirischen Analysen zur nationalstaatlichen Umsetzung europäischer Vorgaben auf einzelnen Politikfeldern deuten ebenfalls in diese Richtung. Hier weicht das Bild eines ausgeprägten Beharrungsvermögens gewachsener Problembearbeitungs-

---

31 Vgl. van Waarden, Über die Beständigkeit nationaler Politikstile und Politiknetzwerke, S. 208f.; Vogel, National Styles of Regulation, S. 20ff., 193ff., 264ff.
32 Rhodes, Understanding Governance, S. 3ff., 17.
33 Grande, Die neue Architektur des Staates, S. 73ff. Kritisch dazu: Esser, Konzeption und Kritik des kooperativen Staates, S. 38ff.; ders., Die »theoretische Auflösung« des Staates in der Politikwissenschaft, S. 227ff.
34 Vgl. z.B. Scharpf, Die Handlungsfähigkeit des Staates am Ende des zwanzigsten Jahrhunderts, S. 621ff.; Willke, Ironie des Staates, passim; Willke, Gesellschaftssteuerung oder partikulare Handlungsstrategien?, S. 9ff.
35 Vgl. die Beiträge in: Mayntz/Scharpf (Hrsg.), Gesellschaftliche Selbstregelung und politische Steuerung.
36 Grande, Die neue Architektur des Staates, S. 73ff.
37 Sie bezieht sich dabei auf die Arbeitsschutzsysteme Deutschlands und Großbritanniens. Vgl. Windhoff-Héritier, Wohlfahrtsstaatliche Intervention im internationalen Vergleich Deutschland–Großbritannien, S. 103ff.

muster in den Mitgliedstaaten dem Eindruck flexibler Reaktionsweisen und Anpassungsleistungen, in deren Ergebnis sich Inhalt und Form staatlicher Politik durchaus rasch und weitreichend verändern können. So konstatieren Héritier u.a. für den Bereich der Umweltpolitik eine »Veränderung von Staatlichkeit in Europa«, die sich u.a. im Aufgabenzuschnitt und in der Wahl der Steuerungsinstrumente niederschlage.[38] Mit Blick auf den Arbeitsschutz stellt auch Eichener einen nachhaltigen Einfluß europäischer Regelungen auf nationale Politikmuster fest: »Nationale Innovationsblockaden aufgrund auskristallisierter Machtbalancen werden durch die europäische Regulierung aufgebrochen. Nationale Politikmuster verändern sich dadurch stärker, als bisher wahrgenommen wird.«[39] Die Veränderungen können nicht nur das Schutzniveau und die Schutzphilosophie betreffen, sondern auch die prozeduralen Aspekte arbeitsschutzpolitischer Entscheidungen. So erwartet Windhoff-Héritier eine Aushöhlung korporatistischer Arrangements in der nationalstaatlichen Arbeitsschutzpolitik, weil den Mitgliedstaaten im Zuge der Verlagerung von Befugnissen auf die EU gleichsam der Regelungsgegenstand entzogen worden sei.[40]

1.3 Theoretischer Bezugsrahmen

1.3.1 Ausgangspunkt: Ökonomische und institutionelle Restriktionen

Das hohe Regulierungsniveau und die hohe Regulierungsdichte der EU-Richtlinien treffen in den Mitgliedstaaten auf ein politisch-ökonomisches Gefüge, das unter den Vorzeichen von Globalisierung und Standortkonkurrenz steht. Auch wenn bisweilen zu Recht betont wird, daß »Globalisierung« zu einem Sachzwang mystifiziert wird und es sich dabei nicht zuletzt um ein politisches Projekt handelt, das eine Politik der politischen Deregulierung und der sozialen Umverteilung vorantreiben soll, so ist nicht zu übersehen, daß die Globalisierung zugleich neue Realitäten schafft[41]: Seit der ersten Hälfte der neunziger Jahre treten – im Zuge der weltwirtschaftlichen Liberalisierung und technologischer Entwicklungsschübe – Unternehmen, Branchen, Volkswirtschaften und Produktionsstandorte, die bisher vollständig oder weitgehend

---

38 Vgl. Héritier u.a., Die Veränderung von Staatlichkeit in Europa, S. 386ff.
39 Eichener, Die Rückwirkungen der europäischen Integration auf nationale Politikmuster, S. 277. Jedoch führt Eichener hinsichtlich des Arbeitsschutzes dafür keinen Beleg an.
40 Vgl. Windhoff-Héritier, Wohlfahrtsstaatliche Intervention im internationalen Vergleich Deutschland–Großbritannien, S. 121.
41 Vgl. Urban, Globalisierung, Staat und Gewerkschaften, S. 433ff.; Narr/Schubert, Weltökonomie, S. 47ff.

Problemstellung und theoretischer Bezugsrahmen

voneinander abgeschirmt waren, zunehmend in unmittelbare Konkurrenz zueinander.[42] Die Nationalstaaten suchen ihr Heil in der Beseitigung solcher Auflagen und Belastungen für die Unternehmen, die der freien Entfaltung der Marktkräfte und der Optimierung der Angebotsbedingungen hinderlich sind. In der Konsequenz sind sämtliche sozial tradierten oder politisch gesetzten Restriktionen des freien Marktes – ob es sich dabei um Sozialleistungen, tarifvertragliche Kollektivregelungen oder gesetzliche Bestimmungen zum Schutz der Beschäftigten handelt – in Frage gestellt. Dazu zählen auch Regelungen zum Gesundheitsschutz am Arbeitsplatz wie z.B. Grenzwerte, technische Normen, Schutzvorkehrungen, Produktionsverbote, Arbeitszeitbeschränkungen oder spezielle Anforderungen an die Gestaltung der Arbeitsbedingungen, sofern sie als Kostensteigerungen und Einschränkung der freien unternehmerischen Verfügungsgewalt wirksam werden. Es ist ja gerade dieser Zusammenhang zwischen arbeitsbezogenem Gesundheitsschutz und Kostenentwicklung, der insbesondere auf seiten der Gewerkschaften die Befürchtung begründete, daß die Schaffung des europäischen Binnenmarktes zu einer Abwärtsspirale bei den Schutzstandards führen könnte.

Vor diesem Hintergrund stand zu erwarten, daß sich die Ausweitung von Schutzstandards großen Barrieren gegenübersehen würde – erst recht, weil die Phase der Umsetzung der EU-Arbeitsschutzrichtlinien in die nationalen Arbeitsschutzsysteme in eine Zeit fiel, in der die Mitgliedstaaten ihre Deregulierungspolitik verstärkten, um so dem weiteren Anstieg der Arbeitslosigkeit begegnen und die in Maastricht beschlossenen Konvergenzkriterien für den Beitritt zur Wirtschafts- und Währungsunion erfüllen zu können. Die Arbeitsschutzpolitik der EU-Mitgliedstaaten stand somit unter widerstreitenden Einflüssen und Anforderungen: Von den europäischen Institutionen ging der Druck zu einer verstärkten Regulierung auf dem Gebiet des Arbeitsschutzes aus, die Globalisierung der Wirtschaftsbeziehungen hingegen verstärkte innerhalb der EU und innerhalb der Triade Westeuropa–Japan–USA den Druck zur Deregulierung der Ökonomie im allgemeinen und der Arbeitsbeziehungen, den Arbeitsschutz eingeschlossen, im besonderen.

Die Umsetzung der EU-Arbeitsschutzrichtlinien gerät aber nicht nur mit den nationalstaatlichen Deregulierungsoptionen in Konflikt. Zugleich treffen die europäischen Vorgaben in den Mitgliedstaaten auf Arbeitsschutzsysteme, die sich durch je eigene Regulierungsstrukturen und institutionelle Arrangements, durch gewachsene Problemlösungsmuster und durch ein unterschiedliches Schutzniveau auszeichnen. Obendrein ist die nationalstaatliche Arbeitsschutzpolitik in ein komplexes, jeweils unterschiedlich konfiguriertes

---

42 Vgl. Altvater/Mahnkopf, Grenzen der Globalisierung, S. 33ff., 45ff.

Gefüge von ökonomischen, politischen, rechtlichen und kulturellen Einflußfaktoren eingebunden. Dazu gehören vor allem:
- die ökonomischen Rahmenbedingungen, die von den Mitgliedstaaten verfolgten Akkumulationsstrategien sowie die Organisations- und Durchsetzungsfähigkeit kollektiver Interessen;
- die Muster der Konfliktregulierung zwischen Kapital, Staat und Arbeit auf betrieblicher wie überbetrieblicher Ebene;
- die von der Arbeit ausgehenden Gesundheitsrisiken sowie ihre Wahrnehmung und Bewertung durch die unmittelbar beteiligten Akteure und durch die Öffentlichkeit;
- die institutionellen und prozeduralen Besonderheiten des politischen Systems sowie die institutionelle Konfiguration des Arbeitsschutzsystem, sowohl im Hinblick auf die Rechtsetzung als auch auf den Arbeitsschutzvollzug, einschließlich der darin festgeschriebenen Möglichkeiten der Einflußnahme durch die Akteure;
- die Tradition des Rechtssystems sowie
- das System der Kompensation eingetretener Gesundheitsschäden.

Derartige politische, rechtliche und kulturelle Unterschiede zwischen einzelnen Staaten und ihren Politiksektoren können auch bei gleichartigen Problemen erheblichen Einfluß auf politische Lösungen nehmen.[43] Dies gilt auch für den Arbeitsschutz.[44] Daher muß es als ungewiß erscheinen, ob und inwieweit das Schutzniveau und die Schutzphilosophie der EU-Richtlinien auch tatsächlich in die nationalen Regulierungssysteme Eingang finden würden.

1.3.2 Der Ansatz der Regulationstheorie

Das Politikfeld Arbeitsschutz ist eng mit den Merkmalen des Arbeits- und Verwertungsprozesses verschränkt: Gesundheitliche Belastungen ergeben sich zum einen aus der Zwecksetzung der Arbeit sowie aus ihren technischen, organisatorischen und stofflichen Grundlagen; zum anderen können Schutzmaßnahmen den Arbeits- und Verwertungsprozeß insofern beeinflussen, als sie der Nutzung der Arbeitskraft Grenzen auferlegen und die technologischen Grundlagen des Arbeitsprozesses reglementieren. Damit schränken sie zugleich die freie Verfügungsgewalt von Unternehmen über die Bedingungen des Produktionsprozesses ein, und gerade daraus erwächst im übrigen die besondere Brisanz des Gesundheitsschutzes am Arbeitsplatz. Zugleich ist das

---

43 Vgl. z.B. van Waarden, Über die Beständigkeit nationaler Politikstile und Politiknetzwerke, S. 191ff.; Feick/Jann, »Nations matter« – Vom Eklektizismus zur Integration in der vergleichenden Policy-Forschung?, S. 196ff.
44 Vgl. z.B. Wilson, The Politics of Safety and Health; Baldwin/Daintith (Eds.), Harmonization and Hazard, S. 223ff.

Problemstellung und theoretischer Bezugsrahmen

Politikfeld Arbeitsschutz als ein staatsnaher Sektor stark institutionell und normativ geprägt: Ein Geflecht von rechtlich fixierten Normen regelt die Pflichten der beteiligten Akteure; die Rechtsetzung und die Überwachung des Vollzugs von Vorschriften erfolgt im Zusammenwirken einer Reihe von staatlichen, parastaatlichen und privaten Organisationen.

Analytischer Ausgangspunkt der vorliegenden Untersuchung ist die Hypothese, daß ein adäquates Verständnis sektoraler Veränderungen nur dann möglich ist, wenn die übergreifenden politisch-ökonomischen Veränderungen zu den Interessen, Machtbeziehungen und Handlungsstrategien der sektoralen Akteure in Bezug gesetzt werden. Um den allgemeinen Zusammenhang zwischen gesellschaftlichen und sektoralen Entwicklungen zu fassen sowie einen Rahmen zu formulieren, innerhalb dessen der Untersuchungsgegenstand »Arbeitsschutzpolitik« interpretiert werden kann, greift die vorliegende Studie auf die Theorie der Regulation zurück.[45] Dieser theoretische Ansatz bietet einen Interpretationsrahmen, der sowohl der fundamentalen Bedeutung der kapitalistischen Vergesellschaftungsformen für Interessen und Machtressourcen der beteiligten Akteure als auch der eigenständigen Bedeutung politisch-institutioneller Formen und normativer Orientierungen Rechnung trägt.[46] Er betont die Einbindung sektoraler Veränderungen in übergreifende gesellschaftliche Prozesse und stellt zugleich heraus, daß die spezifischen Konfigurationen eines Politikfeldes mit den dort präsenten Interessen, Machtpotentialen und Handlungsstrategien der beteiligten Akteure und den jeweiligen institutionellen Arrangements seine Eigenständigkeit begründen. So müssen sektorale Veränderungen keineswegs auf übergreifende gesellschaftliche Impulse zurückzuführen sein. Vielmehr können sich sektorale Konstellationen bisweilen den an sie herangetragenen Reformanforderungen erfolgreich widersetzen, sofern diese denjenigen Interessen widersprechen, die sich im Politikfeld als dominant erweisen, und der Politik der Preis zur Durchsetzung des Steuerungsziels als zu hoch erscheint. Umgekehrt können isolierte Veränderungen und Eigenlogiken im sektoralen Institutionengefüge durchaus gravierende Auswirkungen auf die Entwicklung des Politikfeldes nach sich ziehen, ohne daß es dafür eines externen Anstoßes bedarf. Aber auch dort, wo dies der Fall sein sollte, wäre nach denjenigen gesellschaftlich-strukturellen Bedingungen zu fragen, die einen solchen sektoralen Eigensinn ermöglichen. Es sind im Verständnis der Regulationstheorie nicht zuletzt die aus diesem Spannungsverhältnis resultierenden Widersprüche, aus denen sich der konflikthafte

---

45 Vgl. Lipietz, Akkumulation, Krisen und Auswege aus der Krise, S. 109ff.; Hirsch, Kapitalismus ohne Alternative?, S. 30ff.; Jessop, State Theory, S. 196ff., 307ff.; Hübner, Theorie der Regulation, S. 33ff., 140ff., 188ff. Siehe auch die Beiträge in: Demirovic/Krebs/Sablowski (Hrsg.), Hegemonie und Staat.
46 Vgl. Hirsch, Politische Form, Institutionen und Staat, S. 157ff.

Charakter von Politik ergibt. Insofern erhebt sie den Anspruch, gleichermaßen ökonomistische wie institutionalistische Verengungen zu vermeiden. Sie ist somit durchaus offen für das Theorem der sektoralen Differenzierung von Politik, ohne aber politikfeldspezifische Merkmale und übergreifende gesellschaftliche Entwicklungen theoretisch zu entkoppeln.

Ausgangspunkt der Regulationstheorie ist die Marxsche Kapitalismusanalyse. Kapitalistische Gesellschaften reproduzieren sich mittels arbeitsteiliger Privatproduktion, Warentausch und Lohnarbeit. Sie gewinnen ihre Dynamik aus der gesellschaftlichen Produktion und privaten Aneignung von Mehrwert, die über den Warentausch vermittelt werden. Sind alle kapitalistische Gesellschaften durch diese Grundcharakteristika gekennzeichnet, so lassen sich gleichzeitig einzelne historische Formationen unterscheiden, die durch ein je eigenes Gefüge ökonomischer, sozialer, politischer und ideologischer Strukturen, Konflikte, Krisenzusammenhänge und Regulierungsmuster gekennzeichnet sind.[47] Für das Verständnis von Stabilität und Wandel einer Formation sind die Begriffe *Akkumulationsregime* und *Regulationsweise* von grundlegender Bedeutung.[48] Das Akkumulationsregime bezeichnet die spezifischen Formen der Produktion und Konsumtion des gesellschaftlichen Reichtums, die Regulationsweise das konkret-historisch sich herausbildende institutionelle und normative Gefüge der jeweiligen Formation.[49] Ökonomische Regulationsweisen, politisch-institutionelle Arrangements, gesellschaftliche Normen und Verhaltensweisen bringen gesellschaftliche Konflikte in eine Form, die sie vorübergehend mit den Bedingungen der Kapitalakkumulation und -verwertung vereinbar macht. Um einen stabilen Akkumulationsprozeß zu gewährleisten, müssen beide Sphären miteinander synchronisiert bzw. kompatibel sein.[50]

Der Prozeß der Regulation vollzieht sich in Form konflikthafter Handlungen der ihre je eigenen Handlungsziele verfolgenden Akteure. Auch wenn diese durchaus planvoll vorgehen mögen, so ist das Ergebnis des Regulationsprozesses weder objektiv vorherzubestimmen noch Ausdruck einer funktionalistischen Systemlogik. Ebensowenig ist es von einem einzigen Subjekt absichtsvoll herbeizuführen.[51] Welche konkrete Gestalt der Prozeß der Regulation annimmt, ist zum einen abhängig von den Interessen und der Problemwahrnehmung der beteiligten Akteure, zum anderen von ihren Handlungsstrategien und ihrer Fähigkeit, ihre Handlungsziele im politischen Raum durchzusetzen.

---

47 Vgl. Hirsch, Kapitalismus ohne Alternative?, S. 16ff.
48 Vgl. Lipietz, Akkumulation, Krisen und Auswege aus der Krise, S. 109ff.; Hirsch, Kapitalismus ohne Alternative?, S. 30ff.
49 Vgl. Lipietz, Akkumulation, Krisen und Auswege aus der Krise, S. 109ff.
50 Vgl. ebda., S. 120; Hirsch, Der nationale Wettbewerbsstaat, S. 50.
51 Vgl. Hirsch, Der nationale Wettbewerbsstaat, S. 50f.

Problemstellung und theoretischer Bezugsrahmen

So impliziert die Regulationstheorie auch die Anerkennung unterschiedlicher nationalstaatlicher Entwicklungspfade, auch wenn bisweilen anderes suggeriert wird und bisher auch kaum Versuche zu ihrer systematischen Erklärung unternommen worden sind.[52] Es sind gerade die Bedeutung des Nationalstaats als wichtigstem Handlungsrahmen und Bezugspunkt von Politik und dessen je eigenen ökonomischen Handlungsbedingungen, politischen, kulturellen und rechtlichen Traditionen, dessen Kräfteverhältnisse, hegemonialen Muster und Handlungsstrategien, die unterschiedliche Muster der Problembearbeitung begründen können. Wie empirische Untersuchungen zeigen, führt dies auch gegenwärtig – im Angesicht einer gestiegenen Definitionsmacht des Weltmarktes und selbst bei ähnlichen Problemlagen – zu bisweilen divergierenden Politikkonzepten.[53]

1.3.3 Politikwissenschaftlicher Neo-Institutionalismus

Die Theorie der Regulation formuliert zwar einen Rahmen für die konkrethistorische Analyse politischer Entwicklungen, verfügt allerdings über kein hinreichendes Instrumentarium zur Analyse der spezifischen institutionellen Konstellationen und Handlungslogiken des jeweiligen Politikfeldes. Zu diesem Zweck greift die vorliegende Untersuchung – als heuristisches Konzept – auf Ansätze des politikwissenschaftlichen Neo-Institutionalismus und der Korporatismusforschung zurück.[54]

Die Analyse einzelner Politiksektoren zieht seit den achtziger Jahren eine wachsende Aufmerksamkeit in der politikwissenschaftlichen Diskussion auf sich, als sie nach der vorausgegangenen Debatte um den Makrokorporatismus

---

52 Als bedeutendste Ausnahme kann wohl die Arbeit von Boyer gelten; vgl. Boyer, Neue Richtungen von Managementpraktiken und Arbeitsorganisation, S. 55ff. Allerdings kann man – mit Blick auf die Entwicklung des Wohlfahrtsstaates – Esping-Andersens Regime-Konzept als ein mit der Regulationstheorie kompatibles Erklärungsmodell interpretieren (vgl. Esping Andersen, The Three Worlds of Welfare Capitalism, S. 9ff.). Dieser hat sich später auch positiv auf die Regulationstheorie bezogen: vgl. Esping-Andersen, Welfare States and the Economy, S. 716f.
53 Zur Entwicklung wohlfahrtsstaatlicher Regime vgl.: Esping-Andersen, After the Golden Age? S. 5f., 10ff.; Borchert, Ausgetretene Pfade?, S. 162ff.; zur Entwicklung der Arbeitsmarkt- und Sozialpolitik: Bieling/Deppe (Hrsg.), Arbeitslosigkeit und Wohlfahrtsstaat in Westeuropa; Schmid, Wohlfahrtsstaaten im Vergleich, S. 64ff., 148ff.; Heinze/Schmid/Strünck, Vom Wohlfahrtsstaat zum Wettbewerbsstaat, S. 97ff.; zur Entwicklung der Arbeitsbeziehungen: Traxler, Der Staat in den Arbeitsbeziehungen, S. 235ff.; Armingeon, Korporatismus im Wandel, S. 285ff.
54 Vgl. zu unterschiedlichen Ansätzen im Neo-Institutionalismus z.B.: DiMaggio/Powell, Introduction, S. 1ff.; Hall/Taylor, Political Science and the Three New Institutionalisms, S. 936ff.; Immergut, The Theoretical Core of the New Institutionalism, S. 5ff.; Göhler/Kühn, Institutionenökonomie, Neoinstitutionalismus und die Theorie politischer Institutionen, S. 17ff.

Kapitel 1

in den Mittelpunkt der Korporatismusforschung geriet (»Mesokorporatismus«).[55] Mittlerweile ist die Politikfeldanalyse zur Domäne des Neo-Institutionalismus geworden, der, zum Teil aus der Korporatismusforschung hervorgegangen, die herausragende Bedeutung von Institutionen für das politische Handeln betont.[56] Aus dieser Perspektive werden die sektoralen Besonderheiten des jeweiligen Institutionengefüges zum zentralen Anknüpfungs- und Bezugspunkt für die Analyse einzelner Politikfelder. Demzufolge sind es Institutionen, in denen die Entscheidungen darüber fallen, wie der Staat welche Aufgaben behandelt.[57] Institutionen entwickeln eigene Muster der Wahrnehmung, Definition und Bearbeitung von Problemen und binden sich an formalisierte Handlungsregeln, die gewohnheitsmäßig Anwendung finden und sich zu einer Handlungsroutine verstetigen.[58] Gleichzeitig können sie die Handlungsfähigkeit von Akteuren beeinflussen, indem sie politikfeldspezifische Veränderungen begrenzen, kanalisieren oder stimulieren; das Handeln in bestimmte Bahnen lenken, Handlungskorridore eröffnen, bestimmte Lösungen erleichtern und andere erschweren.[59] Dabei sind Institutionen üblicherweise bestrebt, ihren Fortbestand zu sichern und ihre eingeschliffenen Handlungsmuster aufrechtzuerhalten; die Anpassung an veränderte Aufgaben erfolgt in der Regel nur langsam und allmählich.[60] Nicht selten können sie ein beachtliches Beharrungsvermögen entwickeln und sich gegenüber den gesellschaftlichen Reproduktionsanforderungen auch verselbständigen. Es ist nicht schwer, auch aus dem Bereich des Arbeitsschutzes Belege für diese allgemeinen Befunde anzuführen. So hat Pröll gezeigt, daß z.B. die starke Orientierung der staatlichen deutschen Gewerbeaufsicht an technischen Normungsverfahren ein angemessenes Eingehen auf psychosoziale Arbeitsbelastungen nachdrücklich erschwert, wenn nicht blockiert.[61] Institutionen folgen in ihrer Problembearbeitung somit einer eigenen Logik; sie sind selbst Subjekte und wirken aktiv auf die Gestaltung des Politikfeldes ein.

---

55 Vgl. Lehmbruch, Der Beitrag der Korporatismusforschung zur Entwicklung der Steuerungstheorie, S. 735ff.
56 Vgl. March/Olsen, The New Institutionalism: Organizational Factors in Political Life, S. 734ff.; dies., Rediscovering Institutions; Mayntz/Scharpf, Der Ansatz des akteurzentrierten Institutionalismus, S. 39ff.; Windhoff-Héritier, Die Veränderung von Staatsaufgaben aus politikwissenschaftlich-institutioneller Sicht, S. 75ff.
57 Vgl. Weaver/Rockman, Assessing the Effects of Institutions, S. 6, 31; Windhoff-Héritier, Die Veränderung von Staatsaufgaben aus politikwissenschaftlich-institutioneller Sicht, S. 76.
58 Vgl. z.B. March/Olsen, Rediscovering Institutions, bes. S. 16ff., 159ff.; Keck, Der neue Institutionalismus in der Theorie der Internationalen Politik, S. 635ff. Dieses Merkmal wird bei Giddens zum Ausgangspunkt für die – allerdings sehr weit gefaßte – Definition von Institutionen; vgl. Giddens, Die Konstitution der Gesellschaft, S. 55ff., 69.
59 Vgl. Krasner, Sovereignty: An Institutional Perspective, S. 67, 83f.
60 Vgl. March/Olsen, Rediscovering Institutions, S. 54ff.
61 Vgl. Pröll, Arbeitsschutz und neue Technologien, S. 71ff., 149ff.

Problemstellung und theoretischer Bezugsrahmen

Das Politikfeld »Arbeitsschutz« ist durch eine spezifische Konfiguration von Akteuren und Institutionen gekennzeichnet. In den meisten Mitgliedstaaten der EU sind eine Reihe von kollektiven Akteuren unmittelbar an der Formulierung von Arbeitsschutzpolitik beteiligt. In den nationalstaatlichen Systemen mit jeweils unterschiedlichen Kompetenzen ausgestattet, nehmen sowohl staatliche Legislativ- und Exekutivorgane und – zumeist halbstaatliche – Arbeitsschutzinstitutionen als auch die Verbände von Kapital und Arbeit auf die Produktion kollektiv verbindlicher Schutznormen und auf ihren Vollzug Einfluß. Im neuen Institutionalismus werden die gewachsenen Akteurbeziehungen und das institutionelle Gefüge eines Politikfeldes häufig mit dem Begriff des Netzwerks oder des Verhandlungssystems charakterisiert.[62] Danach vollzieht sich die Steuerung von Politikfeldern in der Interaktion staatlicher, öffentlicher und privater Akteure. Diese verfolgen als relativ autonome Akteure zwar unterschiedliche Interessen, sind dabei aber insofern voneinander abhängig, als sie zu diesem Zweck jeweils auf Ressourcen angewiesen sind, über die andere Netzwerkakteure verfügen. Dies erfordert es von ihnen, Tauschbeziehungen einzugehen, also die Bereitschaft und die Fähigkeit, strategische Entscheidungen zu fällen und Kompromisse zu schließen.[63] Der bedeutendste Interaktionsmechanismus beim Ressourcentausch sind Verhandlungen. In diesen Netzwerken dominiert nicht mehr die hierarchische Steuerung (privater) Steuerungsobjekte durch ein (staatliches) Steuerungssubjekt, sondern die Handlungskoordinierung in einem eher horizontal geprägten Beziehungsgeflecht kollektiver Akteure.[64] Diese findet häufig allerdings »im Schatten der Hierarchie«[65] statt, denn zum einen unterliegen Verhandlungslösungen üblicherweise einem staatlichen Genehmigungsvorbehalt, zum anderen kann der Staat für den Fall insuffizienter Verhandlungsergebnisse mit einer Ersatzvornahme drohen. Im Ansatz des akteurzentrierten Institutionalismus[66] geraten die Handlungsperspektiven und Handlungsrationalitäten der Akteure in den Mittelpunkt des analytischen Interesses. Deren Koordinierung wird nun zu einer zentralen Erfolgsvoraussetzung sektoraler Steuerungsaktivitäten.[67]

---

62 Vgl. z.B. Marin/Mayntz, Introduction: Studying Policy Networks, S. 11ff.; Kenis/Schneider, Policy Networks and Policy Analysis: Scrutinizing a New Analytical Toolbox, S. 25ff.; Mayntz, Policy-Netzwerke und die Logik von Verhandlungssystemen, S. 39ff.; Héritier, Policy-Netzwerkanalyse als Untersuchungsinstrument im europäischen Kontext, S. 432f.
63 Vgl. Mayntz, Policy-Netzwerke und die Logik von Verhandlungssystemen, S. 39ff.
64 Vgl. Mayntz/Scharpf, Steuerung und Selbstorganisation in staatsnahen Sektoren, S. 9ff.; Scharpf, Politische Steuerung und Politische Institutionen, S. 16; ders., Die Handlungsfähigkeit des Staates am Ende des zwanzigsten Jahrhunderts, S. 621ff.
65 Scharpf, Positive und negative Koordination in Verhandlungssystemen, S. 67.
66 Vgl. Mayntz/Scharpf, Der Ansatz des akteurzentrierten Institutionalismus, S. 39ff.
67 Vgl. etwa Scharpf, Positive und negative Koordination in Verhandlungssystemen, S. 57ff. Die prinzipielle Steuerungsskepsis der funktionalistischen Systemtheorie, die Luhmann auf eine Autopoiesis und eine wechselseitige Intransparenz ausdifferenzierter Funktionssysteme gründet

Kapitel 1

Die besondere Stärke politikwissenschaftlich-institutionalistischer Konzepte liegt in ihrer Fähigkeit, die Mikrostruktur der sektoralen Akteurbeziehungen zu entziffern, d.h. die Perspektive und die Handlungslogiken der Akteure sowie die zwischen ihnen existierenden Interaktionsmuster abzubilden. Sie können verdeutlichen, wie im jeweiligen Politikfeld externe Handlungsanforderungen »kleingearbeitet« werden bzw. die Akteure ihrerseits auf seine politische Regulierung Einfluß nehmen. Insbesondere können sie dazu beitragen, das Verständnis für die in den sektoralen Arrangements wurzelnden Beschränkungen und Erfolgsvoraussetzungen politischer Vorhaben zu vertiefen. Wenn institutionalistische Ansätze letztlich dennoch als defizitär erscheinen, so resultiert dies zum einen aus ihrem gesellschaftstheoretischen Defizit, zum anderen aus ihrer Nähe zur professionellen Politikberatung. *Erstens* neigen sie dazu, sektorale Entwicklungen von gesamtgesellschaftlichen Prozessen abzukoppeln. Die von den gesellschaftlichen Reproduktionsbedingungen und -erfordernissen ausgehenden Impulse, die den sektoralen Akteuren Handlungsmöglichkeiten eröffnen oder Handlungsrestriktionen auferlegen, erscheinen häufig nur noch als Randbedingung des politischen Prozesses. Insbesondere treten die übergreifenden säkularen Veränderungen im Verhältnis von Politik und Ökonomie und die aus ihnen resultierenden strategischen Orientierungen der Akteure in den Hintergrund. Damit geraten die auf dieser Ebene angesiedelten Interessenlagen und -konflikte, Handlungsziele und Durchsetzungschancen weitgehend aus dem Blick oder werden doch zumindest in ihrer Tragweite unterschätzt. Eine auf die Interaktion in Verhandlungssystemen zentrierte Perspektive führt im Ergebnis häufig zu einseitigen kausalen Zuordnungen und damit zu insgesamt defizitären Erklärungsmustern. Welche Funktion getroffene Regelungen für den gesellschaftlichen Reproduktionsprozeß wahrnehmen, wird in aller Regel nicht reflektiert. So verbleibt im unklaren, auf welche Weise der Zuschnitt, die Struktur und die Verfahrensweisen der Institutionen mit dem gesellschaftlichen Reproduktionsprozeß verknüpft sind. *Zweitens* werden in der konkreten Analyse weder der

---

(vgl. z.B. Luhmann, Soziale Systeme, S. 30ff.; ders., Die Gesellschaft der Gesellschaft, S. 60ff.), wird im Ansatz des akteurzentrierten Institutionalismus zurückgewiesen. Im Verständnis des akteurzentrierten Institutionalismus fungiert der Netzwerkbegriff nicht nur als analytischer Begriff, sondern auch als normative Orientierung sektoraler Steuerungsprozesse. Hier verkörpern - und ermöglichen - Politiknetzwerke und enthiearchisierte Verhandlungssysteme - gleichsam auf einem »dritten Weg« zwischen reinem Markt und hierarchischem Staat - eine Modernisierung von Regulierungsinstanzen. Ein handlungstheoretisch gestütztes Netzwerkkonzept fungiert so als Brücke für einen verhaltenen Steuerungsoptimismus. Vgl. Scharpf, Politische Steuerung und Politische Institutionen, S. 10ff.; Mayntz, Modernisierung und die Logik von interorganisatorischen Netzwerken, S. 19ff.; dies., Policy-Netzwerke und die Logik von Verhandlungssystemen, S. 44f. Siehe auch: Schimank, Theorien gesellschaftlicher Differenzierung, S. 241ff.

spezifische Zuschnitt institutioneller Arrangements noch die in diesen getroffenen Regelungen als Resultat gesellschaftlicher Machtverhältnisse, sondern als bloße Verfahren zur Bearbeitung gesellschaftlicher Probleme begriffen. *Drittens* verengen institutionalistische Ansätze häufig die Analyse sektoraler Arrangements auf die Interaktionsmuster, Verfahrensweisen und formalen Zuständigkeiten im Prozeß der Meinungsbildung und Entscheidungsfindung. Die formalen und prozeduralen Merkmale politischer Entscheidungen werden von ihren Inhalten analytisch getrennt. Damit nimmt sozialwissenschaftliche Analyse nicht selten Züge einer technokratischen Verfahrenswissenschaft an, aus der normative Orientierungen entweder verbannt sind oder in die sie – ob implizit oder explizit – nur noch als bloß affirmative Bezugnahme auf staatliche Steuerungsziele Eingang finden, an deren Erreichen die Effizienz des sektoralen Institutionengefüges gemessen wird. Aussagen über die reale Problemlösungsfähigkeit von Politik sind aus den konkreten Analysen oftmals kaum mehr zu gewinnen.

Die zentrale Schwäche neo-institutionalistischer Ansätze liegt also im Bereich der makropolitischen Strukturen. Ihre Fixierung auf Meso- und Mikrostrukturen hat zur Folge, daß sie den Zusammenhang zwischen sektoralen und gesamtgesellschaftlichen Mechanismen, die machtpolitische Fundierung der analysierten Strukturen und die Wechselwirkung zwischen prozeduralen Formen und politischen Inhalten nicht mehr zureichend fassen können.

1.3.4 Akteurinteressen, Machtbeziehungen und institutionelle Arrangements im Politikfeld Arbeitsschutz

Soll die Entwicklungsrichtung eines spezifischen Sektors als konflikthafte Auseinandersetzung von Akteuren mit jeweils eigenen Handlungszielen im Rahmen einer Bezugnahme auf die gesellschaftlichen Widersprüche einer Formation analysiert werden, so ist es allerdings erforderlich, die Begriffe Interesse, Macht und Institution als Schlüsselkategorien so zu fassen, daß sie mit dem Ansatz der Regulationstheorie kompatibel werden und gleichzeitig geeignet sind, die Entwicklung des Politikfeldes »Arbeitsschutz« zu analysieren. Um die in diesem Politikfeld präsenten Handlungsmotive und Handlungsziele zu fassen, legt die vorliegende Untersuchung einen weiten Interessenbegriff zugrunde. Unter Interessen sollen auf einer allgemeinen Ebene – mit Mayntz/Scharpf – zunächst diejenigen funktionalen Imperative verstanden werden, die auf das langfristig erfolgreiche Bestehen von Individuen, Gruppen oder Institutionen gerichtet und ihnen daher gleichsam objektiv zuzuschreiben sind.[68] Dazu zählen insbesondere Ziele wie Handlungsautonomie und ein

---

68 Vgl. Mayntz/Scharpf, Der Ansatz des akteurzentrierten Institutionalismus, S. 54ff.

individuelles Wohlergehen sowie die Verfügung über die dafür erforderlichen Ressourcen. Ein solchermaßen gefaßter Interessenbegriff schließt sowohl die Dimension des selbstbezogenen Nutzens als auch die der normativen Orientierungen ein. Der konkrete Inhalt dieser Interessen ist rückgebunden an die jeweiligen gesellschaftlichen Funktionen und Positionen der Akteure, und erst auf dieser Ebene werden Interessen, sofern sie von den Handelnden als solche wahrgenommen werden, handlungsleitend. In diesem Sinne sind auch die in die Formulierung von Arbeitsschutzpolitik einbezogenen Akteure Träger spezifischer Interessen. Entsprechend ihren unterschiedlichen Positionen und Funktionen im gesellschaftlichen Produktions- und Reproduktionsprozeß können für sie unterschiedliche Aspekte von Arbeitsschutzmaßnahmen von Bedeutung sein – etwa die erwartete Vermeidung oder Verringerung von gesundheitlichen Risiken oder die mit Arbeitsschutzmaßnahmen einhergehenden ökonomischen Kosten.

Im Hinblick auf die Interpretation der Interessen an einem verbesserten Gesundheitsschutz ist insbesondere die Antwort auf die Frage nach der Übereinstimmung betriebswirtschaftlicher und gesundheitsorientierter Handlungslogik umstritten. Für Marx war der Gesundheitsverschleiß des Lohnarbeiters die Folge der Gesetzmäßigkeiten des kapitalistischen Akkumulationsprozesses.[69] Die Intensivierung der Arbeit und die Verlängerung des Arbeitstages waren aus seiner Sicht Instrumente zur Erhöhung des Mehrwerts, der – als eigentlicher Zweck des kapitalistischen Produktionsprozesses – sich dem einzelnen Unternehmer als ein über die Konkurrenz vermittelter äußerer Zwang darstellte.[70] Das Kapital – so Marx – ist daher grundsätzlich blind gegenüber der Gesundheit des Arbeiters. In der aktuellen Diskussion dominiert hingegen die Vorstellung, daß das Interesse an dem Erhalt bzw. an der Verbesserung der Gesundheit der Beschäftigten mit dem ökonomischen Interesse der Unternehmer kompatibel sei.[71] Begründet wird dies in erster Linie mit der Überlegung, daß Subjektivität und Wohlbefinden unter modernen Arbeitsbedingungen wichtige Produktivitätsressourcen darstellten und Arbeitgeber dem bei der Gestaltung betrieblicher Prozesse aus wohlverstandenem Eigeninteresse auch immer häufiger Rechnung trügen: Das gesundheitliche Wohlergehen der

---

69 Vgl. Marx, Das Kapital, Bd. 1, bes. S. 284ff.
70 Vgl. ebda., Bd. 3, S. 87ff., 242ff.
71 Vgl. z.B. Thiehoff, Erweiterte Wirtschaftlichkeitsrechnung, S. 32ff.; Gottschalk, Kosten-Nutzen-Betrachtung betrieblicher Gesundheitspolitik noch vor der Investition, S. 228ff. Derartige Befunde sind Grundlage für zahllose Konzepte des Arbeitsschutzes und der Gesundheitsförderung und insofern auch in der Praxis ungemein einflußreich. Die britischen Arbeitsschutzbehörden etwa machen diese Überlegung zum wichtigsten Bezugspunkt ihrer Arbeitsschutzpolitik: »Good health is good business« und »Be safe – save money« – so die Leitmotive jüngerer Kampagnen.

Problemstellung und theoretischer Bezugsrahmen

Beschäftigten steigere die Leistungsfähigkeit und die Motivation der Beschäftigten, führe zu einem Abbau von Fehlzeiten und trage zu einer verringerten Fluktuationsbereitschaft bei.

Zwar sind Konstellationen, in denen der Gesundheitsschutz und die Gesundheitsförderung von Beschäftigten einerseits sowie die Gewinnsteigerung eines Unternehmens andererseits synchron verlaufen, durchaus denkbar. Dennoch geht die vorliegende Untersuchung davon aus, daß das Verwertungsinteresse des Kapitals und das Gesundheitsinteresse der Beschäftigten im Kern unterschiedliche Zielorientierungen repräsentieren und in aller Regel nichtkongruente Handlungslogiken freisetzen. Erstens verbleiben den Unternehmen in der Realität kapitalistischer Gesellschaften vielfältige Möglichkeiten, die Kosten von gesundheitlichen Belastungen, die sich in einer Beeinträchtigung der Leistungs- bzw. Arbeitsfähigkeit äußern, zu externalisieren, sie also den betroffenen Individuen selbst oder der Gesellschaft insgesamt aufzuerlegen[72]; zweitens sind die Arbeitsbedingungen vor dem Hintergrund der intensivierten kapitalistischen Konkurrenz in den letzten Jahren, wie zahlreiche Erhebungen und Studien belegen, durch eine beträchtlichen Anstieg der Leistungsdichte und insbesondere psychisch-mentaler Belastungen gekennzeichnet.[73] Vor dem Hintergrund dieser Annahmen interpretiert die vorliegende Untersuchung die Arbeitsschutzpolitik als Bestandteil des Konflikts zwischen Kapital und Arbeit. Ungeachtet dessen deuten empirische Untersuchungen zur betrieblichen Gesundheitspolitik darauf hin, daß für das Ergreifen oder Unterlassen von betrieblichen Gesundheitsförderungsmaßnahmen oftmals andere als ökonomische Gründe ausschlaggebend sind.[74]

---

72 Dies geschieht u.a. durch die bevorzugte Kündigung von kranken und älteren Erwerbstätigen, durch die weit verbreitete Frühberentung von Beschäftigten wegen Arbeits- bzw. Berufsunfähigkeit und durch die gesellschaftliche Finanzierung von medizinischen Behandlungskosten im Rahmen einer sozialen Krankenversicherung oder einer staatlichen Gesundheitsversorgung.

73 Vgl. z.B. European Foundation for the Improvement of Living and Working Conditions, Second European Survey on Working Conditions, S. 72ff., 263ff.; dies., Working Conditions in the European Union, S. 2ff.; Marstedt/Mergner, Gesundheit als produktives Potential, S. 69ff. Diese Entwicklung verweist auch darauf, daß sich aus dem Zwang zur Kapitalverwertung unter sonst gleichen Umständen ein grundsätzliches Interesse des Unternehmers an einer Intensivierung und Extensivierung der Arbeit ergibt und auch dort, wo ein verbesserter Gesundheitsschutz sich als gewinnsteigernd erweisen könnte, der ökonomische Nutzen des Gesundheitsschutzes – aus der Perspektive einer rein ökonomischen Handlungslogik – stets mit dem Nutzen konkurriert, den ein Verzicht auf Schutzmaßnahmen und die Inkaufnahme gesundheitlichen Verschleißes der Beschäftigten mit sich bringen könnte.

74 Vgl. Lenhardt/Rosenbrock, Gesundheitsförderung in der Betriebs- und Unternehmenspolitik, S. 305ff. Zum einen läßt sich der finanzielle Nutzen gesundheitsfördernder Maßnahmen nur zum Teil mit harten Daten empirisch belegen, zum anderen beruht unternehmerisches Handeln auf Handlungsroutinen und Überzeugungen, die nicht immer einem ökonomisch rationalen Kalkül folgen: So werden Maßnahmen zum Gesundheitsschutz und zur Gesundheitsförderung bisweilen auf den Weg gebracht, auch wenn ihr finanzieller Nutzen höchst fragwürdig ist; oft genug freilich geschieht dies – oft aus Unwissenheit oder Desinteresse – auch dann

Kapitel 1

Über die unmittelbar ökonomische und gesundheitliche Dimension des Arbeitsschutzes hinaus können für die beteiligten Akteure auch solche Motive handlungsleitend sein, die sich nur mittelbar aus dem eigentlichen Politik*inhalt* ergeben, allen voran das Macht- und Bestandsinteresse der Institutionen selbst, das sich etwa im staatlichen Interesse an der Vermeidung von Legitimationsrisiken oder in dem Bestreben von Arbeitsschutzinstitutionen äußern mag, den Verlust von Regelungs- und Überwachungskompetenzen zu verhindern. Schließlich wird arbeitsschutzpolitisches Handeln auch von den normativen Orientierungen der Akteure beeinflußt, die ihrerseits mit den nutzenbezogenen Interessen in aller Regel eng verschränkt sind. Zu diesen normativen Orientierungen zählen etwa das internalisierte Rollenverständnis von Akteuren im Arbeitsschutz oder die überkommenen Problemwahrnehmungs- und -bearbeitungsmuster. Dieser Aspekt beinhaltet z.B. Vorstellungen darüber, ob und in welchem Umfang Gesundheitsrisiken bei der Arbeit hinzunehmen sind und in welchem Verhältnis Kosten und Nutzen im Arbeitsschutz zueinander zu stehen haben. Dies betrifft aber auch die Ausrichtung von Arbeitsschutzmaßnahmen, etwa die Orientierung an personenzentrierten oder an umgebungszentrierten Präventionsstrategien, die Beschränkung auf toxischphysikalische Einwirkungen oder die Ausweitung auf arbeitsorganisatorischqualitative Aspekte.[75] Freilich sind normative Orientierungen in aller Regel auch von Interessen mitgeformt, sind die Akteure doch bemüht, ihre jeweiligen Interessen als sachgerechte Problemlösungen und als im gesellschaftlichen Interesse liegend darzustellen. Interessenkonflikte werden auch im Arbeitsschutz zugleich als Konflikte um die Geltung von Normen geführt. Träger gemeinsamer Interessen und Wertorientierungen bilden in den einzelnen Politikfeldern üblicherweise recht stabile Koalitionen.[76]

Interessen sind nur insoweit handlungsleitend, als die Akteure sie als solche wahrnehmen. Zwar ist allen Individuen ein Interesse an Gesundheit objektiv zuzuschreiben, jedoch mag es aktuell im Widerspruch zu anderen Interessen stehen, etwa dem nach Arbeitsplatzsicherheit, oder zumindest als solches wahrgenommen werden. Darüber hinaus haben die Sozialstruktur, die Lebensstil- und die Sozialisationsforschung gezeigt, daß sich der Stellenwert und die

---

nicht, wenn von ihnen ein finanzieller Nutzen zu erwarten wäre. Auch die Nichtkongruenz gesundheitsorientierter und betriebswirtschaftlicher Handlungsorientierungen führt somit nicht notwendig zu einem Verzicht des Arbeitgebers auf Maßnahmen zur betrieblichen Gesundheitsförderung – ebensowenig wie eine zumindest temporäre Übereinstimmung beider Ziele eine Garantie dafür sein muß, daß er derartige Maßnahmen auch tatsächlich ergreift.

75 Vgl. Rosenbrock, Arbeit und Gesundheit, S. 6ff.
76 Vgl. Sabatier, Advocacy-Koalitionen, Policy-Wandel und Policy-Lernen, S. 116ff. Im Unterschied zu Sabatier soll im folgenden jedoch stärker der interessenbasierte Charakter von Wertorientierungen betont werden.

Problemstellung und theoretischer Bezugsrahmen

mit dem Wert »Gesundheit« verknüpften Ursachenzuschreibungen und Verhaltensweisen je nach Schichtzugehörigkeit und sozialen Räumen[77], nach Lebensphasen und Geschlechtszugehörigkeit[78] erheblich voneinander unterscheiden können. Auch speisen sich die Handlungsmotive für »Gesundheit« zumeist aus anderen Motiven als dem des unmittelbaren Wohlergehens, wie z.B. Leistungsfähigkeit oder Attraktivität. Obwohl allgemeine Interessen nicht eindeutig hierarchisch geordnet sind, bilden Individuen üblicherweise stabile Präferenzen heraus, die für sie situationsübergreifend handlungsleitend sind. Zugleich sind Interessen für jeden Akteur stets situationsabhängig und können dementsprechend selektiv mobilisiert werden.[79] So wird – unter sonst gleichen Umständen – ein prosperierendes Unternehmen eher bereit sein, Forderungen nach kostenträchtigen Arbeitsschutzmaßnahmen nachzugeben, als ein vom Konkurs bedrohtes Unternehmen.

Inwiefern sich die Interessen in der Gestaltung des Politikfeldes praktisch Geltung verschaffen, hängt von der Macht der jeweiligen Akteure ab. Unter Macht soll in Anschluß an Weber die Fähigkeit von Individuen oder Gruppen verstanden werden, ihre Interessen auch gegen den Willen anderer durchzusetzen. »Macht bedeutet jede Chance, innerhalb einer sozialen Beziehung den eigenen Willen durchzusetzen, gleichviel, worauf diese Chance beruht (...).«[80] Die Verwendung eines solch weiten Begriffs empfiehlt sich, weil die Ressourcen, auf die die Akteure bei der Verfolgung ihrer Interessen zurückgreifen können, sehr verschiedenartig sind. Die Politikgestaltung im Arbeitsschutz vollzieht sich üblicherweise in Verhandlungssystemen, an denen Staat und Verbände beteiligt sind. Dies bedeutet freilich nicht, daß die Akteure sich nur solcher Ressourcen bedienen können, die sich aus den in diesen Systemen geltenden formalen Regeln der Meinungsbildung und Entscheidungsfindung ergeben. Der »stumme Zwang der ökonomischen Verhältnisse« kann die Durchsetzungsfähigkeit von Akteuren ebenso beeinflussen wie etwa die glaubwürdige Drohung mit öffentlicher Mobilisierung oder die Verfügung über Expertenwissen.[81] Wenn also von der Durchsetzungsfähigkeit von Akteuren in Verhandlungssystemen die Rede ist, so hat diese sich stets auch auf deren Verfügung über solche Drohpotentiale zu beziehen, die aus ihrer gesellschaftlichen Machtposition resultieren. Dies gilt im übrigen auch für solche Kompetenzen, die einzelnen Akteuren im Rahmen institutioneller

---

77 Vgl. Gawatz, Gesundheitskonzepte: Ihre Bedeutung im Zusammenhang von sozialer Lage und Gesundheit, S. 155ff. Siehe auch: Bourdieu, Die feinen Unterschiede, S. 288ff.
78 Vgl. Hurrelmann, Sozialisation und Gesundheit, S. 49ff.; Maschewsky-Schneider, Gesundheitskonzepte und Gesundheitshandeln von Frauen, S. 195ff.
79 Vgl. Mayntz/Scharpf, Der Ansatz des akteurzentrierten Institutionalismus, S. 39ff.
80 Weber, Wirtschaft und Gesellschaft, Bd. 1, S. 28.
81 Vgl. z.B. Skocpol, Bringing the State Back In: Strategies of Analysis in Current Research, S. 3ff.

Arrangements zugewiesen worden sind, insbesondere in Bezug auf den Einsatz der Medien Recht und Geld, denn der konkrete Zuschnitt eines Institutionengefüges kann als »geronnener« Ausdruck gesellschaftlicher Machtverhältnisse begriffen werden. Die Macht und der Einfluß eines Akteurs wachsen in dem Maße, wie er über jene Ressourcen verfügt, auf die andere Akteure angewiesen sind, wenn sie ihre eigenen Ziele erfolgreich verfolgen wollen.[82]

Das Akteurhandeln in den einzelnen Politikfeldern – so auch im Arbeitsschutz – vollzieht sich in und durch Institutionen. Im folgenden wird das Handeln derjenigen Institutionen betrachtet, die im Bereich des Arbeitsschutzes mit Kompetenzen auf dem Gebiet der Rechtsetzung, der Normenentwicklung und der Überwachung ausgestattet sind. Das dabei zugrunde gelegte Verständnis geht über den Institutionenbegriff des politikwissenschaftlichen Institutionalismus hinaus. Institutionen werden ihrer Entstehung und ihrer Funktionsbestimmung nach als Ausdruck und Ergebnis gesellschaftlicher Widersprüche und Konflikte begriffen.[83] Sie sollen die Reproduktion einer Gesellschaft gewährleisten, indem sie gesellschaftliche Widersprüche in eine prozessierbare Form bringen. Die in die Institutionen eingelassenen Verhaltensnormen und Handlungskompetenzen sind Ausdruck gesellschaftlicher Kräfteverhältnisse – insbesondere der von Lohnarbeit und Kapital – und stets auf die Erfordernisse des gesellschaftlichen Reproduktionsprozesses bezogen. Daher kann die bestimmte Ausformung institutioneller Arrangements auch stets als Ausdruck gesellschaftlicher Machtverhältnisse begriffen werden. Insofern, als die Institutionen in fortexistierenden gesellschaftlichen Widersprüchen wurzeln, verbleiben sie aber ebenfalls widersprüchlich. Dies kommt in Konflikten in und zwischen ihnen zum Ausdruck. Zugleich sehen sie sich mit dem Wandel von Reproduktionsanforderungen einem beständigen Anpassungsdruck und dabei in aller Regel widerstreitenden Anforderungen unterschiedlicher gesellschaftlicher Akteure ausgesetzt. Das hier zugrunde gelegte Verständnis grenzt sich also nicht nur gegen den politikwissenschaftlichen Institutionalismus, sondern auch gegen die ökonomische Institutionentheorie ab, die Institutionen als Ergebnis ökonomisch rationalen Handelns zu erklären versucht.[84]

Die skizzierte allgemeine Charakterisierung von Institutionen trifft auch auf den Staat zu. Der Staat ist in seiner Tätigkeit auf die Reproduktionsfähigkeit des kapitalistischen Produktions- und Verwertungsprozesses bezogen.[85]

---

82 Vgl. Aldrich/Pfeffer, Environments of Organizations, S. 83f.; Héritier, Policy-Netzwerkanalyse als Untersuchungsinstrument im europäischen Kontext, S. 433.
83 Vgl. Hirsch, Politische Form, Institutionen und Staat, S. 157ff.
84 Vgl. Keck, Die Bedeutung der rationalen Institutionentheorie für die Politikwissenschaft, S. 187ff.; Göhler/Lenk/Schmalz-Bruns (Hrsg.), Die Rationalität politischer Institutionen.
85 Vgl. Jessop, State Theory, S. 116ff.

Problemstellung und theoretischer Bezugsrahmen

In der Wahrnehmung dieser Funktion wird er zugleich von einem Interesse an sich selbst geleitet, denn seine eigene Existenz ist an eben diese Reproduktionsfähigkeit gebunden.[86] Dies schließt die Anforderung, entsprechende ökonomisch-infrastrukturelle Rahmenbedingungen bereitzustellen, ebenso ein wie die Notwendigkeit, die dafür erforderlichen sozialen Kompromisse zwischen den Konfliktparteien zu ermöglichen. Zu diesem Zweck ist der Staat – und dies ist gleichsam die formale Seite der Ausübung von Macht – mit der Kompetenz ausgestattet, kollektiv verbindliche Regelungen zu treffen und durchzusetzen. Insofern ist er – als Architekt der politischen Ordnung – auch das institutionelle Zentrum der Regulation, auf das sich die sozialen Akteure bei der Verfolgung ihrer eigenen Interessen vorzugsweise beziehen.[87] Er kann sich über die kurzfristigen und bornierten Interessen der Einzelkapitale hinwegsetzen und das allgemeine Kapitalinteresse an der Schaffung von Reproduktionsbedingungen zur Geltung bringen. Der Staat ist niemals vollständig von der Gesellschaft getrennt, sondern interveniert beständig in den gesellschaftlichen Reproduktionsprozeß und unterliegt seinerseits gesellschaftlichen Einflüssen. Dies gilt nicht zuletzt deshalb, weil sich in parlamentarischen Demokratien die Legitimation staatlichen Handelns durch Wahlen herstellt und dieses daher im großen und ganzen auch auf Zustimmung angewiesen ist. Staatliche Tätigkeit ist das widerspüchliche Ergebnis sozialer Auseinandersetzungen und Konflikte, und insofern verbindet sich in ihr das Handeln von staatlichen und gesellschaftlichen Akteuren.[88] Es ist damit zugleich von den gesellschaftlichen Widersprüchen durchzogen, die in den Institutionen und ihren Entscheidungen vorübergehend ausgeglichen werden.

In korporatistischen Arrangements vollzieht sich die Steuerung von Politikfeldern im formellen Zusammenwirken von Staat und Verbänden. Verbände können als Repräsentanten von Gruppeninteressen verstanden werden, die der Zusammenführung von Interessen sowie ihrer Artikulation und Durchsetzung im politischen Raum dienen. Indem sie – wie auch im Arbeitsschutz – in korporatistische Regulierungsmuster eingebunden werden, haben sie zugleich an der Steuerung des Politikfeldes Anteil. Die Doppelrolle, die sie damit einnehmen, begründet ein Charakteristikum verbandlicher Handlungsbedingungen in korporatistischen Arrangements: das Spannungsverhältnis zwischen der Wahrnehmung der Mitgliederinteressen und den Handlungszwängen, die

---

86   Vgl. Hirsch, Politische Form, Institutionen und Staat, S. 157ff.
87   Er bildet »das hervorgehobene institutionelle Terrain, in dem und durch sich gesellschaftlich-politische Strategien mittels permanenter Kämpfe und Auseinandersetzungen herausbilden und im regulative System sich insgesamt durchsetzen können.« Hirsch, Kapitalismus ohne Alternative?, S. 58.
88   Vgl. Hirsch, Politische Form, Institutionen und Staat, S. 157ff.

aus den Erfordernissen der Politikfeldsteuerung, vor allem dem Kompromißzwang, in einem staatlicherseits gestalteten institutionellen Rahmen erwachsen.[89] Dies gilt erst recht, wenn sie an der Produktion verbindlicher Entscheidungen und kollektiver Problemlösungen beteiligt sind, was im Arbeitsschutz z.B. bei der Erarbeitung von *regulations* in Großbritannien oder Unfallverhütungsvorschriften in Deutschland der Fall ist. Voraussetzungen für die Einbeziehung von Verbänden in korporatistische Arrangements ist, daß sie ein Repräsentationsmonopol innehaben und über die Fähigkeit verfügen, ihre Mitglieder auf die Einhaltung getroffener Vereinbarungen zu verpflichten.[90] Der Nachdruck, mit dem Verbände sich für die Interessen ihrer Mitglieder einsetzen, hängt nicht zuletzt davon ab, wie deutlich diese ihre Interessen artikulieren und ob die Verbandsführungen sich bei unbefriedigenden Politikergebnissen von organisationsinternen Sanktionen bedroht sehen.

1.3.5 Der Arbeitsschutz im Spannungsfeld zwischen Fordismus und Postfordismus

Wenn die vorliegende Untersuchung auf die Theorie der Regulation zurückgreift, so geschieht dies nicht nur wegen ihres handlungs- und strukturtheoretischen Konzepts, sondern auch wegen ihrer formationstheoretischen Implikationen, die ihrerseits einen geeigneten Interpretationsrahmen für den Form- und Bedeutungswandel von Arbeitsschutzpolitik zur Verfügung stellen. Die Regulationstheorie unterscheidet – dies ist oben bereits angedeutet worden – zwischen einzelnen historischen Formationen mit je eigenen Akkumulationsregimes, Regulationsweisen und gesellschaftlichen Konflikten. Die gegenwärtige Periode faßt sie als krisenhaften Übergang vom Fordismus zum Postfordismus. In den fünfziger und sechziger Jahren erlebte der Fordismus in den westeuropäischen Staaten seine Blütezeit.[91] Auf der Basis tayloristischer Massenproduktion vollzog sich ein kräftiges, stabiles Wirtschaftswachstum. Die großen Verteilungsspielräume ermöglichten soziale Kompromisse zwischen Kapital und Arbeit. Die politische Regulierungsform dieser Akkumulationsstrategie war der keynesianische Korporatismus. Um die Widersprüche des kapitalistischen Vergesellschaftungsprozesses zu regulieren, war eine erhebliche Zunahme staatlicher Interventionstätigkeit erforderlich. Zum einen wurden – z.B. mit der Bildungs-, Verkehrs- und Technologiepolitik –

---

89 Vgl. Streeck, Staat und Verbände: Neue Fragen. Neue Antworten, S. 13f. Siehe dazu auch: Abromeit, Interessenvermittlung zwischen Konkurrenz und Konkordanz, S. 149f.
90 Vgl. Lehmbruch, Der Beitrag der Korporatismusforschung zur Entwicklung der Steuerungstheorie, S. 735ff.
91 Vgl. Hirsch/Roth, Das neue Gesicht des Kapitalismus, S. 46ff.

wichtige infrastrukturelle Voraussetzungen für den Produktions- und Reproduktionsprozeß geschaffen, zum anderen umfangreiche sozialpolitische Programme aufgelegt, mit deren Umsetzung sich die charakteristischen Merkmale des keynesianischen Wohlfahrtsstaates herausbildeten. Die Ausweitung der wohlfahrtsstaatlichen Regulierungsaktivitäten wurde nicht zuletzt durch soziale Auseinandersetzungen politisch erzwungen, zugleich trug sie maßgeblich zur ökonomischen und politischen Stabilität der fordistischen Formation selbst bei.[92] Im Fordismus bildete sich ein System funktionsfähiger korporativer Regulierungsformen heraus, das einen stabilen und dauerhaften Klassenkompromiß zum Inhalt hatte. Kern dieses Regulierungsmodells war das institutionelle Dreieck aus Staat, Gewerkschaften und Unternehmerverbänden.

In der ersten Hälfte der siebziger Jahre erschöpften sich zunehmend die Produktivitätsreserven des Taylorismus. Der Fordismus geriet in die Krise.[93] Mit der wirtschaftlichen Stagnation und der wachsenden Arbeitslosigkeit entfielen wichtige Voraussetzungen für den fordistischen Kompromiß. Zugleich trugen Entwicklungen in anderen gesellschaftlichen Bereichen, allen voran das bedrohliche Ausmaß der Natur- und Umweltzerstörung, zum Legitimationsverlust des fordistischen Produktions- und Konsumtionsmodells bei. Mit dem auf Wissenschaft, Technik und Wachstum basierenden Fortschrittsmodell gerieten auch die politischen Institutionen in eine Legitimationskrise, weil sie sich als unfähig erwiesen, auf die vielfältigen Formen der Krise zu reagieren. Nun setzten verstärkt Bemühungen ein, die Regulationsweise an die veränderten Akkumulationsbedingungen anzupassen.[94]

Die Entwicklung eines Politikfeldes in das Formationskonzept der Regulationstheorie einzubetten, steht vor der Schwierigkeit, die Möglichkeit, ja die Wahrscheinlichkeit von Nichtkongruenzen zwischen politisch-institutionellen Teilsektoren einerseits und den Anforderungen des Akkumulationsregimes andererseits mitzubedenken. So bewegen sich Arbeitsschutzmaßnahmen stets in dem Widerspruch, die Gesundheit der Beschäftigten schützen zu sollen und gleichzeitig die Verwertungsbedingungen des Kapitals nicht unterminieren zu dürfen. Darüber hinaus unterliegt der Arbeitsschutz stets auch anderen

---

92 Vgl. dazu auch: Lutz, Der kurze Traum immerwährender Prosperität, S. 186ff.
93 Vgl. Hirsch/Roth, Das neue Gesicht des Kapitalismus, S. 78ff.; Lutz, Der kurze Traum immerwährender Prosperität, S. 228ff., 236ff.
94 Das Binnenmarktprojekt selbst kann als Instrument wie als Resultat des Übergangs zu einer postfordistischen Regulierung der Arbeitsbeziehungen und der sozialen Konflikte interpretiert werden, das – nicht nur ökonomisches, sondern auch politisches Projekt – im internationalen Maßstab einem tiefgreifenden Wandel der hegemonialen Konstellationen und der politischen Regulationsweise Vorschub leisten und ihm zugleich Rechnung tragen soll. Vgl. Cox, Structural Issues of Global Governance: Implications for Europe, S. 261, 267ff.

Einflüssen als den Interessen von Kapital und Arbeit; vor allem ist er in den vergangenen Jahrzehnten erheblich durch die Entwicklung arbeitsmedizinischer und arbeitspsychologischer Kenntnisse verändert worden. Es wäre also eine unzulässige Vereinfachung, den Arbeitsschutz und die Arbeitsschutzpolitik widerspruchsfrei in das Fordismus-/Postfordismus-Konzept einpassen zu wollen. Dennoch lassen sich einige in der fordistischen Ära für den Arbeitsschutz typische Merkmale benennen. Der fordistische Produktionstyp war stofflich durch eine fortschreitende Zergliederung des Arbeitsprozesses und arbeitsorganisatorisch durch eine Zentralisierung von Planungs-, Leitungs- und Überwachungsfunktionen auf einer übergeordneten Ebene gekennzeichnet. Die in dieser Zeit charakteristische Philosophie des Arbeitsschutz ging nicht auf diese Produktionsformen und die daraus erwachsenden Arbeitsbeziehungen und Arbeitsbelastungen zurück, war aber damit weitgehend kompatibel. Sie war durch folgende Merkmale gekennzeichnet:[95]

- Gesundheitliche Gefahren durch *physikalische bzw. chemisch-toxische Einwirkungen* standen im Mittelpunkt dieses Arbeitsschutztyps, wohingegen arbeitsorganisatorische Aspekte und psychomentale bzw. psychosoziale Aspekte des Gesundheitsschutzes jenseits seines Zugriffsbereichs lagen. Damit einher ging eine stark naturwissenschaftliche und kurative Orientierung der Arbeitsmedizin.[96]
- Es handelte sich um einen *technischen* Arbeitsschutz, der sich auf die *Gefahrenabwehr* beschränkte und sich dabei vorzugsweise der Normung von Maschinen und der Festsetzung von Grenzwerten, etwa bei Lärm oder Gefahrstoffimmissionen, bediente. Die Standardisierung von Schutzbestimmungen und ihre Beschränkung auf klassische Risiken wurde durch den fordistischen Produktionstyp erheblich erleichtert.
- Der Arbeitsschutz wies den Beschäftigten in erster Linie einen *Objektstatus* zu: Sie erhielten standardisierte Verhaltensmaßregeln zur Minderung von Risiken bzw. für den Fall des Eintretens unmittelbarer Gefahren oder wurden mit persönlichen Schutzausrüstungen ausgestattet.
- Es handelte sich eher um einen *reaktiven* als um einen systematisch-präventiven *Arbeitsschutz*. Bestimmte Arbeitsabläufe oder die Einführung neuer Arbeitsstoffe wurden in der Regel nicht im vorhinein einer umfassenden Bewertung unterzogen, sondern überwiegend nach Maßgabe durch Beobachtung gewonnener Erfahrungen im nachhinein und bloß punktuell korrigiert. Hier war es der lineare Charakter der fordistischen Produktionstechnologie, der ein derartiges Vorgehen begünstigte.

---

95 Vgl. zur Entwicklung des Arbeitsschutzes u.a.: Müller, Prävention von arbeitsbedingten Erkrankungen?, S. 176ff.; Pröll, Von der Gewerbepolizei zum Vorsorgemanagement, S. 151ff.
96 Vgl. Milles, Am »Punkt Null« stehen die alten Probleme, und aufgebaut werden die alten Schwierigkeiten, S. 129ff.

Problemstellung und theoretischer Bezugsrahmen

Darüber hinaus spiegelten sich auch ideologische Ausprägungen und politische Regulierungsformen der fordistischen Ära im Arbeitsschutz der fünfziger und sechziger Jahre wider:
- Die Arbeitsschutzphilosophie war von einem *ausgeprägten Fortschrittsoptimismus* gekennzeichnet, der sich in der Erwartung äußerte, daß mit dem ökonomischen und technologischen Strukturwandel auch ein stetiger Abbau arbeitsbedingter Gesundheitsrisiken einhergehen würde.
- Sowohl in Deutschland als auch in Großbritannien wandelte sich nach dem Zweiten Weltkrieg auch die politische Regulierungsform im Arbeitsschutz. In Deutschland löste das 1951 in Kraft getretene Gesetz über die Wiederherstellung der Selbstverwaltung in der Sozialversicherung die bisherige unternehmerische Selbstverwaltung in den Berufsgenossenschaften durch die Parität von Arbeitgebern und Versicherten bzw. Gewerkschaften ab.[97] Damit wurde die gesetzliche Unfallversicherung Gegenstand eines korporatistischen Regulierungsmechanismus. In Großbritannien wurden – zwar nicht für die gesamte Wirtschaft wie in Deutschland, aber doch für einzelne Branchen – Mechanismen der betrieblichen und überbetrieblichen Konsultation von Gewerkschaften in Arbeitsschutzfragen eingeführt.[98]

Sowohl in Großbritannien als auch in Deutschland fiel die offenkundige Krise des traditionellen Arbeitsschutzes mit der des fordistischen Regimes zeitlich zusammen. Zwar läßt sich erstere sicherlich nicht auf letztere reduzieren, allerdings war das Zusammentreffen auch alles andere als ein Zufall. So hatten sich die Hoffnungen, daß mit technologischen Fortschritten auch eine gesundheitsgerechte Arbeitsgestaltung einhergehen würde, als Illusion erwiesen; gleichzeitig rückten die Mängel des traditionellen Arbeitsschutzes allmählich in das Bewußtsein der Beteiligten. Daß sich nun das Interesse von Unternehmen am Gesundheitsschutz für die Beschäftigten neu akzentuierte und gleichzeitig das Klima für soziale Reformen günstig war, fand auch im Arbeitsschutz seinen Ausdruck: In Deutschland wurde 1973 das Arbeitssicherheitsgesetz verabschiedet und lief 1974 das Programm »Humanisierung der Arbeit« (HdA) an.[99] Auch in Großbritannien wurde mit dem Health and Safety at Work etc. Act im selben Zeitraum ein Versuch zur Modernisierung des Arbeitsschutzes unternommen.[100] Diese Reformen trafen in beiden Ländern

---

97 Vgl. Hockerts, Sozialpolitische Entscheidungen im Nachkriegsdeutschland, S. 131ff.
98 Allerdings blieb der *voluntarism* im Arbeitsschutz weit verbreitet. Vgl. Watterson, Industrial Relations and Health and Safety at Work in Post-war Britain, S. 78ff., 118ff.
99 Vgl. Matthöfer, Humanisierung der Arbeit und Produktivität in der Industriegesellschaft, S. 11ff.; Ehrenberg/Fuchs, Sozialstaat und Freiheit, S. 175ff.
100 Vgl. Dawson u.a., Safety at Work, S. 3ff.

im Grundsatz auf das Wohlwollen der Arbeitgeberverbände, die sich davon eine Erschließung neuer Produktivitätsreserven versprachen.[101]

Gleichzeitig wiesen eine Reihe von Entwicklungen in Richtung darauf, den Arbeitsschutz anders als in der Vergangenheit stärker am Leitbild einer menschengerechten und gesundheitsfördernden Gestaltung von Arbeitsbedingungen zu orientieren und dabei auch Fragen der psychischen Gesundheit einzubeziehen. Mit dem ökonomischen Strukturwandel sowie mit der Einführung neuer (posttayloristischer) Produktionstechnologien und Rationalisierungskonzepte ging für einen erheblichen Teil der Beschäftigten eine Veränderung der Arbeitsinhalte einher.[102] Daraus erwuchsen zugleich neue gesundheitliche Belastungen bei der Arbeit.[103] Mit dem erheblichen Bedeutungszuwachs kognitiver, kommunikativer, beratender, koordinierender, kontrollierender und disponierender Tätigkeiten wird zugleich das psychophysische Wohlbefinden der Beschäftigten in größerem Maße zu einer Voraussetzung ihrer Leistungsfähigkeit und damit zu einer betrieblichen Produktivitätsressource – erst recht dann, wenn Arbeitstempo und Arbeitsinhalte immer höhere Anforderungen an die Beschäftigten stellen.[104] Zugleich zeigte die auch in der Arbeitsmedizin aufkommende Streßforschung, daß eine Vielzahl von Erkrankungen auf psychische und soziale Arbeitsbelastungen zurückzuführen waren. In der Öffentlichkeit wurden, nach dem ungebrochenen Fortschrittsoptimismus der fünfziger und sechziger Jahre, auch die Grenzen der kurativen (naturwissenschaftlichen) Medizin und ihre Ohnmacht insbesondere gegenüber chronischen Erkrankungen stärker wahrgenommen. Schließlich deuteten sich auch in den subjektiven Orientierungen weitreichende Veränderungen an. Der sich im Übergang zu den siebziger Jahren vollziehende Wertewandel beinhaltete zum einen eine Höherbewertung des Gutes Gesundheit und eine Neuakzentuierung seines Verständnisses, das nun stärker mit Werten wie Selbstverwirklichung und Wohlbefinden verknüpft wurde.[105]

Er beinhaltet zum anderen steigende Ansprüche an die Arbeit: daß Arbeit sinnvoll, erfüllend und emotional befriedigend ist, erhält nun einen größeren Stellenwert. Damit verstärkt sich – implizit und häufig auch explizit – nachhaltig der Wunsch nach gesunden Arbeitsbedingungen. Diese Entwicklungen

---

101 Vgl. Deppe, Industriearbeit und Medizin, S. 146ff. Auch im HdA-Projekt war dies ein tragendes Motiv, wie nicht zuletzt Matthöfers programmatischer Buchtitel »Humanisierung der Arbeit und Produktivität in der Industriegesellschaft« verdeutlicht. Siehe zur Interessenlage der Arbeitgeberverbände im Hinblick auf das HdA-Projekt auch: Strauss-Fehlberg, Die Forderung nach Humanisierung der Arbeitswelt, S. 114ff.
102 Vgl. zu dieser Entwicklung z. B.: Kern/Schumann, Das Ende der Arbeitsteilung?, bes. S. 67ff., 176ff., 251ff.; Baethge/Overbeck, Zukunft der Angestellten, S. 181ff.
103 Vgl. Marstedt, Rationalisierung und Gesundheit, S. 54ff.
104 Vgl. Marstedt/Mergner, Gesundheit als produktives Potential, S. 112ff.
105 Vgl. Rodenstein, Wandlungen des Gesundheitsverständnisses in der Moderne, S. 292ff.

Problemstellung und theoretischer Bezugsrahmen

lenkten die Aufmerksamkeit auf die Rolle der Gesundheitsprävention in der Arbeitswelt und auf die Ausweitung präventiver Interventionen. Diese Wahrnehmungsveränderungen vollziehen sich allerdings nicht als uniforme Entwicklungen, sondern sind stark von sozialen, milieu- und geschlechtsspezifischen sowie individual-lebensgeschichtlichen Erfahrungen und Interpretationsmustern beeinflußt und durch sie gebrochen.[106]

1.4 Aufbau der Arbeit

Kapitel 2 erörtert die Grundzüge der europäischen Arbeitsschutzpolitik. Im Mittelpunkt stehen dabei die Gründe für die Übertragung der Rechtsetzungskompetenz auf die europäischen Gremien und für die Festschreibung eines hohen Schutzniveaus, die Strukturmerkmale des europäischen Mehrebenensystems im Arbeitsschutz und das den EU-Richtlinien zugrunde liegende Leitbild. Bezugspunkt sind aufgrund der eingangs vorgestellten Überlegungen die Rahmenrichtlinie sowie die Bildschirmrichtlinie.

Anschließend werden zunächst für Großbritannien *(Kapitel 3)* und dann für Deutschland *(Kapitel 4)* die jeweiligen nationalstaatlichen Voraussetzungen für eine Umsetzung europäischer Arbeitsschutzrichtlinien analysiert. Es finden jene Determinanten Berücksichtigung, von denen begründetermaßen angenommen werden kann, daß sie Inhalt, Tempo und Richtung des Umsetzungsprozesses beeinflußten, nämlich
- das Staatsverständnis und die Strukturmerkmale des politischen Systems;
- die ökonomischen Rahmenbedingungen und die Muster der Konfliktregulierung zwischen Staat, Kapital und Arbeit sowie die Tradition und Entwicklung der Arbeitsbeziehungen;
- die Regulierungsstruktur der Arbeitsschutzsysteme sowohl im Hinblick auf ihre institutionellen wie ihre rechtlich-normativen Merkmale

Die Ausführungen zum Arbeitsschutzsystem beziehen sich jeweils auf den Zeitpunkt vor der vollzogenen Rechtsanpassung an die EU-Richtlinien. *Kapitel 5* befaßt sich mit dem Wandel der Arbeitsbedingungen und arbeitsbedingten Gesundheitsbelastungen im Postfordismus sowie den daraus erwachsenden Anforderungen an eine Modernisierung des Arbeitsschutzes. Da die Entwicklungen in Großbritannien und Deutschland weitgehend

---

106 Dies gilt auch für die Stellenwert, den die Individuen ihrer eigenen Gesundheit beimessen, für ihre Interpretationen von Krankheit und Gesundheit und für ihr Krankheits- und Gesundheitsverhalten. Vgl. Gawatz, Gesundheitskonzepte: Ihre Bedeutung im Zusammenhang von sozialer Lage und Gesundheit, S. 155ff.

Kapitel 1

synchron verlaufen sind, wurden diese Aspekte in einem Kapitel zusammengefaßt. Bezugspunkt dieser Ausführungen ist der Zeitraum, in den die Konflikte um die Umsetzung der europäischen Richtlinien fielen, also etwa zwischen 1990 und 1996.

Gegenstand der folgenden Kapitel ist die Umsetzung der europäischen Vorschriften und die Entwicklung der nationalstaatlichen Arbeitsschutzpolitik in Großbritannien *(Kapitel 6)* und Deutschland *(Kapitel 7)*. Hier werden zunächst diejenigen Herausforderungen herausgearbeitet, denen sich die beiden Systeme durch die EU-Richtlinien gegenübersahen. Die folgenden Abschnitte analysieren die Beziehungen, die Interessen und die Handlungsstrategien der arbeitsschutzpolitischen Hauptakteure (Regierung, Arbeitsschutzbehörden, Unternehmerverbände und Gewerkschaften). Anschließend stehen die Anpassung an die europäischen Mindestanforderungen sowie Kontinuität und Wandel derjenigen Faktoren im Mittelpunkt, die die Entwicklung des Arbeitsschutzes und die Anwendung der neuen Vorschriften beeinflußten. Dazu zählten u.a. die übergreifenden Bemühungen zur Deregulierung, die finanzielle und personelle Ausstattung der Aufsichtsbehörden, die Modernisierungsbemühungen der Arbeitsschutzinstitutionen sowie die dem Arbeitsschutzvollzug zugrunde liegenden Prinzipien. Abschließend werden jeweils die Charakteristika und Determinanten der nationalstaatlichen Arbeitsschutzpolitik diskutiert.

Sodann wendet sich der Blick erneut der europäischen Ebene zu *(Kapitel 8)*. Im Mittelpunkt des Interesses steht die Frage, durch welche Entwicklungstendenzen die europäische Arbeitsschutzpolitik in der Phase der nationalstaatlichen Umsetzung der Rahmenrichtlinie und der Bildschirmrichtlinie gekennzeichnet war und in welcher Weise sie auf diesen Prozeß Einfluß nahm. Schließlich faßt *Kapitel 9* in einer vergleichenden Betrachtung die wichtigsten Ergebnisse der Arbeit zusammen.

Das Quellenmaterial, auf das sich die vorliegende Arbeit stützt, besteht aus offiziellen parlamentarischen und regierungsamtlichen Dokumenten sowie einer umfangreichen »grauen Literatur«, also den Entschließungen und Verlautbarungen, Berichten und Darstellungen, Positionspapieren und Meinungsäußerungen, Analysen und Strategiepapiere der beteiligten Akteursgruppen und ihrer Repräsentanten. Über diese schriftlichen Quellen hinaus nahmen Expertinterviews mit Vertretern aus Politik, Verwaltungen und Verbänden einen wichtigen Stellenwert ein. Sie dienten dazu, die Problemsicht und die Strategieformulierung der beteiligten Akteursgruppen genauer kennenzulernen. Insgesamt wurden im Zeitraum zwischen März 1995 und Februar 1998 34 qualitative Interviews durchgeführt. Die ihnen entnommenen Zitate sind in anonymisierter Form wiedergegeben, allerdings unter Nennung der Akteurgruppe, der die jeweils befragten Personen angehören.

Kapitel 2

Binnenmarktprojekt und europäische Arbeitsschutzpolitik

2.1 Integrationsschub und arbeitsschutzpolitische Kompetenzerweiterung

Die Römischen Verträge beschränkten das Ziel der europäischen Integration auf die Schaffung einer *Wirtschaftsgemeinschaft*. Zwar verpflichteten sich die Mitgliedstaaten, den sozialen Fortschritt zu fördern und eine Verbesserung der Arbeits- und Lebensbedingungen, unter expliziter Einbeziehung des Gesundheitsschutzes am Arbeitsplatz (Art. 118 Abs. 1 EWG-Vertrag – EWGV), zu erreichen. Jedoch waren die europäischen Institutionen kaum mit sozialpolitischen Kompetenzen ausgestattet. So blieb die Sozialpolitik, sieht man einmal von den Maßnahmen zur Gleichstellung der Wanderarbeitnehmer ab, bis zur ersten Hälfte der siebziger Jahre nahezu bedeutungslos.[1] Erst mit dem Pariser Gipfel von 1972 erfuhr sie eine deutliche Aufwertung. Auf ihn geht das erste sozialpolitische Aktionsprogramm von 1974 zurück, in dessen Umsetzung die EU eine Reihe von Richtlinien verabschiedete, die u.a. die Gleichstellung der Geschlechter, den Gesundheitsschutz am Arbeitsplatz und Vorschriften bei Massenentlassungen zum Gegenstand hatten. Dennoch blieben die von den EU-Institutionen ausgehenden Impulse insgesamt schwach. Die Mitgliedstaaten verfolgten unterschiedliche Interessen und Strategien in der Sozialpolitik und waren nicht zur Übertragung weitreichender Kompetenzen an die EU bereit. Initiativen scheiterten häufig an der erforderlichen Einstimmigkeit, weil jedes Land Entscheidungen durch ein Veto blockieren konnte. Wenn dennoch eine Einigung erzielt wurde, bewegte sie sich oft genug auf dem kleinsten gemeinsamen Nenner. Eine effektive supranationale Sozialpolitik war so nicht möglich.[2] Auch die 1978 und 1984 von der EU-Kommission aufgelegten ersten Aktionsprogramme für Sicherheit und Gesundheitsschutz am Arbeitsplatz änderten daran wenig.

Eine spezifische Zuständigkeit für den Gesundheitsschutz am Arbeitsplatz war der EU im EWG-Vertrag 1957 nicht zugewiesen worden. Ihre Aktivitäten

---

1 Vgl. Schulte, Die Entwicklung der europäischen Sozialpolitik, S. 264ff.; Brewster/Teague, European Community Social Policy, S. 51ff.
2 Vgl. Berié, Europäische Sozialpolitik, S. 36ff.

Kapitel 2

beruhten zum einen auf der Generalermächtigung des Art. 235 EWGV, auf dessen Grundlage die Gemeinschaft zur Verwirklichung eines ihrer Ziele auch dann tätig werden konnte, wenn der EWG-Vertrag dafür keine besonderen Befugnisse vorsah.³ Zum anderen konnte sie Gestaltungsmöglichkeiten vor allem unter Berufung auf wirtschaftliche Gründe, nämlich zur Herstellung des freien Warenverkehrs (Art. 100 EWGV), wahrnehmen, denn zu diesem Zweck bedurfte es u.a. der gemeinsamen technischen Normung von Erzeugnissen. Auf Art. 100 EWGV beruhte daher auch die überwiegende Zahl der von der EG verabschiedeten Richtlinien zum Arbeitsschutz. Jedoch wurden auch bei der Harmonisierung technischer Normen nur geringe Fortschritte erzielt.⁴ Gerade die Länder mit einem nur schwachen produktbezogenen Arbeitsschutz und entsprechend niedrigeren Produktionskosten erblickten in einer geringen Regelungsdichte oftmals einen Wettbewerbsvorteil in der Standortkonkurrenz. Interessendivergenzen und Vetomacht hatten somit auch beim Arbeitsschutz zu einer weitgehenden Selbstblockade der europäischen Institutionen geführt und rasche Fortschritte beim Integrationsprozeß nicht zugelassen.⁵

Ein Wandel begann sich erst ab 1984 abzuzeichnen, als die EU auf europäischer Ebene die Normungsinstitutionen CEN⁶ und CENELEC⁷ mit der Aufgabe betraute, technische Normen in Übereinstimmung mit den Anforderungen der EU-Richtlinien zu definieren. Angesichts der bisherigen Erfahrungen formulierten Rat und Kommission daraufhin – im Jahre 1985 – mit der »neuen Konzeption« eine grundlegend veränderte Regulierungsphilosophie: Zum ersten sollte der Ministerrat künftig nur noch allgemeine Anforderungen formulieren, die dann von den europäischen Normungsinstitutionen zu konkretisieren seien; zum zweiten sollte künftig das Prinzip der gegenseitigen Anerkennung gelten, demzufolge ein Mitgliedstaat in anderen Ländern produzierte Waren dann nicht vom eigenen Markt ausschließen durfte, wenn die bei ihrer Herstellung zugrunde gelegten Normen im Grundsatz dasselbe Schutzziel verfolgten wie die in der heimischen Produktion geltenden Normen.⁸ Auf diese Weise hoffte man den Prozeß der technischen Harmonisierung

---

3   Vgl. Schulz, Maastricht und die Grundlagen einer Europäischen Sozialpolitik, S. 19ff.; Maschmann, Deutsches und Europäisches Arbeitsschutzrecht, S. 612f.
4   Die wohl wichtigste Ausnahme von dieser Entwicklung stellte die Harmonisierung der Arbeitsschutzvorschriften auf dem Gebiet des Gefahrstoffrechts dar. Die von der EG erlassenen Richtlinien bezogen sich u.a. auf die Einstufung, Verpackung, Kennzeichnung und Verwendung gefährlicher Stoffe. Vgl. Maschmann, Deutsches und Europäisches Arbeitsschutzrecht, S. 609ff., 613f.
5   Vgl. dazu generell: Scharpf, Die Politikverflechtungs-Falle, S. 323ff.
6   Comité Européen de Normalisation.
7   Comité Européen de Normalisation Électrotechnique.
8   Vgl. Pelkmans, The New Approach to Harmonization and Standardization, S. 15ff.

Binnenmarktprojekt und europäische Arbeitsschutzpolitik

beschleunigen zu können. Trug bereits die »neue Konzeption« zu einer Intensivierung der europäischen Normungstätigkeit bei, so leiteten allerdings erst das Inkrafttreten der EEA und die nachfolgende Verabschiedung des dritten Aktionsprogramms der EU-Kommission für Sicherheit, Arbeitshygiene und Gesundheitsschutz am Arbeitsplatz für den Zeitraum von 1988 bis 1995 einen tiefgreifenden Wandel in der europäischen Arbeitsschutzpolitik ein.[9]

Das Hauptziel der EEA war die Schaffung eines europäischen Binnenmarktes bis zum Jahre 1992. Bereits vor ihrer Verabschiedung hatte die EU-Kommission dem Europäischen Rat ein Weißbuch vorgelegt, das 300 Rechtsvorschriften umfaßte, die zu diesem Zweck geändert bzw. angeglichen werden sollten.[10] Hintergrund des Binnenmarktprogramms waren die strukturellen Veränderungen, die sich seit den beginnenden siebziger Jahren in den weltweiten kapitalistischen Konkurrenzbeziehungen vollzogen hatten. In ihrem Verlauf mußte Europa erhebliche Positionsverluste gegenüber Japan und den USA hinnehmen, die sich in geringeren Wachstumsraten sowie einer sinkenden Konkurrenzfähigkeit und Innovationskraft gerade in zukunftsorientierten Branchen äußerten.[11] Ein gemeinsamer Markt mit einem freien Verkehr von Waren, Dienstleistungen, Kapital und Personen sollte entscheidend zur Revitalisierung der europäischen Wirtschaft beitragen. Zu seiner Herstellung mußte die Vielzahl der existierenden »nichttarifären« Handelshemmnisse beseitigt werden. Das anvisierte Maßnahmenpaket umfaßte die Abschaffung von Grenzkontrollen für Güter und Personen, die technische Harmonisierung bzw. wechselseitige Anerkennung technischer Normen, die Freizügigkeit der Erwerbstätigen, die grenzüberschreitende Ausschreibung öffentlicher Aufträge, die wechselseitige Anerkennung von Berufsabschlüssen sowie die Gewährleistung eines freien Kapital- und Dienstleistungsverkehrs. Es sollte gewaltige Wachstums- und Rationalisierungseffekte freisetzen, von deren Zusammenwirken man sich eine Stärkung der außenwirtschaftlichen Position Europas, einen Rückgang der Inflation und eine Entlastung der öffentlichen Haushalte, eine Steigerung der Wirtschaftstätigkeit und die Schaffung von Millionen von Arbeitsplätzen erhoffte.[12]

Mit der Schaffung eines gemeinsamen Marktes waren und sind weitreichende wirtschafts-, sozial- und gesellschaftspolitische Wandlungsprozesse verknüpft. Da sich nun alle Waren und Dienstleistungen auf *einem* Markt zu bewähren hatten, kamen die bisherigen nationalstaatlichen Bestimmungen

---

9 Vgl. Kommission der Europäischen Gemeinschaften, Dok. 88/C 28/02 vom 3.2.1988, S. 3ff.
10 Vgl. KOM(85)310 endg. vom 14.6.1985
11 Vgl. Huffschmid, Das Binnenmarktprojekt '92 – Hintergründe und Stoßrichtung, S. 39ff.; Busch, Umbruch in Europa, S. 24ff.
12 Vgl. Cecchini, Europa '92.

Kapitel 2

zur Regulierung der Arbeitsbedingungen und der sozialen Sicherung auf den Prüfstand ökonomischer Effizienz. In der Folge setzte die Herstellung des Binnenmarktes in den Mitgliedstaaten – bei allen nationalstaatlichen Unterschieden im einzelnen – starke Tendenzen zur wechselseitigen Unterbietung bei sozialen Schutzstandards frei. Zu den ergriffenen Maßnahmen zählten u.a. der Abbau kollektivvertraglicher zugunsten individualvertraglicher Regelungen, die Flexibilisierung von Arbeitszeiten und Beschäftigungsverhältnissen sowie der Verzicht auf bzw. der Abbau von kostenwirksamen Auflagen für die Unternehmen.[13] Sie wurden begleitet von einer restriktiven Haushalts- und Geldpolitik, mit deren Hilfe die Inflationsrate und die Staatsverschuldung gesenkt sowie die Währung stabilisiert werden sollten.[14] Vor diesem Hintergrund gerieten die Kollektivregelungen, korporatistischen Arrangements und sozialstaatlichen Kompromisse, die in der fordistischen Ära ins Leben gerufen worden waren, unter einen wachsenden Druck. An ihre Stelle traten immer häufiger individuelle, unternehmensbezogene oder regionale Regelungen, der Abbau kollektiver Schutzstandards und eine generelle Anpassung der Arbeitsbeziehungen an die Erfordernisse des Verwertungsprozesses.[15]

Die »soziale Dimension« trat bei der Schaffung des Binnenmarktes gegenüber der wirtschaftlichen Integration eindeutig in den Hintergrund. Sowohl das Weißbuch und der Cecchini-Bericht als auch das auf ihrer Grundlage konzipierte Binnenmarktprojekt bringen die neoliberale Überzeugung zum Ausdruck, daß eine sozialpolitische Flankierung des Integrationsprozesses überflüssig – wenn nicht gar schädlich – sei, weil sich die soziale Dimension des Binnenmarktes im wesentlichen über die als gleichsam naturwüchsig erachteten Wohlfahrtseffekte zwischenstaatlicher Deregulierung herstellen würde.[16] Auch wenn die Mitgliedstaaten der EU den europäischen Entscheidungsgremien mit der Verabschiedung der EEA einige sozialpolitische Kompetenzen zuwiesen, so blieben diese letztlich sehr schwach. Streeck sieht darin zu Recht eine »Niederlage für die Soziale Dimension«.[17] Auf dem Gebiet der Sozialpolitik war der Gesundheitsschutz am Arbeitsplatz der einzige Bereich, in dem die Mitgliedstaaten die EU mit verbindlichen Rechtsetzungsvollmachten ausstatteten.[18] Die Gestaltung der sozialstaatlichen Sicherungssysteme

---

13 Vgl. z.B. Ruysseveldt/Visser (Eds.), Industrial Relations in Europe: Traditions and Transitions; Schmid, Wohlfahrtsstaaten im Vergleich, S. 64ff., 148ff.; Heinze/Schmid/Strünck, Vom Wohlfahrtsstaat zum Wettbewerbsstaat, S. 97ff.
14 Vgl. Altvater/Mahnkopf, Gewerkschaften vor der europäischen Herausforderung, S. 35ff.
15 Vgl. Deppe/Weiner (Hrsg.), Binnenmarkt '92.
16 Vgl. Cecchini, Europa '92, S. 102ff., 123ff.
17 Streeck, Vom Binnenmarkt zum Bundesstaat?, S. 387.
18 Vgl. Middlemas, Orchestrating Europe, S. 119ff., bes. 122.

Binnenmarktprojekt und europäische Arbeitsschutzpolitik

bleibt allerdings nach wie vor eine Domäne der Nationalstaaten. Eine entsprechende vertraglich fixierte Selbstverpflichtung der Mitgliedstaaten oder eine Übertragung von Kompetenzen an supranationale Institutionen hätte nicht nur dem wirtschaftspolitischen Credo der beteiligten Regierungen widersprochen, sondern wäre auch auf einen Souveränitätsverlust in den allenthalben zum Kernbestand nationalstaatlicher Zuständigkeit gerechneten Bereichen der Wirtschafts-, Finanz- und Haushaltspolitik hinausgelaufen. So stehen der EU als sozialpolitisches Gestaltungselement im wesentlichen nur die Strukturfonds zur Verfügung, die die ökonomische Kohäsion innerhalb der Gemeinschaft fördern sollen. Zwar sind diese Mittel im Zuge der Schaffung des Binnenmarktes – als Zugeständnis an die ärmeren Mitgliedstaaten – erheblich aufgestockt worden; allerdings haben sie es bisher kaum vermocht, die Kluft zwischen arm und reich innerhalb der EU zu verringern, und schon gar nicht haben sie dem Anstieg der Arbeitslosenzahlen wirkungsvoll entgegenwirken können.[19] Auch der mit der EEA aufgewertete soziale Dialog zwischen Arbeitgebern und Arbeitnehmern hat bisher nur zu allenfalls dürftigen Ergebnissen geführt.[20]

Die vor allem von den Gewerkschaften getragenen Bemühungen, dem Integrationsprozeß eine »soziale Dimension« zu verleihen, blieben letztlich ohne durchgreifenden Erfolg. Unter den Gewerkschaften war die Befürchtung weit verbreitet, daß das Binnenmarktprojekt ein »Sozial-Dumping« und – als Folge des Rationalisierungsdrucks – steigende Arbeitslosenzahlen mit sich bringen würde.[21] Sie erhoben daher die Forderung nach einer verbindlichen Festschreibung sozialer Mindeststandards und sozialer Grundrechte für die abhängig Beschäftigten. Allerdings enthielt die schließlich auf dem Straßburger Gipfel 1989 – gegen die Stimmen Großbritanniens – verabschiedete »Gemeinschaftscharta der sozialen Grundrechte der Arbeitnehmer« (Sozialcharta) lediglich allgemeine Formulierungen, die zudem als »feierliche Erklärung«, also ohne jede Rechtsverbindlichkeit, verabschiedet wurden. Somit ließen sich aus ihr keine Handlungsverpflichtungen für die Mitgliedstaaten oder die EU-Organe ableiten.[22] Die Mitgliedstaaten erweiterten auf den Regierungskonferenzen von Maastricht und Amsterdam zwar die sozialpolitischen Kompetenzen der EU, jedoch änderte dies am sozialpolitischen Defizit der

---

19 Vgl. dazu die einzelnen Länderbeiträge in: Bieling/Deppe (Hrsg.), Arbeitslosigkeit und Wohlfahrtsstaat in Westeuropa.
20 Vgl. u.a.: Keller, Die soziale Dimension des Binnenmarktes, S. 588ff.
21 Vgl. z.B. die Beiträge in: Steinkühler (Hrsg.), Europa '92. Siehe auch: Däubler, Sozialstaat EG?
22 Vgl. Deppe, Die Dynamik der europäischen Integration und die Arbeitsbeziehungen, S. 9ff.; Däubler, Die soziale Dimension des Binnenmarkts – Realität oder Propagandafigur?, S. 314ff.

europäischen Integration nichts Grundsätzliches. Auf die Entwicklung der europäischen Sozial- und Arbeitsschutzpolitik nach 1991, also in der Zeit der nationalstaatlichen Umsetzung der EU-Arbeitsschutzrichtlinien, wird unten (Kapitel 8) eingegangen.

2.2 Institutionelle Zuständigkeiten, Entscheidungsverfahren und rechtlicher Charakter der Arbeitsschutzrichtlinien

Mit dem Inkrafttreten der EEA wurden die Kompetenzen der EU bei der Gestaltung des arbeitsbezogenen Gesundheitsschutzes bedeutend ausgebaut. Seitdem ist sie mit einer *umfassenden* Befugnis zur Rechtsetzung ausgestattet, und in allen Mitgliedstaaten wird der Arbeitsschutz heute maßgeblich durch europäische Vorgaben bestimmt.[23] Ihre Rechtsetzungsbefugnisse nimmt die EU mit dem Erlaß von *Richtlinien* wahr. Die Kompetenzen der EU beruhen auf folgenden Rechtsgrundlagen[24]:

1. Art. 100 EWGV und seit 1987 Art. 100a EWGV beziehen sich auf die Bedingungen, unter denen Waren frei auf dem europäischen Binnenmarkt gehandelt werden dürfen. Sie sind Grundlage für solche Richtlinien, »die die Schaffung und das Funktionieren des Binnenmarktes zum Gegenstand haben« (Art. 100a Abs. 1 EWGV), und werden daher auch als Binnenmarkt- oder produktbezogene Richtlinien bezeichnet. Als Teil der EG-Wirtschaftspolitik werden sie vom Rat der Wirtschaftsminister verabschiedet, auch wenn sie Aspekte des Gesundheits-, Umwelt- und Verbraucherschutzes einschließen. Die auf der Grundlage von Art. 100a EWGV verabschiedeten Richtlinien können auf den arbeitsbezogenen Gesundheitsschutz insofern sehr weitreichende Auswirkungen haben, als sie auch Sicherheitsanforderungen definieren, denen Produkte (z.B. Maschinen) entsprechen müssen, wenn sie auf dem Binnenmarkt gehandelt und den Unternehmen als Arbeitsmittel zur Verfügung stehen sollen. Die für den Gesundheitsschutz von Beschäftigten bedeutendste unter ihnen ist die 1989 verabschiedete Maschinenrichtlinie.[25] Bei Rechtsakten nach Art 100a EWGV gilt das Prinzip der totalen Harmonisierung: Der Sachverhalt wird also abschließend von der EU-Richtlinie geregelt; eine nationale Abweichung im Sinne eines höheren Schutzniveaus ist in der Regel ausgeschlossen.[26] Es ist zwar in das Belieben der Mitgliedstaaten gestellt, für die in

---

23 Vgl. Deppe/Lenhardt, Gesundheitsschutz am Arbeitsplatz – Harmonisierungstendenzen in der Europäischen Gemeinschaft, S. 47ff.
24 Vgl. u.a. Doll, Konvergenz des Arbeitsschutzes in Europa, S. 229ff.; Maschmann, Deutsches und Europäisches Arbeitsschutzrecht, S. 595ff.
25 Vgl. Richtlinie 89/392/EWG des Rates vom 14.6.1989, S. 9ff.
26 Vgl. Maschmann, Deutsches und Europäisches Arbeitsschutzrecht, S. 616ff.

ihren Grenzen produzierten Waren höhere Anforderungen festzulegen, jedoch dürfen diese nicht zum Anlaß für die Errichtung von Handelsbarrieren genommen werden. Importierte Produkte müssen also lediglich den europäischen Anforderungen genügen.

2. Art. 118a EWGV, der mit der EEA in das europäische Vertragswerk eingefügt worden ist, hat ausdrücklich den Gesundheitsschutz am Arbeitsplatz zum Gegenstand. Darin verpflichten sich die Mitgliedstaaten,

»die Verbesserung insbesondere der Arbeitsumwelt zu fördern, um die Sicherheit und Gesundheit der Arbeitnehmer zu schützen, und setzen sich die Harmonisierung der in diesem Bereich bestehenden Bedingungen bei gleichzeitigem Fortschritt zum Ziel.« (Art. 118a Abs. 1 EWGV)

Die EU erläßt als Beitrag zur Verwirklichung dieses Ziels »unter Berücksichtigung der in den einzelnen Mitgliedstaaten bestehenden Bedingungen und technischen Regelungen mit qualifizierter Mehrheit durch Richtlinien Mindestvorschriften, die schrittweise anzuwenden sind.« (Art. 118a Abs. 2 EWGV) Aus dem Ziel der »Harmonisierung [...] bei gleichzeitigem Fortschritt« folgt, daß sich die EU-Arbeitsschutzrichtlinien an einem hohen Schutzniveau zu orientieren haben. Aus dem Hinweis auf die schrittweise Anwendung der Richtlinien geht hervor, daß in diesem Prozeß den Mitgliedstaaten – insbesondere jenen mit einem geringeren Schutzniveau – eine angemessene Frist einzuräumen ist, innerhalb derer sie die vorgeschriebenen Verbesserungen vornehmen müssen. Die EU-Richtlinien sollen allerdings, so ist einschränkend angefügt, »keine verwaltungsmäßigen, finanziellen oder rechtlichen Auflagen vorschreiben, die der Gründung und Entwicklung von Klein- und Mittelbetrieben entgegenstehen.« (Art. 118a Abs. 2 EWGV) Da die Richtlinien als Mindestvorschriften konzipiert sind, ist es den einzelnen Mitgliedstaaten freigestellt, weitergehende Schutzmaßnahmen beizubehalten bzw. einzuführen (Art. 118a Abs. 3 EWGV). Jedoch dürfen daraus resultierende Unterschiede im Schutzniveau nicht die auf der Grundlage von Art. 100a EWGV geregelten Belange beeinträchtigen, können also nicht die Errichtung von Handelshemmnissen für Produkte rechtfertigen, die unter Arbeitsbedingungen hergestellt worden sind, die zwar nicht den höheren nationalen, aber immerhin den europäischen Anforderungen entsprechen. Fast die gesamte arbeitsschutzrelevante Rechtsetzung der EU, einschließlich der hier zu analysierenden Rahmenrichtlinie und der Bildschirmrichtlinie, basiert auf dieser Grundlage. Beschlüsse über Richtlinien nach Art. 118a EWGV werden vom Rat der Arbeits- und Sozialminister gefaßt.

Grundsätzlich ist das europäische Recht dem nationalen Recht übergeordnet und von unmittelbarer Geltung für die Mitgliedstaaten.[27] Richtlinien

---

27 Vgl. Bücker/Feldhoff/Kohte, Vom Arbeitsschutz zur Arbeitsumwelt, S. 58f.

sind für sie hinsichtlich der formulierten Ziele verbindlich, allerdings bleibt ihnen die freie Wahl der Form und der Mittel, mit denen sie die Umsetzung vollziehen (Art. 189 EWGV). In dieser Hinsicht verfügen die Mitgliedstaaten also über einen gewissen Spielraum bei der Umsetzung von EU-Vorgaben, der freilich durch die Verpflichtung auf die in den Richtlinien formulierten Ziele begrenzt ist. In diesem Sinne ist die Harmonisierung, die sich aus der Rechtsetzungsbefugnis der EU ergibt, nicht gleichbedeutend mit der Schaffung eines einheitlichen Arbeitsschutzrechts.[28] Darüber hinaus liegen der Vollzug und die Aufsicht über den Gesundheitsschutz am Arbeitsplatz nach wie vor in der Zuständigkeit der Nationalstaaten. Somit vollzieht sich Arbeitsschutzpolitik in der EU in einem komplexen Mehrebenensystem.[29]

Die EU-Arbeitsschutzrichtlinien wenden sich an die Mitgliedstaaten, nicht an Privatpersonen. Sie begründen somit einen vertikalen Rechtsanspruch, können also nur gegen den Staat eingeklagt werden.[30] Dies wirft das Problem auf, daß damit Beschäftigte in der Privatwirtschaft gegenüber Beschäftigten im öffentlichen Dienst benachteiligt werden, weil sie nicht gegen ihren Arbeitgeber klagen können.[31] Allerdings können Arbeitnehmer in Privatunternehmen bei arbeitsbedingten Gesundheitsschäden gegen den Staat dann Ersatzansprüche vor Gericht geltend machen, wenn die Beeinträchtigung durch das Versäumnis des Gesetzgebers hervorgerufen wurde, europäische Arbeitsschutzrichtlinien rechtzeitig und angemessen in das nationale Recht zu übertragen.[32] Kommt ein Staat seiner Umsetzungspflicht überhaupt nicht oder nur unzureichend nach, so hat er ein Vertragsverletzungsverfahren zu gewärtigen und kann auf rechtlichem Wege zur Erfüllung von Arbeitsschutzrichtlinien gezwungen werden. Im Falle einer ausbleibenden oder unzureichenden

---

28 Im übrigen wäre in diesem Fall eine Umsetzung europäischer Vorgaben in nationales Recht auch überflüssig. Vgl. dazu auch: Wank/Börgmann, Deutsches und europäisches Arbeitsschutzrecht, S. 161f.
29 Der Begriff des »Mehrebenensystems« bezeichnet ein analytisches Konzept der Integrationsforschung, das das Institutionengefüge der EU als eine föderale »Struktur staatlichen Handelns in mehreren Ebenen« charakterisiert (Pierson/Leibfried, Mehrebenen-Politik und die Entwicklung des »Sozialen Europa«, S. 16). Das Mehrebenensystem ist durch einen vertikalen Aufbau und ein System übereinander geschichteter Handlungssysteme gekennzeichnet, in dem die nationalstaatliche Autonomie nicht verschwunden, aber durchaus beschränkt ist. Diese Sichtweise steht dem Konzept des »Intergouvernementalismus« gegenüber, der die EU als ein System zwischenstaatlicher Verhandlungsbeziehungen autonom agierender Nationalstaaten auffaßt. Vgl. Jachtenfuchs/Kohler-Koch, Regieren im dynamischen Mehrebenensystem, S. 15ff.; Wallace/Wallace (Eds.), Policy-Making in the European Union.
30 Hendy/Ford (Eds.), Redgrave, Fife and Machin, S. LXIXff.
31 Vgl. Smith/Goddard/Randall, Health and Safety, S. 20ff.
32 Vgl. Hendy/Ford (Eds.), Redgrave, Fife and Machin: Health and Safety, S. LXXIIIf.; Smith/Goddard/Randall, Health and Safety, S. 21.

Binnenmarktprojekt und europäische Arbeitsschutzpolitik

Umsetzung durch den Mitgliedstaat können EU-Richtlinien sogar direkte Rechtsgültigkeit erlangen, nämlich unter der Voraussetzung, daß ihre Bestimmungen hinreichend präzise sind und keine Ausnahmen gestatten.[33] Die rechtlichen Handlungsspielräume in der nationalstaatlichen Arbeitsschutzpolitik sind nunmehr im wesentlichen nur noch nach oben offen.

Mit der Zuständigkeit des Rats der Wirtschaftsminister bzw. der Arbeits- und Sozialminister liegt die letztliche Entscheidungsmacht über die Rechtsetzung im Arbeitsschutz bei einem intergouvernementalen, nicht bei einem supranationalen Gremium. Die Verabschiedung von Richtlinien ist also nur möglich, wenn sich unter den Regierungen der Mitgliedstaaten eine entsprechende Mehrheit findet. Dennoch nimmt die EU-Kommission als eine supranationale Institution insofern eine Schlüsselstellung bei der europäischen Rechtsetzung ein, als sie über ein Vorbereitungs- und Vorschlagsmonopol für Richtlinien des Rates verfügt.[34] Dieses Monopol verschafft ihr einen weiten Spielraum, politische Vorhaben nach eigenen Vorstellungen zurechtzuschneiden. Dabei hat sie allerdings immer auch in Rechnung zu stellen, welche Vorschläge im Rat voraussichtlich zustimmungsfähig sein werden.

Mit der EEA wurden der EU nicht nur neue Befugnisse zugewiesen, sondern auch die Rechtsetzungsverfahren reformiert. Auch die Arbeitsschutzrichtlinien nach Art. 100a und Art. 118a EWGV waren davon betroffen. Zum ersten unterlagen sie nun dem neu eingeführten *Kooperationsverfahren* (Art. 149 Abs. 2 bzw. Art. 189c EWGV).[35] Demzufolge mußten Rat, Kommission und Parlament in jeweils zwei Lesungen bei der Verabschiedung von Richtlinien zusammenarbeiten. In der ersten Lesung verabschiedete das EP eine Stellungnahme zum Richtlinienentwurf, zu der der Rat einen gemeinsamen Standpunkt formulierte. Nach der Anhörung des Wirtschafts- und Sozialausschusses (WSA) und der Beschlußfassung im Ministerrat ging der Entwurf zur zweiten Lesung an das Parlament, das diesen mit absoluter Mehrheit ändern oder ablehnen konnte. Bei einer Ablehnung durch das EP konnte der Ministerrat dieses Votum nur einstimmig übergehen. Nahm das EP Abänderungen vor, so konnte der Ministerrat mit qualifizierter Mehrheit entscheiden, wenn die Kommission die Vorschläge zuvor übernommen hatte; hingegen war eine einstimmige Entscheidung dann erforderlich, wenn dies nicht geschehen war. Das Initiativ- und Vorschlagsmonopol der EU-Kommission wurde mit diesem Verfahren aufrechterhalten.

---

33 Vgl. Smith/Goddard/Randall, Health and Safety, S. 19ff.
34 Vgl. Wallace, Die Dynamik des EU-Institutionengefüges, S. 148ff.
35 Vgl. zu den reformierten Entscheidungsverfahren: Engel/Borrmann, Vom Konsens zur Mehrheitsentscheidung, S. 31ff.; Bieber, Majority Voting and the Cooperation Procedure, S. 51ff.

Kapitel 2

Die zweite substantielle Reform des Entscheidungsverfahrens betraf die Beschlußfassung im Ministerrat selbst. Da der beabsichtigte Integrationsschub sich bei Anwendung des Einstimmigkeitsprinzips kaum durchsetzen lassen würde, einigten sich die Regierungen der Mitgliedstaaten darauf, für einige Politikfelder, darunter auch für die Entscheidung über Richtlinien auf der Grundlage von Art. 100a und 118a EWGV, auf die Einführung einer qualifizierten Mehrheitsentscheidung bei Beschlüssen des Ministerrats. Die Stimmenzahl der Mitgliedstaaten wurde nun nach ihrer Größe gewichtet; eine qualifizierte Mehrheit war – bis zur EU-Erweiterung 1995 – dann erreicht, wenn eine Vorlage mindestens 54 der 76 Stimmen im Rat erhielt.[36] Sollte die Sperrminorität von 23 Stimmen erreicht werden, so erforderte dies die Ablehnung einer Beschlußinitiative durch mindestens drei Mitgliedstaaten. Da die Regierungen zur Ablehnung von Richtlinienentwürfen künftig auf Koalitionen angewiesen waren, wurde die Blockade europäischer Initiativen erheblich erschwert. Erstmals konnten nun einzelne Mitgliedstaaten überstimmt und damit zur Umsetzung von Vorhaben gezwungen werden, deren Inhalt sie ablehnten. Mit dem Verlust der individuellen Veto-Macht wuchs der Anreiz für die einzelnen Mitgliedstaaten, sich an den Verhandlungen über den Inhalt von Richtlinien zu beteiligen, um sie im eigenen Sinne zu beeinflussen.[37] Der Gesundheitsschutz am Arbeitsplatz war der einzige sozialpolitische Bereich, in dem Entscheidungen mit qualifizierter Mehrheit getroffen werden konnten.[38]

---

36 Die insgesamt 76 Stimmen im Ministerrat verteilen sich folgendermaßen auf die Mitgliedstaaten: Frankreich, Großbritannien und Deutschland je 10; Spanien 8; Belgien, Griechenland, Niederlande und Portugal je 5; Dänemark und Irland je 3; Luxemburg 2 (Art. 148 Abs. 2 EWGV). Mit der Erweiterung der EU zum 1.1.1995 hat sich die Stimmenzahl auf 87 erhöht: Österreich und Schweden haben je 5, Finnland hat 3 Stimmen. Eine qualifizierte Mehrheit ist nun bei 62 Stimmen erreicht.

37 Dieser Anpassungsprozeß an die neuen institutionellen Rahmenbedingungen kommt in einem Papier des britischen Department of Trade and Industry (DTI) zum Ausdruck, das den Wandel der britischen Verhandlungsstrategien in der Arbeitsschutzpolitik folgendermaßen schildert: »HSE [Health and Safety Executive; T.G.] officials described how they very rapidly went through a series of negotiating strategies as their experience of the pressures of QMV [Qualified Majority Voting; T.G.] increased in the Council Working Group:
(i) *say no*. This was completely ineffective;
(ii) *special pleading* because the UK [United Kingdom; T.G.] legal system is different. This met with a response, albeit polite, which nonetheless amounted to: ›hard luck‹!
(iii) *educate other Member States on UK problems*. This met with more sympathy but little else;
(iv) *welcome in principle but negotiate*.
Only strategy (iv) worked.« [Hervorh. i. O.; T.G.] (DTI, Review of the Implementation and Enforcement of EC Law in the UK, S. 90).

38 Vgl. Teague/Grahl, Industrial Relations and European Integration, S. 135ff. Hingegen wurden »die Bestimmungen über die Rechte und Interessen der Arbeitnehmer« ausdrücklich von der qualifizierten Mehrheitsentscheidung ausgenommen (Art. 100a Abs. 2 EWGV).

Binnenmarktprojekt und europäische Arbeitsschutzpolitik

Die im Rahmen der EEA vorgenommenen Verfahrensreformen verfolgten vor allem das Ziel, die Handlungsfähigkeit der EU im Hinblick auf die Verwirklichung des Binnenmarktprojekts zu erhöhen. Zugleich sollte sie dazu einen Beitrag leisten, das weithin kritisierte demokratische Defizit abzubauen und damit die Legimationsbasis des Integrationsprozesses zu verbreitern. Allerdings waren diese Reformen in ihrer Reichweite durch das dominierende Interesse der Mitgliedstaaten begrenzt, keine substantiellen Eingriffe in ihre nationalstaatliche Souveränität zuzulassen. So handelte es sich bei den EP-Befugnissen im Rahmen des Kooperationsverfahrens in erster Linie um Negativinstrumente, die die eigentliche Entscheidungsmacht beim Ministerrat beließen. Um einen gestaltenden Einfluß auf die Rechtsetzung ausüben zu können, war das EP auf das Einvernehmen mit der Kommission und dem Rat angewiesen. Im Rat selbst war die Blockademacht einzelner Staaten mit der Einführung der qualifizierten Mehrheitsentscheidung zwar gebrochen, allerdings erschien das Zustandebringen einer Sperrminorität durch Koalitionen zwischen Mitgliedstaaten auch nicht als eine unüberwindliche Hürde. Zudem waren die zu den Kernbereichen nationalstaatlicher Souveränität gerechneten Politikbereiche von der qualifizierten Mehrheitsentscheidung ausgenommen.

Mit dem Ausbau europäischer Entscheidungsbefugnisse hat neben den erwähnten Institutionen auch der Gerichtshof der Europäischen Gemeinschaften (EuGH) erheblich an Bedeutung gewonnen.[39] Dieser ist in den zurückliegenden Jahren bei Streitigkeiten über die Erfüllung europäischer Arbeitsschutzanforderungen durch die Mitgliedstaaten immer wieder als Entscheidungsinstanz angerufen worden. Mit seiner Auslegung des Gemeinschaftsrechts hat er des öfteren Lücken im Arbeitsschutzrecht geschlossen und die bestehende Rechtsetzung konkretisiert (»Richterrecht«).[40] Insofern kam und kommt ihm bei der Durchsetzung der Richtlinien eine ungemein wichtige Rolle zu.

2.3 *Europäische Arbeitsschutzpolitik*

2.3.1 Die Entwicklung der europäischen Arbeitsschutzpolitik 1987-1991

Nach dem Inkrafttreten der EEA legte die EU-Kommission im Februar 1988 ihr drittes Aktionsprogramms für Sicherheit, Arbeitshygiene und Gesundheitsschutz am Arbeitsplatz vor.[41] Es galt für den Zeitraum von 1988 bis 1995

---

39 Vgl. Joerges, Das Recht im Prozeß der Europäischen Integration, S. 73ff.
40 Vgl. z.B. EuGH, Rechtssache C-84/94: Vereinigtes Königreich Großbritannien und Nordirland gegen Rat der Europäischen Union, S. 5755ff.
41 Vgl. Kommission der Europäischen Gemeinschaften, Dok. 88/C 28/02, S. 3ff.

Kapitel 2

und stellte den Rahmen für den tiefgreifenden Wandel in der europäischen Arbeitsschutzpolitik dar.

Im Mittelpunkt des Aktionsprogramms stand das sogenannte Sechser-Paket, das aus der Arbeitsschutzrahmenrichtlinie[42] und aus fünf Einzelrichtlinien bestand, die zentrale Gegenstandsbereiche des Arbeitsschutzes regeln sollten. Zu diesen Einzelrichtlinien zählen neben der Bildschirmrichtlinie[43] noch die Arbeitsstättenrichtlinie[44], die Arbeitsmittelrichtlinie[45], die Richtlinie über persönliche Schutzausrüstungen[46] sowie die Richtlinie über die manuelle Handhabung von Lasten[47]. Dieses Sechser-Paket wurde – nach zum Teil langwierigen Verhandlungen – in den Jahren 1989 und 1990 vom Rat verabschiedet. Im folgenden sollen die wichtigsten Inhalte und die arbeitsschutzpolitische Bedeutung der »Richtlinie über die Durchführung von Maßnahmen zur Verbesserung der Sicherheit und des Gesundheitsschutzes der Arbeitnehmer bei der Arbeit« (Rahmenrichtlinie) und der »Richtlinie über den Gesundheitsschutz bei der Arbeit an Bildschirmgeräten« (Bildschirmrichtlinie) näher erläutert werden.

2.3.2 Die Rahmenrichtlinie

Die Rahmenrichtlinie ist – wie bereits angedeutet – von fundamentaler Bedeutung für die gesamte EU-Arbeitsschutzpolitik. Der Rat der Arbeits- und Sozialminister hat sie auf Vorschlag der Kommission am 12. Juni 1989 als erste der auf Basis von Art. 118a EWGV erlassenen Richtlinien verabschiedet. Sie formuliert die grundlegenden Ziele und Methoden der Arbeitsschutzpolitik sowie die Rechte und Pflichten der beteiligten Akteure. Daher ist sie zu Recht als »Grundgesetz des betrieblichen Arbeitsschutzes« bezeichnet worden.[48] Auf der Basis der Rahmenrichtlinie sind zwischen 1989 und 1998 insgesamt mehr als zwanzig *Einzelrichtlinien* vom Ministerrat verabschiedet worden, die Vorschriften zu einzelnen Bereichen des Arbeitsschutzes enthalten und die Vorgaben der Rahmenrichtlinie konkretisieren.[49] In der Rahmenrichtlinie werden folgende Grundsätze für die Gestaltung eines europäischen Arbeitsumweltschutzes formuliert:

---

42 Richtlinie 89/391/EWG des Rates vom 12.6.1989, S. 1ff.
43 Richtlinie 90/270/EWG des Rates vom 29.5.1990, S. 14ff.
44 Richtlinie 89/654/EWG des Rates vom 30.11.1989, S. 1ff.
45 Richtlinie 89/655/EWG des Rates vom 30.11.1989, S. 13ff.
46 Richtlinie 89/656/EWG des Rates vom 30.11.1989, S. 18ff.
47 Richtlinie 90/269/EWG des Rates vom 29.5.1990, S. 9ff.
48 Wlotzke, Technischer Arbeitsschutz im Spannungsverhältnis von Arbeits- und Wirtschaftsrecht, S. 91.
49 Vgl. Maschmann, Deutsches und Europäisches Arbeitsschutzrecht, S. 595ff.

Binnenmarktprojekt und europäische Arbeitsschutzpolitik

Das Leitbild des Gesundheitsschutzes
In den der Richtlinie vorangestellten Erwägungsgründen verweist der Rat darauf, daß die Zahl der Arbeitsunfälle und Berufskrankheiten zu hoch und das bisherige Niveau des arbeitsbezogenen Gesundheitsschutzes zu niedrig sei. Um einen wirksameren Schutz zu gewährleisten, müßten unverzüglich vorbeugende Maßnahmen ergriffen werden. Entsprechende Verbesserungen dürften nicht »rein wirtschaftlichen Überlegungen untergeordnet werden«. Der Gesundheitsschutz am Arbeitsplatz wird grundsätzlich als eine Pflicht des Arbeitgebers festgeschrieben. Er hat die sich aus dem betrieblichen Arbeitsprozeß für die Beschäftigten ergebenden Gesundheitsrisiken zu bewerten, auf dieser Grundlage Schutzmaßnahmen zu ergreifen, deren Angemessenheit kontinuierlich am neuesten Stand der Technik zu überprüfen und die Vorkehrungen entsprechend anzupassen. Dabei orientiert sich die Richtlinie an einem umfassenden Verständnis gesundheitsgefährdender Belastungen; gleichzeitig soll die »angemessene Mitwirkung« am betrieblichen Gesundheitsschutz die Beschäftigten in die Lage versetzen, »zu überprüfen und zu gewährleisten, daß die erforderlichen Schutzmaßnahmen getroffen werden«. Mit diesen Elementen erhält der Arbeitsschutz eine dynamische und partizipative Ausrichtung, die über die bisher übliche einseitige Betonung technischer und aufsichtsbezogener Elemente hinausgeht.[50] Nicht zuletzt soll auf diese Weise der allenthalben im Arbeitsschutz anzutreffende Widerspruch zwischen der Statik des Rechts und der Dynamik der technischen Entwicklung aufgelöst werden. Aus diesem Konzept resultiert ein Perspektivenwechsel hin zu einer *betrieblichen* Orientierung des Gesundheitsschutzes, aus der ein neues Verständnis und neue Instrumente des Arbeitsschutzes erwachsen.

Geltungsbereich
Die Rahmenrichtlinie findet Anwendung »auf alle privaten oder öffentlichen Tätigkeitsbereiche« (Art. 2 Abs. 1). Damit bezieht sie alle Beschäftigten in den gesetzlichen Schutz ein, mit Ausnahme solcher Personen, deren besondere Tätigkeitsmerkmale einen arbeitsbezogenen Gesundheitsschutz nicht gestatten (z.B. Soldaten, Angehörige des Katastrophenschutzes). Als Arbeitnehmer im Sinne der Richtlinie gilt – von Hausangestellten abgesehen – »jede Person, die von einem Arbeitgeber beschäftigt wird« (Art. 3).

Risikobewertung und Dokumentation
Von herausragender Bedeutung ist die Verpflichtung des Arbeitgebers, eine Bewertung der Risiken für die Gesundheit und Sicherheit der Beschäftigten

---

50 Vgl. Bieneck/Rückert, Neue Herausforderungen für die Arbeitswissenschaft – Konsequenzen aus den EG-Richtlinien, S. 2.

durchzuführen (Art. 6 Abs. 3a). Diese Analyse muß sich u.a. auf die Auswahl der Arbeitsmittel, von chemischen Stoffen und auf die Gestaltung der Arbeitsplätze beziehen. Aus der Ermittlung und Bewertung der Gefahren müssen Maßnahmen zum Schutz der Arbeitnehmer erwachsen. Der Rahmenrichtlinie zufolge dürfen Arbeitstätigkeiten also ohne die Durchführung einer betrieblichen Risikobewertung weder aufgenommen noch fortgeführt werden. Gerade in den Schritten für eine vorgreifende Gefährdungsanalyse wird der Stellenwert sichtbar, den die Richtlinie der Risikoprävention einräumt.

Der Arbeitgeber ist verpflichtet, über die Risikobewertung eine Dokumentation anzulegen, die den Arbeitnehmern und externen Kontrollinstanzen zugänglich zu machen ist (Art. 9). Die Dokumentationspflicht soll die Transparenz und die Rechtsverbindlichkeit der Risikobewertung und der sich darauf stützenden Maßnahmen erhöhen. Des weiteren muß der Arbeitgeber eine Liste über Arbeitsunfälle in seinem Unternehmen führen und Berichte über Arbeitsunfälle erstellen.

Ausrichtung des betrieblichen Gesundheitsschutzes
Wird mit der Durchführung einer Risikobewertung schon grundsätzlich ein vorausschauendes Herangehen an den Gesundheitsschutz gefordert, so sollen die daran anknüpfenden Maßnahmen einem in sich schlüssigen präventiven Gesamtkonzept folgen, für das die Richtlinie zugleich eine hierarchische Prinzipienordnung vorsieht (Art. 6 Abs. 2). Danach steht an oberster Stelle der Grundsatz der Vermeidung von Gesundheitsrisiken. Sind einzelne Risiken unvermeidbar, so müssen sie an der Quelle bekämpft werden. Generell soll sich die Ausrichtung der betrieblichen Präventionspolitik am »Faktor Mensch« und am übergreifenden Ziel einer menschengerechten Gestaltung der Arbeit orientieren. Diese Anforderung schließt sowohl die Beschaffenheit des Arbeitsplatzes, die Arbeitsorganisation sowie die Auswahl von Arbeitsverfahren und Arbeitsmitteln ein; sie zielt insbesondere auf die Erleichterung bei monotonen Tätigkeiten und fremdbestimmten Arbeitsrhythmen und auf die Abschwächung der damit verbundenen Gesundheitsrisiken. Der Arbeitgeber hat dabei den Stand der Technik zu berücksichtigen und muß die »Planung der Gefahrenverhütung mit dem Ziel einer kohärenten Verknüpfung von Technik, Arbeitsorganisation, Arbeitsbedingungen, sozialen Beziehungen und Einfluß der Umwelt auf den Arbeitsplatz« (Art. 6 Abs. 2g) vornehmen. Damit vermeidet die Rahmenrichtlinie die weit verbreitete, rein technische Sicht des Gesundheitsschutzes. Bei der Ausschaltung oder Verringerung von Gefahrenmomenten sollen technische und organisatorische Vorkehrungen Vorrang vor personellen Maßnahmen haben, also etwa die Vermeidung von Gefahrstoffen der Verwendung von persönlichen Schutzvorrichtungen vorgezogen werden, kollektive Schutzmaßnahmen sollen Vorrang vor individuellen

Binnenmarktprojekt und europäische Arbeitsschutzpolitik

haben.[51] Arbeitsmedizinisch begründete Beschäftigungsverbote für bestimmte Arbeitnehmergruppen, z.b. Frauen, erscheinen demzufolge als das letzte denkbare Instrument in dieser Prioritätenliste.

Schaffung einer betrieblichen Sicherheitsorganisation
Da der Arbeitgeber den komplexen Anforderungen an den Gesundheitsschutz am Arbeitsplatz nicht ohne sachverständige Beratung und Unterstützung gerecht werden kann, ist er verpflichtet, betriebliche Sicherheitsdienste zu bilden, die aus Sachverständigen bzw. Sicherheitsexperten bestehen (Art. 7). Diese müssen Beschäftigte des betreffenden Unternehmens sein; nur wenn die betrieblichen Möglichkeiten dies nicht gestatten, kann der Arbeitgeber außerbetriebliche Fachleute hinzuziehen. Sie müssen über Fähigkeiten sowie über die personelle und Sachmittelausstattung verfügen, die für die Beurteilung und Umsetzung von Maßnahmen zum Gesundheitsschutz und zur Gefahrenverhütung erforderlich sind. Die Schaffung einer betrieblichen Sicherheitsorganisation ist für alle Unternehmen, also auch für Klein- und Mittelbetriebe, vorgeschrieben.

Information und Unterweisung
Der Arbeitgeber hat die Pflicht, seine Beschäftigten umfassend über die innerbetrieblichen Gesundheitsgefahren und Schutzmaßnahmen zu informieren (Art. 10). Sie erstreckt sich ausdrücklich auch auf Angehörige von Fremdfirmen, die unter Umständen auf dem Unternehmensgelände tätig sein mögen. Handelt es sich dabei zunächst um eine *allgemeine* Informationspflicht, so wird diese ergänzt und konkretisiert durch die Verpflichtung des Arbeitgebers, eine spezielle, auf den jeweiligen Arbeitsplatz bezogene Unterweisung der Beschäftigten immer dann vorzunehmen, wenn neue Arbeitsmittel eingesetzt oder alte verändert werden. Auf diese Weise sollen die Beschäftigten in die Lage versetzt werden, beim Schutz ihrer Gesundheit als handlungsfähige Subjekte zu agieren und nicht als bloße Objekte externer Kontrollmaßnahmen.

Präventivmedizinische Überwachung
Die Rahmenrichtlinie beinhaltet auch allgemeine Vorschriften zur arbeitsmedizinischen Betreuung der Beschäftigten. So sollen die Mitgliedstaaten »zur Gewährleistung einer geeigneten Überwachung der Gesundheit der Arbeitnehmer je nach den Gefahren für ihre Sicherheit und Gesundheit am Arbeitsplatz [...] Maßnahmen im Einklang mit den nationalen Rechtsvorschriften bzw. Praktiken« [treffen] (Art. 14 Abs. 1).

---
51 Vgl. Bücker/Feldhoff/Kohte, Vom Arbeitsschutz zur Arbeitsumwelt, S. 84.

Diese Maßnahmen sind so zu gestalten, daß sich jeder Arbeitnehmer auf seinen Wunsch einer regelmäßigen präventivmedizinischen Überwachung unterziehen kann (Art. 14. Abs. 2). Diese Bestimmung ist als ein Recht des Arbeitnehmers – und nicht als eine Pflicht des Arbeitgebers – gefaßt worden, um einem möglichen Mißbrauch – nämlich einer aktiven Auslese gesundheitlich geeigneter Arbeitnehmer – nicht Vorschub zu leisten.

Kollektiv- und Individualrechte der Arbeitnehmer
Die Richtlinie verweist darauf, daß eine »angemessene Mitwirkung« der Arbeitnehmer beim betrieblichen Gesundheitsschutz »unerläßlich« ist. Information, Dialog und Zusammenarbeit zwischen Beschäftigten und Unternehmerseite sollen ausgeweitet werden. Mit der Rahmenrichtlinie werden die Arbeitgeber verpflichtet, die Beschäftigten an den Arbeitsschutzmaßnahmen zu beteiligen (Art. 11 Abs. 1). Sie umfaßt die Anhörung und Konsultation sowie »die ausgewogene Beteiligung nach den nationalen Rechtsvorschriften bzw. Praktiken«. Bei der Planung und Einführung neuer Technologien sind die Beschäftigten im Hinblick auf die gesundheitlichen Auswirkung anzuhören. Die Anhörung muß sich auf die Auswahl der Arbeitsmittel, die Gestaltung der Arbeitsbedingungen und die Einwirkung der Umwelt auf den Arbeitsplatz beziehen (Art. 6 Abs. 3d).

Treten am Arbeitsplatz ernste, unmittelbare und nicht vermeidbare Gefahren auf, so haben die Beschäftigten das Recht, sich vom Arbeitsplatz bzw. vom gefährlichen Bereich zu entfernen, ohne daß ihnen daraus Nachteile entstehen dürfen (Art. 8 Abs. 4). Wenn die vom Arbeitgeber getroffenen Schutzmaßnahmen nicht ausreichen, dürfen sich die Beschäftigten bzw. ihre Vertreter an die zuständigen Behörden wenden (Art. 11 Abs. 6).

Pflichten der Arbeitnehmer
Darüber hinaus werden den Arbeitnehmern mit der Rahmenrichtlinie auch Pflichten auferlegt. Sie haben die Arbeitsmittel gemäß den ihnen erteilten Unterweisungen zu benutzen und, sollten sie arbeitsplatzbezogene Gefahren oder Defekte an Schutzsystemen feststellen, unverzüglich den Arbeitgeber und die zuständigen Sicherheitsexperten zu informieren. Schließlich sollen sie so lange wie nötig darauf hinwirken, daß die Ausführung aller von den zuständigen Behörden ausgesprochenen Auflagen ermöglicht wird (Art. 13). Sie haben gemeinsam mit den Arbeitgebern darauf hinzuwirken, daß das Arbeitsumfeld und die Arbeitsbedingungen keine Gesundheitsgefahren aufweisen. Auch diese Bestimmungen unterstreichen die aktive Rolle, die die Richtlinie den Beschäftigten zuweist.

Binnenmarktprojekt und europäische Arbeitsschutzpolitik

Überwachung des Vollzugs von Rechtsvorschriften
Die Rahmenrichtlinie thematisiert auch die Überwachung des Arbeitsschutzes und legt sie in die Hände der Mitgliedstaaten: »Die Mitgliedstaaten tragen insbesondere für eine angemessene Kontrolle und Überwachung Sorge.« (Art. 4 Abs. 2) Sie trifft aber keine Aussage darüber, welche Kriterien an eine wirksame Kontrolltätigkeit anzulegen sind.

2.3.3 Die Bildschirmrichtlinie

Die erwähnten Bestimmungen der Rahmenrichtlinie gelten in vollem Umfang auch für die Bildschirmarbeit und sollen daher im folgenden nicht noch einmal eigens aufgeführt werden. Über diese Regelungen hinaus enthält die Bildschirmrichtlinie eine Vielzahl von konkretisierenden Vorschriften.

Anwendungsbereich
Die Bestimmungen der Bildschirmrichtlinie unterscheiden zwischen zwei Geltungsbereiche, und zwar einmal das »Bildschirmgerät« und den »Bildschirmarbeitsplatz« im allgemeinen und zum anderen den »Bildschirmarbeitnehmer« im besonderen. Die Definition von Bildschirmen ist weit gefaßt. Als Bildschirm gilt jeder »Schirm zur Darstellung alphanumerischer Zeichen oder zur Grafikdarstellung« (Art. 2a). Die Richtlinie hat damit Gültigkeit nicht nur für Büroarbeitsplätze, sondern auch für den Produktionsbereich, findet also auch Anwendung z.B. auf CAD-Arbeitsplätze oder Steuer- und Leitstände.[52] Ausgenommen sind hingegen Bedienerplätze in Fahrzeugen und Maschinen, Datenverarbeitungsanlagen, die überwiegend durch die Öffentlichkeit genutzt werden, sowie kleine Daten- oder Meßwertanzeigevorrichtungen, z.B. in Registrierkassen (Art. 1 Abs. 3).
 Auch der Begriff des Bildschirmarbeitsplatzes ist sehr umfassend definiert (Art. 1 und 2). Dazu gehören nicht nur sämtliche Arbeits- und Betriebsmittel des Arbeitsplatzes (z.B. Bildschirmgerät, Tastatur und andere Anlagenelemente, Telefon, Drucker, Sitz, Arbeitstisch und Arbeitsfläche), sondern auch die Schnittstelle Mensch-Maschine, die wesentlich von den Eigenschaften der Software bestimmt wird, sowie die unmittelbare Arbeitsumgebung (z.B. Beleuchtung, Belüftung).
 Im Unterschied zum Begriff des Bildschirmarbeitsplatzes ist die Definition des Bildschirmarbeitnehmers recht unbestimmt. Bei einem Bildschirmarbeitnehmer handelt es sich gemäß der Richtlinie um jeden Beschäftigten, »der gewöhnlich bei einem nicht unwesentlichen Teil seiner normalen Arbeit ein Bildschirmgerät benutzt« (Art. 2c). Diese Definition eröffnet ganz offenkundig

---
52 Vgl. Riese/Rückert, Bildschirmarbeit, S. 21f.

einen großen Interpretationsspielraum. Nicht jeder Beschäftigte, der an einem Bildschirm arbeitet, ist ein Bildschirmarbeitnehmer. Während jeder Bildschirmarbeitsplatz den formulierten technischen Anforderungen entsprechen muß, gelten die Schutzbestimmungen für Bildschirmarbeitnehmer also nur insofern, als die Beschäftigten die Kriterien nach Art. 2c der Richtlinie erfüllen.

Arbeitsplatzanalyse
Die Gefährdungsanalyse hat von der weit gefaßten Definition des Bildschirmarbeitsplatzes auszugehen und soll entsprechend umfassend angelegt sein. Sie soll insbesondere mögliche Gefährdungen des Sehvermögens sowie körperliche und psychische Belastungen für die Beschäftigten zum Gegenstand haben. Der Arbeitgeber ist verpflichtet, die in der Analyse identifizierten Gefahren auszuschalten. Dabei hat er »die Addition und/oder die Kombination der Wirkungen der festgestellten Gefahren zu berücksichtigen« (Art. 3 Abs. 2). Damit trägt die Richtlinie den wissenschaftlichen Erkenntnissen über Gefährdungen bei der Bildschirmarbeit Rechnung.

Information, Unterweisung und Beteiligung der Beschäftigten
Der Arbeitgeber hat die Pflicht, die Beschäftigten über alle gesundheitsrelevanten Aspekte seines Arbeitsplatzes zu informieren. Vor der Aufnahme der Bildschirmarbeit und bei wesentlichen Veränderungen der Organisation des Arbeitsplatzes ist der Arbeitnehmer gemäß den detaillierten Vorschriften der Rahmenrichtlinie zu unterweisen. Dabei müssen die Bedingungen des Arbeitsplatzes und der Aufgabenbereich des Bildschirmnutzers in konkreter Weise berücksichtigt werden. Im Hinblick auf die Beteiligung der Arbeitnehmer gelten ebenfalls die erwähnten Bestimmungen der Rahmenrichtlinie.

Schutz der Augen und des Sehvermögens
Die Arbeitnehmer haben das Recht auf eine angemessene Untersuchung der Augen und des Sehvermögens, die von einer Person mit den erforderlichen Qualifikationen durchgeführt wird. Der Anspruch besteht sowohl vor der Aufnahme der Bildschirmtätigkeit, nach der Aufnahme in regelmäßigen Abständen sowie beim Auftreten von Sehbeschwerden, die auf die Arbeit am Bildschirm zurückgeführt werden können (Art. 9 Abs. 1). Ebenso haben die Arbeitnehmer das Recht auf eine augenärztliche Untersuchung, wenn diese sich als erforderlich erweist. Sind spezielle Sehhilfen für die Bildschirmarbeit erforderlich, so müssen sie dem Arbeitnehmer zur Verfügung gestellt werden (Art. 9 Abs. 3). Der Arbeitgeber darf die Kosten für Augenuntersuchungen und Sehhilfen nicht den Beschäftigten aufbürden (Art. 9 Abs. 4). Diese Bestimmung gilt nur für Bildschirmarbeitnehmer, nicht generell für Beschäftigte, die an Bildschirmen tätig sind.

Binnenmarktprojekt und europäische Arbeitsschutzpolitik

Mindestanforderungen an die Arbeitsorganisation
Die Anforderungen der Bildschirmrichtlinie erstrecken sich auch auf die Arbeitsorganisation. Um die Belastungen für die betreffenden Beschäftigten zu verringern, hat der Arbeitgeber ihre Tätigkeit so zu organisieren, daß die Bildschirmarbeit regelmäßig durch Pausen oder andere Tätigkeiten unterbrochen wird (Art. 7). Aus dieser Bestimmung lassen sich weitreichende Forderungen nach Mischarbeit sowie der Anreicherung von Arbeitstätigkeiten (»Job-Enrichment«, »Job-Enlargement«) ableiten. Auch diese Bestimmung gilt nur für Bildschirmarbeitnehmer.

Mindestvorschriften für die Arbeitsplatzgestaltung
Der Anhang der Richtlinie enthält Mindestvorschriften für die technischen Anforderungen, denen die Komponenten des Bildschirmarbeitsplatzes entsprechen müssen. Sie sind in der Form grundsätzlicher Anforderungen gehalten und beziehen sich auf eine Vielzahl von Aspekten: auf die Arbeitsmittel (Bildschirm, Tastatur, Arbeitstisch, Arbeitsfläche, Arbeitsstuhl), auf die Arbeitsplatzumgebung (Platzbedarf, Beleuchtung, Reflexe und Blendung, Lärm, Wärme, Strahlungen, Feuchtigkeit) sowie auf die Mensch-Maschine-Schnittstelle (Eigenschaften der Software und der Betriebssysteme). Alle Arbeitsplätze, die nach dem 31.12.1992 in Betrieb genommen wurden, müssen diesen Anforderungen entsprechen. Ist ein Bildschirmarbeitsplatz vor diesem Zeitpunkt eingerichtet worden, so sind seine Merkmale spätestens bis zum 31.12.1996 an diese Vorschriften anzupassen (Art. 4 und 5).

2.4 Europäische Herausforderungen an die Arbeitsschutzpolitik der Mitgliedstaaten

Der europäische Integrationsprozeß hatte also keineswegs, wie anfangs von gewerkschaftlicher Seite befürchtet, ein Sozial-Dumping im Arbeitsschutz eingeleitet. Vielmehr war es zu einer Intensivierung der Regulierungstätigkeit gekommen, hatte sich der Ministerrat in seinen Entscheidungen an den fortgeschrittensten Arbeitsschutzsystemen Europas, denen der skandinavischen Länder und der Niederlande[53], orientiert und sahen sich die meisten Mitgliedstaaten vor die Notwendigkeit einer durchgreifenden Modernisierung gestellt.[54] Diese Feststellung gilt nicht nur für das materielle Schutzniveau, sondern auch für die *prozedurale Regulierung* des betrieblichen Gesundheits-

---
53 Vgl. Bücker/Feldhoff/Kohte, Vom Arbeitsschutz zur Arbeitsumwelt, S. 75ff.
54 Vgl. Konstanty/Zwingmann, Aussicht auf höhere Sicherheitsstandards in der Arbeitsumwelt, S. 268f.

schutzes. Die Richtlinien schaffen ein in großen Teilen kohärentes System des Arbeitsschutzrechts, das ein weites Feld arbeitsbedingter Gesundheitsbelastungen erfaßt. Die Bedeutung der EU-Arbeitsschutzrichtlinien und der mit ihnen einhergehenden Anpassungsanforderungen an die Mitgliedstaaten ergeben sich aus den folgenden wesentlichen Merkmalen der europäischen Arbeitsschutzpolitik:

- Die Richtlinien formulieren einen »ganzheitlichen« Arbeitsschutzbegriff, der weit über das dominierende technisch-mechanische Verständnis hinausgeht und die Schaffung einer sicheren und gesunden Arbeits*umwelt* zum Ziel hat. Dieser Begriff der Arbeitsumwelt bezieht die Gesamtheit der physischen, psychischen und sozialen Aspekte arbeitsbedingter Belastungen ein, insbesondere werden sicherheitstechnische Maßnahmen um arbeitsorganisatorische und ergonomische Gestaltungsanforderungen erweitert.[55] Nicht zuletzt im Hinblick auf die Bildschirmarbeit ist dieser Aspekt von besonderer Bedeutung.
- Die Richtlinien formulieren eine konkrete, kohärente und umfassende *Präventionsstrategie* für den Gesundheitsschutz am Arbeitsplatz. Diese Strategie manifestiert sich insbesondere in der Pflicht zur Risikobewertung und in der Hierarchie der darauf basierenden Schutzvorkehrungen, die dem Prinzip der Risiko*vermeidung* höchste Priorität einräumt und bei der Risikoverminderung den Vorrang technischer und struktureller Maßnahmen (»Verhältnisprävention«) vor personellen (»Verhaltensprävention«) festschreibt.[56]
- Orientierungsmaßstab für die aus den Richtlinien abzuleitenden Anforderungen an den Arbeitsschutz ist der *Stand der Technik*, der seinerseits nicht auf die Eigenschaften von Maschinen reduziert, sondern im Hinblick auf die durch ihre Veränderung möglich gewordenen organisatorischen und prozeduralen Gestaltungsmöglichkeiten betrachtet wird. Das Postulat, nicht einfach nur Grenzwerte und Sicherheitsnormen einzuhalten, sondern den Arbeits- und Gesundheitsschutz mit dem Ziel zu planen, Technik, Arbeitsorganisation, Arbeitsbedingungen, soziale Beziehungen sowie den Einfluß der Arbeitsumwelt miteinander zu verknüpfen, unterstützt eine Sichtweise, die den Betrieb als komplexes soziales System begreift, in das das Handlungsziel »Gesundheit« auf allen Ebenen zu integrieren ist. Mit der Orientierung am Stand der Technik und an neuesten wissenschaftlichen Erkenntnissen wird Gesundheitsschutz zugleich als *dynamischer Prozeß* gefaßt, denn er muß nun kontinuierlich an die sich aus dem technischen Fortschritt ergebenden Optimierungsmöglichkeiten angepaßt werden.

---

55 Vgl. Bücker/Feldhoff/Kohte, Vom Arbeitsschutz zur Arbeitsumwelt, S. 92f.
56 Vgl. Eichener, Social Dumping or Innovative Regulation?, S. 8ff.

Binnenmarktprojekt und europäische Arbeitsschutzpolitik

- Die konkret-arbeitsplatzbezogenen Anforderungen an die Risikobewertung und die Präventionsmaßnahmen machen das jeweilige Unternehmen zum zentralen strategischen Ansatzpunkt des Schutzhandelns. Die Richtlinien laufen damit auf eine nachdrückliche Aufwertung der betrieblichen Ebene im Arbeitsschutz hinaus und tragen ihr zugleich Rechnung.
- Die Richtlinien weisen mit den festgeschriebenen Informations-, Anhörungs-, und Beteiligungsrechten den *Beschäftigten* eine *aktive Rolle* für die Sicherstellung des Gesundheitsschutzes zu. Damit wertet das europäische Recht die Problemwahrnehmung und Erfahrungskompetenz der von den Gesundheitsrisiken Betroffenen gegenüber dem Fachwissen der Experten erheblich auf. Von besonderer Bedeutung ist ihr Recht, bereits im Stadium der *Planung* neuer Technologien im Hinblick auf mögliche Gesundheitsrisiken gehört zu werden.
- Indem die Richtlinien den Anwendungsbereich des arbeitsbezogenen Gesundheitsschutzes auf alle abhängig Beschäftigten ausdehnen und ein breites Spektrum arbeitsbedingter Gesundheitsbelastungen erfassen, konstituieren sie ein *einheitliches und umfassendes Schutzsystem*. Dies kontrastiert mit den in den meisten EU-Mitgliedstaaten entweder in Bezug auf den geschützten Personenkreis fragmentierten, in Bezug auf das Schutzniveau uneinheitlichen oder in Bezug auf das erfaßte Spektrum gesundheitlicher Belastungen unzureichenden Vorschriften.
- Die Richtlinien formulieren die Pflichten des Arbeitgebers überwiegend als *absolut gesetzte Anforderungen*, die nicht gegen andere Güter abgewogen werden dürfen. Hingegen fanden sich in den nationalen Arbeitsschutzsystemen sehr häufig rechtliche Einschränkungen von Schutzpflichten.

Der Inhalt der Rahmenrichtlinie und der zahlreichen ihr nachfolgenden Einzelrichtlinien trägt in seinen wesentlichen Punkten zentralen Anforderungen Rechnung, die in der Arbeitsmedizin, in den Arbeits- und Gesundheitswissenschaften als Merkmale einer modernen Präventionspolitik gelten.[57] Die europäischen Vorschriften nehmen zwar keinen expliziten Bezug auf das von der World Health Organization (WHO) entwickelte Konzept der Gesundheitsförderung[58], knüpfen aber in vielerlei Hinsicht an die diesem Ansatz zugrunde liegende Philosophie an.[59]

---

57 Vgl. z.B. Johnson/Johansson, The Psychological Work Environment; Karasek/Theorell, Healthy Work, bes. S. 83ff.; Sauter/Hurrell/Cooper (Eds.), Job Control and Worker Health, bes. S. 3ff., 25ff., 55ff.
58 Vgl. WHO, Ottawa-Charta zur Gesundheitsförderung, S. 117ff.
59 Dies gilt auch für das vom International Labour Office (ILO) entwickelte Konzept des Arbeitsschutzes. Vgl. ILO, Übereinkommen Nr. 155 über Arbeitsschutz und Arbeitsumwelt vom 22.6.1981.

Kapitel 2

Auch wenn die hier zu erörternden Arbeitsschutzrichtlinien als eine wirkliche Innovation für den Arbeitsschutz in Europa zu bewerten sind, kann nicht übersehen werden, daß sie auf die Regelung einzelner bedeutender Aspekte verzichten bzw. es einzelnen ihrer Bestimmungen an der wünschenswerten Klarheit mangelt. Diese Nicht-Regelungen und Unklarheiten sind Ausdruck von politischen Kompromissen zwischen den Mitgliedstaaten. Sie eröffnen ihnen einen bisweilen recht breiten Interpretationsspielraum und bieten ihnen daher die Möglichkeit, ursprüngliche Schutzziele im Zuge der nationalstaatlichen Umsetzung aufzuweichen. Dies betrifft vor allem folgende Aspekte:

– Die Richtlinien verzichten auf eine nähere Bestimmung von Umfang und Qualität der den Mitgliedstaaten übertragenen Überwachungspflicht. Damit bleibt im unklaren, nach welchen Kriterien eine Erfüllung bzw. eine Verletzung der Überwachungspflicht festzustellen ist.

– Die Richtlinien räumen den Beschäftigten keine Mitentscheidungsrechte bei der Gestaltung gesundheitsrelevanter betrieblicher Arbeitsprozesse ein, sondern beschränken die Mitwirkung auf – allerdings bedeutende – Rechte zur Information und Anhörung. Insofern macht das EU-Arbeitsschutzkonzept halt vor einer Einschränkung der unternehmerischen Verfügungsgewalt.

– Die Richtlinien enthalten keine verbindlichen und konkreten Bestimmungen zum Umfang einer betriebsmedizinischen Versorgung.

– Die Formulierung mancher Anforderungen ist entweder vage oder gesteht den Mitgliedstaaten ausdrücklich eine Konkretisierung »gemäß den nationalen Rechtsvorschriften bzw. Praktiken« zu. Ersteres gilt z.B. für die erwähnte Definition des Bildschirmarbeitnehmers oder für die technischen Anforderungen an die Komponenten des Bildschirmarbeitsplatzes, letzteres vor allem für die Bestimmungen der Rahmenrichtlinie zur Unterrichtung, Anhörung und Beteiligung der Beschäftigten (Art. 10 Abs. 1 u. 2, Art. 11 Abs. 2).[60]

– Insbesondere von gewerkschaftlicher Seite wird des öfteren darauf hingewiesen, daß einzelne EU-Richtlinien von durchaus unterschiedlicher Qualität seien. In bezug auf die hier zu erörternden Regelwerke wird insbesondere bemängelt, daß die Bildschirmrichtlinie in ihrer Reichweite hinter der Rahmenrichtlinie zurückbleibe, weil sie bestimmte Gesundheitsrisiken – insbesondere die Bedeutung ergonomischer Risiken und

---

60 So ist z.B. die Pflicht zu einer »ausgewogene[n] Beteiligung nach den nationalen Rechtsvorschriften bzw. Praktiken« der Arbeitnehmer in Abschwächung eines Änderungsvorschlags des EP in die Richtlinie aufgenommen worden. Sie sollte verhindern, daß der arbeitsbezogene Gesundheitsschutz mit dem ungelösten Problem der Harmonisierung der Betriebsverfassung belastet wird.

Binnenmarktprojekt und europäische Arbeitsschutzpolitik

muskulo-skeletaler Erkrankungen – nicht gebührend berücksichtige.[61] Die unterschiedliche Qualität einzelner Regelwerke verweist darauf, daß es sich bei jeder Richtlinie um einen stets aufs neue ausgehandelten politischen Kompromiß handelt.[62]

- Schließlich sind in den Art. 118a EWGV selbst bereits Bestimmungen eingebaut, die es gestatten, bestimmte Beschäftigtengruppen von Schutzvorschriften auszunehmen. Insbesondere das Verbot unangemessener Auflagen für Klein- und Mittelbetriebe (Art. 118a Abs. 2 EWGV) erweitert die Möglichkeiten zur Festlegung von Ausnahmetatbeständen, zumal der Begriff der kleinen und mittleren Unternehmen selbst nicht näher definiert wird.[63]

Trotz dieser Einschränkungen verkörpern die Rahmenrichtlinie und die Bildschirmrichtlinie eine Neuorientierung im Arbeitsschutz, die nahezu allen Mitgliedstaaten der EU gewaltige Anpassungsleistungen auferlegte. Diese stellen sich je nach der Ausprägung der nationalen Arbeitsschutzsysteme durchaus unterschiedlich dar. Welche Reformanforderungen sich aus der EU-Richtlinien für die arbeitsschutzpolitischen Regulierungssysteme Großbritanniens und Deutschlands ergeben, wird in den Kapiteln 6 und 7 erörtert.

2.5 Die Europäische Union als Motor im Arbeitsschutz: Ursachen und Motive

Der skizzierte Inhalt der Arbeitsschutzrichtlinien steht im Kontrast zu diesen Erwartungen und zu den teilweise weitreichenden Deregulierungstrends, die sich in anderen Bereichen seit den achtziger Jahren in den EU-Mitgliedstaaten durchsetzten. Daran knüpfen sich zwei Fragen: 1. Warum haben die Mitgliedstaaten den europäischen Institutionen die Kompetenz zur Rechtsetzung im prozeßbezogenen Arbeits- und Gesundheitsschutz nach Art. 118a EWGV zugewiesen[64] und mit ihrer Zustimmung zur qualifizierten Mehrheitsent-

---

61 Vgl. TGB, Vergleichende Daten zur Übertragung in den einzelnen Ländern: Ergebnisse der TGB-Untersuchung, Workshop 3: Bildschirmarbeit.
62 Dieser Aspekt geht in den rechtswissenschaftlichen Erörterungen, die sich a posteriori um die Konstruktion eines einheitlichen und geschlossenen Systems europäischer Rechtsetzung bemühen, bisweilen verloren. Dennoch ist mit Blick auf das gesamte Sechser-Paket, also einschließlich der Rahmenrichtlinie und der Bildschirmrichtlinie, festzuhalten, daß ihm eine in Kernelementen einheitliche Schutzphilosophie zugrunde liegt. Durchaus anders sind allerdings zahlreiche derjenigen Richtlinien zu bewerten, die nach dem Vertrag von Maastricht verabschiedet wurden (siehe unten, Kapitel 8.1).
63 Vgl. Jacqué, L'Acte unique européen, S. 602.
64 Nur die Verabschiedung von 118a-Richtlinien ist in diesem Zusammenhang erklärungsbedürftig, weil es sich bei der Harmonisierung des produktbezogenen Gesundheitsschutzes

scheidung ihr bisheriges Vetorecht preisgegeben? 2. Warum orientierten sich die EU-Institutionen bei der Harmonisierung des Arbeitsschutzes mit dem Sechser-Paket an einem innovativen Arbeitsschutzkonzept und an einem hohen Schutzniveau?

In den einschlägigen Dokumenten der EU-Kommission finden sich durchgängig zwei Motive, mit denen sie ihr Tätigwerden im Arbeitsschutz begründet:
1. Es bestehe angesichts der hohen Zahl von Arbeitsunfällen und Berufskrankheiten ein akuter Handlungsbedarf. So bezifferte sie die jährliche Zahl der tödlichen Arbeitsunfälle in der EU auf etwa 8000 und die Summe aller Arbeitsunfälle und Berufskrankheiten auf etwa 10 Millionen.[65] Zudem existiere zwischen den wohlhabenderen Staaten Mittel- und Nordeuropas und den ärmeren des Südens ein eklatantes Gefälle im Niveau des Gesundheitsschutzes.[66]
2. Gesundheitsschutz am Arbeitsplatz sei ein Instrument zur ökonomischen Effizienzsteigerung.[67] Zum einen sollte ein verbesserter Arbeitsschutz die Zahl der Arbeitsunfälle und Berufskrankheiten und damit die hohen Kosten, die direkt und indirekt von ihnen verursacht wurden, reduzieren; zum anderen sollte er dazu beitragen, das Wohlbefinden der Beschäftigten zu steigern und damit ihre Leistungsfähigkeit und Leistungsbereitschaft zu erhöhen.[68] In dieser Perspektive fügte sich die Arbeitsschutzpolitik mehr oder weniger nahtlos in die Strategien zur Verbesserung der Wettbewerbsfähigkeit der europäischen Unternehmen und Volkswirtschaften ein.

Daraus wird jedoch noch nicht verständlich, weshalb die EU auf dem Gebiet des Arbeitsschutzes überhaupt tätig werden konnte und dies in der geschilderten Weise geschah. Daß Handlungsbedarf, selbst wenn er gravierend ist, existiert, kann – wie Beispiele aus anderen Politikbereichen zeigen – allein noch nicht als ein hinreichender Grund dafür gelten, daß die EU die Bearbeitung der betreffenden Probleme auch in Angriff nahm. Schon gar nicht gibt der bloße Verweis auf einen vorhandenen Problemdruck eine Antwort auf

---

nach Art. 100a EWGV selbst um eine unmittelbare Voraussetzung des von allen Beteiligten gewünschten freien Warenverkehrs handelt und aus diesem Grunde eine Einigung wahrscheinlich ist.
65 Vgl. KOM(93)551 endg. vom 17.11.1993, S. 80.
66 Vgl. dazu auch: Europäische Stiftung zur Verbesserung der Lebens- und Arbeitsbedingungen, Erste europäische Umfrage über die Arbeitsumwelt 1991-1992, S. 16ff.
67 Dok. 88/C 28/02 vom 3.2.1988, S. 3ff.
68 Nach Angaben der EU beliefen sich allein die Ausgaben für die Entschädigung von Unfällen und Krankheiten auf immerhin 26 Milliarden ECU – eine Summe, in der noch nicht die indirekten Folgekosten (Therapie, Rehabilitation, Ausfallzeiten, Verwaltungskosten etc.) der gesundheitlichen Schäden enthalten waren. Vgl. KOM(93)551 endg. vom 17.11.1993, S. 80.

Binnenmarktprojekt und europäische Arbeitsschutzpolitik

die Frage, aus welchen Gründen gerade die EU und nicht etwa die Mitgliedstaaten entsprechende Maßnahmen ergriffen.

Um die Kompetenzübertragung nach Art. 118a EWGV zu erklären, bedarf es des Rückgriffs auf die Debatte um die soziale Dimension des Binnenmarktes. Bereits in der ersten Hälfte der achtziger Jahre war die Problematik einer gemeinschaftlichen Sozialpolitik wiederholt aufgeworfen worden. Insbesondere Frankreich hatte sich seit der Amtsübernahme Mitterands für die Schaffung eines europäischen Sozialraums eingesetzt.[69] Neue Bedeutung erhielt diese Frage mit den Verhandlungen über die Herstellung des Binnenmarktes. Gerade die Regierungen der wirtschaftlich stärkeren Staaten – sieht man einmal von Großbritannien ab – fürchteten angesichts der Diskussion über die sozialen Auswirkungen des europäischen Binnenmarktes, daß eine vollständige Ausklammerung sozialer Aspekte die innenpolitische Akzeptanz des Binnenmarktprojekts beträchtlich erschweren würde.[70] Dabei zeichnete sich allerdings rasch ab, daß eine Harmonisierung der sozialen Sicherungssysteme keinerlei Aussicht auf Erfolg haben würde. Vor diesem Hintergrund bezogen sich die im Verlauf der EEA-Verhandlungen unterbreiteten Vorschläge für eine gemeinschaftliche Sozialpolitik vor allem auf eine europaweite Regelung der kollektiven Arbeitsbeziehungen und der Arbeitsmarktpolitik:

- Ein französischer Vorstoß zielte darauf ab, mit qualifizierter Mehrheit solchen Kollektivvereinbarungen europaweit Geltung zu verschaffen, die in mindestens drei Ländern Anwendung fanden.[71]
- Die dänische Regierung schlug im Oktober 1985 vor, der Kommission eine direkte Interventionsmöglichkeit für den Fall an die Hand zu geben, daß die Arbeitslosenquote in der Gemeinschaft eine bestimmte Grenze überschreiten sollte.
- Ein Plan des Kommissionspräsidenten Delors sah vor, eine Harmonisierung von Schutzstandards bei den Lebens- und Arbeitsbedingungen herbeizuführen.[72]

Diese Vorschläge stießen jedoch auf Ablehnung, vor allem weil eine Mehrheit der Mitgliedstaaten fürchtete, daß europaweite Regelungen den nationalstaatlichen Handlungsspielraum für eine Optimierung der Verwertungsbedingungen einschränken würden. Schließlich unterbreitete Dänemark den Vorschlag, der sich nach langwierigen Verhandlungen als konsensfähig erwies und in die EEA Eingang fand: für den Bereich der Arbeitsumwelt europaweite Mindestvorschriften einzuführen.[73] Daß nun gerade der Arbeitsschutz in die

---

69 Vgl. Hantrais, Social Policy in the European Union, S. 6.
70 Vgl. Balze, Die sozialpolitischen Kompetenzen der Europäischen Union, S. 71.
71 Vgl. de Ruyt, L'Acte Unique Européen, S. 192.
72 Vgl. Balze, Die sozialpolitischen Kompetenzen der Europäischen Union, S. 69f.
73 Vgl. de Ruyt, L'Acte Unique Européen, S. 193.

Zuständigkeit der EU übergeben wurde, ist auf das Zusammenwirken einer Reihe von Gründen zurückzuführen. *Erstens* waren die Mitgliedstaaten zur Übertragung sozialpolitischer Kompetenzen nur unter der Bedingung bereit, daß sie die nationalstaatliche Souveränität in der Finanz-, Sozial- und Wirtschaftspolitik nicht einschränken würde. Diese Kernvoraussetzung erfüllte der Art. 118a EWGV, denn er begründete lediglich eine Kompetenz zur Rechtsetzung und keine Verfügungsgewalt über finanzielle Ressourcen. *Zweitens* wachte die große Mehrheit der Mitgliedstaaten argwöhnisch über ihre uneingeschränkten – weil für die Verbesserung der Verwertungsbedingungen weit bedeutenderen – Handlungsfreiheiten bei der Gestaltung von Kernbereichen der kollektiven Arbeitsbeziehungen wie der Tarifpolitik, der Flexibilisierung der Arbeit oder Fragen der Mitbestimmung. Daher ließ der Art. 118a EWGV diesen Bereich auch unangetastet.[74] *Drittens* war der vorgesehene Sonderstatus für kleine und mittlere Unternehmen Ausdruck eines Kompromisses, der den Spielraum für nationalstaatliche Ausweichmanöver bei der Umsetzung erweiterte und – nicht zuletzt auch wegen des Verzichts auf eine präzise Eingrenzung der unter diesen Begriff fallenden Arbeitsstätten – vor allem den südeuropäischen Staaten eine Brücke baute, ist der Anteil von Beschäftigten in Klein- und Mittelbetrieben hier doch besonders groß. *Viertens* liegt – sofern Arbeitsschutzmaßnahmen Kosten mit sich bringen – die Harmonisierung von Schutzvorschriften im Interesse derjenigen Staaten und Unternehmen, deren Schutzniveau im europäischen Vergleich als hoch einzustufen ist. *Fünftens* bot sich der Arbeitsschutz als Gegenstand europäischer Zuständigkeit auch deshalb an, weil die EU-Bürokratie bereits über ein beträchtliches Maß an Erfahrungen und Fachwissen auf diesem Gebiet verfügte. Insbesondere konnten die EU-Institutionen hier an ihre Aktivitäten auf dem Gebiet der Entwicklung technischer Normen anknüpfen.

Nach dem Inkrafttreten der EEA am 1.7.1988 nahm die dänische Regierung während ihrer Ratspräsidentschaft die Vorbereitungen zur Verabschiedung eines umfassenden Reformpakets energisch in Angriff. Gemeinsam mit der Bundesrepublik Deutschland, die in der ersten Jahreshälfte 1988 die EU-Präsidentschaft inne hatte, und Griechenland rief sie die »sozialpolitische Troika« ins Leben, in die nach dem Ausscheiden Dänemarks Spanien eintrat. Die »sozialpolitische Troika« bestand aus der jeweils amtierenden und den beiden folgenden EU-Präsidentschaften. Sie verfolgte das Ziel, durch eine intensive Abstimmung eine größere Kontinuität in der Arbeitsschutzpolitik

---

74 Genau an der Frage, welche Art von Maßnahmen durch den Art. 118a EWGV gedeckt seien, entbrannten in der Folgezeit eine Vielzahl von Kontroversen, insbesondere in der Frage der Arbeitszeitgestaltung.

Binnenmarktprojekt und europäische Arbeitsschutzpolitik

zu ermöglichen. Damit trug sie auch dem Umstand Rechnung, daß die Anwendung des Kooperationsverfahrens – mit nunmehr zwei Lesungen – den Rechtsetzungsprozeß künftig in die Länge ziehen könnte. Die Troika fungierte in der Folgezeit als ein effektives Instrument zur Durchsetzung der Arbeitsschutzrichtlinien. Der Rat der Arbeits- und Sozialminister verabschiedete Ende 1987 eine Entschließung über die Gemeinschaftsinitiativen beim Arbeitsschutz.[75] Im Frühjahr 1988 legte die Kommission das erwähnte »Sechser-Paket« vor.[76] Im Juni 1989 wurde die Rahmenrichtlinie, im November 1989 die Arbeitsmittel-, die Arbeitsstättenrichtlinie sowie die Richtlinie über persönliche Schutzausrüstungen, im Mai 1990 die Bildschirmrichtlinie und die Richtlinie über die manuelle Handhabung von Lasten verabschiedet.

Warum machten die europäischen Institutionen derart raschen und weitreichenden Gebrauch von ihren arbeitsschutzpolitischen Kompetenzen? Der wohl wichtigste Grund liegt in der Legitimationsfunktion, die sowohl die Mitgliedstaaten als auch die supranationalen Institutionen dem Arbeitsschutz als Symbol für eine »soziale Dimension« des Binnenmarktes zuschrieben. Aus Sicht der Kommission war, wie sie immer wieder betonte, die soziale Dimension »unerläßlich, damit die große Mehrheit der europäischen Bürger bereit ist, diesen großen Schritt im europäischen Aufbauwerk, als der das Projekt Binnenmarkt zu gelten hat, zu vollziehen.«[77] Mangels anderer Zuständigkeitsbereiche in der Sozialpolitik fiel in diesem Zusammenhang vor allem dem Arbeitsschutz die Funktion zu, den sozialen Fortschritt in der Gemeinschaft zu symbolisieren. Nach dem kräftigen Anschub durch die dänische Ratspräsidentschaft setzte sich im Zuge der Vorbereitung der deutschen Ratspräsidentschaft auch im Bundesministerium für Arbeit und Sozialordnung (BMA), wie der seinerzeitige Referatsleiter betonte,

»die Erkenntnis immer mehr durch, daß dieser Weg [...] die schnellsten und für die Bürger und Arbeitnehmer sichtbarsten Zeichen einer sozialen Flankierung des Binnenmarktes setzen könnte. So war es auch folgerichtig, daß bei der Sachplanung der deutschen Präsidentschaft im Ressortkreis schnell Einigung zu erzielen war, neben den Schwerpunkt ›Binnenmarktverwirklichung‹ die Verbesserung des Arbeitsschutzes als wichtige soziale Komponente zu stellen.«[78]

---

75 Vgl. Rat der Europäischen Gemeinschaften, Dok. 88/C 28/01, S. 1f.
76 Vgl. Kommission der Europäischen Gemeinschaften, Vorschlag für eine Richtlinie des Rates über die Durchführung von Maßnahmen zur Verbesserung der Sicherheit und des Gesundheitsschutzes der Arbeitnehmer am Arbeitsplatz (Rahmenrichtlinie), S. 1ff.; KOM(89)195 – SYN 127, S. 5ff.
77 Vgl. KOM(88)1148 endg. vom 14.9.1988. Siehe auch: Falkner, Supranationalität trotz Einstimmigkeit, S. 192.
78 Berié, Erfolg für den europäischen Sozialraum, S. 6; ähnlich auch Clever, Gemeinschaftscharta sozialer Grundrechte und soziales Aktionsprogramm der EG-Kommission, S. 226. Clever war seinerzeit Leiter der Abteilung Internationale Sozialpolitik im BMA.

Kapitel 2

Die Befürchtungen der Gewerkschaften, daß das Binnenmarktprojekt zu einem Sozial-Dumping führen könnte, waren Anlaß für die Bundesregierung, während ihrer Ratspräsidentschaft sozialpolitischen Fragen im allgemeinen und dem Arbeitsschutz im besonderen einen herausgehobenen Stellenwert einzuräumen.[79] Dies kam insbesondere auf dem Europäischen Gipfel in Hannover (Juni 1988) zum Ausdruck. Hier bekräftigte der Rat in seinem Abschlußkommuniqué auch ausdrücklich, daß beim Arbeitsschutz ein hohes Schutzniveau anzustreben sei.

»Der Europäische Rat vertritt die Ansicht, daß der Binnenmarkt so konzipiert werden muß, daß er der gesamten Bevölkerung der Gemeinschaft zugute kommt. Dafür ist es erforderlich, daß neben der Verbesserung der Arbeitsbedingungen und des Lebensstandards der Arbeitnehmer der gesundheitliche und sicherheitsmäßige Schutz am Arbeitsplatz verbessert wird. Er betont, daß die zu ergreifenden Maßnahmen das in den Mitgliedstaaten bereits erreichte Schutzniveau nicht schmälern werden. Er begrüßt die bereits auf der Grundlage der Vertragsbestimmungen, insbesondere des Artikels 118 a, ergriffenen Initiativen und ersucht die Kommission und den Rat, auf diesem Wege weiter voranzuschreiten.«[80]

Weil zahlreiche Staaten eine sozialpolitische Legitimation des Integrationsprozesses für erforderlich hielten, zugleich der Kernbereich der sozialen Sicherung und der Arbeitsbeziehungen aus wirtschafts- und finanzpolitischen Gründen aber von einer Harmonisierung ausgenommen war und somit der Arbeitsschutz als einziger sozialpolitischer Bereich verblieb, in dem mit qualifizierter Mehrheit eine Harmonisierung angestrebt wurde, erschien es als durchaus plausibel, die zu erlassenden Vorschriften an einem hohen Niveau zu orientieren. Andere Lösungen hätten nicht nur die bestehenden Befürchtungen eines Sozial-Dumping nicht entkräften können, sondern diese eher noch bestärkt. Darüber hinaus wollte man wichtige Arbeitsschutzrichtlinien noch vor dem Ende der Legislaturperiode des EP verabschieden, um bei den Neuwahlen im Juni 1989 einen Erfolg bei der Schaffung eines europäischen Sozialraumes vorweisen zu können.[81] Mit dieser Absicht forderte auch der Gipfel von Rhodos (Dezember 1988) vom zuständigen Rat im Hinblick auf die Verabschiedung der Rahmenrichtlinie, »die Einführung dieses wichtigen Teils der sozialen Aktion der Gemeinschaft rasch abzuschließen.«[82]

Man mag einwenden, daß der Arbeitsschutz – insbesondere weil sich die Harmonisierung in der europäischen Sozialpolitik weitgehend auf dieses Feld

---

79 Vgl. Berié, Europäische Sozialpolitik, S. 58f.
80 Presse- und Informationsamt der Bundesregierung, Bulletin Nr. 90 vom 30. Juni 1988, Europäischer Rat in Hannover, S. 846.
81 Vgl. Berié, Erfolg für den europäischen Sozialraum, S. 8.
82 Presse- und Informationsamt der Bundesregierung, Bulletin Nr. 170 vom 6. Dezember 1988, Europäischer Rat in Rhodos, S. 1510.

Binnenmarktprojekt und europäische Arbeitsschutzpolitik

beschränkte – kaum als ein zureichendes sozialpolitisches Legitimationsinstrument für das Binnenmarktprojekt anzusehen ist und das erwähnte Motiv daher auch wenig plausibel erscheint. Jedoch trifft ein solcher Einwand nicht die hier vertretene These, sondern verweist auf den widersprüchlichen Charakter der Integrationspolitik selbst: Sie erkannte zwar den sozialpolitisch begründeten Legitimationsbedarf an, jedoch ließen die dominierende Basisphilosophie der Deregulierung und die unterschiedlichen Interessen der Mitgliedstaaten die Bereitstellung der dafür erforderlichen Ressourcen nicht zu. Letzteres fand selbst noch darin seinen Ausdruck, daß die Gewerkschaften den Arbeitsschutz zum Schwerpunkt ihrer europäischen Sozialpolitik erkoren: Denn auch dies hatte nicht nur etwas mit dem identifizierten Handlungsbedarf zu tun, sondern auch damit, daß die Gewerkschaften sich auf den redistributiven Feldern der Sozialpolitik nicht auf gemeinsame Initiativen verständigen konnten:

»Und dann hat es sich gezeigt, daß auch die Gewerkschaften im sozialpolitischen Bereich nicht einigungsfähig waren bei solchen großen Brocken wie z.B. den Renten, weil die Deutschen wollten damals nicht auf ihr relativ hohes Rentenniveau verzichten, und man kann [das Leistungsrecht bei den Renten; T.G.] auch [...] nicht so leicht anpassen. Da haben wir uns gesagt: ›Dann nehmen wir doch den Arbeitsschutz.‹ Die Chance haben wir natürlich von seiten des Arbeitsschutzes erkannt. Wir nehmen den Arbeitsschutz, der bietet sich an.« (Interview DGB, 3.4.1997)

Zur Legitimationsfunktion des Arbeitsschutzes traten noch zwei weitere Aspekte hinzu, die die erwähnte Entwicklung der Arbeitsschutzpolitik begünstigten. Der erste Aspekt betrifft dessen ökonomische Dimension. Zur Erklärung der zwischen den Mitgliedstaaten im Hinblick auf die Einführung europaweiter Standards existierenden Interessenkonstellationen wird – aus Gründen der Vereinfachung – immer wieder auf die Unterscheidung zwischen Staaten mit einem niedrigen und solchen mit einem höheren Schutzniveau zurückgegriffen.[83] Demzufolge haben, sofern Arbeitsschutzmaßnahmen die Produktionskosten erhöhen, bei prozeß- bzw. produktionsbezogenen Standards Länder mit einem hohen Schutzniveau das Interesse, ihre Standards als allgemeine EU-Norm durchzusetzen, um die aus den unterschiedlichen Regelungen erwachsenden Wettbewerbsnachteile zu beseitigen. Umgekehrt haben Staaten mit einem niedrigen Schutzniveau kein Interesse an einer Vereinheitlichung von Schutzstandards, denn damit würde ihr relativer Kostenvorteil entfallen. Dies würde selbst für den Fall gelten, daß die Harmonisierung sich auf dem kleinsten gemeinsamen Nenner vollzöge. Gegenüber dem Status quo

---

83 Vgl. dazu und zum folgenden: Rehbinder/Stewart, Environmental Protection Policy, S. 9ff.; Scharpf, Politische Optionen im vollendeten Binnenmarkt, S. 114ff.; Eichener, Social Dumping or Innovative Regulation?, S. 2f.

wäre dies aus ihrer Sicht also eine Verschlechterung. Legt man die wirtschaftlichen Interessen der Länder mit einem hohen Schutzniveau zugrunde, so wäre eine Absenkung des Niveaus auf das der Staaten mit schwachen Regelungen die zweitbeste Lösung. Sofern Schutzmaßnahmen Kosten verursachen, mußte den Mitgliedstaaten mit einem hohen Schutzniveau daran gelegen sein, dieses europaweit zu verallgemeinern, um zu verhindern, daß vor allem die in den südeuropäischen Ländern ansässigen Unternehmen sich die geringeren Arbeitsschutzauflagen im gemeinsamen Markt als Wettbewerbsvorteil zu nutze machen können.[84] Wenn also der WSA die europaweite Verbesserung des Arbeitsschutzes als Instrument gegen einen unfairen Wettbewerb begrüßte,

---

84 Allerdings berichten Teilnehmer der Verhandlungen, daß die Vertreter südeuropäischer Länder sowohl bei der Rahmenrichtlinie als auch bei der Bildschirmrichtlinie innovative Regelungen unterstützten (Interview EP, 22.1.1997; BMA, 17.2.1997). Welche Erwägungen sie dazu bewogen haben mögen, kann hier nicht abschließend geklärt werden. Die aus der sozialwissenschaftlichen Integrationsliteratur und aus Plausibilitätsüberlegungen sich ergebenden Hinweise deuten in unterschiedliche Richtungen:
   1. Manchem Staat wird die Zustimmung zu an sich ungeliebten Regelungen durch die Erwartung erleichtert, die Umsetzung von Schutzbestimmungen auf informellem Wege umgehen zu können, weil eine wirksame Überwachung des Arbeitsschutzes durch die EU kaum möglich ist (vgl. z.B. Héritier, Die Koordination von Interessenvielfalt im europäischen Entscheidungsprozeß, S. 12f.). Weiler hat darauf aufmerksam gemacht, daß solche Mitgliedstaaten, die am ehesten zu Kompromissen bereit sind, üblicherweise auch eher dazu neigen, es mit der Umsetzung von Bestimmungen nicht so genau zu nehmen (vgl. Weiler, The White Paper and the Application of Community Law, S. 355f.; vgl. z.B. auch: Baldwin, The Limits of Legislative Harmonization, S. 229f.; Eichener, Social Dumping or Innovative Regulation?, S. 62f.).
   2. Die unterschiedlichen Interessen können durch Kompensationszahlungen bzw. »package deals« in Übereinstimmung gebracht werden (vgl. Scharpf, Positive und negative Koordination in Verhandlungssystemen, S. 57ff.; ders., Politische Optionen im vollendeten Binnenmarkt, S. 121). Da es sich bei der EEA um ein komplexes Kompromißpaket handelt, das auch beträchtliche Kompensationszahlungen z.B. durch die Erhöhung der Strukturfonds umfaßt, läßt sich die Zustimmung der südeuropäischen Staaten zur EU-Arbeitsschutzpolitik auch als Zugeständnis im Rahmen eines »package deals« interpretieren.
   3. Mit Blick auf das arbeitsschutzpolitische Engagement Griechenlands und Spaniens in den Jahren 1988 und 1989 erscheint auch die Vermutung begründet, daß sie – zudem erst wenige Jahre Mitglied in der Gemeinschaft – gerade ihre erste Ratspräsidentschaft zu einem Erfolg machen und daher die bereits in Angriff genommenen Bemühungen rasch abschließen wollten.
   4. Weil beide Länder von sozialistischen Parteien regiert wurden, ist es auch wahrscheinlich, daß eine Verbesserung des Arbeitsschutzes auch normativ eher auf Unterstützung in diesen Regierungen stieß.
   5. Sozialpolitische Maßnahmen auf EU-Ebene stoßen in südeuropäischen Staaten auf eine große Zustimmung in der Bevölkerung. Die Regierungen mögen daher unter dem Gesichtspunkt des Machterhalts der Einführung europaweiter Regelungen zugestimmt haben, auch wenn diese in ökonomischer Hinsicht als Wettbewerbsnachteil wirksam wurde (vgl. Schnorpfeil, Sozialpolitische Entscheidungen der Europäischen Union, S. 118).

Binnenmarktprojekt und europäische Arbeitsschutzpolitik

so kommt darin nicht nur das Interesse von Gewerkschaften, sondern auch das derjenigen Unternehmern zum Ausdruck, die an ihren Standorten höhere Anforderungen zu erfüllen hatten.[85] Auch der europäische Arbeitgeberverband UNICE begrüßte mehrheitlich die Verabschiedung der Arbeitsschutzrichtlinien.[86] Weil die arbeitsschutzpolitisch fortgeschritteneren Mitglieder gleichzeitig zu den ökonomisch stärksten und politisch einflußreichsten gehören, besitzen sie eine ausgeprägte Fähigkeit zur Durchsetzung dieses Ziels.

Darüber hinaus trug auch das institutionelle Eigeninteresse von EU-Gremien, vor allem der Kommission, maßgeblich zur Durchsetzung der skizzierten Arbeitsschutzpolitik bei. Die EU-Kommission hat ein starkes Interesse, sich als bedeutender politischer Akteur im Integrationsprozeß zu präsentieren. Gerade weil der EU-Kommission – sieht man einmal von den Strukturfonds ab – andere Kompetenzen in der Sozialpolitik vorenthalten worden waren und sie nur über eng begrenzte finanzielle Gestaltungsspielräume verfügte, machte sie von ihren Rechtsetzungskompetenzen beim Arbeitsschutz derart starken Gebrauch.[87] Zugleich war die Kommission im Konfliktfall generell eher bereit, den Interessen der wohlhabenderen – in diesem Fall den mit einem entwickelten Arbeitsschutzsystem ausgestatteten – Staaten zu folgen, sofern deren Bevölkerung einmal erreichte Standards durch den Integrationsprozeß gefährdet sah. Denn die Kritik aus diesen Staaten kann für den Integrationsprozeß und die Stellung der Kommission insgesamt gefährlicher sein als die Unzufriedenheit in kleineren Ländern.

Auch das EP hatte ein großes Interesse an weitreichenden Regelungen beim Arbeitsschutz. Das Parlament hatte sich traditionell, bereits lange vor dem Inkrafttreten der EEA, zum Fürsprecher eines europäischen Sozialraums gemacht. Die ihm im Rahmen des Kooperationsverfahrens zugewiesenen Kompetenzen erweiterten nun die Möglichkeiten, in diesem Sinne auf die Rechtsetzung Einfluß zu nehmen. Zugleich bot sich ihm die Chance, sich sowohl gegenüber der Öffentlichkeit als auch gegenüber den anderen EU-Institutionen als ein ernstzunehmendes Gremium zu präsentieren. Vor diesem Hintergrund trat es in sehr entschiedener Form für ein innovatives Politikkonzept und ein hohes Schutzniveau bei der Gestaltung der Arbeitsumwelt ein.[88] In seiner Resolutionen zur Arbeitsschutzpolitik legte es ein weit gefaßtes, sich an dem dänischen Begriff »Arbeijdsmiljø« orientierendes Verständnis der »Arbeitsumwelt« zugrunde[89] und erhob zudem die Forderung nach einem

---

85 Vgl. Wirtschafts- und Sozialausschuß der Europäischen Gemeinschaften, WSA(89)270 vom 22.2.1989, S. 9f.
86 Union des Confédération de l'Industries et des Employeurs d'Europe.
87 Vgl. Majone, Regulating Europe: Problems and Prospects, S. 167
88 Vgl. EP, Dok. B2-1703/87 vom 12.2.1988, S. 100.
89 EP, Dok. A2-226/88 vom 15.12.1988, S. 181ff.

»möglichst hohen Niveau« der zu verabschiedenden Richtlinien.[90] Im Beratungsprozeß zur Rahmenrichtlinie und zur Bildschirmrichtlinie selbst forderte es zahlreiche Verbesserungen gegenüber den von der Kommission und vom Rat unterbreiteten Vorschlägen[91], von denen einige in die letztlich verabschiedeten Fassungen Eingang fanden. Wichtige Bestimmungen der beiden Regelwerke wurden erst im Verlauf der Beratungen in die von der Kommission vorgelegten Entwürfe eingefügt (Interview Europäisches Parlament, 22.1.1997). Diese enthalten zwar im Grundsatz bereits einen innovativen Ansatz, erfuhren aber in den Verhandlungen zwischen Kommission, Parlament und Ausschüssen noch substantielle Verbesserungen.[92] Das EP war auf diesem Wege maßgeblich an der Formulierung des hohen Schutzniveaus der Richtlinien beteiligt.

---

90 EP, Dok. A2-399/88 vom 15.3.1989, S. 22ff.
91 Die vorgeschlagenen Verbesserungen finden sich in den Berichten des zuständigen Ausschusses und den Entschließungen des EP. Vgl. zur Rahmenrichtlinie: EP, Dok. A2-241/88 vom 3.11.1988; Dok. A2-241/88/B vom 10.11.1988; Dok. A2-241/88 vom 16.11.1988; Dok. A2-91/89/Teil A-C vom 20.4.1989. Vgl. zur Bildschirmrichtlinie: EP, Dok. A2-279/88 vom 14.12.1988; Dok. A3-76/90 vom 4.4.1990. Siehe zur Bildschirmrichtlinie auch: Eichener, Social Dumping or Innovative Regulation?, S. 59ff.
92 Zu den wichtigsten der – zum Teil in abgeschwächter Form bzw. der Absicht nach – in die Endfassung der *Rahmenrichtlinie* eingegangenen Änderungsvorschlägen des EP zählen:
 – die explizite Aufnahme einer Risikobeurteilung und deren Dokumentation;
 – die Formulierung absoluter Schutzpflichten unter Streichung der Einschränkung »sofern dies praktisch durchführbar ist«;
 – die Aufnahme des Erwägungsgrundes, daß der Gesundheitsschutz nicht »rein wirtschaftlichen Gründen« untergeordnet werden darf;
 – das Recht der Beschäftigten, bei akuten Gefahren den Arbeitsplatz zu verlassen;
 – ein umfassenderes Mitwirkungsrecht der Arbeitnehmer bzw. ihrer Vertreter bei der Erfassung, Beurteilung und Verhütung der Gesundheitsgefahren;
 – die Verpflichtung des Arbeitgebers, auf allen Unternehmensebenen für die Gefahrenverhütung Sorge zu tragen;
 – die Aufstellung eines betrieblichen Arbeits- bzw. Gesundheitsschutzprogramms;
 – die Pflicht zur rechtzeitigen Anhörung von Arbeitnehmer(vertreter)n bei Maßnahmen, die Auswirkungen auf den Gesundheitsschutz nach sich ziehen.
Nicht übernommen wurden vom Rat u.a.:
 – die Forderung, die Forschung und Entwicklung von ungefährlichen Arbeitsstoffen, -techniken und -verfahren zu fördern;
 – das Ziel der Vermeidung eintöniger und maschinenbestimmter Arbeitsrhythmen;
 – eine Präzisierung der an die arbeitsmedizinische Betreuung gerichteten Anforderungen;
 – ein vorzeitiges Inkrafttreten der Richtlinie, nämlich zum 1.1.1991.
Zu den wichtigsten der – wiederum zum Teil in abgeschwächter Form – in die Endfassung der *Bildschirmrichtlinie* eingegangenen Änderungsvorschlägen des EP zählen:
 – das Ziel einer Verbesserung des Gesundheitsschutzes;
 – die Streichung des Passus, demzufolge der Arbeitgeber zur Beseitigung von Gefahren nur »soweit erforderlich« verpflichtet sei;
 – die Konkretisierung und Verschärfung verschiedener technischer Anforderungen an den Bildschirmarbeitsplatz;
 – das Verbot der Installation verborgener Kontrolleinrichtungen;

Binnenmarktprojekt und europäische Arbeitsschutzpolitik

Eichener schreibt bei der Erklärung des hohen Schutzniveaus der Richtlinien den institutionellen Besonderheiten des Entscheidungsverfahrens, den Eigenschaften der EU-Bürokratie und den spezifischen Merkmalen des Politikgegenstandes »Arbeitsschutz« eine große Bedeutung zu: Erstens komme im Prozeß der Erarbeitung von Richtlinien durch die EU-Kommission der Vielzahl von Kontakten mit dem Wirtschafts- und Sozialausschuß sowie mit dem Beratenden Ausschuß für Sicherheit, Arbeitshygiene und Gesundheitsschutz am Arbeitsplatz eine wichtige Funktion zu. In diesen Ausschüssen sei ein starkes Interesse an einem hohen Schutzniveau vorhanden, und sie übten einen entsprechenden Einfluß auf die Kommission aus. Zweitens sei die EU-Bürokratie eher an der Bearbeitung von Sachproblemen orientiert. Im Hinblick auf den Gesundheitsschutz am Arbeitsplatz laufe diese Sachorientierung notwendig auf die Optimierung des Schutzniveaus hinaus. Drittens verfügten Experten über große Durchsetzungschancen im Prozeß der Erarbeitung von Richtlinien, weil Arbeitsschutzmaßnahmen ein hohes Maß an Fachwissen voraussetzten. Zudem erleichterten die Eigenschaften und Fähigkeiten des von der EU-Kommision bevorzugterweise rekrutierten Personals eine innovative, ambitionierte Politik.[93] Das Zusammenwirken dieser Faktoren habe es erleichtert, den Arbeitsschutz von den übergreifenden Trends einer ökonomischen Deregulierung abzukoppeln und den Interessen an einem hohen Schutzniveau zur Durchsetzung zu verhelfen. Insbesondere habe die EU-Kommission auf diese Weise maßgeblichen Einfluß auf den Richtlinieninhalt nehmen können. Der Rat sei weitgehend darauf verwiesen, einmal unterbreitete Vor-

---

- die Verpflichtung des Arbeitgebers, Maßnahmen (wie z.B. Pausen) gegen monotone Arbeit zu ergreifen;
- die Verbesserung von Partizipationsmöglichkeiten der Beschäftigten bzw. ihrer Vertreter bei der Regelung der Arbeitszeit von Bildschirmarbeitnehmern;
- die Pflicht zur Beseitigung von Gefahren, die aus der Kombination von Wirkungen erwachsen;
- die Bestimmung, daß die Augenuntersuchungen durch eine Person mit den dafür erforderlichen Qualifikationen durchgeführt werden soll.

Nicht aufgenommen wurden vom Rat u.a.:
- eine in die Präambel aufzunehmende Verpflichtung zum Schutz der Gesundheit auf einem höchstmöglichen Niveau;
- die Pflicht zur Beteiligung der Sozialpartner, insbesondere der Gewerkschaften, an der Umsetzung der Richtlinie;
- eine substantielle Ausweitung der Rechte von Beschäftigten und ihren Vertretern.

Vgl. zur Rahmenrichtlinie: KOM(88)73 endg. vom 7.3.1988; EP, Dok. A2-241/88 vom 3.11.1988; EP, Dok. A2-241/88/B vom 10.11.1988; EP, Dok. A2-241/88 vom 16.11.1988; EP, Dok. A2-91/89/Teil A-C vom 20.4.1989; Richtlinie 89/391/EWG des Rates vom 12.6.1989. Vgl. zur Bildschirmrichtlinie: KOM(88)77 endg. vom 7.3.1988; KOM(89)195 – SYN 127; EP, Dok. A2-279/88 vom 14.12.1988; EP, Dok. A3-76/90 vom 4.4.1990; Richtlinie 90/270/EWG des Rates vom 29.5.1990. Siehe zur Bildschirmrichtlinie auch: Eichener, Social Dumping or Innovative Regulation?, S. 59ff.

93 Vgl. Eichener, Social Dumping or Innovative Regulation?, S. 35ff.

schläge der Kommission zu übernehmen, und habe dementsprechend nur geringfügige Veränderungen an den Kommissionsentwürfen vorgenommen. Diese Sichtweise bedarf jedoch gewisser Einschränkungen. Zwar war die EU-Kommission ein starker Motor bei der Entwicklung der europäischen Arbeitsschutzpolitik, jedoch erscheint es als überzogen, ihre Innovationsbereitschaft und ihren Einfluß als *den* Grund für den skizzierten Wandel anzusehen. Ungeachtet der Tatsache, daß die genannten Faktoren die Durchsetzung der Arbeitsschutzrichtlinien in den europäischen Gremien erleichtert haben mögen, so ist es doch schwer vorstellbar, daß die Richtlinienentwürfe eine qualifizierte Mehrheit im Ministerrat hätten erhalten können, wenn dort nicht ein nachdrückliches Interesse an ihrer Verabschiedung existiert hätte. Wenn der Rat keine wesentlichen Veränderungen an den Kommissionsvorschlägen vornahm, so hatte dies seinen Grund nicht zuletzt darin, daß das Vorgehen in intensiven Gesprächen zwischen beiden Gremien von Anfang an eng abgestimmt wurde.[94] Die Kommission selbst hat in ihren Vorschlägen stets berücksichtigt, welche Vorschläge im Rat mehrheitsfähig sein würden. Gerade in den Verhandlungen mit dem EP war der Hinweis auf die voraussichtliche Ablehnung des Rates ein häufig verwendetes Argument, mit dem die Kommission die Übernahme von Änderungsvorschlägen des Parlaments ablehnte.[95] Schließlich gingen nicht nur die Vorschläge des EP, sondern in einzelnen Fällen sogar die Ratsentscheidungen über die Kommissionsvorschläge hinaus.[96] Die Orientierung der europäischen Arbeitsschutzpolitik an einem hohen Schutzniveau konnte sich nicht nur auf ein breites Interesse in den EU-Institutionen, sondern auch auf das Wohlwollen bei einer Mehrheit der Mitgliedstaaten stützen.

---

94 Vgl. Schulz, Maastricht und die Grundlagen einer Europäischen Sozialpolitik, S. 41.
95 Vgl. z.B. die Rede von Kommissionsmitglied Papandreou während der zweiten Lesung der Rahmenrichtlinie, in: ABl.EG, Verhandlungen des Europäischen Parlaments, Nr. 2-378, Sitzung vom 23.5.1989, S. 63ff.
96 Vgl. etwa zur Rahmenrichtlinie die Rede des Abgeordneten und Berichterstatters des Ausschusses für Umweltfragen, Volksgesundheit und Verbraucherschutz, Kurt Vittinghoff, in: ABl.EG, Verhandlungen des Europäischen Parlaments, Nr. 2-378, Sitzung vom 23.5.1989, S. 54ff.
Die Vorschläge der Kommission wurden vereinzelt selbst vom Ministerrat noch verschärft. Zu den von diesem eingefügten Bestimmungen gehörten:
  – die Durchführung regelmäßiger Augenuntersuchungen sowie die Befreiung der Beschäftigten von den Kosten für Sehhilfen;
  – die Verpflichtung des Arbeitgebers, sich über die neuesten wissenschaftlichen Erkenntnisse bei der Gestaltung des Bildschirmarbeitsplatzes auf dem Laufenden zu halten;
  – die Unterbrechung der Bildschirmarbeit durch Pausen oder andere Tätigkeiten;
  – die Ausweitung der Partizipationsrechte von Beschäftigten auf nahezu alle Bereiche der Bildschirmarbeit.
Vgl. zur Bildschirmrichtlinie die Nachweise bei: Eichener, Social Dumping or Innovative Regulation?, S. 59ff.

Binnenmarktprojekt und europäische Arbeitsschutzpolitik

2.6 Deutschland und Großbritannien in der europäischen Arbeitsschutzpolitik

Welche Interessen und Handlungsstrategien werden – mit Blick auf Art. 118a EWGV und auf die Verabschiedung des Sechser-Pakets – im Handeln Deutschlands und Großbritanniens sichtbar? Auch die Bundesregierung verfolgte in den Verhandlungen zur EEA das Ziel, »die *Kernbereiche* der Sozialpolitik, insbesondere die soziale Sicherung, das individuelle und kollektive Arbeitsrecht sowie die gesamte Arbeitsmarktpolitik in der Einstimmigkeit zu belassen [...].«[97] Hingegen befürwortete sie die Anwendung der qualifizierten Mehrheitsentscheidung bei Fragen des Arbeitsschutzes.[98] Vor diesem Hintergrund konnte sie mit dem in der EEA vereinbarten Zuschnitt des Binnenmarktprojekts zufrieden sein. In der Arbeitsschutzpolitik selbst bestand das wichtigste Ziel Deutschlands darin, möglichst verbindliche und eindeutige Bestimmungen zu formulieren, um den Mitgliedstaaten, insbesondere jenen mit einem geringen Schutzniveau, Ausweichmöglichkeiten bei der nationalstaatlichen Umsetzung zu verbauen. So war es die Bundesregierung, auf deren Initiative hin der Europäische Rat bei der Verabschiedung der EEA eine Erklärung in die Schlußakte aufnahm, in der die Unterzeichnerstaaten ihr Einvernehmen darüber zum Ausdruck brachten, daß mit der Bestimmung des Art. 118a Abs. 2 EWGV über die Klein- und Mittelbetriebe keine sachlich unbegründete Schlechterstellung der dort Beschäftigten beabsichtigt sei.[99] In den nachfolgenden Verhandlungen über das Sechser-Paket wandte sie sich – ebenfalls mit der Absicht, das Unterlaufen von Regelungen zu erschweren – dagegen, die Verbindlichkeit von Schutzverpflichtungen aufzuweichen.[100] Schließlich trieb die Bundesrepublik – wie oben erwähnt – während ihrer Ratspräsidentschaft die Verabschiedung des Sechser-Pakets stark voran.

Zwar war die deutsche Seite um die Verbindlichkeit der Regelungen und durchaus auch um ein hohes Schutzniveau bemüht, jedoch ist nicht ersichtlich, daß der spezifisch innovative Charakter des Gesamtansatzes auf ihre Initiative zurückzuführen sei. Vielmehr sprach sie sich in den Auseinandersetzungen um den Inhalt der Richtlinien explizit für eine restriktive Interpretation des Begriffs der Arbeitsumwelt aus.[101] Er sollte auf solche Aspekte beschränkt

---

97 So aus Sicht des BMA der damalige Leiter der Unterabteilung »Europäische Gemeinschaften/Europäische Sozialpolitik«, Otto Schulz: Schulz, Maastricht und die Grundlagen einer Europäischen Sozialpolitik, S. 39f. Siehe auch: Clever, Sozialpolitische Entwicklungen in der EG, S. 586ff., bes. 589ff.
98 Vgl. Schulz, Maastricht und die Grundlagen einer Europäischen Sozialpolitik, S. 40.
99 Vgl. de Ruyt, L'Acte Unique Européen, S. 194.
100 Vgl. DTI, Review of the Implementation and Enforcement of EC Law in the UK, S. 91.
101 Vgl. Bundestagsdrucksache 11/4699 vom 6.6.1989, S. 11.

sein, die sich unmittelbar auf den Gesundheitsschutz bezogen. Insbesondere wollte sie verhindern, daß mittels einer weiten Interpretation des Begriffs der »Arbeitsumwelt« – gleichsam auf dem Umweg über Art. 118a EWGV – europaweite Regelungen zur sozialen Sicherung und zu den kollektiven Arbeitsbeziehungen getroffen wurden[102], die gemäß Art. 100a EWGV der Einstimmigkeit bedurften, weil sie »die Interessen und Rechte der Arbeitnehmer« berührten. Wenn die Bundesregierung sich für Fortschritte beim Arbeitsschutz einsetzte, so ging es ihr vor allem darum, den Integrationsprozeß durch die Aufnahme vereinzelter sozialpolitischer Regelungen innenpolitisch zu legitimieren.

»Die Vollendung des Binnenmarktes bringt tiefgreifende Veränderungen mit sich, mit unmittelbaren Auswirkungen auf die Bürger, insbesondere die Arbeitnehmer. Die Sozialpolitik muß deshalb das Vorhaben Binnenmarkt mitgestalten, flankieren und rechtfertigen, insbesondere gegenüber Millionen von Arbeitnehmern.«[103]

Vor diesem Hintergrund war die Bundesregierung auf die Durchsetzung eines zwar hohen – nämlich an den eigenen Maßstäben orientierten – Schutzniveaus, keineswegs aber auf die Formulierung eines darüber hinausweisenden, modernen Arbeitsschutzkonzepts bedacht, sondern vor allem an einer raschen Einigung interessiert. Deutschland war in den Verhandlungen um das Sechser-Paket beileibe kein Bremser und sicherlich mehr als ein Mitläufer; ein Vorreiter war es aber nur im Hinblick auf das Tempo, nicht im Hinblick auf den spezifisch innovativen Charakter des Regelwerks.

Dies hinderte die Bundesregierung bzw. das BMA nicht daran, sich in der Öffentlichkeit und gegenüber den Verbänden im Kern positiv über den Zuschnitt des Sechser-Pakets zu äußern.[104] Die Richtlinien beinhalteten Bestimmungen, die, sofern sie das bundesdeutsche Niveau überschritten, Anlaß seien, bisherige Schwachstellen zu beseitigen, und die, sofern sie hinter den bundesdeutschen Standards zurückblieben, die Möglichkeit offen ließen, das höhere Schutzniveau beizubehalten.[105] Des öfteren wurde auch darauf hingewiesen, daß ein verbesserter Gesundheitsschutz den Konkurrenzdruck für deutsche Unternehmen verringere sowie langfristig dazu beitrage, die Zahl der Frühverrentungen zu reduzieren und damit die Rentenversicherung zu entlasten (Interview BMA, 21.2.1997).

---

102 Vgl. Clever, Soziale Grundrechte und Mindestnormen in der Europäischen Gemeinschaft, S. 399f.
103 Clever, Gemeinschaftscharta sozialer Grundrechte und soziales Aktionsprogramm der EG-Kommission, S. 226. Vgl. auch die Schilderung des damaligen Parlamentarischen Staatssekretärs im BMA, Wolfgang Vogt: Vogt, Europäischen Sozialraum schaffen, S. 5ff.
104 Vgl. Bundestagsdrucksache 11/4699 vom 6.6.1989, S. 19f. Siehe z.B. auch: Bieneck, Arbeitsschutz in Europa, S. 84.
105 So z.B. Blüm, Sozialraum Europa – Fortschritt oder gefährlicher Irrweg?, S. 2. Siehe auch: Clever, Sozialpolitische Entwicklungen in der EG, S. 586ff.

Binnenmarktprojekt und europäische Arbeitsschutzpolitik

Deutlich von den Zielen und Interessen der deutschen Seite unterschied sich die Position Großbritanniens. Die konservative Regierung hatte sich seit Beginn der achtziger Jahre jeder sozialpolitischen Initiative auf EU-Ebene strikt widersetzt.[106] Auch bei den Verhandlungen um die EEA ging von ihr der härteste Widerstand gegen die Übertragung sozialpolitischer Kompetenzen auf die Gemeinschaft aus.[107] Dies galt zunächst auch für die vorgeschlagene Anwendung der qualifizierten Mehrheitsentscheidung auf Fragen der Arbeitsumwelt.[108] Daß die Thatcher-Regierung schließlich dennoch der Aufnahme des Art. 118a EWGV zustimmte, erklärt sich aus der mit dem Gesamtpaket der EEA festgeschriebenen Prädominanz der »negativen Integration«. Die Liberalisierung des Dienstleistungs-, Kapital-, Güter- und Personenverkehrs gehörte zu den erklärten Zielen der britischen Regierung.[109] Bereits 1984 hatte sie eine derartige Initiative in der EU vorgeschlagen.[110] Sie sah die britischen Unternehmen für einen gemeinsamen Markt gut gewappnet und erhoffte sich von der zwischenstaatlichen Deregulierung starke Wachstumseffekte für die heimische Wirtschaft.[111] So hatte Premierministerin Thatcher die Maßnahmen zur wirtschaftlichen Liberalisierung im Blick, als sie auf die Frage nach den Gründen für ihre Zustimmung zur EEA antwortete: »We wished to have many of the directives under majority voting because things which we wanted were being stopped by others using a single vote.«[112] Zudem durfte Großbritannien es als Erfolg verbuchen, daß seine Forderung nach einem Rückzug aus der Finanzierung der Agrarpolitik im Ergebnis der Verhandlungen grundsätzlich als legitim anerkannt worden war. Unter diesen Bedingungen konnte den Briten die Ausdehnung qualifizierter Mehrheitsbeschlüsse auf das Gebiet des arbeitsbezogenen Gesundheitsschutzes als ein durchaus verkraftbares Zugeständnis erscheinen. Dies galt um so mehr, als sie in den Verhandlungen um den Art. 118a EWGV noch die Aufnahme des erwähnten Sonderstatus für die kleinen und mittleren Unternehmen durchsetzen konnten.[113] Insgesamt bestanden die nationalstaatlichen Souveränitätsrechte auf dem Gebiet der Sozialpolitik, auf die Großbritannien in besonderer Weise bedacht war, nahezu uneingeschränkt fort. Daher folgert Moravcsik mit Blick auf die EEA durchaus

---

106 Vgl. Brewster/Teague, European Community Social Policy, S. 70ff., 97ff.
107 Vgl. Teague/Grahl, 1992 and the Emergence of a European Industrial Relations Area, S. 172.
108 Vgl. de Ruyt, L'Acte Unique Européen, S. 192.
109 Vgl. Brewster/Teague, European Community Social Policy, S. 120; de Ruyt, L'Acte Unique Européen, S. 78.
110 Vgl. Volle, Großbritannien und der europäische Einigungsprozeß, S. 46.
111 Vgl. Moravcsik, Negotiating the Single European Act, S. 31ff.
112 Financial Times vom 19.5.1989.
113 Vgl. de Ruyt, L'Acte Unique Européen, S. 194; James, The European Community: A Positive Force for UK Health and Safety Law?, S. 3f.

zu Recht: »In many ways, the final agreement on substantive issues satisfied the British the most [...].«[114]

Nach der Verabschiedung der EEA konzentrierte sich Großbritannien in seiner Ratspräsidentschaft, die es am 1.7.1986 übernahm, entsprechend seinen politischen Präferenzen ganz darauf, die Bestimmungen zur Liberalisierung des Kapital-, Waren-, Dienstleistungs- und Arbeitskräfteverkehrs umzusetzen. Unter den fünf Zielen, die Außenminister Howe in seiner programmatischen Rede zur britischen Ratspräsidentschaft vor dem Europäischen Parlament aufführte, wurde der Gesundheitsschutz am Arbeitsplatz mit keinem Wort erwähnt.[115] Generell stand es europäischen Vorschriften sehr ablehnend gegenüber. So machte Premierministerin Thatcher 1988 deutlich: »We have not successfully rolled back the frontiers of the state in Britain only to see them re-imposed at a European level [...].«[116] In den Verhandlungen um das Sechser-Paket verfolgte Großbritannien das Ziel, die europäische Arbeitsschutzrichtlinien an den inhaltlichen Bestimmungen und der Philosophie des britischen Arbeitsschutzsystems zu orientieren:

»The main UK negotiating objectives were to avoid disruption as far as possible to existing UK systems and standards, to avoid unnecessary detail, and to introduce qualifications into certain requirements which had been drafted in absolute terms. The last of these objectives was held to be of fundamental importance to industry in the operation of the UK health and safety system. The UK law recognises that where absolute safety cannot be guaranteed, the duties placed on those who create risks need to be qualified, usually by the phrase ›so far as is reasonably practicable‹ (SFAIRP) [...].«[117]

Diese Ziele stießen allerdings bei der Mehrheit der Mitgliedstaaten auf Ablehnung. Das britische *Department of Trade and Industry* (DTI) beschreibt die Verhandlungspositionen folgendermaßen:

---

114 Moravcsik, Negotiating the Single European Act, S. 44.
115 Vgl. Volle, Großbritannien und der europäische Einigungsprozeß, S. 52.
116 Zit. n. Dehousse, Integration v. Regulation?, S. 383.
117 DTI, Review of the Implementation and Enforcement of EC Law in the UK, S. 91. In ähnlicher Weise schilderte auch die oberste britische Arbeitsschutzbehörde, die Health and Safety Commission (HSC), das britische Verhandlungsverhalten: »The UK has consistently argued in the Council [EU-Ministerrat; T.G.] negotiations for flexible legislation, properly prioritised according to assessment of risk and the available, technical, scientific and medical evidence, and which would not add unnecessary burdens on industry. In bringing its influence to bear on [European; T.G.] Commission proposals at the draft stage, HSE has argued consistently that Directives should be expressed as general principles, leaving detail to be decided nationally, and for better prioritisation of the proposals, proper cost justification and more thorough preparation before they were advanced to Council-level discussion.« HSC, Annual Report 1991/92, S. 6. Vgl. zu den Verhandlungszielen der britischen Regierung auch: Brewster/Teague, European Community Social Policy, S. 115; Hendy/Ford, Redgrave, Fife and Machin: Health and Safety, S. LXII.

Binnenmarktprojekt und europäische Arbeitsschutzpolitik

»Other Member States, however, were unwilling to adopt this formula [so far as is reasonably practicable – SFAIRP; T.G.] since the term SFAIRP was not readily understood in their countries and caused difficulties when transposed in their legislation. In addition most Member States saw the Framework as an important statement of principle, and there was some suspicion that SFAIRP was a UK stratagem to place cost considerations above worker protection. Northern Member States, including Germany, were more worried, however, that SFAIRP might allow southern Member States to avoid their responsibilities. [...] The EC Commission Legal Services also became obdurate concerning SFAIRP [...].[...] some northern Member States were happy with the inclusion of a lot of prescriptive detail [...], while the southern Member States complied with this approach because they wished to use the EC to justify action which would otherwise have been difficult domestically. The UK, particularly with its concerns to preserve the SFAIRP principle, was squeezed between these two positions. The squeeze was tightened by the determination of three successive Presidencies – German, Greek and Spanish – to work together as an effective troika to push agreement through at great speed. The Greek Commissioner, Mrs Papandreou, also exerted a lot of pressure for agreement to be reached on the ›six-pack‹.«[118]

Jedoch war die britische Verhandlungsposition nicht nur von den unmittelbaren Interessen an den Regelungsinhalten des Sechserpakets bestimmt, sondern auch mit einer Reihe anderer Fragen der europäischen Arbeitsschutzpolitik verknüpft. Denn mittlerweile wurden in den EU-Gremien die Vorbereitungen für Richtlinien zum Arbeitszeitschutz sowie zum Schutz Jugendlicher und Schwangerer in Angriff genommen[119], an deren Verabschiedung die britische Seite keinerlei Interesse hatte. Von einer Flexibilität in Detailfragen des Sechserpakets erhoffte man sich eine größere Kompromißbereitschaft der übrigen Mitgliedstaaten auf den genannten Feldern des *sozialen* Arbeitsschutzes:

»The broad negotiating strategy was agreed with Ministers, and agreed between Departments, against the wider political background of Ministers wishing to be positive as regards health and safety directives, given the UK's outright opposition to other proposals emerging in the social area which were seen to have *unwelcome industrial relations implications, e.g. proposals on hours of work, pregnant women and young people*. [...] There was pressure too from Departments in Whitehall, for wider political reasons, for HSE to be flexible on detail.«[120] (Hervorh. d. Verf.; T.G.)

---

118 Vgl. DTI, Review of the Implementation and Enforcement of EC Law in the UK, S. 91f.
119 Siehe zu den Richtlinieninhalten unten, Kapitel 8.1. Vgl. zur Entscheidung über die Arbeitszeitrichtlinie v.a.: Schnorpfeil, Sozialpolitische Entscheidungen der Europäischen Union, S. 141ff.
120 DTI, Review of the Implementation and Enforcement of EC Law in the UK, S. 92. Allerdings stieß der Druck von Ministerien, sich im Hinblick auf die Rahmenrichtlinie etc. in Einzelfragen nachgiebig zu zeigen, bei der für die Expertenverhandlungen zuständigen HSE auf Kritik: »HSE found this at times uncomfortable because they felt that other departments did not fully appreciate possible financial implications of not getting the detail right, and that there are a number of references on file to HSE's concern that health and safety might be treated as a loss leader in the wider context of negotiating directives in the social area.« (Ebda.).

Im Ergebnis erwiesen sich die britischen Delegationen in den Verhandlungen zum Sechser-Paket als wenig durchsetzungsfähig. Zwar konnten sie vereinzelte Erfolge verbuchen, zu denen die Regierung auch die Einführung der Risikobewertung zählte; auch gelang es den Briten, die letztlich verabschiedete Fassung der Bildschirmrichtlinie gegenüber dem ursprünglichen Entwurf in wichtigen Bereichen abzumildern.[121] Insgesamt aber mußte die Regierung bilanzieren,

»[...] that the phrase [so far as is reasonably practicable; T. G.] was deleted more or less throughout the ›six-pack‹, and certainly in key areas in the Framework Directive. [...] The battle over SFAIRP was fought intensely up to a common position. Senior Ministers (including the Foreign Secretary) raised the issue in meetings with other Member States and with European Commissioners. [...] Despite all of this intense lobbying, including a number of meetings with the EC Commission and Council Legal Services, the UK lost the battle. [...] overall the directives contained more detail and prescription than the UK wanted [...].«[122]

Das Verhalten Deutschlands und insbesondere Großbritanniens verweist darauf, daß das ökonomische Interesse bei den arbeitsschutzpolitischen Entscheidungen eine Rolle spielte. Allerdings hatte es für die Ablehnung innovativer Regelungen einen größeren Stellenwert als für ihre Unterstützung und war nicht das treibende Motiv für die Fixierung eines hohen Schutzniveaus. Die Regierungen der Mitgliedstaaten, vor allem die der nord- und mitteleuropäischen Regierungen, hatten insbesondere die möglichen innenpolitischen Auswirkungen von Nicht-Entscheidungen auf dem Gebiet der Sozialpolitik in Rechnung zu stellen. Sie waren darauf bedacht, den vor allem von gewerkschaftlicher Seite geäußerten Befürchtungen eines Sozial-Dumping Rechnung zu tragen und damit die Legitimationsbasis des Binnenmarktprojekts zu verbreitern. Welche Bedeutung sie diesem sozialpolitischen Legitimationsbedarf beimaßen, war wiederum in hohem Maße von den jeweiligen hegemonialen Projekten auf nationalstaatlicher Ebene abhängig. So war es durchaus bezeichnend, daß gerade die konservative britische Regierung die stärkste Abneigung gegenüber weitreichenden sozialpolitischen Regelungen offenbarte.

2.7 Fazit

Mit der EEA haben die Mitgliedsländer der EU auf dem Gebiet des arbeitsbezogenen Gesundheitsschutzes weitreichende Kompetenzen an die europäischen Institutionen übertragen: Mit qualifizierter Mehrheit verabschiedet der

---

121 Vgl. Leighton, European Law: Its Impact on UK Employers, S. 53.
122 DTI, Review of the Implementation and Enforcement of EC Law in the UK, S. 91.

Binnenmarktprojekt und europäische Arbeitsschutzpolitik

Ministerrat auf Vorschlag der Kommission Richtlinien in Form von Mindeststandards, deren Umsetzung für die Mitgliedstaaten verbindlich ist. Die EU-Institutionen haben von ihren neuen Gestaltungsmöglichkeiten rasch und umfassend Gebrauch gemacht. Das in den Jahren 1989 und 1990 verabschiedete Sechser-Paket orientiert sich am höchsten Schutzniveau innerhalb der Union und basiert auf einem innovativen, modernen und umfassenden Zugang zum Arbeitsschutz. Es formuliert uneingeschränkt verbindliche Schutzpflichten des Arbeitgebers, beruht auf dem Grundsatz der Risikovermeidung, schreibt eine Bewertung der Gesundheitsrisiken verbindlich vor, erstreckt sich auf ein breites Spektrum arbeitsbedingter Gesundheitsbelastungen, berücksichtigt die Wechselwirkung physischer, psychischer, sozialer und arbeitsorganisatorischer Aspekte des Gesundheitsschutzes, fordert eine am Stand der Technik orientierte Dynamisierung des Schutzhandelns und stärkt die Rolle der Beschäftigten im betrieblichen Arbeitsschutz.

Allerdings enthalten die EU-Arbeitsschutzrichtlinien auch einige Auslassungen, die unter dem Gesichtspunkt eines modernen Arbeitsschutzes als problematisch zu bewerten sind. So sehen sie keine Mit*bestimmungs*rechte für die Beschäftigten vor, fehlen verbindliche Bestimmungen zur betriebsmedizinischen Versorgung der Beschäftigten und verzichten sie auf die Formulierung präziser Kriterien, denen die – nach wie vor den Mitgliedstaaten überlassene – behördliche Überwachung des Arbeitsschutzvollzugs zu genügen hat. Schließlich enthalten die Richtlinien – als Ausdruck von politischen Kompromissen zwischen den Beteiligten – eine Reihe von Vorgaben, die den Mitgliedstaaten bei der Umsetzung einen zum Teil weiten Interpretationsspielraum eröffnen – zum Teil aufgrund unbestimmter Formulierungen, wie z.B. bei der Definition des Bildschirmarbeitnehmers, zum Teil aufgrund des expliziten Zugeständnisses, daß einzelne Regelungsbereiche, insbesondere die Anhörung und Mitwirkung der Beschäftigten, gemäß den nationalstaatlichen Rechtsvorschriften und Praktiken zu konkretisieren seien.

Ungeachtet dessen liegt dem europäischen Arbeitsschutzpolitik ein innovatives Konzept zugrunde, das der Mehrzahl der Mitgliedstaaten zum Teil sehr weitgehende Anpassungsleistungen auferlegt. Das hohe Regulierungsniveau steht damit in deutlichem Kontrast zu dem in weiten Bereichen der Sozialpolitik und der Arbeitsbeziehungen sich vollziehenden Deregulierungstrend. Daß eine derartige Abkoppelung der Arbeitsschutzpolitik möglich wurde, beruhte vor allem darauf, daß zahlreiche Mitgliedstaaten es für erforderlich hielt, die Legitimationsbasis des Integrationsprozesses durch eine sozialpolitische Initiative zu verbreitern, die symbolisch Wirksamkeit entfalten konnte und zugleich möglichst geringe Auswirkungen auf die Staatshaushalte bzw. die Produktionskosten der Unternehmen nach sich ziehen würde. Der Arbeitsschutz eignete sich dafür in besonderer Weise, weil er die nationalstaatliche Souveränität in der Finanz- und Wirtschaftspolitik sowie bei der Gestaltung der Arbeitsbeziehungen unberührt ließ. Dieses Legitimationsinteresse artikulierten vor allem jene Mitgliedstaaten, die eine angebotsorientierte, mit den Instrumenten der Deregulierung und Flexibilisierung operierende Strategie verfolgten, dabei aber auf die Herstellung von innenpolitischem Konsens zumindest mit Teilen der Gewerkschaften bedacht waren. Vor allem vor diesem Hintergrund wird das hohe Niveau der EU-Arbeitsschutzrichtlinien verständlich, denn anders hätten sie diese Legitimationsfunktion kaum wahrnehmen können.

Daneben wurde die Verabschiedung der EU-Richtlinien durch das ökonomische Interesse vor allem der mittel- und nordeuropäischen Staaten befördert, ihr überdurchschnittliches Schutzniveau innerhalb der Gemeinschaft zu verallgemeinern und damit relative Kostennachteile ihrer Unternehmen zu beseitigen. Schließlich ließ sich die Verbesserung des Arbeitsschutzes zumindest in Teilbereichen – vor allem im Hinblick auf die Reduzierung von Arbeitsunfällen und Berufskrankheiten – auch als Komponente betriebs- und volkswirtschaftlicher Rationalisierungsstrategien begreifen und damit in die nationalstaatlichen Strategien weltmarktorientierter Modernisierung integrieren. Auch bei den EU-Institutionen existierte ein ausgeprägtes Interesse an innovativen und weitreichenden Regelungen, das aus ihrem Bestreben resultierte, ihre Machtstellung im europäischen Integrationsprozeß auszubauen: Das EP war bestrebt, seine gewachsenen Kompetenzen im Rahmen des Kooperationsverfahrens zur Geltung zu bringen, um sich als bedeutender Akteur zu präsentieren und auf diese Weise die eigene Existenz zu legitimieren; die Kommission machte von ihren neuen sozialregulativen Kompetenzen um so stärker gerade deshalb Gebrauch, weil es ihr an finanzieller Manövriermasse und redistributiven Gestaltungsmöglichkeiten mangelte.

Dennoch war es das Interesse einer Mehrheit der Mitgliedstaaten, das letztlich den Weg für die skizzierte Arbeitsschutzpolitik frei machte. Daß diese aus ihrer Sicht vor allem als ein Legitimationsinstrument im Integrationsprozeß fungierte, aber auch darauf zielte, anderen Kosten aufzuerlegen, die man selber möglichst gering zu halten gedachte, verweist zugleich darauf, daß ihr motivationales Fundament von Anfang an durchaus nicht sehr fest war.

# Kapitel 3

Nationalstaatliche Rahmenbedingungen in Großbritannien

3.1 Politisches System und politische Regulierungsmuster

Die Besonderheiten des politischen Systems und das überkommene Verständnis staatlichen Handelns gehören zu jenen politikfeldübergreifenden Einflußfaktoren, die die Rahmenbedingungen auch für die Arbeitsschutzpolitik abstecken. Großbritannien wird hinsichtlich der Rolle des Staates in der vergleichenden Politikforschung als ein Sonderfall betrachtet: Im Unterschied zur kontinentaleuropäischen Tradition sind hier Staat und Gesellschaft ideologisch nicht strikt voneinander getrennt und kommt – so die überwiegende Meinung – staatlichem Handeln eine recht geringe gesellschaftliche Bedeutung zu.[1] Diese Besonderheiten werden mit Bezeichnungen wie »stateless society«[2], »self-regulation«[3] oder »government by civil society«[4] charakterisiert. Sie finden ihren Ausdruck z.B. in einem liberalen, residualen Wohlfahrtsstaat[5] und – zumindest bis zum Beginn der achtziger Jahre – in einer sehr weitgehenden Zurückhaltung des Staates bei der Gestaltung der Arbeitsbeziehungen.[6]

Historisch begünstigten zum einen die Dominanz des Marktes und der Entwicklungsvorsprung des britischen Kapitalismus die Herausbildung dieser Merkmale, denn sie machten im Unterschied zu vielen Staaten Kontinentaleuropas staatliche Initiativen zur Förderung der Wirtschaft weitgehend überflüssig.[7] In enger Wechselwirkung mit den ökonomischen Merkmalen trug zum anderen der besondere Charakter des englischen Rechtssystems, das von der überragenden Stellung des *Common Law* geprägt ist, zur Entwicklung

---

1 Vgl. z.B. Jordan/Richardson, The British Policy Style or the Logic of Negotiation, S. 80ff.; Badie/Birnbaum, The Sociology of the State, S. 121ff. Vgl. zur Herausbildung unterschiedlicher Staatstraditionen in Großbritannien und Kontinentaleuropa: Dyson, The State Tradition in Western Europe, bes. S. 25ff.
2 Nettl, The State as a Conceptual Variable, S. 562, 574.
3 Vogel, National Styles of Regulation, S. 24.
4 Badie/Birnbaum, The Sociology of the State, S. 121.
5 Vgl. Esping-Andersen, The Three Worlds of Welfare Capitalism, S. 26ff.
6 Vgl. Ashford, The Emergence of the Welfare State, S. 62ff., 106ff.; Rieger, Die Institutionalisierung des Wohlfahrtsstaates, S. 127ff.; Crouch, Industrial Relations and European State Traditions, bes. S. 233ff.
7 Vgl. z.B. Hobsbawm, Industrie und Empire, Bd. 2, S. 61ff.

einer nur geringen Interventionstätigkeit bei. Das *Common Law* ist – im Unterschied zum kontinentaleuropäischen Römischen Recht – nicht kodifiziert, sondern besteht aus ungeschriebenen, traditionellen Rechtsregeln, die ihrerseits aus der gesellschaftlichen Praxis erwachsen sind.[8] Es kennt keine Unterscheidung zwischen öffentlichem und privatem Recht und weist daher dem Staat – sieht man einmal von dem Recht ab, die öffentliche Gewalt zu verkörpern – auch keine privilegierte Position zu.[9] Die Entscheidungsfindung im *Common Law* erfolgt im Rahmen eines Fallrechtssystems.[10] Während das Römische Recht deduktiv vorgeht, also von abstrakten Rechtssätzen ausgehend den in Frage stehenden Einzelfall behandelt, ist für das *Common Law* ein induktives Verfahren charakteristisch. Es geht vom anstehenden Einzelfall aus und vergleicht ihn mit einem Präzedenzfall. Dabei sind die für den Präzedenzfall maßgeblichen Entscheidungsgründe für die nachgeordneten Gerichte bindend.[11] In diesem Sinne wird Recht im Rahmen des *Common Law* also nicht gesetzt, sondern auf der Grundlage bisheriger Entscheidungen interpretiert. Der Vergleich erfolgt nach strengen Regeln; das Gericht ist eng an den Wortlaut der vorangegangenen Rechtsprechung gebunden und verfügt über einen nur geringen Entscheidungsspielraum.[12] Das Fallrechtssystem des *Common Law* trägt auf diese Weise zu einer hohen Kontinuität in der Rechtsprechung bei. Zwar hat das parlamentarisch, auf dem Weg über Gesetze *(Acts)* und Verordnungen *(Regulations)* gesetzte Recht *(Statute Law)* in der Vergangenheit auch in Großbritannien eine wachsende Bedeutung erlangt. Allerdings werden Bestimmungen des *Statute Law* nach den Regeln des *Common Law* ausgelegt, sofern dem nicht durch andere Bestimmungen des *Statute Law* Grenzen gesetzt sind. Trotz des Bedeutungszuwachses des Parlamentsrechts blieb der besondere Charakter des englischen Rechtssystems bis in die Gegenwart erhalten.

Die Betonung der gesellschaftlichen Selbstregulierung und das kaum kodifizierte Rechtssystem waren wichtige Gründe dafür, daß der bürokratische Apparat des *Civil Service* vergleichsweise klein und wenig professionalisiert ist.[13] Die administrative Kultur der öffentlichen Verwaltung, beruhend auf der unbedingten Loyalität und Neutralität der *Civil Servants* gegenüber der jeweiligen Regierung, und das daraus resultierende Vertrauen der Bevölkerung

---

8 Vgl. Kiralfy, The English Legal System, S. 1ff.; Weber, Recht und Gerichtsbarkeit, S. 176ff.
9 Vgl. Badie/Birnbaum, The Sociology of the State, S. 123.
10 Vgl. Slapper/Kelly, Principles of the English Legal System, S. 33ff.
11 Vgl. Weber, Recht und Gerichtsbarkeit, S. 177ff.
12 Dieser Gesichtspunkt sollte in der Auseinandersetzung um die EU-Arbeitsschutzrichtlinien eine wichtige Rolle spielen. Siehe unten, Kapitel 6.3.
13 Vgl. Knill, Staatlichkeit im Wandel, S. 57ff.

Nationalstaatliche Rahmenbedingungen in Großbritannien

ermöglichen den *Civil Servants* einen relativ großen Spielraum im Umgang mit privaten Interessen.[14] Die liberale Staatstradition und das stark an prozeduralen Vorgaben orientierte *Common Law* begünstigten die Herausbildung eines Politikstils, den Jordan/Richardson – in Übereinstimmung mit zahlreichen Beobachtern – folgendermaßen charakterisieren:

»Britain is best characterized as emphasising consensus and a desire to avoid the imposition of solutions on sections of society. In that there is no particular priority accorded to anticipatory solutions. [...] Underlying the consultative/negotiative practice is a broad cultural norm that government should govern by consent.«[15]

Bei der Wahrnehmung seiner Aufgaben bedient sich der Staat überwiegend weicher Steuerungsinstrumente, also Formen wie Verhandlung, Überzeugung und Beratung, und weniger administrativ-hierarchischer Interventionen, also des Einsatzes von Zwang. »A framework of negotiated compliance, rather than strict enforcement of performance standards, is the dominant characteristic of regulatory policy in the UK.«[16] Zur Suche nach einem Konsens werden die beteiligten Interessen in aller Regel bei der Vorbereitung politischer Entscheidungen angehört, und dies wird von diesen auch erwartet.[17]

Wesentliche Merkmale des britischen Regierungssystems sind die Suprematie des Parlaments und die unitarische Staatsform. Die Parlamentssouveränität ist unteilbar und uneingeschränkt; die parlamentarische Rechtsetzung wird unmittelbar wirksam.[18] Wenn andere Körperschaften wie z.B. die *Local Authorities* über eigene Zuständigkeiten verfügen, so beruhen diese nicht auf verfassungsmäßig garantierten Rechten, sondern auf der Delegation von Staatsaufgaben durch das souveräne Parlament, das ihnen einmal übertragene Kompetenzen jederzeit wieder entziehen kann.[19] Insofern fungieren die Kommunen eher als verlängerter Arm der Zentralregierung, allerdings haben sie auch einen gewissen Handlungsspielraum bei der Wahrnehmung der ihnen übertragenen Aufgaben.[20]

Im Parlament selbst verfügt die Regierung über eine außerordentlich starke Stellung. Das relative Mehrheitswahlrecht begünstigt in der Regel die Partei mit dem höchsten Stimmenanteil und erschwert kleinen Parteien den

---

14 Vgl. Vogel, National Styles of Regulation, S. 24, 220, 243f., 256ff.
15 Jordan/Richardson, The British Policy Style or the Logic of Negotiation, S. 81f.
16 Peacock/Ricketts/Robinson (Eds.), The Regulation Game, S. 115.
17 Vgl. Jordan/Richardson, The British Policy Style or the Logic of Negotiation, S. 80ff.; Grant/Sargent, Business and Politics in Britain, S. 36ff.; Peacock/Ricketts/Robinson (Eds.), The Regulation Game, S. 78ff., 96ff.
18 Vgl. Sturm, Das politische System Großbritanniens, S. 214ff.
19 Vgl. Wilson/Game, Local Government in the United Kingdom, S. 88ff., 98f.
20 Vgl. Rhodes, Understanding Governance, S. 112ff.; Wilson/Game, Local Government in the United Kingdom, S. 19ff.

Zugang zum Parlament. Sehr häufig führt es zu absoluten Mehrheiten und erleichtert damit die Bildung relativ stabiler Regierungen, die sich der Unterstützung der Mehrheitsfraktion üblicherweise sicher sein können.[21] Im Gesetzgebungsprozeß stellen sich der Regierung damit nur vergleichsweise geringe Hindernisse in den Weg. Die Parlamentssouveränität, die unitarische Staatsform und die ausgeprägte Unterordnung der Opposition im Parlament erhöhen die Strategie- und Manövrierfähigkeit der Regierung, erleichtern also rasche Entscheidungen und gegebenenfalls auch scharfe politische Wendungen.[22]

Die erwähnten Charakteristika eines britischen Politikstils sind jedoch nicht als unabhängige Variablen zu verstehen, die über die Zeit und für alle Politikbereiche Geltung beanspruchen könnten. Es handelt sich vielmehr um Handlungsorientierungen in Politik und Verwaltung, die als dominierende Praktiken zwar durchaus zu identifizieren sind, deren Kontinuität und Bestandsfähigkeit allerdings immer auch darauf beruht, daß sie mit den politisch-ökonomischen Rahmenbedingungen sowie den dominanten gesellschaftlichen Interessen und Strategien kompatibel sind. Zugleich sollten die spezifischen Kennzeichen des britischen Politikstils nicht – wie dies des öfteren geschieht – dazu verleiten, den Begriff der »stateless society« mit einem schwachen oder enthaltsamen Staat gleichzusetzen. Denn nicht nur sichern die erwähnten Merkmale des politischen Systems der Regierung ein hohes Maß an Handlungsfähigkeit, zugleich unterliegen wichtige Felder insbesondere der Sozialpolitik, wie zum Beispiel das Gesundheitswesen und der Arbeitsschutz, dem unmittelbaren Zugriff der Regierungspolitik.

3.2 Akkumulationsstrategie, politische Konfliktregulierung und Wandel der Arbeitsbeziehungen im Übergang zum Postfordismus

3.2.1 Nachkriegskonsens und defizitärer Fordismus

Die ökonomische und die innenpolitische Entwicklung in Großbritannien stand bis in die siebziger Jahre hinein unter den Vorzeichen des Nachkriegskonsenses. Er war Ausdruck eines Kräftegleichgewichts zwischen Kapital und Arbeit bzw. den *Conservatives* und der *Labour Party*, das es keiner der beiden Seiten gestattete, ihre gesellschaftspolitischen Vorstellungen einseitig durch-

---

21 Gleichzeitig werden der Opposition wirksame Einflußmöglichkeiten durch die Geschäftsordnung des Parlaments weitgehend vorenthalten. Vgl. Döring, Parlament und Regierung, S. 336ff.
22 Vgl. Schmidt, Nationale Politikprofile und Europäische Integration, S. 423f.

Nationalstaatliche Rahmenbedingungen in Großbritannien

zusetzen. In den Nachkriegsjahrzehnten orientierte sich die Regierungspolitik am Ziel der Vollbeschäftigung und verfolgte den Ausbau der sozialen Sicherungssysteme.[23] Diese Politik wurde flankiert von dem Versuch, die Kooperation zwischen Staat, Kapital und Gewerkschaften zu institutionalisieren.[24] Die ökonomische Entwicklung Großbritanniens in den Nachkriegsjahrzehnten wird häufig mit dem Begriff des *relative decline* gekennzeichnet. Vor dem Hintergrund einer dynamischen weltwirtschaftlichen Entwicklung verzeichnete Großbritannien zwar durchaus beachtliche Wachstumsraten, die eine Vollbeschäftigung ermöglichten und noch hoch genug waren, um den für den wohlfahrtsstaatlichen Klassenkompromiß erforderlichen Verteilungsspielraum zur Verfügung zu stellen.[25] Jedoch verbarg sich dahinter eine chronische Schwäche der britischen Wirtschaft, die ihren prägnantesten Ausdruck in einer niedrigen Investitionsquote, in einer geringen Arbeitsproduktivität und in einem gegenüber den OECD-Staaten unterdurchschnittlichen Wachstum des Bruttosozialprodukts fand.[26] Die Folge waren ein wachsender technologischer Rückstand gegenüber den wichtigsten Konkurrenten und eine sinkende Wettbewerbsfähigkeit der britischen Industrie auf den internationalen Märkten.[27]

Die Wirtschaftspolitik der Nachkriegsjahrzehnte konnte diese Probleme nicht lösen.[28] Die ökonomische Steuerungskapazität des Staates litt nicht zuletzt darunter, daß es der Regierung nicht gelang, die Gewerkschaften zu einer dauerhaften Lohnzurückhaltung zu veranlassen. Dies steht in engem Zusammenhang mit dem besonderen Charakter der Arbeitsbeziehungen in Großbritannien, die zu einem großen Teil bis in die Gegenwart Bestand haben. Deren sicherlich augenfälligstes Merkmal war – und ist – der weitgehende Verzicht des Staates auf die rechtliche Regulierung des Verhältnisses von Kapital und Arbeit. Dieser Zurückhaltung liegt die klassisch-liberalistische Auffassung zugrunde, daß diese auf dem Prinzip der Freiwilligkeit *(voluntarism)* beruhen sollten.[29] Die Austragung von Arbeitskonflikten, die Gestaltung

---

23 Vgl. Pollard, The Development of the British Economy 1914-1990, S. 207ff.
24 Vgl. Hyman, British Industrial Relations: The Limits of Corporatism, S. 82ff.; Kastendiek, Zwischen Ausgrenzung und krisenpolitischer Konditionierung, S. 161ff.
25 Vgl. Jessop, Politik in der Ära Thatcher, S. 353ff.; Pollard, The Development of the British Economy 1914-1990, S. 229ff., 265ff., 289ff.; Davies/Freedland, Labour Legislation and Public Policy, S. 106ff.
26 Gleichzeitig war der in Großbritannien traditionell starke, in der Londoner City konzentrierte Finanzsektor vor allem an den profitträchtigeren Auslandsinvestitionen und weniger an der Entwicklung des Binnenmarktes interessiert. Vgl. Ingham, Capitalism Divided?, S. 201ff.
27 Vgl. Gamble, Britain in Decline, S. 99ff.
28 Vgl. Pollard, The Development of the British Economy 1914-1990, S. 229ff.; ders., Struktur- und Entwicklungsprobleme der britischen Wirtschaft, S. 276f.
29 Vgl. Edwards/Hall/Hyman u.a., Great Britain: Still Muddling Through, S. 5f.

des Tarifvertragswesens eingeschlossen, erfolgte in weiten Bereichen unabhängig von rechtlich fixierten Eingriffen und institutionalisierten Beziehungsmustern zwischen Kapital und Arbeit.[30] Die betriebliche Vertretung der Arbeitnehmer ist nur in wenigen Bereichen gesetzlich geregelt. So existieren begrenzte Informationspflichten des Arbeitgebers bei Tarifverhandlungen, Anhörungsrechte der Gewerkschaften bei Massenentlassungen und Firmenübernahmen sowie – darauf wird noch einzugehen sein – beim Gesundheitsschutz am Arbeitsplatz. Ein gesetzlich vorgeschriebenes Mitbestimmungsrecht der Beschäftigten oder ihrer Vertretung gibt es nicht. Generell ist es den Unternehmern freigestellt, ob sie die Gewerkschaften als Vertretung der Beschäftigten bzw. als Verhandlungspartner anerkennen. Auch existieren weder verbindliche Bestimmungen zur Regelung von Tarifkonflikten[31] noch – vor dem Inkrafttreten europäischer Vorschriften – Regelungen über Arbeitsbedingungen bei atypischen Beschäftigungsverhältnissen, über Arbeitszeiten oder Mindestlöhne.[32] Somit können sich die Beschäftigten und ihre Gewerkschaften bei Arbeitskonflikten kaum auf festgeschriebene Konsultations-, Informations- oder gar Mitwirkungsrechte berufen, unterlagen bis zur Regierungsübernahme der Konservativen unter Thatcher dafür aber auch nicht den Pflichten und Einschränkungen, wie sie für die Arbeitsbeziehungen in Deutschland typisch sind.

Das Gegenstück zur Abwesenheit eines rechtlich formalisierten Korporatismus auf der Mikroebene war die permanente Konfliktbereitschaft der britischen Gewerkschaften. Die Höhe des Arbeitsentgelts und die Arbeitsbedingungen wurden weitgehend jenseits rechtlich fixierter Regeln durch das *free collective bargaining* festgelegt, bei dem der betrieblichen Ebene der Auseinandersetzung ein besonderer Stellenwert zukam.[33] Die Verhandlungsformen und die Inhalte von Vereinbarungen unterschieden sich je nach den betrieblichen Kräfteverhältnissen und den örtlichen Rahmenbedingungen. Damit hing auch die Durchsetzungsfähigkeit der Belegschaften in hohem Maße von der betrieblichen Stärke der Gewerkschaften ab. Der Streik galt lange Zeit als ein übliches und angemessenes Instrument gewerkschaftlichen Handelns und keineswegs – wie in Deutschland – als letztes Kampfinstrument der Interessenpolitik, dem in aller Regel langwierige Verfahren zur Kompromißfindung auf dem Verhandlungswege vorausgehen. Dabei wurden

---

30 Vgl. Hyman, The Political Economy of Industrial Relations, S. 149ff., 166ff.; Davies/Freedland, Labour Legislation and Public Policy; Ritter, Der Sozialstaat, S. 174ff.
31 Vgl. Hyman, The Historical Evolution of British Industrial Relations, S. 27ff.
32 Vgl. Burgess, Großbritannien, S. 154.
33 Vgl. z.B. Crouch, Class Conflict and the Industrial Relations Crises, passim; Hyman, British Industrial Relations: The Limits of Corporatism, S. 79ff.

Nationalstaatliche Rahmenbedingungen in Großbritannien

die Kampfaktionen von den überbetrieblichen Gewerkschaftsorganisationen häufig nicht zentral koordiniert oder kontrolliert. Die geringe Regelungsdichte der Arbeitsbeziehungen hat zur Folge, daß sowohl Inhalte von Vereinbarungen als auch Verfahren und Ebenen der Konfliktlösung eine außerordentlich große Vielfalt aufweisen.[34] Diese Fragmentierung ist ein typisches Merkmal der Arbeitsbeziehungen in Großbritannien. Gerade wegen ihrer Durchsetzungsfähigkeit auf betrieblicher Ebene konnten die Gewerkschaften auf die Institutionalisierung von Rechten im Rahmen makrokorporatistischer Arrangements verzichten, und viele *wollten* dies auch, denn in einer korporatistischen Einbindung sahen sie die Gefahr einer Beschränkung ihrer autonomen Handlungsmöglichkeiten und damit einer Domestizierung und Disziplinierung der Gewerkschaften.[35]

Der britische Nachkriegskapitalismus läßt sich mit Jessop somit als »defizitärer Fordismus«[36] charakterisieren. Zwar war er durch die Ausweitung fordistischer Massenproduktion und Massenkonsumtion, durch eine weitgehende Vollbeschäftigung und einen expandierenden Wohlfahrtsstaat gekennzeichnet, jedoch gelang es nicht, die fordistischen Industrien erfolgreich in die dynamischen Märkte Westeuropas und Nordamerikas zu integrieren. Die Defizite der fordistischen Entwicklung zeigten sich nicht nur in der Akkumulationsstrategie, sondern auch im Regulationstypus, denn der britische Staat verfügte nicht über die Steuerungskapazitäten, die für eine erfolgreiche Umsetzung der anvisierten wirtschaftspolitischen Ziele erforderlich gewesen wären. Insbesondere gelang es nicht, die Gewerkschaften zu einer moderaten Tarifpolitik zu bewegen. Die fragmentierten Arbeitsbeziehungen erschwerten die Herausbildung korporatistischer Arrangements, weil es den Dachverbänden von Kapital und Arbeit – insbesondere den Gewerkschaften – nicht gelang, die betrieblichen Akteure auf die Einhaltung einmal getroffener Vereinbarungen zu verpflichten. Die Einbindung und Disziplinierung der Gewerkschaften und eine Neuordnung der vielfach als chaotisch empfundenen Arbeitsbeziehungen gehörte seit Beginn der sechziger Jahre, als die »englische Krankheit« offenkundig wurde, unabhängig von der jeweiligen Parlamentsmehrheit zu den wichtigsten Zielen der britischen Regierungspolitik. Dieses Ziel wurde mit unterschiedlichen Instrumenten, aber im großen und ganzen erfolglos verfolgt.

---

34 Vgl. zum WIRS: Millward u.a., Workplace Industrial Relations in Transition; Millward, The New Industrial Relations?; zum Labour Force Survey (LFS): Employment Gazette bzw. Labour Market Trends, lfd.
35 Vgl. Kastendiek, Zwischen Ausgrenzung und krisenpolitischer Konditionierung, S. 160ff.
36 Vgl. Jessop, Politik in der Ära Thatcher, S. 354ff.

3.2.2 Ökonomische Krise und konservativer Strategiewechsel: die Kernelemente des Thatcherismus

Der Sieg der konservativen Partei bei den Unterhauswahlen 1979 leitete einen grundlegenden gesellschafts- und wirtschaftspolitischen Strategiewechsel ein: Der »Thatcherismus« kündigte den Nachkriegskompromiß der *social democracy* auf und erteilte den bisherigen korporatistischen und wohlfahrtsstaatlichen Strukturen sowie dem konsens- und verhandlungsorientierten Politikstil eine scharfe Absage.[37] Die wichtigsten Instrumente der monetaristischen und angebotsorientierten Wirtschaftspolitik waren – mit unterschiedlichem Gewicht in den einzelnen Etappen – eine restriktive Geldmengenpolitik, die Senkung der Unternehmenssteuern, die Zerschlagung der gewerkschaftlichen Gegenmacht, ein Abbau von investitionshemmenden Auflagen für Unternehmen, eine rigorose Sparpolitik, insbesondere durch die Kürzung von bzw. eine restriktivere Fassung der Zugangsberechtigung zu Sozialleistungen, die Privatisierung eines Großteils der verstaatlichten Produktionsbetriebe und der staatlichen Dienstleistungen sowie die Reorganisation des *Civil Service* nach betriebswirtschaftlichen Erfolgskriterien *(contracting out, market testing)*.[38] Das Zusammenwirken dieser Instrumente sollte die hohe Inflationsrate zurückführen und den Staatshaushalt entlasten, die Wettbewerbsfähigkeit der britischen Unternehmen erhöhen und neue Investitionen anziehen. Damit veränderten sich auch die Rahmenbedingungen für das arbeitsschutzpolitische Handeln.

Für die Thatcher-Regierung war die Zerschlagung der gewerkschaftlichen Gegenmacht der Schlüssel für den ökonomischen Wiederaufstieg Großbritanniens. Sie wandte ein ganzes Bündel von Maßnahmen an, die die Gewerkschaften in ihrer betrieblichen Handlungsfähigkeit beschneiden sollten.[39]

---

37 Vgl. etwa: Crouch, United Kingdom: The Rejection of Compromise, S. 326ff.; Gamble, The Free Economy and the Strong State, S. 105ff.; ders., The Politics of Thatcherism, S. 350ff.; Kavanagh, Thatcherism and British Politics, bes. S. 63ff., 185ff.; Hall/Jacques (Eds.), The Politics of Thatcherism; Kastendiek, Die lange Wende in der britischen Gesellschaftspolitik, S. 17ff.
38 Vgl. dazu etwa: Jessop, Politik in der Ära Thatcher, S. 359ff.; Gamble, The Free Economy and the Strong State, S. 45ff., 105ff.
39 Dies geschah u.a. durch eine Beschränkung der Streikgründe auf solche Arbeitskampfmaßnahmen, die in einem unmittelbaren Zusammenhang mit den Arbeitsbedingungen des jeweiligen Unternehmens standen; die gleichzeitige Wiedereinführung der zivilrechtlichen Haftung im Falle rechtswidriger Streiks; die verbindliche Durchführung von Urabstimmungen beim Beginn und bei der Beendigung von Streiks; die sukzessive Eliminierung der *closed shop*-Regelungen sowie eine stärkere Reglementierung des innergewerkschaftlichen Lebens. Vgl. Marsh, The New Politics of British Trade Unionism, S. 74ff.; Crouch, United Kingdom: The Rejection of Compromise, S. 330ff.; Dickens/Hall,

Nationalstaatliche Rahmenbedingungen in Großbritannien

Darüber hinaus wurden die Gewerkschaften aus nahezu allen tripartistischen Einrichtungen verdrängt. Dies betraf insbesondere solche, die sich mit der Regulierung von Löhnen und Arbeitsbedingungen befaßten und über die sie sich einen Einfluß auf wirtschafts- und sozialpolitische Fragen gesichert hatten.[40] Die Gewerkschaftsgesetze stellten für die britischen Arbeitsbeziehungen einen tiefen Einschnitt dar – nicht nur weil sie gewerkschaftliche Aktivitäten staatlicherseits stark reglementierten, und zwar in weiten Teilen in einem durchaus über das z.B. in Deutschland geltende Maß hinaus, sondern auch weil den Gewerkschaften im Gegenzug keinerlei institutionalisierte Rechte gegenüber den Arbeitgebern gewährt wurden. Dies war um so schwerwiegender, als in Großbritannien die bisherigen betrieblichen Handlungsfreiheiten gleichsam ein funktionales Äquivalent für das Fehlen rechtlich garantierter Einflußmöglichkeiten und Schutzinstrumente waren.[41] Der Prozeß der Verrechtlichung von Arbeitsbeziehungen, der in den Gewerkschaftsgesetzen zum Ausdruck kommt, vollzog sich also – im Unterschied zu den meisten anderen europäischen Staaten – nicht als – nachholende – Institutionalisierung eines korporatistischen Kompromisses auf der Basis eines Abtauschs von Vorteilen, sondern einseitig als Beschränkung gewerkschaftlicher Handlungsmöglichkeiten im Rahmen einer postfordistischen Regulationsweise.

Die neue Akkumulationsstrategie schloß eine Neubestimmung der Rolle des Staates und seines Verhältnisses zu den Verbänden ein. Sie beinhaltete sowohl seinen Rückzug aus jenen Bereichen, die im Verständnis der Konservativen die freie Entfaltung der Marktkräfte behinderten, als auch eine gezielte Ausweitung der Staatsintervention dort, wo die Umsetzung des weitreichenden Reformprogramms auch neuen Regulierungsbedarf mit sich brachte und es galt, »die Entstehung einer flexibleren und dynamischeren Wirtschaft in Großbritannien zu unterstützen.«[42] Insofern gehörte nicht nur eine Deregulierung, sondern auch eine Re-Regulierung der gesellschaftlichen und ökonomischen Beziehungen zu den Kernbestandteilen der konservativen Politik und zu den Bedingungen für die Durchsetzung des Reformkonzepts.[43] Diese Politik wurde von einer Rhetorik begleitet, die die Rückkehr zu traditionellen

---

The State: Labour Law and Industrial Relations, S. 255ff., bes. 260ff.; Clark, Die Gewerkschaftsgesetzgebung 1979-1984 und ihre Folgen für die Politik der Gewerkschaften, S. 163ff.; Beaumont, Change in Industrial Relations, S. 37ff.; Taylor, The Party and the Trade Unions, S. 534; Schulten, In or out of Europe?, S. 119f.; Armingeon, Staat und Arbeitsbeziehungen, S. 44f.

40 Vgl. Kastendiek, Zwischen Ausgrenzung und krisenpolitischer Konditionierung, S. 175.
41 Vgl. Jacobi, Ökonomische Schwäche und fragmentierte Kollektivbeziehungen, S. 68.
42 Jessop, Politik in der Ära Thatcher, S. 359.
43 Vgl. Gamble, The Free Economy and the Strong State, S. 38ff.; Offe, Die Aufgabe von staatlichen Aufgaben, S. 317ff.

Kapitel 3

Wertemustern des britischen Konservatismus mit der Propagierung von Verhaltensnormen eines dynamischen liberalen Kapitalismus verband.[44]

Neben der politischen Offensive der Regierung haben insbesondere die disziplinierenden Wirkungen von Krise und Massenarbeitslosigkeit[45], die forcierte De-Industrialisierung und Tertiärisierung der britischen Ökonomie sowie die Privatisierung öffentlicher Unternehmen und Dienstleistungen ineinander gegriffen und in ihrer kumulativen Wirkung wesentlich zur einschneidenden Veränderung des politischen Kräfteverhältnisses zwischen Kapital und Arbeit, die sich seit dem Wahlsieg der Konservativen im Jahre 1979 vollzog, beigetragen.[46] Mit dem ökonomischen Strukturwandel verloren insbesondere jene Bereiche an Gewicht, in denen die Gewerkschaften traditionell hoch organisiert waren: die – von männlichen Beschäftigten dominierten – Großbetriebe der verarbeitenden Industrie und der öffentliche Dienst.[47] Zwischen 1979, dem Jahr, in dem die Gewerkschaften den Höhepunkt ihrer Organisationskraft erreichten, und 1997 sank die Zahl aller Gewerkschaftsmitglieder von 13,3 Mio. auf 7,1 Mio. Personen, und damit auf den niedrigsten Stand seit 1945; dies entspricht einem Rückgang des Organisationsgrades von 54 auf 30 %.[48]

Zum anderen wird – wie der *Workplace Industrial Relations Survey* (WIRS) zeigt – die Transformation der Arbeitsbeziehungen im Bedeutungsverlust des *collective bargaining* deutlich. Bereits zu Beginn der neunziger Jahre sahen Millward u.a. in dieser Entwicklung »one of the most dramatic changes in the character of British industrial relations that our survey series has measured«[49], und stellten fest, daß »it is clear that collective bargaining directly affected only a minority of employees.«[50] 1997 traf dies nur noch auf

---

44 Vgl. z.B. Hall, Authoritarian Populism, S. 115ff.; ders., Der Thatcherismus und die Theoretiker, S. 178f.; Brake/Hale, Public Order and Private Lives, S. 148; Noetzel, Die Revolution der Konservativen, S. 26ff.
45 Vgl. zur Entwicklung der Arbeitslosigkeit: Central Statistical Office (im folgenden: CSO), Social Trends 25 (1995), S. 76; Eurostat, Jahrbuch 1998/99, S. 322.
46 Vgl. Edwards/Hall/Hyman u.a., Great Britain: Still Muddling Through, S. 30ff.
47 Vgl. Beaumont, The Decline of Trade Union Organisation, S. 5; Millward u.a., Workplace Industrial Relations in Transition, S. 58ff.; Corcoran, Trade Union Membership and Recognition, S. 191ff.; Sweeney, Membership of Trade Unions in 1994. Vgl. zum Problem der gewerkschaftlichen Reaktion auf den Strukturwandel: Edwards/Hall/Hyman u.a., Great Britain: Still Muddling Through, S. 30ff.; Fulton, Neue Kraft nach zwei Jahrzehnten des Rückschlags, S. 239f.; Waddington, Großbritannien: Auf der Suche nach neuen politischen Prioritäten, S. 271ff.
48 Vgl. Beaumont, The Decline of Trade Union Organisation, S. 2; Sweeney, Membership of Trade Unions in 1994, S. 49; Cully/Woodland, Trade Union Membership and Recognition 1996-97, S. 355, 357.
49 Millward u.a., Workplace Industrial Relations in Transition, S. 93.
50 Ebda., S. 92.

35,5 % der Arbeitnehmer zu.[51] Die Unternehmensleitungen waren nun häufig in der Lage, die Arbeits- und Entlohnungsbedingungen einseitig festzulegen. Streikverzicht, eng an die örtlichen Arbeitsbedingungen gekoppelte Löhne, die Bindung der auszuzahlenden Arbeitsentgelte an die betrieblichen oder branchenspezifischen Rentabilitätsbedingungen, und dies nicht selten unter Verzicht auf Mindestlohnvereinbarungen, waren – gerade bei Firmenneugründungen – häufig Inhalt dieser Verträge.[52] Dabei war es gerade die traditionelle Fragmentierung der Arbeitsbeziehungen und der Verzicht auf die Institutionalisierung von Rechten gegenüber den Arbeitgebern, die unter den veränderten Vorzeichen der achtziger und neunziger Jahre den Übergang zu einem »flexiblen Kapitalismus«[53] erleichterte.[54] Schließlich führte die Veränderung der ökonomischen und politischen Rahmenbedingungen auch dazu, daß immer weniger Unternehmensleitungen Gewerkschaften als betriebliche Verhandlungspartner anerkannten. Im Jahre 1990 war dies nur noch bei etwas mehr als der Hälfte aller Arbeitgeber der Fall, sechs Jahre zuvor traf dies immerhin noch auf zwei Drittel von ihnen zu.[55] 1997 arbeiteten nur noch 44 % der Beschäftigten in Unternehmen mit anerkannten Gewerkschaften.[56] In der Privatwirtschaft betraf die Anerkennung nur ein Drittel der Beschäftigten, besonders niedrig war der Anteil in den Kleinbetrieben und im privaten Dienstleistungsbereich.

Der Bedeutungsverlust der Gewerkschaften und die Schwächung der Beschäftigten gegenüber den Unternehmern berührte den Arbeitsschutz in mehrerer Hinsicht: Die mit der Krise um sich greifende soziale Unsicherheit senkte die Bereitschaft der Beschäftigten und ihrer Interessenvertretungen, sich in Fragen des Arbeitsschutzes zu engagieren[57]; die rückläufige Anerkennungsquote der Gewerkschaften minderte die Chancen für eine wirkungsvolle Arbeitnehmervertretung im betrieblichen Arbeitsschutz, denn ein Rechtsanspruch auf die Einsetzung entsprechender betrieblicher Gremien existierte nur dort, wo die Gewerkschaften von den Unternehmen als Interessenvertretung anerkannt wurden[58]; schließlich wächst in Krisenzeiten im allgemeinen die Neigung

---

51 Vgl. Cully/Woodland, Trade Union Membership and Recognition 1996-97, S. 360.
52 Vgl. Altvater/Mahnkopf, Gewerkschaften vor der europäischen Herausforderung, S. 167ff.
53 Vgl. Regini, Introduction: The Past and Future of Social Studies of Labour Movements, S. 1ff.
54 Vgl. Crouch, United Kingdom: The Rejection of Compromise, S. 347f.
55 Vgl. Millward u.a., Workplace Industrial Relations in Transition, S. 71.
56 Vgl. Cully/Woodland, Trade Union Membership and Recognition 1996-97, S. 360.
57 Vgl. Millward u.a., Workplace Industrial Relations in Transition, S. 162; Dawson u.a., Safety at Work, S. 258.
58 Siehe unten, Kapitel 3.3.3.

des Managements, die Ressourcen für den betrieblichen Arbeitsschutz zu verknappen und den Arbeitsschutz kurzfristigen Rentabilitätsüberlegungen unterzuordnen.[59] Der tiefgreifende Transformationsprozeß in den britischen Arbeitsbeziehungen veränderte somit auch nachdrücklich die Handlungsbedingungen im Arbeitsschutz. Allerdings ließen die konservativen Regierungen die hier bestehenden Organisations- und Regulierungsstrukturen sowie die gesetzlich fixierten Schutzbestimmungen unangetastet. Insofern hob sich der Arbeitsschutz deutlich von der Entwicklung in vielen anderen Bereichen ab.

3.3 Die Struktur des britischen Arbeitsschutzsystems

3.3.1 Organisations- und Regulierungsstruktur

Großbritannien kann auf eine lange Tradition des Arbeitsschutzes zurückblicken. Bereits zu Beginn des 19. Jahrhunderts wurden erste gesetzliche Maßnahmen zur Begrenzung der Kinder-, Jugend- und Frauenarbeit ergriffen. Die heutige Struktur des britischen Arbeitsschutzsystems ist jedoch erst mit dem *Health and Safety at Work Act* aus dem Jahre 1974 (HSW Act) geschaffen worden. Zuvor hatte das britische Arbeitsschutzrecht aus einer unüberschaubaren Vielfalt von Einzelgesetzen bestanden, die in den zurückliegenden Jahrzehnten, und vereinzelt noch im vergangenen Jahrhundert, erlassen worden waren. Diese gesetzlichen Bestimmungen waren i.d.R. eine Reaktion auf Unfälle, eine Antwort auf den Nachweis bestimmter Gefährdungen und nicht zuletzt häufig auch Ergebnis politischen Drucks.[60] Aufgrund dieser reaktiven, sporadischen Handlungsweise bezogen sich die Regelungen zum Arbeitsschutz überwiegend auf bestimmte Maschinen, Branchen oder Einrichtungen. Dabei blieben eine Reihe von Beschäftigtengruppen vollständig vom Arbeitsschutzrecht ausgeschlossen. In ähnlicher Weise wie das Recht war auch das Kontrollsystem zersplittert. So waren eine Vielzahl von Ministerien und anderen Institutionen für die Überwachung von Arbeitsschutzbestimmungen verantwortlich, häufig ohne klare Abgrenzung der Zuständigkeiten. Auch im Hinblick auf die Rechte und Pflichten der am Arbeitsschutz unmittelbar beteiligten Akteure existierten keine einheitlichen Regelungen: Weder kannte das britische System vor 1974 eine allgemeine Verantwortung des Unternehmers noch sah es branchenübergreifend eine institutionalisierte Einbeziehung der Beschäftigten in den Arbeitsschutz vor.[61]

---

59 Vgl. Dawson u.a., Safety at Work, S. 258.
60 Vgl. Smith/Wood, Industrial Law, S. 627.
61 Vgl. Watterson, Industrial Relations and Health and Safety at Work in Post-war Britain, S. 158ff.

Nationalstaatliche Rahmenbedingungen in Großbritannien

Die wahrgenommenen Defizite waren Ende der sechziger Jahre Anlaß für das *House of Commons*, eine Expertenkommission einzusetzen, die das britische Arbeitsschutzsystem begutachten und Vorschläge zu seiner Reform erarbeiten sollte. Diese Kommission, das *Robens Committee*, legte 1972 einen Bericht vor, dessen Empfehlungen weitgehend in den HSW Act aufgenommen wurden.[62] Vor der Verabschiedung des Gesetzes standen sich in einer breit geführten Diskussion zwei konträre Reformansätze gegenüber. Der eine befürwortete rigidere gesetzliche Bestimmungen, eine schärfere Überwachung des Arbeitsschutzes und eine deutliche Heraufsetzung von Strafen; der andere, unterstützt und getragen vom *Robens Committee*, hielt demgegenüber eine Rahmengesetzgebung für angemessen, die sich im wesentlichen an der Vorgabe von Zielen orientierte, der Zusammenarbeit der betrieblichen Akteure einen hohen Stellenwert zuwies, ihnen dafür einen weiten Handlungsspielraum eröffnete und auf diese Weise eine flexible Problemlösung, die dem jeweils besonderen Charakter der Probleme Rechnung trug, in den Betrieben ermöglichen sollte.[63] Strafen oder Strafandrohungen sollten nur dort Anwendung finden, wo fortgesetzte oder eklatante Verstöße gegen Arbeitsschutzbestimmungen vorlagen.[64] Diese zweite Konzeption setzte sich schließlich mit der weitgehenden Aufnahme der Robens-Vorschläge in den HSW Act durch. Das britische Arbeitsschutzsystem beschritt nun einen Entwicklungspfad, der häufig mit dem Begriff der *self-regulation* charakterisiert wird.[65] Mit ihm wurden im britischen Arbeitsschutz jene Steuerungsinstrumente und Verfahrensweisen gestärkt, die oben als typische Merkmale eines britischen Politikstils charakterisiert worden sind.

Der HSW Act enthält allgemeine Bestimmungen über die Pflichten der Arbeitgeber, allgemeine Grundsätze und Prinzipien des Arbeits- und Gesundheitsschutzes, Bestimmungen seiner Organisation auf betrieblicher und überbetrieblicher Ebene sowie Verfahrensregeln zur konkretisierenden Rechtsetzung.[66] Er sollte den Rahmen für eine allmähliche Modernisierung des britischen Arbeitsschutzrechts darstellen, die – so die Absicht – in den folgenden Jahren und Jahrzehnten der Veränderung von Gesundheitsrisiken und der Entstehung neuer Gefährdungslagen unter Nutzung arbeitsmedizinischer Erkenntnisfortschritte Rechnung tragen sollte. Folgende Regelungsinhalte sollen hier zunächst betont werden: *Erstens* erstreckt sich der HSW

---

62 Vgl. Robens Committee, Safety and Health at Work. Vol. 1.
63 Vgl. ebda., S. 18ff., 25ff.
64 Vgl. ebda., S. 40ff., 80ff.
65 Vgl. Dawson u.a., Safety at Work, S. 10ff.; Fairman, Robens – 20 Years on, S. 14ff.
66 Vgl. Dawson u.a., Safety at Work, S. 13ff.

Kapitel 3

Act auf jeden Betrieb und auf alle Beschäftigten.[67] Zugleich stellt er das Dach für alle nachfolgenden, konkretisierenden Arbeitsschutzregelungen dar. In diesem Sinne schafft er eine einheitliche und umfassende Rechtsgrundlage.[68] Damit wurden bereits 1974 einige solcher Veränderungen vorgenommen, die zwanzig Jahre später in Deutschland Gegenstand der Debatte um die Reform des Arbeitsschutzrechts waren. *Zweitens* schreibt der HSW Act die grundsätzliche Verantwortung des Arbeitgebers fest, »to ensure, so far as is reasonably practicable, the health, safety and welfare at work of all his employees« (Art. 2 Abs. 1). Die sich aus dieser Pflicht ergebenden Anforderungen werden in allgemeiner und grundsätzlicher Form in Bezug auf ein weites Feld von Arbeitsschutzaspekten dargelegt: Sie betreffen die Sicherheit von Produktionsanlagen, die Arbeitsorganisation, die Lagerung und den Transport gefährlicher Substanzen und Gegenstände sowie die Gestaltung des Arbeitsplatzes und die Gewährleistung einer sicheren Arbeitsumwelt (Art. 2 und 6), die Unterweisung der Beschäftigten und die Konsultation ihrer Vertreter (Art. 2 Abs. 4a), die Überwachung der Arbeitsstätten und den Zugang zum Arbeitsplatz. Neben den Arbeitgebern überträgt der HSW Act auch den Arbeitnehmern Pflichten beim Gesundheitsschutz am Arbeitsplatz.[69] *Drittens* hob der HSW Act die bisherige Zersplitterung der staatlichen Zuständigkeiten bei der Rechtsetzung und bei der Überwachung des Arbeitsschutzes auf. Die für Gesundheit und Sicherheit am Arbeitsplatz zuständigen Behörden wurden organisatorisch zusammengefaßt und dem Arbeitsministerium *(Department of Employment)* – seit 1995 dem *Department of the Environment* – unterstellt. Es entstand die *Health and Safety Commission* (HSC) als oberste Arbeitsschutzbehörde, die für Grundsatzfragen des Arbeitsschutzes zuständig ist. Sie führt die Aufsicht über die *Health and Safety Executive* (HSE), die für die Durchsetzung und Kontrolle der Arbeitsschutzmaßnahmen verantwortlich ist. *Viertens* institutionalisiert der HSW Act sowohl auf überbetrieblicher wie auf betrieblicher Ebene die Mitwirkung von Arbeitgebern und Arbeitnehmern sowie ihrer

---

67 Es bezog damit acht Millionen Arbeitnehmer in seinen Geltungsbereich ein, die vom zuvor geltenden Recht nicht geschützt waren. Vgl. Kessler/Bayliss, Contemporary British Industrial Relations, S. 32.
68 Nur für einen kleinen Teil der Beschäftigten, die besonderen Gefährdungen ausgesetzt sind (z.B. die Beschäftigten auf hoher See), wurde eine eigene Rechtsgrundlage geschaffen.
69 Der Arbeitnehmer ist grundsätzlich gehalten, »to take reasonable care for the health and safety of himself and of other persons who may be affected by his acts or omissions at work« (Art. 7). Arbeitnehmer dürfen weder in rücksichtsloser Weise Arbeitsschutzbestimmungen zuwiderhandeln noch dürfen sie Maßnahmen, die auf eine Erfüllung von Arbeitsschutzbestimmungen zielen, in falscher Weise durchführen oder falschen Gebrauch von Schutzvorrichtungen machen. Darüber hinaus sind sie verpflichtet, mit dem Arbeitgeber zusammenzuarbeiten, um ihm die Einhaltung seiner gesetzlichen Pflichten beim Arbeitsschutz zu ermöglichen (Art. 8).

Nationalstaatliche Rahmenbedingungen in Großbritannien

Verbände beim Arbeitsschutz. Sie manifestiert sich auf überbetrieblicher Ebene in der tripartistischen Struktur der obersten Arbeitsschutzbehörde und auf betrieblicher Ebene in der Schaffung von gewerkschaftlichen Sicherheitsbeauftragten *(safety representatives)*, die ihrerseits die Einrichtung eines aus Vertretern der Arbeitgeberseite und der Beschäftigten bestehenden gemeinsamen Arbeitsschutzausschusses *(safety committee)* verlangen können. Damit fügte der Staat korporatistische Regulierungsstrukturen in das Arbeitsschutzsystem ein, delegierte Steuerungskompetenzen an die unmittelbar beteiligten Akteure und wies ihnen eine zentrale Rolle bei der Regulierung des Arbeitsschutzes zu *(self-regulation)*.

Weder HSC noch HSE sind Teil der Regierung, sondern formal eigenständige Behörden. Allerdings werden sie als öffentliche Einrichtungen überwiegend aus Haushaltsmitteln finanziert. Der zuständige Minister *(Secretary of State)* führt die Aufsicht über die HSC und die HSE und ist beiden Institutionen gegenüber weisungsbefugt (Art. 12). Er ernennt die Mitglieder der HSC nach Rücksprache und auf Vorschlag der entsprechenden Verbände (Art. 10 Abs. 2 und 3). Die HSC besteht aus einem Vorsitzenden und weiteren sechs bis neun Mitgliedern, von denen jeweils drei Arbeitgeber- und Arbeitnehmervertreter sind. Bis zu drei weitere Personen vertreten die *Local Authorities* und andere Organisationen, wie z.B. Verbraucherverbände. Die wichtigsten Aufgaben der HSC sind (Art. 11 Abs. 2 und 3): die Leitung des Arbeitsschutzsystems und damit auch die Beaufsichtigung der HSE; die Beratung der Regierung; die Ausarbeitung von Normen des Arbeits- und Gesundheitsschutzes; die Bereitstellung von Informationsmaterial und von Anleitungen zur Durchführung des Arbeitsschutzes. Der HSE obliegt der Vollzug und die Beaufsichtigung des Arbeitsschutzes. Sie ist das ausführende Organ der HSC. Ihre dreiköpfige Führungsspitze wird vom HSC nach Rücksprache mit dem *Secretary of State* ernannt. Die HSE muß auf Verlangen die Regierung unterstützen und beraten, die Einhaltung von Schutzbestimmungen überwachen sowie die Praxis des Arbeitsschutzes und seine Überwachung statistisch erfassen (Art. 11 Abs. 4 und 5). Sie verfügte 1997 über etwa 4500 Mitarbeiter. Auf der zentralstaatlichen Ebene erfolgt die allgemeine Verwaltung und die übergreifende Planung des Arbeitsschutzvollzugs. Die Inspektorate als Überwachungseinrichtungen sind auf lokaler bzw. regionaler Ebene organisiert. Neben den branchenübergreifend tätigen Inspektoraten gibt es auch solche, die auf die Beaufsichtigung industrieller Gefährdungsschwerpunkte, z.B. Atomkraftwerke, spezialisiert sind.

Neben der HSE nehmen auch die *Local Authorities* Funktionen bei der Überwachung der Betriebe wahr. Die Zuständigkeiten der beiden Institutionensysteme sind klar voneinander getrennt: Industrielle Arbeitsstätten, insbesondere Branchen mit einem hohen Gefährdungspotential, werden von der HSE kontrolliert, die Arbeitsplätze in den Sektoren Handel und Dienstleistungen überwiegend von den *Environmental Health Departments* der *Local Authorities*.[70] Ein gemeinsames Komitee aus Vertretern der HSE und der *Local Authorities* (*HSE/Local Authority Enforcement Liaison Committee* – HELA) soll für die Abstimmung der Überwachungstätigkeit sorgen. Allerdings sind die *Local Authorities* der HSE letztlich eindeutig untergeordnet; ihre Beziehungen lassen sich somit in keiner Weise mit denen zwischen staatlicher Gewerbeaufsicht und Unfallversicherungsträgern in Deutschland vergleichen. 1996/97 waren die *Environmental Health Departments* für die Kontrolle von mehr als 1,2 Mio. Arbeitsstätten verantwortlich. Die Mehrzahl der 5 900 *Environmental Health Officers* verbindet die Tätigkeit auf dem Gebiet des Arbeitsschutzes mit anderen öffentlichen Schutzaufgaben wie z.B. der Nahrungsmittelhygiene. Das Arbeitsschutzaufgaben wahrnehmende und dafür qualifizierte Personal der *Local Authorities* entsprach einer Zahl von knapp 1 600 vollzeitbeschäftigten Inspektoren.[71]

Die Inspektoren der HSE und der *Local Authorities* verfügen über durchaus weitreichende Kompetenzen beim Arbeitsschutzvollzug: Sie haben ohne vorherige Anmeldung jederzeit zu jedem Gebäude Zutritt; können bei der Abwehr konkreter Gefahren Polizei und Fachleute hinzuziehen; dürfen die Gebäude und Fabrikanlagen eines Unternehmens inspizieren; sind befugt, Untersuchungen auf dem Firmengelände und an Produktionsanlagen durchzuführen; können verlangen, daß Arbeitsstätten nicht betreten und Maschinen nicht berührt oder verändert werden; haben das Recht zur Einsicht in Kontrollbücher und -akten (Art. 25). Im Falle einer akuten Gefährdung von Beschäftigten oder der Öffentlichkeit können sie auch Sanktionen verhängen. So haben sie die Möglichkeit, gefährliche Gegenstände und Substanzen sofort zu beschlagnahmen, unschädlich zu machen oder zu zerstören (Art. 25); den Abbau von Produktionsanlagen zu verlangen; Verbote *(prohibition notices)* auszusprechen (Art. 22), die entweder sofort *(immediate prohibition notice)* oder nach einer bestimmten Frist *(deferred prohibition notice)* wirksam werden; Verbesserungsauflagen *(improvement notices)* zu verhängen (Art. 21), die das Unternehmen innerhalb eines festgelegten Zeitraums zur Durchführung von Veränderungen oder zur Beseitigung von Gefahrenquellen verpflichten. Sie können jedoch im Unterschied zu den deutschen Aufsichtsbehörden keine Ordnungsgelder gegen Arbeitgeber verhängen.

Da der HSW Act nur sehr allgemeine Rahmenvorschriften enthält, bedarf es zur Regulierung einzelner Problemfelder des Arbeitsschutzes präziserer

---

70 Vgl. HSC, Annual Report 1992/93, S. 104.
71 Vgl. HSC, Local Authorities Report on Health and Safety in Service Industries 1998, S. 6ff.

Bestimmungen. Dabei umfaßt das Vorschriftenwerk des britischen Arbeitsschutzes ein abgestuftes System von Rechtsinstrumenten mit jeweils unterschiedlichen Wirkungs- und Verbindlichkeitsgraden. Das wichtigste Instrument zur Konkretisierung und Modernisierung des Arbeitsschutzes unter dem Dach des HSW Act ist seit 1974 der Erlaß von *Health and Safety Regulations* (Verordnungen). Sie enthalten Vorschriften zu besonderen Gefährdungsarten oder Tätigkeitsbereichen, bleiben aber auch dabei in der Regel recht allgemein *(goal-setting approach)*:

»[...] they describe what has to be achieved without laying down a precise method, limit or dimension unless this is clearly necessary. The employer is then much freer to base his measures on his own risk assessment, though of course he remains open to challenge by inspectors, for example if he appears to have done less than what is reasonably practicable having regard to the risks.«[72]

Das erforderliche Maß an arbeitsbezogenem Gesundheitsschutz wird dabei häufig mit Begriffen wie »reasonable«, »reasonably practicable« oder »suitable and sufficient« umschrieben. Da die parlamentarischen Institutionen in Fragen des Arbeitsschutzes in der Regel nicht über das notwendige Fachwissen verfügen und das parlamentarische Verfahren außerdem zu langwierig wäre, hat das Parlament den HSW Act als einen *enabling act* konzipiert, also einige Exekutivorgane, insbesondere den zuständigen *Secretary of State*, mit weitgehenden Vollmachten ausgestattet und zur konkretisierenden Rechtsetzung auf dem Gebiet des Arbeitsschutzes ermächtigt.[73] Die Vorbereitung der *Regulations* erfolgt in engem Zusammenwirken zwischen Arbeitsschutzinstitutionen, Verbänden und zuständigem Ministerium.[74] Der *Secretary of State* kann die Vorschläge der HSC verändern, bevor er sie dem *House of Commons* vorlegt, oder auch ganz zurückweisen. Die im Parlament eingebrachten Vorschläge können nur dann zu Fall gebracht werden, wenn eine Mehrheit der Abgeordneten sie ablehnt.[75] In der Regel werden die *Regulations* im Parlament nicht zurückgewiesen, ja nicht einmal debattiert.

Den *Regulations* sind in der Regel noch Richtlinien (*Approved Codes of Practice* – ACoPs) beigefügt. Bei ihnen handelt es sich um konkretisierende, praxisorientierte Ausführungsbestimmungen der in den *Regulations* formulierten Arbeitsschutzmaßnahmen. Sie werden von der HSE im Auftrag der HSC erlassen, zuvor muß der *Secretary of State* aber den entsprechenden Entwürfen zugestimmt haben (Art. 16). Ebenso wie beim Entwurf von *Regulations* ist die HSE auch bei der Entwicklung von *ACoPs* verpflichtet, alle

---

72   HSC, The Role and Status of Approved Codes of Practice, S. 7.
73   Vgl. dazu Stranks, Health and Safety Law, S. 21ff.; Watts, Explaining the Law, S. 26f.
74   Siehe unten, Kapitel 6.2.
75   Vgl. Dewis, Tolley's Health and Safety at Work Handbook 1995, S. 10.

Kapitel 3

Interessierten zu konsultieren, bevor sie dem zuständigen Ministerium eine Richtlinie zur Genehmigung vorschlägt. Im Unterschied zu Gesetzen und Verordnungen haben *ACoPs* keinen verbindlichen Charakter, vielmehr können die Arbeitgeber die in den *Regulations* vorgeschriebenen Schutzbestimmungen auch auf andere Weise erfüllen. Jedoch können die *ACoPs* in Streitfällen zwischen Behörden und Arbeitgeber oder bei Strafverfahren als Beweismittel herangezogen werden: Wenn der Arbeitgeber einem *ACoP* nicht nachgekommen ist, erfolgt eine Umkehr der Beweislast; er muß dann nachweisen, daß er den vorgeschriebenen Schutz auf anderem Wege erreicht hat (Art. 17 Abs. 2).

Die Funktion der *ACoPs* soll es sein, eine gewisse Verbindlichkeit der Rechtsvorschriften mit einer hinreichenden Flexibilität vor Ort zu verbinden: »It is a convenience to duty holders to the extent that it clarifies the way of obeying the law, without being mandatory. Thus it provides a secure way of complying with legal provisions but flexibility to meet the requirement in a different way [...].«[76]

Die *ACoPs* werden von Handlungsanweisungen *(Guidance Notes)* ergänzt. Sie haben eine rein unterstützende bzw. beratende Funktion und geben Hinweise darauf, mit welchen konkreten Schritten Gefahren vermieden oder vermindert werden können. Dementsprechend ist ihre Umsetzung freiwillig.[77] *Guidance Notes* werden von der HSE erlassen. Einer Zustimmung durch exekutive oder legislative Organe bedürfen sie nicht. Bei der Entwicklung von Arbeitsschutzstandards und technischen Normen kommt den *advisory committees* der HSE eine wichtige Funktion zu. Sie beraten diesbezüglich die HSC, setzen sich mit Veränderungen im Arbeitsschutz auseinander und können neue *Guidance Notes* vorschlagen.[78] Die *advisory committees* setzen sich aus Vertretern der Unternehmer und der Gewerkschaften sowie aus Experten (Mediziner, Ingenieure, Naturwissenschaftler etc.) und Vertretern betroffener Ministerien zusammen.[79]

---

76 Ebda., S. 9.
77 Haben aber Arbeitgeber ihre Beschäftigten nicht auf Gefahren hingewiesen, auf die in *Guidance Notes* Bezug genommen wird, so könnte dies bei eingetretenen Gesundheitsschäden unter Umständen dazu beitragen, vor Gericht den Nachweis der Fahrlässigkeit zu führen und den Arbeitgeber erfolgreich auf Schadensersatz zu verklagen. Vgl. Simpson, Principal Health and Safety Acts, S. 43; Labour Research Department, Health and Safety Law, S. 9.
78 Vgl. HSC, Annual Report 1992/93, S. 104.
79 Es lassen sich zwei Gruppen von *advisory committees* unterscheiden: *Subject advisory committees* befassen sich mit industrieübergreifenden, gefahrenbezogenen Problemen, *industry advisory committees* mit branchenbezogenen Risiken.

Nationalstaatliche Rahmenbedingungen in Großbritannien

3.3.2 Interventionsphilosophie

Goal-setting approach und *self-regulation* sind die tragenden Pfeiler der britischen Regulierungsphilosophie im Arbeitsschutz: Vorschriften beschränken sich weitgehend auf allgemeine Zielvorgaben und überlassen den betrieblichen Akteuren einen weiten Spielraum bei der Umsetzung.[80] Das skizzierte Zusammenwirken von *Regulations* und *ACoPs* zielt darauf, den Unternehmen die für die Zielerreichung angestrebte Flexibilität zu ermöglichen. Auftretende Meinungsverschiedenheiten zwischen den Beteiligten sollen durch Verhandlungen und Kompromisse überbrückt werden.[81] Der Staat verzichtet nicht nur auf eine präzise Beschreibung von Schutzpflichten, sondern macht generell von Vorschriften nur sehr zurückhaltend Gebrauch. Sie werden üblicherweise erst dann erlassen, wenn eindeutig nachgewiesen ist, daß eine bestimmte Tätigkeit eine gesundheitliche Schädigung nach sich zieht.[82] Dabei stellt die Formel *so far as is reasonably practicable* eine übergreifende Einschränkung der Arbeitgeberverantwortung dar. Damit gestattet es der HSW Act – wie im übrigen auch viele der auf dieser Grundlage erlassenen Bestimmungen zu einzelnen Bereichen des Arbeitsschutzes –, die Kosten, gemessen in Geld, Zeit oder Arbeitsaufwand, gegen den Nutzen von Schutzmaßnahmen abzuwägen. Bereits 1954 wurde dieser Zusatz in einer Gerichtsentscheidung über die Erfüllung gesetzlicher Arbeitsschutzpflichten in einer Weise interpretiert, die für die nachfolgende Rechtsprechung nachgerade paradigmatischen Charakter erhalten sollte:

»›Reasonably practicable‹ is a narrower term than ›physically possible‹ and seems to me to imply that a computation must be made by the owner in which the quantum of risk is placed in one scale and the sacrifice involved in the measures necessary for overruling the risk (whether in money, time or trouble) is placed in the other, and that, if it be shown that there is a gross disproportion between them – the risk being insignificant in relation to the sacrifice – the defendants discharge the onus on them. Moreover, this computation falls to be made by the owner at a point in time anterior to the accident.«[83]

Dies rechtfertigt nicht die Inkaufnahme eines jeden Risikos, wenn dessen Vermeidung nur zu kostspielig ist, aber es räumt dem Arbeitgeber im Grundsatz das Recht ein, Art und Umfang der zu ergreifenden betrieblichen Schutzmaßnahmen von arbeitsschutzfremden Variablen abhängig zu machen.

---

80 Vgl. etwa: Dawson u.a., Safety at Work, S. 10ff.; Vogel, National Styles of Regulation, S. 20ff.
81 Vgl. Baldwin, Health and Safety at Work: Consensus and Self-Regulation, S. 132ff.
82 Vgl. Brickman/Jasanoff/Ilgen, Controlling Chemicals, S. 205, 209; Münch, Risikopolitik, S. 221ff.
83 Zit. n. Baldwin, The United Kingdom, S. 214.

In diesem Rahmen wiederum hat sich das Schutzhandeln an den *best practicable means* auszurichten. Das Prinzip der *reasonable practicability* findet seinen Ausdruck in der langen Tradition und in der großen Bedeutung von Kosten-Nutzen-Analysen im britischen Arbeitsschutz. Darüber hinaus existiert in Großbritannien eine strikte Trennung zwischen *industrial relations* einerseits, also allen Fragen des Arbeitsrechts einschließlich verbindlicher Regelungen arbeitsorganisatorischer Fragen und der Arbeitszeitgestaltung, und *health and safety*. So fällt zum Beispiel die Überwachung von Arbeitszeiten – sofern es dazu überhaupt Bestimmungen gibt – nicht in den Zuständigkeitsbereich der Arbeitsschutzinstitutionen.

In der Überwachungs- und Beratungstätigkeit spielt der Vorschriftenbezug des Aufsichtspersonals insgesamt nicht eine derart zentrale Rolle wie in Deutschland. Konzeptionell neigt der britische Arbeitsschutz in der Tradition des *risk assessment* stärker zu einer systemischen, auf die Gesamtheit der Arbeitsorganisation gerichteten Betrachtungsweise der betrieblichen Prävention. Allerdings mangelt es zum einen häufig an der praktischen Umsetzung diese Konzepts, zum anderen steht im Zentrum der aufsichtsbehördlichen ungeachtet des weiten gesetzlichen Handlungsauftrags (»to ensure, so far as is reasonably practicable, the health, safety and welfare at work of all his employees«) die Verhütung von Arbeitsunfällen und einiger weniger Krankheiten. Die Bearbeitung von arbeitsbedingten Gesundheitsgefahren einschließlich psychosozialer Belastungen ist insgesamt von untergeordneter Bedeutung und erfolgt ausschließlich auf dem Wege der Beratung von Unternehmen. Hier spiegelt sich der Umstand wider, daß staatliche Interventionen nur bei eindeutig nachgewiesenen Schädigungen als zulässig gelten. Wegen der Vernachlässigung arbeitsbedingter Erkrankungen sind die Arbeitsschutzbehörden insbesondere von den Gewerkschaften in der Vergangenheit des öfteren kritisiert worden.[84]

Die Inspektoren verzichten in ihrer Aufsichtspraxis so weit wie möglich auf den Einsatz oder auf die Androhung staatlicher Zwangsmittel und setzen sehr stark auf »weiche« Steuerungsinstrumente wie Information, Aufklärung, Überzeugung und Beratung.[85] Bei Verstößen gegen Arbeitsschutzbestimmungen zeigen sie sich üblicherweise verhandlungs- und kompromißbereit. Wenn Vogel die behördliche Vollzugspraxis in Großbritannien als »a system of regulation based on a high degree of cooperation and trust between industry and government« charakterisiert, so gilt dies auch für den Arbeitsschutz.[86] Somit

---

84   Vgl. Baldwin, Health and Safety at Work: Consensus and Self-Regulation, S. 156f.
85   Vgl. Hutter, Regulating Employers and Employees: Health and Safety in the Workplace, S. 452ff.; Hawkins/Hutter, The Response of Business to Social Regulation in England and Wales: An Enforcement Perspective, S. 199ff.
86   Vogel, National Styles of Regulation, S. 26.

Nationalstaatliche Rahmenbedingungen in Großbritannien

lassen sich auch im Verhältnis von Vollzugsbehörden und Unternehmen die Kennzeichen des britischen Politikstils identifizieren.

Bei einem Verstoß gegen Arbeitsschutzpflichten, die sich aus dem HSW Act bzw. den *Regulations* ergeben, können die Behörden die Einleitung eines Strafrechtsverfahrens gegen die Beschuldigten veranlassen (Art. 47 Abs. 1).[87] Jedoch wird nur ein sehr kleiner Teil der Verstöße gegen Arbeitsschutzbestimmungen tatsächlich angezeigt und schließlich strafrechtlich verfolgt. Die Anwendung von Sanktionsinstrumenten widerspricht aus der Sicht von Regierung und Arbeitsschutzbehörden der Leitvorstellung einer auf Kooperation und Konsultation basierenden Selbstregulierung der Wirtschaft. »HSE inspectors do not approach their task with a view to seeking out legal violations and prosecuting error. They seek to promote reasonable compliance with good standards.«[88] Zudem bietet das britische Recht den Gerichten kaum Möglichkeiten für ein wirksames juristisches Vorgehen gegen solche Verantwortlichen in Unternehmen und Behörden, die Verstöße gegen den HSW Act stillschweigend dulden, die durch die von ihnen gesetzten betriebswirtschaftlichen Prioritäten mittelbar an der Aufrechterhaltung oder Verschlechterung von gesundheitsschädlichen Arbeitsbedingungen mitwirken oder ihre Verantwortung für den Arbeitsschutz nur nachlässig erfüllen. Grundsätzlich ist es zwar möglich, gegen verantwortliches Führungspersonal juristisch vorzugehen, jedoch gelingt es kaum, einen kausalen Zusammenhang zwischen dem Verstoß gegen arbeitsschutzrechtliche Bestimmungen am Arbeitsplatz und einem Fehlverhalten in den Managementetagen nachzuweisen.[89] Daher entscheiden die Gerichte – wenn Verfahren überhaupt einmal zustande kommen – sehr häufig zugunsten der Beklagten.[90] Darüber hinaus war das zulässige Strafmaß für Verstöße gegen Arbeitsschutzbestimmungen bis zu Beginn der neunziger Jahre sehr niedrig. Erst nachdem sich die Kritik an der bisherigen Praxis vor dem Hintergrund einer Serie von Großunfällen verschärft hatte, wurden die Strafen für Verstöße gegen Arbeitsschutzbestimmungen deutlich erhöht.[91]

---

[87] Je nach der Schwere der Anschuldigung werden Gerichtsverfahren entweder vor den niederen *Magistrates Courts (summary trial)* oder vor den höheren *Crown Courts (trial on indictment)* durchgeführt. Vgl. Barrett/Howells, Occupational Health and Safety Law, S. 12ff.
[88] HSC, Annual Report 1988/89, S. 6.
[89] Vgl. James, Reforming British Health and Safety Law, S. 102.
[90] Vgl. Wilson, The Politics of Safety and Health, S. 138ff.
[91] Der *Criminal Justice Act 1991* hob die Höchststrafe bei *summary conviction* von £ 2 000 auf £ 5 000 an. Der *Crown Court* kann bei schweren Verstößen Geldstrafen in unbegrenzter Höhe und in besonderen Fällen einen Freiheitsentzug von bis zu zwei Jahren verhängen. Die *Magistrates Courts* können seit dem *Offshore Safety Act 1992* schuldhaftes Verhalten mit Geldstrafen von bis zu £ 20 000 und mit Gefängnisstrafen von bis zu sechs Monaten

Die HSE verteidigt ihre Zurückhaltung auch mit der hohen Ressourcenbindung bei der strafrechtlichen Verfolgung mutmaßlicher Rechtsverstöße; daher erschiene sie nur in wenigen besonders ernsten Fällen als gerechtfertigt.[92] Insofern ist der Verzicht auf Strafverfolgungen und andere Zwangsmaßnahmen nicht immer Ausdruck einer bewußten Entscheidung für einen kooperativen Vollzugsstil, sondern wird häufig auch durch den Mangel an Ressourcen erzwungen. Die zuständigen Behörden leiden an einer chronischen Unterausstattung mit Personal und sind in wachsendem Maße mit arbeitsschutzfremden Aufgaben betraut. Daher existiert im britischen Arbeitsschutz ein *eklatantes Vollzugsdefizit*, das sich in den letzten Jahren weiter verschärft hat. Im Ergebnis läßt insbesondere die Kontrolle von kleinen und mittleren Unternehmen in Wirtschaftszweigen mit »niedrigen« Risiken stark zu wünschen übrig.[93]

3.3.3 Betriebliche Arbeitsschutzorganisation und Arbeitnehmerpartizipation

Um die unmittelbar beteiligten Akteure im Arbeitsschutz zu unterstützen, sieht der HSW Act auch die Bestellung verantwortlicher Funktionsträger in den Betrieben vor. Auf Unternehmensebene soll ein *safety officer* im Auftrag des Arbeitgebers für die Einhaltung von Vorschriften Sorge tragen. Er hat sich um die Einhaltung und die Entwicklung von Arbeitsschutzmaßnahmen zu kümmern und ist verpflichtet, die Informationen zum Arbeitsschutz zu sammeln, auszuwerten und weiterzuleiten. Darüber hinaus muß er den Kontakt zu den anderen betrieblichen Akteuren des Arbeitsschutzes halten und den Inspektoren der Kontrollbehörden als betrieblicher Ansprechpartner zur Verfügung stehen. Der Arbeitgeber kann zur Wahrnahme dieser Funktion eigens Personal einstellen, sie aber auch einem Angehörigen des Managements übertragen. Eine besondere Qualifikationsanforderung für diese Tätigkeit ist im Gesetz nicht formuliert.

Die betriebliche Vertretung der Arbeitnehmerinteressen ist nicht im HSW Act selbst, sondern in den *Safety Representatives and Safety Committee Regulations* (im folgenden: *SRSC Regulations*) aus dem Jahre 1977 geregelt.[94] Sie sehen vor, daß *safety representatives* die Arbeitnehmervertretung auf dem

---

ahnden. Außerdem können *Magistrates Courts* Verfahren gegen Personen oder Unternehmen auch an ein übergeordnetes Gericht weiterleiten, wenn sie eine höhere Strafe, als sie selbst verhängen dürfen, für gerechtfertigt halten. Vgl. Dewis, Tolley's Health and Safety Handbook 1995, S. 1; James, Reforming British Health and Safety Law, S. 101f.; HSC, Annual Report 1991/92, S. 5.
92   Vgl. James, Reforming British Health and Safety Law, S. 101.
93   Siehe unten, Kapitel 6.5.3 und 6.5.4.
94   Vgl. The Safety Representatives and Safety Committee Regulations 1977 (SI 1977 No. 500).

Nationalstaatliche Rahmenbedingungen in Großbritannien

Gebiet des Arbeitsschutzes wahrnehmen sollen, und statten sie mit folgenden Befugnissen aus[95]:
- *Safety representatives* vertreten die Arbeitnehmer, für die sie zuständig sind, in Gesprächen mit dem Arbeitgeber und der HSE. Der Arbeitgeber muß mit ihnen bei der Entwicklung von Arbeitsschutzmaßnahmen und der Überprüfung ihrer Wirksamkeit zusammenarbeiten. Sie haben als allgemeine Voraussetzung ihrer Tätigkeit das Recht, vom Arbeitgeber in Fragen des Arbeitsschutzes angehört und informiert zu werden (Art. 2 Abs. 6). Auch die Inspektoren der HSE und der *Local Authorities* sind verpflichtet, die *safety representatives* mit den zur Ausübung ihrer Tätigkeit erforderlichen Informationen auszustatten.
- Sie dürfen Arbeitsplätze auf potentielle Gesundheitsrisiken hin inspizieren sowie Unfallursachen und Beinahe-Unfälle untersuchen. Die Inspektion kann erneut durchgeführt werden, wenn ein Arbeitsplatz in den zurückliegenden drei Monaten nicht begangen worden ist, sich die Arbeitsbedingungen substantiell verändert haben oder neue Informationen der HSE über arbeitsbedingte Gesundheitsgefährdungen vorliegen (Art. 5-6).
- Sie können Beschwerden von Mitgliedern über unzureichende Schutzmaßnahmen nachgehen, beim Arbeitgeber vorstellig werden und Verbesserungen beim Arbeitsschutz verlangen.
- Schließlich können die *safety representatives* die Einrichtung eines betrieblichen *safety committee*, bestehend aus Arbeitnehmern, *safety representatives* und Vertretern des Arbeitgebers, beantragen. Die Bildung eines *safety committee* innerhalb von drei Monaten ist dann verpflichtend, wenn mindestens zwei *safety representatives* dies schriftlich beantragen (Art. 9). Im *safety committee* können Fragen des Arbeitsschutzes zwischen den Betroffenen beraten werden. Allerdings sehen die *Regulations* keine genaue Aufgabenbestimmung der *safety committees* vor und räumen ihnen auch keine Entscheidungsbefugnisse ein.

Die *safety representatives* verfügen somit über Anhörungs-, Informations- und Inspektionsrechte, nicht aber über Mitbestimmungsrechte. Sie dürfen ihre Tätigkeit während der Arbeitszeit ausüben und während der Arbeitszeit auch an Weiterbildungsveranstaltungen teilnehmen. Allerdings können sie keine Immunität beanspruchen, unterliegen also keinem Kündigungsschutz.

Von weitreichender Bedeutung ist, daß das Recht zur Ernennung von *safety representatives* nicht für alle Arbeitnehmer gilt, sondern auf solche Unternehmen beschränkt ist, in denen die Gewerkschaften vom Arbeitgeber

---

[95] Vgl. zum folgenden auch: Simpson, Subordinate Safety Legislation, S. 77f.; Simpson, Principal Health and Safety Acts, S. 43f.; Labour Research Department, Health and Safety Law, S. 14.

Kapitel 3

als Interessenvertretung der Beschäftigten anerkannt sind (Art. 3). Es obliegt also letztlich dem Arbeitgeber, ob die Beschäftigten über eine betriebliche Vertretung im Arbeits- und Gesundheitsschutz verfügen können. Damit wird einem erheblichen und in der Vergangenheit steigenden Zahl der Arbeitnehmer das Recht auf eine Vertretung ihrer Arbeitsschutzinteressen vorenthalten. Insofern spiegelt sich in der Konstruktion der Arbeitnehmerbeteiligung die britische Tradition des Voluntarismus in den Arbeitsbeziehungen wider.[96] Wo Gewerkschaften anerkannt sind, werden *safety representatives* im übrigen nicht von den Beschäftigten gewählt, sondern von der Gewerkschaft benannt.

War die Verbreitung von *safety representatives* und *safety committees* noch in der zweiten Hälfte der siebziger Jahre stark gewachsen, so kehrte sich dieser Expansionstrend in den beginnenden achtziger Jahren angesichts der nun veränderten Handlungsbedingungen rasch um.[97] Aus dem dritten WIRS geht hervor, daß zu Beginn der neunziger Jahre die Arbeitnehmerbeteiligung beim Arbeitsschutz stark zurückgegangen war.[98] Im Jahre 1990 waren *safety representatives* nur noch in 56 % der Unternehmen vertreten, 1984 waren es noch 72 % gewesen.[99] Zwar blieb in diesem Zeitraum der Anteil der Unternehmen mit gemeinsamen *safety committees* in etwa stabil, jedoch sank der Anteil von Unternehmen, in denen *safety representatives*, nicht aber *safety committees* tätig waren, dramatisch, nämlich von 41 auf 24 %. Mit der rückläufigen Arbeitnehmerbeteiligung wuchs der Anteil von Unternehmen, in denen der Arbeitsschutz ausschließlich als eine Angelegenheit der Unternehmensleitung behandelt wurde, von 22 auf 37 %:

»As a corollary to the drop in the number of workplaces with either representatives or committees for health and safety, the proportion of workplaces where management dealt with health and safety issues unilaterally, without consultation, rose dramatically.«[100]

Neben der rückläufigen Anerkennungsquote der Gewerkschaften und der sinkenden Kooperationsbereitschaft der Arbeitgeber sehen Millward u.a. in dieser Entwicklung auch einen Hinweis auf »an increasing reluctance of individual employees to put themselves forward for representative roles in the late

---

96 Vgl. Gevers, Health and Safety Protection in Industry: Participation and Information of Employers and Workers, S. 136f.
97 Vgl. Beaumont, Safety at Work and the Unions, S. 95ff., 121ff.; Walters/Gourlay, Statutory Employee Involvement in Health and Safety at the Workplace, S. 114. Vgl. dazu auch: Walters/Dalton/Gee, Die Beteiligung von Arbeitnehmern an Arbeitsschutzmaßnahmen in Europa, S. 46f.
98 Vgl. Millward u.a., Workplace Industrial Relations in Transition, S. 159ff.
99 Dabei ist zudem in Rechnung zu stellen, daß der WIRS eine Vielzahl kleiner Unternehmen nicht erfaßt, in denen die Anerkennungsquote noch einmal weit unter dem Durchschnitt liegt. Würden sämtliche Unternehmen in die Auswertung einbezogen, so müßte die Verbreitungsquote der *safety representatives* weiter nach unten korrigiert werden.
100 Vgl. Millward u.a., Workplace Industrial Relations in Transition, S. 162.

Nationalstaatliche Rahmenbedingungen in Großbritannien

1980s.«[101] Ungeachtet der sinkenden Arbeitnehmerbeteiligung beim Arbeitsschutz korrelierte die Verbreitung von *safety representatives* nach wie vor sehr deutlich mit der Anerkennung von Gewerkschaften.

In Großbritannien existiert anders als in Deutschland kein gesetzlicher Zwang zur Einrichtung eines betriebsmedizinischen Dienstes. Daher ist er dort auch weit seltener anzutreffen. Wo man eine betriebsmedizinische Versorgung vorfindet, fügt sie sich von Betrieb zu Betrieb durchaus unterschiedlich in das bestehende Arbeitsschutzsystem ein. Ob sie überhaupt eingerichtet wird und wie ihr Aufgabenprofil zugeschnitten ist, ob sie innerhalb des Betriebs angesiedelt ist und damit als dauerhafter Teil des Unternehmens arbeitet, oder ob sie von externen arbeitsmedizinischen Einrichtungen und Fachleuten angeboten wird, dies ist Gegenstand des *collective bargaining*. Zwischen den betrieblichen Gesundheitsdiensten und dem nationalen Gesundheitsdienst existieren keine formellen Verbindungen, obwohl viele Ärzte, die auf Basis einer Teilzeittätigkeit die arbeitsmedizinische Versorgung der Beschäftigten eines Unternehmens übernehmen, zugleich als Hausärzte arbeiten.

Aus einer im Auftrag der HSE entstandenen Studie geht hervor, daß im Jahre 1993 für die Hälfte aller Beschäftigten in irgendeiner Form ein betriebsmedizinischer Dienst bereit stand.[102] Hinsichtlich des Versorgungsgrades klaffte zwischen der öffentlichen und der Privatwirtschaft eine riesige Lücke: In den öffentlichen Einrichtungen und Unternehmen konnte nahezu jeder Beschäftigte zumindest eine qualifizierte Fachkraft, sei es ein Arbeitsmediziner, eine nichtärztliche Fachkraft oder ein Arbeitshygieniker, in Anspruch nehmen, und immerhin fast drei Viertel einen Arzt; in der Privatwirtschaft stand nur gut jedem dritten Beschäftigten irgendeine arbeitsmedizinische Fachkraft und nur jedem fünften Beschäftigten ein Arzt zu Verfügung.

Nimmt man die Verbreitung arbeitsmedizinischer Dienste ausschließlich in der Privatwirtschaft in den Blick, so zeigt sich dort ein deutlicher Unterschied zwischen den Unternehmen des sekundären und des tertiären Sektors sowie ein nachgerade eklatantes Gefälle von den großen zu den kleinen Unternehmen.[103] Ein Angehöriger irgendeiner arbeitsmedizinischen Berufsgruppe bzw. ein Arzt waren nur in 7 (2) % der privaten Dienstleistungsunternehmen vertreten – im Unterschied zu 14 (5) % im produzierenden Gewerbe. Arbeitsmedizinisches Fachpersonal oder ein Arzt standen in immerhin 68 (38) % den Unternehmen mit zweihundert und mehr Beschäftigten zur Verfügung, jedoch nur in 5 (1) % der Unternehmen mit weniger als 25 Beschäftigten; 82 % dieser kleineren Firmen waren ohne jede arbeitsmedizinische Versorgung.

---

101 Vgl. ebda.
102 Vgl. Bunt, Occupational Health Provision at Work, S. 39.
103 Vgl. ebda., S. 38.

Kapitel 3

Tabelle 1

Die Verbreitung von Fachpersonal im Rahmen betrieblicher Gesundheitsdienste nach Unternehmensgrößenklasse und Wirtschaftssektor 1993 (in %)

	Alle	Unternehmen mit... Beschäftigten			Verarbeitendes Gewerbe	Dienstleistungen
		1-25	25-199	200+		
Irgendein Gesundheitsberuf darunter:	8	5	32	68	14	7
Arzt (Voll-/Teilzeit)	3	1	15	38	5	2
Pflegekraft (Voll-/Teilzeit)	1	< 0,5	5	30	3	1
Zugang zu örtl. Arzt/Pflegekraft	3	2	14	24	5	3
Arbeitshygieniker	< 0,5	< 0,5	< 0,5	16	1	< 0,5
andere Gesundheitsberufe	3	2	7	8	4	3
Nur Erste-Hilfe-Personal	15	13	32	27	15	15
»Verantwortliche Person«	< 0,5	< 0,5	2	1	2	< 0,5
Ohne Fachpersonal	77	82	34	4	69	78

Quelle: Bunt, Occupational Health Provision at Work, S. 38.

Seit dem Ende der siebziger Jahre ist besonders der Anteil von großen Unternehmen mit einem betrieblichen Gesundheitsdienst deutlich angestiegen, wohingegen der Anteil der *insgesamt* von Gesundheitsberufen betrieblich versorgten Beschäftigten rückläufig ist. Im allgemeinen Rückgang des Versorgungsgrades spiegelt sich der erwähnte Bedeutungszuwachs von Kleinunternehmen vor allem im Dienstleistungssektor wider.

Die betriebsmedizinische Versorgung wird auf nationalstaatlicher Ebene vom *Employment Medical Advisory Service* (EMAS) der HSE unterstützt. Der EMAS ist grundsätzlich für alle Arbeitsplätze, die bei der HSE registriert sind, zuständig, widmet sich aber insbesondere den Kleinunternehmen. Mitte der neunziger Jahre waren dort etwa vierzig Ärzte und sechzig weitere Fachkräfte tätig. Zu seinen wichtigsten Aufgaben gehört es, arbeitsbedingte Gesundheitsgefahren zu erforschen bzw. zu identifizieren; gesicherte oder vermutete Fälle von Berufskrankheiten zu untersuchen; Arbeitgeber beim Erkennen und bei der Beseitigung von arbeitsbedingten Gesundheitsgefahren zu beraten sowie selbst betriebliche Gesundheitsdienste anzubieten.[104]

Seit der zweiten Hälfte der achtziger Jahre haben Maßnahmen der betrieblichen Gesundheitsförderung in Großbritannien an Bedeutung gewonnen.[105]

---

104 Vgl. Walters, Identification and Assessment of Occupational Health and Safety Strategies in Europe 1989-1994: The United Kingdom, S. 26.
105 Vgl. dazu und zum folgenden: Geldman, Workplace Health Promotion, S. 21ff.; Ing, Betriebliche Gesundheitsförderung in Großbritannien, S. 41ff.

Nationalstaatliche Rahmenbedingungen in Großbritannien

Sie sind vor allem in den Großunternehmen, nur in geringem Maße in kleineren und mittleren Unternehmen verbreitet. Unter der Bezeichnung »Gesundheitsförderung« vereinigt sich ein weites Spektrum von Aktivitäten, unter denen traditionelle Maßnahmen zur Unterstützung gesundheitsgerechten Verhaltens (Verhaltensprävention) und Maßnahmen der Krankheitsfrüherkennung (Sekundärprävention) den weitaus größten Teil ausmachen.[106] Verhältnispräventive Maßnahmen – also solche, die auf die gesundheitsgerechte Veränderung der Arbeitsbedingungen zielen – sind die große Ausnahme. Eine Untersuchung über betriebliche Gesundheitsförderung charakterisierte die den meisten Maßnahmen zugrunde liegende Philosophie mit den Worten: »If work puts you under stress [...], then just relax.«[107] Die tragenden Gedanken des WHO-Konzepts der Gesundheitsförderung finden somit kaum Eingang in die betriebliche Praxis. In Großbritannien sind – ebenso wie in Deutschland – die Zuständigkeiten für betriebliche Gesundheitsmaßnahmen und für das Gesundheitswesen scharf voneinander getrennt.[108]

3.3.4 Entschädigung und Haftung bei Arbeitsunfällen und Berufskrankheiten

Das System der sozialen Sicherung bei Arbeitsunfähigkeit durch Krankheit oder Verletzung umfaßt Kompensationszahlungen sowohl bei einer vorübergehenden Arbeitsunfähigkeit *(statutory sick pay* bzw. *sickness benefit)*, also dem Krankengeld, wie auch bei einer dauerhaften physischen oder geistigen Behinderung in Folge einer Berufskrankheit oder eines Arbeitsunfalls *(disablement benefit)*. Seit Ende der siebziger Jahre haben die konservativen Regierungen die Voraussetzungen für die Zahlung von Kompensationsleistungen kontinuierlich verschärft und die Leistungen sukzessive gekürzt.

Der *sickness benefit* für Beschäftigte, die aus Krankheitsgründen der Arbeit fernbleiben, wird nach drei Karenztagen für einen Zeitraum von maximal 28 Wochen gezahlt.[109] Die Major-Regierung übertrug mit dem *Statutory Sick Pay Act 1994* die gesetzliche Pflicht zur Zahlung des Krankengeldes vom Staat auf den Arbeitgeber.[110] Dabei handelt es sich um eine Pauschale, deren Höhe unabhängig vom Verdienst des betreffenden Beschäftigten ist. Häufig gehen betriebliche Vereinbarungen aber über diese Bestimmungen hinaus.

---

106 Vgl. Salder/Thomas, Workplace Health: Surveying Employers' Attitudes, S. 272ff.
107 Geldman, Workplace Health Promotion, S. 24.
108 Vgl. Harvey, Just an Occupational Hazard?, S. 23ff.; Ing, Betriebliche Gesundheitsförderung in Großbritannien, S. 42; Bach, The Working Environment, S. 117ff.
109 Vgl. Department of Social Security (im folgenden: DSS), Social Security Statistics 1995, S. 163; Schmid, Wohlfahrtsstaaten im Vergleich, S. 195.
110 Vgl. Dewis, Tolley's Health and Safety at Work Handbook 1995, S. 2.

Kapitel 3

Der *disablement benefit* für durch Arbeitsunfälle oder Berufskrankheiten geschädigte Arbeitnehmer wird im Rahmen der staatlichen Sozialversicherung durch den *Industrial Injuries Scheme* des *Department of Social Security* (DSS) gezahlt, und zwar unabhängig von der Schuld einer der beteiligten Parteien.[111] Voraussetzung für die Entschädigungszahlung ist eine dauerhafte Erwerbsunfähigkeit oder eine dauerhafte Minderung der Erwerbsfähigkeit um mindestens 14 %.[112] Die Höhe der Rente ist abhängig vom Grad der eingetretenen Behinderung bzw. des Schadens und unabhängig von der Höhe des zuvor erzielten Einkommens oder der Arbeitslosenunterstützung.[113] Die zu zahlende Summe ist nach oben hin begrenzt. Bei einer Minderung von 100 % betrug die wöchentliche Unfallrente im Jahre 1993 etwa 220 DM.[114] Der *disablement benefit* darf frühestens ab der 15. Woche nach der eingetretenen Arbeitsunfähigkeit gezahlt werden.[115]

Als Arbeitsunfall gilt im britischen Recht ein besonderer Vorfall am Arbeitsplatz, der zu einer Verletzung des Arbeitnehmers führt.[116] Ein Wegeunfall wird – im Unterschied zur deutschen Praxis – nicht als Arbeitsunfall aufgefaßt. Krankheiten werden als Berufskrankheiten nur im Zusammenhang mit bestimmten, eng definierten Berufen oder Arbeitsbedingungen anerkannt.[117] Die Berufskrankheitenliste, die vom *Secretary of State* per Verordnung bestimmt wird, ist in den zurückliegenden Jahren beständig erweitert worden

---

111 Vgl. Baldwin, The United Kingdom, S. 208.
112 Vgl. Smith/Wood, Industrial Law, S. 602; Braul, Das Arbeitsschutzsystem in Großbritannien, S. 141.
113 Vgl. DSS, Social Security Statistics 1995, S. 241; Smith/Wood, Industrial Law, S. 602.
114 Vgl. Braul, Das Arbeitsschutzsystem in Großbritannien, S. 141.
115 Vgl. DSS, Social Security Statistics 1995, S. 241; Braul, Das Arbeitsschutzsystem in Großbritannien, S. 141. Ist das Opfer eines Arbeitsunfalls oder einer Berufskrankheit zum Empfang eines *disablement benefit* berechtigt und kann es seinem ehemaligen Beruf bzw. einem vergleichbaren Beruf nicht mehr nachgehen, so kann es eine *reduced earnings allowance* erhalten. Tritt infolge eines Arbeitsunfalls oder einer Berufskrankheit eine Pflegebedürftigkeit ein, so kann eine *attendance allowance* bzw. *mobility allowance* gezahlt werden. Vgl. West, Insurance Cover and Compensation, S. 128f.
116 Diese Bestimmung ist in der Vergangenheit in zweierlei Hinsicht ausgeweitet worden: ein Arbeitsunfall liegt auch dann vor, wenn es sich um ein Ereignis handelt, das lediglich das letzte in einer Kette von Vorgängen darstellt; des weiteren kann auch eine Reihe von aufeinanderfolgenden Vorgängen einen Arbeitsunfall konstituieren, wenn sie vernünftigerweise als zusammengehörig betrachtet werden können. Vgl. Smith/Wood, Industrial Law, S. 591ff.
117 Über die Aufnahme einer Krankheit in die Berufskrankheitenliste entscheidet der *Secretary of State for Employment* nach vorangegangener Empfehlung *des Industrial Injuries Advisory Council* (IIAC), eines Gremiums, das sich aus Vertretern von Arbeitgebern und Gewerkschaften sowie aus Experten unterschiedlicher Berufsgruppen (Ärzte, Epidemiologen, Toxikologen etc.) zusammensetzt.

Nationalstaatliche Rahmenbedingungen in Großbritannien

und umfaßte Mitte der neunziger Jahre 65 Krankheiten.[118] Sie entspricht weitestgehend den Empfehlungen der EU-Kommission für eine europäische Berufskrankheitenliste.[119] Im Anerkennungsverfahren muß der Beschäftigte den Nachweis führen, daß seine Berufstätigkeit die vorhandene Krankheit bzw. den Unfall tatsächlich verursacht hat.[120] Aufgrund dieser restriktiven Vorgaben erfassen die anerkannten Berufskrankheiten nur einen sehr geringen Teil der von der Arbeit ausgehenden Gesundheitsschäden.[121] Dabei stößt der juristische Nachweis, daß die Arbeitstätigkeit als Ursache der Gesundheitsschädigung anzusehen ist, auf die auch aus dem deutschen Rechtssystem hinlänglich bekannten Schwierigkeiten.[122]

Im Unterschied zum deutschen Arbeitsunfall- und Berufskrankheitenrecht kennt das britische Recht keinen Ausschluß von zivilrechtlichen Schadensersatzansprüchen der Betroffenen gegen den Arbeitgeber. Die Beschäftigten, die durch einen Arbeitsunfall oder eine Berufskrankheit zu Schaden gekommen sind, können also gegen den Arbeitgeber finanzielle Ansprüche geltend machen. Eine erfolgreiche Schadensersatzklage setzt voraus, daß der Arbeitnehmer nachweisen kann, daß die Gesundheitsschädigung durch die Arbeit verursacht wurde und der Arbeitgeber entweder fahrlässig gehandelt oder gegen Arbeitsschutzbestimmungen verstoßen hat. Seit der Mitte der achtziger Jahre hat sich die Zahl der Klagen von Beschäftigten gegen ihre Arbeitgeber vervielfacht. Mittlerweile gehört es zu einer zentralen Aufgabe der Rechtsschutzarbeit des TUC, seine Mitglieder in diesen Verfahren juristisch zu unterstützen. Allein im Jahre 1994 belief sich die dabei von etwa 125 000 Mitgliedern erstrittene Summe auf insgesamt £ 300 Millionen.[123]

Die Kombination aus staatlichen Kompensationsleistungen und zivilrechtlich begründeten Schadensersatzzahlungen begründet auch eine Doppelstruktur der unternehmerischen Haftpflichtversicherung. Zum einen existiert eine durch Pflichtbeiträge finanzierte staatliche Unfallversicherung, aus deren Mitteln die Opfer von Arbeitsunfällen und Berufskrankheiten entschädigt werden. Zum anderen wurde mit dem *Employer's Liability (Compulsory*

---

118 Vgl. zur britischen Berufskrankheitenliste: Industrial Injuries Advisory Council, Periodic Report 1993, S. 30ff.; Roth/Nicholas, Occupational Illness, S. 112ff.
119 Vgl. Kommission der Europäischen Gemeinschaften, Empfehlung 90/326/EWG vom 22.5.1990, S. 39ff.
120 Vgl. Roth/Nicholas, Occupational Illness; Smith/Wood, Industrial Law, S. 601ff.; Wikeley, Compensation for Industrial Disease, S. 161ff.
121 Vgl. Industrial Injuries Advisory Council, Periodic Report 1993; HSC, Health and Safety Statistics 1994/95, S. 51ff.
122 Stapleton, Disease and the Compensation Debate, S. 17ff.; Wikeley, Compensation for Industrial Disease, S. 31ff.
123 Vgl. Health and Safety Information Bulletin, 1995, No. 237 (July), S. 6. Siehe dazu auch: Braul, Das Arbeitsschutzsystem in Großbritannien, S. 141.

Insurance) Act 1969 eine Arbeitgeberpflichtversicherung gegen persönliche Schadensersatzansprüche von Beschäftigten bei arbeitsbedingten Verletzungen oder Erkrankungen eingeführt.[124] Sie muß bei staatlicherseits autorisierten Unternehmen abgeschlossen werden und soll verhindern, daß zu Schaden gekommene Beschäftigte mit ihren Ersatzansprüchen wegen einer Zahlungsunfähigkeit ihres Arbeitgebers leer ausgehen.[125] In Ergänzung dieses Versicherungsschutzes schließen manche Unternehmen auch eine Haftpflichtversicherung gegen Schäden ab, die der Öffentlichkeit zugefügt werden. Dies ist zwar nicht obligatorisch, aber durchaus weit verbreitet.[126]

Der unternehmerische Haftpflichtversicherungsbeitrag ist zwar nach Branchen differenziert, wird aber innerhalb einer Branche überwiegend als Pauschale gezahlt, also unabhängig von der Veränderung der Unfallzahlen des jeweiligen Unternehmens. Daher entsteht aus dem Finanzierungssystem der Versicherung keinerlei ökonomischer Anreiz zur Reduzierung von Arbeitsunfällen.[127] Erst in jüngster Zeit sind die Versicherungsunternehmen in stärkerem Maße dazu übergegangen, die Höhe der Prämien an der Entwicklung des Unfallgeschehens auszurichten.

3.4 Fazit

Die übergreifenden Merkmale des politischen Systems schaffen in Großbritannien prinzipiell günstige Voraussetzungen für eine rasche Rechtsanpassung an die europäischen Mindeststandards, denn die unitarische Staatsform, die Parlamentssouveränität und die ausgeprägte parlamentarische Unterordnung der Opposition verleihen der Regierung im Gesetzgebungsprozeß ein hohes Maß an Durchsetzungsfähigkeit. Gleichzeitig waren die Rahmenbedingungen, in die die Umsetzung der EU-Arbeitsschutzrichtlinien fiel, denkbar ungünstig: Eine im Zeichen der Standortkonkurrenz von Regierung und Kapital mit großer Vehemenz verfochtene Deregulierungspolitik und die gesellschaftliche Hegemonie der Leitbilder des Wettbewerbs und des freien Marktes schufen ein politisches Umfeld, in dem Steuerungsmaßnahmen, die auf eine Korrektur und Begrenzung von Marktprozessen hinausliefen, vor außerordentlich hohen Legitimationshürden standen. Dies galt auch für den Arbeitsschutz. Zudem

---

124 Dieses Gesetz trat am 1.1.1972 in Kraft. Es erstreckt sich auf alle Arbeitgeber mit Ausnahme der Kommunen, der gesetzlichen Körperschaften, der verstaatlichten Industrien und einiger anderer Unternehmen. Vgl. West, Insurance Cover and Compensation, S. 130f.; Smith/Wood, Industrial Law, S. 586ff.
125 Vgl. Smith/Wood, Industrial Law, S. 621f.
126 Vgl. ebda., S. 622.
127 Vgl. European Safety Newsletter, 1994, No. 11, S. 9.

Nationalstaatliche Rahmenbedingungen in Großbritannien

hatten die Gewerkschaften – als potentielle Träger einer Arbeitsschutzreform – seit Beginn der achtziger Jahre angesichts der von der Regierung verfolgten Konfrontationspolitik sowie der Veränderungen in der Arbeitswelt und in den Arbeitsbeziehungen einen dramatischen Niedergang erlebt.

Das britische Arbeitsschutzsystem verfügt mit dem 1974 verabschiedeten *Health and Safety at Work Act* über eine einheitliche und umfassende Grundlage sowohl für die Organisations- als auch die Regulierungsstruktur: In der *Health and Safety Commission* und der *Health and Safety Executive* als öffentlichen Einrichtungen ist die Zuständigkeit für den Arbeitsschutz landesweit zusammengefaßt; die konkretisierende Norm- und Regelsetzung erfolgt unter dem Dach des *Health and Safety at Work Act* im Zusammenwirken von Arbeitsschutzinstitutionen, Verbänden und zuständigem Ministerium; die Überwachung des Vollzugs von Vorschriften führen die regionalen Abteilungen der *Health and Safety Executive* im industriellen Sektor durch, die *Local Authorities* im Dienstleistungsbereich. Die Entschädigung für Arbeitsunfälle und Berufskrankheiten erfolgt durch die staatliche Sozialversicherung und ist organisatorisch von den Institutionen der Normsetzung und der Überwachung getrennt.

Tragend für die britische Arbeitsschutzphilosophie sind die Prinzipien des *goal-setting approach*, der *self-regulation* und der *reasonable practicability*. Die Rechtsetzung operiert nur mit allgemeinen Rahmenvorgaben und verzichtet weitestgehend auf detaillierte Vorschriften *(goal-setting approach)*. Daher verfügen die betrieblichen Akteure über einen großen Spielraum bei der Konkretisierung allgemeiner Vorgaben *(self-regulation)*. Gleichzeitig ist es dem Arbeitgeber im Grundsatz gestattet, Schutzmaßnahmen davon abhängig zu machen, ob ihre Kosten und ihr Aufwand in einem angemessenen Verhältnis zu dem zu erwartenden Nutzen stehen *(reasonable practicability)*. Das Kosten-Nutzen-Denken hat im britischen Arbeitsschutz eine entsprechend lange Tradition. Dabei gelten Schutzvorschriften generell erst dann als notwendig, wenn der gesundheitsgefährdende Charakter einer bestimmten Arbeitstätigkeit eindeutig nachgewiesen ist. Die Aufsichtsbehörden machen bei ihrer Vollzugstätigkeit nur selten Gebrauch von den ihnen zur Verfügung stehenden Zwangsinstrumenten und setzen in erster Linie auf Beratung, Verhandlung und Überzeugung. Für die Problemwahrnehmung des britischen Arbeitsschutzes ist charakteristisch, daß seine Präventionskonzeptionen zwar stärker die Gesamtheit der betrieblichen Abläufe in den Blick nehmen, sich dabei weitgehend an den Gesundheitsrisiken der klassischen Industriearbeit und hier wiederum vor allem an der Verhütung von Arbeitsunfällen orientieren. Erst seit Ende der achtziger Jahre ist die Aufmerksamkeit für ein breiteres Spektrum arbeitsbedingter Gesundheitsgefahren gewachsen, allerdings hat deren Verhütung insgesamt nur einen recht geringen Stellenwert.

Kapitel 3

Mit dem *Health and Safety at Work Act* delegierte der Staat im überbetrieblichen Arbeitsschutz Steuerungskompetenzen an die unmittelbar beteiligten Akteure und institutionalisierte zu diesem Zweck korporatistische Kooperationsstrukturen. Die *Health and Safety Commission*, bestehend aus Vertretern von Arbeitgebern, Gewerkschaften, *Local Authorities* und Verbraucherverbänden, erarbeitet zur Konkretisierung des Arbeitsschutzes unter Zustimmung des zuständigen Ministers bzw. des Parlaments *Health and Safety Regulations*. Dem Konsensprinzip kommt als Verfahrensmerkmal in der *Health and Safety Commission* eine zentrale Bedeutung zu. Auch auf der betrieblichen Ebene ist der Einfluß der Gewerkschaften im Arbeitsschutzhandeln institutionalisiert worden: Sie können *safety representatives* benennen, die als Vertreter der Beschäftigten in Arbeitsschutzfragen über bestimmte Beteiligungs- und Inspektionsrechte, allerdings nicht über Mitbestimmungsrechte verfügen. Das Recht zur Bestellung von *safety representatives* gilt jedoch nur in solchen Unternehmen, in denen der Arbeitgeber die Gewerkschaften als Interessenvertretung anerkannt hat. Trotz der weitreichenden Einbeziehung der Verbände in die Politikformulierung verfügt der Staat im Arbeitsschutz über vielfältige Steuerungsmöglichkeiten: Er entscheidet unmittelbar über die Zusammensetzung des höchsten Arbeitsschutzgremiums, die von der HSC vorgeschlagenen Verordnungen unterliegen einer ministeriellen und parlamentarischen Genehmigungspflicht, und vor allem weist der verantwortliche Minister der obersten Arbeitsschutzbehörde die ihr zur Verfügung stehenden Finanzmittel zu.

Insgesamt finden sich im Arbeitsschutzsystem Großbritanniens also einige jener Merkmale wieder, die gemeinhin als typisch für den traditionellen britischen Regulierungsstil und für die britischen Arbeitsbeziehungen angesehen werden. Dies gilt insbesondere für die geringe Regelungsdichte, den seltenen Gebrauch von Zwangsinstrumenten und die Konsensorientierung. Zugleich weist der Arbeitsschutz gegenüber den Charakteristika des britischen Regulierungssystems allerdings einige bemerkenswerte Besonderheiten auf. Dies gilt zum einen für die auf überbetrieblicher Ebene institutionalisierte Zusammenarbeit von Staat und Verbänden und den – im Unterschied zur ansonsten weit verbreiteten Fragmentierung – vergleichsweise hohen Kohäsionsgrad verbandlicher Interessen, zum anderen für die den gewerkschaftlichen *safety representatives* zugewiesenen Rechte, die sich deutlich von dem für die britischen Arbeitsbeziehungen typischen *voluntarism* abheben. Sowohl der Tripartismus in der obersten Arbeitsschutzbehörde als auch die Rechte der gewerkschaftlichen *safety representatives* blieben auch seit Beginn der achtziger Jahre unangetastet. Der Arbeitsschutz ist damit einer der wenigen Bereiche, in denen sich der konservative Abschied von der Konsenspolitik und die Zerschlagung korporatistischer Politikmuster *nicht* niederschlug.

Kapitel 4

Nationalstaatliche Rahmenbedingungen in Deutschland

4.1 Politisches System und politische Regulierungsmuster

Daß der Staat – bisweilen auch stark – in die Gesellschaft interveniert, gehört sicherlich zu den wichtigsten Charakteristika des deutschen Regulierungssystems und erscheint hier als weit selbstverständlicher als in Großbritannien. Für das Gemeinwohl verantwortlich zu sein und im öffentlichen Interesse zu handeln entspricht sowohl dem Selbstverständnis der Akteure in Politik und Verwaltung als auch den Erwartungen weiter Teile der Gesellschaft.[1] Als Instrument staatlichen Handelns spielt der Einsatz des formalen Rechts eine herausragende Rolle. Politische Steuerung vollzieht sich vor allem über die rechtliche Kodifizierung sozialer Beziehungen, und im Ergebnis ist der deutsche Kapitalismus – gerade auch im Vergleich mit dem britischen – durch eine hohe Regulierungsdichte gekennzeichnet.

Begünstigt wurde die Tendenz zu einer herausgehobenen und der Gesellschaft übergeordneten Position des Staates durch die historische Verspätung des deutschen Kapitalismus. Das Nachholen der kapitalistischen Entwicklung war nur mit Hilfe umfangreicher staatlicher Interventionsmaßnahmen möglich[2], und nicht zuletzt darin gründen die besonders engen Beziehungen zwischen Staat und Wirtschaft. Die Herausbildung einer besonderen Position des Staates wurde überdies durch den starken Einfluß der kontinentaleuropäischen Tradition des Römischen Rechts erleichtert.[3] Im Unterschied zum englischen *Common Law* ist für das Römische Recht eine Unterscheidung zwischen öffentlichen und privaten Angelegenheiten typisch.[4] Es begünstigt – im Zusammenwirken mit einer obrigkeitsstaatlich-paternalistischen Staatstradition – die Vorstellung von einer hierarchischen Beziehung zwischen staatlicher Gewalt und Privatsphäre, das seinen Ausdruck in einem verbindlichen und

---

1 Vgl. Dyson, Regulatory Culture and Regulatory Change: Some Conclusions, S. 257ff.
2 Vgl. z.B. Tilly, Vom Zollverein zum Industriestaat, S. 29ff., 49ff.
3 Vgl. Windhoff-Héritier, Wohlfahrtsstaatliche Intervention im internationalen Vergleich Deutschland–Großbritannien, S. 103ff.
4 Vgl. Grimm, Recht und Staat der bürgerlichen Gesellschaft, S. 84ff.; ders., The Modern State: Continental Traditions, S. 117ff.

staatlicherseits erzwingbaren öffentlichen Recht findet.⁵ Damit ist zugleich ein gesondertes, verbindliches System öffentlich-rechtlicher Grundsätze geschaffen, an das auch der Staat als Gesetzgeber gebunden ist. Für die Entwicklung staatlicher Interventionsformen waren die Klassenauseinandersetzungen zwischen Kapital und Arbeit von herausragender Bedeutung. Insbesondere im Bereich der Sozialpolitik verfolgten staatliche Interventionen den Zweck, die Arbeiterbewegung in die Gesellschaft zu integrieren und den sozialen Frieden zu wahren bzw. wiederherzustellen.⁶

Trotz einer – gerade auch im Vergleich zu Großbritannien – herausgehobenen Rolle des Staates kann die deutsche Gesellschaft kaum als etatistisch bezeichnet werden.⁷ Typisch für den deutschen Regulierungsstil ist vielmehr, daß der Staat sich bei der Wahrnahme seiner Steuerungsfunktionen einer Vielzahl gesellschaftlicher Institutionen bedient.⁸ Er überträgt ihnen zum Teil weitreichende Steuerungskompetenzen und verpflichtet sie dabei auf die Verfolgung öffentlicher Ziele. Die Beziehungen der in die Steuerung der einzelnen Politiksektoren einbezogenen Akteure werden rechtlich fixiert und damit institutionalisiert. Die konkretisierende Regulierung dieser Bereiche überläßt er der Selbstverwaltung der beteiligten Verbände und Institutionen, die den staatlich gesetzten Rahmen in ausgedehnten Verhandlungen ausfüllen. Der Staat kann sich so die Steuerungskapazitäten der Verbände zunutze machen.⁹ Gleichzeitig stattet er sie – z.B. über die Schaffung von Zwangsmitgliedschaften für die vertretene Klientel oder über die Verleihung von Vertretungsmonopolen – mit der Fähigkeit aus, den Verhandlungsergebnissen gegenüber den Betroffenen Verbindlichkeit zu verleihen. Auf diese Weise werden hierarchische Beziehungen oftmals in die Gesellschaft – hier in die Beziehungen zwischen« Verbänden bzw. öffentlich-rechtlichen Institutionen und ihren Mitgliedern – hineinverlagert. Die Delegation von Steuerungskompetenzen ist somit häufig mit der Etablierung starker Verbände verbunden. Dabei behält sich der Staat in der Regel das Recht vor, im Falle der Nichteinhaltung staatlicher Rahmenvorgaben unmittelbar selbst zu intervenieren.

---

5   Vgl. Damaska, The Faces of Justice and State Authority, S. 18ff.; Dyson, The State Tradition in Western Europe, S. 42; ders., Theories of Regulation and the Case of Germany, S. 9ff.
6   Vgl. Tennstedt, Sozialgeschichte der Sozialpolitik in Deutschland, S. 135ff.; Schmidt, Sozialpolitik in Deutschland, S. 28ff.
7   Vgl. Streeck, German Capitalism: Does it Exist? Can it Survive?, S. 10f.
8   Gerade in der Sozialpolitik griff er oftmals auf vorhandene gesellschaftliche Einrichtungen zurück – so z.B. die Krankenkassen bei der Schaffung der gesetzlichen Krankenversicherung, die unternehmerischen Selbstorganisationen bei der Schaffung der gesetzlichen Unfallversicherung. Diese Entwicklung ist von Lehmbruch als »autoritärer Korporatismus« bezeichnet worden. Vgl. Lehmbruch, Wandlungen der Interessenpolitik im liberalen Korporatismus, S. 50ff.
9   Vgl. z.B.: Streeck/Schmitter, Community, Market, State – and Associations?, S. 22ff.

Nationalstaatliche Rahmenbedingungen in Deutschland

Die skizzierten Entwicklungen haben dazu geführt, daß in zahlreichen Politikbereichen – in bisweilen weitverzweigten Politiknetzwerken – stabile Beziehungen zwischen privaten, öffentlich-rechtlichen und staatlichen Akteuren existieren, die Steuerungsfunktionen wahrnehmen, die anderenfalls unmittelbar vom Staat allein bewältigt oder dem Markt überlassen werden müßten.[10] Diese Entwicklung läßt sich sowohl als Vergesellschaftung staatlicher Steuerungstätigkeit wie als Durchstaatlichung gesellschaftlicher Institutionen begreifen. Weil die beteiligten Verbände bei der Wahrnehmung ihres öffentlichen Handlungsauftrags zugleich auch ihre eigenen, mit den staatlichen Steuerungszielen oftmals nicht kompatiblen Interessen verfolgten, erschwerte die Herausbildung und Ausdifferenzierung sektoraler Steuerungsarrangements den staatlichen Zugriff auf die Gestaltung einzelner Politikfelder.[11] Dies trat um so deutlicher hervor, als mit dem Niedergang der fordistischen Formation auch die ökonomischen Voraussetzungen für einen Ausgleich unterschiedlicher Interessen – gerade im Bereich der Sozialpolitik – ins Wanken gerieten.

Die bundesstaatlichen Handlungskompetenzen sind in Deutschland vielfältigen Restriktionen unterworfen.[12] Bund, Länder und Kommunen sind jeweils mit verfassungsrechtlich garantierten Zuständigkeiten ausgestattet. Der Bund verfügt über die insgesamt größten politischen Gestaltungskompetenzen. Eine Vielzahl von Politikbereichen, nicht zuletzt die Wirtschafts- und Sozialordnung, unterliegen seiner unmittelbaren und alleinigen Zuständigkeit; in anderen nimmt er seine Kompetenzen auf dem Wege der Rahmengesetzgebung wahr. Jedoch haben die Länder in der Legislative wie in der Exekutive weitreichende Gestaltungskompetenzen, aufgrund derer sie sowohl auf Landesebene ein erhebliches Maß an Eigenständigkeit entwickeln als auch auf Bundesebene über die Länderkammer politische Initiativen der Bundesregierung blockieren oder kanalisieren können: Erstens unterliegen einige Politikbereiche uneingeschränkt der Länderhoheit; zweitens bedürfen Gesetzesvorhaben des Bundes dann der Zustimmung durch den Bundesrat, wenn sie die Zuständigkeit der Länder berühren; drittens können sie auf jenen Feldern, in denen eine konkurrierende Gesetzgebung zwischen Bund und Ländern vorgesehen ist, eigene Regelungen treffen, sofern der Bund von seiner Rechtsetzungskompetenz keinen Gebrauch gemacht hat; viertens verfügen die Länder, in jenen Bereichen, in denen der Bund Rahmengesetze verabschiedet, über Gestaltungsspielräume auf dem Wege der konkretisierenden Rechtsetzung; fünftens können die Länder als durchführende Organe von Bundesgesetzen

---

10 Vgl. Mayntz, Policy-Netzwerke und die Logik von Verhandlungssystemen, S. 39ff.
11 Vgl. dazu z.B. die Beiträge in: Mayntz (Hrsg.), Verbände zwischen Mitgliederinteressen und Gemeinwohl.
12 Vgl. Hesse/Ellwein, Das Regierungssystem der Bundesrepublik Deutschland, Bd. 1, S. 70ff., 89ff., 316ff.

Kapitel 4

die Anwendung von Gesetzen und Verordnungen des Bundes in eigener Verantwortung handhaben.[13] Bei der Wahrnehmung ihrer Kompetenzen sind die Länder allerdings stets auf den verfassungsrechtlichen bzw. den geltenden bundesgesetzlichen Rahmen verwiesen. Auch bei wechselnden Regierungskonstellationen im Bund kann die Kontinuität der Länderinteressen – erst recht bei unterschiedlichen Mehrheitsverhältnissen in Bundestag und Bundesrat – die Manövrierfähigkeit einer Regierung erheblich begrenzen. Darüber hinaus begünstigt auch das Verhältniswahlrecht ein hohes Maß an politischer Kontinuität. Es führt üblicherweise zur Bildung von Regierungskoalitionen, und auf Bundesebene war es in der Geschichte der Bundesrepublik vor allem die FDP, die durch eine nahezu ununterbrochene Regierungsbeteiligung ein wichtiges Element der Kontinuität in der Regierungspolitik verkörpert hat.[14]

Das deutsche Regulierungssystem ist also durch eine starke mittlere Handlungsebene gekennzeichnet, und dies in doppelter Hinsicht: In horizontaler Hinsicht sind es insbesondere die erwähnten ausdifferenzierten und tiefgestaffelten Netzwerke in den politischen Teilsektoren, die erhebliche Barrieren gegen direkte staatliche Steuerungsversuche errichten können; in vertikaler Hinsicht – und hier ist der Unterschied zu Großbritannien besonders augenfällig – findet die starke mittlere Handlungsebene ihren Ausdruck vor allem im föderalistischen Staatsaufbau der Bundesrepublik Deutschland. Diese politisch-institutionellen Merkmale des deutschen Regulierungssystems tragen häufig dazu bei, daß rasche Politikwechsel und flexible Reaktionen auf neue Herausforderungen erschwert werden. Insgesamt verteilen sich staatliches Handeln und gesellschaftliche Steuerungstätigkeiten in Deutschland auf eine Vielzahl von Akteuren und fallen politische Entscheidungen auf einer Vielzahl von Bühnen. Dies gilt – darauf wird unten noch näher einzugehen sein – auch für den Arbeitsschutz.

4.2 Ökonomische Rahmenbedingungen, politische Konfliktregulierung und Wandel der Arbeitsbeziehungen im Übergang zum Postfordismus

In den Nachkriegsjahrzehnten bildete der bundesdeutsche Kapitalismus alle wesentlichen Merkmale einer fordistischen Formation aus.[15] Diese Periode war durch hohe Wachstumsraten, einen raschen Abbau der Arbeitslosigkeit

---

13 Vgl. Kilper/Lhotta, Föderalismus in der Bundesrepublik Deutschland, S. 122ff.; Hesse/Ellwein, Das Regierungssystem der Bundesrepublik Deutschland, Bd. 1, S. 89ff., 316ff. Siehe auch: Ismayr, Das politische System Deutschlands, S. 420ff.
14 Vgl. Schmidt, West Germany: The Policy of the Middle Way, S. 164ff.
15 Vgl. Hirsch/Roth, Das neue Gesicht des Kapitalismus, S. 46ff.

Nationalstaatliche Rahmenbedingungen in Deutschland

und einen deutlichen Anstieg der Realeinkommen gekennzeichnet.[16] Hohe Investitionsquoten und anfangs kräftige Produktivitätszuwächse ermöglichten eine erfolgreiche Integration der bundesdeutschen Ökonomie in den Weltmarkt, insbesondere der expandierenden fordistischen Massenindustrien. Wachsende Beschäftigung und ein rascher Anstieg des Bruttosozialprodukts gestatteten die zügige Ausweitung sozialstaatlicher Leistungen, in deren Verlauf das konservative Wohlfahrtsstaatsmodell immer stärker mit Zügen eines universalistischen, sozialdemokratischen Wohlfahrtsstaates durchsetzt wurde.[17] Vor diesem Hintergrund stellte sich eine stabile Binnennachfrage ein, die zusätzlich die Ausweitung der Produktion stimulierte. Die weitgehende Abschottung des Binnenmarktes erleichterte es den Unternehmen, die steigenden Produktionskosten über Preiserhöhungen an die Konsumenten weiterzugeben.[18] Auf diesem Wachstumspfad vollzog sich die Integration eines wachsenden Teils der Erwerbstätigen in den fordistischen Produktions- und Konsumtionszusammenhang. Somit bildete sich eine Akkumulationsstrategie heraus, die auf dem Erfolg der fordistischen Massenproduktion im Rahmen einer vorwiegend extensiv erweiterten Reproduktion beruhte.[19]

Die Verrechtlichung sozialer Beziehungen, insbesondere der Arbeitsbeziehungen, erhielt mit der Etablierung des fordistischen Nachkriegskompromisses einen bedeutenden Schub. Der Interessenausgleich zwischen Kapital und Arbeit wurde in differenzierten Regelungen fixiert, die die Interessenauseinandersetzungen kanalisierten und begrenzten, für alle Beteiligten aber auch die Erwartungssicherheit erhöhten.[20] Leitgedanke dieses Regulierungstyps war die Sozialpartnerschaft, die darauf zielte, den sozialen Frieden als eine zentrale Voraussetzung für den Erfolg der sozialen Marktwirtschaft zu erhalten. Wichtige Schritte zu ihrer Institutionalisierung waren die Montanmitbestimmung und das Betriebsverfassungsgesetz.[21] Die nach und nach vollzogene Einbindung der Gewerkschaften in korporatistische Arrangements wurde 1966/67 mit der Zusammenarbeit von Staat, Gewerkschaften und Kapital im Zeichen der Globalsteuerung auf eine neue Stufe gehoben.[22] Nach der Reformeuphorie der frühen sozialliberalen Koalition markierte die Wirtschaftskrise der Jahre 1973/74 den Übergang zu einer austeritätspolitischen Modernisierung unter dem Leitbild des »Modells Deutschland«.[23] Angesichts der sich

---

16 Vgl. Abelshauser, Wirtschaftsgeschichte Deutschlands 1945-1980, S. 85ff., 103ff., 132ff.
17 Vgl. Esping-Andersen, The Three Worlds of Welfare Capitalism, S. 26ff.
18 Vgl. Scharpf, Sozialdemokratische Krisenpolitik in Europa, S. 151ff.
19 Vgl. Hirsch/Roth, Das neue Gesicht des Kapitalismus, S. 46ff., 53ff.
20 Vgl. Streeck, German Capitalism: Does it Exist? Can it Survive?, S. 10f.
21 Vgl. Deppe, Der Deutsche Gewerkschaftsbund (DGB) (1945-1965), S. 487ff.
22 Vgl. Altvater/Hoffmann/Semmler, Vom Wirtschaftswunder zur Wirtschaftskrise, Bd. 2, S. 303ff., bes. 318ff.
23 Vgl. Esser, Gewerkschaften in der Krise, S. 68ff.

Kapitel 4

rasch wandelnden externen Rahmenbedingungen sollte die Weltmarktposition des deutschen Kapitals durch die Einbindung der Gewerkschaften in eine nunmehr moderatere Lohnpolitik sowie durch die Förderung moderner exportorientierter Technologien gestärkt werden.[24]

Die Krisendiagnose der 1982 ins Amt gekommenen konservativ-liberalen Koalition war in weiten Teilen mit jener der Thatcher-Regierung identisch. Im Zentrum ihrer Politik stand der Versuch, durch eine Verbesserung der Angebotsbedingungen insbesondere die Wettbewerbsfähigkeit des exportorientierten Kapitals zu stärken. Zu den Kernelementen der Politik der neuen Regierungskoalition zählte eine Reduzierung des sozialen Sicherungsniveaus, ein Abbau von arbeitsrechtlichen und anderen kostenwirksamen Auflagen für die Privatwirtschaft, eine strikte Ausgabendisziplin der öffentlichen Hand, ein Rückzug des Staates aus der Regulierung weiter gesellschaftlicher Bereiche sowie eine größere Konfliktbereitschaft gegenüber den gesellschaftlichen Gruppen, die sich dieser Strategie widersetzten. Zur Legitimation der neuen Grenzziehung zwischen staatlicher und privater Zuständigkeit wurde häufig auf das der katholischen Soziallehre entlehnte Subsidiaritätsprinzip zurückgegriffen, das nicht mehr nur für die Bereiche der sozialen Sicherung gelten sollte, sondern häufig zu einem universellen Prinzip staatlicher Tätigkeit ausgeweitet wurde.[25] Im Hinblick auf Rolle und Funktion des Staates propagierte auch das Projekt der »Wende« jene aus Großbritannien bekannte Kombination aus »rolling forward« und »rolling back«.

Der Machtantritt der konservativ-liberalen Koalition markierte, nachdem bereits in der zweiten Phase der sozialliberalen Koalition eine Weichenstellung hin zu einer Austeritätspolitik vorgenommen worden war, einen neuerlichen Einschnitt: in den Politikinhalten, weil soziale Umverteilung, Deregulierung und Privatisierung eine neue Dimension erreichten und auf die Schaffung eines umfassend flexibilisierten Kapitalismus zielten; in den Politikformen, weil mit ihnen eine Abwertung der bisher praktizierten Muster der korporatistischen Konfliktlösung verbunden war. Das Projekt der »Wende« wies allerdings in wichtigen Punkten auch eine deutliche Kontinuität mit der sozialliberalen Politik der Schmidt-Ära auf.[26] De facto blieb das »Modell Deutschland« weiterhin strategischer Bezugspunkt des Handelns von Staat, Kapital und Gewerkschaften. Im Zentrum der Akkumulationsstrategie stand nach wie vor eine weltmarktorientierte Modernisierung, die der Staat mit einer aktiven Struktur-

---

24 Vgl. Deppe, Autonomie und Integration, S. 7ff.; Esser, Gewerkschaften in der Krise, S. 68ff., 111ff.
25 Vgl. etwa: Biedenkopf, Die neue Sicht der Dinge, S. 349ff. Zur Funktion des Subsidiaritätsprinzips: Deppe, Krankheit ist ohne Politik nicht heilbar, S. 76ff.
26 Vgl. Katzenstein, Stability and Change in the Emerging Third Republic, S. 307ff., bes. 343ff.

Nationalstaatliche Rahmenbedingungen in Deutschland

politik sowie einer innovationsorientierten Forschungs- und Technologiepolitik unterstützte. Die Gewerkschaften waren überwiegend bereit, diese Strategie durch moderate Tarifabschlüsse und eine sozialpartnerschaftliche Orientierung zu unterstützen.[27] Gleichzeitig wurden korporatistische Politikmuster – anders als in Großbritannien – nicht vollends zerschlagen, sondern waren Staat und Kapital bemüht, die Gewerkschaften partiell in die liberalkonservative Umbaustrategie einzubinden und Konflikte nur dort einzugehen, wo sie als unvermeidbar angesehen wurden. Sozialabbau, Deregulierung und Flexibilisierung, Strukturwandel und Privatisierung sollten in einer Weise vollzogen werden, die den sozialen Frieden und die gesellschaftliche Stabilität als Standortfaktoren nicht gefährdete. Der partielle Fortbestand korporatistischer Politikmuster manifestierte sich nicht zuletzt in der weitgehenden Kontinuität des Systems der kollektiven Arbeitsbeziehungen und im Fortbestand formeller und informeller Beziehungen zwischen Staat, Kapital und Gewerkschaften auf den verschiedensten Politikfeldern.[28] Insgesamt war die Wende unter Kohl in ihrer Radikalität nicht mit dem Wandel in Thatchers Großbritannien vergleichbar.[29] Weder die Konfrontation mit den Gewerkschaften und der Abbau sozialstaatlicher Leistungen noch der ökonomische Strukturwandel und die Privatisierungspolitik wurden mit einer derartigen Rigorosität vorangetrieben wie in Großbritannien.[30] Allerdings haben sich in Deutschland auch dort, wo korporatistische Konfliktbewältigungsmuster aufrechterhalten wurden, die Ausgangsbedingungen gegenüber den Zeiten, in denen das fordistische Akkumulationsmodell dominierte, erheblich verändert: Vormals hatten hohe Wachstumsraten und Vollbeschäftigung die Durchsetzung von Kompromissen zwischen Kapital und Arbeit erleichtert, nun agierten die Gewerkschaften angesichts des hohen Arbeitslosensockels und der Flexibilisierungspolitik von Regierung und Unternehmen aus der Defensive.[31]

Allerdings vollzog sich seit der ersten Hälfte der 90er Jahre – vor dem Hintergrund einer fortschreitenden Globalisierung der Wirtschaftsbeziehungen, der im Gefolge der Wiedervereinigung neuen Dimension der staatlichen Haushaltskrise, der mit dem erlahmenden Vereinigungsboom sprunghaft gestiegenen Arbeitslosigkeit sowie der in Maastricht vereinbarten Schaffung

---

27 Vgl. Jacobi/Keller/Müller-Jentsch, Germany: Codetermining the Future, S. 218ff.
28 Vgl. Armingeon, Einfluß und Stellung der Gewerkschaften im Wechsel der Regierungen, S. 273ff.
29 Vgl. z.B. Traxler, Entwicklungstendenzen in den Arbeitsbeziehungen Westeuropas, S. 161ff.; Jacobi/Keller/Müller-Jentsch, Germany: Codetermining the Future, S. 218ff.; Edwards/Hall/Hyman u.a., Great Britain: Still Muddling Through, S. 1ff.
30 Vgl. z.B.: Visser/Ruysseveldt, From Pluralism to ... where?, S. 42ff.; dies., Robust Corporatism, still?, S. 124ff., bes. 155ff.
31 Vgl. Hirsch/Roth, Das neue Gesicht des Kapitalismus, S. 78ff.; Deppe, Auf dem Weg zum Jahr 2000, S. 709ff.

Kapitel 4

einer europäischen Wirtschafts- und Währungsunion – ein neuerlicher Deregulierungs- und Flexibilisierungsschub sowie ein forcierter Abbau sozialstaatlicher Sicherungssysteme.[32] Die Anpassung an die Determinanten des Weltmarktes wurde nun zum Leitbild einer zunehmend neoliberal ausgerichteten Wirtschaftspolitik.[33] Wachsende Teile der Bevölkerung wurden aus dem sozialstaatlichen Klassenkompromiß ausgegrenzt und sozial marginalisiert.[34] Gleichzeitig setzte sich der Trend zum Anstieg der Arbeitslosenzahlen in den neunziger Jahren kontinuierlich fort. Insbesondere in den neuen Bundesländern wurde diese Entwicklung spürbar.

Das System der Arbeitsbeziehungen, das sich in Deutschland in den Nachkriegsjahrzehnten herausgebildet hatte und im Kern auch Ende der neunziger Jahre noch Bestand hat, ist im Unterschied zu dem Großbritanniens durch ein dichtes Netz von Vorschriften geregelt. Dabei lassen sich drei Ebenen unterscheiden[35]:

- Es existiert eine Vielzahl staatlicher Vorschriften, die sich auf den Beginn und die Beendigung des Arbeitsverhältnisses sowie auf die Bedingungen, unter denen die Arbeitskraft genutzt wird, beziehen. Zu letzteren zählen auch die Gesetze und Verordnungen zum Gesundheitsschutz am Arbeitsplatz.
- Die Entlohnung und der Einsatz von Arbeit werden durch Tarifverträge geregelt. Deren Aushandlung ist eine ausschließliche Angelegenheit von Arbeitgebern und Gewerkschaften bzw. Beschäftigten; Koalitionsfreiheit und Tarifautonomie sind grundgesetzlich garantiert. Anfang der neunziger Jahre galten Tarifverträge für etwa 90 % aller Beschäftigten.[36] Für die betriebliche und überbetriebliche Norm- und Regelsetzung bei der Gestaltung der Arbeitsbedingungen kommt ihnen eine Schlüsselbedeutung zu. Überdies hat sich das Tarifvertragssystem in der Vergangenheit als ein effektives Instrument zur Konfliktregulierung erwiesen. Auch die Vereinbarung von Tarifverträgen und die Austragung von Arbeitskonflikten unterliegen detaillierten gesetzlichen Regelungen, die Arbeitgeber und Gewerkschaften zu befolgen haben: Tarifverträge haben eine bestimmte Laufzeit und bedürfen einer fristgerechten Kündigung; die Beteiligten

---

32 Vgl. z.B. Urban, Deregulierter Standort-Kapitalismus?, S. 23ff.
33 Vgl. Hirsch, Der nationale Wettbewerbsstaat, S. 136ff.; Narr/Schubert, Weltökonomie, S. 47ff.
34 Vgl. Becker/Hauser (Hrsg.), Einkommensverteilung und Armut, bes. S. 63ff., 83ff.; Bäcker/Hanesch/Kraus, Niedrige Arbeitseinkommen und Armut bei Erwerbstätigkeit in Deutschland, S. 165ff.
35 Vgl. zum folgenden: Bäcker u.a., Sozialpolitik und soziale Lage, Bd. 1, S. 106ff., 163ff.; Visser/Ruysseveldt, Robust Corporatism, still?, S. 144ff.
36 Vgl. Lecher/Naumann, Zur aktuellen Lage der Gewerkschaften, S. 25ff.

unterliegen einer Friedenspflicht; wilde und politische Streiks sind verboten; die Aufnahme und Beendigung von Kampfmaßnahmen erfordert eine bestimmte Zustimmungsquote unter den Gewerkschaftsmitgliedern.
- Auf der Unternehmensebene regelt das Betriebsverfassungsgesetz die Beteiligungsrechte der Beschäftigten in den betrieblichen Angelegenheiten. Die Betriebs- bzw. Personalräte verfügen über gesetzlich festgelegte Informations-, Anhörungs-, Beratungs- und Mitbestimmungsrechte, die auch den Gesundheitsschutz am Arbeitsplatz einschließen.

Neben den gesetzlichen Bestimmungen erwächst eine Vielzahl von Regelungen aus der umfangreichen Rechtsprechung der vergangenen Jahrzehnte.[37] Die ausgeprägte Verrechtlichung der Arbeitsbeziehungen stellte insofern einen Erfolg für die Gewerkschaften dar, als sie den schrankenlosen Zugriff des Kapitals auf die Nutzung der Arbeitskraft begrenzte und den Beschäftigten einen gewissen Einfluß auf die betriebliche Politik ermöglichte. Zugleich wurden den Gewerkschaften aber auch Beschränkungen ihrer Handlungsfreiheit auferlegt. Dies gilt insbesondere für die erwähnte Institutionalisierung des Ablaufs von Arbeitskonflikten, aufgrund derer mögliche Konflikte für die Unternehmen berechenbarer und leichter eingrenzbar sind, sowie für die Trennung der betrieblichen von der überbetrieblichen Interessenvertretung (»duales System«).

Die Entwicklung der Arbeitsbeziehungen seit dem Beginn der achtziger Jahre ist durch ein Nebeneinander von Kontinuität und Wandel gekennzeichnet.[38] Der Wandel zeigt sich vor allem in der fortschreitenden Erosion des Normalarbeitsverhältnisses und in der fortschreitenden Segmentierung der Belegschaften. Die staatlicherseits den Unternehmen auferlegten Bestimmungen zur Nutzung der Arbeitskraft wurden zugunsten erweiterter unternehmerischer Gestaltungsspielräume gelockert, den Flexibilitätsanforderungen der Kapitalverwertung angepaßt und damit in erheblichem Umfang ihres eigentlichen Schutzcharakters entledigt. Dazu zählten vor allem
- eine Lockerung des Kündigungsschutzes in Kleinbetrieben,
- die Erweiterung von Möglichkeiten zur Befristung von Arbeitsverhältnissen sowie zur Schaffung von Leiharbeitsverhältnissen und Teilzeitarbeit,
- eine Flexibilisierung des Arbeitszeitrechts durch weitreichende Ausnahmebestimmungen vom Verbot von Sonn- und Feiertagsarbeit und einen erweiterten Ausgleichszeitraum für den Acht-Stunden-Tag,
- die Lockerung des Jugend- und des Frauenarbeitsschutzes.[39]

---

37 Vgl. Bispinck, Bundesrepublik Deutschland, S. 51.
38 Vgl. ders., Stabil oder fragil?, S. 75ff.
39 Vgl. Keller, Einführung in die Arbeitspolitik, S. 227ff., 443ff.; Hoffmann/Walwei, Normalarbeitsverhältnis: ein Auslaufmodell?, S. 422f.

Kapitel 4

Da die Unternehmen von den neuen Freiräumen zur Durchsetzung von Flexibilisierungsstrategien regen Gebrauch machten, wurde das Normalarbeitsverhältnis und der Normalarbeitstag einer fortschreitenden Erosion ausgesetzt.[40] Gleichzeitig wird das Tarifvertragssystem insbesondere seit dem Beginn der neunziger Jahre nach und nach ausgehöhlt. Dazu haben unterschiedliche Entwicklungen beigetragen. Auf Druck der Arbeitgeberseite wurden in immer stärkerem Umfang Ausnahmebestimmungen und Flexibilisierungskomponenten in die tarifvertraglichen Regelungen eingebaut. Sie eröffneten den Unternehmen – und den betrieblichen Interessenvertretungen der Beschäftigten – einen bisweilen weiten Spielraum, um die kollektivvertraglichen Regelungen an die unternehmens-, branchen- und regionalspezifischen Verwertungsbedingungen anzupassen und damit kollektive Tarifvereinbarungen sowie Schutzstandards de facto zu unterlaufen.[41] Gewerkschaften und Betriebsräte sahen sich angesichts der hohen Arbeitslosigkeit immer häufiger gezwungen, den Forderungen der Unternehmen nachzugeben. Des weiteren trug eine sinkende Integrationskraft der Arbeitgeberverbände zum Bedeutungsverlust des Tarifvertragssystems bei: Zahlreiche Unternehmen verließen ihren Verband oder traten ihm in den neuen Bundesländern gar nicht erst bei, um sich dem Geltungsbereich der Tarifverträge zu entziehen.[42] Schließlich wurde die Erosion des Flächentarifs auch durch staatliche Eingriffe in die Tarifautonomie befördert. Dies geschah u. a. durch die gesetzliche Reduzierung der Lohnfortzahlung im Krankheitsfall sowie durch die den Unternehmen eingeräumte Möglichkeit, Tarifstandards bei Maßnahmen der aktiven Arbeitsmarktpolitik oder bei der Einstellung von Langzeitarbeitslosen zu unterlaufen.[43] Das Zusammenwirken der genannten Faktoren hat zu einer spürbaren und wohl noch nicht abgeschlossenen Erosion des Flächentarifvertrags geführt.

Hingegen dominiert im Hinblick auf den rechtlichen Rahmen der betrieblichen Interessenvertretung (Betriebsverfassungsgesetz, Mitbestimmungsgesetz) sowie bei den Bestimmungen zum Tarifvertrags- und Streikrecht – trotz einiger wichtiger Einschnitte – die Kontinuität in den Arbeitsbeziehungen.[44] In dieser Hinsicht erhielt die rechtliche Fixierung des fordistischen Klassenkompromisses, einmal vorgenommen, ein eigenständiges Gewicht und erwies

---

40 Vgl. Bispinck, Deregulierung, Differenzierung und Dezentralisierung des Flächentarifvertrags. S. 551ff.
41 Vgl. ders., Bundesrepublik Deutschland, S. 75f.
42 Vgl. Schnabel, Entwicklungstendenzen der Arbeitsbeziehungen in der Bundesrepublik Deutschland seit Beginn der achtziger Jahre, S. 53ff.
43 Vgl. Presse- und Informationsamt der Bundesregierung, Politik der Bundesregierung für mehr Wachstum und Beschäftigung, S. 37ff.
44 Vgl. z.B. Armingeon, Einfluß und Stellung der Gewerkschaften im Wechsel der Regierungen, S. 171ff.; Visser/Ruysseveldt, Robust Corporatism, still?, S. 155ff.

sich als ein im wesentlichen wirksamer Puffer gegen den Zugriff der Deregulierungspolitik. Gerade darin liegt ein wichtiger Unterschied zum System der Arbeitsbeziehungen in Großbritannien: Hier trug nicht zuletzt die ausgebliebene Festschreibung gewerkschaftlicher Machtpositionen dazu bei, daß die Thatcher-Regierung die Entmachtung der Gewerkschaften durchsetzen konnte. In der Bundesrepublik Deutschland blieb der gesetzliche Rahmen der betrieblichen und überbetrieblichen Interessenvertretung zwar weitgehend erhalten, allerdings wurden hier durch die Auswirkungen von Krise, Arbeitslosigkeit und Deregulierungspolitik die realen Voraussetzungen zur wirkungsvollen Wahrnehmung der fixierten Rechte sukzessive unterminiert. Hier vollzog sich die Aushöhlung gewerkschaftlicher Handlungsmöglichkeiten also in einem fortexistierenden gesetzlichen Rahmen.

In welcher Weise beeinflußte der Übergang zu einem flexibilisierten, deregulierten Kapitalismus die Arbeitsschutzpolitik? Der technische Arbeitsschutz sowie die betrieblichen Regelungen zum Gesundheitsschutz einschließlich der Pflichten der Arbeitgeber blieben von den Bemühungen um Deregulierung bis in die neunziger Jahre hinein unberührt. Weder die Bundesregierung noch die Arbeitgeberverbände unternahmen Vorstöße, um gesetzliche Bestimmungen in diesem Bereich rückgängig zu machen. Sofern die Deregulierungsstrategien sich auch auf den Arbeitsschutz erstreckten, waren davon insbesondere jene Bereiche des sozialen Arbeitsschutzes betroffen, die eine Flexibilisierung des Arbeitseinsatzes blockierten, allen voran die staatlichen und tarifvertraglichen Regelungen zur Arbeitszeit sowie der Schutz bestimmter Beschäftigtengruppen.[45] Offenkundig war als Instrument zur Kostensenkung die Flexibilisierung des Einsatzes von Arbeit aus der Sicht von Staat und Kapital weit bedeutender als etwa eine Senkung von Immissionswerten oder eine Lockerung technischer Normen. Zudem hätte eine Lockerung technischer Arbeitsschutzbestimmungen – insbesondere wenn diese zur Abwehr unmittelbarer und erheblicher Gesundheitsrisiken erlassen worden waren – auch erhebliche Legitimationsrisiken mit sich gebracht.

Waren der technische und der betriebliche Arbeitsschutz kein Gegenstand der Deregulierungsstrategien, so fand die bis zur Mitte der siebziger Jahre in diesem Bereich in Angriff genommene Reformpolitik allerdings auch keine Fortsetzung – und dies, obwohl vielerorts eine substantielle Modernisierung des Arbeitsschutzes als überfällig angesehen wurde.[46] Der Bundestag hatte noch 1981 in einem einstimmig gefaßten Beschluß die damalige Bundes-

---

45 Vgl. Keller, Einführung in die Arbeitspolitik, S. 227ff., 443ff.
46 Vgl. z.B. Kühn, Betriebliche Arbeitsschutzpolitik und Interessenvertretung der Beschäftigten, S. 22ff., 172ff.; Rosenbrock, Arbeitsmediziner und Sicherheitsexperten im Betrieb, S. 31ff., 173ff.

Kapitel 4

regierung aufgefordert, die bereits angekündigte Schaffung eines Arbeitsschutzgesetzes auf den Weg zu bringen. Mitte 1982 hatte das BMA dazu einen Referentenentwurf vorgelegt, jedoch wurde das Vorhaben nach dem Regierungswechsel nicht mehr weiterverfolgt.[47] Statt dessen erfolgte in den achtziger Jahren lediglich eine moderate Anpassung von Arbeitsschutzbestimmungen an neue Gefährdungslagen. Dies betraf insbesondere arbeitsbedingte Gesundheitsrisiken im Bereich der Gefahrstoffe, die vor dem Hintergrund der Umweltdiskussion auch in der Öffentlichkeit auf eine gewisse Aufmerksamkeit gestoßen waren. Das Chemikaliengesetz und die Gefahrstoffverordnung stellten die wichtigsten Veränderungen auf diesem Gebiet dar.[48] Diese Modernisierung des Arbeitsschutzes verlief allerdings insofern einseitig, als der große Bereich der psychischen und psychomentalen Belastungen sowie die von der Arbeitsorganisation und den sozialen Beziehungen bei der Arbeit ausgehenden Gesundheitsgefährdungen weiterhin unbearbeitet blieben. Aus Sicht der im Arbeitsschutz tätigen Experten war dies um so problematischer, als diese Belastungen mit dem technischen und ökonomischen Strukturwandel an Bedeutung gewannen.[49]

4.3 Die Struktur des deutschen Arbeitsschutzsystems

4.3.1 Organisations- und Regulierungsstruktur

Das deutsche Arbeitsschutzsystem ist stark von den übergreifenden Merkmalen des deutschen Regulierungssystems geprägt, insbesondere von den Charakteristika des Systems der Arbeitsbeziehungen, von den korporatistischen Traditionen des Sozialstaates sowie vom Zuschnitt des politischen Systems. Dies gilt sowohl für seine institutionelle Struktur als auch für die der Rechtsetzung und dem Vollzug zugrunde liegende Regulierungsphilosophie.[50] Das herausragende institutionelle Merkmal des deutschen Arbeitsschutzsystems ist der Dualismus der Zuständigkeiten, also das Nebeneinander staatlicher und berufsgenossenschaftlicher Rechtsetzungs- und Kontrollbefugnisse. Dieses Strukturmerkmal hat sich im 19. Jahrhundert herausgebildet.[51] Die

---

47 Vgl. Schultze/Hinne/Mattik, Neue Aufgaben der Berufsgenossenschaften, S. 533.
48 Vgl. Wank/Börgmann, Deutsches und europäisches Arbeitsschutzrecht, S. 35ff.
49 Vgl. Marstedt/Mergner, Soziale Dimensionen des Arbeitsschutzes, S. 87ff.
50 Vgl. als grundlegende Darstellung des deutschen Arbeitsschutzsystems: BAU (Hrsg.), Arbeitsschutzsystem. Untersuchung in der Bundesrepublik Deutschland, 5 Bde.; BMA (Hrsg.), Übersicht über das Arbeitsrecht, S. 499ff., 519ff.
51 Vgl. zur Entstehung des deutschen Arbeitsschutzsystems: Simons, Staatliche Gewerbeaufsicht und gewerbliche Berufsgenossenschaften; Buck-Heilig, Die Gewerbeaufsicht, bes. S. 18ff., 81ff., 249ff.

Nationalstaatliche Rahmenbedingungen in Deutschland

deutschen Staaten erließen in der Industrialisierung nach und nach, nicht zuletzt auf öffentlichen Druck, Vorschriften für den Schutz der Arbeiter. Diese betrafen zunächst die Verkürzung der Arbeitszeit für Frauen, Kinder und Jugendliche sowie eine Verbesserung von Arbeitsbedingungen für diese Gruppen. Darüber hinaus entstanden in den darauf folgenden Jahrzehnten in den deutschen Staaten bzw. in den Ländern des Deutschen Reiches mit den staatlichen »Gewerbeämtern« Einrichtungen zur Überwachung der erlassenen Schutzbestimmungen. Mit dem 1884 in Kraft getretenen Gesetz zur Unfallversicherung wurden diese Einrichtungen um die neu gebildeten Berufsgenossenschaften ergänzt.[52] Diese gingen auf die seit längerer Zeit existierenden privaten Organisationen der Unternehmen zurück und wurden nun zum Träger der Unfallversicherung. Die Berufsgenossenschaften hatten Kompensationszahlungen an zu Schaden gekommene Arbeiter zu entrichten und wurden mit dem Recht ausgestattet, Unfallverhütungsvorschriften (UVVen) zu erlassen und deren Einhaltung zu kontrollieren.[53] Die Unternehmen verwalteten und finanzierten die Berufsgenossenschaften selbst[54]; private Versicherungsunternehmen waren nun von der betrieblichen Unfallversicherung ausgeschlossen. Seit der Schaffung der gesetzlichen Unfallversicherung wurden der Kreis der versicherten Betriebe und die Leistungen der Unfallversicherungsträger nach und nach ausgebaut.[55] Gleichzeitig beharrte der Staat auf der Befugnis, selbst Schutzbestimmungen zu erlassen und deren Einhaltung zu überwachen. Damit bildeten sich zwei voneinander unabhängige und ihrer Zusammensetzung nach gänzlich verschiedene Institutionen des Arbeitsschutzes mit jeweils eigenen Kompetenzen heraus.

In der Bundesrepublik Deutschland ist der Staat durch das Grundgesetz (Art. 2 Abs. 2) zum Schutz des Lebens und der körperlichen Unversehrtheit seiner Bürger verpflichtet. Er legt mit Gesetzen und Verordnungen den allgemeinen rechtlichen Rahmen für den Arbeitsschutz fest.[56] Der Arbeitsschutz unterliegt der konkurrierenden Gesetzgebung: Der Bund genießt grundsätzlich den Vorrang vor den Ländern, allerdings können diese in solchen Bereichen eigenständig Vorschriften erlassen, die vom Bund nicht geregelt sind. Dies geschieht jedoch nur äußerst selten. Gesetze und Verordnungen zum Gesundheitsschutz am Arbeitsplatz bedürfen dann der Zustimmung der Ländermehrheit im Bundesrat, wenn sie die Vollzugstätigkeit der Gewerbeaufsicht

---

52 Vgl. Ritter, Sozialversicherung in Deutschland und England, S. 40.
53 Vgl. Simons, Staatliche Gewerbeaufsicht und gewerbliche Berufsgenossenschaften, S. 53ff.
54 Das neue Unfallversicherungssystem räumte den Arbeitern zwar bestimmte Beteiligungsrechte in den Berufsgenossenschaften ein, allerdings waren diese von der heutigen paritätischen Besetzung der Entscheidungsgremien zunächst noch weit entfernt.
55 Vgl. Simons, Staatliche Gewerbeaufsicht und gewerbliche Berufsgenossenschaften, S. 135ff.
56 Vgl. BAU (Hrsg.), Arbeitsschutzsystem, Bd. 1, S. 58ff.

Kapitel 4

berühren. Für den Bund nimmt der Bundesminister für Arbeit und Sozialordnung (BMA) die Verantwortung für die konkretisierende Norm- und Regelsetzung im Arbeitsschutz wahr. Zur materiellen Regulierung steht unterhalb der Gesetzesebene ein differenziertes Vorschriftensystem zur Verfügung. Die Bestimmungen zum Arbeitsschutz waren Mitte der neunziger Jahre in mehr als vierzig Gesetzen sowie in über 120 Rechtsverordnungen und etwa 900 Verwaltungsvorschriften geregelt. Die staatlichen Vorschriften konzentrieren sich auf die Regelung branchenübergreifender Probleme, z.b. den Schutz bestimmter Personengruppen oder die Gestaltung von Arbeitsstätten. Hinzu kommen eine Vielzahl an berufsgenossenschaftlichen UVVen sowie »Regeln der Technik« und ähnliche Normen privater Einrichtungen.

Von zentraler Bedeutung für den staatlichen Arbeitsschutz war bis 1996 die Gewerbeordnung (GewO). Sie wies dem Arbeitgeber grundsätzlich die Verantwortung für den Gesundheitsschutz am Arbeitsplatz zu. Er war demnach verpflichtet,

»Arbeitsplätze, Betriebsvorrichtungen, Maschinen und Gerätschaften so einzurichten und zu unterhalten sowie den Betrieb so zu regeln, daß die Beschäftigten gegen Gefahren für Leben und Gesundheit so weit geschützt sind, wie es die Natur des Betriebs gestattet [...].« (§ 120a GewO)

Aufgrund der Gewerbeordnung konnte die Bundesregierung außerdem konkretisierende Verordnungen erlassen. Auf dieser Rechtsgrundlage entstanden die Arbeitsstättenverordnung sowie weitere Verordnungen über die Sicherheit in überwachungsbedürftigen Anlagen. Über diese Regelungen hinaus existierten noch eine Reihe von Gesetzen, in denen wichtige Teilaspekte des Gesundheitsschutzes am Arbeitsplatz geregelt sind (z.B. das Arbeitssicherheitsgesetz, das Gerätesicherheitsgesetz, das Chemikaliengesetz einschließlich der Arbeitsstoffverordnung, das Jugendarbeitsschutzgesetz, das Mutterschutzgesetz).[57]

Neben den staatlichen Behörden nehmen die Träger der gesetzlichen Unfallversicherung, und unter ihnen insbesondere die gewerblichen Berufsgenossenschaften, eine bedeutende Rolle bei der Rechtsetzung und Überwachung des Arbeitsschutzes wahr. Bei den meisten Berufsgenossenschaften handelt es sich um Körperschaften des öffentlichen Rechts. Sie sind nach dem Prinzip der paritätischen Selbstverwaltung organisiert. Ihre beiden Verwaltungsorgane, die Vertreterversammlung und der Vorstand, sind zu gleichen Teilen aus Vertretern der Arbeitgeber und der Versicherten zusammengesetzt. Damit ist in der gesetzlichen Unfallversicherung de facto der Einfluß der Verbände von Kapital und Arbeit auf die Formulierung und Umsetzung staatlicher Politik institutionalisiert. Insgesamt existierten Mitte der neunziger

---

57 Vgl. ebda. S. 110ff.

Nationalstaatliche Rahmenbedingungen in Deutschland

Jahre 95 Unfallversicherungsträger, die sich in drei Gruppen unterteilen lassen: 35 gewerbliche Berufsgenossenschaften, die nach Branchen organisiert sind; 19 landwirtschaftliche Berufsgenossenschaften sowie 41 Unfallversicherungsträger der öffentlichen Hand, die jeweils überwiegend regional gegliedert sind.[58] Den Berufsgenossenschaften oblagen bis zur Reform des Arbeitsschutzrechts 1996 vier Aufgaben: die *Entschädigung* für die Betroffenen in Form von Geldleistungen, die *medizinische Betreuung* und *Rehabilitation* zu Schaden gekommener Personen sowie die *Verhütung* von Arbeitsunfällen und Berufskrankheiten. Im Rahmen ihrer Aufgaben handeln sie weitgehend autonom, unterliegen aber der staatlichen Aufsicht, die das BMA bzw. die zuständigen Landesministerien ausüben. Für die Unternehmen existiert eine Zwangsmitgliedschaft in der für ihre Branche zuständigen Berufsgenossenschaft. Die Finanzierung der Berufsgenossenschaften erfolgt ausschließlich durch die Beiträge der Unternehmen. Es ist gerade diese Verknüpfung von Entschädigung und Prävention, in der sich die Berufsgenossenschaften von den Unfallversicherungsträgern der meisten anderen EU-Mitgliedstaaten unterscheiden.[59]

Im Rahmen ihrer gesetzlichen Aufgaben zur Verhütung von Arbeitsunfällen und Berufskrankheiten erlassen die Berufsgenossenschaften UVVen, zu deren Einhaltung die Mitgliedsunternehmen verpflichtet sind. Es handelt sich dabei um branchenbezogene, oftmals sehr detaillierte Vorschriften, die das staatliche Recht in vielerlei Hinsicht konkretisieren. Sie regeln besondere Probleme des Arbeitsschutzes und konzentrieren sich auf sicherheitstechnische Anforderungen an Geräte, Maschinen und Anlagen.[60] Mitte der neunziger Jahre gab es weit über tausend UVVen. Sie werden von den berufsgenossenschaftlichen Fachausschüssen erarbeitet, die vom Hauptverband der gewerblichen Berufsgenossenschaften (HVBG) eingesetzt werden. Die Berufsgenossenschaften sind dabei autonom, jedoch bedürfen die UVVen der Genehmigung durch das BMA. Unterhalb der Ebene der UVVen können die Berufsgenossenschaften auch Sicherheitsregeln festsetzen, die von geringerer Rechtsverbindlichkeit sind. In den berufsgenossenschaftlichen Fachausschüsse sind die »interessierten Kreise« vertreten, also neben Arbeitgebern und Gewerkschaften auch die Bundesregierung, die Gewerbeaufsicht, Angehörige von Berufsverbänden, Wissenschaftler und Hersteller sowie andere betroffene Berufsgenossenschaften. Die paritätische Zusammensetzung der Entscheidungs-

---

58 Nicht alle Unfallversicherungsträger sind also Berufsgenossenschaften. Dennoch wird im folgenden der Begriff »Berufsgenossenschaften« als Synonym für »Unfallversicherungsträger« verwendet, denn dieses Verständnis hat sich in der Vergangenheit eingebürgert.
59 Vgl. Baldwin, The Limits of Legislative Harmonization, S. 223ff.
60 Vgl. Bäcker u.a., Sozialpolitik und soziale Lage, Bd. 2, S. 60ff.

Kapitel 4

gremien – Vorstand und Vertreterversammlung – gestattet es sowohl Arbeitgebern als auch Arbeitnehmern, die Aushandlung von Regelungen zu blockieren.[61] In aller Regel werden die Gewerkschaften bzw. die Arbeitnehmerseite durch die beiderseitige Veto-Macht benachteiligt, weil gerade sie es sind, die über die geltenden Vorschriften hinaus Verbesserungen im Arbeitsschutz erreichen wollen. Theoretisch sind die Gewerkschaften ihrerseits zwar auch in der Lage, Verschlechterungen zu verhindern, jedoch spielt dies in der Praxis kaum eine Rolle.

Da zahlreiche Einzelheiten im staatlichen oder berufsgenossenschaftlichen Recht nicht mit der notwendigen Detailgenauigkeit geregelt werden können, verweisen Gesetze, Verordnungen und UVVen bei der Definition der Kriterien, denen die sicherheitstechnische Beschaffenheit der Maschinen entsprechen muß, häufig auf die »allgemein anerkannten Regeln der Technik«, auf die »gesicherten arbeitswissenschaftlichen Erkenntnisse« oder auf den »Stand der Technik«.[62] Weil diese konkretisierenden Bestimmungen von den staatlichen und berufsgenossenschaftlichen Kontrollinstanzen als Grundlage der Überwachungstätigkeit übernommen werden, kommt ihnen eine zentrale Funktion in der Arbeitsschutzregulierung zu.[63] Die Erarbeitung dieser technischen Normen, Regeln und Richtlinien erfolgt im deutschen Arbeitsschutz vorwiegend durch private Träger, namentlich das Deutsche Institut für Normung (DIN), der Verband Deutscher Elektrotechniker (VDE) und der Verein Deutscher Ingenieure (VDI).[64] Daß private Organisationen, in denen – wie insbesondere im DIN – zudem die Kapitalseite über ein deutliches Übergewicht verfügt, mit gleichsam hoheitlichen Funktionen ausgestattet sind, ist immer wieder Gegenstand deutlicher Kritik. Die Normungsinstitutionen sehen sich des öfteren dem Vorwurf ausgesetzt, daß die von ihnen festgelegten Sicherheitsstandards nicht immer das technisch mögliche oder wünschenswerte Niveau erreichen.

»Zugespitzt läßt sich sagen, daß die Industrie sich grundsätzlich selbst reguliert und bestimmen kann, welche Anforderungen an Sicherheit und menschengerechter Gestaltung angemessen sind. Sie definiert die allgemein anerkannten Regeln, auf die in Arbeitsschutzvorschriften verwiesen wird.«[65]

Gesetze, Verordnungen, Verwaltungsvorschriften, UVVen, allgemein anerkannte Regeln der Technik und gesicherte arbeitswissenschaftliche Erkenntnisse knüpfen insbesondere im Bereich des technischen Arbeitsschutzes ein engmaschiges Netz detaillierter Schutzbestimmungen. Dem stehen allerdings

---

61 Vgl. Bispinck, Gewerkschaften und arbeitsweltbezogene Gesundheitsforschung, S. 104.
62 Vgl. BMA (Hrsg.), Übersicht über das Arbeitsrecht, S. 519ff.
63 Vgl. BAU (Hrsg.), Arbeitsschutzsystem, Bd. 1, S. 201ff.
64 Vgl. Voelzkow, Technische Normung; BAU (Hrsg.), Arbeitsschutzsystem, Bd. 1, S. 299ff.
65 Windhoff-Héritier, Wohlfahrtsstaatliche Intervention im internationalen Vergleich, S. 122.

Nationalstaatliche Rahmenbedingungen in Deutschland

in anderen Bereichen – darauf wird noch näher einzugehen sein – beträchtliche Regelungslücken gegenüber. Gleichzeitig ist das Arbeitsschutzrecht aufgrund der Vielzahl von Regelungen stark fragmentiert. Mit den weitreichenden Normsetzungskompetenzen halbautonomer und privater Träger – und den Überwachungskompetenzen der Unfallversicherungsträger – kommt die staatliche Delegation von Aufgaben an Verbände als typisches Merkmal des deutschen Regulierungssystems auch im Bereich des Arbeitsschutzes zum Ausdruck.

Die unterschiedlichen Zuständigkeiten in der Rechtsetzung, die sich in der Zeit wandelnden Vorstellungen über den Arbeitsschutz sowie die unterschiedlichen Kräfteverhältnisse und Kompromisse bei der Verabschiedung neuer Regelungen haben dazu geführt, daß die Schutzbestimmungen häufig unabhängig voneinander entwickelt wurden und oftmals eine mangelnde Kohärenz aufweisen. Staatliche Arbeitsschutzregelungen und berufsgenossenschaftliche UVVen überschneiden sich in fast allen Teilgebieten des Arbeitsschutzrechts, stehen häufig unkoordiniert nebeneinander und widersprechen einander auch des öfteren. Die Vielzahl und das kaum zu überbietende Wirrwarr der Regelwerke machen das Arbeitsschutzrecht gerade für die Verantwortlichen im Betrieb extrem unübersichtlich und anwenderfeindlich. Die erwähnte Arbeitsteilung zwischen den Institutionen – die weitgehende Beschränkung der staatlichen Rechtsetzung auf *branchenübergreifende*, der berufsgenossenschaftlichen Rechtsetzung auf *branchenbezogene* Problembereiche – stellt einen Versuch dar, die sich aus der Doppelzuständigkeit ergebenden Reibungsverluste zu begrenzen. Allerdings treten Überschneidungen und Ungereimtheiten nach wie vor sehr häufig auf.[66]

Die Doppelzuständigkeit im Arbeitsschutz beschränkt sich nicht nur auf die Rechtsetzung, sondern schließt auch die Aufsichtstätigkeit ein. Hier setzt sich die im Bereich der Rechtsetzung vorgenommene Arbeitsteilung weitgehend fort. Der *Gewerbeaufsicht* bzw. staatlichen Arbeitsschutzverwaltung der Länder obliegt es, die Einhaltung der staatlichen Bestimmungen zum Arbeitsschutz zu überwachen. Sie kontrolliert vor allem die Einhaltung des sozialen Arbeitsschutzes und damit die branchenübergreifenden Regelungen. Darüber hinaus ist sie für den technischen Arbeitsschutz in den »überwachungsbedürftigen Anlagen« zuständig, also in solchen Arbeitsstätten, die ein großes Gefahrenpotential – auch für die Öffentlichkeit – in sich bergen. Die Gewerbeaufsicht ist territorial gegliedert und den zuständigen Ministerien der Länder – in der Regel den Arbeitsministerien – unterstellt. Zur Durchsetzung des Arbeitsschutzes sind die Gewerbeämter mit einer Vielzahl von zum

---

66 Vgl. Bäcker u.a., Sozialpolitik und soziale Lage, Bd. 2, S. 60ff. Siehe auch: BAU (Hrsg.), Arbeitsschutzsystem, Bd. 1, S. 340ff.

Kapitel 4

Teil weitreichenden Befugnissen ausgestattet: Sie können jederzeit unangemeldet Betriebe begehen, sie haben das Recht, Unterlagen einzusehen, sie können Ersatzvornahmen anordnen, Bußgeldverfahren einleiten, Strafanzeigen erstatten und sind – je nach Bundesland selbst oder in Zusammenarbeit mit der örtlichen Polizeibehörde – sogar zur Ausübung unmittelbaren Zwangs berechtigt.[67] Für die Unfallversicherungsträger nehmen die Technischen Aufsichtsdienste der Berufsgenossenschaften die Überwachung des Normenvollzugs wahr. Sie stellen mehr als 60 % aller Überwachungskapazitäten zur Verfügung und konzentrieren sich in ihrer Tätigkeit auf die sicherheitstechnischen Anforderungen, die sich aus den UVVen ergeben. Ebenso wie den Gewerbeaufsichtsbeamten stehen auch den Technischen Aufsichtsbeamten weitreichende Handlungsinstrumente zur Verfügung: Sie können zu Revisions- oder Besichtigungsschreiben greifen, Zwangsmaßnahmen anordnen, Bußgeldbescheide erlassen und Strafanzeigen vornehmen.[68] Allerdings konnten sie bis zur Arbeitsschutzreform nur solche Anordnungen treffen, die sich aus der Mißachtung von UVVen begründeten. Der Vollzug staatlichen Rechts war ihnen nur dann gestattet, wenn die Abwehr einer unmittelbaren Gefahr dies erforderte. Gegenüber Unternehmen, die nicht Mitglied der betreffenden Berufsgenossenschaft und daher auch nicht durch deren Satzungsrecht gebunden waren, konnten die Technischen Aufsichtsdienste keine Anordnungen aussprechen.[69] Die föderale Zuständigkeit in der staatlichen Arbeitsschutzaufsicht hat zwischen den Ländern zu teilweise großen Unterschieden bei den Vollzugspraktiken geführt. Daher kommt bundeseinheitlichen Bestimmungen wie der Arbeitsstättenverordnung (1975) und der Arbeitsstoff- (1975) bzw. Gefahrstoffverordnung (1986) auch die Funktion zu, einer zu starken Differenzierung der Überwachungstätigkeit entgegenzuwirken.[70]

4.3.2 Interventionsphilosophie

Sowohl die Rechtsetzung als auch die Aufsichtstätigkeit beruhen auf einem Arbeitsschutzverständnis, das die technische Beschaffenheit von Arbeitsgegenständen sowie unmittelbare physikalische oder chemische Einwirkungen in den Mittelpunkt rückt.[71] Ihm entspricht ein Risiko- und Gefährdungs-

---

67 Vgl. Schröer, Soziologie und menschengerechte Arbeitsgestaltung, S. 150f.
68 Vgl. BAU (Hrsg.), Arbeitsschutzsystem, Bd. 2, S. 410ff.
69 Vgl. Maschmann, Deutsches und Europäisches Arbeitsschutzrecht, S. 628.
70 Vgl. Böhle/Kaplonek, Interessenvertretung am Arbeitsplatz und Reformen im Gesundheitsschutz, S. 189.
71 Vgl. Pröll, Arbeitsschutz und neue Technologien, passim; Mergner, Die Staatliche Gewerbeaufsicht im Spannungsfeld zwischen dem Vollzug von Rechtsvorschriften und sozialen Dimensionen des Arbeitsschutzes, S. 8ff.

Nationalstaatliche Rahmenbedingungen in Deutschland

begriff, der auf der Vorstellung eines engen zeitlichen Zusammenhangs von spezifischer, naturwissenschaftlich definierbarer Ursache einerseits und einer diagnostizierbaren körperlichen Schädigung anderseits basiert. Dieses Wahrnehmungsmuster geht davon aus, »daß eine meßbare Ursache jeweils ein meßbares Ereignis nach sich ziehen muß und der Anteil der Ursache am Zustandekommen des Ergebnisses exakt bestimmbar ist; unter ceteris paribus-Regeln tritt beim Wirken einer Ursache stets das gleiche Ergebnis ein.«[72] Damit ist zugleich eine Konzentration auf klassische Gesundheitsgefahren verbunden, und hier vor allem (Gewerbeaufsicht) oder ausschließlich (Berufsgenossenschaften) auf das unter den arbeitsbedingten Gesundheitsbelastungen nur kleine Segment der Arbeitsunfälle und Berufskrankheiten. Arbeitsorganisatorische Ursachenkomplexe sowie psychosoziale und psychomentale Gesundheitsbelastungen bleiben weitgehend unbearbeitet.[73] Dabei liegt den Regelungen des deutschen Arbeitsrechts ein negativer Schutzbegriff zugrunde, demzufolge Arbeitsschutz dann verwirklicht ist, wenn technische, stoffliche, räumliche, zeitliche und umweltrelevante Gegebenheiten eine Unfall- bzw. Gesundheitsgefährdung weitgehend ausschließen. Positive Regelungen für eine auf die weitgehende Entfaltung des Menschen in der Arbeit abzielende, gesundheitsfördernde Gestaltung der Arbeitswelt fanden bisher kaum Eingang in das deutsche Arbeitsschutzrecht.[74] Zudem beschränkten die erwähnten Bestimmungen des § 120a GewO die Pflicht zur Durchführung von Arbeitsschutzmaßnahmen nicht nur auf diejenigen Bereiche, in denen schädigende Kausalzusammenhänge empirisch nachgewiesen sind, sondern machten eine Verbesserung des Arbeitsschutzes auch von ihrer betrieblichen Machbarkeit bzw. Zumutbarkeit abhängig.[75] Schließlich wies das deutsche Arbeitsschutzrecht trotz der hohen Vorschriftendichte auch erhebliche Lücken auf. So fand eine Vielzahl von Arbeitsschutzbestimmungen auf wichtige Tätigkeitsbereiche und Beschäftigtengruppen keine Anwendung, obwohl die betreffenden Arbeitnehmer identischen oder ähnlichen Gefährdungen ausgesetzt waren.[76] Überdies wird vor allem von gewerkschaftlicher Seite kritisiert, daß viele bekannte Gesundheitsrisiken im Bereich des traditionellen Arbeitsschutzes, insbesondere Mehrfachbelastungen und Langzeitwirkungen externer Einflüsse, nicht Gegenstand von Schutzbestimmungen seien. Von den mehr als

---

72 Hauß, Vom Arbeitsschutz zur betrieblichen Gesundheitsförderung, S. 213.
73 Vgl. Pröll, Arbeitsschutz und neue Technologien, S. 9ff., 149ff.; Kühn, Betriebliche Arbeitsschutzpolitik und Interessenvertretung der Beschäftigten, S. 21ff.
74 Vgl. Bäcker u.a., Sozialpolitik und soziale Lage, S. 63.
75 Vgl. Faber, Das betriebliche Arbeits- und Gesundheitsschutzrecht der Bundesrepublik nach der Umsetzung der europäischen Arbeitsumweltrichtlinien, S. 204ff.
76 Vgl. Maschmann, Deutsches und Europäisches Arbeitsschutzrecht, S. 606. Siehe dazu Kapitel 7.1.

Kapitel 4

100 000 registrierten Arbeitsstoffen sind nur etwa 3 000 auf ihre Gefährlichkeit für die menschliche Gesundheit überprüft.[77]
Die Problemwahrnehmung der Arbeitsschutzinstitutionen ist überwiegend durch einen starken Vorschriftenbezug gekennzeichnet: Arbeitsschutz gilt dann als gewährleistet, wenn die geltenden Vorschriften eingehalten werden, wobei in der Regel die Ausschaltung einzelner Gefahrenquellen im Mittelpunkt steht. Bei Verstößen wirken die Aufsichtspersonen auf dem Wege der Beratung oder durch den Einsatz von Sanktionen auf die Beseitigung festgestellter Mängel hin. Diesem Ansatz entspricht eine ausgeprägte Dominanz der Experten im Arbeitsschutzvollzug: Maßstab für die Feststellung und Beseitigung von Mängeln sind neben den Vorschriften vor allem das technische Fachwissen der Aufsichtspersonen. Hingegen gelten die Beschäftigten überwiegend als hilfsbedürftige Objekte technischer Schutzbestimmungen und wird das Erfahrungs- und Veränderungswissen der Beschäftigten als »Experten in eigener Sache« kaum genutzt. Im allgemeinen werden diesem dominanten Interventionstypus große Erfolge auf dem Gebiet des technischen Arbeitsschutzes zugute gehalten, jedoch wird er vor dem Hintergrund des ökonomischen Strukturwandels, des Einsatzes neuer Technologien und der Verbreitung neuer Rationalisierungskonzepte von zahlreichen Experten aus Wissenschaft und Praxis als veraltet und ineffektiv kritisiert: Die Komplexität des Zusammenhangs von Arbeitsbedingungen und Gesundheitsbelastungen werde nicht erfaßt, man könne den modernen Gesundheitsbelastungen mit den traditionellen Konzepten der administrativen Überwachung durch externe Experten und der Standardisierung von Schutzmaßnahmen oftmals nicht mehr angemessen begegnen, und zudem sei die Fixierung des institutionalisierten Arbeitsschutzes auf Arbeitsunfälle und Berufskrankheiten nicht mehr zeitgemäß.[78] Statt dessen müsse ein moderner Arbeitsschutz sich für die Bearbeitung eines weiten Spektrum arbeitsbedingter Gesundheitsgefahren öffnen, dabei auf die systemische Integration des Gesundheitsschutzes in die betrieblichen Abläufe zielen und sich um eine umfassende Partizipation der Beschäftigten an der Entwicklung und Durchführung betrieblicher Arbeitsschutzaktivitäten bemühen.[79] Somit sei eine weitreichende Umorientierung in der Präventionspraxis vonnöten.

---

77 Vgl. z.B. Konstanty/Zwingmann, Aussicht auf höhere Sicherheitsstandards in der Arbeitsumwelt?, S. 266ff.
78 Vgl. Peter (Hrsg.), Arbeitsschutz, Gesundheit und neue Technologien; Pröll, Arbeitsschutz und neue Technologien; ders., Reform des Arbeitsschutzes als staatliche Aufgabe; ders., Von der Gewerbepolizei zum Vorsorgemanagement, S. 150ff.
79 Vgl. Hauß, Vom Arbeitsschutz zur betrieblichen Gesundheitspolitik, S. 221; Pröll, Arbeitsschutz und neue Technologien, S. 9ff., 149ff.

Nationalstaatliche Rahmenbedingungen in Deutschland

Für die Beziehungen zwischen den Überwachungsbehörden und den kontrollierten Unternehmen ist eine vorwiegend auf Verhandlung setzende Vollzugspraxis typisch.[80] Die Kontrollinstanzen zeigen sich sowohl in bezug auf den Inhalt von erteilten Auflagen als auch im Hinblick auf die Umsetzungsfrist gegenüber den Unternehmen häufig kompromißbereit und machen nur selten von ihren Sanktionsmöglichkeiten Gebrauch. In der Regel machen sie mündlich auf bestehende Mängel aufmerksam. Bei der Abschwächung von Auflagen erweisen sich insbesondere Hinweise auf Schwierigkeiten der technischen oder praktischen Umsetzung, weniger hingegen ausschließliche Kostenargumente für die Unternehmen als hilfreich.[81] Allerdings variiert die Häufigkeit, mit der Auflagen erteilt, Bußgelder verhängt oder strafrechtliche Verfolgungsmaßnahmen eingeleitet werden, sowohl zwischen den Bundesländern als auch zwischen einzelnen Berufsgenossenschaften zum Teil erheblich[82] – ein Umstand, der seinerseits die Unüberschaubarkeit des Arbeitsschutzes weiter erhöht. In der behördlichen Vollzugstätigkeit beansprucht die Überwachung den bei weitem größten Teil; daneben hat in den zurückliegenden Jahren allerdings die Beratung der betrieblichen Akteure an Bedeutung gewonnen.[83]

Nicht nur bei der Rechtsetzung, sondern auch bei der Überwachung trug – und trägt – der Dualismus der Zuständigkeiten erheblich zur Effizienzminderung des Arbeitsschutzsystems bei. Die Zersplitterung der Zuständigkeiten führte zu einem vielbeklagten Nebeneinander und Gegeneinander der Aufsichtsbehörden, das in Doppelbesichtigungen, mangelndem Informationsfluß und sich widersprechenden Auflagen seinen Ausdruck fand. Eine weitere Folge der Zersplitterung und Konkurrenz von Kompetenzen war die unzureichend bzw. überhaupt nicht entwickelte Fähigkeit des Arbeitsschutzsystems zur angemessenen Reaktion »auf komplexe Gefährdungslagen, die sich als Gemengelage einzelner Gefährdungstatbestände darstellen und deshalb als solche ein ganz anderes Sicherheitsrisiko bedeuten«.[84] Die mangelhafte Koordination der am Arbeitsschutz beteiligten Institutionen und Funktionsträger hatte um so gravierendere Folgen, als – ebenso wie in Großbritannien –

---

80 Vgl. Windhoff-Héritier/Gräbe/Ullrich, Verwaltungen im Widerstreit von Klientelinteressen, S. 134ff.
81 Vgl. ebda., S. 138ff., 193.
82 Vgl. dazu die Unfallverhütungsberichte der Bundesregierung, z.B.: Unfallverhütungsbericht 1996, S. 39. Siehe auch: Marstedt/Mergner, Soziale Dimensionen des Arbeitsschutzes, S. 64f.
83 Vgl. BAU (Hrsg.), Arbeitsschutzsystem, Bd. 2, S. 590ff.; Bd. 3, S. 805ff., 854ff.; Marstedt/Mergner, Soziale Dimensionen des Arbeitsschutzes, S. 258ff.
84 Maschmann, Deutsches und Europäisches Arbeitsschutzrecht, S. 605.

Kapitel 4

auch in Deutschland die für die Überwachung des Arbeitsschutzes zur Verfügung stehenden Ressourcen weder in finanzieller noch in personeller Hinsicht ausreichten, um die Kontrollaufgaben auch nur annähernd zu erfüllen.[85] Die Überwachungskapazitäten der Gewerbeaufsicht wurden noch dadurch vermindert, daß sie seit den achtziger Jahren in wachsendem Umfang auch Aufgaben im Umweltschutz wahrzunehmen hat.[86] Als Vorzug der berufsgenossenschaftlichen Aufsichtsdienste gilt gemeinhin ihre branchenspezifische Orientierung, als Vorzug der Gewerbeaufsicht deren größere räumliche Nähe.

Neben dem klassischen Arbeitsschutz haben in den zurückliegenden Jahren Maßnahmen der betrieblichen Gesundheitsförderung stark an Bedeutung gewonnen. Diese erhielten insbesondere zu Beginn der neunziger Jahre einen kräftigen Schub, nachdem sie 1989 in den Leistungskatalog der gesetzlichen Krankenkassen aufgenommen worden waren. Jedoch verbergen sich – ähnlich wie in Großbritannien – hinter den betrieblichen Aktivitäten, die unter diesem Begriff entwickelt werden, überwiegend verhaltens- und sekundärpräventive Maßnahmen.[87] Solche Aktivitäten, die im Sinne des WHO-Verständnisses auf das Zusammenwirken von Verhältnis- und Verhaltensänderungen zielen, sind deutlich in der Minderheit. Neben den gesetzlichen Krankenkassen sind auch eine Vielzahl von Privatunternehmen in diesem Bereich tätig.

4.3.3 Betriebliche Arbeitsschutzorganisation und Arbeitnehmerpartizipation

Die Vertretung der Beschäftigteninteressen auf dem Gebiet des Arbeitsschutzes obliegt dem Betriebsrat und ist damit – anders als in Großbritannien – nicht Aufgabe eigens für diesen Zweck bestellter Funktionsträger. Der Betriebsrat verfügt im betrieblichen Arbeitsschutz über recht detailliert geregelte Befugnisse:

- Er überwacht die Durchführung von Gesetzen und Verordnungen, von UVVen, Tarifverträgen und Betriebsvereinbarungen (§ 80 Abs. 1 BetrVerfG). Der Arbeitgeber hat ihm die hierfür nötigen Unterlagen zur Verfügung zu stellen.
- Er hat Beschwerden der Arbeitnehmer entgegenzunehmen und beim Arbeitgeber auf Abhilfe hinzuwirken. Erfolgt keine Einigung über die Berechtigung der Beschwerde, so ist die Einigungsstelle anzurufen (§ 85 Abs. 1 und 2 BetrVerfG).

---

85 Vgl. BAU (Hrsg.), Arbeitsschutzsystem, Bd. 2, S. 452ff.
86 Vgl. Unfallverhütungsbericht 1985, S. 42.
87 Vgl. Lenhardt, Zehn Jahre betriebliche Gesundheitsförderung, S. 14ff.; Priester, Betriebliche Gesundheitsförderung, S. 139ff., 181ff.

Nationalstaatliche Rahmenbedingungen in Deutschland

- Er kann bei Regelungen über die Verhütung von Arbeitsunfällen und Berufskrankheiten sowie bei Regelungen über den Gesundheitsschutz im Rahmen gesetzlicher oder UVVen mitbestimmen (§ 87 Abs. 1 Nr. 7 BetrVerfG). Dies gilt jedoch nur dort, wo Vorschriften oder Vereinbarungen auslegungsbedürftig sind.
- Er hat sich für die Verbesserung des Gesundheitsschutzes einzusetzen, die zuständigen Behörden durch Anregung, Beratung und Auskunft zu unterstützen und muß bei allen Besichtigungen und Besprechungen im Zusammenhang mit dem Arbeitsschutz hinzugezogen werden (§ 89 Abs. 1 BetrVerfG). Außerdem kann er an allen Besprechungen, die die Unternehmensleitung mit den Sicherheitsbeauftragten durchführt, teilnehmen und hat er schriftliche Protokolle aller arbeitsschutzbezogenen Beratungen und Begehungen zu erhalten (§ 89 Abs. 2-4 BetrVerfG).
- Wenn Arbeitnehmer durch Veränderungen ihrer Arbeitstätigkeit, »die den gesicherten arbeitswissenschaftlichen Erkenntnissen über die menschengerechte Gestaltung der Arbeit offensichtlich widersprechen, in besonderer Weise belastet« werden, so kann der Betriebsrat vom Arbeitgeber verlangen, daß die Belastungen abgestellt oder gemildert werden. Kommt es darüber zu keiner Übereinkunft mit dem Betriebsrat, so entscheidet die Einigungsstelle (§ 91 BetrVerfG).
- Er kann bei der Bestellung und Abberufung des Betriebsarztes und der Sicherheitsfachkraft sowie bei der Wahl der arbeitsmedizinischen Versorgungsweise des Betriebes mitbestimmen und muß bei der Ver- und Entpflichtung von freiberuflichen Betriebsärzten und Sicherheitsfachkräften angehört werden (§ 9 Abs. 3 ASiG).

Die Rechte des Betriebsrats gehen deutlich über die der britischen *safety representatives* hinaus, vor allem weil er durch seine Mitbestimmungsrechte einen gewissen Einfluß auf die betriebliche Arbeitsschutzpolitik nehmen kann. Die Anrufung einer Einigungsstelle verschafft ihm die Möglichkeit, Druck auf den Arbeitgeber auszuüben und auf indirektem Wege Arbeitsschutzmaßnahmen auch gegen dessen Willen durchzusetzen. Da Betriebsräte in allen Unternehmen mit fünf oder mehr Beschäftigten gebildet werden können, gelten die genannten Bestimmungen für etwa 90 % der Arbeitnehmer. Allerdings ist der Verbreitungsgrad von Betriebsräten in Kleinbetrieben recht gering: In Unternehmen mit weniger als fünfzig Beschäftigten wird nur eine Minderheit der Arbeitnehmer durch sie vertreten.

Über die Befugnisse der Arbeitnehmervertretung hinaus wurden mit dem 1974 in Kraft getretenen Arbeitssicherheitsgesetz (ASiG) auch die Rechte und Pflichten der betrieblichen Akteure im Arbeitsschutz gesetzlich geregelt.[88]

---

88 Vgl. Deppe, Industriearbeit und Medizin, S. 63ff.

Kapitel 4

Demnach hat der Arbeitgeber – wiederum in Abhängigkeit von der Betriebsgröße sowie von Art und Umfang der Gefährdung – Fachkräfte für Arbeitssicherheit (Sicherheitsingenieure, Sicherheitstechniker) zu bestellen, die ihn beim Arbeitsschutz und bei der Unfallverhütung zu unterstützen haben (§§ 5-7 ASiG). Sie können entweder betriebsintern oder überbetrieblich (z.B. bei den gewerblichen Berufsgenossenschaften oder den Technischen Überwachungsvereinen) rekrutiert werden. Dies kann z.B. in Form der Beratung bei der Einführung neuer Produktionsverfahren oder durch die sicherheitstechnische Überprüfung von Betriebsanlagen geschehen. Außerdem hat ein Sicherheitsbeauftragter als ehrenamtlich Tätiger die Unternehmensleitung bei der Durchführung des Arbeitsschutzes zu unterstützen.[89] Mitte der neunziger Jahre waren etwa 60 000 Sicherheitsfachkräfte in bundesdeutschen Unternehmen tätig. Darüber hinaus schreibt das Arbeitssicherheitsgesetz vor, daß in Betrieben, in denen Sicherheitsfachkräfte und Betriebsärzte bestellt sind, ein Arbeitsschutzausschuß gebildet werden muß (§ 11 ASiG), der sich aus den genannten professionellen Experten sowie aus Vertretern der Arbeitgeber- und Arbeitnehmerseite zusammensetzt und ihrer internen Abstimmung dient.

Die betriebsmedizinische Versorgung wird in Deutschland durch das Arbeitssicherheitsgesetz geregelt und wurde dort erstmals verbindlich vorgeschrieben. Sie kann durch einen angestellten Betriebsarzt, durch ein überbetriebliches arbeitsmedizinisches Zentrum oder durch einen niedergelassenen Arzt in Nebentätigkeit gewährleistet werden (§ 2 ASiG). UVVen sollten für die einzelnen Branchen und in Abhängigkeit von den betrieblichen Verhältnissen, also der Beschäftigtenzahl und der Gefährdungslage, das Nähere regeln. Allerdings nutzten die Arbeitgeber ihre Veto-Macht in den Entscheidungsgremien der gesetzlichen Unfallversicherung, um eine Ausdehnung der betriebsmedizinischen Versorgung auf kleinere und mittlere Unternehmen so weit wie möglich zu beschränken. Je nach Branche wurden in den UVVen Betriebe mit bis zu zwanzig oder gar fünfzig Beschäftigten von der Pflicht, eine betriebsmedizinische Versorgung bereitzustellen, befreit. Darüber hinaus wurde in denjenigen kleinen und mittleren Betrieben, die einen betriebsärztlichen Dienst zur Verfügung stellen müssen, der Umfang der obligatorischen Mindestversorgung oftmals sehr niedrig angesetzt und häufig zu stark an der Zahl der Arbeitsunfälle ausgerichtet.[90] Über die Verbreitung von Sicherheitsfachkräften und Betriebsärzten liegen keine repräsentativen Angaben vor. Einen Hinweis darauf mag jedoch eine 1998 durchgeführte Über-

---

89 Vgl. § 719 Abs. 2 RVO; Hauptverband der gewerblichen Berufsgenossenschaften, Unfallverhütungsvorschrift »Allgemeine Vorschriften«, § 9.
90 Vgl. Rosenbrock, Arbeitsmediziner und Sicherheitsexperten im Betrieb, S. 60ff.

Nationalstaatliche Rahmenbedingungen in Deutschland

prüfung von Betrieben in Thüringen geben.[91] Demzufolge waren in 66 % der erfaßten Betriebe Sicherheitsfachkräfte und in 62 % Betriebsärzte tätig. Immerhin 9,4 % der Betriebe hatten keine Sicherheitsfachkräfte und 15,8 % keinen Betriebsarzt bestellt, obwohl sie dazu verpflichtet gewesen wären. Die Versäumnisse waren bei den Kleinbetrieben besonders groß. Insgesamt bestätigen diese Daten den verbreiteten Befund, daß die betriebsmedizinische und sicherheitstechnische Betreuung in Klein- und Mittelbetrieben oftmals unzureichend ist. Hinzu kommt, daß in diesen Betrieben üblicherweise keine freigestellten Betriebsräte tätig sind, die sich mit Fragen des Arbeitsschutzes befassen können.

Die Rechte und Pflichten des Betriebsarztes beziehen sich überwiegend auf die Mitwirkung und Beratung in Fragen des Gesundheitsschutzes. Bei seiner Tätigkeit ist er zu einer vertrauensvollen Zusammenarbeit mit dem Arbeitgeber verpflichtet; Entscheidungskompetenzen bleiben ihm vorenthalten. Der Betriebsarzt hat den Arbeitgeber in arbeitsmedizinisch relevanten Fragen zu beraten, z.B. bei der Unterhaltung von Betriebsanlagen, der Einführung von Arbeitsstoffen und Arbeitsverfahren oder in ergonomischen und arbeitshygienischen Fragen (§ 3 Abs. 1 ASiG); die Beschäftigten zu untersuchen, die Ergebnisse zu beurteilen und zu dokumentieren sowie die Beschäftigten in arbeitsmedizinischen Fragen zu beraten (§ 3 Abs. 2 ASiG); die Durchführung des Arbeitsschutzes zu beobachten und regelmäßig die Arbeitsstätten zu begehen (§ 3 Abs. 3 ASiG); die Ursachen von arbeitsbedingten und von Berufskrankheiten zu untersuchen sowie Maßnahmen zur Verhütung dieser Krankheiten bzw. zur Beseitigung festgestellter Mängel vorzuschlagen (§ 3 Abs. 3 ASiG); auf ein angemessenes Sicherheitsverhalten der Beschäftigten hinzuwirken (§ 3 Abs. 4 ASiG). In der Tätigkeit der Betriebsärzte dominiert die Untersuchung der Beschäftigten.[92] Die gesundheitsgerechte Gestaltung der Arbeitsbedingungen ist von untergeordneter Bedeutung. Sofern sie sich diesem Problemkomplex dennoch zuwenden, liegt ihrem Handeln zumeist ein traditionelles Arbeitsschutzverständnis zugrunde.[93]

---

91 Vgl. Thüringer Landesamt für Arbeitsschutz und Arbeitsmedizin, Stand der innerbetrieblichen Arbeitsschutzorganisation nach dem Arbeitssicherheitsgesetz in Thüringer Betrieben, S. 7ff., 12ff., 17f.
92 Vgl. Rosenbrock/Lenhardt, Die Bedeutung der Betriebsärzte für eine moderne betriebliche Gesundheitspolitik, S. 75ff.
93 Vgl. Pröll, Arbeitsschutz und neue Technologien, S. 95ff.

4.3.4 Entschädigung und Haftung bei Arbeitsunfällen und Berufskrankheiten

Arbeitsunfälle und Berufskrankheiten werden durch die gesetzliche Unfallversicherung entschädigt, sobald sie eine Minderung der Erwerbsfähigkeit um mindestens 20 % nach sich ziehen. Wird ein Beschäftigter aufgrund eines Arbeitsunfalls arbeitsunfähig, so erhält er für einen Zeitraum von bis zu sechs Wochen Krankengeld in Höhe von 80 % des Bruttoverdienstes, höchstens aber den Nettoverdienst. Die Höhe der Rente, die ab der 26. Woche der Arbeitsunfähigkeit gezahlt wird, richtet sich nach dem bisherigen Einkommen und dem Grad der Erwerbsminderung. Bei einer Erwerbsminderung von 100 % beträgt sie zwei Drittel des vorherigen Bruttojahresverdienstes, entspricht also etwa dem zuvor erzielten Nettoeinkommen.[94] Dabei existieren Höchst- und Mindestgrenzen für die Bemessungsgrundlage, um extrem hohe oder geringe Zahlungen auszuschließen. Die Ausgleichszahlungen der Unfallversicherung haben in Deutschland eher den Charakter einer Lohnersatzleistung, während sie sich in Großbritannien stärker an einer Mindestsicherung für geschädigte Personen orientieren.

Berufskrankheiten sind Arbeitsunfällen sozialrechtlich gleichgestellt. Eine Erkrankung wird nur dann als Berufskrankheit anerkannt, wenn ein ursächlicher Zusammenhang zwischen der Berufstätigkeit, der schädlichen Einwirkung und der betreffenden Erkrankung nachgewiesen ist. Die anerkannten Berufskrankheiten werden durch Verordnung der Bundesregierung mit Zustimmung des Bundesrats festgelegt. Die Berufskrankheitenliste bezieht sich auf besondere gefährliche Einwirkungen, »denen bestimmte Personengruppen durch ihre Arbeit in erheblich höherem Grade als die übrige Bevölkerung ausgesetzt sind.« (§ 551 Abs. 1 RVO) Die Gewerkschaften kritisieren, daß sie viel zu eng gefaßt sei und zahlreiche durch die Arbeit hervorgerufene Erkrankungen nicht berücksichtige.[95] Psychische Erkrankungen sind vom Entschädigungsanspruch vollständig ausgeschlossen; muskulo-skeletale wurden – unter Anpassung an die Praxis in der ehemaligen DDR – erst mit der Novelle vom 1.1.1993 in die Berufskrankheitenliste aufgenommen.[96] 1997 waren dort insgesamt 66 Erkrankungen aufgeführt.[97] Darüber hinaus kann im

---

94 Vgl. BMA (Hrsg.), Euro-Atlas: Soziale Sicherheit im Vergleich, S. 66.
95 Vgl. Konstanty, Forderungen für ein »Gesetz zur Förderung und zum Schutz der Gesundheit in der Arbeitsumwelt« – Zur Neuordnung des Arbeitsschutzes in der Bundesrepublik, S. 576ff.
96 Vgl. Zweite Verordnung zur Änderung der Berufskrankheiten-Verordnung vom 18. Dezember 1992, S. 2343ff.
97 Vgl. Berufskrankheiten-Verordnung vom 31. Oktober 1997, S. 2623ff.

Nationalstaatliche Rahmenbedingungen in Deutschland

Einzelfall auch eine nicht in der Berufskrankheitenliste aufgeführte Erkrankung anerkannt werden, wenn nach neueren medizinischen Erkenntnissen eine arbeitsbedingte Schädigung vorliegt.

Nicht nur der Rechtsetzung beim Arbeitsschutz, sondern auch dem Konzept der Berufskrankheiten liegt ein monokausal-naturwissenschaftliches Gefährdungsmodell zugrunde. Es schließt nicht nur den Großteil arbeitsbedingter Gesundheitsschäden von vornherein aus, sondern erschwert auch bei denjenigen Erkrankungen, die grundsätzlich entschädigungsfähig sind, den Betroffenen die Durchsetzung ihrer Ansprüche, weil es häufig überzogene Anforderungen an den Nachweis einer arbeitsbedingten Verursachung der fraglichen Krankheit stellt. Zudem werden berufsbiographische Gutachten, die in der Lage wären, die Bedeutung von Belastungskombinationen und Langzeitwirkungen zu erfassen, in aller Regel nicht erstellt. Die Gewerkschaften beklagen, daß die Berufsgenossenschaften eine äußerst restriktive Anerkennungspraxis verfolgen und die Schere zwischen Verdachtsanzeigen und anerkannten Berufskrankheiten immer weiter auseinanderklafft.[98] Überdies sind die Anerkennungsverfahren für die Betroffenen schlecht durchschaubar und kontrollierbar, nicht zuletzt weil die Gutachten der arbeitsmedizinischen Experten einander nicht selten widersprechen.

Die gesetzliche Unfallversicherung wird allein durch Beiträge der Unternehmen finanziert. Die Höhe der Beiträge richtet sich nach der Lohnsumme des Unternehmens und ist nach der Gefahrenklasse, der es zugeordnet wird, gestaffelt. Die durchschnittlichen Beitragssätze bei den gewerblichen Berufsgenossenschaften sind zwischen 1960 und 1990 von 1,51 auf 1,36 % gesunken. In Folge der Wiedervereinigung stiegen sie in der ersten Hälfte der neunziger Jahre geringfügig an, um zwischen 1995 und 1997 wieder von 1,46 auf 1,40 % zurückzugehen.[99] In den auf niedrigem Niveau stagnierenden Beitragssätzen kommt vor allem der Rückgang der Arbeitsunfallzahlen und die restriktive Anerkennungspraxis in Berufskrankheitenverfahren zum Ausdruck. Um auf die Unternehmen einen Anreiz zur Verbesserung des Unfallschutzes auszuüben, bedienen sich die einzelnen Berufsgenossenschaften unterschiedlicher Beitragsausgleichsverfahren. So gewähren sie solchen Unternehmen, die niedrigere Unfallquoten und geringere Unfallkosten aufweisen, Beitragsnachlässe. Verbessert ein Unternehmen sein betriebliches Sicherheitssystem aus, so können dafür Prämien ausgeschüttet werden.[100] Im Unterschied zum britischen

---

98 Vgl. Konstanty, Skandal ohne Ende?, S. 129ff.
99 Vgl. Sozialpolitische Umschau, Nr. 478/1995, S. 12; Reiß, Umfang der Versicherung, Unfälle und Berufskrankheiten, S. 476.
100 Vgl. z.B. Platz, Finanzierung der gesetzlichen Unfallversicherung, S. 1175ff.; Unfallverhütungsbericht 1996, S. 48ff.; Reiß, Umfang der Versicherung, Unfälle und Berufskrankheiten, S. 490.

Kapitel 4

Unfallversicherungssystem können Arbeitnehmer in Deutschland grundsätzlich keine zivilrechtlichen Schadensersatzansprüche gegen den Arbeitgeber geltend machen, auch dann nicht, wenn dieser schuldhaft gehandelt hat.

4.4 Vergleichendes Fazit

Die Gemeinsamkeiten und Unterschiede, die Großbritannien und Deutschland im Hinblick auf die politischen Regulierungsformen, den Charakter der Arbeitsbeziehungen und die Strukturmerkmale der Arbeitsschutzsysteme aufweisen, schaffen je eigene nationalstaatliche Bedingungskonstellationen für eine Umsetzung der europäischen Arbeitsschutzrichtlinien. In Deutschland schränken das politische System und die politischen Regulierungsmuster die Handlungsmöglichkeiten der Bundesregierung zum Teil erheblich ein. Dies ist insbesondere auf den föderalistischen Staatsaufbau zurückzuführen, der den Ländern nicht nur eigenständige Kompetenzen in ihrem Zuständigkeitsbereich zuweist, sondern es ihnen auch gestattet, einen bisweilen starken Einfluß auf die Bundespolitik zu nehmen. Gleichzeitig obliegt ihnen in weiten Bereichen die Durchführung des Bundesrechts. Diese Kompetenzen sind auch im Arbeitsschutz von großer Bedeutung. Die Kontinuität der Länderinteressen kann – oftmals unabhängig von den jeweiligen Mehrheitsverhältnissen – die Manövrierfähigkeit der Bundesregierung erheblich begrenzen. Demgegenüber bieten die Parlamentssouveränität und die unitarische Staatsform, aber auch die durch das Mehrheitswahlrecht herbeigeführten eindeutigen Mehrheitsverhältnisse im Parlament der britischen Regierung günstige institutionelle Voraussetzungen, um ihren Willen durchzusetzen. Darüber hinaus stellen sich ihr durch den im allgemeinen geringeren verbandlichen Kohäsionsgrad weniger Hindernisse in den Weg als der deutschen Regierung, die es in vielen Politikfeldern mit starken, staatlicherseits mit Steuerungskompetenzen ausgestatteten Verbänden zu tun hat. Schließlich ist in Großbritannien die Regelungsdichte insbesondere bei den Arbeitsbeziehungen ohnehin nur gering ausgeprägt, während sich Deutschland durch eine starke Verrechtlichung von Politik im allgemeinen und der Arbeitsbeziehungen im besonderen auszeichnet.

In beiden Ländern waren während des Zeitraums der Richtlinienumsetzung diejenigen Politikkonzepte hegemoniefähig, die der Globalisierung der Wirtschaftsbeziehungen vor allem mit einer weitreichenden Deregulierung und Flexibilisierung der Arbeitsbeziehungen Rechnung tragen wollten. Auch wenn sich die Krisendiagnosen und die Zielvorstellungen der Regierungen in beiden Ländern sehr ähnelten, so wiesen die Durchsetzungsmodi der Politikkonzepte doch durchaus beachtliche Unterschiede auf. War für Deutschland

Nationalstaatliche Rahmenbedingungen in Deutschland

das Bemühen kennzeichnend, die Politik der weltmarktorientierten Modernisierung mit einer Einbindung von Teilen der Gewerkschaften zu verknüpfen, so kündigte die Regierung in Großbritannien die korporatistischen Regulierungsmuster auf und verfolgte eine scharfe Konfrontationspolitik gegenüber den Gewerkschaften. Die Durchsetzung einer weltmarktorientierten Angebotsstrategie, das hohe Niveau der Arbeitslosigkeit und starke Mitgliederverluste haben in beiden Ländern – besonders sicherlich in Großbritannien – die Durchsetzungsfähigkeit der Gewerkschaften deutlich geschwächt. Die politischen und ökonomischen Rahmenbedingungen für eine Arbeitsschutzreform waren in der ersten Hälfte der neunziger Jahre, insbesondere seit Beginn der Konjunkturkrise 1992/93, durchaus ungünstig.

Ein Nebeneinander von Gemeinsamkeiten und Unterschieden ist auch für die *Arbeitsschutzsysteme* beider Länder charakteristisch. Im Hinblick auf die Struktur des Arbeitsschutzrechts ist das britische System weit einfacher und übersichtlicher gegliedert. Der HSW Act gilt für alle Bereiche des Arbeitsschutzes und stellt ein umfassendes Dach für den Arbeitsschutz dar, unter dem *Regulations* die Bestimmungen für einzelne Tätigkeits- oder Gefährdungsarten konkretisieren. Im Unterschied dazu mündeten in Deutschland die Reformen der siebziger Jahre nicht in eine Zusammenfassung des Arbeitsschutzrechts. Seine fortdauernde Zersplitterung drückt sich aus in einer Vielzahl von gesetzlichen Regelungen, im Nebeneinander staatlicher Verordnungen und berufsgenossenschaftlicher UVVen sowie in einer verwirrenden Vielfalt weiterer Normen, Richtlinien und anderer Vorschriften. Auch in der institutionellen Struktur des Arbeitsschutzsystems hebt sich die Doppelzuständigkeit der staatlicher Arbeitsschutzverwaltung der Länder und einer Vielzahl von Unfallversicherungsträgern von der umfassenden Zuständigkeit der HSC und HSE deutlich ab. In Deutschland verteilen sich die Entscheidungen über die Normsetzung und die Überwachungstätigkeit auf eine weit größere Zahl von Bühnen.

Der Staat beschränkt sich in beiden Ländern weitgehend auf eine Rahmengesetzgebung, allerdings hält er sich in Großbritannien noch stärker zurück als in Deutschland. Die Detailliertheit des deutschen Vorschriftensystems ist im allgemeinen aber vor allem deshalb größer, weil es mit den berufsgenossenschaftlichen UVVen als unterhalb der Gesetzesebene angeordneten Regelwerken über ein Steuerungsinstrumentarium verfügt, das dem britischen System in seiner konkretisierenden Verbindlichkeit fremd ist. Aber auch in einigen wichtigen Bereichen der staatlichen Rechtsetzung bleiben britische Bestimmungen hinter deutschen Vorschriften zurück. Dies wird vor allem im Fehlen verbindlicher Regelungen zur Schaffung betriebsmedizinischer Versorgungsstrukturen deutlich. Aufgrund der geringeren Regelungsdichte ist der Spielraum für die betrieblichen Akteure bei der Durchführung von Arbeits-

Kapitel 4

schutzmaßnahmen in Großbritannien insgesamt größer als in Deutschland. In beiden Ländern wird die Verantwortung des Arbeitgebers für den Gesundheitsschutz der Beschäftigten durch – vor allem ökonomische – Machbarkeitskriterien eingeschränkt.

Der Arbeitsschutz beruht in beiden Ländern auf einem Schädigungsverständnis, das sich an einem eindeutigen Ursache-Wirkung-Zusammenhang orientiert und in dessen Mittelpunkt die technische Arbeitssicherheit steht. Diese Sichtweise dominiert gleichermaßen die Rechtsetzung und den Vollzug wie die Entschädigungspraxis. Die Vermeidung von Arbeitsunfällen und Berufskrankheiten sind der wichtigste Bezugspunkt der Präventionspolitik, wobei in britischen Konzeptionen eine systemisch orientierte Betrachtungsweise einen größeren Stellenwert genießt. In beiden Ländern bewegen sich psychische Belastungen und arbeitsorganisatorische Ursachenkomplexe, also damit gerade jene Bereiche, die im Zuge des Wandels der Arbeitsbedingungen stark an Bedeutung gewinnen, weitgehend außerhalb des arbeitsschutzpolitischen Blickfelds. Sehr weitreichend sind die Unterschiede in den Beziehungen zwischen Arbeitsschutz und Unfallversicherung: Während in Deutschland Prävention und Entschädigung in der gesetzlichen Unfallversicherung miteinander verknüpft werden, sind diese beiden Aufgaben in Großbritannien institutionell voneinander getrennt.

Im Hinblick auf die überbetriebliche Regulierungsstruktur sind die Arbeitsschutzsysteme beider Staaten durch eine weitgehende Einbeziehung der beteiligten Verbände in die Recht- und Normsetzung gekennzeichnet. Allerdings beansprucht der Staat in beiden Ländern eine Zuständigkeit für den Arbeitsschutz und verfügt insbesondere in der Rechtsetzung über eine Schlüsselposition: Zum einen sind die zuständigen Ministerien gegenüber den nachgeordneten staatlichen Behörden weisungsbefugt, zum anderen unterliegt die konkretisierende Rechtsetzung dem ministeriellen Genehmigungsvorbehalt. In Großbritannien entscheidet die Zentralregierung zudem unmittelbar über die Zusammensetzung des höchsten Arbeitsschutzgremiums und weist den zuständigen Behörden die Finanzmittel zu; in Deutschland kann der Staat – über die Länder – entsprechende Steuerungsmöglichkeiten nur gegenüber der Gewerbeaufsicht, hingegen nicht gegenüber den quantitativ zudem bedeutenderen Berufsgenossenschaften wahrnehmen. In dieser Hinsicht steht die Rolle des Staates durchaus im Kontrast zu den üblicherweise dem britischen Regulierungsstil zugeordneten Charaktermerkmalen. Insgesamt sind die staatlichen Steuerungskapazitäten im Hinblick auf den Arbeitsschutzvollzug angesichts der unmittelbaren Verfügung über die finanziellen Ressourcen in Großbritannien größer als in Deutschland.

Sowohl die Arbeitnehmerbeteiligung im Betrieb als auch der Zuschnitt der betrieblichen Sicherheitsorganisation sind in beiden Ländern gesetzlich

Nationalstaatliche Rahmenbedingungen in Deutschland

geregelt. Auch hier gilt, daß die deutschen Bestimmungen in vielerlei Hinsicht detaillierter und weitreichender sind. Während in Deutschland der Arbeitsschutz in die betriebliche Interessenvertretung der Beschäftigten integriert ist, wurden in Großbritannien mit den *safety representatives* dafür eigene Institutionen geschaffen, die allerdings auf Unternehmen mit anerkannten Gewerkschaften beschränkt sind. Weil die deutschen Betriebsräte im Unterschied zu den britischen *safety representatives* in wichtigen Bereichen des Arbeitsschutzes Mitbestimmungsrechte geltend machen können, sind ihre Einflußmöglichkeiten auf die betriebliche Gesundheitspolitik größer als die ihrer auf Informations-, Anhörungs- und Inspektionsrechte beschränkten Kollegen.

In Deutschland sind wichtige Merkmale übergreifender Regulierungsmuster auch im Arbeitsschutz anzutreffen: die Verrechtlichung der Arbeitsbeziehungen; der Korporatismus und die große Rolle der Verbände; der Föderalismus; die Vielzahl der Bühnen, auf denen Entscheidungen über die Arbeitsschutzpolitik fallen; das Sozialversicherungsprinzip und die Tradition der Sozialpartnerschaft. In Großbritannien ist diese Übereinstimmung zwischen den Charakteristika des Politikfeldes und den allgemeinen Kennzeichen des Regulierungssystems weit weniger ausgeprägt. Insbesondere im Hinblick auf die korporatistischen Strukturen bei der Norm- und Regelsetzung und im Hinblick auf die Institutionalisierung von Arbeitnehmerrechten im Betrieb kann der Arbeitsschutz durchaus als ein Sonderfall gelten. Bemerkenswert ist dabei vor allem, daß das britische Arbeitsschutzsystem die konservative Aufkündigung der Konsenspolitik überdauert hat.

Kapitel 5

Wandel der Arbeit und arbeitsbedingter Gesundheitsgefahren im Postfordismus – Großbritannien und Deutschland

5.1 Wandel von Arbeit und Arbeitsbedingungen

Ökonomie und Arbeitsbedingungen haben sich in Großbritannien und Deutschland seit den siebziger Jahren mit einer bisher nicht gekannten Dynamik verändert. Dieser Wandel ist – ungeachtet mancher Unterschiede in der sektoralen und branchenmäßigen Zusammensetzung der Wirtschaft sowie im Charakter der Arbeitsbeziehungen – weitgehend synchron verlaufen. Er wird im wesentlichen hervorgerufen durch den forcierten ökonomischen Strukturwandel, den erhöhten Wettbewerbsdruck für die Unternehmen, die Erosion des Normalarbeitsverhältnisses und neue Formen betrieblicher Rationalisierung. Diese Entwicklungen stellen wichtige Bedingungskonstellationen für das Handeln der Arbeitsschutzinstitutionen dar und sollen im folgenden unter dem Gesichtspunkt ihrer Auswirkungen auf arbeitsbedingte Gesundheitsgefahren und den Arbeitsschutz erörtert werden.

Der ökonomische Strukturwandel ist so weit vorangeschritten, daß in beiden Ländern mittlerweile eindeutig der Dienstleistungsbereich dominiert. Allerdings weist Deutschland im sekundären Sektor einen deutlich höheren, im tertiären Sektor einen deutlich geringeren Beschäftigungsanteil auf als Großbritannien.[1] Mit dem ökonomischen Strukturwandel stiegen absolut und relativ auch der Beschäftigungsanteil der Klein- und Mittelunternehmen sowie die Gesamtzahl der Unternehmen deutlich an.[2] Die forcierte Tertiärisierung der Beschäftigung beeinflußte den Arbeitsschutz in unterschiedlicher Weise. Erstens beschleunigte sie die Verschiebung von Belastungen von den traditionellen Risiken der Industriearbeit hin zu den modernen Risiken im Dienstleistungsbereich, insbesondere von Bürotätigkeiten. Zweitens erschwerte die mit der Tertiärisierung einhergehende Zunahme von Klein- und Mittelbetrieben

---

[1] Vgl. Gruber, Die Arbeitskräfteerhebung der Europäischen Union, S. 528. Siehe auch: Office for National Statistics (im folgenden: ONS), Social Trends 28 (1998), S. 82.
[2] Vgl. CSO/ONS, Annual Abstracts of Statistics, No. 119 (1983), S. 131; No. 134 (1998), S. 141; Unfallverhütungsbericht 1981, S. 45; 1997, S. 96; DTI, Statistical Press Release P/98/597.

Kapitel 5

die Bekämpfung arbeitsbedingter Gesundheitsgefahren, denn zum einen sind betriebliche Arbeitsschutzstrukturen hier besonders selten vorhanden, zum anderen erhöhte sich mit der wachsenden Zahl von Arbeitsstätten auch der Überwachungsbedarf durch die Arbeitsschutzinstitutionen.[3]

Der Wandel der Wirtschafts- und Beschäftigungsstrukturen wurde begleitet von einer fortschreitenden Flexibilisierung der Arbeitsbeziehungen. Seit dem Beginn der achtziger Jahre ist eine rapide Ausbreitung atypischer Beschäftigungsverhältnisse wie Scheinselbständigkeit[4], Teilzeitarbeit[5] und Leiharbeit[6] zu verzeichnen. Auch befristete Beschäftigungsverhältnisse[7] und Heimarbeit[8] nehmen quantitativ an Bedeutung zu. Dieser Entwicklungstrend ist für beide Länder kennzeichnend, allerdings in Großbritannien insgesamt weiter vorangeschritten als in Deutschland.[9] Ein erheblicher Teil der Beschäftigten muß im Zuge der Flexibilisierung des Arbeitseinsatzes ihrer Erwerbstätigkeit regelmäßig jenseits des Normalarbeitstages nachgehen.[10] Die Verbreitung von Schicht-, Nacht- und Wochenendarbeit hat in den letzten deutlich Jahren zugenommen. Bei den Vollzeitbeschäftigten verzeichneten die männlichen (weiblichen) Erwerbstätigen in Großbritannien mit 45,8 (40,6) Stunden die längste durchschnittliche Wochenarbeitszeit in der EU, wo der Durchschnitt bei 41,3 (39,0) Stunden lag.[11] In Großbritannien (Deutschland)

---

3 Vgl. Marstedt/Mergner, Soziale Dimensionen des Arbeitsschutzes, S. 145ff.
4 Vgl. CSO, Social Trends 18 (1988), S. 71; CSO, Social Trends 25 (1995), S. 68; Employment Gazette, Vol. 100, 1992, No. 6, S. 269ff.; Labour Force Survey, in: Employment Gazette, Vol. 103, 1995, No. 6, S. LFS 30; Employment Gazette, Historical Supplement No. 4, Vol. 102, 1994, No. 10, S. 6f.; Eurostat, Erhebung über Arbeitskräfte 1997, S. 93; Blanchflower/Freeman, Did the Thatcher Reforms Change British Labour Market Performance?, S. 16f.; BR-Drs. 793/96 vom 23.10.1996, S. 6; Dietrich, Empirische Befunde zur »Scheinselbständigkeit«, S. 9; Petersen/Höpfner, Scheinselbständigkeit, S. 65ff. In beiden Ländern liegt der Schwerpunkt der neuen Selbständigkeit im Dienstleistungssektor und in der Bauwirtschaft.
5 Vgl. ONS, Social Trends 28 (1998), S. 80; Employment Gazette, Historical Supplement No. 4, Vol. 102, 1994, No. 10, S. 6f.; Statistisches Bundesamt (im folgenden: StBA), Bevölkerung und Erwerbstätigkeit, Fachserie 1, Reihe 4.1.2: Ergebnisse des Mikrozensus 1997, S. 218.
6 Vgl. Bundestagsdrucksache (im folgenden: BT-Drs.) 13/5498 vom 6.9.1996, S. 9; Weinkopf, Arbeitskräftepools, S. 569; Keller/Seifert, Regulierung atypischer Beschäftigungsverhältnisse, S. 539.
7 Vgl. Europäische Kommission, Beschäftigung in Europa 1998, S. 152, 164; StBA, Bevölkerung und Erwerbstätigkeit, Fachserie 1, Reihe 4.1.2: Ergebnisse des Mikrozensus 1997, S. 218, 324.
8 Vgl. Brandes/Beyer/Konken, »Neue« Heimarbeit, S. 560f.
9 Vgl. Walwei, Atypische Beschäftigungsformen in EG-Ländern, S. 585f.; Gruber, Die Arbeitskräfteerhebung der Europäischen Union, S. 518ff.
10 Vgl. Eurostat, Erhebung über Arbeitskräfte 1997, S. 140ff. Siehe auch: StBA, Bevölkerung und Erwerbstätigkeit, Fachserie 1, Reihe 4.1.2: Ergebnisse des Mikrozensus 1997, S. 102f.
11 Vgl. ONS, Social Trends 28 (1998), S. 83.

Wandel arbeitsbedingter Gesundheitsgefahren

arbeiteten 1997 immerhin 18,6 % (8,8 %) der Vollzeiterwerbstätigen normalerweise mehr als 50 Stunden pro Woche.[12] Dabei gingen Mitte der neunziger Jahre in Deutschland knapp 1 Mio. Personen – neben einem Vollzeit- oder Teilzeitarbeitsplatz – einer zweiten Erwerbstätigkeit nach, in Großbritannien etwa 1,3 Mio.[13]

Aus der Sicht des Kapitals zielen die unterschiedlichen Formen der atypischen Beschäftigung vor allem darauf, Arbeit genau dann abzurufen, wenn sie gebraucht wird. Daher gehen mit atypischen Beschäftigungsverhältnissen üblicherweise eine hohe Arbeitsdichte, eine Flexibilisierung von Arbeit bei einer oftmals ungünstigen Lage und Verteilung der Arbeitszeit, rigide Terminvorgaben sowie der Zwang zur ständigen Verfügbarkeit und eine dauerhafte Ungewißheit über die Zukunft des Beschäftigungsverhältnisses einher. Gleichzeitig werden den betreffenden Beschäftigten oftmals nicht nur soziale Sicherungsleistungen vorenthalten, sondern finden auf sie Bestimmungen über Urlaub, Arbeitszeiten, Entgeltfortzahlung im Krankheitsfall, Kündigungsfristen und zum Teil auch Arbeitsschutzvorschriften keine Anwendung. Prekäre Beschäftigungsformen erhöhen den Druck, das eigene Leistungspotential dauerhaft und möglichst weitgehend auszuschöpfen sowie die vorgefundenen Arbeitsbedingungen zu akzeptieren, und daher sind die betreffenden Beschäftigten sehr häufig starken psychosozialen und körperlichen Belastungen ausgesetzt.[14]

In beiden Ländern, besonders aber in Großbritannien, haben die umfangreichen Privatisierungen öffentlicher Unternehmen und Dienstleistungen sowie die Einführung von Marktmechanismen in den öffentlichen Dienst den Intensivierungs- und Flexibilisierungsschub noch befördert, weil die Arbeit in ehemals öffentlichen Einrichtungen nun den Effizienzkriterien der kapitalistischen Rationalität unterworfen wurde.[15] Auch jenseits der erwähnten Entwicklungen haben der forcierte Wettbewerbsdruck und die Deregulierung der Arbeitsbeziehungen zu einer allgemeinen Verdichtung von Arbeit und zu einer Flexibilisierung des Arbeitseinsatzes geführt.[16] Die hohe Arbeitslosigkeit und die Drohung mit einem Arbeitsplatzverlust verschärfen die Konkurrenz

---

12 Vgl. Eurostat, Erhebung über Arbeitskräfte 1997, S. 194f.
13 Vgl. Labour Force Survey, in: Employment Gazette, Vol. 103, 1995, No. 10, S. LFS 51; ONS, Social Trends 28 (1998), S. 82; Sozialpolitische Umschau, Nr. 47/1997.
14 Vgl. z.B. Marstedt/Mergner, Soziale Dimensionen des Arbeitsschutzes, S. 114ff.; Bäcker/Stolz-Willig, Teilzeitarbeit – Probleme und Gestaltungschancen, S. 545ff.
15 Vgl. Winchester/Bach, The State: The Public Sector, S. 304ff.; Colling/Ferner, Privatization and Marketization, S. 491ff.
16 Vgl. Waddington/Whitston, Empowerment versus Intensification, bes. S. 168ff.; Geary, Work Practices: The Structure of Work, S. 383ff.

Kapitel 5

unter den Beschäftigten und erhöhen die Bereitschaft, unternehmerische Vorgaben zur Arbeitszeit oder zum Arbeitstempo hinzunehmen.[17]
Parallel zu diesen Veränderungen begann sich seit dem Ende der siebziger Jahre als Antwort auf die Krise des Taylorismus sowohl in Großbritannien als auch in Deutschland ein neuer Rationalisierungstyp durchzusetzen, der mit Begriffen wie »systemische Rationalisierung«, »lean production«, »neue Produktionskonzepte« und »just-in-time-production« gekennzeichnet wird.[18] Er erstreckt sich sowohl auf Produktions- als auch auf Dienstleistungstätigkeiten, insbesondere bei Banken, Versicherungen sowie in öffentlichen Verwaltungen und den Verwaltungsabteilungen gewerblicher Unternehmen.[19] Systemische Rationalisierungsstrategien zielen in erster Linie darauf, die einzelnen Schritte des Arbeits- und Produktionsprozesses zu einem hochkomplexen Netz zu integrieren. Damit ist eine weitreichende Veränderung von Arbeitsinhalten, -abläufen und -anforderungen verknüpft.[20] Um den erhöhten inner- und zwischenbetrieblichen Abstimmungsbedarf zu befriedigen, nehmen viele Unternehmen eine Neuordnung ihrer Organisationsstrukturen vor. Planungs- und Qualitätskontrollaufgaben werden teilweise den nunmehr in Arbeitsgruppen zusammengefaßten unmittelbaren Produzenten übertragen, die aus eigener Erfahrung mit den Problemen und Defiziten der Arbeitsabläufe am besten vertraut sind. Für diese Gruppen ist damit ein zum Teil deutlich erweiterter Spielraum bei der Organisation der Arbeit verbunden.[21]
Mit der Durchsetzung neuer Rationalisierungskonzepte war und ist die Erwartung verbunden, daß die Arbeit in stärkerem Maße solche Eigenschaften annehmen würde, die zum Abbau gesundheitlicher Belastungen beitragen: ein Zugewinn an autonomen Entscheidungs- und Handlungskompetenzen, eine Enthierarchisierung der Arbeitsbeziehungen, die Reduzierung einseitiger Belastungen, ein Abbau von Monotonie und inhaltlicher Unterforderung, ein Ausbau von Kommunikationschancen bei der Arbeit.[22] In die gleiche Richtung gehen Hoffnungen, die sich auf die Anwendung neuer Management-

---

17 Der Umstand, daß sich die starken psychischen Belastungen negativ auf den Gesundheitszustand von Arbeitslosen auswirken, soll hier nicht weiterverfolgt werden. Vgl. dazu z.B. Elkeles/Seifert, Arbeitslosigkeit und Gesundheit, S. 278ff.
18 Batstone, The Reform of Workplace Industrial Relations.
19 Vgl. z.B. Rock/Ulrich/Witt (Hrsg.), Strukturwandel der Dienstleistungsrationalisierung, bes. S. 127ff.
20 Vgl. Geary, Work Practices: The Structure of Work, S. 368ff.; Schumann/Baethge-Kinsky/Kuhlmann u.a., Trendreport Rationalisierung; Rock/Ulrich/Witt (Hrsg.), Strukturwandel der Dienstleistungsrationalisierung.
21 Vgl. etwa: Angermaier, Neue Produktionskonzepte, S. 180ff.
22 Vgl. Schumann/Baethge-Kinsky/Kuhlmann u.a., Trendreport Rationalisierung, S. 172ff., 458ff., 588ff.

Wandel arbeitsbedingter Gesundheitsgefahren

konzepte und die Etablierung von Unternehmenskulturen richten.[23] Jedoch ist die anfängliche Euphorie in zahlreichen industriesoziologischen Studien mittlerweile einer größeren Skepsis gewichen und werden die entlastenden, in Richtung auf eine Humanisierung der Arbeit weisenden Effekte neuer Rationalisierungskonzepte vergleichsweise gering veranschlagt. Mittlerweile zieht sogar die Fortexistenz bzw. Wiederbelebung traditioneller Formen betrieblicher Organisation (Standardisierung, Hierarchie, Kontrolle) eine gesteigerte Aufmerksamkeit auf sich.[24] Die Mehrzahl der Untersuchungen geht davon aus, daß die gesundheitsförderlichen Effekte der neuen Management- und Arbeitsmethoden weitestgehend auf Angehörige besonders qualifizierter Beschäftigtengruppen beschränkt bleiben.[25] Sofern ein solcher Trend zu verzeichnen ist, wird er häufig von der Entstehung neuer Belastungsfaktoren begleitet bzw. überlagert, die sich zu Quellen neuer oder erhöhter Gesundheitsrisiken entwickeln.[26] Dies gilt insbesondere – aber nicht nur – im Hinblick auf un- und angelernte Herstellungsarbeit. Hier bestehen die Effekte von veränderten Arbeitsabläufen und -anforderungen vor allem in einer Erhöhung der Leistungsdichte und des Arbeitstempos, in einer Zunahme des Termindrucks, in der Verringerung passiver Arbeitsanteile und in einer Erhöhung der nervlichen Anspannung. In diesem Zusammenhang gewinnen insbesondere psychosoziale und psychomentale Belastungen erheblich an Gewicht.[27] Zwar sind mit Gruppenarbeit und neuen Produktionskonzepten auch Chancen für einen Belastungsabbau verbunden, jedoch steht eine entsprechende Gestaltung der Arbeitsbedingungen in aller Regel in Konflikt mit den Produktivitätszielen der Unternehmensleitungen.

Für qualifizierte Facharbeiter fällt die Zwischenbilanz zwar nicht ganz so negativ aus, aber auch hier kann von einem durchgängigen Abbau von Gesundheitsbelastungen nicht die Rede sein. Hier können Gruppenarbeit, Aufgabenintegration und der Bedeutungszuwachs steuernder und kontrollierender Tätigkeiten einen Zugewinn an Handlungsfreiheit, einen Ausbau von Kommunikationschancen und eine Erhöhung von Qualifikationsanforderungen mit

---

23 Vgl. z.B. Badura, Gesundheitsförderung durch Arbeits- und Organisationsgestaltung, S. 20ff.
24 Vgl. Schumann, Rücknahme der Entwarnung, S. 457ff.
25 Vgl. Geary, Work Practices: The Structure of Work, S. 380ff.
26 Vgl. Gallie/White, Employee Commitment and the Skills Revolution; Elger, Technical Innovation and Work Organization in British Manufacturing in the 1980s, S. 67ff.; Marstedt, Rationalisierung und Gesundheit, S. 54ff.
27 Vgl. Batstone/Gourlay/Levie/Moore, Unions, Unemployment and Innovation, S. 196, 205, 233; Berggren, Lean Production – the End of History?, S. 163ff.; Dawson/Webb, New Production Arrangements: The Total Flexible Cage?, S. 221ff.; Batstone/Gourlay/Levie/Moore, New Technology and the Process of Labour Regulation; Grunberg, The Effects of Social Relations of Production on Productivity and Workers' Safety, S. 621ff.

sich bringen, aber auch mit der Entstehung neuer Risiken für psychische und nervliche Überbeanspruchungen verbunden sein.[28] Diese erwachsen aus der Reduzierung routinisierter Tätigkeiten, aus dem Bedeutungsverlust ausführender und reaktiver zugunsten dispositiver Arbeitshandlungen sowie aus dem erhöhten Synchronisationsbedarf und den damit erhöhten Kommunikationsanforderungen im Arbeitsprozeß. Zugleich ermöglichen die Beseitigung von Störzeiten, die Reduzierung von Warte- und Vorgabezeiten sowie die Erhöhung der Auftragsfrequenzen eine erhebliche Leistungsverdichtung. Das gesundheitliche Gefährdungspotential derartiger Anforderungen wird insbesondere dadurch gesteigert, daß sie unter Bedingungen auftreten und zu bewältigen sind, die sich weitestgehend dem Einfluß der Beschäftigten entziehen. Zugleich steigert die mit dem Ziel integrierter Prozeßsteuerung eingesetzte elektronische Datenerfassung in komplexen Produktionsnetzen die Möglichkeiten der systematischen Leistungs- und Verhaltenskontrolle. Marstedt hat diesen Wandel der Anforderungen und Belastungen mit dem Begriff der »Innervierung von Arbeit« gekennzeichnet.[29] Demnach ist insgesamt eher von einem simultanen Anstieg von Dispositionsspielräumen und gesundheitsbelastenden Leistungsanforderungen (Streß, Arbeitstempo, Hektik usw.) auszugehen. Dabei mache sich eine ausgeprägte Ungleichverteilung von Gesundheitsrisiken zwischen den Beschäftigtengruppen bemerkbar. Die Differenzierung vollziehe sich innerhalb »pyramidaler Strukturen«: zwischen den Branchen je nach Zugehörigkeit zu Kernsektoren oder Krisenbranchen, zwischen Betrieben je nach Zugehörigkeit zu dominanten Fokal- und abhängigen Zulieferbetrieben sowie innerbetrieblich je nach Zugehörigkeit zu Stamm- oder Randbelegschaften, je nach Qualifikation, Alter und Geschlecht.[30] Zwar sind Übereinstimmungen zwischen neuen Rationalisierungskonzepten und Gesundheitsförderung nicht grundsätzlich auszuschließen, jedoch wird sich das Gesundheitspotential neuer Rationalisierungskonzepte wohl kaum im Selbstlauf durchsetzen. Nach wie vor repräsentieren unternehmerische Rationalisierungskonzepte und die Gesundheitsförderung unterschiedliche Zielorientierungen und Handlungslogiken.

5.2 Art und Umfang arbeitsbedingter Gesundheitsgefahren

Das tatsächliche Ausmaß der von der Arbeit ausgehenden gesundheitlichen Belastungen auch nur annähernd zu erfassen ist ein außerordentlich schwieriges

---

28 Vgl. Marstedt, Rationalisierung und Gesundheit, S. 54ff.
29 Ebda., S. 58.
30 Vgl. ebda., S. 48ff.

Wandel arbeitsbedingter Gesundheitsgefahren

Unterfangen. Krankheitsverursachende Belastungen, ihre Kombination und ihre Wechselwirkungen können schon zum Zeitpunkt ihrer unmittelbaren Einwirkung auf den Menschen ungemein vielfältig sein. Hinzu kommt, daß sie sich im Verlauf einer Berufsbiographie kumulieren und sich erst im Laufe eines langen Erwerbslebens als Krankheit manifestieren können. Zudem ist das Entstehen von Krankheit selbst ein derart komplexes Geschehen, daß es häufig nicht möglich ist, den Stellenwert einzelner Faktoren eindeutig zu bestimmen. Die Auswirkungen von arbeitsbedingten Belastungen, insbesondere Belastungskombinationen, sind vielfach nur unzureichend oder überhaupt nicht erforscht. Gerade psychische und soziale Belastungen entziehen sich einer objektiven Meßbarkeit und sind in ihrer Wirkung in hohem Maße vom Erleben und von den Bewältigungsmöglichkeiten der Betroffenen abhängig. Schließlich ist die Arbeitswelt als krankheitsverursachende Einflußgröße in ihrer Wirkung auf und in ihrer Wechselwirkung mit anderen Faktoren wie Umwelteinflüssen und individuellem Gesundheits-, insbesondere Ernährungsverhalten, nicht exakt abzugrenzen.

Zur Beschreibung und Analyse arbeitsbedingter Gesundheitsgefahren und ihrer Veränderungen im Zeitverlauf wird üblicherweise die Zahl der gemeldeten Arbeitsunfälle und Berufskrankheiten herangezogen. Die in diesen Kategorien erfaßten Gesundheitsschäden stellen jedoch nur die Spitze des Eisbergs dar.[31] Weil das Massengeschehen arbeitsbedingter Erkrankungen jenseits der damit erfaßten Gefahren stattfindet, werden im folgenden auch Erhebungen über die Wahrnehmung von der Arbeit ausgehenden gesundheitlichen Belastungen berücksichtigt.

Arbeitsunfälle
Ein Arbeitsunfall ist definiert als ein plötzlich eintretendes Ereignis am Arbeitsplatz, das eine unmittelbare Verletzung eines Beschäftigten zur Folge hat. Sowohl in Großbritannien als auch in Deutschland sind jene Arbeitsunfälle meldepflichtig, bei denen ein Beschäftigter zu Tode kommt oder so verletzt wird, daß er in Folge des Unfalls stirbt oder mehr als drei Kalendertage arbeitsunfähig wird.[32] Für beide Länder läßt sich in den vergangenen

---

31 Vgl. Marstedt/Mergner, Soziale Dimensionen des Arbeitsschutzes, S. 69ff.
32 Allerdings fällt in Großbritannien ein Teil der Arbeitsunfälle, die eine mehr als dreitägige Arbeitsunfähigkeit nach sich ziehen, nicht unter diese Meldepflicht. Auch werden hier anders als in Deutschland Wegeunfälle nicht zu den Arbeitsunfällen gezählt. Überdies geht man in Großbritannien von einer sehr hohen Dunkelziffer aus. So schätzt das National Audit Office (NAO), daß in Großbritannien nur ein Drittel aller Arbeitsunfälle gemeldet wird. Nichols geht auf der Grundlage der LFS-Daten sogar davon aus, daß die Gesamtheit der Arbeitsunfälle fünfmal höher ist als die Zahl der dem HSE gemeldeten Unfälle. Vgl. NAO, Enforcing Health and Safety Legislation in the Workplace, S. 10;

Kapitel 5

Jahrzehnten ein deutlicher Rückgang der Arbeitsunfallzahlen feststellen.[33] Dies wird insbesondere an den tödlichen Arbeitsunfällen deutlich, gilt aber auch für andere Unfallarten. Von 1960 bis 1997 sank in Deutschland die Zahl aller Arbeitsunfälle von 109 auf 42 je 1 000 Vollarbeiter; auch in Großbritannien ist ein ähnlich starker Rückgang der Unfallzahlen festzustellen.[34] Trotz der rückläufigen Zahlen stellten Arbeitsunfälle auch in der zweiten Hälfte der neunziger Jahre nach wie vor ein bedeutendes Gesundheitsrisiko dar: Im Jahre 1997 ereigneten sich in Deutschland immerhin etwa 1,6 Mio. Unfälle, davon 1 021 tödliche.

Der Abwärtstrend bei den Arbeitsunfallzahlen vollzieht sich nicht linear, vielmehr werden – vor allem mit der konjunkturellen Entwicklung – Perioden des Rückgangs von Phasen der Stagnation oder auch des Anstiegs unterbrochen. Bemerkenswert ist insbesondere der Umstand, daß sich in Großbritannien der säkulare Abwärtstrend zwischen 1981 und 1985 sehr deutlich umkehrte. In diesem Zeitraum stieg die Zahl der tödlichen und schweren nichttödlichen Arbeitsunfälle im primären und sekundären Sektor ganz erheblich an, nämlich, bezogen auf jeweils 100 000 Beschäftigte, in der verarbeitenden Industrie um 31 %, in der Bauwirtschaft um 45 %, in der Landwirtschaft um 34 %.[35] Innerhalb des verarbeitenden Gewerbes wurden nahezu alle Zweige von diesem Anstieg erfaßt.[36] Auch wenn das arbeitsbedingte Unfallgeschehen von einer Vielzahl von Faktoren abhängig sein kann, deren detailliertes Zusammenwirken sich häufig erst durch einzelbetriebliche Untersuchungen erschließt, so besteht in der einschlägigen Forschung – bei allen Unterschieden

---

Nichols, Problems in Monitoring the Safety Performance, S. 109. Siehe auch: Harvey, Just an Occupational Hazard?, S. 13.; Cooper, Occupational Injuries at Work, S. 185. Aus den genannten Gründen – und nicht zuletzt auch wegen des unterschiedlichen Gewichts der Wirtschaftssektoren – sind auch die offiziellen Unfallstatistiken beider Länder nicht miteinander vergleichbar. Vgl. dazu: HSE, Workplace Health and Safety in Europe, S. 7ff., 49ff.

33 Die folgenden Angaben über Arbeitsunfälle und Berufskrankheiten sind, sofern nicht anders vermerkt, dem Unfallverhütungsbericht Arbeit 1997 bzw. dem *Annual Report* 1997/98 des HSC entnommen.

34 Vgl. Nichols, The Business Cycle and Industrial Injuries in British Manufacturing, S. 544; Dawson u.a., Safety at Work, S. 30ff.

35 Vgl. HSC, Annual Report 1983/84, S. 38ff.; 1984/85, S. 42ff.; 1985/86, S. 38f.; Dawson u.a., Safety at Work, S. 30ff.; Harvey, Just an Occupational Hazard?, S. 13f.; Tombs, Industrial Injuries in British Manufacturing Industry, S. 329.

36 Vgl. Harvey, Just an Occupational Hazard?, S. 12ff. Empirische Untersuchungen zeigten, daß der Zuwachs wiederum dort besonders hoch war, wo überdurchschnittliche Produktivitätsgewinne zu verzeichnen waren und unterdurchschnittliche Löhne gezahlt wurden; auch Industrien mit einem besonders hohen Anteil kleiner Firmen wiesen einen überdurchschnittlich starken Anstieg der Unfallrate auf. Vgl. Dawson u.a., Safety at Work, S. 42.

Wandel arbeitsbedingter Gesundheitsgefahren

im einzelnen – Einigkeit darüber, daß die Veränderung des gesellschaftlichen Klimas und der betrieblichen Kräfteverhältnisse unter Thatcher maßgeblich zum Anstieg der Unfallzahlen beigetragen hat.[37] Darüber hinaus erlangten Fragen der Arbeitssicherheit in Großbritannien im Zusammenhang mit einer Serie von Großunfällen eine große Bedeutung, bei denen mehrere Hundert Menschen zu Tode kamen.[38]

Berufskrankheiten
Berufskrankheiten sind eine Kategorie des Sozialversicherungsrechts. Nur dort, wo ein kausaler Zusammenhang zwischen einer bestimmten Arbeitstätigkeit und einer bestimmten Erkrankung eindeutig nachgewiesen werden kann und die Erwerbsfähigkeit zu einem bestimmten Grad gemindert ist, wird diese Erkrankung als Berufskrankheit anerkannt und entsteht der Anspruch auf Entschädigungsleistungen durch die Unfallversicherung. Allein schon die Begrenzung der Berufskrankheitenliste auf jeweils etwa 65 Krankheiten in Großbritannien und Deutschland verdeutlicht, daß hier nur ein kleiner Ausschnitt der arbeitsbedingten Gesundheitsschäden erfaßt wird. In Großbritannien wurden 1997 knapp 8 000, in Deutschland etwas mehr als 23 000 Berufskrankheiten anerkannt. Die Zahl der jährlich neu anerkannten Fälle hat sich – vor allem als Folge der Erweiterung der Berufskrankheitenliste – seit Beginn der achtziger Jahre stark erhöht.[39] Allerdings deutet bereits die um ein Vielfaches höhere Zahl der Verdachtsanzeigen – in Deutschland 1997 fast 90 000 Fälle – darauf hin, daß durch die Arbeit hervorgerufen Gesundheitsschäden weit stärker verbreitet sind, als in der Zahl der Anerkennungen zum Ausdruck kommt.

Atemwegserkrankungen und Lärmschwerhörigkeit sind in beiden Ländern von besonderem Gewicht; daneben spielen muskulo-skeletale und Hauterkrankungen auch eine große Rolle. In Großbritannien ist auch die Raynaud-Krankheit von erheblicher Bedeutung. Die überwältigende Mehrheit der anerkannten Fälle bezieht sich auf Tätigkeiten im Bergbau, in der Chemie- und Metallindustrie sowie in der Bauwirtschaft und im primären Sektor.

---

37 Vgl. Tombs, Industrial Injuries in British Manufacturing Industry, S. 324ff.; Nichols, Industrial Safety in Britain and the 1974 Health and Safety at Work Act, S. 317ff.; ders., Industrial Injuries in British Manufacturing, S. 290ff.; Dawson u.a., Safety at Work, S. 40ff.; Harvey, Just an Occupational Hazard?, S. 13ff.
38 Vgl. Herald of Free Enterprise (1987) 188 Tote; King's Cross Fire (1987) 31 Tote; Piper Alpha Disaster (1988) 167 Tote; Clapham Junction Railway Crash (1988) 35 Tote.
39 Vgl. DSS, Social Security Statistics 1995, S. 241ff.; Osman/Hodgson/Hutchings u.a., Monitoring Occupational Diseases, S. 160.

Tabelle 2
Neu anerkannte Berufskrankheiten in Großbritannien 1996/97

Berufskrankheit	Neu anerkannte Fälle
Atemwegserkrankungen	2 394
Lärmschwerhörigkeit	413
Raynaud-Krankheit (Gefäßkrampf der Finger)	3 016
Muskulo-skeletale Erkrankungen	1 061
Dermatitis/Hauterkrankungen	336
Sonstige Berufskrankheiten	437
Insgesamt	7 657

Quelle: HSC, Annual Report 1997/98, S. 99f.

Wenn sich die Dynamik des ökonomischen und technischen Wandels in der Berufskrankheitenstatistik kaum widerspiegelt, so liegt dies zum einen an dem geforderten Nachweis eines Ursache-Wirkung-Zusammenhangs, der auf die klassischen Risiken der industriellen Arbeitswelt zugeschnitten ist, zum anderen an der langen Latenzzeit vieler Schädigungen, die sich oftmals erst nach Jahrzehnten als Krankheiten manifestieren und entschädigt werden können. Auch dort, wo Gesundheitsrisiken moderner Dienstleistungsarbeit Eingang in die Berufskrankheitenstatistik finden – etwa bei Sehnenscheidenerkrankungen, Gefäßkrämpfen oder Infektionen –, liegt der Anerkennung das erwähnte Ursachenverständnis zugrunde. Die übergroße Mehrheit der Gesundheitsbelastungen moderner Erwerbsarbeit wird davon nicht erfaßt.

Tabelle 3
Angezeigte und erstmals entschädigte Berufskrankheiten in Deutschland 1997

Berufskrankheit	Angezeigte Verdachtsfälle	Neue Rentenfälle
Erkrankungen der Atemwege	17 737	2 909
Lärmschwerhörigkeit	12 689	1 215
Schwere Hauterkrankungen	21 922	701
Lendenwirbelsäule, Heben und Tragen	13 638	354
Meniskusschäden	2 317	310
Sonstige Berufskrankheiten	20 494	2 378
Insgesamt	88 797	7 867

Quelle: Unfallverhütungsbericht 1997, S. 26f., 84ff.

Wandel arbeitsbedingter Gesundheitsgefahren

Arbeitsbedingte Gesundheitsbelastungen
In Großbritannien wurde 1989/90 im Auftrag der HSE im Rahmen des *Labour Force Survey* (LFS) eine repräsentative Erhebung über die Verbreitung arbeitsbedingter Erkrankungen durchgeführt, die den Arbeitsschutzinstitutionen als Handlungsgrundlage für die Bearbeitung von über Arbeitsunfälle und Berufskrankheiten hinausgehenden Gesundheitsgefahren dienen sollte. Die Personen wurden danach gefragt, ob sie in den letzten zwölf Monaten an einer arbeitsbedingten Krankheit, einer arbeitsbedingten Behinderung oder an arbeitsbedingten Beschwerden gelitten hatten oder noch litten. Um deren Zusammenhang zur Berufstätigkeit zu spezifizieren, wurde die Frage angefügt, ob nach Ansicht der betreffenden Erwerbstätigen das fragliche Leiden durch die Arbeit hervorgerufen oder durch die Arbeit verschlimmert worden sei.[40] Die Ergebnisse der Befragung liefern einen beeindruckenden Hinweis darauf, in welch großem Ausmaß arbeitsbedingte Belastungen den Gesundheitszustand der Erwerbstätigen negativ beeinflussen (Tabelle 4). Aus der Erhebung geht u.a. hervor, daß im Jahre 1989/90
- 750 000 Arbeitnehmer an insgesamt 13 Mio. Tagen wegen Gesundheitsschäden nicht ihren Arbeitsplatz aufsuchen konnten;
- 730 000 Arbeitnehmer trotz arbeitsbedingter Krankheiten weiter ihrer Arbeit nachgingen;
- weitere 820 000 verrentete oder arbeitslose Personen von längerfristigen Konsequenzen arbeitsbedingter Erkrankungen betroffen waren.[41]

Fast 6 % der Erwachsenen – insgesamt 2,2 Mio. Personen – gaben an, in den vergangenen zwölf Monaten an einer arbeitsbedingten Erkrankung gelitten zu haben oder noch an ihr zu leiden. Mehr als die Hälfte von ihnen – nämlich 1,3 Mio. – waren der Meinung, daß diese Erkrankung durch die Arbeit hervorgerufen sei; die übrigen äußerten die Ansicht, daß ihre Krankheit durch die Arbeit verschlimmert worden sei.[42] Am häufigsten klagten die Befragten über muskulo-skeletale Erkrankungen. Sie machten etwa 40 % aller artikulierten Beschwerden aus. Bemerkenswert ist der Stellenwert psychomentaler Gesundheitsstörungen, insbesondere die Vielzahl der Klagen über Streß und Depression. Eine 1995 wiederholte Erhebung bestätigt dieses Bild: Geschätzte 1,2 Mio. Erwerbstätige klagten über arbeitsbedingte Beschwerden des Muskel-Skelett-Apparates, 515 000 über streßbedingte Gesundheitsstörungen.[43] Gerade Streßsymptome und andere diffuse, unspezifische Krankheitsmerkmale dürften in ihrer Bedeutung noch stark unterzeichnet sein, weil die Befragten

---

40 Vgl. HSE, Self-Reported Work-Related Illness, S. 4, 95ff.
41 Vgl. HSC, Annual Report 1990/91, S. 74ff.
42 Vgl. HSE, Self-Reported Work-Related Illness, S. V, 5ff.
43 Vgl. Jones u.a., Self-Reported Work-Related Illness in 1995, S. 31ff.

üblicherweise dazu neigen, eher die Krankheiten mit den deutlichsten und stärksten Symptomen zu nennen. Darüber hinaus ist der arbeitsbedingte Streß wegen seiner unspezifischen Wirkung auf die gesamte menschliche Physiologie Ursache für eine Vielzahl somatischer Erkrankungen bzw. zumindest an ihrer Entstehung und Chronifizierung beteiligt. Dies gilt in erster Linie für Herz-Kreislauf-Erkrankungen, Krebserkrankungen sowie Erkrankungen des Verdauungssystems.[44]

Tabelle 4

Verbreitung arbeitsbedingter Erkrankungen in England und Wales 1989/90

Krankheitsart	Geschätzte Krankheitshäufigkeit	
	Arbeitsbedingte Erkrankungen	Davon durch die Arbeit verursacht
Streß/Depression	182 700	104 900
Migräne/Kopfschmerz, Überanstrengung d. Augen	108 200	46 000
Gehörerkrankungen	121 500	103 100
Herz-Kreislauf-Erkrankungen	113 100	45 100
Raynaud-Krankheit/Raynaud-Symptom	7 300	7 300
Krampfadern	15 600	3 000
Erkrankungen der oberen Atemwege	12 100	2 600
Asthma	68 100	19 700
Erkrankungen der unteren Atemwege	120 900	61 100
Staublunge	15 000	13 200
Asbestose	6 700	6 300
Hauterkrankungen	84 500	54 300
Erkrankungen von Bändern und Gelenken	74 100	49 700
Muskulo-skeletale Erkrankungen	890 300	543 400
darunter:unspezifische Erkrankungen	409 100	273 200
Arthritis	152 900	79 200
Osteoarthritis	34 600	16 300
Ischias	39 900	23 900
Rheumatismus	12 500	7 100
Bandscheibenerkrankungen	114 900	72 600
andere mechanische Nervenreizungen	27 600	20 100
Hernia	26 300	16 200
Verbrennungen, Vergiftungen, Gewalteinwirkungen	124 600	107 800
Augenerkrankungen	34 100	22 400
Ermüdung, Erschöpfung, Mattigkeit etc.	26 300	13 200
Infektionskrankheiten	42 100	27 700
Andere Krankheiten	143 900	55 500
darunter: andere Kreislauferkrankungen	24 900	12 100
Erkrankungen des Verdauungssystems	51 100	20 500
Erkrankungen des Nervensystems	11 600	4 000
Insgesamt	2 240 000	1 303 500

Quelle: HSE, Self-Reported Work-Related Illness, S. 27ff.

---

44   Vgl. Oppolzer, Handbuch Arbeitsgestaltung, S. 149ff.

Wandel arbeitsbedingter Gesundheitsgefahren

Die Analyse der Krankheitsverteilung nach Branchen bestätigt das deutlich erhöhte Risiko für Erwerbstätige des primären und des sekundären Sektors, das bereits in der Berufskrankheitsstatistik beobachtet werden konnte.[45] Generell findet sich in den vorwiegend manuellen Berufen ein höheres Risiko für arbeitsbedingte Erkrankungen, insbesondere für Haut- und Atemwegserkrankungen, Erkrankungen des Stütz- und Bewegungsapparats sowie Lärmschwerhörigkeit, aber auch die Raynaud-Krankheit. Das bei weitem höchste arbeitsbedingte Gesundheitsrisiko weisen Beschäftigte im Bergbau auf, gefolgt von der Bauwirtschaft sowie der Metall- und elektrotechnischen Industrie. Im Dienstleistungssektor klagen die Beschäftigten neben einer Vielzahl von unspezifischen, häufig psychomentalen Beschwerden vor allem über Erkrankungen des Stütz- und Bewegungsapparats. Hiervon sind insbesondere die Beschäftigten im Transportwesen und in der Krankenpflege betroffen, die weit häufiger als der Durchschnittsarbeitnehmer an arbeitsbedingten Krankheiten leiden.[46] Insgesamt lassen sich zwar Gruppen deutlich erhöhten Belastungen identifizieren, allerdings geben die LFS-Daten auch einen Hinweis darauf, daß immer mehr solche Krankheiten und Beschwerden in den Vordergrund treten, die sich nicht eindeutig bestimmten Industrien und Berufsgruppen zuordnen lassen.[47]

Für Deutschland stellen die drei seit 1979 vom Bundesinstitut für Berufsbildung (BIBB) und vom IAB durchgeführten Befragungen über Arbeitsumweltbelastungen bei Beschäftigten die bedeutendste Quelle über Veränderungen im Zeitverlauf dar.[48] Ihnen zufolge kam es nach einem vorangegangenen Rückgang zu einem deutlichen Anstieg bei den meisten Belastungsarten im Zeitraum zwischen 1985 und 1992.[49] Dies gilt auch dann, wenn man für 1992 nur die alten Bundesländer berücksichtigt. Zwar haben klassische Risiken der Industriearbeit mit dem ökonomischen und technischen Strukturwandel im Verlauf der vergangenen Jahrzehnte im Gesamtspektrum der Gesundheitsbelastungen an Bedeutung verloren, dennoch prägen sie immer noch den

---

45 Vgl. Osman/Hodgson/Hutchings u.a., Monitoring Occupational Diseases, S. 168ff.
46 Vgl. ebda., S. 156ff.
47 Zur Einschätzung dieser Entwicklung und den daraus zu ziehenden organisatorischen Konsequenzen aus der Sicht des HSC/E ist sehr aufschlußreich: HSC, Annual Report 1992/93 and beyond, Annex 5: Some Major Trends. Implications for the Work of the HSE, S. 51ff.
48 Vgl. zur Befragung 1979: von Henninges, Arbeitsplätze mit belastenden Arbeitsanforderungen, S. 362ff.; zur Befragung 1985/86: ders., Auswirkungen moderner Technologien auf Arbeitsbedingungen, S. 309ff.; zur Befragung 1991/92: Jansen, Arbeitsbelastungen und qualifikationsrelevante Arbeitsbedingungen, S. 97ff.
49 Vgl. zur Entwicklung arbeitsbedingter Gesundheitsbelastungen im Zeitraum von 1960 bis 1983: Noelle-Neumann/Strümpel, Macht Arbeit krank? Macht Arbeit glücklich?, S. 184ff.

Kapitel 5

Arbeitsalltag eines relevanten Teils der Beschäftigten.[50] Insbesondere sind Mehrfachbelastungen stark verbreitet: 21 % der Befragten sahen sich zwei oder drei Belastungsarten ausgesetzt, immerhin 9 % sogar sechs oder mehr Belastungsarten. Arbeiter waren jeweils stärker betroffen als Angestellte.[51]

Tabelle 5

Entwicklung von Arbeitsumweltbelastungen und körperlichen Belastungen bei der Arbeit zwischen 1979 und 1992 (in % der Befragten)

Belastungsart	1979 (alte Länder)	1985/86 (alte Länder)	1991/92 (alte Länder)	1991/92 (neue Länder)
Heben/Tragen von Lasten	17	23	26	37
Lärm	29	25	27	35
Rauch, Gase, Dämpfe etc.	18	15	18	28
Kälte, Hitze, Nässe etc.	23	21	26	41
Öl, Fett, Dreck, Schmutz	–	20	22	30
Zwangshaltungen	21	15	23	30
Gefahrstoffe	–	10	16	22

1979 und 1985/86: praktisch immer oder häufig; 1991/92: regelmäßig oder häufig
alte Länder: nur deutsche Erwerbstätige

Quelle: von Henninges, Arbeitsplätze mit belastenden Arbeitsanforderungen, S. 363; ders., Auswirkungen moderner Technologien auf Arbeitsbedingungen, S. 384; Jansen, Arbeitsbelastungen und qualifikationsrelevante Arbeitsbedingungen, S. 99.

Als empirische Grundlage ist des weiteren die von der Europäischen Stiftung zur Verbesserung der Arbeits- und Lebensbedingungen durchgeführte Erhebung über die Arbeitsumwelt in Europa von besonderer Bedeutung, deren Deutschlandteil jüngst gesondert analysiert worden ist.[52] Die Analyse, basierend auf einer repräsentativen Stichprobenerhebung, gibt auf eindrucksvolle Weise das Panorama gesundheitlicher Gefährdungen durch die Arbeit wieder. Insgesamt gaben 52,9 % (19,1 Mio.) der Erwerbstätigen an, daß ihre Gesundheit durch die berufliche Tätigkeit beeinträchtigt, und 22,7 % (8,3 Mio.), daß sie durch die berufliche Tätigkeit gefährdet sei. 33,5 % (12,3 Mio.).[53] Immerhin hatte mehr als jeder zweite Erwerbstätige mit körperlichen Belastungen, monotonen Tätigkeiten und mit Termindruck bzw. Hetze am Arbeitsplatz zu tun; vier von fünf Erwerbstätigen waren mit Vorgaben für Arbeitstempo, Arbeitszeiten, Arbeitspausen und Urlaub konfrontiert.

---

50 Vgl. Priester, Betriebliche Gesundheitsförderung, S. 26ff.
51 Vgl. Lißner, Arbeitsbedingte Gesundheitsrisiken, S. 83.
52 Vgl. von Henninges, Arbeitsbelastungen aus der Sicht von Erwerbstätigen.
53 Vgl. ebda., S. 36f.

Wandel arbeitsbedingter Gesundheitsgefahren

Tabelle 6
Verbreitung und Betroffenheit von ausgewählten Arbeitsbelastungen in Deutschland 1995/96

Belastungsart	kommt vor bei ... Erwerbstätigen		wird von ... % der Erwerbstätigen wahrgenommen als		
	%	Mio.	keine Belastung	geringe Belastung	hohe Belastung
Umgebungseinflüsse	51,5	18,9	74,4	10,9	14,7
Körperliche Belastungen	59,7	21,9	65,5	22,1	12,4
Monotonie, repetitive Arbeiten	53,2	19,5	46,8	24,6	28,6
Nacht-/Schichtarbeit	24,2	8,9	75,8	16,4	7,8
Samstags-/Sonntagsarbeit	50,0	18,4	50,0	28,0	22,1
Keine Veränderbarkeit der technischen Ausstattung	82,5	30,3	17,5	9,7	72,8
Vorgaben für den Arbeitsablauf	55,6	20,4	44,4	20,8	34,8
Vorgaben für Arbeitszeiten/ Arbeitspausen/Urlaub	83,9	30,8	16,1	26,5	57,4
Vorgaben für Arbeitstempo	79,9	29,3	20,1	52,5	27,4
Termindruck/Hetze	50,6	18,7	49,4	22,7	27,9
Konflikte mit Kollegen	71,6	26,3	28,4	65,7	5,9

Quelle: von Henninges, Arbeitsbelastungen aus der Sicht von Erwerbstätigen, S. 70.

Die Ergebnisse verweisen – auch im Vergleich mit den BIBB/IAB-Erhebungen – ebenfalls auf die große Beharrungskraft körperlicher Belastungen und auf die deutliche Zunahme der aus der Arbeitsorganisation sich ergebenden – häufig psychosozialen – Belastungen bei der Arbeit. Zu diesen zählen insbesondere nach wie vor geringe Entscheidungsspielräume und vor allem eine starker Anstieg des Termin- und Leistungsdrucks. Erwerbstätige mit überwiegend ausführenden Tätigkeiten sind insgesamt deutlich stärker belastet als solche in planenden und leitenden Funktionen. Zwar existieren – vor allem nach Branchen, Ausbildung und Stellung im Beruf variierend – deutliche Unterschiede in den Belastungsprofilen, zugleich ist aber ein breites Spektrum von Berufsgruppen generell von Arbeitsbelastungen betroffen. Hinzu kommt – und darin dürfte vielleicht der bemerkenswerteste Unterschied zu den älteren Erhebungsergebnissen liegen –, daß die wahrgenommene Arbeitsplatzunsicherheit deutlich angestiegen ist: 1995/96 waren 17,1 % (6,3 Mio.) der Erwerbstätigen der Meinung, daß ihr Arbeitsplatz nicht sicher sei; 1991/92 waren 11% dieser Auffassung.[54] In diesen Entwicklungen dürften auch die Gründe

---

54 Vgl. ebda., S. 36f., 51.

Kapitel 5

für den in einigen Umfragen konstatierten Rückgang der Arbeitszufriedenheit liegen.[55]
Einen Hinweis darauf, daß und in welchem Ausmaß Arbeitsbelastungen zu manifesten Krankheiten führen, liefert ein Blick auf die Zahl der Frühverrentungen wegen verminderter Erwerbsfähigkeit. Die Rentenstatistik weist aus, daß bei Arbeitern jeder vierte und bei Angestellten jeder fünfte Erwerbstätige vor dem Erreichen der gesetzlichen Altersgrenze aus gesundheitlichen Gründen aus dem Erwerbsleben ausscheidet; bei männlichen Arbeitern ist es nahezu jeder Dritte. Überdies belegen zahlreiche Untersuchungen über die Belastungen in einzelnen Branchen, Berufen und Statusgruppen einen eindeutigen Zusammenhang zwischen arbeitsbedingten Belastungen einerseits und einzelnen Indikatoren von Morbidität und Mortalität andererseits.[56]

Tabelle 7
Rentenzugänge wegen verminderter Erwerbsfähigkeit in Deutschland 1997

	Männer	Frauen	Insgesamt
Arbeiter	34,2	17,5	26,9
Angestellte	18,5	19,8	19,2
Insgesamt	29,0	18,6	24,0

Quelle: Verband Deutscher Rentenversicherungsträger, Statistik Rentenzugang des Jahres 1997, Bd. 125, S. 3ff.; eigene Berechnungen.

Die häufigsten Ursachen für die Frühverrentung waren Erkrankungen des Stütz- und Bewegungsapparates sowie psychische bzw. nervliche Erkrankungen; darüber hinaus sind vor allem bei Männern die Herz-Kreislauferkrankungen von großer Bedeutung. Zusammen sind zwei Drittel aller Frühverrentungen wegen Erwerbsminderung auf diese Krankheiten zurückzuführen.[57] Schätzungen zufolge sind etwa ein Drittel aller Muskel- und Skeletterkrankungen und etwa ein Viertel der Atemwegserkrankungen durch die Arbeit bedingt.[58]

---

55 Vgl. Noelle-Neumann/Köcher (Hrsg.), Allensbacher Jahrbuch für Demoskopie 1993-1997, S. 967, 972ff.
56 Vgl. als Überblick: Oppolzer, Die Arbeitswelt als Ursache gesundheitlicher Ungleichheit, S. 125ff.
57 Vgl. Verband Deutscher Rentenversicherungsträger, Statistik Rentenzugang des Jahres 1997, Bd. 125, S. 26ff.
58 Vgl. Sozialpolitische Umschau, Nr. 478/1995, S. 13.

Wandel arbeitsbedingter Gesundheitsgefahren

Als Indikatoren für die Entwicklung arbeitsbedingter Gesundheitsbelastungen können schließlich auch die Krankenversicherungsdaten zur Entwicklung der Arbeitsunfähigkeit herangezogen werden. Die Analysen bei den Versicherten der Allgemeinen Ortskrankenkassen (AOK) und der Betriebskrankenkassen (BKK) zeigen, daß etwa drei Viertel aller Arbeitsunfähigkeitsfälle und -tage auf fünf Krankheitsgruppen zurückzuführen Muskel-Skelett-Erkrankungen, Atemwegserkrankungen, Verletzungen und Vergiftungen, Verdauungserkrankungen und Herz-/Kreislauf-Erkrankungen zurückzuführen sind.[59] Fast die Hälfte aller Arbeitsunfähigkeitstage (AOK 42,6; BKK 48 %) geht auf Erkrankungen von mehr als sechswöchiger Dauer zurück; auf etwa 20 % der Arbeitsunfähigkeitsfälle entfallen dabei ungefähr 75 % der Arbeitsunfähigkeitstage. Der Anstieg der durchschnittlichen Erkrankungsdauer und des Anteils der Langzeiterkrankungen verweist darauf, daß chronische – langandauernde, in der Regel nicht heilbare, sondern in ihrem Verlauf und in ihren Auswirkungen bestenfalls zu lindernde – Krankheiten als Ursache von Arbeitsunfähigkeit an Bedeutung gewonnen haben. Bemerkenswert ist in diesem Zusammenhang auch, daß die Häufigkeit psychischer Erkrankungen deutlich zugenommen hat.[60]

Die verfügbaren Daten deuten darauf hin, daß die traditionellen Risiken der Industriearbeit geführt, die Ergebnis unmittelbarer physischer oder chemisch-toxischer Einwirkungen sind und in einer eindeutigen Wirkungskette zu schweren gesundheitlichen Schäden führen können. Allerdings ist die absolute Verbreitung derartiger Risiken weiterhin von nicht zu unterschätzender Bedeutung – zumal vor allem mit der fortschreitenden Chemisierung der Produktion beständig neue Risiken entstehen[61] und arbeitsmedizinische Forschungen den gesundheitsgefährdenden Charakter von seit langem bestehenden Arbeitsbedingungen nach und nach ans Tageslicht fördern.[62] Mit dem ökonomischen Strukturwandel, der Verbreitung neuer Rationalisierungsformen, dem Einsatz moderner Technologien sowie der allgemeinen Intensivierung und Flexibilisierung von Arbeit treten zunehmend solche Erkrankungen in den Vordergrund, die sich nicht eindeutig bestimmten Berufsgruppen

---

59 Vgl. dazu und zum folgenden für die AOK: Redmann/Rehbein/Vetter, Krankheitsbedingte Fehlzeiten in der deutschen Wirtschaft, bes. S. 19ff., 49ff.; für die BKK: Zoike, BKK-Krankheitsartenstatistik 1996, S. 117ff.; Zoike, Sinkender Krankenstand bei Zunahme der psychischen Erkrankungen, S. 249ff.
60 Vgl. darüber hinaus zur Verbreitung arbeitsbedingter Gesundheitsgefahren: HVBG/BKK-Bundesverband (Hrsg.), Erkennen und Verhüten arbeitsbedingter Gesundheitsgefahren.
61 Vgl. Beyersmann, Gefahrstoffe: Exposition, Gesundheitsgefahren, Grenzwerte, S. 143ff.
62 Vgl. Elsner, Leitfaden Arbeitsmedizin.

Kapitel 5

oder Tätigkeitsbereichen zuordnen lassen und vor allem Resultat nicht menschengerechter Arbeitsabläufe und Arbeitsorganisation sind. In diesem Zusammenhang sind Streß und die Vielzahl der mit Streß assoziierten somatischen Erkrankungen, aber auch muskulo-skeletale Erkrankungen von besonderem Gewicht.[63] Daher erscheint es als verfehlt, den Bedeutungszuwachs des Dienstleistungssektors und den Bedeutungsverlust unmittelbar risikoträchtiger Branchen mit einem Abbau arbeitsbedingter Gesundheitsbelastungen gleichzusetzen. Die gesundheitswissenschaftliche Forschung über arbeitsbedingte Gesundheitsrisiken lenkt die Aufmerksamkeit von einzelnen Gefahrenherden, also etwa chemisch-physikalischen Expositionen, auf die Gesamtheit der von der Arbeitsorganisation und den sozialen Beziehungen bei der Arbeit ausgehenden Belastungen. Als Ursachen für die Entstehung von Krankheiten werden hier vor allem das Auseinanderfallen von Belastungen und Bewältigungsmöglichkeiten, von Anforderungen und Gestaltungschancen identifiziert.[64]

»[...] inkonsistente Anforderungsstrukturen, aufgabenbezogene psychische Belastungen, mangelnde geistige Anforderungen, mangelnde Transparenz betrieblicher Abläufe, Zeitdruckerleben, Gratifikationskrisen, die Spannung zwischen hohen Anforderungen und geringen Gestaltungsmöglichkeiten sowie geringer sozialer Rückhalt und mangelnde Einflußchancen am Arbeitsplatz müssen im Ergebnis der Gesundheitsforschung der letzten Jahrzehnte als epidemiologisch gut gesicherte Risikokonstellationen für die nach Morbidität und Mortalität wichtigsten Krankheiten industrialisierter Länder angesehen werden.«[65]

5.3 Fazit

In Großbritannien und Deutschland vollzog sich seit den siebziger Jahren ein weitreichender, im wesentlichen gleichgerichteter Wandel der Arbeitsbedingungen. Er ist gekennzeichnet durch einen Bedeutungsverlust der klassischen Industriearbeit, durch die posttayloristische Modernisierung von Rationalisierungs- und Managementstrategien sowohl im sekundären als auch im tertiären Sektor sowie durch die rasche Verbreitung flexibilisierter Beschäftigungsverhältnisse. Die mit dem technisch-ökonomischen Strukturwandel und den neuen Rationalisierungskonzepten verbundenen Hoffnungen, daß Arbeit

---

63 Vgl. z.B. Celentano, Health Issues in Office Work, S. 131ff.; Taylor/Davies/McCrea, Demographic and Employment Trends, S. 21f.
64 Vgl. z.B.: Karasek/Theorell, Healthy Work; Johnson/Johansson (Eds.), The Psychological Work Environment; Sauter/Hurrell/Cooper (Eds.), Job Control and Worker Health.
65 Rosenbrock, Prävention und Gesundheitsförderung in der Arbeitswelt, S. 6.

Wandel arbeitsbedingter Gesundheitsgefahren

nicht nur ihren gesundheitsgefährdenden Charakter einbüßen, sondern u.a. durch einen Zugewinn an autonomen Entscheidungs- und Handlungskompetenzen, eine Enthierarchisierung der Arbeitsbeziehungen, einen Ausbau von Kommunikationschancen bei der Arbeit auch gesundheitsförderliche Eigenschaften annehmen werde, haben sich überwiegend nicht erfüllt. Die positiven, in Richtung auf eine Humanisierung der Arbeit weisenden Effekte der neuen Management- und Arbeitsmethoden blieben weitgehend auf Angehörige besonders qualifizierter Beschäftigtengruppen beschränkt. Dort, wo ein Humanisierungspotential posttayloristischer Arbeitsbedingungen zu identifizieren ist, wird dies häufig von der Entstehung neuer Belastungsfaktoren begleitet und nicht selten überlagert, die sich zu Quellen neuer oder erhöhter Gesundheitsrisiken entwickeln.

Insgesamt charakteristisch für die Entwicklung arbeitsbedingter Gesundheitsrisiken in Großbritannien und Deutschland ist eine Verschiebung der arbeitsbedingten Gesundheitsbelastungen, die im einzelnen gekennzeichnet ist durch einen Rückgang körperlicher Schwerarbeit, durch eine partielle Zunahme einseitiger körperlicher Belastungen, durch das Fortbestehen und zum Teil die Neuentstehung (z.B. beim Umgang mit Gefahrstoffen oder genetisch veränderbaren Agentien) unmittelbar produktionsbezogener oder arbeitsumgebungsbedingter Gefährdungen, durch einen erheblichen Bedeutungszuwachs mentaler (Steuerung, Überwachung, Koordination, einhergehend mit wachsenden Anforderungen an die Konzentrations- und Reaktionsfähigkeit) und psychisch-emotionaler Belastungen (Monotonie, Leistungsverdichtung, Arbeitstempo, Existenzunsicherheit, soziale Isolation, Streß).

Aus dem skizzierten Wandel der arbeitsbedingten Gesundheitsbelastungen ergibt sich für die nationalstaatlichen Arbeitsschutzbehörden die Anforderung, ihre Tätigkeit nicht auf die Eliminierung einzelner Risikofaktoren zu beschränken, sondern auf die systematische gesundheitsgerechte Gestaltung des Zusammenwirkens von technischen, organisatorischen und sozialen Einflußdimensionen auf den Arbeitsprozeß hinzuwirken. Dies schließt die Aufgabe ein, nicht nur den Vollzug formalen Rechts zu kontrollieren, sondern auch die betrieblichen Akteure dabei zu unterstützen und dazu anzuhalten, als Experten in eigener Sache aktiv an der Gestaltung der eigenen Arbeitsumwelt mitzuwirken. Die der EU-Rahmenrichtlinie und der EU-Bildschirmrichtlinie zugrunde liegende Arbeitsschutzphilosophie trägt einer solchen Modernisierung des Arbeitsschutzes in weiten Teilen Rechnung und gibt den nationalstaatlichen Arbeitsschutzinstitutionen einen Anstoß, ihre Präventionspraxis an die gewandelten Problemlagen anzupassen.

Kapitel 6

Die Umsetzung von EU-Arbeitsschutzrichtlinien in Großbritannien

6.1 Europäische Herausforderungen für das britische Arbeitsschutzsystem

In der britischen Fachöffentlichkeit sind die von Europa ausgehenden Anforderungen überwiegend als ein tiefer Einschnitt in das nationale Arbeitsschutzsystem begriffen worden. So bewerten Hendy/Ford die EU-Richtlinien als »a wind of change for health and safety at work law far more radical in substantive terms than was the 1974 legislation.«[1] Smith/Goddard/Randall interpretieren die EU-Richtlinien als Anstoß für »a wholesale reform in this important area of law. A substantial body of the pre-existing law has been repealed or revoked [...]. These changes [...] will require a different approach from practitioners, employers, workers and unions.«[2] Solche Einschätzungen sind nur verständlich, wenn man sich vergegenwärtigt, welchen grundsätzlichen Herausforderungen sich das britische Arbeitsschutzsystem mit dem Inkrafttreten der EU-Richtlinien gegenübersah. Der von den EU-Richtlinien ausgehende Anpassungsdruck bezog sich auf folgende Merkmale des britischen Arbeitsschutzsystems:

1. Die Rahmenrichtlinie definiert die Verantwortung für den Gesundheitsschutz als eine absolute und uneingeschränkte Pflicht des Arbeitgebers. Damit wird die für das britische System konstitutive Einschränkung *so far as is reasonably practicable* und die in Großbritannien traditionell verfolgte Praxis, Art und Umfang von Arbeitsschutzmaßnahmen vom positiven Ergebnis einer Kosten-Nutzen-Analyse abhängig zu machen, in Frage gestellt.

2. Die sich aus seiner generellen Verantwortung ergebenden Pflichten des Arbeitgebers sind in den EU-Richtlinien weit präziser und detaillierter formuliert als im bisherigen britischen Arbeitsschutzrecht:

»The approach of the EU to health and safety at work contrasts with that of HSWA [Health and Safety at Work Act; T.G.]. The latter adopted an approach based upon the idea of broad, generally-applicable duties [...] while the EU legislation tends to set out the various obligations in considerable detail.«[3]

---

1 Hendy/Ford (Eds.), Redgrave, Fife and Machin: Health and Safety, S. LVIII.
2 Smith/Goddard/Randall, Health and Safety, S. 1.
3 Bateman/Hing/Lewis, The Handbook of Health & Safety at Work, S. 45.

Kapitel 6

Zwar ließen sich auch einige der europäischen Vorschriften in den HSW Act und die *Health and Safety Regulations* hinein interpretieren, gerade weil sie derart allgemein gehalten waren. Insofern waren sie dort zwar implizit bereits vorhanden, hatten erlangten allerdings kaum praktische Relevanz – sei es weil die Arbeitsschutzbehörden sie nicht zum Gegenstand ihrer Vollzugstätigkeit machten, sei es weil die Tradition und die Praxis der Rechtsprechung den Gewerkschaften und den Arbeitnehmern keine Handhabe bot, entsprechende Schutz- bzw. Gestaltungsmaßnahmen durchzusetzen. Daher folgte aus der nunmehr expliziten Definition von Pflichten zugleich deren Erweiterung und eine Einengung des betrieblichen Handlungsspielraums bei der Interpretation von Vorschriften. Dies berührte zugleich den Kern der britischen Regulierungsphilosophie im Arbeitsschutz: Denn damit würden – als dessen Kernbestandteile – der *goal-setting approach* auf der überbetrieblichen und die *self-regulation* auf der betrieblichen Ebene eine erhebliche Einschränkung erfahren. Der Druck zur Erhöhung der Regelungsdichte im britischen Arbeitsschutz wurde in einer ganzen Reihe von Bereichen sichtbar[4]:

a) Für die konkrete Ausrichtung der betrieblichen Präventionspolitik enthielt der HSW Act keine präzisen Vorgaben. Er verpflichtete den Arbeitgeber lediglich in allgemeiner Form dazu, ein betriebliches Arbeitsschutzkonzept *(safety policy)* zu entwickeln, dem allerdings gerade wegen dieser Unverbindlichkeit in der Praxis üblicherweise nur eine symbolische Funktion zukam. Eine Risikobewertung war nur für einige besonders gefährliche Tätigkeitsbereiche obligatorisch (Interview HSE, 12.6.1995). Die in den EU-Richtlinien vorgenommene Konkretisierung der an die betriebliche Präventionspolitik gerichteten Anforderungen, insbesondere die Vorschriften zur Rangfolge und zu den Ansatzpunkten präventiver Maßnahmen, waren in dieser Verbindlichkeit dem britischen Arbeitsschutzsystem bisher fremd.[5]

b) Die EU-Richtlinien stehen im Kontrast zur engen, auf die technische Arbeitssicherheit konzentrierten Regulierungsphilosophie des britischen Arbeitsschutzes. Zwar ließ sich die gesetzliche Pflicht des Arbeitgebers, »to ensure, so far as is reasonably practicable, the health, safety and welfare

---

[4] Vgl. dazu u.a.: Hendy/Ford, Redgrave, Fife and Machin: Health and Safety, S. LVIII ff.; Smith/Goddard/Randall, Health and Safety, S. 34ff, 66ff.; Barrett/Howells, Occupational Health and Safety Law, S. 132ff.; James, The European Community: A Positive Force for UK Health and Safety Law?, S. 24ff.

[5] »The Framework directive requires all the more than a policy statement about what you intend to do, it also requires the employer to say broadly how he intends to do it in terms of setting up the right management structures and relates that to the requirement to use confident services.« (Interview HSE, 12.6.1995)

at work of all his employees« (Art. 2 Abs. 1 HSW Act) auch im Sinne einer umfassenden Präventionspolitik auslegen, jedoch hatten über den technischen Arbeitsschutz und die Verhütung von Arbeitsunfällen und Berufskrankheiten hinausgehende Handlungsansätze bisher kaum Eingang in die Überwachungs- und Beratungstätigkeit der Aufsichtsbehörden gefunden. Insofern erforderten die EU-Richtlinien eine Konkretisierung der betreffenden Bestimmungen sowie eine Erweiterung des behördlichen Handlungsprofils.

c) Auch im Hinblick auf die Beteiligungsrechte der Beschäftigten bzw. die Informations- und Unterweisungspflichten des Arbeitgebers beinhalten die EU-Richtlinien gegenüber dem bisher geltenden britischen Recht weit konkretere und erheblich erweiterte Vorschriften. Dieses enthielt keine präziseren Anforderungen an den Inhalt, den Umfang und die Häufigkeit der zu erfolgenden Unterweisungen; auch fehlte ihm der konkrete Arbeitsplatz- und Aufgabenbezug der europäischen Vorschriften. Die Arbeitnehmerrechte beziehen sich nun auch auf die Planung und Einführung neuer Technologien, sofern diese gesundheitliche Auswirkungen für die Beschäftigten mit sich bringen. Überdies werden die Gegenstandsbereiche, auf die sich ihre Anhörung durch den Arbeitgeber beziehen muß (z.B. Auswahl der Arbeitsmittel, Gestaltung der Arbeitsbedingungen, Einwirkung der Umwelt auf den Arbeitsplatz), nun explizit benannt.

d) Erweitert werden auch die Rechte der Beschäftigten. So kannte das britische System bisher weder das Recht, sich bei ernsten, unmittelbaren und nicht vermeidbaren Gefahren vom Arbeitsplatz zu entfernen, noch die Bestimmung, daß den Beschäftigten aus der Wahrnehmung ihrer gesundheitsschutzbezogenen Rechte keine beruflichen Nachteile entstehen dürfen. Auch ein Recht jedes Arbeitnehmers auf eine arbeitsmedizinische Vorsorgeuntersuchung sah das britische Recht bisher nicht vor.

e) Im Hinblick auf die Schaffung einer betrieblichen Sicherheitsorganisation wurde mit dem Inkrafttreten der Rahmenrichtlinie die Bestellung von Arbeitsschutzfachleuten von einer Option zu einer Pflicht. Darüber hinaus stellt die Rahmenrichtlinie im Unterschied zum HSW Act konkretere Anforderungen an die Qualifikation der betreffenden Personen.

3. Von besonderer Bedeutung für das britische Arbeitsschutzsystem ist der Umstand, daß die Rahmenrichtlinie die betrieblichen Mitwirkungsrechte grundsätzlich *allen* Beschäftigten einräumt. Die im britischen System bisher vorgesehene Beschränkung der Rechte von *safety representatives* auf solche Unternehmen, in denen der Arbeitgeber Gewerkschaften als Vertretung der Beschäftigten anerkannte, war damit obsolet geworden.

4. Die Arbeit an Bildschirmgeräten war vor dem Inkrafttreten der Bildschirmrichtlinie nicht Gegenstand spezieller Regelungen; lediglich die

allgemeinen Bestimmungen des HSW Act fanden hier Anwendung.[6] Im Hinblick auf die Bildschirmarbeit war der Einschnitt, der mit den europäischen Regelungen einherging, daher um so tiefer: Neue Gestaltungsanforderungen erwuchsen nicht nur aus den über den HSW Act hinausgehenden generellen Regelungen der Rahmenrichtlinie; zugleich waren sämtliche speziellen Rechtsvorschriften der Bildschirmrichtlinie für den britischen Arbeitsschutz neu. Auch für die große Mehrzahl derjenigen Unternehmen, in denen Arbeitgeber mit den Gewerkschaften tarifvertragliche Regelungen zur Bildschirmarbeit getroffen hatten, brachte das Inkrafttreten der Bildschirmrichtlinie einen erheblichen Anpassungsbedarf mit sich, weil derartige Vereinbarungen in aller Regel hinter den europäischen Vorschriften zurückblieben.[7]

Die Anpassung an die EU-Richtlinien konnte sich somit nicht auf geringfügige Korrekturen an den existierenden Regelungen beschränken, sondern lief auf eine deutlich weiterreichende staatliche Intervention auf dem Gebiet des Arbeitsschutzes hinaus, die zugleich Kernelemente des britischen Systems der Arbeitsschutzregulierung berührte. Der Veränderungsdruck bezog sich
- auf die von den staatlichen Vorgaben ausgehende Regelungsdichte im Arbeitsschutz, also auf den Umfang, auf die Detailgenauigkeit und auf die Verbindlichkeit der Vorschriften;
- auf die Gegenstandsbereiche, die durch Arbeitsschutzvorschriften geregelt werden, namentlich auf die explizite Einbeziehung arbeitsorganisatorischer, psychischer und sozialer Aspekte berufsbedingter Gesundheitsrisiken in die staatliche bzw. aufsichtsbehördliche Regulierungskompetenz.

6.2 Akteurbeziehungen im Prozeß der Umsetzung von EU-Arbeitsschutzrichtlinien

In Großbritannien wurden sämtliche EU-Arbeitsschutzrichtlinien mit dem Instrument der *Regulations* umgesetzt, denen in aller Regel *ACoPs* bzw. *Guidance Notes* beigefügt wurden. Die Anpassung an die europäischen Vorgaben erfolgte also nicht durch die Überarbeitung oder Neufassung eines Gesetzes *(primary legislation)*, sondern über die Veränderung des nachgeordneten Rechts *(secondary legislation)*. Das Verfahren zur Erarbeitung und

---

6 Darüber hinaus hatte die British Standards Institution (BSI) – als Übergangsregelung bis zum Inkrafttreten europäischer Standards – technische Anforderungen an den Bildschirmarbeitsplatz definiert. Vgl. HSC, Work with Display Screen Equipment, S. 4ff.
7 So sehen die Vereinbarungen in der großen Mehrzahl der Fälle nur einen Sehtest und keine Augenuntersuchung durch einen qualifizierten Arzt oder Optiker vor. Auch sind nur sehr selten regelmäßige Wiederholungen der Untersuchungen vereinbart. Üblicherweise wird sie nur dann durchgeführt, wenn ein Beschäftigter über Beschwerden klagt. Vgl. Union Eyesight Testing Arrangements for VDU Workers, S. 2ff.

Die Umsetzung von EU-Arbeitsschutzrichtlinien in Großbritannien

Verabschiedung von *Health and Safety Regulations* ist in Form eines mesokorporatistischen Arrangements organisiert. Die einzelnen Schritte dieses Prozesses folgen einem eingespielten Ablauf (Übersicht 1).[8]

Der Verabschiedung von Arbeitsschutzverordnungen geht ein umfassender Beratungsprozeß voraus. HSC und HSE nehmen dabei eine zentrale Rolle ein: Die HSC verfügt gleichsam über eine Richtlinienkompetenz und ist die Herrin des gesamten Verfahrens, die HSE ist für die konkrete Ausarbeitung von Vorschlägen verantwortlich und koordiniert den Abstimmungsprozeß zwischen den Akteuren. Die Mitwirkung der Öffentlichkeit in diesem Beratungsprozeß ist gesetzlich festgeschrieben und steht grundsätzlich allen Interessierten offen. Üblicherweise nehmen sie ihr Mitwirkungsrecht durch die Abgabe einer Stellungnahme zu den Vorschlägen der HSE, dem *Consultative Document*, wahr. Gegenüber allen anderen Akteuren sind die größten Verbände von Kapital und Arbeit, der CBI (Confederation of British Industry) und der TUC (Trades Union Congress), in diesem Prozeß allerdings von herausragender Bedeutung. Die übrigen Verbände und Organisationen sind von den Abstimmungsprozessen de facto weitgehend ausgeschlossen, und ihr Einfluß bleibt daher weit hinter dem der Dachorganisationen zurück.[9] Die besondere Rolle von CBI und TUC manifestiert sich zum einen in ihrer Vertretung in der tripartistischen HSC. Wenn die HSC die HSE mit der Ausarbeitung neuer *Regulations* beauftragt, beinhaltet dieser Auftrag zugleich eine Vorgabe über die Grundlinie, der das neue Regelwerk folgen soll.

Übersicht 1
Der formale Ablauf der Erarbeitung und Verabschiedung von *Regulations* zur Umsetzung des EU-Arbeitsschutzrechts

1. Die HSE bereitet Vorschläge für die neuen *Regulations* vor und führt zu diesem Zweck beschränkte Konsultationen z.B. mit dem CBI, dem TUC und Expertengremien *(professional bodies)* durch (z.B. Arbeitsmedizinern).
2. Die HSE überreicht den Entwurf für die *Regulations* an die HSC, die ihn als *Consultative Document* öffentlich zur Diskussion stellt (bei einer Beratungsdauer von etwa vier Monaten).
3. Die HSE wertet die eingegangenen Kommentare aus und erarbeitet einen endgültigen Vorschlag.
4. Sie übergibt ihn wiederum an die HSC, die ihn – eventuell mit Änderungen versehen – an den zuständigen Minister weiterleitet.
5. Dieser akzeptiert oder modifiziert die Vorschläge und legt sie als Entwurf dem Parlament vor.
6. Der Entwurf gilt als verabschiedet, wenn das Parlament ihn nicht binnen 40 Tagen mit absoluter Mehrheit ablehnt oder verändert *(negative resolution procedure)*.

---

8 Vgl. Watts, Explaining the Law, S. 30.
9 Vgl. Baldwin, Regulatory Legitimacy in the European Context: the British Health and Safety Executive, S. 88ff.

Kapitel 6

Darüber hinaus kann die HSC den von der HSE vorgelegten Vorschlag modifizieren, bevor sie ihn an den zuständigen Minister weiterleitet. Zum anderen eröffnen sich für CBI und TUC besondere Möglichkeiten der Einflußnahme dadurch, daß sie im Prozeß der Ausarbeitung von *Regulations* durch die HSE umfassend in die eingehenden informellen Konsultationen einbezogen werden. Diese informellen Beratungen zwischen HSE und den Verbänden von Kapital und Arbeit, die am Anfang des Prozesses stehen und ihn bis zur Verabschiedung von *Regulations* begleiten, sind von weit größerer Bedeutung als die formelle Beteiligung der Verbände im Rahmen des offziellen Verfahrens der Abgabe schriftlicher Stellungnahmen. Daher werden an dem von der HSE veröffentlichten Entwurf in aller Regel nur geringfügige Änderungen vorgenommen.

»Well, there is a formal and an informal process. The formal situation is that the Executive as civil servants will draft regulations, consultative papers. There is a question before that, which is: ›How do you decide? What is going to be done?‹, and that is usually part of a work programme. [...] The Commission looks at it, very often they criticise it or want changes in it. It will come back to the Commission and it will then go out for consultation. [...] behind that is the informal system. [...] any civil servant who is a good civil servant will be checking out with other civil servants any likely problems. I mean, he is part of the informal system as well. [...] So what we try to do in many ways is all three parties are also working to try to get something already acceptable before actually coming to the Commission. Once it's out for consultation, if you like, you aim to put something out at the consultation that is broadly acceptable. But there are not that many radical changes, very few.« (Interview HSC, 10.11.1995)

»The formal consultation, remember, is done with exactly the same people as is done with the private consultation in the first place. The private consultations are normally refined down to three or four of the key issues where there is going to be a battle. The consultation process then indicates to the Commission how the individuals are lined up on each side on those key issues. Then the Commission decides how it will respond to that. [...] the CBI and TUC are already involved in consultations over the negotiating line which the government takes; because although the government formally negotiates, they leave the HSE negotiate for them. And the HSE always consults us first. The actual process of consultation starts before the directive is written.« (Interview TUC, 10.11.1995)

Bei der Entscheidungsfindung der HSC über *Regulations* finden sich zwei Verfahrensmerkmale wieder, die oben als typisch für das traditionelle Regulierungssystem Großbritanniens bezeichnet worden sind. Das erste Merkmal ist die Konsensorientierung. Wie immer die HSC über einen ihm zugeleiteten Vorschlag befindet, stets führt er eine Entscheidung ohne Abstimmung und damit ohne Majorisierung einer bestimmten Seite herbei (Interview HSE, 12.6.1995). Wenn in Einzelfragen die Positionen der Akteure einander unvereinbar gegenüberstehen und eine Entscheidung für eine Partei unvermeidlich ist, so werden Entscheidungen entweder vertagt oder bemühen sich die Beteiligten darum, Pakete zu schnüren, mit deren Hilfe die unterlegene Seite an anderer Stelle entschädigt wird. Die Suche nach einem Konsens gilt als die bedeutsamste politisch-kulturelle Verfahrensnorm für die Mitglieder dieses Gremiums; sie ist ein ungeschriebenes Gebot, das unbedingte Verbindlichkeit beansprucht.

»[...] there has never been a vote on the Commission, there has never been those in favour vs. those against. Why? Because it's pointless. If the Commission proposed something to government that only carried five votes to four, the Government would probably look at how those votes ranged up, and it would be pointless to do work that way. There is a sense in any organisation, that you don't propose things that are going to cause enormous trouble. You tend to push along something and gradually pull back a little bit.« (Interview HSC, 10.11.1995)

Daß ein Kompromiß gefunden wird, ist beinahe wichtiger als der *Inhalt* des Kompromisses selbst.

»But we do want to reach an agreement. Sometimes it's an agreement that we are not particularly happy with, but it is accepted by all the parties involved in the Commission. I mean this is a basic theory of corporatism and tripartism. The whole theory is based on the idea that the reaching of an agreement is in one sense more important than what the agreement is. Because, if a tripartite body consistently failed to reach agreement on things, then it is not a tripartite body, it is merely a meeting of certain parties that have discussions. So for the Commission to continue to exist, it has to reach agreement on things.« (Interview TUC, 10.11.1995)

Es herrscht also gleichsam ein Zwang zum Konsens, weil gerade im Herbeiführen einer Einigung die Funktion der HSC besteht und es daraus seine Legitimation bezieht. Daher müssen die beteiligten Akteure auch die Bereitschaft und die Fähigkeit zum Kompromiß mitbringen.

»It would be wrong to assume that the trade union side and the employer side are always pushing for everything they want, they are not. So that helps to reach consensus. [...] if we would take the approach ›no compromise on every issue‹, then the employers would do the same and we would finish up not achieving anything in the long run.« (Interview HSC, 10.11.1995)

Die zweite Verhaltensnorm besteht in der Verpflichtung der HSC-Mitglieder, *Vertraulichkeit* über den Inhalt der Beratungen zu wahren und insbesondere über Meinungsverschiedenheiten nichts an die Öffentlichkeit dringen zu lassen.

»An interesting point is that the Commission never votes on it. It has always avoided taking a vote in its meetings which would receive a lot of publicity. If there was a disagreement on either side that would certainly get into the newspapers today. So we avoid that by working partly behind the scenes until we have an agreed position.« (Interview HSE, 12.6.1995)

Dieser Verhaltenskodex bindet – gleichsam als Preis für den mit der Zugehörigkeit zu diesem Gremium verbundenen Einflußgewinn – auch diejenigen, die mit einzelnen Entscheidungen unzufrieden sind. Zugleich übernehmen die

Kapitel 6

Verfahrensprinzipien der Konsenssuche und Vertraulichkeit eine ideologische Funktion: Weil niemand überstimmt wird und Meinungsverschiedenheiten nur intern ausgetragen werden, tragen sie dazu bei, die Entscheidungen der HSC gegenüber der Öffentlichkeit mit dem Signum des Interessenausgleichs und mit den Attributen des sachlich Angemessenen und der Fairneß zu versehen.

Die HSC ist gegenüber der HSE weisungsbefugt und kann daher die allgemeine Richtung neuer Verordnungen vorgeben. Formell hat die HSE in dieser Hinsicht zwar lediglich den Status eines ausführenden Organs, real erlangt sie dabei allerdings ein eigenständiges Gewicht. Die HSC trifft sich lediglich vierzehntägig; ihre Mitglieder sind, vom Vorsitzenden abgesehen, ausschließlich ehrenamtlich tätig und verwenden nur wenig Zeit auf diese Tätigkeit (Interview HSC, 11.3.1997). Die HSE ist hingegen tagtäglich mit den Problemen des Arbeitsschutzes befaßt; in den *policy units* und den *advisory committees* der HSE ist ein ausgeprägtes Expertenwissen präsent. Ihre Fachleute haben bei der Ausarbeitung von *Regulations* die Aufgabe, Probleme auszuloten und den Konsens zwischen den Beteiligten zu organisieren. Sie stehen zu diesem Zweck in ständigem Kontakt mit den Verbänden. Dabei sind ihre Mitarbeiter als *civil servants* sowohl zur Loyalität gegenüber der Regierung als auch zur ausschließlich sachbezogenen Neutralität verpflichtet.

Das skizzierte Verfahren bei der Erarbeitung von Arbeitsschutzverordnungen und die dabei praktizierte Konsensorientierung und Vertraulichkeit bringen für die Regierung die für ein korporatistisches Arrangement typischen Vorteile mit sich: Sie kann auf den Einsatz von personellen und finanziellen Ressourcen in diesem Politikfeld verzichten; sie kann das in den Verbänden vorhandene Expertenwissen für die Regelung öffentlicher Angelegenheiten mobilisieren; und sie kann die Legitimationsbasis ihres Handelns durch die vorgelagerte Zustimmung der Verbände verbreitern.[10] Die hervorgehobene Rolle der Verbände im Prozeß der Rechtsetzung, die große Bedeutung von Beratung und Kompromißsuche als Verfahrensmerkmalen bei der Entscheidungsfindung und nicht zuletzt die erst zu einem recht späten Zeitpunkt, nämlich bei der Genehmigung und rechtlichen Inkraftsetzung von *Regulations*, vorgesehene Interventionsmöglichkeit von Regierung und Parlament scheint auch in der Arbeitsschutzpolitik die verbreitete Charakterisierung Großbritanniens als *stateless society* zu bestätigen. Nahtlos fügt sich in dieses Bild der Umstand ein, daß der Arbeitsminister die ihm von der HSC unterbreiteten

---

10 Vgl. zur staatsentlastenden Funktion korporatistischer Arrangements z.B.: Streeck/ Schmitter, Community, Market, State – and Associations?, S. 22ff.; von Alemann/Heinze, Kooperativer Staat und Korporatismus, S. 47; Baggott, Regulatory Reform in Britain: The Changing Face of Self-Regulation, S. 442ff.

Vorschläge für neue *Regulations* in der Vergangenheit auch immer in unveränderter Form dem Parlament vorgelegt und dieses wiederum sie stets gebilligt hat (Interview HSE, 12.6.1995; HSC, 10.11.1995; HSC, 11.3.1997).

Jedoch würde der Schluß, die überbetriebliche Arbeitsschutzpolitik sei ein im wesentlichen von staatlichem Einfluß befreiter Sektor, der arbeitsschutzpolitischen Wirklichkeit nicht gerecht werden. Denn jeder Vorschlag für die Veränderung bestehender oder die Einführung neuer *Regulations* muß durch das Nadelöhr der ministeriellen und parlamentarischen Zustimmung. Da Regierung und Parlament die ihnen vorgelegten Entwürfe nicht nur zurückweisen, sondern auch verändern können, haben sie auch die Option einer autonomen *positiven Gestaltung* des Arbeitsschutzrechts.[11] Die HSC wird dem *Secretary of State* nur solche *Regulations* vorlegen, die für die Regierung prinzipiell auch zustimmungsfähig sind.

»Any organisation that wants to make progress on any front, whether it's with government or anybody else – you don't ever put up ideas or proposals that you know are completely unacceptable, unless you want to cause a rift. I mean that would be your primary purpose of doing that.« (Interview HSC, 10.11.1995)

»The Commission doesn't try and come forward with a proposal which would be politically impossible for a minister [...].« (Interview HSE, 12.6.1995)

Indem die HSC in ihren Vorschlägen der Schlüsselstellung der Regierung Rechnung trägt, handelt sie auch aus einem wohlverstandenen Eigeninteresse. Denn aus Sicht der Regierung erfüllt die HSC ihre Funktion nur dann, wenn sie nicht nur einen Konsens, sondern zugleich einen für die Regierung politisch auch akzeptablen Konsens herstellt. Die Arbeitsschutzbehörde steht stets unter dem Druck, ihre so verstandene Handlungsfähigkeit unter Beweis zu stellen. Gelänge ihr dies nicht oder nur unzureichend, so würde auch das Interesse der Regierung am tripartistischen Regulierungsmodell schwinden. Die bekannte Abneigung der konservativen Regierungen gegenüber korporatistischen Arrangements und Institutionen hat den Druck auf die HSC erhöht, Konflikte mit der Regierung zu vermeiden und in ihren Vorschlägen den politischen Vorstellungen der Regierung Rechnung zu tragen. Es ist letztlich die Regierung, die über das zuständige Ministerium den für alle Akteure verbindlichen arbeitsschutzpolitischen Rahmen setzt und im Prozeß der Rechtsetzung eine Schlüsselstellung einnimmt, auch wenn sie dabei nur selten öffentlich in Erscheinung tritt[12]: »[...] Secretaries of State [Minister; T.G.] can direct the Health and Safety Commission in this, or in any other matter connected

---

11 Allerdings müssen sie in diesem Fall die HSC zuvor konsultieren. Vgl. Rimington, The Legitimacy of Decision Making in Industrial Health and Safety Matters, S. 1.
12 Vgl. auch: Baldwin, Health and Safety at Work: Consensus and Self-Regulation, S. 140f.

with its functions. Though this power of direction has never been exercised, its existence is important.«[13] Vor diesem Hintergrund erscheint auch der Umstand, daß das zuständige Ministerium in der Vergangenheit niemals Vorschläge der HSC zurückgewiesen hat, in einem anderen Licht: Sie kann wohl kaum als Beleg für eine Selbstregulierung durch die Verbände gelten, die den Staat weitgehend auf eine bloß affirmative Rolle beschränken würde; eher ist sie als ein Indikator für die internalisierte, bereits in die Beratungen und Entwürfe der obersten Arbeitsschutzbehörde einfließende Konsensorientierung der Arbeitsschutzbehörden anzusehen. Allerdings besteht im zuständigen Ministerium auch ein Interesse daran, eine Situation zu vermeiden, in der man Vorschläge der HSC zurückweisen muß, denn ein solcher Schritt könnte die Regierung in Legitimationsschwierigkeiten bringen. Zugleich wird es auch darauf bedacht sein, daß für die beteiligten Verbände unter dem Strich die Vorteile einer Mitwirkung im tripartistischen Regulierungsmodell spürbar bleiben.

Über seine Schlüsselrolle im Prozeß der Rechtsetzung hinaus verfügt der *Secretary of State* über eine Reihe von Möglichkeiten, Einfluß auf die Tätigkeit der Arbeitsschutzbehörden zu nehmen. Zum einen ist er der HSE gegenüber weisungsbefugt; zum anderen wird der weitaus größte Teil der HSE-Ausgaben direkt aus dem Etat des *Department of Employment* bzw. des *Department of the Environment* finanziert.

»We are part of government, there is no escape from that. We are all civil servants, and every year our budget is allocated from – in our case – the employment department. So we always have to convince our Secretary of State [...] that we are worth the money he is giving us.« (Interview HSE, 12.6.1995)

»The minister is ultimately responsible for the budget of the HSE, and it's allocated to the department as a whole – so that's a very powerful tool. Should the minister think health and safety is not so important than environmental issues for example, then the HSE will suffer. So that's why the HSE need to make sure their voices are heard at ministerial level.« (Interview HSC, 11.3.1997)

Auch das Recht des *Secretary of State* zur Ernennung der HSC-Mitglieder kann der Regierung als Instrument zur unmittelbaren Einflußnahme auf die Arbeitsschutzpolitik dienen. Zwar ist er durch die Bestimmungen des HSW Act zur tripartistischen Zusammensetzung der HSC verpflichtet, verfügt aber innerhalb dieses Rahmens über einen weiten Handlungsspielraum. Diesen hat er im Jahre 1990 dazu genutzt, um erstmals einen der ausscheidenden Gewerkschaftsvertreter, die zuvor stets Mitglieder von TUC-Gewerkschaften waren, durch den Repräsentanten einer nicht im Dachverband organisierten

---

13 So der ehemalige Vorsitzende der HSC: Rimington, The Legitimacy of Decision Making in Industrial Health and Safety Matters, S. 1.

Die Umsetzung von EU-Arbeitsschutzrichtlinien in Großbritannien

Gewerkschaft zu ersetzen. Dieses Vorgehen hat beim TUC und seinen Mitgliedsgewerkschaften große Empörung hervorgerufen und wurde als eine Brüskierung aufgefaßt (Interview Transport and General Workers' Union – im folgenden: TGWU, 13.6.1995), zumal er etwa 85 % aller Gewerkschaftsmitglieder vertritt. Die personalpolitischen Kompetenzen des *Secretary of State* erstrecken sich auch auf die Führungspositionen in der HSE, bei deren Besetzung er sich mit der HSC ins Benehmen zu setzen hat. Die Gewerkschaften kritisieren, daß er diese Kompetenz in der Vergangenheit häufig dazu genutzt habe, Schlüsselpositionen mit arbeitgeber- und regierungsfreundlichen Personen zu besetzen (Interview General Municipal and Boilermakers' Union – im folgenden: GMB, 17.7.1995).

Die formell gleichberechtigte Kooperation der Verbände von Kapital und Arbeit, wie sie in der drittelparitätischen Zusammensetzung der HSC und im Konsensprinzip zum Ausdruck kommt, bedeutet nicht, daß sich die Akteure bei ihren Entscheidungen in der HSC gleichsam »in der Mitte« treffen würden. Vielmehr haben die Gewerkschaften weitaus geringere Chancen zur Durchsetzung ihrer Forderungen als die Arbeitgeberseite. Dies ist auf unterschiedliche Gründe zurückzuführen. Zum ersten stellt die Veto-Macht, über die jede Partei verfügt, unter den besonderen Bedingungen der Arbeitsschutzpolitik eine strukturelle Benachteiligung der Gewerkschaften dar, denn üblicherweise sind sie es, die auf eine Verbesserung bestehender Bestimmungen drängen und in ihren Bemühungen durch den Konsenszwang blockiert werden, nicht die Arbeitgeber.[14] Zum zweiten mindert die skizzierte Schlüsselposition des zuständigen Ministeriums die Durchsetzungsfähigkeit der Gewerkschaften, denn die Interessen und Handlungsstrategien der Regierung weisen eine offenkundige Nähe zu denen der Arbeitgeberseite auf.

Schließlich – und dies nicht zuletzt – beeinflußt die Veränderung in den ökonomischen Rahmenbedingungen und gesellschaftspolitischen Kräfteverhältnissen die Durchsetzungsfähigkeit der Verbände von Kapital und Arbeit. Die Angst vor dem Verlust des Arbeitsplatzes senkte die Bereitschaft der Beschäftigten, sich in Fragen des Arbeitsschutzes zu engagieren.[15] Unter diesen Bedingungen konnten die Gewerkschaften in der Arbeitsschutzpolitik auch kaum glaubhaft mit Konflikten drohen. Die Erosion gewerkschaftlicher Machtpositionen hat sich – auf der betrieblichen wie auf der überbetrieblichen Ebene – nach Wahrnehmung der Behörden auch im Arbeitsschutz niedergeschlagen (Interview HSE, 16.6.1995). Gleichzeitig wuchs auf der Seite der Kapitalverbände die Entschlossenheit, sich weiteren Regulierungsmaßnahmen

---

14 Vgl. auch: Wilson, The Politics of Safety and Health, S. 120ff.
15 Vgl. Walters/Gourlay, Statutory Employee Involvement in Health and Safety at the Workplace.

beim Gesundheitsschutz zu widersetzen. Der HSE-Spitze warfen die Gewerkschaften eine große Nähe zu den Arbeitgeberinteressen vor:

»In my opinion, as you move higher up the ranks of the HSE you get closer and closer to government policy. In other words, there's a great impression that at the higher levels [...] is to satisfy within their area of responsibility, and I wouldn't challenge any of those people – they want to make workplaces safe, they want to have good laws. But they have to pay closer attention to political directions and ends in their organisations that are dictated by the department they are in and by the minister responsible. So I think as we move up the system, there is less and less sympathy for trade unions because we are in a climate – and have been for the last few years or so – where more attention is paid to employers' needs. Further down the organisation, particularly at work inspectors level, there is far more sympathy to trade unions rather than employers, because most work inspectors want to make workplaces safe, that's why they are there. That's their sort of reason for being inspectors. Broadly speaking, those ends are closer to the ends of the unions than those of the employers.« (Interview Graphical, Paper and Media Union – GPMU, 19.9.1995)

Zur HSE selbst haben die Gewerkschaften ein zwiespältiges Verhältnis:

»Trade unions have an ambivalent view of the HSE. On the one hand, we attack them for not doing enough, on the other hand, we support them, because they exist, because the Government are attacking them. So we have this two-fold view – because the Government do not like the HSE and love to attack them.« (Interview TGWU, 13.6.1995)

Die Interessen und die Positionen der Gewerkschaften zu Fragen der Arbeitsschutzpolitik stimmen in weiten Teilen überein. Deshalb kann der TUC eine koordinierende Rolle in der Arbeitsschutzpolitik spielen und für die Gewerkschaftsseite in der HSC de facto eine Sprecherfunktion wahrnehmen. Dabei wird seine zentrale Rolle durch die korporatistische Organisation des überbetrieblichen Arbeitsschutzes stabilisiert, denn sie hebt ihn gleichsam in die Position eines Verhandlungsführers. Zugleich befördert die sinkende Zahl der Gewerkschaften die Kohäsion der Interessenartikulation.

Auf der Seite der Unternehmerverbände finden die ausgeprägte Dezentralisierung von Tarifverhandlungen und der recht geringe Kohäsionsgrad wirtschaftlicher Interessen in einer ausgeprägten organisatorischen Fragmentierung ihren Ausdruck. Der CBI ist zwar der größte und mächtigste Unternehmerverband, allerdings ist sein Einfluß nicht mit dem der BDA in Deutschland vergleichbar. Seit Mitte der achtziger Jahre sieht sie sich einer stärker werdenden Konkurrenz durch das *Institute of Directors* (IoD) und die *Association of British Chambers of Commerce* (ABCC) ausgesetzt, in denen vor allem kleine und mittlere Unternehmen organisiert sind.[16] Beide Organisationen haben sich in besonderer Weise zu Fürsprechern einer rigorosen Deregulierungspolitik gemacht und unter den Konservativen stark an Bedeutung gewonnen.

---

16 Vgl. Grant/Sargent, Business and Politics in Britain, S. 127ff.

Die Umsetzung von EU-Arbeitsschutzrichtlinien in Großbritannien

Im Arbeitsschutz verfügt auf Seite der Arbeitgeber der CBI über den bei weitem größten Einfluß, weil der *Secretary of State* auf seinen Vorschlag hin die Vertreter der Arbeitgeberseite in der HSC benennt und sie auf Arbeitgeberseite der bevorzugte Ansprechpartner der HSE in allen Arbeitsschutzfragen ist. Die anderen Unternehmerorganisationen, IoD und ABCC, waren lange Zeit überhaupt nicht in der HSC vertreten. Erst 1995 hat der *Secretary of State* aus ihren Reihen einen Repräsentanten explizit für die Belange der kleinen und mittleren Unternehmen ernannt (Interview HSC, 11.3.1997).

6.3 Interessen und Strategieformulierung der Akteure

6.3.1 Regierung

Sozialpolitische Initiativen auf europäischer Ebene stießen in der konservativen Ära auf den erbitterten Widerstand Großbritanniens. Er speiste sich aus zwei Motiven: Erstens setzte Großbritannien wie kein anderer Mitgliedstaat auf die Kräfte des freien Marktes und wollte es nicht zulassen, daß die heimische Deregulierungspolitik auf supranationaler Ebene durch Auflagen für Unternehmen oder durch soziale Umverteilungsmaßnahmen konterkariert wurde[17]; zweitens legte Großbritannien generell eine ausgeprägte Abneigung gegen die Übertragung politischer Kompetenzen auf die EU an den Tag. Der konkrete Verlauf des Integrationsprozesses wurde vor diesem Hintergrund heftig kritisiert. So beklagt die britische Regierung, daß

»in some cases EC legislation has been too detailed and burdensome. [...] Some Community policies risk damaging our competitiveness. The Government supports Treaty objectives for social, environmental and consumer protection. What the Government cannot accept is legislation which imposes vastly increased costs and rigidities and makes it harder to safeguard existing jobs or create new ones. The Government does not agree that harmonisation of employment law and social provisions is necessary for the operation of the Single Market.«[18]

Auch die europäische Arbeitsschutzpolitik fiel unter diese grundsätzliche Kritik. Überdies richtete die Regierung an die europäische Gremien den Vorwurf, über den – als eigentlichen Gegenstand des Arbeitsschutzes verstandenen – Bereich der technischen Arbeitssicherheit hinaus Probleme der Arbeitsbeziehungen geregelt zu haben:

---

17 Vgl. zu den wirtschaftspolitischen Zielen und Instrumenten der Major-Regierung z.B.: White Paper, Competitiveness: Helping Business to Win. Ähnlich auch: White Paper, Competitiveness: Forging Ahead.
18 White Paper, Competitiveness: Helping Business to Win, S. 26f.

Kapitel 6

»The Government as a whole has generally taken the view that health and safety is generally a good thing. What we do not like is social policy being presented as a health and safety issue. And they see aspects of that in terms of consultation with workers, they don't see that necessarily as a health and safety issue but as a social policy issue setting up workers' councils. So they are trying to obstruct the working time directive because they recognize that it has a health and safety dimension but they see it primarily as an industrial relations issue.« (Interview HSE, 16.6.1995)

Nachdem sich die britische Regierung in den Verhandlungen um die Rahmenrichtlinie und die Bildschirmrichtlinie mit ihren Vorstellungen im Kern nicht hatte durchsetzen können, sah sie sich zu Beginn der neunziger Jahre mit der Anforderung konfrontiert, das nationalstaatliche Arbeitsschutzsystem an Bestimmungen anzupassen, die sie in wichtigen Punkten ablehnte. Insbesondere die Bildschirmrichtlinie wurde als überaus reglementierend angesehen, und daher hatte Großbritannien im EU-Ministerrat auch gegen sie gestimmt.[19] Die bereits in den Brüsseler Verhandlungen zu Tage getretenen Interessen und Ziele der britischen Regierung waren auch bei der Umsetzung der Richtlinien in das nationale Arbeitsschutzsystem handlungsleitend. Im Zentrum der Regierungsstrategie stand das Ziel, die Belastungen für die Wirtschaft so gering zu halten wie möglich. Diesem Ziel wurden alle Politikbereiche, auch der Arbeitsschutz, untergeordnet.[20] Die Entschlossenheit, auf diesem Wege voranzuschreiten, wurde durch den konjunkturellen Einbruch des Jahres 1992 und den neuerlichen Anstieg der Arbeitslosigkeit noch verstärkt. Für das Ziel der Kostenbegrenzung stellte das gewachsene Regulierungsmodell des britischen Arbeitsschutzes einen geeigneten Rahmen dar, denn es räumte den Arbeitgebern einen großen Entscheidungsspielraum über das Niveau und die Instrumente des arbeitsbezogenen Gesundheitsschutzes ein.[21] Gleichzeitig hatte sich auch unter dem Gesichtspunkt des Gesundheitsschutzes das bisherige System aus der Sicht der Regierung im Grundsatz bewährt. Zur Begründung verwies sie insbesondere auf die sinkende Zahl der Arbeitsunfälle. Daher sah sie keine Notwendigkeit für eine weitreichende Reform des Arbeitsschutzsystems und verfolgte von vornherein das Ziel, die vorzunehmenden Veränderungen im Anpassungsprozeß auf ein unumgängliches Mindestmaß zu beschränken. Der für den Arbeitsschutz zuständige Staatssekretär im *Department of Employment* charakterisierte diese Zielsetzung folgendermaßen:

---

19 Vgl. DTI, Review of the Implementation and Enforcement of EC Law in the UK, S. 92.
20 So steht über dem White Paper »Competitiveness: Helping Business to Win« der Leitsatz: »›All our policies – not just our economic policy – need to be focused on the future strength of the British Economy.‹ The Prime Minister, CBI Annual Dinner 1993«.
21 Vgl. DTI, Deregulation: Cutting Red Tape.

Die Umsetzung von EU-Arbeitsschutzrichtlinien in Großbritannien

»We aim to avoid European legislation which places excessive burdens on business. And we challenge proposals which involve excessive red tape, such as unnecessary reporting or licensing requirements. [...] When we tackle the task of transposing an EC measure into our own legislation, we aim for simple effective legislation which gets the job done and sets out the goals to be achieved. It is also one of our aims to see that Community requirements are fitted into our legal system without disruption to our legal framework.«[22]

Bei der Umsetzung des Sechser-Pakets spielte für die britische Regierung auch ein außenpolitisches Kalkül eine Rolle. In den Jahren 1991 und 1992, als über die Anpassung an die EU-Vorschriften beraten und entschieden wurde, waren die Richtlinien zum sozialen Arbeitsschutz – zum Arbeitszeitschutz sowie zum Schutz Jugendlicher und Schwangerer – noch nicht im Ministerrat beschlossen worden. Für die britische Regierung war es von vorrangiger Bedeutung, weitreichende Regelungen auf diesen Feldern zu verhindern, vor allem weil sie direkt in die Regulierung der Arbeitsbeziehungen hineinragten[23] und überdies auch höhere Kosten als die Bestimmungen des Sechser-Pakets mit sich zu bringen drohten.[24] Weil die Briten in der Vergangenheit die Erfahrung gemacht, daß eine reine Obstruktionspolitik unter den Bedingungen qualifizierter Mehrheitsentscheidungen ihren Einfluß nur weiter verringern würde[25], war ihnen daran gelegen, ihre konstruktive Haltung unter Beweis zu stellen. Der Hinweis auf eine trotz der britischen Kritik zügig vollzogene Umsetzung könnte in den Verhandlungen als Argument gegen weitreichende Regelungen beim sozialen Arbeitsschutz eingesetzt werden – insbesondere wenn entsprechende Vorschläge von solchen Mitgliedstaaten kommen sollten, die das Sechser-Paket nicht fristgerecht umgesetzt haben würden. So halten britische Repräsentanten ihrer Regierung im Hinblick auf die Umsetzung europäischen Rechts denn auch gern ihre Vertragstreue und Verbindlichkeit zugute:

»Now even when Government has opposed or abstained on EU-Directives [...], it is a tenant, an axiom of UK law that once it is accepted, we will implement it and we will enforce it and that is exactly what we are doing. The Government has not exerted any influence on the enforcing authority which is ourselves to treat European-derived laws any differently from domestic laws [...], basically because to move away from that would undermine the whole credibility of the legal system.« (Interview HSE, 16.6.1995)

»[...] it is a government policy to implement all these directives, in the end we went along with it, and that I think is partly our style that we will argue strongly, we hope – and on the whole we hope successfully, for example with getting risk assessment into these directives – and then, once a directive is agreed, we will implement it as thoroughly as we possibly can in UK law.« (Interview HSE, 12.6.1995)

---

22 Oppenheim, UK Approach to European Health and Safety Issues, S. 18.
23 Vgl. DTI, Review of the Implementation and Enforcement of EC Law in the UK, S. 92.
24 Vgl. Wedderburn, Labour Law and Freedom, S. 267ff.
25 Vgl. DTI, Review of the Implementation and Enforcement of EC Law in the UK, S. 90.

Dabei fehlt bei Regierungsmitgliedern auch nicht der Hinweis auf die Versäumnisse anderer Mitgliedstaaten:

> »[...] our record in implementing health and safety legislation is a good one. The UK was one of only three Member States to implement the framework and associated directives on time, and there are still Member States which have not yet notified the European Commission of how they have transposed these directives.«

Schaut man auf die Gesamtbilanz der Umsetzung von Arbeitsschutzrichtlinien, so schneidet Großbritannien in der Tat besser ab als die meisten anderen Mitgliedstaaten. Allerdings dient die fristgerechte Umsetzung einmal verabschiedeter Richtlinien auch als Instrument, um den eigenen Einfluß auf noch auszuhandelnde Regelungen zu stärken.

6.3.2 Arbeitsschutzbehörden

HSC und HSE begleiteten die Intensivierung der europäischen Regulierungstätigkeit im Arbeitsschutz von Anfang an überwiegend mit Unbehagen und Mißtrauen. Dabei spielten sowohl rein sachbezogene, auf den Inhalt der EU-Arbeitsschutzpolitik bezogene Argumente als auch organisatorische Eigeninteressen eine tragende Rolle:

1. Die Verantwortlichen in den Arbeitsschutzbehörden kritisierten die Tendenz der Richtlinien, »to be more prescriptive and detailed than modern, objective setting health and safety regulations in the UK.«[26] Damit ließen sie nicht das Maß an Flexibilität zu, das für einen erfolgreichen Arbeitsschutz notwendig sei. Insbesondere klagten die Arbeitsschutzbehörden darüber, daß der Zuschnitt der Arbeitsschutzrichtlinien nicht den bedeutsamen Unterschied zwischen der britischen Tradition *(Common Law)* und der kontinentalen Tradition des Römischen Rechts in der Rechtsinterpretation berücksichtige. Im kontinentalen Recht könnten die üblicherweise konkreteren Vorgaben durch den größeren Interpretationsspielraum der Gerichte abgeschwächt werden; im *Common Law* müßte sich die Rechtsprechung hingegen sehr genau an den Wortlaut des Gesetzes halten und das Recht entsprechend eng auslegen.[27] Wenn nun, so die Kritik der Arbeitsschutzbehörden, das europäische Recht konkrete und detaillierte Vorgaben enthält, diese in britisches Recht umgesetzt und von den Gerichten eng ausgelegt werden müssen, so werde den arbeitsschutzpolitischen Akteuren genau jener Handlungsspielraum genommen, der sich bewährt habe und für den besonderen britischen Zugang

---

26 Zit. n. Thompson & Partners, Health and Safety at Work, S. 14.
27 Vgl. HSC, Review on Health and Safety Regulation, S. 22f.

Die Umsetzung von EU-Arbeitsschutzrichtlinien in Großbritannien

zum Arbeitsschutz wesentlich sei.[28] Darüber hinaus existiere im europäischen Arbeitsschutzrecht kein Rechtsinstrument, das in seiner Flexibilität den britischen *ACoPs* entsprechen würde. Der HSC und der HSE war vor allem deshalb an den *ACoPs* gelegen, weil gerade ihr formalrechtlicher Status – in Ergänzung der *Regulations* – es den Unternehmen und Inspektoren gestattete, den spezifischen betrieblichen Konstellationen Rechnung zu tragen und ein Schutzziel auf unterschiedlichen Wegen zu erreichen.[29]

2. Kritik äußerten HSC und HSE schließlich auch an der Systematik und an der Prioritätensetzung der EU-Arbeitsschutzpolitik. Nach ihrer Auffassung mangelte es den Richtlinien an einer sorgfältigen Vorbereitung und entsprach die darin vorgenommene Schwerpunktsetzung nicht dem tatsächlichen arbeitsschutzpolitischen Handlungsbedarf: Daher empfahlen sie der EU-Kommission, daß sie künftig darauf achten solle, »to bring forward proposals in some logical order related to real safety and health priorities«.[30] Schließlich bemängelten die Arbeitsschutzbehörden auch, daß die europäische Arbeitsschutzpolitik keinen Bezug auf die von der Arbeit ausgehenden Gefahren für die Öffentlichkeit nehme und sich – anders als die Bestimmungen des HSW Act – nicht auf die Selbständigen erstrecke.[31] Hingegen spielte die Befürchtung, daß mit dem Kompetenzzuwachs der europäischen Institutionen eine Absenkung des britischen Schutzniveaus einhergehen könnte, nur eine untergeordnete Rolle.[32]

3. Ebenso wie für die Regierung war auch für die Arbeitsschutzbehörden die Trennung von Arbeitsbeziehungen *(industrial relations)* und Arbeitsschutz *(health and safety)* konstitutiv. Diese beiden Dimensionen miteinander

---

28 Daher müsse, so die Forderung, der britischen Rechtsetzung ein Spielraum ermöglicht werden, der in der kontinentalen Tradition bei der Recht*sprechung* liegt. Freilich würde eine entsprechende Veränderung der europäischen Gesetzgebung für die Staaten mit kontinentaler Rechtstradition das Problem aufwerfen, daß die Gerichte bei *allgemeinen* Vorgaben auch noch über einen *weiten* Interpretationsspielraum verfügten. Damit würde das Arbeitsschutzrecht einen noch weit unverbindlicheren Charakter annehmen. Vgl. zur Kritik der Arbeitsschutzbehörden an den EU-Richtlinien z.B.: HSC, Review of Health and Safety Regulation, S. 22f.
29 Vgl. ebda., S. 23.
30 HSC, Plan of Work for 1991/92 and beyond, S. 9.
31 Vgl. HSC, Review on Health and Safety Regulation, S. 22f.
32 So z.B., wenn die HSC mit Blick auf den Umstand, daß die Arbeitsschutzpolitik nur mehr eine qualifizierte Mehrheit im Ministerrat erfordert, argwöhnt: »In these conditions, our large body of recently achieved law is at risk to the rapid counterplay of argument and compromise, with the risk that less carefully-constructed and industrially-acceptable solutions will emerge.« (HSC, Plan of Work for 1990-91 and beyond, S. 15). Allerdings taucht dieses Argument nur in der ersten Phase nach der Übertragung von Zuständigkeiten an die EU auf. Im übrigen ist bereits darauf hingewiesen, daß – legt man die rein rechtlichen Bestimmungen der EEA zugrunde – dafür kein Anlaß besteht; denn es ist den Mitgliedstaaten unbenommen, über die EU-Vorschriften hinauszugehen.

Kapitel 6

verknüpft zu haben war ein wichtiger Kritikpunkt an der europäischen Arbeitsschutzpolitik, denn eine Zuständigkeit für die Arbeitsbeziehungen würde die Herbeiführung eines Konsens im Rahmen der HSC verunmöglichen und damit an einem Eckpfeiler des britischen Arbeitsschutzsystems rütteln. So erklärte der damalige HSC-Vorsitzende im Jahre 1993:

»We, as the Commission, do not like the EC mixing up what we regard as industrial relations with health and safety, and there is a very practical, rather than ideological reason for that. We, as the HSC, can always reach a compromise on health and safety. Once you bring in industrial relations, you are in an industrial negotiation – something we should (a) not be involved with, and (b) we would never reach a consensus on. We have always subscribed to the view that there is a very firm line: on one side is health and safety, and on the other is industrial relations.

There was a tendency in the EC, particularly in the last couple of years to mix the two up – I think deliberately – because you could sneak industrial relations matters through under a health and safety umbrella, and do it by qualified majority voting.«[33]

4. Für HSC und HSE bedeutete die Kompetenzübertragung an die EU einen empfindlichen Kompetenzverlust auf dem Gebiet der Rechtsetzung. In jenen Bereichen, in denen der Ministerrat Mindeststandards festschrieb, beschränkte sich ihre Gestaltungsmöglichkeiten nunmehr weitgehend darauf, auf die Formen und Instrumente der nationalstaatlichen Umsetzung Einfluß zu nehmen. Die Initiative für die Fortentwicklung des Arbeitsschutzrechts lag nun aber bei den europäischen Behörden.

5. Mit der Aufwertung der europäischen Arenen verloren die vertrauten und aus der Sicht der Arbeitsschutzbehörden auch bewährten Instrumente und Wege der Einflußnahme auf die Arbeitsschutzpolitik, also die Konsultationen und Verhandlungsmuster von Regierung, Behörden und Verbänden, erheblich an Bedeutung. Man war nun mit veränderten Interessenstrukturen und Machtbeziehungen konfrontiert, neue Bündniskonstellationen und Kompromißmöglichkeiten mußten ausgelotet, neue Wege der Interessendurchsetzung erprobt werden. Das politische Terrain, auf dem nun bedeutende Entscheidungen über die Arbeitsschutzpolitik in Europa fielen, enthielt also zahlreiche unbekannte Variablen. Weil dort eine Vielzahl von Akteuren aus zwölf bzw. fünfzehn Mitgliedstaaten ihren Einfluß geltend zu machen versuchten, erlitt zudem jeder einzelne, eben auch die HSE, zwangsläufig einen relativen Bedeutungsverlust.

Trotz aller dieser Einwände waren die Richtlinien für Großbritannien verbindlich. Für die unausweichlich gewordene Umsetzung der EU-Richtlinien in britisches Recht formulierten HSC und HSE folgende Ziele:

---

33   Cullen (Interview), On the Record – HSC Chair, Sir John Cullen, S. 13.

Die Umsetzung von EU-Arbeitsschutzrichtlinien in Großbritannien

»Our strategy for implementing the Framework and associated directives while meeting the objectives of the directives is:
- to avoid disrupting the basic framework established by the Health and Safety at Work etc. Act, and also minimising change to the most recent regulations;
- to continue, where appropriate, the modernisation of health and safety law made prior to 1974 and to take the opportunity to repeal outdated UK legislation;
- to further the HSC/E philosophy of introducing control measures appropriate to the risk;
- to propose regulations which meet the Directive, but which generally do not go beyond it, so as to minimise the impact of alterations in the law at a time when the EC necessarily mean considerable changes in the law. Nevertheless the Commission proposes where appropriate to apply the directives to the self-employed and to public safety in conformity with the approach adopted in the HSWA [HSW Act; T.G.] and subsequent regulations.«[34]

Weil die Arbeitsschutzbehörden so weit wie möglich am britischen Arbeitsschutzsystem festhalten wollten, traten sie auch dafür ein, die Rahmenrichtlinie nicht in Form einer Gesetzesänderung in das britische Recht aufzunehmen, sondern sie mit Hilfe von *Regulations* in den bestehenden rechtlichen Rahmen zu integrieren. Dies werde, so ihre Auffassung, dadurch erleichtert, daß der HSW Act gerade im Hinblick auf die Pflichten des Arbeitgebers und die Ausrichtung der Prävention bereits viele Bestimmungen *implizit* enthalte, die in der Rahmenrichtlinie *explizit* formuliert werden. Bei der Auslegung der EU-Richtlinien billigten sich HSC und HSE zugleich einen Interpretationsspielraum zu. Nicht der Wortlaut, sondern die Auswirkung der Rechtsanpassung auf den Arbeitsschutz sei entscheidend:

»In transposing the requirements of a directive into health and safety regulations, we are not obliged to adhere strictly to the wording of the directive, though the effect must be the same, including the detail. In drawing up these proposals, the Commission has taken great care to ensure that the [...] directives are fully implemented in as constructive and flexible a way as possible, without imposing unnecessary burdens on industry. But it was also borne in mind that any new health and safety regulations should make an effective contribution to improving health and safety standards.«[35]

Enthielten diese veröffentlichten Positionen noch stets das Bekenntnis, die Richtlinien in vollem Umfang umzusetzen, so geht aus einem internen Strategiepapier der HSE, das die Leitlinien für die Rechtsanpassung formulierte, deutlich die Bereitschaft hervor, in verschiedenen Bereichen die EU-Anforderungen nicht zu erfüllen oder die Veränderungen doch so gering zu halten,

---

34 Vgl. zum folgenden: HSC, Proposals for Health and Safety (General Provisions) Regulations and Approved Code of Practice, S. II; HSC, Annual Report 1991/92, S. 6; Thompson & Partners, Health and Safety at Work, S. 13.
35 HSC, Proposals for Health and Safety (General Provisions) Regulations and Approved Code of Practice, S. 7.

Kapitel 6

daß damit zumindest das *Risiko* verbunden sein würde, hinter ihnen zurückzubleiben:

»We agree that we should not seek a 100% cast iron conformity with the Directive and would indeed be unable to claim that the proposals to be put to the HSC would achieve this. In fact they represent very much a minimalist approach [...] There is also scope in preparing the implementing regulations to do less rather than more [...] Thus we are proposing regulations only where they appear to be unavoidable. We are prepared to take a risk over several parts of the Directive.«[36]

Offenkundig war man entschlossen, einen identifizierten Interpretationsspielraum denkbar weit auszuschöpfen und dabei auch eine Nichterfüllung von EU-Vorgaben sowie sich daran anschließende politische und rechtliche Auseinandersetzungen in Kauf zu nehmen. Freilich vermieden es die Arbeitsschutzbehörden, eine vollständige Erfüllung der EU-Richtlinien auch öffentlich in Frage zu stellen. Hier betonten HSC und HSE statt dessen immer wieder, daß sie lediglich eine Minimalanpassung an die europäischen Vorgaben befürworteten. Insbesondere gegenüber den Unternehmern versicherten sie stets von neuem, alles tun zu wollen, um zusätzliche Belastungen für die Wirtschaft zu vermeiden. So war es nur eines von unzähligen Bekenntnissen, als der damalige Vorsitzende der HSC, Sir John Cullen, auf die Frage eines Unterhausabgeordneten nach den Plänen zur Umsetzung der EU-Richtlinien antwortete: »We have a very clear view, in the Commission, on this, we have adopted the policy of implementing European directives at what I might call the minimum level, i.e. we do not, in general, add any unnecessary burdens, as far as the UK is concerned.«[37] Gegenüber den Unternehmern war die HSE noch während der Konsultationsphase bemüht, Befürchtungen im Hinblick auf das neue Arbeitsschutzrecht zu zerstreuen. Sie war darauf bedacht, die Arbeitgeber über den Inhalt der neuen *Regulations* zu informieren und ihr Bewußtsein über die daraus für sie erwachsenden Pflichten zu fördern.[38] In einem solch frühen Stadium der Umsetzung, so versicherten die Arbeitsschutzbehörden, wolle man nach Möglichkeit auf Zwangsmaßnahmen verzichten.

»HSC has been developing a promotional and educational strategy designed to assist understanding of the new requirements. Although each case must be looked at on its merits, in general inspectors can be expected to recognise that employers will need time to take sensible action when requirements are completely new. Formal enforcement measures are not likely unless the risks to health and safety are evident and immediate, or

---

36 Zit. n. Everley, Leaked Letter Causes Rumpus over HSE Risk-Taking, S. 3.
37 Vgl. House of Commons, Session 1992-93, Employment Committee, The Work of the Health and Safety Commission and Executive (House of Commons, Session 1992-93, HC 755-i), S. 12.
38 Vgl. HSC, Annual Report 1992/93, S. 5.

Die Umsetzung von EU-Arbeitsschutzrichtlinien in Großbritannien

what needs to be done is not new, or employers appear deliberately unwilling to recognise their responsibilities.«[39]

Die auf der Arbeitgeberseite vorhandenen Vorbehalte und Widerstände gegen die Anpassung an die europäischen Vorgaben sollten auf diese Weise abgebaut werden.

6.3.3 Unternehmerverbände

Arbeitsschutzbestimmungen sollen die Unternehmen dazu veranlassen, solche Maßnahmen zu ergreifen, die sie angesichts der Zwänge der kapitalistischen Verwertungslogik oder vielleicht auch nur aus Unwissenheit und Bequemlichkeit unterlassen würden. Ihr Interesse an einer Verbesserung des Gesundheitsschutzes hängt vor allem von ihren Möglichkeiten ab, die Kosten des arbeitsbedingten Gesundheitsverschleißes zu externalisieren. Diese Möglichkeiten können in Abhängigkeit von sozialpolitischen Regelungen, der konjunkturellen Lage, dem Zuschnitt des Arbeitsmarktes etc. durchaus erheblich variieren. In Großbritannien sind die unmittelbaren betriebswirtschaftlichen Internalisierungseffekte, die vom Unfall- und Sozialversicherungssystem ausgehen, geringer ausgeprägt als in Deutschland. So orientieren sich die Lohnfortzahlung im Krankheitsfall und die Rentenzahlungen für durch Arbeitsunfälle oder Berufskrankheiten geschädigte Arbeitnehmer an einer Mindestsicherung und liegen in der durchschnittlichen Höhe deutlich unterhalb des deutschen Niveaus.[40] Vom System der staatlichen Unfallversicherung gehen keinerlei finanzielle Anreize zur Verminderung des Unfall- und Berufskrankheitengeschehens aus, weil die Kompensationszahlungen aus dem staatlichen Steueraufkommen finanziert werden; stärker – aber verglichen mit dem Finanzierungsmodus in der gesetzlichen Unfallversicherung Deutschlands – immer noch sehr schwach sind die Anreize der privaten Unfallpflichtversicherung, wo die Versicherungsprämien in vielen Fällen an die Höhe der branchenspezifischen Arbeitnehmerforderungen gekoppelt sind.[41] Allerdings bleibt den Unternehmen auch hier immer noch die Möglichkeit, die jeweiligen Kosten branchenweit zu externalisieren. Daß geschädigte Arbeitnehmer in jüngerer Zeit immer häufiger zivilrechtliche Schadenersatzansprüche gegen ihre Arbeitgeber erhoben und das ihnen von den Gerichten zugebilligte Kompensationsvolumen beträchtlich gestiegen ist, hat den finanziellen Anreiz für Arbeitsschutzmaßnahmen allerdings erhöht.[42]

---

39 HSC, Annual Report 1991/92, S. 6f.
40 Vgl. z.B. Schmid, Wohlfahrtsstaaten im Vergleich, S. 190ff. Siehe Kapitel 4.3.4, 7.3.4.
41 Vgl. HSE, Economic Impact of Occupational Health and Safety, Ziff. 14a, 15a.
42 Vgl. Walters, United Kingdom, S. 196; Braul, Das Arbeitsschutzsystem in Großbritannien, S. 139ff.

Kapitel 6

Dennoch hat der Gesundheitsschutz am Arbeitsplatz in den zurückliegenden Jahren in britischen Unternehmen eine wachsende Aufmerksamkeit auf sich gezogen. Dies ist auf unterschiedliche Gründe zurückzuführen. Erstens erschöpfen sich die Kosten arbeitsbedingter Gesundheitsschäden nicht in den sozialrechtlich begründeten Entschädigungszahlungen für die betroffenen Arbeitnehmer. Hinzu kommen für die Unternehmen die Kosten des Produktionsausfalls und die mit der Umstellung der Arbeitsorganisation verbundenen Ausgaben. So wird der CBI nicht müde, seine Mitglieder auf die hohen Kosten von Krankheit aufmerksam zu machen. Er schätzte 1993 allein die Höhe der direkten Kosten von Fehlzeiten auf £ 13 Milliarden jährlich.[43] Auch die HSE hält ökonomische Argumente für einen verbesserten Arbeitsschutz bereit. Nach ihren Berechnungen gingen in der ersten Hälfte der neunziger Jahre fast 30 Millionen Arbeitstage pro Jahr durch Arbeitsunfälle und arbeitsbedingte Erkrankungen verloren.[44] Der Gesamtschaden für die britischen Unternehmen belief sich demzufolge auf eine Summe zwischen £ 4,5 und 9,5 Milliarden, also auf einen Anteil von 5 bis 10 % der jährlichen Bruttogewinne oder einen Betrag von £ 170 bis 360 je Beschäftigten.[45] Zweitens werden Maßnahmen des Gesundheitsschutzes bzw. der Gesundheitsförderung stärker als noch in den achtziger Jahren als Instrument zur Mobilisierung von Leistungsreserven wahrgenommen.[46] Als Bestandteil der Unternehmenskultur sollen sie dazu beitragen, die Arbeitszufriedenheit und Arbeitsmotivation der Beschäftigten zu erhöhen und diese stärker an das Unternehmen zu binden. So weist der CBI seine Mitgliedsfirmen darauf hin: »Positive steps to improve employees' health can go a long way to improve employees' morale and reduce staff turnover.«[47] Auf diesem Wege würden betriebliche Gesundheitsmaßnahmen zu einer Erhöhung der Arbeitsproduktivität führen. *Health and safety at work* und *health promotion* werden vor diesem Hintergrund zu einem wichtigen Bestandteil des betriebswirtschaftlichen *human resource management.*[48] Drittens erhält das Unternehmensinteresse an einem verbesserten Gesundheitsschutz durch den Strukturwandel des Arbeitsmarktes und der Arbeits-

---

43 Vgl. CBI, Working for Your Health, S. 7.
44 Vgl. Davies/Teasdale, The Costs to the British Economy of Work Accidents and Work-Related Ill Health, S. 21ff.
45 Vgl. ebda., S. 44ff.
46 Den ökonomischen Nutzen des betrieblichen Gesundheitsschutzes betonen insbesondere: Humphrey/Smith, Looking after Corporate Health, bes. S. 97ff., 185ff.; Davies/Teasdale, The Costs to the British Economy of Work Accidents and Work-Related Ill Health; vgl. auch: Bach, The Working Environment, S. 117ff.; Armstrong, A Handbook of Personal Management Practice, S. 760ff.
47 CBI, Working for Your Health, S. 7.
48 Vgl. z.B. Bach, The Working Environment, S. 117ff.

Die Umsetzung von EU-Arbeitsschutzrichtlinien in Großbritannien

anforderungen sowie durch den gesellschaftlichen Wertewandel zusätzliche Impulse:

»Although total employment is expected to grow during the 1990s the number of young people coming into the labour market will decrease. Both the age structure and the sex balance of the workforce is expected to change. More employment for older workers and for women could call into question long held assumptions and attitudes. [...] It is also forecast that by the end of the 1990s there will be a much greater need for skilled workers or ›knowledge‹ workers as they are becoming called and the employment opportunities for unskilled, manual workers will have decreased. Employers will be competing for workers and a more highly skilled workforce is likely to be more demanding about conditions. So employers see that they need to project the right image to be in a position to attract the employees they require.«[49]

Somit lassen sich durchaus Interessen von Unternehmen an einem verbesserten Gesundheitsschutz identifizieren. Jedoch konnten sie die britischen Unternehmerverbände nicht zu einer Befürwortung der Rahmenrichtlinie und der Bildschirmrichtlinie bewegen. Im Gegenteil: Der CBI gehörte unter den europäischen Arbeitgeberverbänden zu den schärfsten Gegnern der EU-Arbeitsschutzpolitik.[50] Im Hinblick auf die nationalstaatliche Umsetzung waren die Unternehmen ebenso wie Regierung und Arbeitsschutzbehörden stark daran interessiert, die Kernelemente des britischen Regulierungsmodells zu erhalten: Die Rechtsetzung sollte sich auf allgemeine Vorgaben beschränken und den Betrieben die konkrete Durchführung der Bestimmungen überlassen. War das einzelne Unternehmen der für die Entscheidung über Art und Umfang von zu ergreifenden Arbeitsschutzmaßnahmen maßgebliche Ort, so würden es gerade die ökonomischen Rahmenbedingungen den Unternehmen erleichtern, das Schutzniveau bei Bedarf nach unten zu korrigieren oder geforderte bzw. gebotene Maßnahmen zu unterlassen. Vor diesem Hintergrund mußten der verbindliche, absolute Charakter der EU-Arbeitsschutzrichtlinien und ihre bisweilen detailliert formulierten Anforderungen auf die Ablehnung der Unternehmerverbände stoßen. Daher stimmte der CBI, wie es in dem erwähnten internen Strategiepapier der HSE heißt, dem Vorhaben einer Minimalanpassung bei einkalkulierter selektiver Nichterfüllung von EU-Vorgaben, zu: »Informal discussions with the CBI suggest that they would favour this approach.«[51]

Die Kritik der Unternehmerverbände an den Richtlinien des Sechser-Paketes deckte sich weitgehend mit derjenigen von Regierung und Arbeitsschutzbehörden: Die Richtlinien enthielten ein Übermaß an reglementierenden

---

49 CBI, Developing a Safety Culture, S. 13f.
50 Vgl. Brewster/Teague, European Community Social Policy, S. 141f.
51 Zit. n. Everley, The Changing Role of the TUC, S. 16.

Kapitel 6

Vorgaben, sie bezögen sich auf Arbeitstätigkeiten, deren gesundheitsgefährdender Charakter nicht erwiesen sei, und die Kosten der Maßnahmen würden in keinem angemessenen Verhältnis zum zu erwartenden gesundheitlichen Nutzen stehen (Interview CBI, 9.6.1995; British Printing Industries Federation – im folgenden: BPIF, 3.4.1996). »A number of examples [...] indicate that some of the legislation is built around weak science and little assessment of the cost impact.«[52] Auch der Umstand, daß HSE und HSC von einer insgesamt geringen Kostenbelastung durch die Rahmenrichtlinie und die Bildschirmrichtlinie ausgingen, brachte die britischen Unternehmerverbände nicht von ihrer scharfen Ablehnung ab.[53] Sie zweifelten diese Schätzungen an, und zudem konnte ihnen, wenn sie Bildschirmarbeit generell nicht für gesundheitsschädlich hielten, auch kaum das Argument der Arbeitsschutzbehörden einleuchten, daß bei einer Umsetzung der Bildschirmrichtlinie mit einem nicht exakt quantifizierbaren Rückgang der Fehlzeiten zu rechnen sei.[54]

Trat schon der CBI überaus entschieden gegen die Kernelemente der europäischen Arbeitsschutzpolitik und eine Erhöhung der Regulierungsdichte auf, so wurde er in der Schärfe von den Verbänden kleinerer und mittlerer Unternehmen, IoD und den *British Chambers of Commerce* (BCC), noch übertroffen.[55] Sie verbanden das Interesse nach möglichst geringen gesetzlichen Arbeitsschutzauflagen mit der Forderung nach einer übersichtlicheren und einfacheren Rechtsetzung, die ihnen ein hohes Maß an Gewißheit über die an sie gestellten Anforderungen ermöglichen sollte. Darin eingeschlossen war die Erwartung, daß sich die Tätigkeit der Behörden auf die Beratung – und weniger auf die Kontrolle – der Unternehmen konzentriert. Die Differenzen im Unternehmerlager sind auf die unterschiedlichen Probleme des Arbeitsschutzes in Großunternehmen einerseits, kleinen und mittleren Unternehmen

---

52 Memorandum by the CBI, The Work of the Health and Safety Executive, S. 52.
53 Für die *DSE Regulations* schätzten sie – auf Basis der Preise des Jahres 1991 – die für die Unternehmen in den ersten zehn Jahren anfallenden Kosten auf einen Gesamtbetrag von £ 207 bis 295 Millionen. Verteilt auf den Zehnjahreszeitraum, ergebe sich eine durchschnittliche jährliche Belastung von zwischen £ 28 und 40 Millionen in realen Preisen. Über die Hälfte der Ausgaben, so die HSC, entfalle auf die Risikobewertung sowie auf die Anforderung, die identifizierten Risiken zu minimieren und den Mindeststandards zu entsprechen; ein weiteres Drittel beanspruchen die Augenuntersuchungen. Insgesamt entsprächen die Kosten der vorgeschlagenen Umsetzung der EU-Bildschirmrichtlinie in die britische Arbeitsschutzpraxis einer einmaligen Ausgabe von £ 42 je Arbeitsplatz – also weniger als 1% der Gesamtkosten, die mit der Schaffung eines neuen Bildschirmarbeitsplatzes verbunden seien. Vgl. HSC, Proposals for Health and Safety (General Provisions) Regulations and Approved Code of Practice; HSC, Work with Display Screen Equipment, S. 7.
54 Vgl. Akass, Essential Health and Safety for Managers, S. 174f.
55 Vgl. IoD, Health and Safety; IoD, Deregulation: Economic Comment, S. 1ff.; BCC, Small Firms Survey: Health and Safety in Small Firms, S. 8ff.

andererseits zurückzuführen. Die großen Unternehmen, im CBI von erheblichem Gewicht, sind üblicherweise in der Lage, in durchaus beträchtlichem Umfang finanzielle und personelle Ressourcen für den Arbeitsschutz bereitzustellen. Sie verfügen über langjährige Erfahrungen auf diesem Gebiet, und in ihnen existieren – häufig in Zusammenarbeit mit der Interessenvertretung der Beschäftigten – eingespielte Muster der betrieblichen Bearbeitung von Arbeitsschutzproblemen. Hingegen sind in den Klein- und Mittelunternehmen Expertenwissen oder Erfahrungen im Arbeitsschutz eher selten vorhanden, und die Verantwortung für den Arbeitsschutz ist nicht als Spezialistentätigkeit von anderen betrieblichen Leitungsfunktionen abgespalten (Interview The Paper Federation, 4.4.1996). Diese Unterschiede führen zu unterschiedlichen Akzenten in der Arbeitsschutzpolitik. Zwar legen die großen – wie alle – Unternehmen großen Wert darauf, ihre betriebliche Arbeitsschutzpolitik keinem Anpassungsdruck durch gesetzliche Zielvorgaben auszusetzen. Zugleich zeigen sie sich bei arbeitsschutzpolitischen Entscheidungen gegenüber den Gewerkschaften eher kompromißbereit, denn die betrieblichen Anpassungsprozesse an neue Arbeitsschutzbestimmungen sind von Großunternehmen leichter zu bewältigen. Darüber hinaus können sie kein Interesse daran haben, daß kleine und mittlere Unternehmen ihr üblicherweise geringeres und nicht selten unzureichendes Arbeitsschutzniveau nicht als Kostenvorteil nutzen. Um Wettbewerbsverzerrungen zu vermeiden und allen Unternehmen gleiche Ausgangsbedingungen zu sichern *(level playing field)*, wollen Großunternehmen und der CBI den *goal-setting approach* mit einer konsequenteren Kontrolltätigkeit der Arbeitsschutzbehörden verbunden sehen. Schließlich erfordert auch die tripartistische Kooperation in den Arbeitsschutzbehörden vom CBI eine gewisse Kompromißbereitschaft, denn die gewünschte Zusammenarbeit wird auf Dauer nur Bestand haben, wenn ihre Vorteile auch für den TUC erfahrbar sind.

6.3.4 Gewerkschaften

Die Gewerkschaften bewerteten die Entwicklung des Arbeitsschutzes überwiegend negativ: Sie kritisierten den Anstieg der arbeitsbedingten Gesundheitsgefahren und hatten dabei nicht nur die Entwicklung der Berufskrankheiten und die zeitweise steigenden Arbeitsunfallzahlen, sondern auch den übergreifenden Trend der Leistungsverdichtung bei der Arbeit im Blick.[56] Vor diesem Hintergrund sahen sie dringenden Handlungsbedarf auf dem Gebiet

---

56 Vgl. Freedman, Health and Safety at Work: Perceptions of National Trade Union Officials, S. 11ff., 19ff.; TUC, Congress Report 1995, S. 25f.

des Arbeitsschutzes. Angesichts der gesunkenen betrieblichen Durchsetzungschancen und der Erfahrung wachsender Rücksichtslosigkeit des Managements gegenüber den gesundheitlichen Belangen der Beschäftigten stieg aus ihrer Sicht die Bedeutung dieses Politikfeldes im Rahmen einer gewerkschaftlichen Handlungsstrategie. Daher waren sie trotz geringer personeller Kapazitäten bemüht, ihr Engagement im Arbeitsschutz aufrechtzuerhalten und nach Möglichkeit zu verstärken.[57] Für die Gewerkschaften war dies gerade angesichts der stark rückläufigen Mitgliederzahlen zugleich ein Bestandteil verbandlicher Modernisierungsstrategien und hat nicht unerheblich dazu beigetragen, das Ansehen der Gewerkschaften unter den Arbeitnehmern zu stärken.[58]

Allerdings waren überbetriebliche Initiativen zur Verbesserung des Arbeitsschutzes am Widerstand der Regierung gescheitert oder besaßen keine realistische Erfolgsaussicht. Daher richteten sich die arbeitsschutzpolitischen Hoffnungen des TUC und der ihm angeschlossenen Einzelgewerkschaften auf die EU. Sie befürworteten die mit der EEA vollzogene Verlagerung der Rechtsetzungskompetenzen, beteiligten sich in den europäischen Institutionen intensiv an der Erarbeitung von Arbeitsschutzrichtlinien und begrüßten – wie z.B. der TUC auf seinem Jahreskongreß 1992 – ausdrücklich ihren Inhalt.[59] Auf dem Umweg über Europa sollte, so die Hoffnung, ein verbesserter Gesundheitsschutz in den britischen Arbeitsstätten Einzug halten.

»What has happened over the years [...] is that we have turned more and more to Europe as we go through a period of government that is essentially anti-trade union, and less and less legislation is being considered that is beneficial to the unions. The party that we support, the Labour Party, is not in power and cannot influence things, so we've increasingly gone to Europe, because we have realised that although the time scale is longer, we can actually influence legislation.« (Interview GPMU, 29.9.1995)

Im Hinblick auf das Sechser-Paket der EU waren für die Gewerkschaften insbesondere die explizit und verbindlich formulierten Pflichten des Arbeitgebers von Bedeutung:

---

57 Vgl. z.B. Union Health and Safety Initiatives, S. 7ff.
58 Dies ist eine Überzeugung, die alle gewerkschaftlichen Gesprächspartner zum Ausdruck brachten. Vgl. auch: Everley, The Changing Role of the TUC, S. 14. Allerdings werden die organisatorischen Voraussetzungen für eine effektive gewerkschaftliche Arbeitsschutzpolitik oftmals als unzureichend betrachtet, denn im Rahmen organisationsinterner Umstrukturierungen, die durch den Mitglieder- und Beitragsrückgang notwendig geworden waren, wurden auch die Ressourcen für den Arbeitsschutz gekürzt. Generell erscheint die personelle Ausstattung in diesem Bereich als mangelhaft. Darüber hinaus klagen die *safety representatives* vor Ort häufig über eine zu geringe Unterstützung durch die örtlichen Gewerkschaftsfunktionäre. Vgl. Freedman, Health and Safety at Work: Perceptions of National Trade Union Officials, S. 24ff.
59 Vgl. TUC, Report 1993, S. 46.

Die Umsetzung von EU-Arbeitsschutzrichtlinien in Großbritannien

»The six-pack has given a massive injection to health and safety for unions in this country, it has given us a new focus. The management regs [Management of Health and Safety at Work Regulations; T.G.] have revealed, if you like, some of the weaknesses of the Health and Safety Work Act. The Health and Safety Work Act is great on saying what employers must do: they have to have a policy, they have to implement it etc. What it doesn't say is how they should do those things. Management regs come along and fill in the gaps because the management regs include things like an explicit requirement to do a risk assessment. To meet the Health and Safety Work Act you would really have to do a risk assessment but it didn't say that, so it was implicit, and so it wasn't practised. The management regs require firms to have available to them a competent person. Every company must either employ or have available a competent person. Again, Health and Safety Work Act: If you wanted to implement that, you could argue: ›Well, we need someone who knows how to do it and then we have to do a Risk Assessment‹. But the law didn't say that, so companies didn't. Now because the law says: ›You must do a risk assessment, you must have someone competent to advise you‹, we've been able to exploit that and companies are having to do it.« (Interview GPMU, 29.9.1995)

Das Hauptziel der Gewerkschaften im Prozeß der rechtlichen Anpassung war es, den verbindlichen Charakter der Arbeitgeberpflichten und ihre explizite Formulierung in den EU-Richtlinien in das britische Arbeitsschutzsystem zu überführen. Die in den EU-Arbeitsschutzrichtlinien enthaltenen Chancen sollten so weitgehend wie möglich ausgeschöpft werden – mit dem Ziel, »to seek alterations in current legislation which will secure the maximum impact in order to engender significant and lasting improvements in health and safety performance at the workplace«.[60] Damit formulierten die britischen Gewerkschaften im Hinblick auf den Inhalt der Anpassung ein Ziel, das sich von dem der übrigen Hauptakteure deutlich unterschied. Allerdings votierten sie mit ihnen dafür, kein neues Arbeitsschutzgesetz zu erarbeiten, sondern die geforderten Veränderungen mit dem Instrument der *Regulations* in den HSW Act zu integrieren. Die TUC-Gewerkschaften teilten die Ansicht, daß der HSW Act ein anpassungsfähiger und geeigneter Rahmen für weitere Fortschritte im Arbeitsschutz sei.[61] Jedoch ging das Votum, dieses Grundlagenwerk nicht anzutasten, nicht nur auf diese Einschätzung, sondern auch auf die Furcht vor unerwünschten Veränderungen an diesem Rahmengesetz zurück. Der Arbeitsschutz war der einzige Bereich, in dem die konservative Regierung im Zuge ihrer Anti-Gewerkschafts- und Deregulierungspolitik die Rechte von Gewerkschaften und Beschäftigten nicht angetastet hatten:

»In fact, the health and safety area is probably the only area where we have retained employment rights at work that stem from the seventies. Everything else has been swept

---

60 TUC, Memorandum of Comment on Health and Safety Commission Proposals for Health and Safety (General Provisions) Regulations and Approved Code of Practice, Ziff. 3.
61 Vgl. TUC, Report of TUC Health and Safety Project, S. 5ff. Siehe auch: Inteview GMB, 17.7.1995.

away by the Tories except the health and safety laws and rights have stayed intact, and we've been able to use that to a health and safety advantage. It's also an area where we can still organise and still influence employers on a basic legal issue.« (Interview GPMU, 29.9.1995)

Gerade die Erfahrung, daß die Schwächung der Gewerkschaften die betriebliche Vertretung von Arbeitsschutzinteressen erschwerte, ließ die Bedeutung rechtlich fixierter Regelungen um so klarer hervortreten.

»In the last few years we've been in the situation where employers have derecognized unions for collective bargaining purposes. The result of that has been that we don't have the legal right to appoint safety reps [representatives; T.G.]. When we have a situation where the representatives' rights are taken away we realise how important [they are; T.G.] and how much we rely on those rights. That is the right to say to the employer: ›You must tell me this‹, ›You must give me this information‹, ›I have a right to look at the workplace as a safety rep and inspect things‹.« (Interview GPMU, 29.9.1995)

Dies galt nicht nur für die betrieblichen Handlungsmöglichkeiten, sondern auch für die regulativen Arrangements im überbetrieblichen Arbeitsschutz. Insbesondere der tripartistische Charakter der HSC galt dem TUC als unbedingt erhaltenswert, weil man – gerade angesichts der gesunkenen Durchsetzungsfähigkeit auf der betrieblichen und der Dominanz der Tories auf der parlamentarischen Ebene – der Meinung war, sich auf diesem Wege noch einen gewissen Einfluß auf die nationalstaatliche Arbeitsschutzpolitik erhalten zu können.[62] Sofern Verbesserungen im Arbeitsschutz seit den siebziger Jahren erzielt worden waren, schrieb man sie dem auf dem HSW Act gründenden Einfluß der Gewerkschaften zu.

---

62 Allerdings wurden die tripartistischen Arrangements innerhalb des TUC und seiner Mitgliedsgewerkschaften zum Teil auch heftig kritisiert, weil sie, so der Einwand, den Arbeitgebern die Möglichkeit bieten, Fortschritte zu blockieren, und so zu einer starken Verwässerung gewerkschaftlicher Forderungen führten (vgl. z.B. die Nachweise bei Freedman, Health and Safety at Work: Perceptions of National Trade Union Officials, S. 9ff.). Angesichts der politisch-ökonomischen Rahmenbedingungen hielten aber auch die Kritiker den Fortbestand tripartistischer Regulierungsformen im Arbeitsschutz für wünschenswert. Im Unterschied dazu nahm die Kooperation im Rahmen der HSC für diejenigen Gewerkschaften bzw. Gewerkschaftskreise, die eher sozialpartnerschaftlich ausgerichtet waren, eine grundsätzliche strategische, über den Arbeitsschutz hinausgehende Bedeutung an. Sie waren – als Antwort auf die mit der Thatcher-Ära einhergegangenen Veränderungen – um eine strategische Neuorientierung bemüht, die im Kern auf eine stärkere Verrechtlichung und Korporatisierung der Arbeitsbeziehungen zielte. In diesem Zusammenhang sollte die Mitarbeit der HSC als Bewährungsprobe für die Fähigkeit zur konstruktiven Zusammenarbeit mit den Arbeitgebern und zur Übernahme von »gesellschaftlicher Verantwortung« dienen. Auch aus diesem Grund hielten es die Gewerkschaften nicht für angeraten, ihre Mitwirkung in der HSC durch die Forderung nach einer grundlegenden Neugestaltung des Arbeitsschutzrechts aufs Spiel zu setzen. Siehe dazu auch: Wilson, The Politics of Safety and Health, S. 117.

Die Umsetzung von EU-Arbeitsschutzrichtlinien in Großbritannien

»Effective consultation arrangements are of fundamental importance to the development of improved health and safety standards. The new consultative structures established by the HSW Act through the HSC and its advisory committees have provided much greater opportunities for the trade unions movement to influence the development of health and safety policy.«[63]

Weil es sich bei der HSC Mitte der neunziger Jahre um eine der wenigen tripartistischen *quasi-governmental bodies* handelte, die von der Regierung nicht zerschlagen bzw. aus denen die Gewerkschaften nicht ausgeschlossen worden waren[64], war unter den Gewerkschaften die Befürchtung weit verbreitet, daß die Regierung eine Veränderung des HSW Act zum Anlaß nehmen könnte, um auch in der obersten Arbeitsschutzbehörde den gewerkschaftlichen Einfluß zurückzudrängen bzw. das korporatistische Regulierungsmodell in der Arbeitsschutzpolitik ganz zu beseitigen. Auch die erwähnte Berufung eines nicht dem TUC angehörenden Gewerkschaftsrepräsentanten in die HSC wurde als Hinweis in diese Richtung gedeutet (Interview GMB, 17.7.1995).

Über diesen Aspekt hinaus hat der Verzicht der Gewerkschaften auf die Forderung nach einer weitreichenden Neuformulierung des arbeitsschutzrechtlichen Rahmens auch seinen Grund darin, daß für sie die Rechtsetzung gegenüber der behördlichen Kontrolle und Sanktionierung von nachrangiger Bedeutung war (z.B. Interview GMB, 17.7.1995). Seit Beginn der achtziger Jahre hatten sie – darauf wird unten noch näher einzugehen sein – einen kontinuierlichen Abbau der Ressourcen für die Überwachung von Arbeitsschutzbestimmungen beobachtet. Gleichzeitig kritisierten sie die bei rechtlichen Zuwiderhandlungen verhängten Sanktionen als viel zu schwach, um die Arbeitgeber zur Einhaltung von Rechtsvorschriften veranlassen zu können.[65] Rechtliche Bestimmungen, deren Einhaltung höchst unzureichend kontrolliert wurde, waren aus ihrer Sicht weitgehend wertlos: »So, that's our big, big Problem: the lack of strong enforcement.« (Interview UNISON, 11.11.1996). Daher konzentrierten sich ihre überbetrieblichen Arbeitsschutzaktivitäten auf die Forderung nach einer verbesserten finanziellen und personellen Ausstattung der HSE.[66]

Zusammenfassend ist festzuhalten, daß sich im Hinblick auf die inhaltlichen Vorstellungen zur Umsetzung der europäischen Arbeitsschutzvorschriften die Ziele von Regierung, Arbeitsschutzbehörden und Unternehmerverbänden weitgehend deckten. Ihre Bemühungen richteten sich darauf,

---

63 TUC, Health and Safety Bulletin, 1987, Issue no. 7, S. 1.
64 Vgl. Rimington (Interview), »Remember, Complacency is Always the Enemy of Safety«, S. 31. Siehe auch: The Independent vom 23.3.1995.
65 Vgl. Freedman, Health and Safety at Work: Perceptions of National Trade Union Officials, S. 16ff.
66 Vgl. Braul, Das Arbeitsschutzsystem in Großbritannien, S. 140.

Kapitel 6

die Auswirkungen der EU-Richtlinien auf das britische Arbeitsschutzsystem so gering zu halten wie möglich. Davon unterschied sich recht deutlich die Vorstellung der Gewerkschaften, die den verbindlichen Charakter der Arbeitgeberpflichten und ihre explizite Formulierung in das britische System übertragen wollten. Allerdings existierte zwischen den wichtigsten Akteursgruppen – wenn auch aus zum Teil sehr unterschiedlichen Gründen – eine Übereinstimmung darüber, den gesetzlichen Rahmen selbst nicht anzutasten und die notwendigen Veränderungen unter dem existierenden Dach des HSW Act vorzunehmen. Die gewerkschaftliche Position war darüber hinaus dadurch gekennzeichnet, daß gegenüber der Reform des Arbeitsschutzrechts eher Fragen eines effektiveren Vollzugs von Rechtsvorschriften im Vordergrund standen.

6.4 Die Umsetzung der Arbeitsschutzrichtlinien

Die britischen Arbeitsschutzbehörden nahmen die Umsetzung des Sechser-Pakets zügig in Angriff. Um die Inhalte der neuen Regelwerke abzustimmen, wurde bei der HSE im Jahre 1990 eine informelle Arbeitsgruppe eingerichtet.[67] Die beteiligten Akteure erzielten rasch eine Übereinstimmung darüber, die notwendig gewordenen Anpassungen nicht durch eine Reform des HSW Act, sondern durch die Verabschiedung von *Regulations* unter dem unverändert fortexistierenden Dach dieses Gesetzes vorzunehmen. Die Vorschläge zur Umsetzung der EU-Richtlinien wurden im Verlauf der Jahre 1991 und 1992 in einzelnen *Consultative Documents* veröffentlicht.

6.4.1 Die Umsetzung der Rahmenrichtlinie

Der Entwurf zur Umsetzung der Rahmenrichtlinie erschien als erstes der sechs *Consultative Documents* im Oktober 1991.[68] Der daraufhin einsetzende Konsultationsprozeß bezog eine Vielzahl von Akteuren ein. Das Dokument wurde in einer Auflage von 28 000 Exemplaren gedruckt, und im Verlauf der folgenden Monate gingen 240 Stellungnahmen der verschiedensten Verbände und Institutionen bei der HSE ein.[69] Nach dem Abschluß des Konsultationsprozesses unterbreitete die HSC dem *Department of Employment* im Juli 1992 einen überarbeiteten Entwurf für den Text der neuen *Regulations*. Trotz

---

67 Vgl. HSC, Annual Report 1990/91, S. 42.
68 Vgl. HSC, Proposals for Health and Safety (General Provisions) Regulations and Approved Code of Practice. Vgl. dazu auch: New UK Health and Safety Proposals, S. 6ff.
69 Vgl. Vogel, Gefahrenverhütung am Arbeitsplatz, S. 269.

Die Umsetzung von EU-Arbeitsschutzrichtlinien in Großbritannien

der Vielzahl von Stellungnahmen und der Vielfalt der darin geäußerten Kritik waren die Korrekturen, die HSE und HSC am Entwurf vornahmen, nur äußerst geringfügig. Ganz offenkundig waren die wichtigsten Kompromißlinien bereits bei der Erarbeitung des Entwurfs zwischen Regierung, Arbeitsschutzbehörden, Unternehmerverbänden und Gewerkschaften ausgelotet worden. Der *Secretary of State for Employment* nahm den Entwurf am 26. August 1992 an und legte ihn am 8. September 1992 dem Parlament vor. Von diesem nicht beanstandet, trat er zusammen mit den fünf weiteren *Regulations* am 1.1.1993, entsprechend den Zeitvorgaben des EU-Ministerrats, in Kraft.[70] Damit gehörte Großbritannien zu den lediglich vier Mitgliedstaaten, die die EU-Rahmenrichtlinie fristgerecht umgesetzt hatten.[71] Das schließlich verabschiedete Regelwerk zur Umsetzung der EU-Rahmenrichtlinie erhielt den Namen *Management of Health and Safety at Work Regulations* (im folgenden: *MHSW Regulations*).[72] Die *MHSW Regulations* wurden von umfangreichen und detaillierten *ACoPs* und *Guidance Notes* begleitet, die die HSE erarbeitet hatte und im Dezember 1992 veröffentlichte.[73]

6.4.1.1 Kernbestimmungen der Management of Health and Safety at Work Regulations

Welche Bestimmungen sahen die *MHSW Regulations* nun im Hinblick auf die wichtigsten Regelungsbereiche der Arbeitsschutzrahmenrichtlinie vor?

Geltungsbereich
Entsprechend der mit dem HSW Act 1974 begründeten Tradition des britischen Arbeitsschutzes bezieht sich die unternehmerische Pflicht zur Durchführung einer Risikobewertung nicht nur auf die Gesundheit der Beschäftigten, sondern schließt auch die Selbständigen sowie alle Personen ein, deren Sicherheit und Gesundheit durch die Tätigkeit eines Unternehmens gefährdet ist, also auch

---

70 Diese *Regulations* sollten die betreffenden Einzelrichtlinien der EU umsetzen, die unter der Rahmenrichtlinie erlassen worden waren und an die das nationale Recht bis zum 31.12.1992 angepaßt werden mußte. Im einzelnen handelte es sich dabei um die *Workplace (Health, Safety and Welfare) Regulations* (Arbeitsstättenrichtlinie), die *Provision and Use of Work Equipment Regulations* (Arbeitsmittelrichtlinie), die *Personal Protective Equipment at Work Regulations* (Richtlinie über die Benutzung persönlicher Schutzausrüstungen), die *Manual Handling Operations Regulations* (Richtlinie über die manuelle Handhabung von Lasten) und die *Health and Safety (Display Screen Equipment) Regulations* (Bildschirmrichtlinie).
71 Außer Großbritannien waren dies noch Portugal, Frankreich und Belgien.
72 Vgl. Management of Health and Safety at Work Regulations 1992.
73 Vgl. HSE, Management of Health and Safety at Work Regulations. Approved Codes of Practice and Guidance.

die Öffentlichkeit (*Regulation* 3). Mit der Ausdehnung von Rechten auch auf Arbeitnehmer in befristeten Beschäftigungsverhältnissen und auf solche Arbeitnehmer, die für Fremdfirmen tätig sind, sollen die *MHSW Regulations* zugleich die entsprechenden Anforderungen der vom Ministerrat im Jahre 1991 verabschiedeten Richtlinie erfüllen.[74]

Risikobewertung
Von herausragender Bedeutung ist die Pflicht eines jeden Arbeitgebers, eine Risikobewertung durchzuführen (*Regulation* 3). Die Risikobewertung ist eine systematische und umfassende Untersuchung der Arbeitstätigkeiten, aus der die Gefahren für die Gesundheit der Beschäftigten hervorgehen müssen. Sie hat diejenigen Maßnahmen zu identifizieren, die der Arbeitgeber zur Einhaltung seiner gesetzlichen Arbeitsschutzpflichten zu ergreifen hat (*Regulation* 3[2]). Sie muß »suitable and sufficient« sein (*Regulation* 3[1]) und ist von solchen Personen durchzuführen, die über die notwendigen Kenntnisse und Erfahrungen verfügen. Der Arbeitgeber muß die Risikobewertung dann überprüfen, wenn es, z.B. aufgrund der Veränderung von Arbeitsbedingungen, Grund zu der Annahme gibt, daß ihre Ergebnisse nicht mehr zutreffend sind (*Regulation* 3[3]). Unternehmer mit fünf oder mehr Beschäftigten müssen die wesentlichen Ergebnisse dieser Bewertung aufzeichnen und festhalten, welche Beschäftigtengruppen einem besonderen Risiko ausgesetzt sind (*Regulation* 3[4]).

Den *ACoPs* zufolge soll die Risikobewertung nicht der verbreiteten Praxis von Arbeitgebern folgen, die sich darauf beschränkt hat, mit Hilfe der tagtäglichen Beobachtung betrieblicher Abläufe Gefahren für die Gesundheit und Sicherheit zu identifizieren und entsprechende punktuelle Korrekturmaßnahmen zu ergreifen; vielmehr sollen die Unternehmer »a systematic general examination of their work activity« vornehmen (*ACoP* 4). Sie soll in dem Sinne umfassend sein, daß sie alle potentiellen Gefahrenherde identifiziert, zu denen sowohl Gefahrstoffe und Maschinen, aber auch Arbeitsmethoden und Aspekte der Arbeitsorganisation gehören können (*ACoP* 15a). Sie gilt dann als »suitable and sufficient«, wenn sie die bedeutenden Gefahren, die aus der Arbeit erwachsen, aufdeckt, wenn sie den Arbeitgeber in die Lage versetzt, die zur Erfüllung seiner gesetzlichen Pflichten notwendigen Maßnahmen zu identifizieren, wenn sie der Natur der Arbeit angemessen ist sowie für einen angemessenen Zeitraum Gültigkeit behält (*ACoP* 9). Die Durchführung der Risikoabschätzung soll den jeweiligen Gefahren angemessen sein. Davon ist auch die Qualifikation des durchführenden Personals abhängig. Komplexe Techniken erfordern z.B. ein hohes Maß an technischem Sachverstand,

---

74 Vgl. Smith/Goddard/Randall, Health and Safety, S. 13.

Die Umsetzung von EU-Arbeitsschutzrichtlinien in Großbritannien

während die Bewertung einfacher und übersichtlicher Abläufe keine besonderen Kenntnisse erfordern mag. An sie können daher höchst unterschiedliche Anforderungen gestellt werden.

Die *ACoPs* betonen, daß die Risikobewertung keine einmalige Angelegenheit sein, sondern überprüft und gegebenenfalls verändert werden soll, wenn es Grund zu der Annahme gibt, daß dies erforderlich ist. Dies gilt insbesondere, wenn die Beobachtung getroffener Maßnahmen zeigt, daß diese unzureichend sind, oder wenn Entwicklungen bzw. Veränderungen im Betrieb die Vermutung als begründet erscheinen lassen, daß die Risikobewertung nicht länger zutreffend ist. Bei der Risikobewertung ist in besonderer Weise u.a. auf bestimmte Risikogruppen unter den Beschäftigten, also z.B. junge und unerfahrene Beschäftigte sein, Behinderte oder isoliert arbeitende Personen, und auf Gefahrenquellen bei Arbeitsunterbrechungen bzw. nicht routinemäßigen Arbeiten zu achten, also insbesondere solchen Gefahren, die bei der Installation, dem Abbau oder dem Umbau von Produktionsanlagen entstehen können.

Information und Unterweisung
Des weiteren sind die Arbeitgeber verpflichtet, die Beschäftigten umfassend über die in der Risikobewertung identifizierten Gesundheitsgefahren, die Präventions- und Schutzmaßnahmen sowie über vorgesehene Notfallmaßnahmen und die in diesem Falle verantwortlichen Personen zu informieren (*Regulation* 8). Die Informationspflicht erstreckt sich auch auf solche Arbeitnehmer, die als Angehörige eines anderen Unternehmens auf der Arbeitsstätte des Arbeitgebers tätig sind (*Regulation* 10). Er muß diese Arbeitnehmer – ebenso wie Personen in befristeten Beschäftigungsverhältnissen – darüber informieren, welche Fähigkeiten und Qualifikationen zur sicheren Durchführung der Arbeiten erforderlich sind und welche gesundheitlichen Überwachungsmaßnahmen zur Verfügung stehen (*Regulation* 13).

Der Arbeitgeber ist verpflichtet, jeden Arbeitnehmer im Hinblick auf die gesundheitsschutzrelevante Aspekte seines Arbeitsplatzes zu informieren und zu unterweisen (*Regulation* 11). Dies gilt insbesondere dann, wenn die Beschäftigten neu eingestellt oder ihnen neue Aufgaben im Unternehmen zugewiesen werden, wenn neue Arbeitsmittel und neue Technologien eingesetzt und Veränderungen in der Arbeitsorganisation vorgenommen werden. Die Unterweisung ist in regelmäßigen Abständen zu wiederholen und soll während der Arbeitszeit stattfinden (*Regulation* 11).

Betriebliche Arbeitsschutzorganisation
Die *MHSW Regulations* verlangen vom Arbeitgeber, solche Schritte zu ergreifen, die unter Berücksichtigung der Natur und der Größe seines Betriebes für

Kapitel 6

eine effektive Planung, Organisation, Kontrolle und Überwachung der Schutzmaßnahmen geeignet sind (*Regulation* 4). Zu seiner Unterstützung bei der Durchführung von erforderlichen Arbeitsschutzmaßnahmen muß der Arbeitgeber eine oder mehrere *competent persons* ernennen (*Regulation* 6[1]). Er hat sicherzustellen, daß seine Beauftragten über ausreichend Zeit verfügt sowie mit ausreichenden Hilfsmitteln und Informationen ausgestattet ist, um seine Aufgabe zu erfüllen (*Regulation* 6[3]). Ein Beauftragter gilt als befähigt, wenn er »has sufficient training and experience or knowledge and other qualities to enable him properly to assist in undertaking the measures« (*Regulation* 6[5]). Für den Fall einer unmittelbaren Gesundheitsgefährdung der Beschäftigten muß der Arbeitgeber Schritte zur Gefahrenabwehr entwickeln, Personen benennen, die für die Durchführung der Maßnahmen verantwortlich sind, und ihre Beschäftigten darüber informieren. Die vom Arbeitgeber getroffenen Vorkehrungen sollen es den Arbeitnehmern ermöglichen, die Arbeit abzubrechen und sich sofort an einen sicheren Ort zu begeben. Außerdem muß sichergestellt sein, daß bei weiter bestehender Gefahr die betroffenen Personen daran gehindert werden, an ihren Arbeitsplatz zurückzukehren (*Regulation* 7[2]). Bei ernsten und unmittelbaren Gefahren bzw. bei begründetermaßen als gefährlich einzuschätzenden Situationen dürfen die Beschäftigten den Arbeitsplatz verlassen, ohne daß ihnen daraus ein Nachteil erwachsen darf. Ebenso dürfen Beschäftigte nicht aus Gründen entlassen oder benachteiligt werden, die im Zusammenhang mit ihrer Tätigkeit in betrieblichen Arbeitsschutzfunktionen stehen.[75] Schließlich sind die Arbeitgeber, wenn sie gemeinsame Arbeitsstätten unterhalten, zur Kooperation und zur Koordination ihrer Arbeitsschutzaktivitäten verpflichtet (*Regulation* 9).

Die Ausrichtung der betrieblichen Präventionspolitik ist ausschließlich in den beigefügten *ACoPs* beschrieben (*ACoP* 27). Danach sollen die Präventions- und Schutzmaßnahmen, die sich aus den Gefährdungsanalysen ergeben, darauf zielen, Risiken nach Möglichkeit von vornherein zu vermeiden, indem z.B. bestimmte gefährliche Arbeitsstoffe, sofern sie nicht wesentlich für den Betrieb sind, erst gar nicht verwendet werden. Wenn bestimmte Risiken nicht vermieden werden können, so sollen die Gefahren an der Quelle bekämpft werden. Präventionsmaßnahmen sollen Teil eines einheitlichen und geschlossenen Vorgehens sein, mit dem fortschreitend solche Risiken abgebaut werden, »that cannot be prevented or avoided altogether«. Diese Vorgaben beziehen

---

75 Allerdings taucht diese Bestimmung nicht in den *MHSW Regulations* auf, sondern ist erst mit der Verabschiedung des *Trade Union Reform and Employment Rights Act 1993* umgesetzt worden. Vgl. Thompson & Partners, Health and Safety at Work, S. 15; Labour Research Department, Health and Safety Law, S. 18f.

Die Umsetzung von EU-Arbeitsschutzrichtlinien in Großbritannien

sich auf die Arbeitsorganisation, auf die Arbeitsbedingungen, die Arbeitsumwelt und alle bedeutenden sozialen Einflußgrößen des Arbeitsprozesses. Dabei sollen die Verantwortlichen solchen Maßnahmen Vorrang einräumen, die den Arbeitsplatz in einem umfassenden Sinne schützen; kollektive Schutzmaßnahmen sollen Vorrang vor individuellen haben, und alle Beteiligten sollen verstehen können, wie sie sich zum Schutz ihrer Gesundheit zu verhalten haben. Die Arbeitsbedingungen sollen nach Möglichkeit an die Individuen angepaßt und der technische Fortschritt für den Gesundheitsschutz genutzt werden, weil er häufig Möglichkeiten zur Verbesserung von Arbeitsbedingungen biete. Generell sollen es die Unternehmen anstreben, daß die Vermeidung, Vorbeugung und Reduzierung von Risiken zu einer auf allen Ebenen akzeptierten Einstellung werden. Auf diese Weise soll eine die gesamte Organisation betreffende Kultur eines aktiven Arbeitsschutzes geschaffen werden.

Mit Blick auf die personelle Sicherheitsorganisation führen die *ACoPs* aus, daß die *competent person* nicht unbedingt Angehörige des Unternehmens sein müssen (*ACoPs* 35-38). Außerdem muß eine *competent person* nicht notwendigerweise bestimmte fachliche Fähigkeiten oder Qualifikationen mitbringen (*ACoP* 39).

Gesundheitliche Überwachung

Die *Regulations* bestimmen lediglich in knapper Form, daß der Arbeitgeber seinen Beschäftigten solche gesundheitlichen Kontrollmaßnahmen zur Verfügung stellt, die in Bezug auf die identifizierten Risiken angemessen sind (*Regulation* 5). Die dazugehörigen *ACoPs* sehen vor, daß zusätzlich zu solchen Bereichen, in denen Gesundheitsgefahren eindeutig nachgewiesen sind (z.B. Asbest), die Kontrolle des Gesundheitszustands von Beschäftigten überall dort vorgenommen werden soll, wo eine bestimmte Krankheit bzw. ein schlechter Gesundheitszustand in Zusammenhang mit der ausgeübten Arbeitstätigkeit steht, wo anerkannte Techniken verfügbar sind, mit deren Hilfe Krankheitsanzeichen identifiziert werden können, wo eine begründete Vermutung besteht, daß eine Erkrankung unter den besonderen Arbeitsbedingungen auftreten kann, oder wo eine Überwachung aller Voraussicht nach dem Gesundheitsschutz der betreffenden Beschäftigten förderlich ist (*ACoP* 30). Die gesundheitliche Überwachung der Beschäftigten soll dazu dienen, in einem frühen Stadium Hinweise auf gesundheitsschädliche Wirkungen zu erlangen und weiteren Schaden abzuwenden (*ACoP* 31).

Arbeitnehmerbeteiligung

Im Hinblick auf die Arbeitnehmerbeteiligung sehen die *MHSW Regulations* zugleich eine Änderung der *SRSC Regulations* des Jahres 1977 vor (*Regulation* 17). Die dort fixierten Informations-, Mitwirkungs- und Inspektionsrechte

Kapitel 6

der *safety representatives* bleiben bestehen. Darüber hinaus werden die Arbeitgeber verpflichtet, die gewerkschaftlichen Arbeitnehmervertreter rechtzeitig in folgenden Fällen zu konsultieren:
- bei jedweder Veränderung am Arbeitsplatz, die in substantieller Weise den Arbeitsschutz betreffen könnte;
- bei den Vereinbarungen über die Ernennung der Fachkräfte für Arbeitssicherheit, die ihn bei Arbeitsschutzmaßnahmen unterstützen oder die Aufgaben bei akuten Gefahren wahrnehmen;
- im Hinblick auf jede Arbeitsschutzinformation, die er den Beschäftigten gemäß seinen gesetzlichen Pflichten zukommen lassen muß;
- bei der Planung und Organisation der Schulung von Beschäftigten in Fragen des Arbeitsschutzes;
- im Hinblick auf die Einführung und Planung neuer Technologien, sofern diese gesundheitliche Auswirkungen für die Beschäftigten mit sich bringen.

Der Arbeitgeber muß den *safety representatives* die für die Erfüllung ihrer Aufgaben erforderlichen Einrichtungen zur Verfügung stellen und ihnen eine angemessene Unterstützung zuteil werden lassen. Wie auch in den *SRSC Regulations* bleiben die Mitwirkungsrechte der *safety representatives* auf solche Unternehmen beschränkt, in denen der Arbeitgeber die Gewerkschaften als Arbeitnehmervertreter anerkennt.

Haftung
Schließlich sieht *Regulation* 15 vor, daß ein Verstoß gegen irgend eine der Vorschriften der *MHSW Regulations* keine zivilrechtliche Haftung nach sich zieht. Damit greift es die entsprechende Bestimmung des HSW Act auf. Dieser Passus war im ursprünglichen Entwurf der *Regulations* nicht enthalten und wurde erst auf Drängen der Arbeitgeberseite aufgenommen.[76]

6.4.1.2 Modernisierung des Arbeitsschutzrechts und Anpassung an europäische Vorschriften – zur Bewertung der Management of Health and Safety at Work Regulations

Die Bewertung der *MHSW Regulations* soll im folgenden unter zwei Fragestellungen erfolgen, nämlich erstens der Frage, welche Veränderungen mit ihnen für den britischen Arbeitsschutz einhergingen, und zweitens, inwieweit

---

[76] Vgl. CBI, Comments on the Health and Safety Commission's Consultative Document »Proposals for Health and Safety (General Provisions) Regulations and Approved Code of Practice«.

Die Umsetzung von EU-Arbeitsschutzrichtlinien in Großbritannien

sie mit den Vorschriften der Rahmenrichtlinie übereinstimmen. Die Veränderungen, die die *MHSW Regulations* für den britischen Arbeitsschutz mit sich brachten, erscheinen insbesondere in folgender Hinsicht als bedeutend:[77]
1. Sie stellen in wichtigen Bereichen eine deutliche Erweiterung und Konkretisierung der Arbeitgeberpflichten dar. Mit der Übertragung der Rahmenrichtlinie werden eine Reihe wichtiger Anforderungen, die im HSW Act nur implizit oder in allgemeiner Form vorgesehen sind, nun explizit formuliert. Dies betrifft
- die erwähnten Anforderungen an die Entwicklung einer betrieblichen Sicherheitsorganisation, also die Vorschriften zur Planung, Organisation, Kontrolle, Überwachung und Überprüfung von Schutzmaßnahmen einschließlich der Bestimmungen zur Ernennung von Fachleuten und der Pflicht zur Kooperation und Koordination von Arbeitsschutzaktivitäten zwischen verschiedenen Arbeitgebern;
- die erwähnten Bestimmungen zur Information und Unterweisung der Beschäftigten und die Umstände, unter denen sie neu vorzunehmen ist;
- die Gegenstandsbereiche, auf die sich die Konsultation der *safety representatives* durch die Arbeitgeber beziehen muß.[78]
2. Neu für das britische System ist die verbindliche Einführung einer Risikobewertung, die nicht mehr nur auf einige wenige Hoch-Risiko-Bereiche beschränkt ist, sondern für alle Beschäftigtengruppen, Tätigkeitsbereiche und Gefährdungsarten gilt. Mit diesem Ansatz verbessert sich die Aussicht auf eine systematische und umfassend-präventive, auch psychosoziale Risiken einschließende betriebliche Präventionspolitik.
3. Im Unterschied zu den bisherigen Regelungen werden den Beschäftigten individuelle Rechte bei Gefahr im Verzuge sowie bei der Wahrnehmung betrieblicher Arbeitsschutzfunktionen eingeräumt.

Die Neuformulierung der Arbeitgeberpflichten verbessert die Chancen zur betrieblichen Durchsetzung von Arbeitsschutzinteressen, weil die Beschäftigten und ihre Vertreter gegenüber dem Arbeitgeber auf die existierenden Rechtsvorschriften verweisen können. Sofern die Arbeitgeberpflichten in allgemeiner Form bereits im HSW Act enthalten waren, war gerade ihre Unverbindlichkeit der Grund dafür, daß sie in aller Regel nicht in die betriebliche Praxis umgesetzt wurden. Mit den genannten Bestimmungen wurde zugleich ein Großteil der Rahmenrichtlinie in das britische Arbeitsschutzrecht übertragen worden. In dieser Hinsicht ist die Umsetzung auf adäquate Weise erfolgt, und die Verbände von Kapital und Arbeit haben sie insofern im Grund-

---

77 Vgl. Thompson & Partners, Health and Safety at Work, S. 18.
78 Vgl. Labour Research Department, Health and Safety Law, S. 15; Labour Research Department, Using Health & Safety Law, S. 8.

satz auch nicht moniert. Dennoch war die Umsetzung keineswegs unumstritten. Von unterschiedlicher Seite wurde im Hinblick auf Kernbereiche der *MHSW Regulations* bezweifelt, ob die Bestimmungen den Vorschriften der Rahmenrichtlinie tatsächlich genügten. Diese Zweifel stützten sich auf folgende Gesichtspunkte:

1. Die *MHSW Regulations* halten daran fest, die Mitwirkungsrechte der *safety representatives* wie bisher auf diejenigen Unternehmen zu beschränken, in denen der Arbeitgeber eine Gewerkschaft als Arbeitnehmervertretung anerkennt. Damit werden einem erheblichen – und angesichts der rückläufigen gewerkschaftlichen Anerkennungsquote beständig wachsenden – Teil der Beschäftigten die in der Rahmenrichtlinie *allen* Arbeitnehmern oder ihren Vertretern eingeräumten Rechte vorenthalten.

2. Die *MHSW Regulations* gestatten bei einigen wichtigen Bestimmungen eine Relativierung der unternehmerischen Pflichten und stehen damit im Widerspruch zur Rahmenrichtlinie, deren Mindestanforderungen als verbindliche und absolut gesetzte Bestimmungen formuliert sind. Diese Aufweichung von Bestimmungen erfolgt dadurch, daß zum einen einige Bestimmungen, die in der Rahmenrichtlinie verbindlich sind, nicht in den *MHSW Regulations* selbst, sondern lediglich in den beigefügten *ACoPs* erscheinen. Damit werden die betreffenden Anforderungen in ihrer Rechtsverbindlichkeit herabgestuft, denn – wie oben erwähnt – *ACoPs* müssen im Unterschied zu *Regulations* nicht befolgt werden, sondern beschreiben lediglich ein *mögliches* Verfahren zur Umsetzung von *Regulations*. Die wichtigsten, von dieser Herabstufung betroffenen Bestimmungen beziehen sich auf die Durchführung der Risikobewertung und die hierarchische Abfolge betrieblicher Präventionsmaßnahmen – wie z.B. den Vorrang der Gefahrenvermeidung vor dem der Gefahrenkontrolle.[79] Zum anderen besteht die im HSW Act vorgesehene Generaleinschränkung der Arbeitgeberpflichten »so far as is reasonably practicable« fort und werden einige der neuen Bestimmungen mit dem Zusatz ›suitable and sufficient‹ versehen. Grundsätzlich ist es somit weiterhin möglich, Kosten und Nutzen von Arbeitsschutzmaßnahmen gegeneinander abzuwägen.

3. Darüber hinaus erscheint es als fraglich, ob einzelne Bestimmungen der *MHSW Regulations* die Mindestanforderungen der Rahmenrichtlinie erfüllen. Dies betrifft insbesondere die Regelung, Unternehmen mit weniger als fünf Beschäftigten von der Pflicht zu entbinden, die Ergebnisse ihrer Risikobewertung aufzuzeichnen. Demgegenüber bezieht die Rahmenrichtlinie diese Anforderung auf *alle* Unternehmen. Die konservative Regierung berief sich dabei auf die Ausnahmebestimmungen für Klein- und Mittelbetriebe nach Art. 118a Abs. 2 EWGV. Es ist jedoch zweifelhaft, ob diese Bestimmung heran-

---

79 Vgl. Thompson & Partners, Health and Safety at Work, S. 15ff.

Die Umsetzung von EU-Arbeitsschutzrichtlinien in Großbritannien

gezogen werden kann, um eine derartige Ausnahmeregelung zu rechtfertigen. Fraglich ist auch, ob die Bestimmungen zur Einbeziehung von Arbeitsschutzfachleuten der Rahmenrichtlinie entsprechen. Während die *MHSW Regulations* es dem Arbeitgeber freistellen, ob er Angehörige seines Unternehmens oder externe Personen als Arbeitsschutzfachleute benennt, gestattet die Rahmenrichtlinie eine Benennung unternehmensfremder Experten nur für den Fall, daß innerhalb des Betriebes niemand für diese Aufgabe verfügbar ist.[80] Zudem verzichten die *MHSW Regulations* auf eine präzise Definition der Eigenschaften und Qualifikationen, die eine *competent person* mitbringen muß. Somit räumen die neuen Regelungen dem Arbeitgeber einen großen Spielraum in Bezug auf die Auswahl der betreffenden Personen ein, insbesondere kann er eine ihm genehme externe Person auch für den Fall benennen, daß sich innerhalb des Unternehmens ein Beschäftigter findet, der zwar für diese Aufgabe qualifiziert, aber ihm womöglich zu unbequem ist.

4. Schließlich behielten die *MHSW Regulations* die Beschränkung der Arbeitnehmermitwirkung im Arbeitsschutz auf die Unternehmen mit anerkannten Gewerkschaften bei. Dies stand in offenkundigem Gegensatz zur Rahmenrichtlinie, wurde von den Dachverbänden von Kapital und Arbeit aber nicht beanstandet.[81]

Über die Frage der Übereinstimmung zwischen europäischen Vorgaben und britischer Umsetzung hinaus weisen die *MHSW Regulations* manche Inkonsistenzen und Unzulänglichkeiten auf. Dies betrifft insbesondere die Regelung der gesundheitlichen Belange solcher Erwerbstätigen, die als Beschäftigte einer Fremdfirma bzw. Leiharbeitsfirma für einen befristeten Zeitraum auf der Arbeitsstelle eines anderen Unternehmers eingesetzt werden, also nicht in einem ordentlichen Beschäftigungsverhältnis zu demjenigen Arbeitgeber stehen, auf dessen Arbeitsstätte sie tätig sind. Sie sind mit weitaus geringeren Informationsrechten ausgestattet als solche Erwerbstätigen, die als formell Selbständige im Auftrag eines Unternehmers tätig sind, obgleich sowohl Inhalt und Dauer ihrer Tätigkeit als auch der Charakter ihres Verhältnisses zum Arbeitgeber in der Regel sehr ähnlich sind.[82]

Die *MHSW Regulations* gehen in nahezu keinem Punkt über die Anforderungen der Rahmenrichtlinie hinaus. Die Beschränkung auf eine Minimalanpassung bedeutete zugleich den Verzicht darauf, eine Reihe von Schwachpunkten des britischen Arbeitsschutzsystems zu beseitigen.[83] In dieser

---

80 Vgl. Smith/Goddard/Randall, Health and Safety, S. 39.
81 Siehe unten, Kapitel 6.4.1.3.
82 Vgl. James, The European Community: A Positive Force for UK Health and Safety Law?, S. 28.
83 Vgl. Fitzpatrick, UK Implementation of Directive 89/391/EEC, S. 119ff.

Hinsicht teilten sie die Unzulänglichkeiten der Rahmenrichtlinie. Dies betrifft vor allem den Verzicht auf konkrete, verbindliche Vorschriften zur betriebsmedizinischen Versorgung. Die Einrichtung von betriebsärztlichen Diensten ist auch nach der Verabschiedung der *MHSW Regulations* eine freiwillige Leistung des Arbeitgebers.[84] Jedoch bestehen jene Regelungen, die bereits im zuvor geltenden Recht enthalten waren, auch dann unverändert fort, wenn sie über die europäischen Regelungen hinausgingen. Dies gilt für die Einbeziehung von Selbständigen in das Arbeitsschutzrecht, die sich aus Sicht der Regierung bewährt hatte[85], und für die in der EU-Rahmenrichtlinie nicht vorgesehenen *Inspektions*rechte der *safety representatives*.

Auch wenn es sich bei den *MHSW Regulations* um eine Minimalanpassung an die europäischen Vorgaben handelt, stellt sie insgesamt eine bedeutende Innovation des britischen Arbeitsschutzsystems dar. Sie erweitern und konkretisieren die neuen *Regulations* in zahlreichen Punkten die bisher in aller Regel nur allgemein gehaltenen Arbeitgeberpflichten. Gleichzeitig ermöglichten es das Festhalten an der Einschränkung »so far as is reasonably practicable« und die Herabstufung von verbindlichen Anforderungen zu bloßen *ACoPs* den Arbeitgebern nach wie vor, Art und Umfang der Arbeitsschutzmaßnahmen in beträchtlichem Maße an den konkreten *einzelbetrieblichen* Handlungsbedingungen und -möglichkeiten auszurichten. Regierung, Arbeitsschutzbehörden und Unternehmerverbänden gelang es im Prozeß der Umsetzung, wichtige Strukturelemente des britischen Regulierungsmodells im Arbeitsschutz auch unter europäischer Prädominanz zu erhalten. Jedoch nahm das Arbeitsschutzrecht nun einen Wechsel in der Betonung vor: Wo eine bestimmte Anforderung an den Arbeitgeber gestellt ist, geht das Recht grundsätzlich davon aus, daß sie auch zu erfüllen ist, auch wenn es Bedingungen geben mag, unter denen eine Nichtbeachtung von Pflichten gestattet ist.[86]

Vor diesem Hintergrund fielen auch die Reaktionen der Verbände von Kapital und Arbeit auf die Vorschläge der HSE und die schließlich verabschiedeten *Regulations* jeweils ambivalent aus. Die Gewerkschaften, deren anfängliche Sorge einer möglichen Verzögerung und Verwässerung der EU-Vorgaben durch die Regierung galt, begrüßten die neuen *Regulations* im Grundsatz, insbesondere die Einführung einer Risikobewertung, kritisierten allerdings den Ansatz der Minimalanpassung und wandten ein, daß sie in einigen Punkten hinter den Mindestanforderungen der Rahmenrichtlinie zurückblieben. Hauptgegenstand der gewerkschaftlichen Kritik war der

---

84 Vgl. Walters, Preventive Services in Occupational Health and Safety in Europe, S. 247ff.
85 Vgl. z.B. Michael Forsyth, (Minister of State for Employment and Government spokesman on health and safety), Interview, S. 13.
86 Vgl. Smith/Goddard/Randall, Health and Safety, S. 13f.

Die Umsetzung von EU-Arbeitsschutzrichtlinien in Großbritannien

Umstand, daß die hierarchische Abfolge der Präventionsmaßnahmen nicht in die *Regulations* aufgenommen wurde, sondern lediglich als *ACoP* Eingang in das neue Recht fand, daß die in der Rahmenrichtlinie absolut verbindlichen Pflichten in den *MHSW Regulations* sich bisweilen in eingeschränkter Form wiederfanden und daß Kleinunternehmen von der Pflicht zur Aufzeichnung der Risikobewertung befreit wurden.[87] Dennoch stellte die Reformen aus ihrer Sicht eine deutliche Verbesserung ihrer arbeitsschutzpolitischen Handlungsbedingungen dar, die sie im bloß nationalstaatlichen Rahmen nicht erzielt hätten und die sie vor allem ihren Aktivitäten auf europäischer Ebene zuschrieben. Unter diesem Aspekt zeigten sie sich durchaus nicht unzufrieden mit den neuen *Regulations* (z.B. Interview TUC, 10.11.1995; TGWU, 13.6.1995).

Die Unternehmerverbände äußerten sich hingegen kritisch zu den neuen *Regulations*. Sie bürdeten ihnen erhebliche zusätzliche Lasten auf und gefährdeten die Konsistenz des britischen Arbeitsschutzrechts.[88] Ihre Einwände zielten vor allem auf die verbindliche Formulierung von Arbeitgeberpflichten. So heißt es z.B. in der Stellungnahme der *Chemical Industries Association* zum HSE-Entwurf: »The draft regulations are couched mostly in absolute terms which could prove extremely onerous to industry if applied strictly. More qualifications by the ›reasonably practicable‹ philosophy should be introduced.«[89] Im Zentrum der CBI-Kritik standen vor allem die Bestimmungen zur Risikobewertung. Mit nahezu identischem Tenor stellt er fest:

»[...] this regulation, as drafted in absolute terms, sets a blanket requirement to assess all risks to all people at work. This would be highly impracticable and, in many areas, be largely unnecessary, extremely onerous and costly. This requirement should be qualified by the introduction of a suitable phrase such as ›so far as is reasonably practicable‹ or ›suitable and sufficient‹ as is used in other recently adopted regulations.«[90]

Der CBI lehnte insbesondere die Pflicht zu einer schriftlichen Niederlegung der Risikobewertung ab, wollte die Pflicht zu ihrer Durchführung von der Größe des Risikos abhängig gemacht sehen wollte und sie nicht als einen

---

87 Vgl. TUC, Memorandum of Comment on Health and Safety Commission Proposals for Health and Safety (General Provisions) Regulations and Approved Code of Practice, S. 1, 3f., 7; GMB, Comments on Proposals for the Health and Safety (General Provisions) Regulations and Approved Code of Practice, S. 1f., 4; National and Local Government Officers Association (im folgenden: NALGO), NALGO's Comments on the HSC Consultative Document: Health & Safety (General Provisions) Regulations and ACoP, S. 1f.
88 Vgl. CBI, Comments on the Health and Safety Commission's Consultative Document »Proposals for Health and Safety (General Provisions) Regulations and Approved Code of Practice«, S. 5f.; HSC, Annual Report 1992/93, S. XI; Thompson & Partners, Health and Safety at Work, S. 4; Barrett/Howells, Cases and Materials on Occupational Health and Safety Law, S. 335.
89 Ebda.
90 Chemical Industries Association, Response to the HSC Consultative Document, S. 3.

Kapitel 6

kontinuierlichen Prozeß verstanden wissen.[91] Mit der Einführung einer generellen Risikobewertung werde das für das britische System konstitutive Prinzip eines ausgewogenen Verhältnisses von Risiko und Schutzmaßnahme verlassen werde. Daher forderten sie, die Anwendung der Risikobewertung auf solche Tätigkeiten zu beschränken, bei denen eine wirkliche Gefährdung begründetermaßen zu vermuten sei. Schließlich erhoben die Unternehmerverbände den Vorwurf, daß die *Regulations* in einzelnen Punkten über den Inhalt der EU-Richtlinien hinausgingen.[92] Jedoch konnten sie sich mit diesem Einwand nicht auf die Substanz der Reform, sondern nur auf die oben erwähnten, schon vor 1992 geltenden und mit dem Inkrafttreten der *MHSW Regulations* nicht zurückgenommenen Bestimmungen beziehen.[93] Insgesamt zielte ihre Kritik an den neuen Regelwerken insoweit ins Leere, als die Regierung zur Umsetzung der EU-Vorschriften keine Alternative blieb. Die Unternehmerverbände waren zwar verärgert über die Erhöhung der Regulierungsdichte, aber angesichts der einmal beschlossenen EU-Richtlinien hätten die Veränderungen kaum moderater ausfallen können. Ihr Unwillen richtete sich daher vor allem gegen die *europäische* Arbeitsschutzpolitik, weniger gegen die eigene Regierung.

6.4.1.3 Reform im Nachzugsverfahren: Die Ausweitung der Arbeitnehmerbeteiligung

Während der Beratungen über die Umsetzung der Rahmenrichtlinie hatte die HSC die Auffassung geäußert, daß im Hinblick auf die Arbeitnehmerbeteiligung nur geringfügige Änderungen erforderlich seien, um den europäischen Rechtsvorschriften zu entsprechen. Sie sollten sich nur auf die erwähnte Präzisierung der Mitwirkungsrechte der *safety representatives* beziehen, nicht aber die generelle Beschränkung der Arbeitnehmerrechte auf die Unternehmen mit anerkannten Gewerkschaften aufheben.[94] In dieser Hinsicht existierte

---

91 Vgl. CBI, Comments on the Health and Safety Commission's Consultative Document »Proposals for Health and Safety (General Provisions) Regulations and Approved Code of Practice«, S. 2, 5ff., 9.
92 Vgl. CBI, Comments on the Health and Safety Commission's Consultative Document »Proposals for Health and Safety (General Provisions) Regulations and Approved Code of Practice", S. 8f.;
93 Insofern sich das britische Arbeitsschutzrecht im Unterschied zum europäischen auch auf die Selbständigen erstreckt, könnte man in der Kritik der Unternehmerverbände auch die implizite Forderung sehen, als Scheinselbständige tätige Arbeitnehmer einem geringeren gesetzlichen Schutz zu unterstellen. Diese Forderung ist später von einigen Institutionen und Verbänden erhoben worden. Vgl. BCC, Policy Brief: Deregulation (August 1996), S. 3.
94 Vgl. HSC, Proposals for Health and Safety (General Provisions) Regulations and Approved Code of Practice.

Die Umsetzung von EU-Arbeitsschutzrichtlinien in Großbritannien

eine breite Übereinstimmung zwischen allen Beteiligten.[95] Die Unternehmerverbände würden es bei einer Beibehaltung der bisherigen Regelung weiter in der Hand haben, den Anwendungsbereich der Rechtsbestimmungen selbst festzulegen. Sie konnten sich damit in Übereinstimmung mit der konservativen Regierung sehen, die kollektiven Arbeitnehmerrechten ohnehin ablehnend gegenüberstand und die, wenn sie diese im Bereich des Arbeitsschutzes schon nicht beseitigt hatte, zumindest nicht ihre Ausweitung unterstützen wollte. Die Gewerkschaften sahen in den *SRSC Regulations* ein Instrument, mit dem sie ihren Einfluß unter den Beschäftigten stützen konnten, denn ihre Anerkennung durch den Unternehmer und damit die Möglichkeit zur Ernennung von *safety representatives* schien nur dort möglich, wo ihre betriebliche Position entsprechend stark war.[96] Die HSE konnte sich, selbst wenn sie dies gewünscht hätte, dem bereits erzielten Konsens zwischen Gewerkschaften und

---

95 Die Frage der Arbeitnehmervertretung im Arbeitsschutz war bereits bei der Verabschiedung des HSW Act eng mit den damaligen Bestrebungen zur Verrechtlichung der Arbeitsbeziehungen verknüpft – ein Ziel, das als solches parteiübergreifend, allerdings mit jeweils unterschiedlichen Zielsetzungen verfolgt wurde. Nicht *daß safety representatives* geschaffen werden sollten, war seinerzeit umstritten, sondern die Frage, ob ihre Ernennung in *jedem* Unternehmen erfolgen oder an die betriebliche Anerkennung einer Gewerkschaft durch den Arbeitgeber gekoppelt werden sollte. Der *Robens Report* und die Heath-Regierung sahen ersteres vor, die 1974 neu ins Amt gekommene Labour-Regierung und die Gewerkschaften letzteres. Während die Heath-Regierung die Verrechtlichung unter Umgehung der Gewerkschaften vornehmen und mit ihrer Schwächung verbinden wollte, verfolgte die Labour-Regierung das Ziel, den Gewerkschaften durch das Junktim zwischen der Ernennung von *safety representatives* und der betrieblichen Anerkennung ein Zugeständnis im Rahmen des anvisierten *social contract* zu unterbreiten. Dabei nahm dieser Konflikt einen ungewöhnlichen Verlauf. Nachdem die Labour-Mehrheit den Gesetzentwurf mit der Beschränkung der *safety representatives* auf Unternehmen mit anerkannten Gewerkschaften durch das Parlament gebracht hatte, sorgte die Mehrheit des *House of Lords* (!) mit einem *amendment* dafür, daß die ursprüngliche Fassung wieder aufgenommen werden mußte. Im 1975 verabschiedeten *Employment Protection Act* strich die Labour-Mehrheit diesen Passus wieder aus dem Gesetz und setzte ihre politischen Intentionen mit der Verabschiedung der erwähnten *safety representatives and Safety Committee Regulations 1977* durch. Vgl. dazu: Dawson u.a., Safety at Work, S. 15f.; James, Reforming British Health and Safety Law, S. 90, 93f.; Nichols, The Sociology of Industrial Injury, S. 206.

96 Allerdings konnten die Gewerkschaften für ihre Position auch ein Argument in der Sache geltend machen, nämlich daß in Unternehmen, in denen sie nicht anerkannt sind, eine wirkungsvolle Interessenvertretung beim Arbeitsschutz ohnehin kaum möglich sei, weil gerade die Tatsache der Nichtanerkennung ja zum Ausdruck bringe, daß der Arbeitgeber die Beschäftigten nicht an der Gestaltung der Arbeitsbeziehungen beteiligen wolle und die betriebliche Interessenvertretung nicht stark genug sei, um sich gegen die Arbeitgeber durchzusetzen. Vgl. zum Zusammenhang von gewerkschaftlicher Organisation und Effektivität der Arbeitnehmervertretung im Arbeitsschutz: Reilly/Paci/Holl, Unions, Safety Committees and Workplace Injuries, S. 275ff.; Walters, Trade Unions and the Effectiveness of Worker Representation in Health and Safety in Britain, S. 631ff.; James, Reforming British Health and Safety Law, S. 94ff.

Kapitel 6

Kapital kaum verschließen. Darüber hinaus neigte sie in dieser Frage ohnehin nicht zu einer dezidierten Meinungsäußerung, weil es sich aus ihrer Sicht – und aus der Sicht von Regierung und Unternehmern – um ein *industrial relations issue* und nicht um ein *health and safety issue* handelte. So behandelten die Hauptakteure die Frage, ob die Mitwirkung der Arbeitnehmer weiterhin auf die Unternehmen mit anerkannten Gewerkschaften zu beschränken sei, während des gesamten Beratungszeitraums öffentlich als ein Nicht-Thema.[97] Weil in der Rahmenrichtlinie die fraglichen Rechte generell als Mitwirkungsrechte der Arbeitnehmer und bzw. oder ihrer Vertreter formuliert werden und die EU-Kommission dieses Verständnis der Vorschriften bereits bekräftigt hatte, wurden noch vor dem Inkrafttreten der neuen *Regulations* von unterschiedlicher Seite erhebliche Zweifel geäußert, ob die Umsetzung den Vorschriften der Rahmenrichtlinie entsprach.[98] Die HSE berief sich hingegen auf diejenige Bestimmung der Rahmenrichtlinie, die es den Mitgliedstaaten gestattet, die Arbeitnehmerbeteiligung – in der englischen Fassung – »in accordance with national laws and/or practices« (Art. 10 Abs. 2 und Art. 11 Abs. 1) zu gestalten.

Erst auf europäischen Druck hin sah sich die britische Seite zu einer weiterreichenden Reform der Arbeitnehmerbeteiligung im Arbeitsschutz veranlaßt. Die EU-Kommission hatte im Hinblick auf die Umsetzung der Richtlinie über Arbeitnehmerrechte beim Betriebsübergang und der Richtlinie über Massenentlassungen zwei Vertragsverletzungsverfahren gegen das Vereinigte Königreich angestrengt. In beiden Fällen hatte der EuGH im Jahre 1994 geurteilt, daß die Beschränkung der Arbeitnehmerrechte auf die Unternehmen mit anerkannten Gewerkschaften den EU-Vorschriften widerspreche.[99] Um einem erneuten Verfahren und einer sicheren Verurteilung zuvorzukommen, war die britische Regierung zum Handeln gezwungen. In einem Schreiben an den HSC-Vorsitzenden forderte der damalige *Secretary of State for Employment*, Michael Portillo, die Arbeitsschutzbehörden auf, die Erarbeitung neuer *Regulations* in Angriff zu nehmen. Dort formulierte er zugleich die Grundlinie der bevorstehenden Reform:

---

97 In den durchaus detaillierten und umfangreichen Stellungnahmen zum *Consultative Document* der HSE gehen weder die Dachverbände noch die wichtigsten Einzelverbände von Kapital und Arbeit mit auch nur einem einzigen Wort darauf ein.
98 Vgl. z.B. New UK Health and Safety Proposals, S. 9. Hier heißt es zu den HSE-Vorschlägen: »It is thus somewhat surprising that in what, after all, is a ›consultative document‹, there is not even a reference to what has been one of the most debated issues since the Directive was originally proposed.«
99 Vgl. EuGH, Rechtssache C-382/94: Kommission der Europäischen Gemeinschaften gegen Vereinigtes Königreich Großbritannien und Nordirland, S. 392ff.; ders., Rechtssache C-383/94: Kommission der Europäischen Gemeinschaften gegen Vereinigtes Königreich Großbritannien und Nordirland, S. 412ff.

Die Umsetzung von EU-Arbeitsschutzrichtlinien in Großbritannien

»In essence I believe the employer should continue to consult the representatives of a recognised union where a union is recognised; elsewhere, the employers should consult either selected representatives of their employees, or (as allowed under the Directive) directly with the employees.«[100]

Die Anpassung der Arbeitnehmerbeteiligung an die EU-Vorschriften erfolgte nach dem oben dargelegten Verfahren. Die neuen Bestimmungen traten am 1.10.1996 als *Health and Safety (Consultation with Employees) Regulations* (im folgenden: *HSCE Regulations*) in Kraft. Im Vorfeld der Beratungen hatte sich auch der TUC für eine Ausweitung der Beteiligungsrechte auf Beschäftigte in Unternehmen ohne Anerkennung der Gewerkschaften ausgesprochen.[101] Er äußerte sich ebenso wie der CBI im Grundsatz positiv gegenüber dem – mit dem letztlich verabschiedeten Dokument erneut nahezu identischen – Entwurf der *Regulations*. Allerdings sprechen die allgemeinen Umstände der Reform dafür, daß die Verbände von Kapital und Arbeit den Wandel nicht aufgrund gewandelter Überzeugungen vollzogen, sondern sich eher widerwillig in das offenkundig Unvermeidliche fügten.[102]

Die *HSCE Regulations* traten nicht an die Stelle der *SRSC Regulations*, sondern ergänzen diese *(top-up approach)*. Somit blieben die bisherigen Befugnisse der *safety representatives* ebenso bestehen wie das Recht der Gewerkschaften, dort, wo sie vom Arbeitgeber anerkannt waren, die Arbeitsschutzvertreter zu ernennen. Wo diese Anerkennung nicht ausgesprochen war, wurden die Arbeitgeber nun verpflichtet, entweder die Beschäftigten selbst oder gewählte Vertreter der Beschäftigten zu informieren und anzuhören (*Regulation 3*). Welche Form er wählte, blieb dem Arbeitgeber selbst überlassen. Die Anhörungspflicht des Arbeitgebers gegenüber den Beschäftigten bzw. ihren Vertretern ist auf diejenigen Gegenstandsbereiche beschränkt, die nach den EU-Vorschriften unvermeidbar waren (*Regulation 4-6*). Anders als den *safety representatives* ist es ihnen nicht gestattet, Arbeitsplätze zu begehen, die gesetzlich vorgeschriebenen Dokumente zum Arbeitsschutz einzusehen sowie Beschwerden von Beschäftigten und gefährlichen Ereignissen bei der Arbeit wie Beinahe-Unfällen nachzugehen. Auch die erweiterten Bestimmungen zur Arbeitnehmerbeteiligung folgen somit der minimalistischen Grundlinie, die die gesamte Anpassung des britischen Arbeitsschutzsystems an die europäischen Vorschriften kennzeichnet. Dies entsprach im übrigen auch der ausdrücklichen Position des TUC, der die Verbesserungen erreichen wollte durch »extending the benefits of rights to representation, consultation and

---

100 Das Schreiben ist abgedruckt in: HSE, Draft Proposals for Health and Safety Consultation with Employees (Annex).
101 Vgl. TUC, Speaking up for Safety Rights, S. 3ff.
102 Vgl. New Safety Consultation Rights for Non-unionised Workplaces, S. 10ff.

Kapitel 6

information over safety to workers in workplaces where there is no recognised trade union (especially smaller workplaces) to meet our obligations under European law [...]«[103] – und eben nicht darüber hinaus.

6.4.2 Die Umsetzung der Bildschirmrichtlinie

Ebenso wie die übrigen *six-pack regulations* wurde auch die Verordnung zur Bildschirmarbeit zügig verabschiedet. Das *Consultative Document* der HSC erschien im Januar 1992[104] und wurde im Herbst 1992 dem *Secretary of State for Employment* vorgelegt. Dieser nahm am 5.11.1992 den Vorschlag der HSC zur Umsetzung der Bildschirmrichtlinie an und brachte ihn am 16.11.1992 ins Parlament ein. Gemeinsam mit den erwähnten übrigen *six-pack regulations* trat der Entwurf, vom Unterhaus nicht beanstandet, als *Health and Safety (Display Screen Equipment) Regulations* (im folgenden: *DSE Regulations*) am 1.1.1993 in Kraft.[105] Mit ihr wurde der Bereich der Bildschirmtätigkeit erstmals arbeitsschutzrechtlich geregelt.

6.4.2.1 Kernbestimmungen der Display Screen Equipment Regulations

Für das britische Arbeitsschutzsystem ungewöhnlich, wurden den *DSE Regulations* keine *ACoPs*, sondern lediglich unverbindliche *Guidance Notes* beigefügt, Zur Begründung führten die Arbeitsschutzbehörden an, daß die Vorschriften der EU-Bildschirmrichtlinie bereits derart detailliert seien, daß neben den bindenden Inhalten der *Regulations* selbst eine weitere Verwendung von Vorschriften, auch wenn sie in ihrer Verbindlichkeit abgeschwächt seien, als nicht sinnvoll erscheine (Interview HSE, 3.4.1996). Demgegenüber hatte ein vor der Veröffentlichung des *Consultative Document* in der HSE-Arbeitsgruppe vorgelegtes Papier noch *ACoPs* und auch noch eine Reihe von – im Vergleich zum späteren Entwurf – detaillierteren und weitergehenden Bestimmungen enthalten.[106]

---

103 TUC, The Future of Union Workplace Safety Representatives, S. 23. Erst in seinem Kommentar zum *Consultative Document* der HSE – also zu einem Zeitpunkt, als die wesentlichen Entscheidungen über die Verordnung bereits gefallen waren – machte er sich die Forderung zu eigen, den Beschäftigten und den Vertretern in Unternehmen ohne anerkannte Gewerkschaften auch weitergehende Rechte einzuräumen: »We also believe that it would be sensible to give representatives of employee safety the same rights of inspection, investigation and reporting as under the 1977 Regulations [...]« (TUC, Speaking up for Safety Rights, S. 12). Auch diese Umstände deuten darauf hin, daß es vor allem der Zwang der Umstände war, der den TUC zu seinem Meinungswandel veranlaßte.
104 Vgl. HSC, Work with Display Screen Equipment.
105 Vgl. Health and Safety (Display Screen Equipment) Regulations 1992.
106 Vgl. TUC, Memorandum of Comment on HSC Consultative Document CD 42, S. 2f.

Die Umsetzung von EU-Arbeitsschutzrichtlinien in Großbritannien

Geltungsbereich

Als Bildschirm gilt nach den *DSE Regulations* jeder alphanumerische oder graphische Bildschirm ungeachtet des Darstellungsverfahrens (*Regulation* 1[2]a).[107] Der Arbeitsplatz umfaßt sowohl den Bildschirm selbst als auch die Arbeits- und Einrichtungsgegenstände, die im Zusammenhang mit seiner Anwendung benutzt werden, sowie die unmittelbare Arbeitsumgebung (*Regulation* 1[2]e). Sie unterscheiden zwischen Arbeitnehmern (*user*) einerseits und Selbständigen bzw. Beschäftigten von Subunternehmern (*operator*) andererseits (*Regulation* 1[2]b). Im *Consultative Document* war die letztere Beschäftigtengruppe überhaupt nicht erwähnt worden und hatten sich die Schutzbestimmungen nur auf die Arbeitnehmer (*user*) beschränkt. In der nunmehr – zumindest partiellen – Einbeziehung von (Schein)Selbständigen und Beschäftigten von Subunternehmern bestand ein wichtiger Unterschied gegenüber den *Draft Regulations*. Gemäß *Regulation* 1[2]d finden die Bestimmungen auf denjenigen Beschäftigten Anwendung, »who habitually uses display screen equipment as a significant part of his normal work«. Diese Formulierung entspricht dem Wortlaut der *englischen* Übersetzung der Rahmenrichtlinie; bemerkenswert ist allerdings, daß diese von der deutschen Fassung der Rahmenrichtlinie (»der gewöhnlich bei einem *nicht unwesentlichen* Teil seiner normalen Arbeit ein Bildschirmgerät benutzt« – Hervorh. d. Verf.; T.G.) abweicht und damit höhere Anforderungen an die Definition eines Bildschirmarbeitnehmers anlegt.[108] Die *DSE Regulations* enthalten keine näheren Angaben, was darunter im einzelnen zu verstehen ist, allerdings benennen die *Guidance Notes* einige Merkmale, die Unternehmer bei der Entscheidung, ob jemand ein Benutzer ist oder nicht, zu Hilfe nehmen können (*Guidance Note* 12). Demzufolge handelt es sich um einen Bildschirmbenutzer dann, wenn mindestens vier der folgenden sieben Kriterien erfüllt sind:
- die Person ist vom Bildschirm abhängig, weil alternative Instrumente nicht verfügbar sind;
- die Person hat keinen Ermessensspielraum, den Bildschirm zu benutzen oder nicht;
- die Person benötigt besondere Fertigkeiten im Umgang mit einem Bildschirm, um ihre Tätigkeit auszuüben;
- die Person benutzt den Bildschirm für einen andauernden Zeitraum von mehr als einer Stunde;
- auf diese Weise benutzt das Individuum den Bildschirm mehr oder weniger täglich;

---

107 Die Ausschlußkriterien entsprechen denen der Rahmenrichtlinie. Allerdings sind explizit auch solche Bildschirme vom Anwendungsbereich ausgenommen, die überwiegend Fernseh- oder Videobilder zeigen (*Guidance Note* 6).
108 Der entsprechende Begriff der französischen Fassung lautet *non-négligable*.

Kapitel 6

- eine schnelle Übertragung von Information zwischen dem Benutzer und dem Bildschirm ist eine wichtige Anforderung der Arbeitstätigkeit;
- das System stellt hohe Anforderungen an die Aufmerksamkeit und Konzentration des Benutzers.

Weil die *Guidance Notes* lediglich Empfehlungscharakter tragen, sind die Arbeitgeber allerdings nicht verpflichtet, diesen Kriterien zu folgen.

Arbeitsplatzanalyse
Die *Regulations* verpflichten die Arbeitgeber, die betreffenden Bildschirmarbeitsplätze einer Analyse zu unterziehen. Sie muß im Hinblick auf die Gefahren »suitable and sufficient« sein (*Regulation* 2[1]). Sie ist dann erneut durchzuführen, wenn es Grund zu der Annahme gibt, daß sie nicht länger gültig ist, oder wenn sich die Umstände, auf die sie sich bezieht, in bedeutendem Maße verändert haben (*Regulation* 2[2]).[109] Der Arbeitgeber ist verpflichtet, die identifizierten Risiken zu reduzieren. Allerdings ist diese Pflicht mit der Bestimmung eingeschränkt, daß diese Gefahrenverminderung lediglich »to the lowest extent *reasonably practicable*« (Hervorh. d. Verf., T.G.) erfolgen solle (*Regulation* 2[3]). Die *Guidance Notes* geben die Empfehlung, individuelle Arbeitsplätze im Hinblick auf jeden einzelnen Risikofaktor zu bewerten, weil Gesundheitsrisiken auch aus einer Kombination von Faktoren entstehen können. Die Analysen sollten nicht nur die zu eliminierenden Negativaspekte beinhalten, sondern auch die wünschenswerten Eigenschaften des Arbeitsplatzes. Außer bei einfachen Fällen ohne bedeutende Risiken sollen die Bewertungen aufgezeichnet werden und leicht zugänglich sein (*Guidance Note* 22). Bei einer bedeutenden Veränderung der Arbeitsbedingungen, bei einer veränderten Zusammensetzung der Beschäftigten oder im Falle neuer wissenschaftlicher Erkenntnisse muß eine erneute Risikobewertung erfolgen (*Guidance Note* 30). Die mit der Risikobewertung betrauten Personen müssen für ihre Durchführung und für die Aufzeichnung der Ergebnisse qualifiziert sein (*Guidance Note* 27). Die *safety representatives* sollen ermutigt werden, in vollem Umfang am Bewertungsprozeß teilzunehmen (*Guidance Note* 29).

Gestaltung der Arbeitstätigkeit und des Arbeitsplatzes
Die *DSE Regulations* verpflichten den Arbeitgeber, die Arbeitstätigkeit seiner Beschäftigten so zu planen, daß »daily work on display screen equipment is periodically interrupted by such breaks or changes of activity as reduce their workload at that equipment« (*Regulation* 4). Die *Guidance Notes* weisen dar-

---

109 Diese Bestimmung war im *Consultative Document* nicht vorgesehen. Vgl. HSC, Work with Display Screen Equipment, S. 10.

Die Umsetzung von EU-Arbeitsschutzrichtlinien in Großbritannien

auf hin, daß die Bildschirmarbeit mit anderen Tätigkeiten kombiniert werden sollte. Bei den Pausenregelungen sei zu beachten, daß kurze Unterbrechungen von 5-10 Minuten alle 50-60 Minuten erholsamer seien als gelegentliche längere Pausen. Die Pausen sollen während der Arbeitszeit vor dem Beginn der Ermüdung und möglichst nicht in der Nähe des Bildschirms genommen werden. Zudem sollen die Beschäftigten einen Spielraum bei der Gestaltung ihrer Arbeitsbedingungen erhalten (*Guidance Note* 45[a-c]). Diese Arbeitgeberpflichten im Hinblick auf die Bestimmungen zur Arbeitsorganisation und zu den Arbeitspausen beziehen sich auf die von ihm selbst beschäftigten sowie auf solche Arbeitnehmer, die als Angehörige eines anderen Unternehmens in seiner Arbeitsstätte tätig sind, nicht aber auf solche Erwerbstätige, die als Selbständige arbeiten.

Darüber hinaus richten die *DSE Regulations* an die Gestaltung eines Bildschirmplatzes eine Reihe von Mindestanforderungen, für deren Erfüllung der Arbeitgeber Sorge zu tragen hat. Jeder nach dem 1.1.1993 neu eingerichtete Arbeitsplatz muß ihnen entsprechen, für alle älteren Bildschirmarbeitsplätze galt eine Übergangsfrist bis 31.12.1996 (*Regulation* 3). Diese Mindestanforderungen beziehen sich – wie auch die EU-Richtlinien – auf den Bildschirm, die Tastatur, den Bildschirmzubehör sowie die ergänzenden Computereinrichtungen, Schreibtisch und Schreibstuhl sowie Gesichtspunkte der unmittelbaren Arbeitsumwelt wie Beleuchtung, Lärm, Luftfeuchtigkeit, den Aufgabenzuschnitt und die Eigenschaften der Software.[110] Sie beziehen sich auch auf solche Bildschirmarbeitsplätze, die ein Arbeitgeber Selbständigen oder Beschäftigten von Subunternehmen zur Verfügung stellt. Die Mindestanforderungen entsprechen nahezu wörtlich den Vorschriften der EU-Bildschirmrichtlinie. Allerdings treten sie nur insoweit in Kraft, als sie zum Gesundheitsschutz der Beschäftigten beitragen.[111] Dabei handelt es sich insofern um eine fragwürdige Relativierung der Vorschriften, als Art und Umfang der von der Bildschirmarbeit ausgehenden Gesundheitsgefährdungen zwischen den Beteiligten umstritten sind. Prinzipiell erscheint es möglich, diese Bestimmungen mit dem Hinweis auf nicht nachgewiesene Gesundheitsschädigungen zu umgehen, denn wo keine Gefahr nachgewiesen ist, kann es auch keine Maßnahme geben, die vor ihr schützt; die Beweislast läge in diesem Fall bei denjenigen, die einen bestimmten Schutzstandard durchsetzen wollen. Überdies empfehlen die *Guidance Notes*, daß die Mindeststandards nur insoweit angewendet werden sollen, als die Charakteristika der jeweiligen Arbeitstätigkeit eine Einhaltung zulassen (*Guidance Note* 38[c]).

---

110 Vgl. HSE, Display Screen Equipment Work. Guidance on Regulations, S. 34ff.
111 Vgl. DSE Regulations 1992. The Schedule, Art. 1[b].

Augenuntersuchungen und Sehhilfen
Der Arbeitgeber hat sicherzustellen, daß Arbeitnehmer (*user*), die als Bildschirmbenutzer im Sinne der *DSE Regulations* arbeiten, auf ihr Verlangen hin eine Augenuntersuchung und einen Sehtest von einer dafür qualifizierten Person – einem Optiker oder einem Arzt – durchführen lassen können (*Regulation* 5[1-2]). Sie sollen in regelmäßigen Abständen wiederholt werden (*Regulation* 5[3]). Gegen den Willen eines Arbeitnehmers darf eine derartige Untersuchung nicht durchgeführt werden (*Regulation* 5 [6]). Der Arbeitgeber muß die Kosten für die Augenuntersuchungen und auch für Sehhilfen tragen, wenn diese eigens für die Bildschirmarbeit verordnet werden (*Guidance Note* 60). Im Unterschied zum Arbeitnehmer (*user*) haben Selbständige und Beschäftigte (*operators*) von Subunternehmen keinen Anspruch auf Augenuntersuchungen oder Sehhilfen (*Guidance Note* 51).

Unterweisung und Information der Beschäftigten
Der Arbeitgeber ist verpflichtet, die Beschäftigten über alle Aspekte der Gesundheitsgefährdung an ihrem Arbeitsplatz und über die Maßnahmen zu informieren, die er im Rahmen seiner gesetzlichen Arbeitsschutzpflichten getroffen hat (*Regulation* 7). Des weiteren muß er ihnen in allen Fragen, die den Gesundheitsschutz an ihrem Bildschirmarbeitsplatz betreffen, eine angemessene Unterweisung zuteil werden lassen (*Regulation* 6). Während sich die Informationspflicht sowohl auf *user* als auch auf *operator* erstreckt, gilt die Unterweisungspflicht nur im Hinblick auf *user*. Die Unterweisung sollte auf die Vermittlung von Fähigkeiten zielen, mit deren Hilfe die Bildschirmarbeitnehmer die Risiken im Bereich der muskulo-skeletalen Erkrankungen, die Risiken der Ermüdung und Erschöpfung sowie streßbedingter Erkrankungen minimieren können (*Guidance Note* 65). Sie soll vor der Aufnahme der Arbeitstätigkeit im Zusammenhang mit der allgemeinen Unterweisung in den Aufgabenbereich (*Guidance Note* 66) erfolgen und an die Veränderung von Arbeitsbedingungen oder des Arbeitsplatzes angepaßt werden (*Guidance Note* 64).

Diese letztlich verabschiedeten *Regulations* sind, sieht man einmal von der neu eingeführten – allerdings für den geschützten Personenkreis wesentlichen – Unterscheidung zwischen *user* und *operator* sowie von der Konkretisierung der Arbeitsplatzanalyse ab, weitestgehend mit dem ursprünglichen HSC-Entwurf identisch. Wie auch bei der Umsetzung der Rahmenrichtlinie haben die Verbände von Kapital und Arbeit, die Arbeitsschutzbehörden und die Regierung in informellen Konsultationen bereits vor der Herausgabe des Entwurfs eine Einigung über die wesentlichen Kompromißlinien herbeigeführt und damit dessen künftige Gestalt weitgehend präjudiziert.

6.4.2.2 Modernisierung des Arbeitsschutzrechts und Anpassung an europäische Vorschriften – zur Bewertung der DSE Regulations

Die verschiedenen Akteure äußerten heftige Kritik an den *DSE Regulations*. Die Arbeitsschutzbehörden, die die EU-Bildschirmrichtlinie als besonders extremen Ausdruck der von ihr kritisierten europäischen Arbeitsschutzphilosophie ansahen (Interview HSE, 16.6.1995), hatten bereits bei der Veröffentlichung der *Draft Regulations* kaum einen Hehl daraus gemacht, daß sie die europäischen Anforderungen nur widerwillig umsetzten.[112] Dort heißt es in den Erläuterungen zum vorgelegten Entwurf:

»The Directive itself exemplifies the tendency [...] for European Directives to be more prescriptive and detailed than modern, objective setting health and safety regulations made in the UK. In providing an entitlement to eye and eyesight tests and corrective appliances it also departs from the expectation of employers that employees are normally expected to ensure their own capability for work in relation to personal physical characteristics. While all Directive's provisions must be included in the implementing regulations the Health and Safety Commission will nevertheless consider carefully any comments from industry on the implications for their particular circumstances.«[113]

Daneben war der Anspruch der Beschäftigten auf Augenuntersuchungen und Sehhilfen vor allem deshalb Gegenstand der Kritik, weil es keinen medizinischen Nachweis gebe, daß Bildschirmarbeit eine Schädigung der Augen nach sich ziehe (Interview HSE, 3.4.1996). Die Vorschriften galten darüber hinaus auch deshalb als weit überzogen, weil ihr Aufwand in keinem angemessenen Verhältnis zu den als gering geltenden Risiken der Bildschirmarbeit stünde.

»I think we also had an objection to the way in which the Display Screen Directive was being discussed in that anything we do here we would like to think is based on well-proven scientific and medical fact and, if necessary, research to fill gaps in knowledge. And I think our feeling about that particular directive was it was being done at too fast a rate without the proper scientific and medical justification for it.« (Interview HSE, 12.6.1995)

Die Unternehmerverbände teilten diese Kritik in jeder Hinsicht.[114] Für sie mußte es um so schwerer wiegen, daß es ein arbeitsschutzrechtlich bisher nicht regulierter Bereich war, der nun – zudem vergleichsweise restriktiven – Regelungen unterworfen wurde. Obwohl es gerade in Großunternehmen bisweilen durchaus weitreichende Betriebsvereinbarungen mit den Gewerkschaften gab, ging mit den *DSE Regulations* für die große Mehrheit der Unternehmen

---

112 Ein Gewerkschaftsfunktionär charakterisierte die Haltung der HSE zur Bildschirmrichtlinie folgendermaßen: »If the HSE could get rid of one Directive, that's the one they would get rid of.« (Interview GPMU, 29.9.1995)
113 HSC, Work with Display Screen Equipment, S. 6.
114 Vgl. CBI, Comments on the HSC's Consultative Document »Work with Display Screen Equipment...«, S. 2, 8f.

Kapitel 6

ein erheblicher Anpassungsbedarf einher.[115] Allerdings richtete sich der Unwille der Arbeitgeberverbände nicht nur gegen die EU-Arbeitsschutzpolitik, sondern auch gegen die Arbeitsschutzbehörden und die Regierung, weil die *Regulations*, so der Vorwurf, weit über das aufgrund der europäischen Vorschriften erforderliche Maß hinausgingen. Sie stellten eine zu starke Reglementierung ihrer Tätigkeit dar und würden einen zu hohen Aufwand und zu hohe Kosten mit sich bringen.[116] Neben der Kritik an den Bestimmungen über Augenuntersuchungen und Sehhilfen stand die Definition des geschützten Personenkreises im Mittelpunkt der Kritik. Dieser sei viel zu weit gefaßt, denn angesichts der großen Verbreitung von Bildschirmarbeit sei es fast unvorstellbar, daß ein gewöhnlicher Benutzer nicht an jedem Arbeitstag am Bildschirm arbeite. Daher sollte zwischen dem gelegentlichen und dem häufigen Gebrauch des Bildschirms unterschieden und der Begriff des *habitual user* enger definiert werden.[117]

Die gewerkschaftliche Reaktion auf die *DSE Regulations* fiel – wie auch im Hinblick auf die *MHSW Regulations* – ambivalent aus. Angesichts bisher fehlender Regelungen zur Bildschirmarbeit begrüßten sie die *DSE Regulations* als einen bedeutenden Fortschritt; zugleich äußerten sie am neuen Regelwerk aber auch scharfe Kritik, weil die Umsetzung des EU-Rechts nicht weit genug ginge und die *DSE Regulations* hinter dem Buchstaben und dem Geist der Bildschirmrichtlinie zurückblieben. Die dort vorgenommene Definition des Bildschirmbenutzers, so die gewerkschaftliche Kritik, sei sehr ungenau, schließe eine große Zahl von Arbeitnehmern von den Schutzbestimmungen aus und ermögliche damit unterschiedliche Schutzniveaus für Personen, die an Bildschirmen arbeiten.[118] Des weiteren brächten die *Regulations* die Weigerung der HSE zum Ausdruck, die Bedeutung gesundheitlicher Schädigungen bei der Bildschirmarbeit anzuerkennen.[119] Darüber hinaus standen erneut die Bestimmungen zur Arbeitsplatzanalyse im Mittelpunkt der Kritik, vor allem weil die in der EU-Bildschirmrichtlinie obligatorische Pflicht zur besonderen Beachtung von Kombinationswirkungen nicht in den *DSE Regulations* selbst,

---

115 Vgl. Union Eyesight Testing Arrangements for VDU Workers, S. 2ff.
116 Vgl. Thompson & Partners, Health and Safety at Work, S. 39.
117 Vgl. Deregulation Task Forces' Proposals for Reform (January 1994), Ziff. 134; CBI, Comments on the HSC's Consultative Document »Work with Display Screen Equipment...«, S. 8f.
118 Vgl. TUC, Memorandum of Comment on HSC Consultative Document CD 42, S. 1, 3ff.; GMB, Comments on Proposals for the Draft Health and Safety (Display Screen Equipment) Regulations and Guidance, S. 1ff., 5f.
119 Vgl. GMB, Comments on Proposals for the Draft Health and Safety (Display Screen Equipment) Regulations and Guidance, S. 1, 10, 12; TUC, Memorandum of Comment on HSC Consultative Document CD 42, S. 1, 6ff.

Die Umsetzung von EU-Arbeitsschutzrichtlinien in Großbritannien

sondern nur in den unverbindlichen *Guidance Notes* erscheint.[120] Schließlich lehnte der TUC den generellen Verzicht auf *ACoPs* ab und bemängelte, daß die Anforderungen des Anhangs sich nur auf solche Bildschirmarbeitsplätze beziehen, an denen Beschäftigte den Bildschirm gewohnheitsmäßig nutzen.[121]

Blickt man auf die Substanz der Bestimmungen, so wird deutlich, daß ebenso wie die *MHSW Regulations* auch die *DSE Regulations* der Leitlinie einer Minimalanpassung folgen und bei einigen Regelungen auch eine Unterschreitung der europäischen Mindestanforderungen einkalkuliert wurde. Auch hier ist die auf den HSW Act zurückgehende Einbeziehung der Selbständigen die einzige Bestimmung, mit der die britische Seite über die EU-Bildschirmrichtlinie hinausging. Allerdings erfolgte dies nur partiell, und daher erscheint auch bemerkenswerter als diese Einbeziehung eher der Umstand, daß erstmals unterschiedliche Schutzniveaus für Erwerbstätige in Abhängigkeit von ihrem Beschäftigtenstatus eingeführt werden. Mit der Unterscheidung zwischen Arbeitnehmern einerseits und Scheinselbständigen und Beschäftigten von Subunternehmen andererseits setzen sich Regierung und Arbeitsschutzbehörden dem Vorwurf aus, bestimmte Arbeitnehmergruppen zu diskriminieren, zumal sie unter dem Gesichtspunkt des Gesundheitsschutzes nicht als gerechtfertigt gelten kann. Überdies erhöht die arbeitsschutzrechtliche Benachteiligung der *self-employed* auch den Anreiz für die Arbeitgeber, den Abbau von Normalarbeitsverhältnissen zu forcieren.

In allen anderen Regelungsbereichen gingen die *DSE Regulations* nicht über die EU-Bildschirmrichtlinie hinaus. In mehreren für das Regelwerk zentralen Regelungen kommt das Bemühen zum Ausdruck, die absolut formulierten Anforderungen der Bildschirmrichtlinie abzuschwächen und damit deren Verbindlichkeit zu unterlaufen. Eventuell wird erst in gerichtlichen Auseinandersetzungen entschieden, ob die gewählte Form der Umsetzung den europäischen Mindestanforderungen Genüge tut. Die Abschwächung erfolgt auf unterschiedlichen Wegen:

1. In einzelnen Fällen verwenden die *DSE Regulations* Begriffe, die eine andere Konnotation, wenn nicht gar eine ganz andere Bedeutung haben als die Formulierungen der Bildschirmrichtlinie. Während die Bildschirmrichtlinie – in der englischen Fassung – von der Pflicht des Arbeitgebers spricht, »to *remedy* the risks found« (Art. 3 Abs. 2), so verlangen die *DSE Regulations* »[to] *reduce* the risks identified [...] to the lowest extent *reasonably practicable*« (*Regulation* 2[3]) (Hervorh. d. Verf.; T.G.). Ist *to remedy* gleichbedeutend mit

---

120 Vgl. TUC, Memorandum of Comment on HSC Consultative Document CD 42, S. 1, 6ff.
121 Vgl. HSC, Work with Display Screen Equipment, S. 5f.; TUC, Memorandum of Comment on HSC Consultative Document CD 42, S. 2, 4ff.

»beheben« oder »ausschalten«, so bedeutet *to reduce* »verringern« oder »vermindern«. Offenkundig bleibt die Vorschrift der *DSE Regulations* hier hinter der Bildschirmrichtlinie zurück.[122]

2. Ebenso wie die *MHSW Regulations* operieren auch die Schutzbestimmungen zur Bildschirmarbeit mit einschränkenden Formulierungen wie »reasonably practicable« und »suitable and sufficient«. Von besonderer Bedeutung ist dies bei der oben erwähnten Vorschrift, die Gesundheitsrisiken der Bildschirmarbeit zu reduzieren – »to the lowest extent *reasonably practicable*« (*Regulation* 2[3]) (Hervorh. d. Verf.; T.G.). Insofern wird den Arbeitgebern auch in den *DSE Regulations* die Möglichkeit zugestanden, Schutzmaßnahmen dann nicht zu ergreifen, wenn Kosten oder Aufwand zu hoch sind und in keinem angemessenen Verhältnis zum zu erwartenden Nutzen stehen.

3. Die *DSE Regulations* stufen einige EU-Vorschriften in ihrer Rechtsverbindlichkeit herab, indem diese nicht in den *Regulations* selbst, sondern in den *Guidance Notes* erscheinen. Dies gilt insbesondere für die Arbeitsplatzanalyse und die daraus erwachsenden Schutzmaßnahmen. Die *DSE Regulations* enthalten keine näheren Angaben über die dabei zu beachtenden Gesundheitsrisiken, wohingegen die EU-Bildschirmrichtlinie vorschreibt, daß dem Sehvermögen, körperlichen Problemen sowie psychischen Belastungen besondere Aufmerksamkeit gelten soll (Art. 3 Abs. 1) und die Präventionsmaßnahmen den möglichen Kombinationswirkungen der identifizierten Risiken Rechnung zu tragen haben (Art. 3 Abs. 2). Mit ihrer Verbannung in die *Guidance Notes* haben diese Vorschriften ihren verbindlichen Charakter verloren.

4. Darüber hinaus gelten den *DSE Regulations* zufolge die Mindestanforderungen des Anhangs nur für solche Bildschirmarbeitsplätze, an denen *user* und *operator* tätig sind, während die EU-Bildschirmrichtlinie die Mindestanforderungen ausdrücklich auf *alle* Bildschirmarbeitsplätze bezieht.[123]

Sieht man von diesen – allerdings durchaus bedeutenden Ausnahmen – ab, so orientieren sich die *DSE Regulations* weitgehend am Wortlaut der Bildschirmrichtlinie und erfüllen in weiten Bereichen deren Vorschriften. Dies trifft auch auf diejenigen Regelungsbereiche zu, die bereits in den Verhandlungen auf europäischer Ebene auf den härtesten Widerstand Großbritanniens gestoßen waren, insbesondere das Recht der Beschäftigten auf Augenuntersuchungen und Sehhilfen. So mußte sich auch die britische Seite den mit der EU-Bildschirmrichtlinie gesetzten Fakten beugen. Auch im Hinblick auf die Bildschirmarbeit gilt, daß das britische Regelwerk ohne den europäischen Anstoß wohl kaum und sicherlich nicht in dieser Reichweite verabschiedet worden wäre.

---

122 Vgl. Smith/Goddard/Randall, Health and Safety, S. 66.
123 Vgl. ebda., S. 67.

6.5 Nationalstaatliche Anpassungsprozesse und Ausweichmanöver: Wandlungen des Vorschriftensystems und der Vollzugsbedingungen

Die Übertragung der europäischen Vorschriften in das nationalstaatliche Arbeitsschutzrecht wurden von einer Reihe von übergreifenden Veränderungen im Arbeitsschutzsystem begleitet. Sie betrafen den Zuschnitt des Vorschriftensystems sowie die Gestalt der Vollzugsbedingungen. Im folgenden sollen sie dargestellt und im Hinblick auf die Auswirkungen analysiert werden, die sie für die Umsetzung der skizzierten europäischen Innovationen nach sich zogen.

6.5.1 Neuordnung und Deregulierung des Vorschriftensystems

Nach ihrem Machtantritt 1979 verwirklichten die Konservativen auf zahlreichen Gebieten weitreichende Deregulierungsvorhaben. Jedoch blieb der Arbeitsschutz während der achtziger Jahre von derartigen Versuchen nahezu vollständig verschont. Eher war dies ein Bereich, in dem eine partielle Modernisierung insoweit auch mit einer vorsichtigen Erhöhung des Schutzniveaus verbunden war, als die Rechtsetzung auf neue Gefährdungslagen, vor allem im Bereich der Gefahrstoffpolitik, ausgedehnt wurden – wobei die neuen Vorschriften von den oben skizzierten Eigenheiten des britischen Arbeitsschutzsystems geprägt waren und in vielerlei Hinsicht hinter den Vorschriften vergleichbarer Staaten zurückblieben.[124] Zum Teil ging diese Modernisierung auch bereits vor der Verabschiedung der EEA darauf zurück, daß Großbritannien Vorgaben aus Brüssel Rechnung zu tragen hatte.[125]

Daß die achtziger Jahre kein Jahrzehnt einer weitreichenden Aushöhlung des Arbeitsschutzrechts waren, ist auf sehr unterschiedliche Gründe zurückzuführen: Erstens hatte bereits der HSW Act bereits 1974 den Übergang vom *prescriptive law* zum *goal-setting approach* und zur *self-regulation* vollzogen. Der Zuschnitt des Arbeitsschutzsystems hatte damit bereits beim Machtantritt der Konservativen einen Wandel vollzogen, der ihren Vorstellungen und Zielen entgegen kam.[126] Zweitens waren Fragen des Arbeitsschutzes für die Regierung nicht von zentraler Bedeutung, zumal er in bestimmtem Umfang ohnehin als notwendige Voraussetzung für einen störungsfreien Ablauf des Arbeits- und

---

124 Vgl. etwa: Jasanoff, Risk Management and Political Culture, S. 12f., 21, 29; Harvey, Just an Occupational Hazard?, S. 19f.
125 Vgl. HSC, Review of Health and Safety Regulation, S. 98ff.
126 Vgl. DTI, Burdens on Business.

Kapitel 6

Verwertungsprozesses galt und in anderen Bereichen aus ihrer Sicht der Handlungsbedarf größer war. Drittens wollte man sich ganz auf die Kernfragen der Zerschlagung gewerkschaftlicher Macht konzentrieren und den Erfolg in dieser Auseinandersetzung nicht durch eine zu große Unruhe in anderen Fragen gefährden. So ließ der damalige *Secretary of State* im *Department of Employment*, Norman Tebbit, den HSC-Vorsitzenden – wie dieser berichtete – bei seiner Ernennung im Herbst 1983 wissen, »that he was going to be very busy on trade union reform and he really didn't want too many problems associated with health and safety.«[127] Viertens kam am Ende der achtziger Jahre die erwähnte Serie von Großunfällen in Großbritannien hinzu[128], die eher den politischen Druck erhöhte, der Sicherheit von Beschäftigten und der Öffentlichkeit größere Aufmerksamkeit zu schenken.

Vor diesem Hintergrund unternahmen die Regierungen unter Premierministerin Thatcher lediglich zwei – zudem recht halbherzige – Vorstöße zur Deregulierung auf dem Gebiet des Arbeitsschutzes. Die betreffenden Vorschläge waren Bestandteil eines Pakets übergreifender Deregulierungsbemühungen, die Mitte der achtziger Jahre als Antwort auf die damalige Wirtschaftskrise angekündigt wurden.[129] Im Mittelpunkt der anvisierten Maßnahmen stand ein Abbau von Belastungen für kleine Unternehmen.[130] Nachdem aber eine Umfrage ergab, daß die große Mehrzahl kleinerer Firmen im Arbeitsschutz keine bedeutende Belastung für ihr Unternehmen sah[131], verliefen die Ankündigungen im Sande.

Zu Beginn der neunziger Jahre war wieder ein Kriseneinbruch – diesmal in den Jahren 1991 und 1992 – der Anlaß für eine erneute Deregulierungsinitiative. Nachdem die Arbeitslosenzahlen Mitte 1992 einen Höhepunkt erreicht hatten, erarbeitete die Regierung ein umfassendes Maßnahmenpaket, mit dessen Hilfe die Verwertungsbedingungen des britischen Kapitals durchgreifend verbessert und die Attraktivität des Wirtschaftsstandorts für ausländische Investitionen weiter erhöht werden sollte.[132] Im Verlauf dieser Initiative wurde der Gesundheitsschutz am Arbeitsplatz neben anderen Regelungsbereichen erneut zum Gegenstand der Deregulierungspolitik, allerdings ging

---

127 Cullen (Interview), On the Record – HSC Chair, Sir John Cullen, S. 11.
128 Siehe oben, Kapitel 5.2.3.
129 Vgl. Lifting the Burden (White Paper); Building Businesses... Not Barriers (Green Paper).
130 Vgl. Lifting the Burden, S. 22f.; Building Businesses... Not Barriers, S. 37ff.
131 Vgl. Building Businesses...Not Barriers, S. 37ff. Da die Umfrage gleichzeitig ein eklatantes Wissensdefizit über die geltenden Schutzbestimmungen bei den Arbeitgebern offenbarte, liegt die Vermutung nahe, daß sie die Belastungen nicht zuletzt deshalb als gering empfanden, weil sie die Rechtsvorschriften nicht in die Praxis umsetzten.
132 Competitiveness: Helping Business to Win, S. 134ff.

Die Umsetzung von EU-Arbeitsschutzrichtlinien in Großbritannien

die konzeptionelle Reichweite im Hinblick auf den Arbeitsschutz diesmal deutlich über die Vorstöße aus den achtziger Jahren hinaus. Sie umfaßte drei Komponenten:
- die Einsetzung von *Deregulation Task Forces*, die Empfehlungen über die zu ergreifenden Maßnahmen erarbeiten sollten;
- die Verpflichtung der Fachminister, in ihrem Zuständigkeitsbereich die existierende Gesetzgebung zu überprüfen und die Wirtschaft von als unnötig geltenden Auflagen zu befreien;
- die Verabschiedung des *Deregulation and Contracting Out Act 1994*, der in erster Linie Maßnahmen zur Beschleunigung des Deregulierungsprozesses beinhaltete.

Welche Vorschläge und Maßnahmen umfaßte diese Deregulierungsinitiative für den Arbeitsschutz?

Die Empfehlungen der Deregulation Task Forces
Der erste Schritt sah eine Überprüfung des gegenwärtigen Regulierungssystems in enger Zusammenarbeit mit der Wirtschaft vor. Zu diesem Zweck setzte die Regierung im Frühjahr 1993 acht *Deregulation Task Forces* ein, die sich ausschließlich aus Vertretern der Wirtschaft zusammensetzten. Im *White Paper* der Regierung heißt es dazu: »A new Deregulation Task Force has been set up [...]. It will follow up the reviews and ensure that the views of business are heard in discussions on regulation.«[133] In einer groß angelegten Initiative wurden in einer ersten Stufe bis Mai 1994 3500 die Wirtschaft betreffende *Regulations* überprüft und mehr als 500 Einzelmaßnahmen vorgeschlagen. Eine dieser *Deregulation Task Forces* befaßte sich mit dem geltenden Arbeitsschutzrecht und legte im Januar 1994 ihren Bericht vor – nach den Worten des damaligen Staatssekretärs im Arbeitsministerium, Michael Forsyth, »the most detailed and comprehensive overhaul of health and safety legislation yet seen in the UK.«[134] Die Vorschläge der Kommission bezogen sich sowohl auf die Rechtsetzung als auch auf die Überwachungstätigkeit:[135]
- Die Bestimmung des HSW Act, der zufolge Schutzvorschriften nur dann außer Kraft gesetzt werden konnten, wenn an ihre Stelle Vorschriften mit mindestens gleichem Sicherheitsniveau traten, sollte geändert werden, weil sie als Hindernis für die notwendige Reform des Arbeitsschutzrechts galt (Ziff. 114).[136]

---
133 Ebda., S. 135.
134 Zit. n. Health & Safety Monitor, Vol. 16, 1993, No. 6, S. 1.
135 Vgl. Deregulation Task Forces' Proposals for Reform (January 1994), bes. S. 14ff.
136 Vgl. dazu auch: Holgate, Workplace Health and Safety: Challenging Regulatory Standards, S. 246f.

Kapitel 6

- Die Gesetzgebung sollte mit dem Ziel einer Reduzierung, Vereinfachung und größeren Klarheit von Vorschriften überarbeitet, die Funktion und der Stellenwert der unterschiedlichen Rechtsinstrumente deutlicher herausgestellt werden (Ziff. 115, 155, 162). Dies würde, so die Empfehlung, eine stärkere Anwendung der *Guidance Notes* anstelle der *ACoPs* einschließen (Ziff. 156).
- Gesetzliche Vorgaben müßten generell einer Kosten-Nutzen-Analyse unterzogen werden; Kosten und Nutzen bestehender oder geplanter Regelungen müßten dem Kriterium der Verhältnismäßigkeit entsprechen (Ziff. 159). Dabei müßten vor allem die besonderen Bedingungen von Kleinunternehmen berücksichtigt werden (Ziff. 161).
- Die Überwachungstätigkeit der Inspektoren sollte sich auf die großen Risiken konzentrieren, dem Grundsatz der Verhältnismäßigkeit entsprechen, besser aufeinander abgestimmt werden sowie unterschiedliche Standards innerhalb der und zwischen den Regionen vermeiden (Ziff. 115, 157, 158).

Im Hinblick auf die Anpassung des britischen Arbeitsschutzsystems an die europäischen Richtlinien sprach die *Deregulation Task Force* folgende Empfehlungen aus:
- Die HSC sollte – vor dem Hintergrund der bisherigen Erfahrungen mit den *Regulations* – die wirklichen Kosten und den Verwaltungsaufwand, die sich aus der Umsetzung des *six-pack* ergeben, dem zu erwartenden tatsächlichen Nutzen gegenüberstellen und auf dieser Grundlage die *Regulations* umfassend neu bewerten (Ziff. 117).
- Die HSC sollte solche *Regulations* und *ACoPs* zurückziehen, deren Anforderungen die Unternehmen im Übermaß reglementierten, und sie durch allgemeinere, zielorientierte Vorgaben für die unternehmerische Fürsorgepflicht ersetzen (Ziff. 119).
- Risikobewertungen seien nicht für jeden Arbeitsplatz erforderlich und könnten auf gefahrenträchtige Tätigkeiten beschränkt werden. Dies gelte auch für die schriftliche Aufzeichnung von Risikobewertungen und der darauf gründenden Maßnahmen (Ziff. 120, 121, 124, 125).
- HSC und HSE sollten bei der Anpassung an EU-Vorschriften die Belastungen für die Wirtschaft so gering halten wie möglich. *Regulations* dürften nur in den Bereichen erlassen werden, wo sie nachweislich unabdingbar und die gewünschten Resultate nicht mit anderen Instrumenten zu erreichen seien. Um zu verhindern, daß aus dem Arbeitsschutzrecht Wettbewerbsnachteile für die britische Wirtschaft erwachsen, müßten die Arbeitsschutzbehörden kontinuierlich darauf hinwirken, daß die übrigen Mitgliedstaaten die Anforderungen an den Arbeitsschutz erfüllen (Ziff. 163).

- Die Konsultationspflicht des Arbeitgebers sollte sich nicht mehr auf alle, sondern nur noch auf die relevanten *safety representatives* beziehen und auch in Gruppen erfolgen können. Die *MHSW Regulations* sollten entsprechend geändert werden (Ziff. 128).

Die Vorschläge der *Deregulation Task Force* liefen auf eine substantielle Lockerung von Arbeitsschutzbestimmungen und auf die Rücknahme eines wesentlichen Teils derjenigen Reformen hinaus, die mit der Anpassung an die EU-Richtlinien verbunden waren. Dies galt insbesondere für die empfohlene Einschränkung des Anwendungsbereichs von Risikobewertungen. Allerdings ging die *Deregulation Task Force* nicht auf das Spannungsverhältnis zu den EU-Vorschriften ein und ließ damit das Problem unerörtert, daß wesentliche Teile ihrer Forderungen nur bei entsprechenden Veränderungen auf der EU-Ebene realisierbar waren.[137]

Die Überprüfung des geltenden Arbeitsschutzrechts durch die HSC
Im Herbst 1992 verpflichtete die britische Regierung die Ressortminister, die Gesetzgebung in ihrem Zuständigkeitsbereich im Hinblick auf Belastungen für die Unternehmen zu überprüfen. In diesem Zusammenhang forderte das *Department of Employment* die HSC auf, auch das Arbeitsschutzrecht zu durchforsten. Dies sollte unter folgenden Fragestellungen erfolgen:

»– is the law still relevant and needed? If so,
– what are the compliance and enforcement costs which the law places on business?
– do the potential benefits still justify the legislation?«[138]

Schon die Formulierung der Fragen verdeutlicht, daß die Regierungsinitiative nicht auf die Optimierung des Arbeitsschutzes, sondern auf die Minimierung seiner Kosten zielte. Die HSC überprüfte in der Folgezeit insgesamt 370 *Regulations* und 28 Gesetze und legte im Mai 1994 ihren Bericht vor.[139] Dieser war nicht zuletzt auch als eine Antwort auf die zuvor ergangenen Empfehlungen der *Deregulation Task Force* zu verstehen (S. 3, Anm. 1). Er sah folgende Eckpunkte für eine Arbeitsschutzpolitik vor:
1. Der Kern der britischen Arbeitsschutzphilosophie, nämlich die Bestimmung allgemeiner Pflichten und eine Gesetzgebung, die sich an der Vorgabe von Zielen orientiert, sollte beibehalten werden (S. 3f.). Die HSC stellte klar, daß sie die ausgesprochenen Empfehlungen als Teil der von ihr stets angestreb-

---

137 Vgl. dazu auch: Michael Forsyth, (Minister of State for Employment and Government spokesman on health and safety), Interview, S. 13f.; Rowland, Enforcement of Health and Safety at Work, S. 137f.
138 Vgl. HSC, Annual Report 1992/93, S. 21.
139 Vgl. dazu und zum folgenden: HSC, Review of Health and Safety Regulation (Seitenangaben im Text).

ten Modernisierung des Arbeitsschutzrechts betrachtete. Insgesamt lägen nur wenige Hinweise vor, daß die existierenden Schutzbestimmungen den Unternehmen unangemessene Belastungen auferlegten.

2. Die HSC hielt eine Straffung und Vereinfachung der Rechtsgrundlagen für geboten. In diesem Zusammenhang empfahl sie die Aufhebung von sieben Gesetzen und nahezu hundert Verordnungen, die bereits vor 1974 Gültigkeit gehabt hatten, und damit fast der gesamten Gesetzgebung aus jener Zeit. Teilweise sollten die aufzuhebenden Bestimmungen überhaupt nicht, teilweise durch modernisierte Regelungen ersetzt werden. Das Gesamtvolumen der Arbeitsschutzgesetzgebung würde damit um etwa 40 % reduziert. Die HSC betonte, daß es sich dabei um Gesetze und Verordnungen handelte, die veraltet bzw. im Arbeitsschutzvollzug bedeutungslos geworden seien. Mit ihrer Aufhebung sei daher keine Reduzierung des gegebenen Schutzniveaus verbunden.

3. Die HSC konstatierte eine verbreitete Unsicherheit und mangelnde Kenntnisse in Fragen des Arbeitsschutzes. Dies habe bisweilen zu falschen Schwerpunktsetzungen in der betrieblichen Arbeitsschutzpolitik geführt. Die HSE sollte daher ihre Informations- und Aufklärungsarbeit verbessern und insbesondere den bloß beratenden Charakter der *Guidance Notes* herausstellen.

4. Kleine Unternehmen und Selbständige sollten nicht von Arbeitsschutzbestimmungen befreit, jedoch bei der Umsetzung des Arbeitsschutzes besser beraten werden (S. 7). Von einer überstürzten Veränderung des Rechts riet die HSC ab. Insbesondere sprach sie sich gegen eine Veränderung von Art. 1[2] des HSW Act aus, der eine Unterschreitung eines einmal festgelegten Schutzniveaus ausschloß (S. 6f.).

5. Der Bericht führte auch Bereiche auf, in denen nach Auffassung der HSC die gesetzlichen Grundlagen für den Arbeitsschutz unzureichend waren. Dies betreffe zum einen den Schutz vor bestimmten großen Risiken (S. 6), zum anderen den Schutz der stark anwachsenden Gruppe der Scheinselbständigen, auf die zahlreiche Bestimmungen keine Anwendung fanden, obwohl sie ähnlichen Arbeitsbedingungen ausgesetzt waren wie die Erwerbstätigen mit einem formellen Arbeitnehmerstatus.

6. Im Unterschied zur *Deregulation Task Force* betonte – bei vernehmbar kritischen Untertönen zu den EU-Richtlinien – der HSC-Bericht, daß die betreffenden *Regulations* nicht ohne weiteres verändert oder aufgehoben werden könnten, eben weil man gezwungen sei, den europäischen Anforderungen Rechnung zu tragen (S. 98ff.). Man sei – entgegen manchen Vorwürfen aus Kreisen der Wirtschaft – bei der Umsetzung nicht über das Maß des Notwendigen hinausgegangen und wollte am bisherigen Vorgehen festhalten.

7. Im Hinblick auf den Arbeitsschutzvollzug wandte sich die HSC gegen den Vorwurf, daß es ein Übermaß an Kontrollen gebe, die angesichts geringer

Die Umsetzung von EU-Arbeitsschutzrichtlinien in Großbritannien

Risiken zudem häufig unangemessen seien. Dennoch wollte man sich bemühen, die Tätigkeit innerhalb der und zwischen den Arbeitsschutzbehörden besser aufeinander abzustimmen und die Überwachung stärker auf die tatsächlichen Verantwortungsträger zu konzentrieren. Diese Maßnahmen sollten dazu beitragen, die Kontrolltätigkeit stärker an der Höhe des Risikos zu orientieren (S. 9f.). In diesem Sinne sollten den HSE-Inspektoren wie auch den *Local Authorities* neue Weisungen für ihre Kontrolltätigkeit erteilt werden. Darüber hinaus wollte man die *Local Authorities* dazu verpflichten, Informationen über die Effektivität und Effizienz ihrer Überwachungstätigkeit zu veröffentlichen.

8. Schließlich sollte angesichts der Vielzahl von Anforderungen der bürokratische Aufwand – etwa für das Ausfüllen von Formularen oder für die Aufbewahrung von Aufzeichnungen über Risikobewertungen und Schutzmaßnahmen – verringert werden (S. 8, 31ff.).

Mit ihren Empfehlungen folgte die HSC somit der von der *Deregulation Task Force* und der Regierung eingeschlagenen Richtung, war dabei aber darum bemüht, die Verringerung der Regulierungsdichte im Arbeitsschutzrecht und die Steigerung der Effizienz im Arbeitsschutzvollzug mit dem Ziel einer Aufrechterhaltung der existierenden Arbeitsschutzstandards zu verbinden. Daher wichen die Vorschläge zu einer Veränderung des Arbeitsschutzrechts in einigen Punkten nicht unerheblich von denen der *Deregulation Task Force* ab: Die HSC betonte die engen Grenzen von Reformmöglichkeiten in den von der EU-Rechtsetzung regulierten Bereichen und sprach sich gegen eine Befreiung kleiner Unternehmen von Arbeitsschutzauflagen aus. Schließlich unterschied sie sich von der *Deregulation Task Force* auch in der Beurteilung der vom Arbeitsschutz ausgehenden Belastungen für die Unternehmen. In dieser unterschiedlichen Akzentuierung drückt sich vor allem der – dem korporatistischen Charakter der HSC geschuldete – Kompromißcharakter des Berichts aus, aber auch die Dominanz der Großunternehmen auf der Arbeitgeberseite im HSC. Die Arbeitsschutzbehörden trugen mit ihrem Bericht dem von der Regierung und den *Deregulation Task Forces* ausgehenden Druck Rechnung, versuchten ihn dabei aber in eine Richtung zu lenken, die die Substanz des Arbeitsschutzrechts unangetastet ließ (Interview HSE, 12.6.1995). Die Regierung gab sich mit den Empfehlungen zufrieden und kündigte an, mit der Arbeitsschutzbehörde über geeignete Möglichkeiten ihrer Umsetzung zu beraten.

Vor dem Hintergrund der intensivierten Deregulierungsbemühungen wurde auch der traditionelle Zuschnitt des Arbeitsschutzrechts in Frage gestellt. Dies betraf insbesondere den Rechtsstatus der *ACoPs*, die den Unternehmerverbänden ein Dorn im Auge waren, weil ihre Nichterfüllung dem Arbeitgeber

Kapitel 6

die Beweislast aufbürdete und Grund für eine strafrechtliche Verfolgung sein könnte. Darin sahen sie einen nicht gerechtfertigten Nachteil in gerichtlichen Auseinandersetzungen. Der Charakter der *ACoPs* sei, wie die British Chambers of Commerce feststellte, »at odds with current moves away from rules, towards a more goal-based system.«[140] Daher verstärkte sich der Ruf nach einem künftigen Verzicht auf dieses Instrument. Die Gewerkschaften lehnten eine derartige Veränderung strikt ab, weil sie im Rahmen des *goal-setting approach* die Verbindlichkeit der Rechtsetzung erhöhten. Die Alternative sei eine Aufnahme von detaillierteren Vorschriften in die *Regulations* und damit ein Verlust an Flexibilität.[141] Die HSC veröffentlichte, nachdem sie in den zurückliegenden Jahren schon zurückhaltender von *ACoPs* Gebrauch gemacht hatte (Interview HSE, 3.4.1996), daraufhin ein *Consultative Document*, das die Zukunft dieses Rechtsinstruments zum Gegenstand hatte.[142] Im Ergebnis des Diskussionsprozesses kündigte die HSC an, neue Kriterien für die Verwendung von *ACoPs* zugrunde zu legen: »[...] in future ACOPs will only be proposed when the alternative would be prescriptive law. A review of all existing ACOPs against this criteria is currently under way.«[143] Unter den obwaltenden politischen Rahmenbedingungen würde der Bedeutungsverlust von *ACoPs* eher – wie bei der Umsetzung der Bildschirmrichtlinie bereits geschehen – zu einer Verlagerung der betreffenden Bestimmungen in die *Guidance Notes* als in die *Regulations* führen. Allerdings steht diese Herabstufung der Rechtsverbindlichkeit von EU-Vorschriften stets unter dem Damoklesschwert einer möglichen Klage vor dem EuGH.

Der Deregulation and Contracting Out Act 1994
Schließlich zielten die Bemühungen der Regierung darauf, den parlamentarischen Prozeß der Rücknahme von Rechtsvorschriften zu beschleunigen. Bisher war dafür ein mehrstufiges, recht zeitaufwendiges Verfahren unter umfassender Einbeziehung des Parlaments erforderlich. Der 1994 verabschiedete *Deregulation and Contracting Out Act* gestattet nun dem zuständigen *Secretary of State*, in seinem Geschäftsbereich die Rücknahme von Gesetzen und Verordnungen vorzuschlagen, sofern er der Überzeugung war, daß mit ihnen der Wirtschaft unnötige Lasten auferlegt wurden (Art. 1[1] und [4]).[144] Der

---

140 BCC, Small Firms Survey: Health and Safety in Small Firms, S. 11.
141 Vgl. Health and Safety Bulletin 233, May 1995, S. 11; Occupational Safety and Health, May 1995, S. 2.
142 Vgl. HSC, The Role and Status of Approved Codes of Practice, bes. S. 12ff.
143 HSC, Annual Report 1996/97, S. 17.
144 Dazu heißt es in dem *White Paper*, das der Gesetzesverabschiedung vorausging: »Changes can already be made relatively quickly to secondary legislation and to administrative procedures. But until now any amendment of regulatory provisions contained in primary

Die Umsetzung von EU-Arbeitsschutzrichtlinien in Großbritannien

ministerielle Vorschlag muß beiden *Houses of Parliament* vorgelegt und dort binnen sechzig Tagen beraten werden (Art. 3[1]3 und 3[4]2). Der *Deregulation and Contracting Out Act* bezieht den Gesundheitsschutz am Arbeitsplatz ausdrücklich in den Geltungsbereich des Gesetzes ein (Art. 37). Will der zuständige Minister von seinen erweiterten Befugnissen Gebrauch machen, so muß er allerdings vorher die HSC und betroffene arbeitsschutzpolitische Akteure konsultieren (Art. 37[2]).

Das – seit 1995 für den Arbeitsschutz zuständige – *Department of the Environment* machte sogleich von seinen neuen Befugnissen Gebrauch. Es forderte die HSC auf, ihm diejenigen Regelwerke zu nennen, die rasch zurückgenommen werden könnten. HSC und HSE leiteten dazu ein Konsultationsverfahren ein und schlugen dem *Department of the Environment* in einem ersten Schritt zwölf *Regulations,* ein Gesetz sowie einen Gesetzesabschnitt zur Rücknahme vor. Dieser Vorschlag wurde vom *Secretary of State* übernommen und passierte unverändert das Parlament.[145] Regierung und Arbeitsschutzbehörde begrüßten die Aufhebung mit unterschiedlichen Akzenten. Während der Staatssekretär im Ministerium, Sir Paul Beresford, darin eine Maßnahme sah, »aimed at cutting red tape and reducing burdens on business«, betonte der Vorsitzende der HSC: »Our Review of Regulation identified these provisions as being outdated and no longer having any practical effect. None of them directly affect health and safety standards. There is adequate legislation to protect all classes of workers [...].«[146] In der Tat handelte es sich bei den von der Aufhebung erfaßten Regelwerken um Bestimmungen, die bereits ohne jede praktische Bedeutung waren. Die Initiative höhlte weder den Kernbestand des britischen Arbeitsschutzrechts aus noch führte sie zu einer Reduzierung des Schutzniveaus. Dies war auch die Überzeugung von Unternehmerverbänden und Gewerkschaften. Der einzige unmittelbare Effekt dieser Maßnahme war es, das bestehende Arbeitsschutzrecht ein wenig übersichtlicher zu gestalten: »[...] the removal of obsolete and unnecessary legislation will help unchatter the current legislative picture and should make the remaining legislation easier to identify.«[147]

Im Grunde war der Spielraum zur Herabsetzung eines einmal vorgegebenen Schutzniveaus aus unterschiedlichen Gründen von vornherein durchaus

---

legislation has had to wait until Parliamentary time was available. This has delayed much-needed reforms by years. The Deregulation and Contracting Out Bill, if approved by Parliament, will provide a mechanism for removing unnecessary burdens in existing primary legislation.« Competitiveness: Helping Business to Win, S. 135.
145 Vgl. Health and Safety (Repeals and Revocations) Regulations.
146 Zit. n. Newsletter (Health and Safety Commission), No. 105 (February 1996), S. 3.
147 HSC, The Proposed Removal of Outdated Health and Safety Legislation, S. 4.

Kapitel 6

beschränkt. Generell ist es für eine Regierung schwierig, einmal gesetzte Standards zurückzunehmen oder herabzusetzen. Eine derartige Maßnahme bringt – insbesondere bei offensichtlich risikoträchtigen Tätigkeitsbereichen – erhebliche Legitimationsrisiken mit sich, weil der Wert Gesundheit eine hohe gesellschaftliche Anerkennung genießt und vergleichsweise leicht gegen die Verantwortlichen mobilisiert werden kann. So bemerkte ein Arbeitsschutzexperte der GPMU: »I think it's [...] a very sensitive area. It's very difficult to say: ›We have to *reduce* health and safety rights.‹ The charge we would make is that they would make the workplace more dangerous, you know. Politically, that's a difficult thing to do.« (Interview GPMU, 29.9.1995) Darüber hinaus wird eine Regierung im Hoch-Risiko-Bereich an der Aufrechterhaltung von Mindestvoraussetzungen zur Gewährleistung der öffentlichen Sicherheit interessiert sein, und die Großunfälle in der zweiten Hälfte der achtziger Jahren haben die Dringlichkeit dieser Aufgabe noch deutlicher werden lassen (Interview HSC, 10.11.1995). Schließlich war der Spielraum für eine Deregulierung durch die Geltung von europäischen Mindestanforderungen beschränkt. Dem Nachdruck, mit dem trotz dieser Restriktionen ein Abbau von Arbeitsschutzvorschriften in der britischen Öffentlichkeit eingefordert wurde, ist daher eine andere Funktion als die einer unmittelbaren Rücknahme von Arbeitsschutzauflagen zuzuschreiben. Eher ging es wohl darum, mit der Behauptung einer bereits vorhandenen Überregulierung die Schwelle für neue Arbeitsschutzinitiativen zu erhöhen und dies den nationalen (HSC und HSE, Gewerkschaften) und internationalen Akteuren (EU-Kommission, Ministerrat) auch unmißverständlich zu signalisieren. In jedem Fall trugen die erwähnten Deregulierungsinitiativen zu einem Klima bei, daß der Vorsitzende der HSC, John Cullen, folgendermaßen charakterisierte: »In a climate of restraint on public spending and a proper questioning of the potential burdens on industry of health and safety regulation, we face the challenge of explaining and justifying the actions we take to improve standards of industrial health and safety.«[148] Dieser Druck schlug auch unmittelbar auf HSC und HSE durch. So ist in ihren Jahresarbeitsplänen, Jahresberichten und parlamentarischen Stellungnahmen das Bekenntnis allgegenwärtig, die Auflagen für die Wirtschaft minimieren und insbesondere die europäischen Mindestanforderungen ohne Belastungen für die Wirtschaft vornehmen zu wollen.[149]

---

148 HSC, Plan of Work for 1993/94 and Beyond, S. IV.
149 Vgl. etwa: Employment Committee, The Work of the Health and Safety Commission and Executive (House of Commons, Session 1993-94, HC 413), S. 1ff.

Die Umsetzung von EU-Arbeitsschutzrichtlinien in Großbritannien

6.5.2 Ökonomisierung des Arbeitsschutzes: Aufwertung der Kosten-Nutzen-Analyse und Umdeutung der Risikobewertung

Die große Bedeutung von Kosten-Nutzen-Abwägungen in der britischen Arbeitsschutzpolitik ist zwar in keinem Regelwerk verbindlich festgeschrieben, allerdings durch den Zusatz *so far as is reasonably practicable* auch im Arbeitsschutzrecht allgegenwärtig. Die Entwicklung eines Bewertungsinstrumentariums geht zurück auf die Versuche zur Kontrolle moderner Großrisiken. In diesem Zusammenhang sind im britischen Arbeitsschutz Regeln zur Quantifizierbarkeit von und zum Umgang mit Risiken recht klar und explizit definiert worden, und nicht zuletzt dadurch unterscheidet er sich auch von dem zahlreicher anderer Länder.[150]

In den neunziger Jahren – im Zuge der aufs neue intensivierten Deregulierungsbemühungen – avancierte das positive Ergebnis einer Kosten-Nutzen-Analyse zu *dem* Kriterium, das über die Angemessenheit einer Arbeitsschutzmaßnahme entscheidet. In diesem Zusammenhang wurden von Regierung und Kapital und in der Folge auch von den Arbeitsschutzbehörden die zu erfüllenden Bedingungen der Kosten-Nutzen-Analyse fortschreitend schärfer gefaßt. Die weitere Aufwertung der *cost-benefit analysis* kam auf unterschiedliche Art und Weise zum Ausdruck. Vertreter der Regierung, konservative Abgeordnete und die Unternehmerverbände machten beständig und mit großem Nachdruck deutlich, daß es auch im Arbeitsschutz unter allen Umständen gelte, die Kosten für die Unternehmen so weit wie möglich zu senken. Kosten-Nutzen-Analysen erfuhren im Prozeß der Rechtsetzung nun eine immer umfassendere Anwendung. Die Regierung setzte durch, daß sie bei der Verabschiedung *jeder* neuen *Regulation* angewendet wurde. Dies sollte sehr frühzeitig geschehen, nämlich bei der Veröffentlichung des Entwurfs, um von vornherein Klarheit zu schaffen, ob eine neue *Regulation* gerechtfertigt sei oder nicht. »The Government is determined to ensure that further regulation does not place unnecessary burdens on business. Before new regulations can be introduced, business will be consulted and the costs and benefits fully assessed.«[151] Der für den Arbeitsschutz zuständige *Under Secretary of State for the Environment* machte deutlich:

»We will introduce new regulatory controls where the evidence shows that they are necessary. However, the costs of regulation are mainly borne by employers, and it is essential that such burdens are proportionate to the risks. New regulations will only be

---

150 Vgl. Rimington, The Legitimacy of Decision Making in Industrial Health and Safety Matters, S. 4ff.; passim.
151 Competitiveness: Helping Business to Win, S. 135.

Kapitel 6

made after we have carried out a comprehensive assessment of the costs of compliance and we are satisfied that such costs are justified by the benefits to be gained.«[152]

In den jährlich stattfindenden parlamentarischen Anhörungen der Führung von HSC und HSE durch das *Employment Committee* oder auch in den Anhörungen durch das *Committee of Public Accounts* waren die durch Arbeitsschutzmaßnahmen hervorgerufenen Kosten ein Dauerthema, mit dem die Vertreter der Arbeitsschutzbehörden unter einen starken Rechtfertigungsdruck gesetzt wurden:

»Sir David Mitchell: [...] Would you like to comment on the extent to which you feel that cost is something which should be taken into account?
Rimington [Generaldirektor der HSE; T.G.]: Yes, it certainly should be taken into account and that is the effect of the principle known as reasonable practicability which the [HSW; T.G.] Act introduces into every one of its significant clauses. The meaning of that phrase is that you need to balance cost against the benefit from some proposed safety measure. I would claim that we were ahead of any safety regulator in the world in having pushed that forward. [...] Our inspectors are always instructed to make that balance. Whenever we go in for a new regulation we carry out a cost and benefit analysis.«[153]

Dies ist nur eines von unzähligen Beispielen für das – bisweilen nachgerade gebetsmühlenhaft wiederholte – Bekenntnis der Arbeitsschutzbehörden, die Unternehmen so weit wie möglich von Kosten und Auflagen entlasten zu wollen. Auch in den Jahresberichten und den Jahresarbeitsplänen zählen HSC und HSE dies durchgängig zu ihren wichtigsten Zielen.[154] Unter dem Druck der Deregulierungsdiskussion geriet die normative Dimension des Arbeitsschutzes zunehmend in den Hintergrund. Zwar kennt auch das britische System – wie noch zu zeigen sein wird – Bedingungen, unter denen ein Risiko auch dann als nicht akzeptabel gilt, wenn der Nutzen der betreffenden Tätigkeit ihren Schaden übertreffen würde. Jedoch spielte dies in der arbeitsschutzpolitischen Debatte kaum mehr eine Rolle. Im Gegenteil: Die Legitimation von Arbeitsschutzvorschriften wurde nun immer stärker an die Voraussetzung ihrer wettbewerbspolitischen Unbedenklichkeit gekoppelt. Die fortschreitende Verwissenschaftlichung und Verfeinerung der *cost-benefit analysis* diente zugleich als Mittel zur Berechnung der möglichen Rationalisierungseffekte von Schutzmaßnahmen.

Der Deregulierungsdruck hatte auch Auswirkungen auf die Praxis der Kosten-Nutzen-Analyse selbst. Mit internen Anweisungen stellte die HSE

---

152 Beresford, The Government Agenda for Occupational Health and Safety, S. 12.
153 Committee of Public Accounts, Enforcing Health and Safety Legislation in the Workplace, Ziff. 112.
154 Vgl. z.B.: HSC, Annual Report 1994/95, S. 15ff.; 1995/96, S. 17ff.; Plan of Work for 1994/95, S. 11ff.

Die Umsetzung von EU-Arbeitsschutzrichtlinien in Großbritannien

die Methodik zur Berechnung der unterstellten Zusatzkosten neuer Arbeitsschutzregelungen auf eine veränderte Grundlage. Als Bezugspunkt für ihre Berechnung wurden nun nicht mehr diejenigen Kosten herangezogen, die erforderlich gewesen wären, um die *geltenden Vorschriften* zu erfüllen, sondern lediglich diejenigen Kosten, die aus den *tatsächlich vorgenommenen Arbeitsschutzmaßnahmen* entstanden waren.[155] Da diese in aller Regel erheblich hinter den Anforderungen des Arbeitsschutzrechts zurückgeblieben waren, erhöhten sich gegenüber dem vorherigen Berechnungsmodus die mit neuen *Regulations* verbundenen Zusatzausgaben. Damit wuchsen die Anforderungen an den zu erwartenden Nutzen neuer Arbeitsschutzmaßnahmen und wurden höhere Hürden für ihre Legitimation errichtet.

Die Aufwertung der Kosten-Nutzen-Analyse war verknüpft mit einer Umdeutung bzw. Neuakzentuierung des Bedeutungsinhalts von *risk assessment*. Die britischen Behörden hatten stets geltend gemacht, daß der Ansatz der Risikobewertung der britischen Arbeitsschutztradition entspreche und erst auf ihre Initiative hin in die Rahmenrichtlinie aufgenommen worden sei (Interview HSE, 25.3.1998).[156] Eine Bewertung dieses Vorgangs sollte jedoch berücksichtigen, daß im britischen Verständnis mit diesem Begriff ganz unterschiedliche Bedeutungsinhalte verknüpft sind. Zum einen wird *risk assessment* – ganz im Sinne der Rahmenrichtlinie – als Instrument für eine systematische und wirkungsvolle betriebliche Präventionspolitik aufgefaßt. Zum anderen steht die Risikobewertung in der britischen Tradition aber auch in einem engen Zusammenhang mit der Kosten-Nutzen-Analyse und dem Grundsatz der *reasonable practicability*. Regierung, Unternehmerverbände und auch Arbeitsschutzbehörden stellten nun immer häufiger diesen Zusammenhang in den Mittelpunkt ihrer Kommentare bzw. Forderungen und deuteten den Zweck der Risikobewertung um: In erster Linie sollte sie nun sicherstellen, daß den Arbeitgebern durch Arbeitsschutzmaßnahmen keine unangemessenen Kosten entstehen und die beschränkten Ressourcen dorthin fließen, wo sie den größten Nutzen stiften. Nicht der umfassende Präventionsgedanke, sondern die als von vornherein begrenzt gedachten Mittel für den Arbeitsschutz waren Ausgangspunkt dieses Verständnisses. Der CBI brachte dies in einem Strategiepapier folgendermaßen zum Ausdruck:

»The issue of sustainable development and commercial competitiveness is generally considered by the HSC/E in the form of cost benefit analysis on new legislative proposals. As a general rule, the CBI considers that the HSC/E carry this work forward in an effective manner. Business puts much emphasis on the need for an analysis of cost and benefits, as inappropriate and impractical legislation imposes unnecessary costs on business and

---

155 Vgl. Everley, The Price of Cost-Benefit, S. 13.
156 Vgl. auch: Bacon (Interview), Total Quality Management Approach, S. 12.

can divert limited resources from other, more serious and urgent risk. *Business is thus* [!] *supportive of risk assessment as a basis for examining and controlling health and safety risks. In particular, it can be used as a basis for setting priorities for the introduction of legislation* [Hervorh. d. Verf.; T.G.]. This has often not been the case when European health and safety directives have been developed. All too often, business is faced with implementing health and safety legislation derived from Europe where the costs far outweigh the benefits.«[157]

Die Leiterin der Abteilung für Arbeits- und Umweltschutz des CBI erklärte vor dem *Environment Committee* des *House of Commons*:

»[...] we think that a justification for a legislative basis in health and safety is important, there are some areas we do not think legislation is important. But, underpinning health and safety standards, the CBI considers that this is an area where legislation is important, *provided it is based on risk assessment* [Hervorh. d. Verf.; T.G.] and sound scientific principles, that have got a reasonable basis in fact rather than fantasy.«[158]

Innerhalb der Regierung war insbesondere das DTI bemüht, dieses Verständnis der Risikobewertung zum allgemeinen Bezugspunkt der Arbeitsschutzpolitik zu machen. In einem Ratgeber zur Durchführung der Risikobewertung, der sich an die Unternehmer wandte, hieß es lapidar: »Risk Assessment techniques enable decisions about regulation to be in proportion to the risks.«[159] Nach dem Inkrafttreten der EU-Rahmenrichtlinie erscheint das Konzept der Risikobewertung immer häufiger in diesem Zusammenhang.[160] Auch in den Publikationen der Arbeitsschutzbehörden trat dieser Aspekt immer stärker in den Vordergrund.

Mit diesem Verständnis der Funktion von Risikobewertungen ist zugleich die Auffassung verbunden, daß sich der behördliche Vollzug und die betriebliche Arbeitsschutzpolitik der Unternehmensleitungen auf die wirklich gefahrenträchtigen Bereiche beschränken solle und Tätigkeiten mit geringeren Risiken keiner besonderen Aufmerksamkeit bedürften. Der Vertreter eines Unternehmerverbandes brachte dies folgendermaßen zum Ausdruck:

»I mean, the whole basis of assessing risk is reasonable practical ability of this balance between costs, time, effort against the likelihood and degree of that injury being caused. That governs everything in my mind, and that's what I try to put across to managers. All I am saying is that we did not need to have that huge amount of detail. We should have concentrated on the issues that really cause damage. Not because there isn't any validity in a lot of it but, again, I am trying to be practical on how management should spend their time in this field.« (Interview BPIF, 3.4.1996)

---

157 Memorandum by the CBI, The Work of the Health and Safety Executive, S. 51.
158 The Environment Committee, The Work of the Health and Safety Executive, Minutes of Evidence (House of Commons, Session 1996-97, HC 277-i, -ii, iii), S. 56.
159 DTI, Regulation in the Balance, S. 11. Siehe auch: DTI, Thinking about Regulation, S. 5ff.
160 Vgl. Fairman, Whither Regulation?, S. 9f.

Die Umsetzung von EU-Arbeitsschutzrichtlinien in Großbritannien

In dieser Interpretation dient *risk* – gerade im Gegensatz zum Leitbild der Rahmenrichtlinie – dazu, die Nicht-Zuständigkeit der Behörden für die aus Sicht einer innovativen Arbeitsschutzpolitik zentralen Fragen der Arbeitsorganisation, der Arbeitszeitgestaltung und der psychosozialen Belastungen bei der Arbeit zu legitimieren oder ihnen eine bestenfalls nachgeordnete Bedeutung zuzuweisen. Vor diesem Hintergrund formulierte die Gewerkschaft NALGO eine im britischen Arbeitsschutz weit verbreitete Kritik an der HSE-Philosophie:

»NALGO is also most concerned about the philosophy of introducing control measures appropriate to risk. Theoretically this would seem to be a proper approach but not in the UK context. In the UK the approach to the definition of risk and the need for legislation has always been influenced by the needs of the industrial sector. By comparison it has always implied that white collar work brings little or no risk. But then risk has only been defined in terms of the consequence of exposure. There has been no serious consideration that major risk could also be measured in terms of the number of people exposed and the length of their exposure. The HSE has been slow to meet the demands placed upon it by the changes that have taken place in the organisation of work since the decline of the manufacturing sector. It has also appeared reluctant to address the new health and safety problems these changes have brought for a large number of employees.«[161]

Während die Risikobewertung in der Rahmenrichtlinie als die wichtigste Voraussetzung für eine umfassende, alle Belastungsaspekte erfassende betriebliche Präventionsstrategie konzipiert ist[162], stellen Unternehmerverbände, Regierung und Arbeitsschutzbehörden in Großbritannien ihren Zweck in einen ganz anderen Begründungszusammenhang. Sie soll gewährleisten, daß sich Arbeitsschutzpolitik auf diejenigen Bereiche beschränkt, in denen sie den größten Nutzen zur Minderung nachgewiesener Gefährdungen entfalten kann, und daß die den Unternehmen entstehenden Kosten in einem angemessenen Verhältnis zu ihrem zu erwartenden Nutzen stehen. Auf diese Weise wurden *risk assessment*, *cost-benefit analysis* und *reasonable practicability* als Handlungsprinzipien der Arbeitsschutzpolitik unmittelbar aufeinander bezogen und konnte das innovative Konzept der Rahmenrichtlinie konzeptionell in die nationalstaatliche Deregulierungspolitik integriert werden.[163] Gerade diese Verknüpfung ist der EU-Rahmenrichtlinie fremd und wurde dort explizit ausgeschlossen. Wenn also die Aufnahme der Risikobewertung in die Rahmen-

---

161 NALGO, NALGO's Comments on the HSC Consultative Document: Health & Safety (General Provisions) Regulations and ACoP, S. 2.
162 Vgl. zum Verständnis der Risikobewertung aus Sicht der EU-Kommission: Kloppenburg, Inhalt und Ziel einer Beurteilung der Risiken am Arbeitsplatz in verbindlichen und unverbindlichen Rechtsakten der Europäischen Union, S. 9ff.
163 Vgl. Bacon (Interview), Total Quality Management Approach, S. 12.

Kapitel 6

richtlinie den Briten als Verdienst zugeschrieben wird[164], so sollte dabei mit bedacht werden, daß dieses Konzept in ihrem Verständnis immer auch – und unter den obwaltenden Rahmenbedingungen: vor allem – dazu dient, die *Grenzen* für die Notwendigkeit von Arbeitsschutzmaßnahmen zu definieren.[165] In der arbeitsschutzpolitischen Debatte waren es nur noch die Gewerkschaften, die das *risk assessment* ausdrücklich als Bestandteil eines umfassenden Arbeitsschutzes verstanden wissen wollten.[166]

6.5.3 Legitimationsbegrenzung staatlicher Rechtsetzung: Die Bekräftigung des klassischen Arbeitsschutzbegriffs

Das Postulat einer Ökonomisierung des Arbeitsschutzes ging einher mit der Bekräftigung, daß die staatliche Rechtsetzung sich unbedingt auf solche Bereiche zu beschränken habe, in denen ein kausaler Zusammenhang zwischen einer bestimmten Arbeitstätigkeit und einer bestimmten Erkrankung medizinisch eindeutig nachgewiesen sei. Diese Auffassung war für die Praxis des britischen Arbeitsschutzes auch vorher bereits typisch, wurde nun aber immer häufiger und entschiedener betont. So erklärte die Vertreterin des CBI vor dem *Environment Committee* des *House of Commons* z.B.:

»We are not supportive of legislation being brought forward where the scientific justification for it is fragile, or there is a great deal of opposing views about the nature of it. We think that health and safety legislation should be directed totally at managing and preventing health and safety risks in workplaces [...].«[167]

Die Forderung nach einem eindeutigen medizinischen Nachweis als Voraussetzung für eine aufsichtsbehördliche Intervention trat insbesondere in der Debatte um die *DSE Regulations* deutlich hervor. So hieß es z.B. in den Vorschlägen der erwähnten *Deregulation Task Force*:

»HSE guidance states that ›medical evidence shows that using display screen equipment is not associated with damage to eyes or eyesight; nor does it make existing defects worse‹. The requirement to provide eyesight tests is, therefore, an unjustified burden on business.«[168]

---

164 So etwa: Eichener, Die Rückwirkungen der europäischen Integration auf nationale Politikmuster, S. 249ff.
165 Vgl. Bacon (Interview), Total Quality Management, S. 12. Dieses Verständnis brachte der damalige HSC-Vorsitzende zum Ausdruck, als er 1991 feststellte, »that under the Health and Safety at Work Act you have to do things that are reasonably practicable; you don't have to do whatever can be done.« Cullen (Interview), »The legislation we are introducing now is streets ahead of what we had before«, S. 22.
166 Vgl. z.B.: Memorandum by the Trades Union Congress, S. 47.
167 The Environment Committee, The Work of the Health and Safety Executive, Minutes of Evidence (House of Commons, Session 1996-97, HC 277-i, -ii, iii), S. 56.
168 Deregulation Task Forces' Proposals for Reform, Ziff. 133.

Die Umsetzung von EU-Arbeitsschutzrichtlinien in Großbritannien

Auch die Auflage zur Anpassung aller Arbeitsplätze an die Anforderungen der Bildschirmrichtlinie zum 1.1.1996 sowie die Risikobewertung sollte auf solche Aspekte beschränkt werden, in denen Risiken eindeutig nachgewiesen seien:

»Review requirements for replacement of equipment by 1996 unless there is a clear need to recognised hazards. [...] Make it clear which injuries are known to affect DSE users and those for which the evidence is patchy or non-existent. [...] HSE should review risk assessment guidance to ensure that it is targetted to activities *where there is a real risk of injury, based on statistical evidence and experience of hazardous activities* [...] [Hervorh. d. Verf.; T.G.].«[169]

Mit dem Hinweis auf *hazardous activities* war die Forderung verknüpft, auf eine Risikobewertung bei als gering erachteten Gesundheitsgefahren zu verzichten, denn *hazard* bezieht sich auf das Schädigungspotential einer Tätigkeit, während *risk* auch den Grad der Wahrscheinlichkeit, daß eine bestimmte Gesundheitsgefährdung eintritt, berücksichtigt.[170]

In diesem Zusammenhang wurden in den Positionsbestimmungen von Regierung, Arbeitsschutzbehörden und Unternehmerverbänden auch alle diejenigen Arbeitsbedingungen, die die Individuen bloß subjektiv als Belastungen empfanden, aus der staatlicher Regelungsbedürftigkeit herausdefiniert. Da Tätigkeiten wie die Bildschirmarbeit kein objektiv meßbares Gesundheitsrisiko in sich bergen, sondern allenfalls zu subjektiven Belastungen führen würden, seien auch rechtliche Regelungen nicht erforderlich bzw. in einer sinnvollen Weise nicht möglich. So heißt es z.B. in einer von Arbeitgeberseite formulierten Kritik an den *DSE Regulations*: »These regulations attempt to bring objectivity to what is and will remain a highly subjective area of work.«[171] Gerade die Subjektivität der Wahrnehmung von Gesundheitsstörungen bzw. Krankheiten wurde hier zum Argument dafür, von generellen Schutzbestimmungen Abstand zu nehmen.

Die Arbeitsschutzbehörden teilten diese Auffassung grundsätzlich (Interview HSE,), allerdings bedeutete dies nicht, daß sie sich in ihrer Präventionspraxis nur auf den Vollzug von Rechtsvorschriften beschränken. Vielmehr hat die HSE ihr Tätigkeitsprofil mittlerweile auch auf ein breiteres Spektrum von arbeitsbedingten Gesundheitsgefahren ausgeweitet, widmet sich diesen Problemkomplexen aber ausschließlich mit den Instrumenten der Information und Beratung von Arbeitgebern und Beschäftigten.[172] Verbindliche rechtliche Regelungen und ihre Durchsetzung mit Hilfe staatlicher Zwangsmaßnahmen

---

169 Ebda., Ziff. 134, Ziff. 158.
170 Vgl. Asherson, Erfahrungen britischer Unternehmen mit der Anwendung der Risikobeurteilung, S. 93f.
171 Akass, Essential Health and Safety for Managers, S. 173.
172 Siehe unten, Kapitel 6.5.6.

Kapitel 6

lehnte sie ab. So stellte Cox mit Blick auf den gesundheitlichen Risikofaktor Streß als Gegenstand aufsichtsbehördlicher Tätigkeit zutreffend fest:

»In the United Kingdom, the importance of stress as a workplace issue has been recognized by the Health and Safety Commission and Executive, but these bodies do not regard it as an issue that lends itself readily to legislative controls. To date, action by the Health and Safety Executive has focused on (i) establishing, through research, an understanding of the causes and nature of stress in various occupational settings, (ii) providing published guidance for employers about mental health at work, and (iii) raising awareness about the importance of effective workplace mental health policies.«[173]

Wenn also das traditionelle, auf naturwissenschaftlich begründeter Kausalität basierende und an technischer Arbeitssicherheit orientierte Verständnis des Arbeitsschutzes auch nach dem Inkrafttreten der europäischen Arbeitsschutzrichtlinien beibehalten und bekräftigt wurde, so betraf dies den Bereich der Rechtsetzung und damit allerdings die aus Arbeitgebersicht wesentliche Frage der Verbindlichkeit entsprechender Schutzmaßnahmen.

6.5.4 Ressourcenknappheit und Vollzugsdefizit

Inwieweit die Unternehmen gesetzliche Vorschriften zum Gesundheitsschutz am Arbeitsplatz tatsächlich befolgen, hängt in entscheidendem Maße vom Umfang der staatlichen Überwachungstätigkeit ab. Staatliche Kontrolle und die Drohung mit Sanktionen sind ja gerade aus der Erfahrung erwachsen, daß die Unternehmen in aller Regel nicht bereit sind, die für den Gesundheitsschutz der Beschäftigten erforderlichen Kosten freiwillig aufzubringen. Auch wenn das britische Arbeitsschutzsystem, wie oben gezeigt, in besonderem Maße auf Überzeugung setzt und von Zwangsmaßnahmen nur selten Gebrauch macht, so steht doch die prinzipielle Notwendigkeit aufsichtsbehördlicher Kontrollen und Strafandrohungen auch dort außer Frage.

Eine effektive Überwachungstätigkeit ist nur dann möglich, wenn die Vollzugsbehörden über die erforderlichen Ressourcen verfügen, um eine ausreichende Anzahl von Inspektoren mit der geeigneten Qualifikation einzusetzen. Allerdings leidet der britische Arbeitsschutz seit seinen Anfängen unter einer finanziellen und personellen Unterausstattung der Aufsichtsbehörden.[174] So war der arbeitsschutzpolitische Aufbruch, der in der Verabschiedung des HSW Act zum Ausdruck kam, mit der Absicht verbunden, den Bestand an Inspektoren deutlich aufzustocken. Die Labour-Regierung erhöhte deren Zahl bis 1979 denn auch beträchtlich[175], jedoch erreichten weder

---

173 Cox, Stress Research and Stress Management, S. 86.
174 Bartrip/Fenn, The Administration of Safety, S. 87ff.
175 Vgl. Hansard, Vol. 171, Written Answers, 24. April 1990, Sp. 171.

Die Umsetzung von EU-Arbeitsschutzrichtlinien in Großbritannien

sie noch die nachfolgenden konservativen Regierungen die ursprünglich einmal anvisierten Ziele. Im Gegenteil: Das Problem unzureichender Ressourcen im Arbeitsschutzvollzug hat sich seitdem erheblich verschärft, denn die HSE wurde seit dem Beginn der achtziger Jahre Objekt einschneidender staatlicher Finanzkürzungen. Die Arbeitsschutzbehörde war zwar nicht das bevorzugte Ziel dieser Maßnahmen, denn diese betrafen viele andere Bereiche des *Civil Service* in gleicher Weise; allerdings waren Kürzungen gerade bei der Arbeitsschutzüberwachung auch durchaus mit der Deregulierungspolitik der Regierung kompatibel, und insofern konnte sie einen Rückgang der Überwachungskapazitäten auch billigend in Kauf nehmen. Die Kürzungen nahmen drastische Ausmaße an. Zwischen 1980 und 1988 waren die Zuwendungen des *Department of Employment* für die HSE in realen Preisen rückläufig.[176] Der Generaldirektor der HSE schilderte die Situation seiner Behörde folgendermaßen:

»The difficulties began round about 1980 and they consisted of the general rundown of the Civil Service. There was an edict that the Civil Service should decline by 20 per cent. That affected us the same way that it affected others and it affected therefore the number of our inspectors.«[177]

Zwischen 1988 und 1994 wurden die Finanzmittel für die Arbeitsschutzbehörden zwar wieder deutlich erhöht, jedoch leitete das Haushaltsjahr 1994/95 eine Phase erneuter Budgetkürzungen für die HSE ein.[178] Die nominalen Ausgaben der HSE lagen im Berichtszeitraum 1996/97 um £ 18 Mio. oder um 8 % unter denen des Jahres 1994/95.[179] Diese Kürzungen zogen einen Abbau von insgesamt etwa 400 Stellen nach sich – dies entsprach einer Reduzierung um fast 10 %, und dies in nur zwei Jahren. Die mittelfristige Finanzplanung der Regierung sah über diesen Zeitraum hinaus eine Fortsetzung der Sparmaßnahmen vor: Zwischen 1995/96 und 1999/2000 sollten die Zuwendungen um £ 180 auf 158 Mio. sinken.[180] 1998 sank der Personalbestand erstmals seit 1991 wieder unter die Grenze von 4000 Beschäftigten. Bereits 1992 hatte die Regierung ihre Absicht angekündigt, sich aus der finanziellen Unterstützung der gewerkschaftlichen Schulung von *safety representatives* zurückzuziehen.

---

176 Vgl. ebda., Sp. 173.
177 Committee of Public Accounts, Enforcing Health and Safety Legislation in the Workplace, Ziff. 56.
178 Vgl. Employment Department Group, Departmental Report: The Government's Expenditure Plans 1994-1995 to 1996-97, S. 55. Vgl. dazu auch: Health and Safety Information Bulletin 218, February 1994, S. 2; 230, February 1995, S. 4.
179 Vgl. HSC, Plan of Work for 1995/96, S. 81; 1996/97, S. 76.
180 Vgl. Health and Safety Bulletin 253, January 1997, S. 2.

Tabelle 8

Fachpersonal der Health and Safety Executive 1979-1998

Jahr	Inspektoren insgesamt (a)	Darunter Fabrikinspektoren (b)	Personal insgesamt
1979	1 426,5	742	4 169
1980	1 444,5	759	4 110
1981	1 404	735	3 883
1982	1 323,5	678,5	3 712
1983	1 276,5	654	3 593
1984	1 239	627	3 563
1985	1 266	652	3 616
1986	1 231,5	623	3 661,5
1987	1 204,5	562,5	3 573
1988	1 165	542,5	3 470
1989	1 182,5	555	3 524,5
1990	1 239	583,5	3 698
1991	1 342	605	3 877
1992	1 469,5	638,5	4 321
1993	1 532	649	4 537,5
1994	1 572,5	642,5	4 544,5
1995	1 478	–	4 391
1996	1 466	–	4 151
1997	1 442	–	4 077
1998	1 437	–	3 932

jeweils 1.4. d.J.
(a) Einschließlich solcher Inspektoren, die in anderen Funktionen tätig sind.
(b) Ohne die in dieser Funktion tätigen Inspektoren.
Quelle: Eigene Zusammenstellung nach: Dawson u.a., Safety at Work, S. 218; Hansard, Vol. 171, Written Answers, 24. April 1990, Sp. 171; 24. Februar 1998, Sp. 143; HSC, Annual Report 1987/88, S. 37; 1988/89, S. 121; 1989/90, S. 113f.; 1990/91, S. 122; 1991/92, S. 139; 1992/93, S. 123; 1993/94, S. 116; 1994/95, S. 139; 1997/98, S. 45.

Insbesondere die Zahl der unmittelbar mit Beratungs- und Kontrolltätigkeiten befaßten Inspektoren wurde erheblich reduziert. Die Zahl der Aufsichtsbeamten ging nach einem zwischenzeitigen Anstieg allein zwischen 1994 und 1998 um 8 % zurück und bewegte sich 1998 auf dem Niveau des Jahres 1979. Die dadurch herbeigeführte Beeinträchtigung der Überwachungstätigkeit wurde durch andere Entwicklungen noch verstärkt. Erstens erhöhte sich im Zuge des ökonomischen Strukturwandels sehr schnell die Anzahl der in kleineren Unternehmen beschäftigten Personen und damit auch die Anzahl der zu überwachenden Arbeitsstätten. Allein zwischen 1979 und 1994 verdoppelte

Die Umsetzung von EU-Arbeitsschutzrichtlinien in Großbritannien

sich die Anzahl aller Arbeitsstätten von 1,8 auf 3,6 Millionen[181], und selbst die Zahl der Arbeitsstätten in der verarbeitenden Industrie stieg in dieser Zeit von 119 000 auf 184 000.[182] Da der Kontrollaufwand je Beschäftigten – ceteris paribus – in dem Maße wächst, wie die durchschnittliche Zahl der Beschäftigten je Arbeitsstätte zurückgeht, vergrößerte sich die ohnehin bereits große Kluft zwischen dem Überwachungsbedarf und den Überwachungsmöglichkeiten der HSE noch weiter. War im Fabrikinspektorat im Jahre 1980 ein Inspektor für 420 Unternehmen verantwortlich, so kamen Anfang der neunziger Jahre fast 1 000 Firmen auf einen Aufsichtsbeamten. Im Jahre 1991 waren ungefähr die Hälfte der etwa 700 000 Arbeitsstätten, für deren Kontrolle die HSE verantwortlich war, seit drei Jahren und fast 70 000 seit elf Jahren nicht mehr inspiziert worden.[183] Einem Bedarf von 700 Fabrikinspektoren stand nach Angaben des HSE-Generaldirektors ein tatsächlicher Bestand von lediglich 590 Personen gegenüber.[184] Die Gewerkschaft der HSE-Beschäftigten bezifferte den zusätzlichen Bedarf sogar auf 370 Fabrikinspektoren.[185] Nach Angaben der HSE waren 1992 sechs von zwanzig regionalen *area offices* unterbesetzt.[186] Anfang der neunziger Jahre lag die durchschnittliche Wahrscheinlichkeit für ein Unternehmen, pro Jahr eine behördliche Arbeitsschutzauflage zum Gesundheitsschutz zu erhalten, bei 1:80 und die Wahrscheinlichkeit, strafrechtlich verfolgt zu werden, bei 1:800. Demgegenüber mußte 1 von 4,5 Unternehmen im Durchschnitt mit einem meldepflichtigen Unfall rechnen, 1 von 27 mit einem größeren Unfall und 1 von 800 mit einem tödlichen Unfall.[187]

Tabelle 9
Zahl der zu überwachenden Arbeitsstätten je Feldinspektor der Health and Safety Executive 1978-1992

Jahr	1978	1980	1982	1984	1986	1988	1990	1992
Verhältnis	1:456	1:422	1:843	1:855	1:955	1:994	1:972	1:926

1978 bis 1984 jeweils am 1. Januar, ab 1986 jeweils am 1. April.
Quelle: Hansard, Vol. 171, Written Answers, 25. April 1990, Sp. 225; HSC, Annual Report 1994/95, S. 146.

---

181 Vgl. HSC, Health and Safety in Small Firms. Discussion Document, S. 15.
182 Vgl. Central Statistical Office, Annual Abstract of Statistics, 1983 Edition, S. 131; 1995 Edition, S. 115.
183 Vgl. Hansard, Vol. 184, Written Answers, 29. Januar 1991, Sp. 783.
184 Employment Committee, The Work of the Health and Safety Commission and Executive (House of Commons, Session 1990-91, HC 118-i), Ziff. 24.
185 Vgl. Institution of Professionals, Managers and Specialists (IPMS), Health and Safety. An Alternative Report. The Real Facts About the Work of the Health and Safety Executive in 1989, S. 14.
186 Vgl. Committee of Public Accounts, Thirty-Fifth Report, Ziff. 51.
187 Vgl. HSC, Review of Health and Safety Regulations, S. 103ff.

Kapitel 6

Zweitens erfuhren die Aufgabenbereiche der HSE in den achtziger Jahren eine beträchtliche Ausweitung. Es wurden nicht nur zusätzliche Wirtschaftsbereiche, zu denen u.a. der Bahntransport und die Sicherheit auf hoher See einschließlich des Fährverkehrs und der Ölplattformen zählten, der Kontrolle der HSE unterstellt, sondern auch ihre Überwachungspflichten, insbesondere im Hinblick auf die Kontrolle von Gefahrstoffen, in solchen Bereichen erweitert, die sie schon vorher zu kontrollieren hatte.[188] Ein großer Teil der zwischen 1988 und 1994 erhöhten Mittelzuweisungen floß in die neu hinzugekommenen Aufgabenbereiche der HSE. In den traditionellen Handlungsfeldern der HSE konnten die zusätzlichen Mittel die vorangegangenen Kürzungen nicht aufwiegen. So schränkte der Generaldirektor der HSE die Bedeutung der Budgeterhöhungen denn auch stark ein: »But renewed growth has come after nearly a decade of increasing difficulty, as the functions laid on us multiplied while our core of experienced staff dwindled in numbers. The accumulated difficulty will remain with us for some time [...].«[189] Darüber hinaus beanspruchten mit dem Übergang der Kompetenzen auf die EU die internationale Koordinierung und Verhandlung einen stark wachsenden und insgesamt nunmehr bedeutenden Anteil der personellen Ressourcen in den Planungsabteilungen der HSE.

Eine gewisse Entlastung erfuhr die HSE insofern, als zum einen durch die wachsende Erwerbslosigkeit auch der Überwachungsbedarf sank und zum anderen im Jahre 1989 die Vollzugsverantwortung für einen Teil der Unternehmen den *Local Authorities* übertragen wurde.[190] Darüber hinaus konnte sie Effizienzgewinne erzielen, die auf organisatorische Veränderungen, auf den verstärkten Einsatz moderner Technologien und zum Teil auf die Umgestaltung des öffentlichen Sektors zurückzuführen waren. Allerdings konnten – wie die HSE-Führung betonte – diese Entlastungsfaktoren den Rückgang an Ressourcen und Personal bei weitem nicht ausgleichen.

Der eklatante Personalmangel wirkte sich nicht nur auf den Umfang, sondern auch auf den Gegenstand der Überwachungstätigkeit aus. Unter dem Druck unzureichender Ressourcen konzentrierten sich die Behörden zunehmend auf die Unternehmen des »Hoch-Risiko-Bereichs«. Gleichzeitig gewann die Untersuchung von Beschwerden und bereits eingetretenen Unfällen

---

188 Vgl. Rimington, Valedictory Summary of Industrial Health and Safety since the 1974 Act, Annex 2. Von herausragender Bedeutung für die Modernisierung des britischen Arbeitsschutzes sind die *Control of Substances Hazardous to Health Regulations* (COSHH), die 1988 in Kraft traten.
189 HSC, Annual Report 1989/90, Foreword by Director General of HSE, S. X.
190 Vgl. Health and Safety (Enforcing Authorities) Regulations 1989.

Die Umsetzung von EU-Arbeitsschutzrichtlinien in Großbritannien

auf Kosten präventiver Tätigkeit an Bedeutung.[191] Überdies wurde kleineren Firmen weit weniger Aufmerksamkeit zuteil als großen Unternehmen.[192] Die Auswirkungen schilderte der Generaldirektor der HSE folgendermaßen:
»There are two major consequences. The first one is that the preventive work tends not to get done and the reactive work tends to get done. In other words, when people ring up with complaints and they say that there is something terrible going on, you have to attend to that. You will do less preventive inspection and on the whole you would probably do less prosecution.«[193]

Tabelle 10

Inspektionen der Health and Safety Executive 1986-1996

Jahr	Inspektionen (a)
1986/87	164098
1987/88	159641
1988/89	159550
1989/90	171580
1990/91	169346
1991/92	175070
1992/93	162815
1993/94	157032
1994/95	147160
1995/96	124869

(a) Geplante Präventivinspektionen, ohne reaktive Untersuchungen.
Quelle: Hansard, Written Answers, 30. Oktober 1996, Sp. 118.

Gleichzeitig löste die Kürzung der finanziellen Zuwendungen eine starke Fluktuation bei den HSE-Inspektoren aus, denn nun konnten auch die Gehälter der HSE-Inspektoren immer weniger mit denen vergleichbarer Berufsgruppen Schritt halten. Die Inspektoren »are under temptations to leave us for what may be easier and better paid employment elsewhere.«[194] Mit der personellen Fluktuation war eine erheblicher Erfahrungsverlust und eine Beeinträchtigung

---

191 Vgl. Dawson u.a., Safety at Work, S. 224. Allerdings ging ein Teil des Rückgangs an umfassenden Präventivbegehungen auch darauf zurück, daß die Arbeitsschutzbehörden Ressourcen auf zeitintensivere Präventivmaßnahmen zur Verhütung von Krankheiten verlagerte.
192 Vgl. NAO, Enforcing Health and Safety Legislation in the Workplace, S. 16.
193 Committee of Public Accounts, Enforcing Health and Safety Legislation, Ziff. 56.
194 HSC, Annual Report 1989/90, Director General's Foreword, S. X. Siehe auch: Committee of Public Accounts, Enforcing Health and Safety Legislation, Ziff. 33.

Kapitel 6

der Qualität aufsichtsbehördlicher Überwachungstätigkeit verbunden, denn eine wirksame Kontrolle von Arbeitsschutzbestimmungen setzt nicht nur eine hohe formale Qualifikation, sondern insbesondere auch eine große Erfahrung des Vollzugspersonals voraus. So mußten die Inspektorate wiederholt feststellen, daß sie ihre Ziele aufgrund des Mangels an erfahrenem und geschultem Personal nicht hatten erreichen können.[195] »We have now reached a situation where ability to expand the field forces is limited not so much by a lack of financial resource as by our ability to absorb and train new recruits.«[196] In der ersten Hälfte der neunziger Jahre erreichte dieses Problem seinen Höhepunkt. Im Berichtsjahr 1990/91 mußten immerhin 27% der Inspektoren für ihre Tätigkeit ausgebildet werden, im Unterschied zu 13% drei Jahre zuvor.[197] Jeder vierte Inspektor hatte 1991 und 1992 eine Berufserfahrung von weniger als zwei Jahren.[198] Gleichzeitig mußte als Folge dieser Entwicklung ein größerer Teil der ohnehin knapp bemessenen Finanzmittel für die Schulung neu eingestellter Inspektoren aufgewendet werden, ohne daß damit der vorangegangene Erfahrungsverlust schnell hätte wettgemacht werden können. Die nun leicht verbesserte finanzielle Ausstattung konnte daher auch nicht in eine entsprechende Ausweitung der Überwachungstätigkeit umgesetzt werden. Die Gewerkschaften erhoben zudem den Vorwurf, daß die mit dem Regierungswechsel zu den Konservativen eingetretene Klimaveränderung im Arbeitsschutz, vor allem der sich verbreitende Eindruck, daß die Regierung die für eine wirkungsvolle Überwachungstätigkeit erforderlichen Ressourcen verweigerte, bei vielen Inspektoren zu einem Gefühl der Sinnlosigkeit des eigenen Tuns und zu einer um sich greifenden Frustration geführt habe (z.B. Interview GMB, 17.7.1995).[199] Auch wenn letzteres von HSC- und HSE-Führung angezweifelt wurde[200], so ist doch unbestritten, daß die Ressourcenkürzung alles in allem auf vielfältige Weise einen erheblichen Effektivitätsverlust beim Arbeitsschutzvollzug mit sich brachte.

Nicht nur bei der HSE, sondern auch bei der zweiten bedeutenden Überwachungsinstanz, den *Local Authorities*, hat sich das Vollzugsdefizit spürbar verschärft. Seit Beginn der achtziger Jahre wurde der finanzielle Handlungsspielraum der Kommunen durch die konservative Zentralregierung erheblich eingeschränkt. Gleichzeitig weiteten sich mit dem Bedeutungszuwachs des Dienstleistungssektors und der 1990 von der HSE übernommenen Verant-

---

195 Vgl. etwa HSC, Annual Report 1986/87, S. 19ff.
196 HSC, Annual Report 1990/91, Director General's Foreword, S. XII.
197 Vgl. ebda.
198 Vgl. Hansard, Written Answers, 30. Oktober, Sp. 119.
199 Vgl. auch: IPMS, Managers and Specialists, Health and Safety. An Alternative Report. The Real Facts About the Work of the Health and Safety Executive in 1989, S. 13.
200 Vgl. Dawson, HSC on Defensive as Fatal Accidents Drop to All-time Low, S. 10.

Die Umsetzung von EU-Arbeitsschutzrichtlinien in Großbritannien

wortung für etwa 150 000 Unternehmen die Überwachungsaufgaben der *Local Authorities* stark aus. Weil die *Environmental Health Officers* neben dem Gesundheitsschutz am Arbeitsplatz noch einen wachsenden Anteil anderer Aufgaben zu erfüllen haben, sinkt tendenziell die für den Arbeitsschutz zur Verfügung stehende Zeit.

Tabelle 11

Vollzugstätigkeit der *Local Authorities* im Arbeitsschutz 1986-1997

Aktivitäten	1986/87	1990/91	1993/94	1996/97
Anzahl der Arbeitsstätten	958 000	1 150 000	1 232 000	1 270 000
Durchgeführte Inspektionen	567 000	488 000	495 000	415 000
davon Präventivinspektionen	327 000	247 000	289 000	273 000
Inspektionen je 1 000 Arbeitsstätten	592	424	402	327
davon Präventivinspektionen je 1 000 Arbeitsstätten	341	215	235	215
Mit Arbeitsschutzaufgaben befaßte Inspektoren	5 950	5 910	6 560	6 350
= vollzeitbeschäftigte Inspektoren	1 780	1 370	1 560	1 590

Quelle: HSC, Local Authorities Report on Health and Safety in Services Industries 1991/92, S. 56, 60, 65; 1993/94, S. 1ff.; 1995 (Annex), S. 5, 14; 1998, S. 3ff.; eigene Berechnungen.

Trotz eines Anstiegs der Gesamtzahl von *Environmental Health Officers* zwischen 1986 und 1997 sank das auf den Arbeitsschutzvollzug verwandte Arbeitsvolumen, ausgedrückt in vollzeitbeschäftigten Inspektoren, erheblich: 1986/87 entsprach der Umfang der Arbeitsschutztätigkeit noch einer Vollzeitbeschäftigung von 1 780 Personen, 1996/97 nur noch einer von 1 590 Personen. Aufgrund der starken Zunahme der Arbeitsstätten wurden 1996/97 nicht einmal mehr 330 von 1 000 Arbeitsstätten besucht, während es 1986/87 immerhin noch knapp 600 von 1 000 gewesen waren (Tabelle 11). Allerdings war der Rückgang der Inspektionsfrequenz auch auf die Schwerpunktverlagerung hin zu zeitaufwendigen, umfassenden Präventivinspektionen begründet. Diese beanspruchten einen wachsenden Teil der Arbeitszeit von Inspektoren, waren aber im Vergleich zu 1986/87 absolut und in ihrer relativen Häufigkeit dennoch stark rückläufig. Allerdings besuchten die *Environmental Health Officers* die ihnen zugewiesenen Unternehmen noch doppelt so häufig wie die HSE-Inspektoren, die im Durchschnitt einmal in fünf Jahren bei einem Unternehmen erschienen.

Gleichzeitig waren sowohl HSE als auch *Local Authorities* bemüht, den Stellenwert einer umfassend-präventiven, auf Integration des Arbeitsschutzes in die betrieblichen Abläufe zielenden Beratungstätigkeit zu erhöhen, vor allem weil sie sich davon eine Verstetigung der betrieblichen Präventionspolitik erhofften. Jedoch waren dieser Schwerpunktverlagerung durch den Kapazitätsmangel enge Grenzen gesetzt. So ging seit den achtziger Jahren die absolute Zahl der Präventivinspektionen bei beiden Institutionensystemen zurück (Tabellen 10 und 11), allerdings – zumindest gilt dies für die *Local Authorities* – nicht so stark wie die Gesamtzahl der Inspektionen. Angesichts des Ressourcenmangels ging die relative Aufwertung der – mit einem hohen Zeitaufwand verbundenen – Präventivinspektionen zwangsläufig auf Kosten der Anwesenheit in der Fläche und damit des behördlichen Drohpotentials. Diese Entwicklung gibt im übrigen auch zu nachdrücklichen Zweifeln Anlaß, ob die britische Überwachungspraxis die den Mitgliedstaaten mit der Rahmenrichtlinie auferlegte Pflicht erfüllte, für eine wirkungsvolle Durchsetzung der Schutzbestimmungen Sorge zu tragen.

6.5.5 Der schlanke Staat: Arbeitsschutz und Modernisierung der öffentlichen Verwaltung

Die Reorganisation der öffentlichen Verwaltung und die Neudefinition staatlicher Aufgaben gehörten zu den wichtigsten Projekten konservativer Regierungspolitik in Großbritannien und erfaßten auch die Arbeitsschutzbehörden. Staatliche Eingriffe und Zuständigkeitsbereiche sollten so weit wie möglich abgebaut, öffentliche Dienstleistungen von Privaten übernommen und die in öffentlicher Hand verbleibenden Tätigkeiten durch ihre Organisation nach privatwirtschaftlichen Maßstäben effizienter gestaltet werden.[201] Großbritannien gehörte international zu den Vorreitern bei der Reform des öffentlichen Sektors.[202] Seit dem Beginn der achtziger Jahre brachten die konservativen Regierungen unter den Schlagwörtern *value for money* und *better use of resources* zahlreiche Initiativen zur Schaffung eines *New Public Management* (NPM) auf den Weg, das sich durch folgende Merkmale von der traditionellen Struktur des öffentlichen Dienstes unterscheidet:
– die Einführung privatwirtschaftlicher Managementmethoden;
– die Entwicklung von Qualitätsstandards für die Durchführung von Aufgaben;
– eine stärkere Betonung von Zielvorgaben, einer Ressourcenplanung und von Ergebniskontrollen;
– eine stärkere Ausrichtung an den Bedürfnissen der Bürger als Kunden;

---

201 Vgl. zu den Paradigmen der Reform des öffentlichen Sektors: Aucoin, Administrative Reform, S. 115ff.; Wright, Reshaping the State, S. 102ff. Siehe auch: Felder, Verwaltungsmodernisierung und Staatsprojekte, S. 6ff.
202 Vgl. Mascarenhas, Building an Enterprise Culture in the Public Sector, S. 319ff.

Die Umsetzung von EU-Arbeitsschutzrichtlinien in Großbritannien

- die Einführung von Wettbewerbsmechanismen durch die Privatisierung öffentlich angebotener Dienstleistungen oder durch ihre Öffnung für private Anbieter;
- die Teilung von Verwaltungsorganisationen und die Bildung kleinerer, spezialisierter Funktionseinheiten;
- eine einschneidende Sparpolitik bei den öffentlichen Ausgaben.[203]

Seit der zweiten Hälfte der achtziger Jahre stand die Modernisierung des öffentlichen Sektors ganz im Zeichen des *Next Steps*-Programms.[204] Das Hauptinstrument dieses Konzepts war die Schaffung von *agencies* innerhalb des öffentlichen Dienstes. *Agencies* sind auf bestimmte Funktionen spezialisierte Einheiten, die aus einem Ministerium bzw. einem Verwaltungsgefüge ausgegliedert werden und einen teilautonomen Status erhalten. Das zuständige Ministerium setzt der *agency* mit der Vorgabe spezifischer Ziele und eines Budgets einen bestimmten Rahmen, innerhalb dessen das Management weitgehend selbständig über die Verwendung der Mittel und über die Instrumente zur Umsetzung der Ziele entscheiden kann. Dabei bleibt die neue Einrichtung Bestandteil des jeweiligen Ministeriums bzw. der jeweiligen Verwaltungseinheit; der eingesetzte *Chief Executive* ist dem zuständigen Staatssekretär unmittelbar rechenschaftspflichtig.[205] Dabei stehen die *agencies* in aller Regel zumindest in einer ideellen und des öfteren auch in einer realen Konkurrenz zu privaten Unternehmen.[206] Im Falle einer zu geringen Effizienz schwebt über ihnen stets die Drohung einer Privatisierungslösung – entweder durch eine Änderung der Eigentumsverhältnisse an der *agency* selbst oder durch eine Öffnung des betreffenden Dienstleistungsbereichs für private Anbieter. Gewinnaussichten und Verlustdrohungen sollten nun auch hier als die entscheidenden Anreize für Effizienzsteigerungen fungieren.

Die Bildung von *agencies* sollte auf die Durchführung verwaltender und exekutiver Tätigkeiten beschränkt sein und es den Führungsebenen der Ministerien und des *Civil Service* erleichtern, sich auf ihre politisch-strategischen Aufgaben zu konzentrieren.[207] In diesem Sinne repräsentieren sie auch den Versuch, Politik und Verwaltung in der staatlichen Tätigkeit voneinander zu trennen. Mit diesem Konzept ging eine organisatorische Umwälzung des gesamten öffentlichen Dienstes einher, die sich in einem atemberaubenden Tempo voll-

---

203 Vgl. Hood, A Public Management for All Seasons?, S. 4f.; Wright, Reshaping the State, S. 112ff.; Rhodes, The Hollowing Out of the State, S. 141.
204 Vgl. Efficiency Unit, Improving Management in Government: The Next Steps. Vgl. dazu z.B.: Hogwood, Restructuring Central Government: The ›Next Steps‹ Initiative in Britain, S. 207ff.
205 Vgl. Brinckmann, Strategien für eine effektivere und effizientere Verwaltung, S. 222ff.
206 Vgl. Hogwood, Restructuring Central Government, S. 211ff., bes. S. 213.
207 Vgl. Rhodes, The Hollowing Out of the State, S. 140ff.

Kapitel 6

zog: In wenigen Jahren wurden weit mehr als hundert *agencies* geschaffen, in denen im Jahre 1995 bereits zwei Drittel der Beschäftigten des *Civil Service* arbeiteten.[208]

Die in der Endphase der Thatcher-Ära in Angriff genommenen Reformen wurden unter ihrem Nachfolger fortgesetzt und intensiviert. Der *Citizen's Charter* von 1991 zufolge sollten bis Mitte 1995 alle exekutiven Funktionen im Rahmen von *agencies* ausgeübt werden. Sie stellte insbesondere die Kundenorientierung öffentlicher Dienstleistungen in den Mittelpunkt.[209] Die daran anknüpfende *Private Finance Initiative* der Regierung vom Herbst 1992 war eine unmittelbare Reaktion auf die in der Rezession stark gestiegene Staatsverschuldung. In Ergänzung und Konkretisierung des *Next Steps*-Konzepts der Bildung von *agencies* sollte sie dazu beitragen, die traditionellen Schranken zwischen privatem und öffentlichem Sektor zu beseitigen, und über die Schaffung von Gewinnmöglichkeiten dazu beitragen, auch in solchen Bereichen, die nicht vollständig privatisiert werden konnten, Wirtschaftlichkeitsreserven freizusetzen[210]: »Market testing the delivery of services, and contracting out where appropriate, brings commercial disciplines to bear and stimulates private sector activity.«[211] Schließlich erleichterte der erwähnte *Deregulation and Contracting Out Act 1994* die Übertragung öffentlicher Verwaltungsaufgaben an private Anbieter.

Die Veränderungen in der Organisation des *Civil Service* blieben nicht ohne Auswirkungen auf die Arbeitsschutzbehörden: Mit dem Übergang zu den neunziger Jahren bezog das *Department of Employment* den Arbeitsschutzvollzug stärker in die Bemühungen um eine Effizienzsteigerung ein. Die Tätigkeit der HSE wurde in diesem Zusammenhang zum Gegenstand sowohl interner als auch externer Evaluationen, so u.a. des Ministeriums selbst, der *Treasury*, des HSE-eigenen *Audit Committee*[212] sowie des *National Audit Office*[213]. Von besonderer Bedeutung war der Bericht des *Department of Employment*, dessen Empfehlungen seitdem zur Richtschnur für die Bemühungen um Effizienzsteigerungen in der HSE geworden sind. Diesem Bericht zufolge waren HSC wie HSE zwar nach wie vor erforderlich, jedoch sollten ihre Strukturen und ihre Tätigkeit umfassend auf ihre Effizienz hin überprüft werden. Im Mittelpunkt der Rationalisierungsbemühungen müßte eine stärkere Orientierung an Qualitätsmaßstäben stehen, die präzisere Definition von Zielen

---

208 Vgl. Next Steps. Agencies in Government, Review 1995, S. III. Siehe auch: Rhodes, The Hollowing Out of the State, S. 140ff.
209 Vgl. The Citizen's Charter.
210 Vgl. Competitiveness: Helping Business to Win, S. 17.
211 Ebda.
212 Vgl. HSC, Annual Report 1992/93, S. 69ff.
213 Vgl. NAO, Enforcing Health and Safety Legislation in the Workplace.

unter Einhaltung von bestimmten Zeit- und Kostenvorgaben einschließlich einer verbesserten Ergebniskontrolle sowie eine engere Kundenorientierung.[214] Damit liefen diese Forderungen auf eine systematische Anwendung der Prinzipien des *New Public Management* auch auf die Tätigkeit der Arbeitsschutzbehörden hinaus.

Bereits im Übergang zu den neunziger Jahren hatte die HSE eine weitreichende Neustrukturierung ihrer Tätigkeit vorgenommen. Ihr Kernstück war die Schaffung einer neuen *Field Operations Division* im Jahre 1990. Das Fachpersonal (Inspektoren, Spezialisten, Ärzte, Krankenschwestern, Wissenschaftler) aus den zuvor getrennten Landwirtschafts-, Fabrik- und Steinbruchinspektoraten sowie dem *Employment Medical Advisory Service* wurde in sieben regionalen Einheiten zusammengeführt.[215] Die Reorganisation verfolgte zum einen das Ziel, bei der Planung der Inspektionen den Stellenwert zentralbehördlicher Vorgaben zurückzuschrauben und stärker von den örtlichen bzw. regionalen Gegebenheiten auszugehen. Zum anderen sollte eine intensivierte Kommunikation zwischen den verschiedenen Inspektoraten, Spezialisten und dem medizinischen Personal zu einem besseren Informationsaustausch und einem damit wirksameren Vorgehen beitragen. Nur die Atom-, Bergbau-, Eisenbahn- und Hochseeinspektorate verblieben außerhalb der neuen Division und wurden überwiegend auf nationaler Ebene organisiert. Nach dieser Organisationsreform war die HSE vordringlich darum bemüht, die Techniken und Methoden der Überwachungs- und Beratungstätigkeit zu effektivieren. Eine intern durchgeführte Untersuchung sprach dafür folgende Empfehlungen aus:

- die Sammlung von Informationen und ihre Analyse sollte stärker darauf zielen, die Inspektoren zur wirkungsvolleren Bekämpfung der bedeutenden Risiken zu befähigen;
- die Inspektoren sollten stärker darauf hinwirken, daß die Unternehmen den Arbeitsschutz effektiver in die Gesamtplanung des betrieblichen Ablaufs integrierten;
- wo Sicherheitsstandards offenkundig mißachtet wurden, sollten die Inspektoren künftig schneller eingreifen;
- kleinere Unternehmen sollten unter Verwendung einer Reihe unterschiedlicher Instrumente (z.B. persönliche Besuche, Seminare, Postwurfsendungen, lokale Werbung) besser erreicht werden;
- die Inspektoren sollten sich bei ihren Bemühungen um die Verbesserung der Arbeitsschutzstandards stärker um die Einbeziehung intermediärer Instanzen wie z.B. den *safety representatives* oder den *consultants* bemühen.[216]

---

214 Vgl. HSC, Annual Report 1992/93, S. 69f.
215 Vgl. HSC, Annual Report 1991/92, S. 2f.
216 Vgl. ebda., S. 2ff.

Kapitel 6

Die genannten Regierungsinitiativen zur Reform des *Civil Service* sowie die Evaluationen durch Ministerien und andere öffentliche Einrichtungen forcierten den Druck auch auf die HSE, ihre Tätigkeit effizienter zu gestalten. Zudem erteilte der Schatzkanzler den einzelnen Ministerien jährlich eine Weisung über den Umfang der Effizienzsteigerungen, für deren Einhaltung sie in den ihnen unterstehenden Einrichtungen Sorge zu tragen hatten.[217] Diese Weisungen waren auch für die HSE eine verbindliche Orientierungsgröße. Sie hatte dem *Department of Employment* darzulegen, wie sie die Vorgaben zu erfüllen gedachte.[218]

Seit dem Frühjahr 1992 intensivierte die HSE ihre Bemühungen um die Erschließung von Effizienzreserven. Eine ganze Reihe von Abteilungen und eine Vielzahl von Tätigkeitsbereichen wurde nun dem *market testing* unterworfen, d.h. daraufhin durchleuchtet, ob durch eine Organisation nach privatwirtschaftlichen Prinzipien Effizienzgewinne zu erwarten seien. Diese Überprüfung schloß die Frage ein, ob die betreffenden Leistungen nicht kostengünstiger durch eine Umwandlung einzelner Abteilungen in *agencies* oder durch die Vergabe von Aufträgen an private Unternehmen erbracht werden könnten. Im Zuge dieser Evaluationen erwogen Regierungsstellen und HSE die Privatisierung einer Vielzahl von Aktivitäten. Diese Pläne erstreckten sich nicht nur auf nachgeordnete Aufgaben wie z.B. Schreibarbeiten, Kurierdienste und Versandtätigkeiten[219], sondern auch auf Kernaktivitäten der Arbeitsschutzbehörden, nämlich die Vergabe der telefonischen Arbeitsschutzberatung[220] und vor allem der Überwachungsaufgaben an private Unternehmen, die für ihre Inspektionen von den kontrollierten Firmen bezahlt werden sollten *(pay-for-inspections system)*.[221]

Die Gewerkschaften lehnten diese Pläne entschieden ab. Ihr Widerstand richtete sich insbesondere gegen die Privatisierung der Überwachungsaufgaben selbst sowie jener Tätigkeiten, die unmittelbar auf sie bezogen waren, wie z.B. die Beratung in Arbeitsschutzfragen sowie die Forschungs- und Laborarbeiten.[222] Zum einen waren sie der Überzeugung, daß die Organisierung der Überwachungstätigkeit nach privatwirtschaftlichen Prinzipien nicht geeignet

---

217 Vgl. z.B. HSC, Annual Report 1989/90, S. 55; 1991/92, S. 70; 1992/93, S. 70; 1994/95, S. 89.
218 Die Konzepte zur Effizienzsteigerung sind dem jährlichen Arbeitsplan des HSC zu entnehmen. Vgl. z.B. HSC, Plan of Work for 1994/95, S. 53ff.
219 Vgl. HSC, Annual Report 1992/93, S. 72; IPMS, Health and Safety – Keep it Together, S. 16ff.
220 Vgl. Hansard, Vol. 257, Written Answers, 30. März 1995, Sp. 705.
221 Diese Überlegung wurde u.a. in einem Schreiben des Generaldirektors an die Beschäftigten des HSE formuliert. Vgl. Health and Safety at Work, Vol. 15, 1993, No. 10 (October), S. 5. Siehe auch: HSC, Annual Report 1993/94, S. 78.
222 Vgl. TUC, Report 1993, S. 44ff.; IPMS, Health and Safety – Keep it Together, S. 14ff.

Die Umsetzung von EU-Arbeitsschutzrichtlinien in Großbritannien

sei, Sicherheitsstandards auf hohem Niveau zu garantieren, weil ohne staatliche Überwachung weder ein entsprechendes Interesse von Kontrolleuren noch von Kontrollierten vorläge. Zum anderen befürchteten sie von den anvisierten Maßnahmen eine Fragmentierung der Behörde und damit gerade einen Effizienz*verlust* im Arbeitsschutzvollzug; denn die Leistungsfähigkeit und Professionalität der Organisation beruhte nach ihrer Überzeugung gerade auf der engen Zusammenarbeit der verschiedenen Abteilungen.[223] Insbesondere seien die Erfahrungen und Berichte der HSE-Inspektoren eng mit der politischen Prioritätensetzung im Arbeitsschutzvollzug, mit der Informationsarbeit der HSE, mit der Erarbeitung von *Regulations*, *ACoPs* und *Guidance Notes* sowie mit der Forschungstätigkeit verknüpft. Aus denselben Gründen standen auch Teile der HSE der Privatisierung von Kernaufgaben des Arbeitsschutzes ablehnend gegenüber. So machte etwa der Generaldirektor der HSE deutlich, daß das *market testing* bedeutende Risiken in sich berge.[224]

Dennoch führten die Initiativen der Regierung im HSE zu umfangreichen Neuordnungsmaßnahmen. Die Privatisierung erfaßte den überwiegenden Teil der Aus- und Weiterbildung des HSE-Personals; die Einführung von Informationstechnologien in den Regionalbüros und in der *Field Operations Division* der HSE; den Vertrieb kostenpflichtiger Publikationen von HSC und HSE, die graphischen Arbeiten, die Immobilienverwaltung, Teile der Druck- und Schreibarbeiten sowie den Sicherheitsdienst.[225] Die Forschungs- und Laborabteilung der HSE wurde zwar nicht privatisiert, im Jahre 1995 allerdings unter dem Namen *Health and Safety Laboratory* (HSL) in eine *agency* im Sinne der *Next Steps Initiative* umgewandelt. Bis zum Jahr 2000 sollten weitere Tätigkeitsbereiche dem *market testing* unterzogen und gegebenenfalls in private Hand überführt werden. Nach Angaben der HSC wurden durch die Privatisierung und durch die Effizienzsteigerungen bei Dienstleistungen im Jahre 1994/95 Einsparungen im Wert von jährlich £ 2,3 Mio. und 1995/96 im Wert von £ 15,1 Mio. erzielt.[226]

Die Privatisierung öffentlicher Dienstleistungen oder ihre Öffnung für private Anbieter erfaßte aber nicht unterschiedslos alle Tätigkeitsbereiche der HSE. Bisweilen verzichtete das *Department of Employment* auf einen solchen Schritt, insbesondere dann, wenn das *market testing* zugunsten der hausinternen Anbieter ausfiel. Von besonderer Bedeutung ist die 1995 – nach langem Zögern – getroffene Entscheidung des Ministeriums, den Kernbereich der unmittelbaren Überwachungstätigkeit grundsätzlich von der Marktöffnung

---

223 Vgl. IPMS, Health and Safety – Keep it Together, S. 14ff.
224 Vgl. HSC, Annual Report, 1992/93, S. XIII.
225 Vgl. HSC, Annual Report 1993/94, S. 77; 1994/95, S. 89, 97; 1995/96, S. 65.
226 Vgl. HSC, Annual Report 1994/95, S. 89.

oder Privatisierung auszunehmen: »Ministers have decided that functions which require discretionary use of inspectors' powers are core to HSE's business and should not be market tested or contracted out.«[227] Ausschlaggebend für diese Entscheidung war der Umstand, daß der Gedanke einer Privatisierung der Arbeitsschutzkontrolle auch im Unternehmerlager überwiegend auf Ablehnung stieß. Zwar unterstützten deren Verbände grundsätzlich die skizzierte Richtung der Modernisierung des *Civil Service* und hielten auch im Bereich der HSE Effizienzsteigerungen für wünschenswert und möglich, allerdings befürworteten sie – sowohl CBI und IoD als auch ABCC und die *Federation of Small Businesses* (FSB) – einen Verbleib der Vollzugskompetenzen bei der HSE.[228] Den Vorzug sahen sie in der Unabhängigkeit, der Fachkompetenz und der Integrität der Behörde und dem damit für die Wirtschaft verbundenen Legitimationsgewinn in einem aus Sicht der Öffentlichkeit sehr empfindlichen Bereich. Zudem garantierte die HSE eine im wesentlichen einheitliche Anwendung von Arbeitsschutzvorschriften. Bei der Durchführung dieser Aufgaben durch private Anbieter seien diese Vorteile in Frage gestellt. Darüber hinaus würde ein *contracting out* neuen Koordinierungsbedarf und neue Reibungsverluste mit sich bringen und überdies eine Kontrolle des Auftragnehmers erforderlich machen. Der CBI brachte diese Sicht folgendermaßen zum Ausdruck:

»It is clear that there needs to be an effective, independent and adequately funded organisation to enforce health and safety legislation. If this was not provided by the HSE then the result would, in all likelihood, be a decline in overall safety standards. A system based on inspection carried out by insurance companies, the development of standards by trade associations, etc., and the provision of information and guidance by consultancies could clearly not match standards currently achieved by the HSE, and would not be seen to have the credibility and objectivity demanded by stakeholder. [...] The credibility of business in terms of health and safety performance can only be sustained if the law is seen to be upheld by enforcers having integrity and independence. They should, of course, have an awareness of the other pressing demands of society. [...]

The CBI feels that there is always merit in considering whether further efficiency gains can be made to the operations of HSE. The CBI does not wish to see wholesale contracting out of HSE functions as this could have a negative impact on both health and safety standards and competitiveness. A view already exists within business that the HSE has contracted out too many of its functions. The HSE must continue to inspect, investigate and take appropriate enforcement action. There is no other body which could undertake these functions to the standards achieved by the HSE and to the satisfaction of business. Workplace health and safety is a high profile matter that is under scrutiny from the general public, and any organisation operating in this environment clearly needs to

---

227 Ebda.
228 Vgl. Memorandum by the CBI, The Work of the Health and Safety Executive, S. 50f.; FSB, Response to the Consultation on the Quinquennial Review of the Health & Safety Commission and Executive, S. 1ff.

Die Umsetzung von EU-Arbeitsschutzrichtlinien in Großbritannien

be robust. The CBI believes that the status of the HSC and HSE would be threatened if key functions were contracted out. [...] The Government should be conscious of the fact that if you separate the elements the system becomes less effective. Furthermore, any function that is contracted out needs a high degree of monitoring throughout the process. This ›doubling up‹ of resources can obviously lead to inefficiencies. If an organisation is contracted to undertake work then the financial liabilities for the decisions taking by that organisation must be taken into account. There is a potential for such organisations to become ›risk adverse‹. This would have a detrimental effect on health and safety standards.«[229]

Insgesamt war also die Neigung gering, von einem aus ihrer Sicht im großen und ganzen bewährten Verfahren abzugehen und sich den Unwägbarkeiten eines privaten Überwachungssystems auszusetzen. Auch Überlegungen der Regierung, die Privatisierung des Arbeitsschutzvollzugs mit der Einführung einer obligatorischen, risikoadäquaten Pflichtversicherung zu verknüpfen, stießen überwiegend auf Skepsis.[230]

Nicht nur für die Unternehmerverbände, auch für die Regierung hätte eine Privatisierung beträchtliche Legitimationsrisiken mit sich bringen können. Bereits im Zusammenhang mit der erwähnten Serie von Großunfällen in der zweiten Hälfte der achtziger Jahre waren die geltenden Schutzbestimmungen für die Beschäftigten und die Öffentlichkeit sowie ihre Überwachung problematisiert worden. Zudem wiesen die Unfallzahlen langfristig nach unten, waren die Beteiligten mit dem erreichten Arbeitsschutzniveau und der Zusammenarbeit in den Behörden überwiegend zufrieden und war daher auch kein triftiger Grund für eine derart weitreichende Maßnahme ersichtlich.[231] Diese Gründe mögen die Regierung darin bestärkt haben, den geäußerten Bedenken Rechnung zu tragen und auf eine Privatisierung der Überwachungsfunktionen zu verzichten.

Betrachtet man somit das – vorläufige – Ergebnis der organisatorischen Reformen in der Arbeitsschutzverwaltung, so läßt sich feststellen, daß die Arbeitsschutzbehörden umfassend in die Bemühungen der Regierung um eine Effizienzsteigerung des *Civil Service* einbezogen wurden. Dies äußerte sich

---

229 Memorandum by the CBI, The Work of the Health and Safety Executive, S. 50f.
230 Derartige Vorschläge waren von den *Deregulation Task Forces* unterbreitet und dem DTI konkretisiert worden (vgl. Deregulation Task Force Report 1994/95 und 1995/96; DTI, The Government Response to the Deregulation Task Force Report 1996). In einem solchen System – so die Vorstellung – würden finanzielle Anreize in einem sich selbst regulierenden System weitgehend an die Stelle von Rechtsetzungsinstrumenten treten. Die vom Betrieb einer Maschine ausgehenden Risiken würden mit einem Preis versehen und versichert. Die Inspektion der Arbeitsplätze würde der Versicherer übernehmen und dem Versicherten dafür Gebühren berechnen. Vgl. Holgate, Risk Pricing: An Alternative to Workplace Safety Legislation?, S. 11ff.
231 Der CBI brachte das mit der pragmatischen Lebensweisheit: »If it ain't broke, don't fix it« zum Ausdruck. Vgl. CBI, CBI Supports Health and Safety Commission Executive and Commission, Press Release, 12. Februar 1997.

Kapitel 6

in der Privatisierung und dem *contracting out* von Aufgabenbereichen sowie in der Bildung von *agencies*, die eine neue Mischform staatlicher und privatwirtschaftlicher Organisationen darstellten. In die Organisation der einzelnen Funktionsbereiche und Abteilungen hielten der Privatwirtschaft entlehnte Managementmethoden Einzug, zu deren Kennzeichen ein restriktiver Finanzrahmen, eine präzise Zieldefinition einschließlich zeitlicher Vorgaben und einer detaillierten Ressourcen- und Einsatzplanung, die Entwicklung von Erfolgsparametern (v. a. Zeit, Kosten, Kundenzufriedenheit) sowie deren beständige Kontrolle zählen. Das gemeinsame Merkmal der privatisierten bzw. der privaten Konkurrenz ausgesetzten Tätigkeitsbereiche besteht darin, daß sie den strategisch-konzeptionellen sowie den unmittelbaren Überwachungsaufgaben vor- oder nachgelagert waren. Die Kernaufgaben der strategischen Planung und des Vollzugs verblieben in der unmittelbaren staatlichen Zuständigkeit und wurden nicht privatisiert bzw. wettbewerblich organisiert. Insofern ging mit der Modernisierung des *Civil Service* auf dem Gebiet des Arbeitsschutzes eine neue Grenzziehung zwischen staatlicher Zuständigkeit (Planung, Vollzug) und privat bzw. wettbewerblich organisierten Aufgabenbereichen (vor- und nachgelagerte Tätigkeiten) einher. Die Kontinuität staatlicher Zuständigkeiten in diesem Bereich ist weniger auf ein Beharren des Staates auf seiner klassischen Schutzfunktion zurückzuführen und wurde auch nicht mit normativen Argumentationsmustern verfochten. Handlungsleitend war für die Beteiligten weit eher der Umstand, daß das einmal eingeführte und zu ihrer Zufriedenheit arbeitende System am besten geeignet sei, in einem als hochsensibel erachteten Bereich die Risikoakzeptanz der Bevölkerung zu sichern und durch eine einheitliche Anwendung der Arbeitsschutzvorschriften (*consistency of enforcement*) den Unternehmen ein hohes Maß an Erwartungssicherheit zu verleihen.

Die Grenzziehung zwischen Kernaufgaben und vor- bzw. nachgelagerten Aufgaben wurde ergänzt durch eine noch deutlichere Akzentuierung der Arbeitsteilung innerhalb derjenigen Bereiche, die in staatlicher Zuständigkeit verblieben. Die politisch-strategischen Aufgaben, also die Erarbeitung von Inhalten, Zielen und Methoden des Arbeitsschutzes, wurden noch stärker bei den Führungsebenen der HSE konzentriert. Dies äußert sich insbesondere in der Schaffung verschiedener *policy units* in der Londoner Zentrale in den Jahren 1991 und 1992.[232] Gleichzeitig verstärkte sich für die vor Ort tätigen

---

232 Es handelt sich dabei um die *Strategy and General Division*, um die *Safety Policy Division* und um die *Health Policy Division*. Die Bildung dieser Abteilungen ging auf den Bericht eines ehemaligen leitenden HSE-Beamten zurück. Vgl. HSC, Annual Report 1991/92, S. 63ff. Zudem wurde im Herbst 1992 noch eine *Risk Assessment Policy Division* eingerichtet, die ein konsistentes Herangehen an die Risikobewertung innerhalb des HSE entwickeln und fördern sollte.

Die Umsetzung von EU-Arbeitsschutzrichtlinien in Großbritannien

Inspektoren die hierarchische Kontrolle durch das Management; denn der restriktive Finanzrahmen und die ministeriellen Vorgaben zur Effizienzsteigerung verringerten den Spielraum bei der Auswahl der überwachten Unternehmen und der einzusetzenden Vollzugsinstrumente, wenn bestimmte Qualitätsziele erreicht werden sollen. Der Zuwachs an Eigenständigkeit, den die örtlichen und regionalen Einheiten mit der Gründung der *Field Operations Division* im Jahre 1990 erhalten sollten, wurde damit durch die Umwälzungen im *Civil Service* konterkariert. Insgesamt unterminierte die Regierungspolitik wichtige Voraussetzungen für eine Verbesserung des Arbeitsschutzes. Hutter schlußfolgert:

»Government efficiency and effectiveness surveys further increased the pressure upon staff and led to even greater sensitivity to account for regulatory intervention. In short, the political climate did little to promote employee consultation and protection, while governmental policies were instead moving in the opposite direction. The individualist, *laissez-faire* climate of the 1980s, in combination with periods of recession, resulted in severe limitations upon inspectorate resources.«[233]

So mochten die Ressourcenkürzungen für die Behörden sowie die Schaffung eines gegen kostenträchtige Arbeitsschutzmaßnahmen gerichteten Klimas weit wirksamere Instrumente zur Begrenzung der arbeitsschutzpolitischen Regulierung darstellen als eine – angesichts der EU-Zuständigkeit in ihren Möglichkeiten zudem begrenzte – formelle Deregulierung.[234]

6.5.6 Wandel des aufsichtsbehördlichen Tätigkeitsprofils

Die Verschlankung des Staates, die Auswirkungen der globalen Standortkonkurrenz sowie das sich wandelnde Spektrum arbeitsbedingter Gesundheitsgefährdungen führten im Verlauf der neunziger Jahre zu Veränderungen in der Vollzugspraxis der Arbeitsschutzbehörden. Bereits oben ist darauf hingewiesen worden, daß der britische Arbeitsschutz traditionell weiche Steuerungsinstrumente bevorzugte. Dies entsprang der Überzeugung, daß eine Befolgung der Vorschriften nur sichergestellt werden könne, wenn es gelänge, die Arbeitgeber für eine vertrauensvolle Zusammenarbeit zu gewinnen:

»No regulator or inspector, however, can have the type of detailed knowledge of the everyday operations associated with a particular firm's plant and equipment that is possessed by the people on the spot. Safety will inevitably depend on the ability and willingness of supervisors and operatives at plant level to notice potential hazards and to act upon this information. Inspectors are thus to some degree dependent upon the co-operation of the people they are inspecting.«[235]

---

233 Hutter, Regulating Employers and Employees: Health and Safety in the Workplace, S. 464.
234 Vgl. Tombs, Industrial Injuries in British Manufacturing Industry, S. 331ff., 338ff.
235 Peacock/Ricketts/Robinson, The Regulation Game, S. 96f.

Kapitel 6

In den neunziger Jahren verloren die an Vorschriften orientierte Vollzugskontrolle, die Drohung mit und die Verhängung von Sanktionen sowie die strafrechtliche Verfolgung von Rechtsverstößen im britischen Arbeitsschutzsystem weiter an Bedeutung. Nachdem die Zahl von Zwangsmaßnahmen um das Jahr 1990 – als Folge der zuvor gestiegenen Unfallzahlen und den aufsehenerregenden Großunfällen – einen Höhepunkt erreicht hatten, gingen sie bis 1995 deutlich zurück (Abbildung 1; Tabelle 12). Dabei erteilten *Local Authorities* den Unternehmen weit häufiger Arbeitsschutzauflagen als die HSE.

Abbildung 1

Strafverfolgungen und Verurteilungen im britischen Arbeitsschutz 1981 bis 1996/97

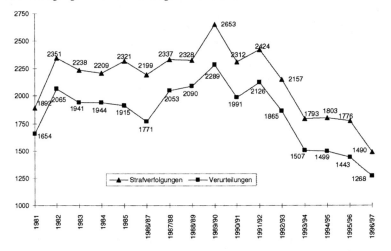

ohne *Local Authorities*; 1981-85 Kalenderjahr; seit 1986/87 jeweils vom 1.4. bis 31.3. d.J.; Zahlen für 1995/96 vorläufig

Quelle: Vgl. HSC, Annual Report 1991/92, S. 139; 1992/93, S. 120; 1994/95, S. 139; 1995/96, S. 100ff.; Health and Safety Statistics 1996/97, S. 133.

Dem Rückgang der Zwangsmaßnahmen lagen unterschiedliche Ursachen zugrunde. Zunächst haben die in Folge der Finanzknappheit intensivierten Rationalisierungsbemühungen die Abkehr von Zwangsmaßnahmen weiter gefördert, denn die Erteilung von Auflagen und insbesondere die Einleitung eines Strafverfahrens beanspruchen einen vergleichsweise hohen Zeitaufwand, und die entsprechenden Ressourcen stehen dann für andere Tätigkeiten nicht mehr zur Verfügung. Auch daß die Rechtsprechung auf dem Gebiet des Arbeitsschutzes in Großbritannien im allgemeinen sehr unternehmerfreundlich ist,

Die Umsetzung von EU-Arbeitsschutzrichtlinien in Großbritannien

hat zu einer nachgiebigen Haltung der staatlichen Überwachungsinstanzen beigetragen.[236] Schließlich geht vom drohenden Strafmaß auch kaum ein Anreiz zur Einhaltung von Arbeitsschutzbestimmungen aus. Zwar setzte der Gesetzgeber im Jahre 1992 die Höchststrafen herauf[237], jedoch richtete sich dieser Schritt in erster Linie gegen Unternehmen, die in eklatanter Weise das Leben und die Gesundheit der Beschäftigten sowie die öffentliche Sicherheit gefährdeten. Im übrigen bleibt das Drohpotential von Strafen weiterhin recht gering, wie auch die Arbeitsschutzbehörden immer wieder beklagen: »[...] the actual level of fines by magistrates [courts; T. G.] is still, I think, far too low considering we only take someone to court if we really feel very strongly that there has been a very grievious failure [...].«[238]

Tabelle 12

Ausgesprochene Auflagen der Health and Safety Executive 1981 bis 1996/97

Jahr	Improvement notices	Deferred prohibition notices	Immediate prohibition notices	Total notices
1981	5 921	212	1 906	8 039
1982	5 620	198	1 906	7 724
1983	6 070	213	2 326	8 609
1984	6 038	214	2 549	8 801
1985	5 585	250	2 193	8 028
1986/87	6 577	196	2 707	9 480
1987/88	6 631	234	4 296	11 161
1988/89	6 693	189	4 664	11 546
1989/90	7 610	200	4 332	12 142
1990/91	8 489	227	4 022	12 738
1991/92	8 395	222	3 802	12 419
1992/93	7 462	201	4 251	11 914
1993/94	6 484	144	3 961	10 589
1994/95	6 512	124	4 172	10 808
1995/96	5 219	82	3 385	8 674
1996/97 (a)	4 302	165	3 509	7 976

1981-85 jeweils Kalenderjahre, ab 1986/87 v. 1.4.–31.3. d.J. Siehe zur Erläuterung der Maßnahmen: Kapitel 3.3.1.

(a) In den *improvement notices* sind 532 *notices of intent* enthalten. Sie wurden 1996/97 neu eingeführt; die entsprechenden Fälle hätten zuvor ebenfalls eine *improvement notice* ausgelöst. Quelle: HSC, Annual Report, 1992/93, S. 120; 1994/95, S. 139; 1995/96, S. 102ff.; 1997/98, S. 71f.

---

236 Vgl. Wilson, The Politics of Safety and Health, S. 129ff., 138ff.
237 Siehe oben, Kapitel 3.3.1.
238 Der Generaldirektor des HSE, John Rimington, in einer Anhörung vor dem *Employment Committee*. Vgl. Employment Committee, The Work of the Health and Safety Commission and Executive (House of Commons, Session 1993-94, HC 733), Ziff. 42.

Kapitel 6

Schließlich war die HSE stärker darum bemüht, sich auf den Wandel der arbeitsbedingten Gesundheitsgefahren einzustellen und der verbreiteten Kritik an ihrer einseitig auf klassische Gesundheitsrisiken fixierten Präventionsstrategie Rechnung zu tragen. Ein nunmehr umfassenderer Ansatz sollte nicht mehr nur die Verhütung von Unfällen und Berufskrankheiten, sondern auch die Prävention von arbeitsbedingten Erkrankungen zum Gegenstand haben. Die EU-Richtlinien hatte die Aufmerksamkeit für diese Problemkomplexe erhöht, allerdings nicht erst hervorgerufen. So bot das 1992 von der Regierung veröffentlichte *White Paper »The Health of the Nation«* Anknüpfungspunkte für die Bearbeitung eines breiteren Spektrums von Erkrankungen, auf die sich HSC und HSE auch positiv bezogen.[239] Von besonderer Bedeutung aber war die bereits 1989/90 erstmals durchgeführte und 1995/96 wiederholte landesweite Erfassung von arbeitsbedingten Erkrankungen. Daß sie von den Arbeitsschutzbehörden in Auftrag gegeben wurde, brachte das gewachsene Problembewußtsein für arbeitsbedingte Gesundheitsgefahren zum Ausdruck.[240] Die HSE maß den Ergebnissen der landesweiten Befragungen denn auch eine große Bedeutung bei[241] und richtete in der ersten Hälfte der neunziger Jahre ihre Bemühungen verstärkt darauf, den Unternehmen Anstöße für die Integration des Gesundheitsmanagements in die gesamtbetriebliche Planung zu geben. Auch die erwähnte Aufwertung von Präventivinspektionen ging auf diese Erweiterung der Problemsicht zurück. Die Aufmerksamkeit der HSE galt vor allem kleinen und mittleren Unternehmen, wobei die Bekämpfung von Atemwegserkrankungen, Überbeanspruchungen und Lärm im Mittelpunkt des Interesses stand. Dabei sollte den Arbeitgebern verdeutlicht werden, daß ihnen eine größere Aufmerksamkeit für den Gesundheitsschutz in Form geringerer Fehlzeiten und einer verbesserten Arbeitsmoral auch wirtschaftliche Vorteile verschaffen würde.[242] Vor diesem Hintergrund fanden auch Fragen der Arbeitsorganisation verstärkt Berücksichtigung. Daß die damit verknüpften Probleme wegen ihrer Komplexität und Varianz oftmals nicht standardisierbar und mit den klassischen Instrumenten bearbeitbar waren, förderte ebenfalls ein stärker auf Beratung und Überzeugung als auf Überwachung und Sanktionsdrohung beruhendes Tätigkeitsprofil.

Schließlich – und dies nicht zuletzt – wurde die weitere Aufwertung der Dienstleistungs- gegenüber der Überwachungsfunktion auch dadurch unterstützt, daß sie sich gut in die Deregulierungskonzepte von Staat und Kapital

---

239 Department of Health, The Health of the Nation.
240 Siehe oben, Kapitel 5.2.
241 Vgl. Committee of Public Accounts, Enforcing Health and Safety Legislation in the Workplace, S. 10.
242 Vgl. HSE, Health Risk Management, S. 18ff.

Die Umsetzung von EU-Arbeitsschutzrichtlinien in Großbritannien

einfügen ließ. Der Staat nahm – und nimmt – sich mit seiner Arbeitsschutzpolitik der *negativen* ökonomischen Auswirkungen von arbeitsbedingten Unfällen und Gesundheitsschäden auf der Ebene des Einzelbetriebs (z.B. Fehlzeiten, Lohnfortzahlung, Schwächung der Leistungsfähigkeit und der Motivation) an und fungiert gleichsam als eine Agentur, die den Unternehmen mit den Mitteln der Information, Aufklärung und Beratung dabei hilft, das Produktivitätspotential von Gesundheit zu erschließen. Bei den Unternehmerverbänden stößt dieser Wandel denn auch auf Zustimmung. So heißt es bei den *British Chambers of Commerce*: »We welcome what we perceive to be a change of culture at the HSE. More emphasis does now seem to [be] placed on help and co-operation, and less on penalties.«[243]

Darüber hinaus hat die HSE 1998 ein *discussion document* vorgelegt, daß eine weitreichende Neuorientierung der bisherigen Präventionsstrategie anvisiert, in deren Zentrum die Vermeidung arbeitsbedingter Gesundheitsbelastungen steht.[244] Begründet wird diese Neuorientierung vor allem mit dem Wandel der arbeitsbedingten Gesundheitsbelastungen und mit der demographischen Alterung, die einen Anstieg chronischer Erkrankungen bei den Erwerbstätigen erwarten ließen.[245] Im Arbeitsplan für 1998/99 führt die HSE die Verbesserung der Gesundheits*förderung* bei der Arbeit erstmals als eines ihrer Ziele auf.[246] Diese Entwicklungen sind ohne Frage durch den im Mai 1997 erfolgten Regierungswechsel zur Labour-Party begünstigt worden.

Allerdings erscheint die Reichweite dieser Initiativen durch verschiedene Faktoren begrenzt. Aufgrund der chronisch knappen Ressourcen können die Arbeitsschutzbehörden nur eine sehr geringe Zahl von Unternehmen mit derartigen Initiativen erreichen. Gleichzeitig befinden sie sich in dem Dilemma, daß eine Aufwertung der – zudem sehr zeitaufwendigen – Präventivinspektionen nur um den Preis eines weiteren Rückgangs des behördlichen Drohpotentials zu erreichen ist. Überdies beinhaltet das stark das ökonomische Interesse der Unternehmen betonende Handlungskonzept die Tendenz, lediglich die konsensualen Aspekte des Arbeitsschutzes zu erfassen. Mit der Verdichtung von Arbeit und der Flexibilisierung von Arbeitszeiten sind aber gerade diejenigen Faktoren für die Entstehung von arbeitsbedingten Erkrankungen von wachsender Bedeutung, die unter dem verschärften Konkurrenzdruck als Instrumente einer optimierten Kapitalverwertung eingesetzt werden. Hinzu kommt, daß arbeitsorganisatorische Fragen aufgrund der für das britische System typischen strikten Trennung von *health and safety* und *industrial*

---

243 BCC, Policy Brief: Deregulation, S. 2.
244 Vgl. HSE, Developing an Occupational Health Strategy for Great Britain.
245 Vgl. ebda., S. 31f.
246 HSC, HELA Strategy 1998/99, S. 2.

relations der Sanktionsgewalt der Behörden entzogen sind. Jene gesundheitlichen Aspekte aber, die einer betriebswirtschaftlichen Rationalisierung entgegenstehen, drohen in einer solchen Strategie weitgehend unbearbeitet zu bleiben. Auch bleibt abzuwarten, ob und inwieweit die künftig ergriffenen Strategien der Arbeitsschutzbehörden tatsächlich die Verwendung des Begriffs der Gesundheitsförderung rechtfertigen.

Parallel zu den Anpassungsprozessen bei den staatlichen Behörden erhalten im Rahmen der privaten Unfallpflichtversicherung die Versicherungsunternehmen als Agenturen des Arbeitsschutzes eine wachsende Bedeutung.[247] Auch von ihnen geht ein wachsendes Interesse an einer umfassenden betrieblichen Prävention aus. Dies geht auf die steigenden Kompensationsforderungen der Arbeitnehmer bzw. -verpflichtungen der Arbeitgeber bei einer gleichzeitig verschärften Konkurrenz der Versicherungsunternehmen zurück. Dieser Entwicklung versuchen sie dadurch zu begegnen, daß sie ihre Kunden zur Durchführung von verbesserten Risikobewertungen verpflichten. Davon versprechen sie sich eine zeitstabilere Prävention von Unfällen und damit einen dauerhaften Rückgang von Kompensationszahlungen, der sie in die Lage versetzen soll, günstigere Tarife anzubieten, und ihnen damit Konkurrenzvorteile verschafft.[248] Weil die Kompensationszahlungen der privaten Unfallversicherung nahezu ausschließlich Arbeitsunfälle und im Sinne des Berufskrankheitenrechts eindeutig auf die Arbeit zurückführbare Erkrankungen betreffen, ist das in dieser Versicherungsform angelegte Potential zur Prävention arbeitsbedingter Erkrankungen von vornherein begrenzt. Schließlich hängt die Fähigkeit der Versicherungsunternehmen, die Arbeitgeber zu einer umfassenden Präventionsstrategie anzuhalten, in beträchtlichem Maße von der Wettbewerbssituation auf dem Versicherungsmarkt ab: je größer die Konkurrenz, desto größer auch die Gefahr, daß die Kunden bei restriktiven Anforderungen zu einem anderen Versicherer abwandern.[249]

6.5.7 Die betriebliche Umsetzung der Bildschirmverordnung

Die erwähnten Rahmenbedingungen fanden auch in der betrieblichen Umsetzung der Bildschirmrichtlinie ihren Niederschlag. Nachdem die *DSE Regulations* vier Jahre in Kraft waren, gab die HSE eine Untersuchung über die Erfahrungen mit der betrieblichen Praxis in Auftrag.[250] Die Ergebnisse deuten

---

247 Vgl. Weir, Employers' Liability Insurance: A Role in Workplace Health and Safety?, S. 14ff.
248 Vgl. ebda., S. 25.
249 Vgl. ebda., S. 21.
250 Vgl. Honey u.a., Evaluation of the Display Screen Equipment Regulations 1992. Sie beruhte auf der schriftlichen Befragung von 3 000 Arbeitgebern und 2 025 Beschäftigten

Die Umsetzung von EU-Arbeitsschutzrichtlinien in Großbritannien

darauf hin, daß seit dem Inkrafttreten der *DSE Regulations* zwar Verbesserungen eingetreten sind, eine moderne Arbeitsschutzpraxis jedoch nach wie vor wenig verbreitet ist. Dies wird insbesondere an der Durchführung der Risikobewertung und der auf ihrer Basis getroffenen Maßnahmen deutlich. Nur 39 % der Arbeitgeber hatten drei Jahre nach dem Inkrafttreten der *DSE Regulations* eine *Gefährdungsanalyse* von Bildschirmarbeitsplätzen durchgeführt. Sie war um so häufiger anzutreffen, je größer die Unternehmen waren: Sie fand nur in etwa 37 % der Unternehmen mit bis zu 24 Beschäftigten, aber immerhin in etwa 85 % aller Unternehmen mit mehr als 300 Beschäftigten statt. Dabei war, wie eine eigene Untersuchung des TUC nahelegt, die Quote im öffentlichen Dienst allerdings deutlich höher.[251] Wenn eine Risikobewertung vorgenommen wurde, führte sie in mehr als drei Viertel der Fälle das Management selbst oder vom Management bestelltes Arbeitsschutzpersonal durch. Außerbetriebliche professionelle Dienste wurden nur in wenigen Ausnahmefällen herangezogen (13,8 %). Nur in 15 % der Fälle waren gewerkschaftliche Interessenvertreter an der Risikobewertung beteiligt, in 16,3 % führten die Arbeitnehmer sie – in der Regel durch Ausfüllen eines Fragebogens - selbst durch.[252] Der partizipative Ansatz der EU-Richtlinien hatte sich vier Jahre nach ihrem Inkrafttreten also nur unzureichend in die Praxis niedergeschlagen. Zwar konnte eine Mehrheit der Arbeitgeber die von der Bildschirmarbeit ausgehenden Gesundheitsrisiken, von ihnen überwiegend als gering eingeschätzt, benennen, jedoch war ihre betriebliche Erfassung kaum systematisiert und wurde überwiegend auf einer ad-hoc-Basis vorgenommen. Die üblicherweise bei einer Begehung ausgesprochenen Empfehlungen bezogen sich auf eine Veränderung der Sitzposition, auf eine Umstellung des Bildschirms oder ähnliche Maßnahmen, die unmittelbar die Einrichtung des Arbeitsplatzes betrafen.

---

    sowie einer telefonischen Befragung von 105 betrieblichen Arbeitsschutzvertretern der Gewerkschaften.
251 Die TUC-Untersuchung beruhte auf einer Befragung von 267 *safety representatives* vornehmlich aus dem *public service*. Hier gaben 73 % der befragten Arbeitsschutzvertreter an, daß bei ihnen eine Arbeitsplatzanalyse durchgeführt worden sei. Dieser recht hohe Anteil steht allerdings keineswegs im Widerspruch zu den Ergebnissen der vom HSE in Auftrag gegebenen Studie, eben weil der *public service* in der TUC-Befragung stark überrepräsentiert war und ohnehin nur Einrichtungen mit anerkannten Gewerkschaften berücksichtigt wurden. Vgl. TUC, Making VDU Work Safer: The Case Against Deregulation, S. 2, 13ff.
252 Vgl. Honey u.a., Evaluation of the Display Screen Equipment Regulations 1992, S. 33f. Hier waren Mehrfachnennungen möglich; aus den veröffentlichten Daten geht aber nicht hervor, wie häufig die beiden Gruppen an ein und derselben Risikobewertung beteiligt waren.

Tabelle 13

An Bildschirmarbeitsplätzen in Großbritannien durchgeführte Veränderungen der Arbeitsbedingungen 1993-1995 (in %)

Durchgeführte Veränderungen	Veränderungen sind zurückzuführen auf			Keine Veränderungen
	Risikobewertung des Arbeitsplatzes	andere Arbeitsschutzvorschriften	Modernisierung von Büro und Software	
Anschaffung				
eines neuen Stuhls	13,9	12,0	45,2	28,8
eines neuen PC	3,2	4,4	61,6	30,9
eines neuen Bildschirms	5,1	4,5	54,2	36,2
leicht handhabbarer Software	5,0	2,3	56,5	36,2
einer neuen Tastatur	2,7	3,5	49,2	44,7
einer geeigneten Beleuchtung	8,8	10,0	34,6	46,6
eines größeren Schreibtischs	7,8	3,5	34,4	54,4
einer Fußstütze	9,1	5,2	10,1	75,6
einer Stütze für Hand/Handgelenk	7,0	3,7	7,5	81,9
eines Bildschirmblendschutzes	16,5	6,6	21,8	55,1
eines Fensterblendschutzes	10,8	4,3	26,0	58,9
eines strahlungsarmen Bildschirms	3,7	4,9	25,3	66,1
Lärmreduzierung am Arbeitsplatz	2,2	5,6	17,4	74,9
Vorrichtung zur Drehung und Neigung des Bildschirms	12,3	9,7	45,1	32,9
Umstellung des Bildschirms	18,8	8,6	33,9	38,7
Veränderung des Aufgabenzuschnitts	2,5	2,9	11,7	82,9
Alle Maßnahmen	17,1	12,1	70,7	–

Quelle: Honey u.a., Evaluation of the Display Screen Equipment Regulations 1992, S. 36.

Veränderungen an den Arbeitsplätzen hatten drei Jahre nach dem Inkrafttreten der Verordnung nur knapp die Hälfte (45,5 %) der Arbeitgeber vorgenommen. Auch hier gab es ein deutliches Gefälle zwischen großen und kleinen Unternehmen. Bei 71 % der Unternehmen, die solche Veränderungen durchgeführt hatten, gingen die Maßnahmen nicht auf neue Bestimmungen des Arbeitsschutzrechts zurück, sondern waren Folge von betrieblichen Modernisierungsmaßnahmen, d.h. einer Neuausstattung mit Büroeinrichtungen oder Software. Zu den am häufigsten durchgeführten Maßnahmen zählten die Anschaffung eines geeigneten Stuhls, eines neuen Bildschirms und einer neuen Tastatur. Die am seltensten durchgeführte Maßnahme war die Veränderung des Aufgabenzuschnitts für Bildschirmarbeitnehmer. Dies war nur bei 17 % der Befragten

Die Umsetzung von EU-Arbeitsschutzrichtlinien in Großbritannien

der Fall. Auch hier gingen derartige Veränderungen überwiegend auf betriebliche Modernisierungsmaßnahmen zurück. Nur 2,5 % derjenigen, die überhaupt irgendeine Maßnahme getroffen hatten, gaben an, die Veränderung des Aufgabenzuschnitts als Folge der Risikobewertung durchgeführt zu haben. Auch die Anschaffung leicht handhabbarer Software war eine Maßnahme, die nur außerordentlich selten als Ergebnis einer Risikobewertung ergriffen wurde. Überdies wäre noch zu berücksichtigen, daß ohnehin nur an weniger als der Hälfte der Bildschirmarbeitsplätze Veränderungen vorgenommen wurden. Damit blieben solche Maßnahmen, die eher arbeitsorganisatorische Fragen betreffen und auf die umfassende Prävention psychosozialer Belastungsfaktoren zielen, eine seltene Ausnahme.[253]
Zwar ließe sich dieser Sachverhalt theoretisch auch als Beleg dafür interpretieren, daß in dieser Hinsicht kein Handlungsbedarf besteht. Eine derartige Sicht erscheint jedoch kaum tragfähig, denn die oben erörterten Veränderungen in den Arbeitsbedingungen und die daraus erwachsende Zunahme arbeitsorganisatorisch bedingter, insbesondere psychosozialer Belastungsfaktoren sind hinreichend belegt. Gleichzeitig deuten die erläuterten Umstände, unter denen die Arbeitsplatzanalyse durchgeführt worden ist, darauf hin, daß derartige Risikolagen nicht auf der Prioritätenliste der Arbeitgeber stehen und die Verantwortlichen in aller Regel mit dem Erkennen und der Bearbeitung dieser Probleme überfordert sind.

Widersprüchlicher fällt der Befund im Hinblick auf einen anderen bedeutenden, nicht zuletzt auch psychosoziale Aspekte bei der Arbeit betreffenden Bereich aus – die Pausenregelungen. Hier gab die große Mehrheit der Arbeitgeber an, daß Pausen in unregelmäßigen Abständen genommen würden. Die Bildschirmarbeitnehmer verfügten diesbezüglich entweder über einen Spielraum, oder Pausen würden sich aus dem Arbeitsablauf natürlich ergeben. Regelmäßige Pausen gab es nur in jedem fünften Unternehmen. In 30 % der Unternehmen, wo dies der Fall war, hatten sie eine Dauer von zehn Minuten je Stunde, in weiteren 20 % eine Dauer von fünf Minuten. Probleme sahen einige Arbeitgeber eher darin, gerade jene intensiven Bildschirmbenutzer mit einer hohen Arbeitsautonomie (z.B. an CAD-Arbeitsplätzen) zur Einhaltung von Pausenzeiten zu bewegen.[254]

Ein davon erheblich abweichendes Bild zeichneten die Antworten von Beschäftigten und Gewerkschaften. Von erheblicher Bedeutung war hier, daß Pausen aufgrund der hohen Arbeitsanforderungen nicht genommen werden konnten und ein relevanter Teil der Arbeitgeber ihre Beschäftigten nicht dazu

---

253 Zu diesem Ergebnis kommt auch die Untersuchung des TUC. Vgl. TUC, Making VDU Work Safer: The Case Against Deregulation, S. 14f.
254 Vgl. Honey u.a., Evaluation of the Display Screen Equipment Regulations 1992, S. 51ff.

Kapitel 6

ermunterte, Pausen zu nehmen. Auch weisen die befragten Gewerkschafter darauf hin, daß der den Bildschirmarbeitnehmern überlassene Spielraum zur Pausengestaltung wegen der restriktiven betrieblichen Rahmenbedingungen oftmals nur formeller Natur sei:

»According to union officials, intervention in this area is more likely to be resisted, as it is viewed by employers as unacceptable and interfering with their production targets. Unions argued that in the last decade, developments in the labour market, such as the intensification of work and the increasingly routine nature of many clerical tasks, have made it more difficult for employees to take regular breaks from DSE work. In addition, many employees are under enormous pressure to meet targets (eg because of performance related pay, lack of job security) and, as a consequence, they are very reluctant to take breaks unless they are enforced, strongly encouraged or occur naturally.«[255]

Auch der Ausblick auf die nahe Zukunft gibt kaum Anlaß zu der Erwartung, daß ein umfassend-präventiver Gesundheitsschutz bei der Bildschirmarbeit in die britischen Arbeitsstätten Einzug halten wird. Nur eine Minderheit der Unternehmen (gut 13 %) gab an, zukünftig Maßnahmen für einen besseren Gesundheitsschutz vornehmen zu wollen. Am häufigsten genannt wurde die Anschaffung von Fußstützen sowie von Vorrichtungen für Hände bzw. Handgelenke, gefolgt von einer verbesserten Beleuchtung und neuen Bildschirmen. Die Anschaffung leicht handhabbarer Software stand ganz am unteren Ende der Rangskala. Die Veränderung des Aufgabenzuschnitts wurde zwar deutlich häufiger genannt, jedoch war dies immer noch selten, wenn man berücksichtigt, daß ohnehin nur ein kleiner Teil der Arbeitgeber überhaupt weitere Maßnahmen zum Gesundheitsschutz ergreifen wollte.

Obwohl in mehr als 90 % der Unternehmen Bildschirmarbeitnehmer im Sinne der *DSE Regulations* tätig waren und in etwa der Hälfte der Unternehmen die Bildschirmarbeit als intensiv bezeichnet wurde, bot nur ein Drittel aller Arbeitgeber seinen Bildschirmarbeitnehmern eine Augenuntersuchung an.[256] Der Anteil war bei den kleinen Unternehmen noch deutlich niedriger. Von diesem Drittel, das Untersuchungen durchführen ließ, wurden 83 % erst auf Anforderung der betreffenden Beschäftigten tätig, während nur 17 % von sich aus allen Bildschirmbenutzern dieses Angebot unterbreiteten. Insgesamt wurden bei etwa 960 000 von geschätzten 2,5 Millionen Bildschirmarbeitnehmern Augenuntersuchungen durchgeführt. Knapp 9 % der untersuchten Personen wurden Sehhilfen verordnet. Der wichtigste Grund für die Nichtinanspruchnahme durch die Beschäftigten lag darin, daß sie über ihre Rechte nicht in Kenntnis gesetzt waren.

---

255 Ebda., S. 51.
256 Vgl. ebda., S. 54ff.

Die Umsetzung von EU-Arbeitsschutzrichtlinien in Großbritannien

Welche Schlüsse lassen sich aus den vorliegenden Daten über die Tätigkeit der Arbeitsschutzbehörden beim Vollzug der *DSE Regulations* ziehen? Insgesamt enthält die Erhebung zahlreiche Hinweise darauf, daß sowohl HSE als auch *Local Authorities* der Bildschirmarbeit nur sehr geringe Aufmerksamkeit gewidmet haben. So war die Unkenntnis über die Existenz des neuen Regelwerks, über seinen Inhalt und insbesondere über die Art und Weise der Durchführung einer Risikobewertung weit verbreitet.[257] Nur etwa die Hälfte der Arbeitgeber gab an, den *Inhalt* der Bildschirmverordnung zu kennen; die Mehrheit der Beschäftigten war sich nicht darüber im klaren, ob sie als Bildschirmbenutzer galten oder nicht. Für die Arbeitgeber waren die wichtigste Informationsquelle über Bildschirmarbeit und die Bildschirmrichtlinie nicht die Inspektoren der HSE oder der *Local Authorities*, sondern die Hersteller von Büroeinrichtungen sowie von Hard- und Software. Gerade einmal 20 % der Arbeitgeber gaben an, von den Inspektoren Informationen erhalten zu haben. Auch die schriftlichen Informationen der Arbeitsschutzbehörden waren ihnen kaum bekannt. Besonders weit verbreitet war die Unkenntnis in den Kleinbetrieben.[258] Die unzureichende Information war der Hauptgrund dafür, daß die Risikobewertung nicht durchgeführt wurde.

Auch beim Vollzug der Rechtsvorschriften spielten die Arbeitsschutzbehörden kaum eine Rolle. Zwar gab etwas mehr als die Hälfte der Arbeitgeber an, die Schutzmaßnahmen ergriffen zu haben, um die neuen gesetzlichen Vorschriften zu erfüllen, allerdings hatte der Druck der Arbeitsschutzbehörden den geringsten Einfluß auf diese Entscheidung. Die Arbeitgeber gingen aufgrund ihrer Erfahrung davon aus, daß die Aufsichtsinspektoren nicht zu Sanktionen greifen würden.[259] Dem Vollzug der *DSE Regulations* einen geringen Stellenwert beizumessen entsprach der Schutzphilosophie der Arbeitsschutzbehörden und war Ausdruck einer pragmatischen Prioritätensetzung:

»[...] the reality of course is that as an enforcing authority you allocate priorities in the effort you put into certain things according to your assessment of the risk and the need. So, I think, it is fair to say, for example, that we have put much more effort into enforcing the Manual Handling Directive than we have for example into the Display Screen Equipment Regulations because we have an enormous toll of manual handling accidents and injuries but we have a relatively small [one related to display screen problems; T.G.]. Also DSE is much more self-regulating because it is in the hand of the operator to adjust their workplace and to adjust their seats and rest of it.« (Interview HSE, 16.6.1995)

---

257 Dies war allerdings nicht immer zum Nachteil der Beschäftigten. So neigten die Arbeitgeber, besonders diejenigen in Kleinunternehmen, dazu, die Definition des Bildschirmarbeitnehmers weiter zu fassen als die *DSE Regulations*. Im übrigen gab es im Hinblick auf den Anwendungsbereich der Richtlinie kaum Konflikte zwischen Arbeitgebern und Beschäftigten.
258 Vgl. Honey u.a., Evaluation of the Display Screen Equipment Regulations 1992, S. 94ff.
259 Vgl. ebda., S. 71.

Kapitel 6

Auch in der gewerkschaftlichen Wahrnehmung waren die *DSE Regulations* für die Vollzugstätigkeit der HSE nur von sehr geringer Bedeutung:

»I think the other issue [...] was that the HSE has done very little to enforce the DSE Regulations. In fact, the HSE inspectors indicated that they have no intention of enforcing it. In theory, should they still do it anyway then it will be given very low priority. So I don't think there is very much enforcement of this type of legislation.« (Interview GPMU, 29.9.1995)

Die Auswirkungen der Bildschirmverordnung auf den Gesundheitsschutz bewerteten die gewerkschaftlichen Interessenvertretungen und die Beschäftigten unterschiedlich. Während die Gewerkschaften dort, wo die Bestimmungen umgesetzt wurden, eine substantielle Verbesserung sahen, konnten die Beschäftigten keine Erleichterung bei der Bildschirmarbeit erkennen. Die befragten *safety representatives* hoben besonders hervor, daß die Bildschirmrichtlinie das Bewußtsein über die Risiken der Bildschirmarbeit erhöht habe. Die Hälfte von ihnen war der Meinung, daß die Schutzmaßnahmen weiter verbessert werden müßten. Unter den Arbeitgebern unterscheidet die Studie von Honey u. a. drei Reaktionsmuster:
- solche, die wenig für den Gesundheitsschutz unternehmen und die Schutzvorschriften im allgemeinen nicht kennen;
- solche, die den Bestimmungen nachkommen, dies allerdings nicht selten widerwillig tun und nach Wegen suchen, ihre Verpflichtungen möglichst gering zu halten;
- solche, die über die Mindestanforderungen hinausgehen und den Gesundheitsschutz bei der Bildschirmarbeit als Bestandteil ihrer betrieblichen Gesundheitspolitik ansehen.[260]

Die Bilanz der betrieblichen Umsetzung der *DSE Regulations* fällt zwiespältig aus. Die Unkenntnis über ihren Inhalt war vier Jahre nach ihrem Inkrafttreten sehr weit verbreitet. Nur eine Minderheit der Unternehmen führte eine Arbeitsplatzanalyse durch, und wo dies der Fall war, deuten die ergriffenen Maßnahmen darauf hin, daß sie wohl kaum jenem systematisch-umfassenden Vorgehen entsprach, das dem Geist der EU-Bildschirmrichtlinie zugrunde liegt, sondern fast ausschließlich punktuell-korrigierend eingriffen und überwiegend an den klassischen Risiken der Büroarbeit orientiert waren. Aus der Perspektive der Beschäftigten hatte sich seit dem Inkrafttreten der *DSE Regulations* kaum etwas an den Belastungen geändert, und neben der unzureichenden Information scheinen es insbesondere die betriebswirtschaftlichen Handlungszwänge und die steigenden Arbeitsanforderungen zu sein, die einer

---

260 Vgl. ebda., S. 108ff. Auch die TUC-Untersuchung nimmt eine derartige Einteilung vor. Vgl. TUC, Making VDU Work Safer: The Case Against Deregulation, S. 18.

Die Umsetzung von EU-Arbeitsschutzrichtlinien in Großbritannien

Verbesserung des Gesundheitsschutzes bei der Bildschirmarbeit enge Grenzen setzten. Allerdings wurden die Arbeitsplätze von immerhin etwa 2,8 Millionen einer Analyse unterzogen, und für jeden Sechsten von ihnen erwuchsen daraus Maßnahmen zur Verbesserung des Gesundheitsschutzes. Nicht zuletzt gab die große Mehrheit der Unternehmen an, die Augenuntersuchung erst nach Inkrafttreten der *DSE Regulations* angeboten zu haben. Vor diesem Hintergrund wurden die neuen Bestimmungen zur Bildschirmarbeit von gewerkschaftlicher Seite sehr positiv beurteilt (Interview UNISON, 11.11.1996).

6.6 Fazit: Charakteristika und Determinanten nationalstaatlicher Arbeitsschutzpolitik unter europäischer Prädominanz

Die EU-Rahmenrichtlinie und die EU-Bildschirmrichtlinie beinhalteten für das britische Arbeitsschutzsystem zum Teil weitreichende Veränderungen. Da die europäischen Grundsätze und Anforderungen im Vergleich mit den bisherigen britischen Bestimmungen zum einen sehr detailliert, zum anderen in ihrem Regelungsgehalt verbindlich sind und mit dem Begriff der Arbeitsumwelt ein weites Schutzverständnis zugrunde legen, stehen sie im deutlichen Kontrast zur britischen Tradition des *goal-setting approach*, der *self-regulation* und der *reasonable practicability*. Sie beinhalten eine Einschränkung des bisherigen Handlungsspielraums im betrieblichen Arbeitsschutz und verlangen eine Erweiterung der Problemwahrnehmung in der Präventionspolitik. Der Anpassungsdruck erstreckt sich auf folgende Bereiche:
– die Einführung einer Risikobewertung für alle Tätigkeitsbereiche sowie die Dokumentation ihrer Ergebnisse;
– die *explizite* Berücksichtigung psychosozialer Belastungsfaktoren und arbeitsorganisatorisch bedingter Gesundheitsgefahren;
– die Ausweitung der Arbeitnehmerbeteiligung auf alle Beschäftigten;
– die Konkretisierung der Arbeitgeberpflichten zur Unterrichtung und Unterweisung der Beschäftigten im Hinblick auf arbeitsbedingte Gesundheitsgefahren;
– die erstmalige Einführung von Schutzbestimmungen bei der Arbeit an Bildschirmgeräten.

Inhalt und Reichweite der Umsetzung
Die beiden EU-Richtlinien wurden durch zwei Verordnungen, die *Management of Health and Safety at Work Regulations* und die *Display Screen Equipment Regulations*, fristgerecht zum 1.1.1993 umgesetzt. Legt man das Schutzniveau der EU-Richtlinien zugrunde, so handelte es sich bei der rechtlichen Umsetzung in Großbritannien um eine Minimalanpassung. Zwar wurden die

Kapitel 6

EU-Anforderungen rechtlich in weiten Teilen erfüllt, aber in nahezu keiner Hinsicht gingen die britischen Bestimmungen über die europäischen Vorgaben hinaus. Im Hinblick auf einzelne, zum Teil wesentliche Regelungsbereiche muß es sogar als fraglich gelten, ob die britischen Bestimmungen den europäischen Vorgaben genügen. So stufen die neuen Regelwerke einige der uneingeschränkt geltenden EU-Vorschriften in ihrer Verbindlichkeit herab, indem sie diese nicht in die *Regulations*, aufnehmen, sondern in die unverbindlicheren *Approved Codes of Practice* bzw. in die bloß beratenden *Guidance Notes* zu den *Regulations* verlagern. Dies betrifft für die Arbeitsschutzphilosophie der Rahmenrichtlinie so fundamentale Vorgaben wie die Durchführungsbestimmungen zur Risikobewertung oder die hierarchische Abfolge betrieblicher Präventionsmaßnahmen. Überdies besteht die im HSW Act als gesetzlicher Rahmenvorgabe vorgenommene Generaleinschränkung *so far as is reasonably practicable* weiterhin fort; auch wurden vereinzelte Bestimmungen der neuen *Regulations* mit diesem oder ähnlichen Zusätzen versehen. Schließlich hielten die *Management of Health and Safety at Work Regulations* an der bisherigen Beschränkung der Mitwirkungsrechte von Arbeitnehmern auf Unternehmen mit anerkannten Gewerkschaften fest. Jedoch zwang die Rechtsprechung des EuGH Großbritannien 1996 dazu, die Beteiligungsrechte im betrieblichen Arbeitsschutz auf alle Beschäftigten auszuweiten. Dabei vollzog sich selbst diese späte Korrektur noch insofern als eine Minimalanpassung, als die Beteiligungsrechte der Beschäftigten auf die Mindestanforderungen der Rahmenrichtlinie beschränkt wurden und daher hinter denen der gewerkschaftlichen *safety representatives* zurückblieben.[261] Zugleich hielt die britische Regierung an einzelnen als bewährt geltenden oder wohl nur um den Preis politischer Konflikte zu beseitigenden Bestimmungen aber auch dann fest, wenn sie über das Schutzniveau der Rahmenrichtlinie hinausgingen, nämlich an der weitgehenden Einbeziehung der Selbständigen in den Anwendungsbereich des Arbeitsschutzrechts und an den – in der Rahmenrichtlinie nicht vorgesehenen – *Inspektions*rechten der gewerkschaftlichen *safety representatives*.

Im Vergleich zu den zuvor geltenden Bestimmungen des britischen Arbeitsschutzrechts brachte die Anpassung an die EU-Richtlinien teilweise bedeutende Innovationen mit sich. Im Ergebnis wurde das Vorschriftensystem in seinem präventionspolitischen Zuschnitt und in seiner Beteiligungsorientierung deutlich erweitert und konkretisiert. Dies betraf insbesondere die Durch-

---

261 Dies war bis 1998 die einzige Arbeitsschutzregelung, die Großbritannien auf den Druck der EU hin nachbessern mußte. Allerdings läßt sich daraus noch kein Schluß auf die Richtlinienkonformität der übrigen Bestimmungen ziehen, denn die Prüfung der nationalstaatlichen Umsetzung war aufgrund der Personalknappheit der EU-Kommission zu dieser Zeit noch nicht abgeschlossen.

Die Umsetzung von EU-Arbeitsschutzrichtlinien in Großbritannien

führung der Risikobewertung und die dabei zugrunde zu legenden inhaltlichen Anforderungen; die Durchführung von Maßnahmen zur Planung und Überwachung von Schutzmaßnahmen; die inhaltlichen Anforderungen an die Information und Unterweisung der Beschäftigten; die Gegenstandsbereiche, in denen die Arbeitgeber die *safety representatives* bzw. Beschäftigte oder ihre Vertreter konsultieren müssen. Zugleich verleihen insbesondere die generelle Einführung der Risikobewertung sowie die dort vorgeschriebene Berücksichtigung der Arbeitsorganisation und des technischen Wandels dem britischen Arbeitsschutzrecht einen moderneren, weil auf die Komplexität und den raschen Wandel arbeitsbedingter Gesundheitsbelastungen bezogenen Charakter. Die *Display Screen Equipment Regulations* beinhalten darüber hinaus ein Vorschriftensystem für einen zuvor überhaupt nicht geregelten Gefährdungsbereich. Damit mußte Großbritannien den Grundsatz aufgeben, Vorschriften nur im Hinblick auf eindeutig nachgewiesene Gesundheitsschäden zu erlassen, denn diese liegen nach Überzeugung von Regierung, Arbeitsschutzbehörden und Unternehmerverbänden bei der Bildschirmarbeit nicht vor. Zwar ist in der Rechtsprechung eine Relativierung der Arbeitsschutzpflichten des Arbeitgebers im Grundsatz auch nach wie vor möglich. Dennoch vollzieht sich mit der Konkretisierung der Vorschriften ein Wechsel in der Betonung: Das Recht geht nun davon aus, daß die detailliert aufgeführten Pflichten des Arbeitgeber zu erfüllen sind, auch wenn ein unangemessenes Verhältnis von Aufwand und Nutzen einen Grund liefern mag, bestimmte Arbeitsschutzmaßnahmen nicht zu ergreifen. Darüber hinaus wird die Verbindlichkeit der Arbeitgeberpflichten auch dadurch gestärkt, daß bei der Auslegung des Rechts die EU-Richtlinien heranzuziehen sind. Die Reformen des Jahres 1992 sind Großbritannien von der EU auferlegt worden, und es gab keinerlei Anhaltspunkte dafür, daß sie in einem bloß nationalstaatlichen Rahmen in Angriff genommen worden bzw. durchsetzbar gewesen wären.

Der Prozeß der rechtlichen Umsetzung wurde begleitet von übergreifenden Veränderungen in der britischen Arbeitsschutzpolitik. *Erstens* erfaßten die tiefgreifenden Veränderungen des *Civil Service* auch den Arbeitsschutz und trugen zu einem Effektivitätsverlust der Behörden bei: Die Kürzung der Ressourcen verminderte das Drohpotential staatlichen Vollzugs als zentraler Voraussetzung zur Anwendung von Rechtsvorschriften und verstärkte die Tendenz zu einer überwiegend reaktiven, auf die großen Risiken beschränkten Überwachungstätigkeit. Darüber hinaus beförderten die Privatisierungsvorhaben und die Einführung von Marktmechanismen die Fragmentierung der *Health and Safety Executive*, ließen aber den Kernbereich der staatlichen Überwachungstätigkeit selbst unberührt. *Zweitens* waren Regierung und Unternehmerverbände bestrebt, die Ökonomisierung des Arbeitsschutzes zu forcieren, und verschärften in diesem Zusammenhang die Legitimationskriterien

Kapitel 6

für staatliche Interventionen. Diese Entwicklung fand ihren Ausdruck in einer Aufwertung der *cost-benefit analysis*, die nun jedem Erlaß eines neuen Regelwerks vorangehen mußte und deren positives Ergebnis zur Voraussetzung für seine Zulässigkeit wurde. Gleichzeitig erfuhr die Funktion der Risikobewertung gegenüber dem in den europäischen Richtlinien und den britischen *Regulations* fixierten Inhalt eine Umdeutung: Sie galt nicht mehr – wie noch in der Rahmenrichtlinie – als Voraussetzung für eine umfassend-präventive Arbeitsschutzstrategie, sondern nunmehr – in das Konzept der *cost-benefit analysis* integriert – als Instrument, mit dessen Hilfe lediglich zu ermitteln sei, welcher Aufwand und welche Kosten noch vertretbar seien, um ein bestimmtes Gesundheitsrisiko zu bekämpfen. *Drittens* bezog die konservative Regierung den Arbeitsschutz auf öffentlichkeitswirksame Weise in ihre nach der Krise 1992/93 intensivierten Deregulierungsbemühungen ein und ließ das gesamte Arbeitsschutzrecht auf seine Notwendigkeit überprüfen. Im Ergebnis blieb der Kernbestand des britischen Arbeitsschutzrechts zwar unangetastet, jedoch trugen die Initiativen zur Schaffung eines Klimas bei, in dem jede Regulierung als illegitim galt, wenn nicht der Nachweis angetreten werden konnte, daß sie unter wettbewerbspolitischen Gesichtspunkten unbedenklich waren. *Viertens* verstärkten Staat, Arbeitsschutzbehörden und Unternehmerverbände ihre Bemühungen, das britische Arbeitsschutzsystem noch stärker an weichen Steuerungsinstrumenten auszurichten. In diesem Zusammenhang wurde im Vorschriftensystem die Rolle der unverbindlichen *Guidance Notes* gestärkt und in der Vollzugspraxis der Stellenwert von Auflagen und strafrechtlichen Verfolgungen zurückgenommen. *Fünftens* leiteten die Arbeitsschutzbehörden insofern eine Modernisierung ihrer Präventionspraxis ein, als sie ihre einseitige Fixierung auf Arbeitsunfälle zu lockern und sich stärker mit der Prävention arbeitsbedingter Erkrankungen auseinanderzusetzen begannen. Dieser Prozeß, der in Übereinstimmung mit dem Leitbild der EU-Arbeitsschutzrichtlinien stand, ging auf im britischen Arbeitsschutz geführte Diskussionen zurück und setzte bereits Ende der achtziger Jahre ein, also noch vor dem Inkrafttreten des Sechserpakets, erhielt allerdings durch deren Verabschiedung eine starke Unterstützung. Eine intensivierte Beratungs- und Informationstätigkeit im Hinblick auf einige besonders verbreitete Erkrankungen sollte die Unternehmen dazu anhalten, den Gesundheitsschutz systematisch in das betriebliche Management zu integrieren. Mit diesen Anpassungsprozessen verfolgten die Arbeitsschutzbehörden das Ziel, die Unternehmen bei der Erschließung des ökonomischen Nutzens gesünderer Arbeitsbedingungen zu unterstützen. Ihnen lag aber auch die sich in den Planungsabteilungen der Arbeitsschutzbehörden verbreitende Einsicht zugrunde, daß die traditionellen Handlungskonzepte für die Bearbeitung zahlreicher arbeitsbedingter Gesundheitsbelastungen kaum geeignet waren. Zugleich konnte mit diesen Initiativen der

Die Umsetzung von EU-Arbeitsschutzrichtlinien in Großbritannien

Nutzen des Arbeitsschutzes in einer sich wandelnden Arbeitswelt und die Bedeutung der Arbeitsschutzinstitutionen unter schwieriger werdenden Rahmenbedingungen unter Beweis gestellt werden.

Insgesamt erscheint es jedoch als ungewiß, ob und vor allem mit welcher Flächenwirkung sich eine modernisierte und dabei wirkungsvolle Präventionspraxis im britischen Arbeitsschutz durchsetzen wird. Die Kürzung der den Arbeitsschutzbehörden zur Verfügung gestellten Ressourcen, die Dominanz der auf eine Optimierung der Verwertungsbedingungen gerichteten Interessen und der daraus erwachsende politische Druck in Richtung auf eine Ökonomisierung des Arbeitsschutzes stellen schwerwiegende Hindernisse für eine dem Inhalt und dem Leitbild der EU-Rahmenrichtlinie folgende Arbeitsschutzpolitik dar. Vorliegende Befunde deuten darauf hin, daß EU-Bestimmungen in einem relevanten Teil der Betriebe auch Jahre nach dem Inkrafttreten der Richtlinien noch nicht angewendet werden. Und auch dort, wo dies der Fall ist, dominiert vielfach noch ein traditionelles Arbeitsschutzverständnis. So ist die Praxis der Risikobewertung überwiegend noch nicht von jenem für die EU-Arbeitsschutzpolitik charakteristischen umfassend-präventiven, alle Gefährdungsursachen systematisch berücksichtigenden Verständnis geprägt. Die in den Händen der Nationalstaaten verbleibende Zuständigkeit für die Anwendung der neuen Vorschriften bietet den Arbeitsschutzbehörden weitreichende Möglichkeiten, ihrer Präventionspraxis eine eigene Richtung zu geben: durch eigene Schwerpunktsetzungen, durch eine umdeutende Anpassung von Elementen der europäischen Arbeitsschutzphilosophie an die eigenen Handlungspräferenzen, durch eine Vernachlässigung jener Aspekte, die der eigenen Präventionsstrategie widersprechen, oder eine bevorzugte Anwendung von Vorschriften, die als sinnvoll erachtet werden und mit den eigenen Präventionsstrategien kompatibel sind. Damit ist jedoch nicht gesagt, daß die europäischen Veränderungen ohne Auswirkungen auf die britische Arbeitsschutzpolitik geblieben wären. Im Ergebnis der Umsetzung wurden die Rechte der Beschäftigten gestärkt, kamen Millionen von Beschäftigten in den Genuß einer arbeitsmedizinischen Vorsorgeuntersuchung und wurden Millionen von Arbeitsplätzen erstmals einer Risikobewertung unterzogen.

Einflußfaktoren und Handlungsmotive

Das politische Ziel, die besonderen Merkmale des britischen Arbeitsschutzsystems gegen die europäische Regulierungsphilosophie so weit wie möglich zu bewahren, wurde von einer Interessenkoalition aus Regierung, Unternehmerverbänden und Arbeitsschutzbehörden getragen. Die verschärfte Standortkonkurrenz stellte den wichtigsten Bezugsrahmen des Umsetzungsprozesses dar. Für Regierung und Unternehmerverbände lag das überragende Handlungsmotiv in der festen Absicht, erhöhte Auflagen und Kosten für die

Kapitel 6

heimischen Unternehmen zu vermeiden. Auch das allenthalben konstatierte ökonomische Interesse an einem verbesserten Gesundheitsschutz konnte sie nicht dazu bewegen, weitergehende gesetzliche Bestimmungen zum Arbeitsschutz zu unterstützen. Zugleich standen sowohl Regierung und Unternehmerverbände als auch *Health and Safety Commission* und *Executive* größeren Änderungen auch deshalb ablehnend gegenüber, weil sich nach ihrer Überzeugung das britische Regulierungssystem bewährt hatte und man daher keinen großen Handlungsbedarf in der Arbeitsschutzpolitik sah. Für die Arbeitsschutzbehörde war dies sicherlich der wichtigste Grund, eine Strategie der Minimalanpassung zu unterstützen. Diese Option läßt sich weder aus ökonomischen Erwägungen noch aus einer administrativen Unterordnung unter das zuständige Ministerium erklären. Maßgebend waren für sie eigenständige, aus der Erfahrung und der Tradition des Arbeitsschutzsystems sich ergebende Motive. *Goal-setting approach*, *self-regulation* und die in der *reasonable practicability* eingeschlossene Abwägung des Aufwands und Nutzens von Schutzmaßnahmen waren für die *Health and Safety Commission* und *Executive* unverzichtbare Instrumente eines erfolgreichen Arbeitsschutzes, weil sie die Überzeugung und die aktivierende Mitwirkung der Unternehmer für weit effizienter hielten als ein dichtes und administrativ kontrolliertes Vorschriftensystem. Zugleich waren sie sich auch der Tatsache bewußt, daß die strikte Trennung von *health and safety* und *industrial relations* eine Kernvoraussetzung für die tripartistische Kooperation in der HSC war. Die in den Planungsabteilungen der Arbeitsschutzinstitutionen dominierenden Handlungsnormen und Überzeugungen – vor allem: daß ein eindeutiger medizinischer Nachweis von gesundheitlichen Schäden durch bestimmte Arbeitstätigkeiten Voraussetzung für verbindliche Schutzmaßnahmen sei und diese ein angemessenes Kosten-Nutzen-Verhältnis aufweisen müßten – waren zugleich die Legitimationsbasis für eine weitgehende legislative Enthaltsamkeit des Staates und fungierten insoweit gleichsam als ideologisches Bindeglied zwischen Arbeitsschutzbehörden einerseits sowie Regierung und Unternehmerverbänden andererseits. Deren Abneigung gegen die EU-Bestimmungen war wiederum nicht nur deshalb so ausgeprägt, weil sie an gewohnten Handlungsmustern festhalten wollten, sondern vor allem, weil sich die gewachsenen Regulierungsmuster im britischen Arbeitsschutz gut in das Konzept der Deregulierungspolitik einfügten.

Den Gewerkschaften kam es im Prozeß der rechtlichen Anpassung vor allem darauf an, die Verbindlichkeit und Detailliertheit der EU-Richtlinien in das britische Arbeitsschutzsystem zu überführen. Allerdings standen für sie Fragen des Arbeitsschutzrechts nicht im Zentrum der Aufmerksamkeit. Angesichts der wachsenden Kluft zwischen den gesetzlichen Vorschriften und ihrer betrieblichen Anwendung sahen sie vielmehr in einem wirkungsvolleren

Die Umsetzung von EU-Arbeitsschutzrichtlinien in Großbritannien

Arbeitsschutzvollzug und einer zu diesem Zweck verbesserten Ausstattung der Arbeitsschutzbehörden das wichtigste Instrument zu einer Anhebung des Schutzniveaus. Jedoch war ihre Handlungsfähigkeit durch den Wandel der politisch-ökonomischen Rahmenbedingungen erheblich geschwächt und erwies sich die Umsetzung der EU-Arbeitsschutzrichtlinien als ein weder für die Beschäftigten noch für die Öffentlichkeit ein mobilisierungsträchtiges Thema. Hinzu kam, daß das Konsensprinzip in der *Health and Safety Commission* die Gewerkschaften als den über den Status quo in der Regel hinausgehenden Akteur strukturell benachteiligte und der Inhalt der *Regulations* ohnehin dem Genehmigungsvorbehalt von Minister und Parlament unterlag. So konnten die Gewerkschaften die skizzierten Relativierungen bei der Rechtsanpassung nicht verhindern. Allerdings waren sie mit dem Ergebnis der Reformen nicht unzufrieden, zumal es unter einer konservativen Regierung erreicht worden war. Dennoch können die im Rahmen der nationalstaatlichen Rechtsanpassung fixierten Verbesserungen gegenüber dem Status quo nicht als Erfolg gewerkschaftlicher Tätigkeit gelten.

Die Schwäche der Gewerkschaften verweist auf ein grundsätzliches Problem der Entwicklung des Arbeitsschutzes in Großbritannien. Das Konzept der Selbstregulierung, das mit dem HSW Act 1974 zur Leitlinie der britischen Arbeitsschutzpolitik geworden ist, beruhte auf der Vorstellung eines Gleichgewichts zwischen der Unternehmerseite und den Beschäftigten. Gerade auf der Grundlage dieser Annahme hielten es der *Robens Report* und der *HSW Act* für gerechtfertigt, unter der Vorgabe lediglich allgemeiner Ziele den betrieblichen Akteuren die konkrete Regelung von Fragen des Arbeitsschutzes zu überlassen. Unabhängig davon, ob es sich bei der Gleichgewichtsannahme seinerzeit um eine zutreffende Beschreibung der britischen Arbeitsbeziehungen handelte, ist es aber wohl unbestritten, daß diese Annahme für die achtziger und neunziger Jahre keine Gültigkeit mehr besaß. Unter den veränderten politisch-ökonomischen Rahmenbedingungen begünstigte das Konzept der *self-regulation* auf der betrieblichen Ebene die Kapitalinteressen und erschwerte die Durchsetzung weitreichender Arbeitsschutzmaßnahmen.

Als im Rahmen des *six-pack* die Verordnungen zur Umsetzung der beiden EU-Richtlinien in Kraft traten, gehörte Großbritannien zu den wenigen Mitgliedstaaten, die die europäischen Richtlinien fristgerecht umgesetzt hatten. Dies ging vor allem auf ein starkes Interesse der Regierung zurück, die gerade wegen ihres heftigen Widerstands gegen die europäische Sozialpolitik nicht als Buhmann dastehen und eine positive Haltung zum Einigungsprozeß demonstrieren wollte. Zudem sollte der Hinweis auf das vertragskonforme Verhalten die eigene Verhandlungsposition in anderen noch zu klärenden Fragen der europäischen Sozial- und Arbeitsschutzpolitik, allen voran die Arbeitszeitrichtlinie, verbessern. Des weiteren trug zur raschen Verabschiedung

Kapitel 6

des Anpassungspakets der Umstand bei, daß aufgrund der zentralistischen, einheitlichen Struktur des Arbeitsschutzsystems die Zahl der Akteure und der Grad der Interessenfragmentierung gering war. Diese Konstellation hat den Willensbildungsprozeß im Hinblick auf die Inhalte der Reform beschleunigt.

Institutionelle Aspekte und Akteurbeziehungen
Das hervorstechendste institutionelle Merkmal der Arbeitsschutzreform in Großbritannien ist die weitgehende Kontinuität der sektoralen Strukturen. Sie äußert sich im Festhalten an der Struktur des Arbeitsschutzrechts, im Fortbestand der 1974 geschaffenen Institutionen, in der Beibehaltung der korporatistischen Regulierungsmuster, im Verzicht auf eine Rücknahme des rechtlich fixierten Schutzniveaus im Rahmen der 1993 auf den Weg gebrachten Deregulierungsinitiative sowie im Verzicht auf die vorübergehend ins Auge gefaßte Privatisierung der Überwachungs- und Beratungstätigkeit. Gerade mit der Konsensorientierung und der weitreichenden Einbeziehung von Verbänden in die Politikformulierung finden sich im Arbeitsschutz nach wie vor solche Merkmale wieder, die gemeinhin als typisch für das britische Regulierungsmodell angesehen werden. Zwar wurden in den neunziger Jahren je ein Vertreter der Verbraucherverbände, kleiner und mittlerer Unternehmen sowie einer Nicht-TUC-Gewerkschaft in die *Health and Safety Commission* berufen und damit die Zugänge zu den korporatistischen Gremien erweitert; jedoch zog dies keine weitreichenden Auswirkungen auf die Funktionsweise der Arbeitsschutzbehörden nach sich. Daß die Regierung die korporatistische Kooperation in der Arbeitsschutzpolitik unangetastet ließ, ist nicht nur auf die erwähnte Offenheit des britischen Arbeitsschutzsystems für die Zielvorstellung einer deregulierten Ökonomie zurückzuführen. Wichtig war auch, daß die mit dem HSW Act 1974 geschaffene Vereinheitlichung und Vereinfachung der Strukturen als effektiv angesehen wurde und alle Seiten mit der Zusammenarbeit in den Arbeitsschutzinstitutionen im Grundsatz zufrieden waren. Schließlich war der Legitimationsbedarf für den Arbeitsschutz insbesondere mit dem Aufkommen der modernen Großrisiken stark gewachsen und ohne eine gewerkschaftliche Beteiligung und Zustimmung zur Arbeitsschutzpolitik kaum glaubhaft zu befriedigen. Dies war für die Regierung im übrigen ein wichtiger Grund, auf die Privatisierung des Kernbereichs der Arbeitsschutzpolitik – der strategischen Planung und der Kontrolltätigkeit – zu verzichten. Auch die Verlagerung der Rechtsetzungskompetenz auf die EU führte nicht zu einer Erosion des nationalstaatlichen Korporatismus im Arbeitsschutz. Die nationalstaatliche Ebene ist damit keinesfalls bedeutungslos geworden, denn die Mitgliedstaaten verfügen über Spielräume bei der rechtlichen Anpassung ein und sind für Fragen des Vollzugs zuständig, und nicht zuletzt existieren auch eine Reihe von Regelungslücken fort.

Die Umsetzung von EU-Arbeitsschutzrichtlinien in Großbritannien

Für die Regierung ist freilich auch von Bedeutung, daß ihr im überbetrieblichen Korporatismus der entscheidende Einfluß auf die Gestaltung der Arbeitsschutzpolitik erhalten bleibt. Diesen übt sie vor allem über den Genehmigungsvorbehalt des zuständigen Ministeriums aus. Zudem trägt die für korporatistische Arrangements typische Selbstbindung der verbandlichen Akteure dazu bei, daß diese sich in ihren gemeinsam erarbeiteten Vorschlägen auch daran orientieren, was für die Regierung zustimmungsfähig ist. Je weniger die korporatistischen Arrangements dazu bereit oder in der Lage sind, desto stärker würden sie auch ihre eigene Existenzgrundlage gefährden. Insofern handelt es sich bei der Einbeziehung der Verbände in den Prozeß der Rechtsetzung um eine kontrollierte Delegation von Zuständigkeiten, nicht um eine Aufgabe von Verantwortung. Da der zuständige Minister über die Rechtsetzung hinaus aus dem laufenden Haushalt die Tätigkeit der Arbeitsschutzbehörden finanziert, die Mitglieder der *Health and Safety Commission* und die Spitzenbeamten der *Health and Safety Executive* ernennt und mit einer generellen Weisungsbefugnis ausgestattet ist, verfügt die Regierung über vielfältige und insgesamt sehr wirkungsvolle Instrumente zur Steuerung der Arbeitsschutzpolitik. Nicht zuletzt sind *Health and Safety Commission* sowie *Health and Safety Executive* einem beständigen, starken Legitimationsdruck durch Regierung und Parlament ausgesetzt: Sie sind dem Ministerium rechenschaftspflichtig, und jährlich müssen HSC-Mitglieder und hohe HSE-Beamten parlamentarischen Kontrollkommissionen über ihre Tätigkeit Rede und Antwort stehen. Trotz einer entwickelten *self-regulation* im britischen Arbeitsschutz wäre das Attribut *stateless* insofern eine durchaus unzutreffende Charakterisierung.

Bei der Anwendung des reformierten Rechts durch die Arbeitsschutzbehörden steht nicht das Ziel einer umfassenden Umsetzung des neuen Vorschriftensystems im Vordergrund. Ausgangs- und Bezugspunkt ihrer Präventionspraxis sind vielmehr die sich aus der nationalstaatlichen Konstellation – vor allem der eigenen Rollendefinition, den konzeptionellen Überzeugungen, den wahrgenommenen Handlungsanforderungen und den politisch-ökonomischen Rahmenbedingungen – begründenden Handlungsstrategien, bei deren Umsetzung die Arbeitsschutzbehörden durchaus selektiv auf die europäischen Innovationen zurückgreifen: Man bedient sich ihrer – und bezieht auch Unterstützung aus ihnen – dort, wo sie in Übereinstimmung mit den eigenen Konzeptionen stehen; hingegen vernachlässigt oder ignoriert man sie dann, wenn sie im Widerspruch zur eigenen Handlungsphilosophie stehen. So erstreckt sich in Großbritannien die behördliche *Kontrolle* nach wie vor weitgehend auf medizinisch eindeutig nachweisbare Gesundheitsschäden, während Innovationen wie etwa die Gefährdungsanalyse von Bildschirmarbeitsplätzen von deutlich nachrangiger Bedeutung sind. Allerdings ist diese selektive Bezugnahme

Kapitel 6

auf die Innovationen im Arbeitsschutzrecht nur insoweit möglich, wie die betrieblichen Kräfteverhältnisse und in deren Folge die Rechtsprechung dafür den Raum lassen.

Daß der britische Arbeitsschutz trotz der erforderlichen Rechtsanpassung wichtige Elemente seiner Arbeitsschutzphilosophie in der Präventions*praxis* erfolgreich behaupten konnte, scheint die These von der besonderen Beharrungskraft gewachsener Handlungsroutinen und Strukturen auch für den Arbeitsschutz zu bestätigen. Allerdings wird dabei übersehen, daß die britische Arbeitsschutzpolitik keineswegs nur durch institutionellen Beharrungswillen, sondern auch durch – wenngleich vorsichtige – Wandlungs- und Anpassungsprozesse gekennzeichnet ist. Die Abneigung gegen die Formulierung verbindlicher und konkretisierter Arbeitgeberpflichten im Arbeitsschutz und die gleichzeitige Öffnung für eine stärker an der Prävention arbeitsbedingter Gesundheitsgefährdungen orientierte Arbeitsschutzpraxis verweisen darauf, daß jenseits supranational induzierter und unumgehbarer legislativer Handlungszwänge Ausmaß und Richtung von Beharrungskraft und Anpassungsbereitschaft in der Arbeitsschutzpolitik vor allem durch das Ziel einer effektiveren Erschließung des produktiven Potentials von Gesundheit beeinflußt werden. Dieser Orientierungspunkt birgt Chancen für die Modernisierung von Präventionsstrategien, begrenzt allerdings zugleich deren Reichweite. In jedem Fall haben solche Präventionsstrategien, die nicht mit dem Ziel der Produktivitätssteigerung kompatibel sind, deutlich geringere Chancen auf Durchsetzung und sind in besonderer Weise legitimationsbedürftig.

Kapitel 7

Die Umsetzung von EU-Arbeitsschutzrichtlinien in Deutschland

7.1 Europäische Herausforderungen für das deutsche Arbeitsschutzsystem

Ebenso wie in Großbritannien hat sich auch in Deutschland bei vielen Experten in Wissenschaft, Verwaltung und Verbänden rasch die Einschätzung durchgesetzt, daß von den Richtlinien des Sechserpakets, insbesondere der Rahmenrichtlinie und der Bildschirmrichtlinie, ein erheblicher Anpassungsdruck auf das nationalstaatliche Arbeitsschutzsystem ausgeht.[1] Weil sich angesichts der Fragmentierung des deutschen Arbeitsschutzsystems der rechtliche Veränderungsbedarf als außerordentlich komplex und unübersichtlich darstellt, sollen im folgenden nur die für das Arbeitsschutzsystem grundlegenden Anforderungen erörtert werden:

1. Im Unterschied zur EU-Rahmenrichtlinie kannte das deutsche Arbeitsschutzrecht keine einheitlichen und für alle Beschäftigtengruppen, Tätigkeitsbereiche, Gefährdungsarten und Wirtschaftsbereiche gleichermaßen geltenden Schutzbestimmungen. Zwar waren zahlreiche der von der Rahmenrichtlinie vorgegebenen Bestimmungen bereits durch die Vorschriften der §§ 120a und b der Gewerbeordnung (GewO), durch das Arbeitssicherheitsgesetz (ASiG), durch eine Reihe weiterer Gesetze und Verordnungen, durch eine Vielzahl von UVVen und durch andere Bestimmungen abgedeckt.[2] Jedoch war der Anwendungsbereich dieser Regelwerke in unterschiedlicher Weise beschränkt:
   - das Arbeitssicherheitsgesetz galt nicht für den öffentlichen Dienst;
   - spezielle Gesetze bzw. Verordnungen, wie z.B. das Chemikaliengesetz oder die Gefahrstoffverordnung, bezogen sich nur auf bestimmte Gefährdungsarten;

---

1 Vgl. z.B. Wank/Börgmann, Deutsches und europäisches Arbeitsschutzrecht, S. 144ff.; Siller, Der europäische Wind weht frisch im Vorschriftenwesen, S. 750ff.; Bücker/Feldhoff/Kohte, Vom Arbeitsschutz zur Arbeitsumwelt, S. 75ff.
2 Vgl. Maschmann, Deutsches und Europäisches Arbeitsschutzrecht, S. 620.

Kapitel 7

- die Gewerbeordnung erstreckte sich nur auf gewerbliche Unternehmen, nicht aber auf den öffentlichen Dienst, die freien Berufe und die Landwirtschaft;
- die UVVen der Berufsgenossenschaften hatten ohnehin nur branchenweite Geltung, fanden also lediglich auf diejenigen Unternehmen Anwendung, die beim jeweiligen Unfallversicherungsträger versichert waren. Damit wurden z.B. Beschäftigte ausländischer Unternehmen, die auf der Basis von Werkverträgen in der Bundesrepublik Deutschland tätig waren, von ihnen nicht erfaßt.

Der wohl bedeutendste Bereich, der von einer Vielzahl von Arbeitsschutzbestimmungen ausgenommen wurde, war der öffentliche Dienst. Nicht nur Vorschriften zum allgemeinen Gefahrenschutz nach der Gewerbeordnung und die Bestimmungen zum betrieblichen Arbeitsschutz nach dem ASiG, auch Vorschriften zur Kontrolle überwachungsbedürftiger Anlagen fanden dort keine Anwendung. Die UVVen boten ebenfalls keinen umfassenden Schutz, galten sie doch nur für die sozialversicherten Beschäftigten, nicht aber für die Beamten. Obendrein existierten im öffentlichen Dienst besondere Vollzugsdefizite, denn Aufsichtsbehörden fehlten entweder ganz oder waren mit unzureichenden Vollzugskompetenzen ausgestattet.[3] Im öffentlichen Dienst der neuen Bundesländer war es hingegen um den Arbeitsschutz ein wenig besser bestellt: Im Einigungsvertrag war vereinbart worden, daß die allgemeinen Schutzvorschriften nach der Gewerbeordnung und nach der Arbeitsstättenverordnung auch im öffentlichen Dienst Anwendung finden sollten. Der öffentliche Dienst mag zugleich als Beispiel für die ausgeprägte Unübersichtlichkeit des deutschen Arbeitsschutzrechts dienen. Die berufsständische und branchenspezifische Differenzierung von Arbeitsschutzbestimmungen hatte die absurde Folge, daß Beschäftigte oder Beschäftigtengruppen bisweilen selbst bei vergleichbaren oder identischen Arbeitsbedingungen und nicht selten auch in denselben Arbeitsstätten einem unterschiedlichen Schutzniveau unterworfen waren. Mit der Anpassung des deutschen Arbeitsschutzsystems an die EU-Rahmenrichtlinie war also der Auftrag verbunden, einheitliche Schutzbestimmungen für alle Beschäftigtengruppen und Tätigkeitsbereiche festzulegen.

2. Da die Rahmenrichtlinie dem Arbeitgeber die uneingeschränkte Pflicht für den Gesundheitsschutz zuweist, mußten die diesbezüglichen Einschränkungen und Unklarheiten des deutschen Arbeitsschutzsystems beseitigt werden.

---

3 Vgl. Maschmann, Deutsches und Europäisches Arbeitsschutzrecht, S. 630ff.

Die Umsetzung von EU-Arbeitsschutzrichtlinien in Deutschland

»Die [Rahmen-; T.G.] Richtlinie manifestiert sehr klar, daß der Arbeitgeber primär im Arbeitsschutz zuständig und verantwortlich ist. [...] Diese ihm zugewiesene Rolle wird auch nicht dem kleinsten Anschein nach in Frage gestellt oder aufgeweicht. Alle möglichen Zweifel räumt die Richtlinie in bemerkenswerter Weise definitiv aus. [...] In keiner der bundesdeutschen Vorschriften steht dieses mit der wünschenswerten Klarheit. Die Rollen sind längst nicht so eindeutig zugewiesen. Das hat immer auch zu praktischen Defiziten in unseren Betrieben geführt.«[4]

Insbesondere war die in der Gewerbeordnung vorgenommene Einschränkung der Arbeitgeberverantwortung – »wie es die Natur des Betriebs gestattet« (§ 120a GewO) – mit der Rahmenrichtlinie unvereinbar, denn sie erlaubte es, den Gesundheitsschutz gegen ökonomische Interessen abzuwägen und damit zu relativieren. In der Praxis stellte die Bestimmung der Gewerbeordnung eine weitgehende Einschränkung des Gesundheitsschutzes dar, weil sie es erheblich erschwerte, die Stillegung oder Modernisierung gesundheitsgefährdender Altanlagen durchzusetzen. Öffentlich-rechtliche Bestimmungen zum Arbeitsschutz konnten so nicht den bestmöglichen Schutz gewährleisten[5] und blieben ganz offenkundig hinter der Präambel der Rahmenrichtlinie zurück, die davon ausgeht, daß der Gesundheitsschutz keinen »rein wirtschaftlichen Überlegungen untergeordnet werden« darf.

3. Die traditionelle, an der technischen Beschaffenheit von Arbeitsgegenständen orientierte sowie auf unmittelbare physikalische oder chemische Einwirkungen konzentrierte Orientierung des deutschen Arbeitsschutzes mußte an das moderne, auf einem umfassenden Begriff der Arbeitsumwelt basierende Leitbild der Rahmenrichtlinie angepaßt werden. Zwar beinhaltete das Arbeitssicherheitsgesetz das Ziel einer menschengerechten Arbeitsgestaltung und öffnete sich insofern auch gestalterischen und ergonomischen Problemen, aber es war noch weit davon entfernt, arbeitsorganisatorische Ursachenkomplexe sowie psychosoziale und psychomentale Belastungsfaktoren verbindlich und umfassend zum Gegenstand des Arbeitsschutzes zu machen.

4. Schutzbestimmungen in Gesetzen, Verordnungen und UVVen verwiesen in Deutschland häufig auf die »gesicherten arbeitswissenschaftlichen Erkenntnisse« oder auf »allgemein anerkannte Regeln der Technik«. Diese unbestimmten Rechtsbegriffe bezeichnen solche Erkenntnisse und Regeln, die nach der überwiegenden Meinung der Fachkreise, d.h. Praktiker bzw. Wissenschaftler, im Sinne des Arbeitsschutzes zweckmäßig und mit angemessenen Mitteln durchführbar sind.[6] Allerdings definieren sie keine verbindlichen

---

4 Siller, Der europäische Wind weht frisch im Vorschriftenwesen, S. 750.
5 Vgl. Schröer, Soziologie und menschengerechte Arbeitsgestaltung, S. 23f.
6 Vgl. BMA (Hrsg.), Übersicht über das Arbeitsrecht, S. 522; Wank/Börgmann, Deutsches und europäisches Arbeitsschutzrecht, S. 145f.; Richenhagen/Prümper/Wagner, Handbuch der Bildschirmarbeit, S. 194ff.

Schutzstandards. Eine einklagbare Anhebung des Schutzniveaus stand damit vor recht hohen Hürden, und nicht zuletzt darin gründete der ausgeprägte statische Charakter des deutschen Arbeitsschutzes. Verbesserte technische Möglichkeiten hatten den Arbeitgeber in der Vergangenheit nicht zu einem Abbau gesundheitlicher Belastungen verpflichtet. Stillegungsverfügungen oder Modernisierungsauflagen waren bisher nur dann zulässig, wenn es sich um Leben, Gesundheit oder Sittlichkeit gefährdende Mißstände handelte. Daher waren entsprechende Maßnahmen zuvor auch äußerst selten erfolgt. Mit dem Inkrafttreten der Rahmenrichtlinie mußte das deutsche Arbeitsschutzsystem an die dort geforderte Dynamik der betrieblichen Präventionspolitik – Orientierung der Schutzmaßnahmen am Stand der Technik und der wissenschaftlichen Erkenntnisse sowie regelmäßige Überprüfung der getroffenen Maßnahmen auf ihre Wirksamkeit – angepaßt werden. Der Arbeits- und Gesundheitsschutz hatte nun unter Nutzung der durch die Entwicklung der Technik eröffneten Möglichkeiten kontinuierlich Verbesserungen im Schutzniveau anzustreben.

5. Die Pflicht zur Gefährdungsbeurteilung war im staatlichen Arbeitsschutzrecht auf bestimmte unmittelbar gefahrenträchtige Bereiche beschränkt, nämlich auf den Umgang mit Gefahrstoffen und auf das Betreiben von Störfallanlagen. Im Bereich des berufsgenossenschaftlichen Satzungsrechts sah zwar die UVV »Allgemeine Vorschriften« (VBG 1)[7] eine Gefahrenermittlung vor, jedoch verzichtete sie auf eine nähere Bestimmung der dabei zu beachtenden Kriterien und auf eine Pflicht zur Dokumentation der Ergebnisse. Daher war ihre praktische Durchführung bisher nicht kontrollierbar und wurde die Vorschrift in der betrieblichen Praxis auch nicht befolgt.[8] Für den bei weitem größten Teil der Beschäftigtengruppen und Tätigkeitsarten existierten also keine umfassenden Arbeitgeberpflichten zur Durchführung und Dokumentation einer Gefährdungsanalyse. Auch die allgemeinen Grundsätze zur Gefahrenverhütung, wie z.B. der Grundsatz der Gefahrenbekämpfung an der Quelle, wurden im deutschen Arbeitsschutzrecht bisher nur im Hinblick auf den Gefahrstoffbereich verbindlich geregelt.

6. Im deutschen Arbeitsschutzsystem nahmen die UVVen – je nach Branche in unterschiedlichen Größenordnungen – Klein- und Mittelbetriebe von der Pflicht zur Bestellung betrieblicher oder außerbetrieblicher Fachkräfte zur Gefahrenverhütung aus. Diese Ausnahmen, die – wie oben ausgeführt – einen erheblichen Teil der Beschäftigten betrafen, waren nun nicht länger

---

7   Vgl. HVBG, Unfallverhütungsvorschrift »Allgemeine Vorschriften« (VBG 1), § 45 Abs. 1.
8   Vgl. Konstanty, Forderungen für ein »Gesetz zur Förderung und zum Schutz der Gesundheit in der Arbeitsumwelt«, S. 576ff.

Die Umsetzung von EU-Arbeitsschutzrichtlinien in Deutschland

aufrechtzuerhalten. Darüber hinaus war die präventivmedizinische Überwachung künftig als ein Recht des Arbeitnehmers zu fassen, während die arbeitsmedizinische Vorsorge im deutschen Arbeitsschutz vorrangig als Pflichtuntersuchung konzipiert war.[9]

7. Die von der Rahmenrichtlinie vorgeschriebenen Anhörungs-, Informations- und Mitwirkungsrechte der Arbeitnehmervertretungen waren im wesentlichen bereits durch die Bestimmungen des Betriebsverfassungsgesetzes erfüllt. Mit den dort festgeschriebenen Mitbestimmungsrechten des Betriebsrats ging dieses sogar über die europäischen Bestimmungen hinaus. Allerdings war die Rahmenrichtlinie auch für die Beteiligungsrechte der deutschen Arbeitnehmer bedeutsam: Erstens enthalten die Informations- und Unterweisungspflichten einen konkreteren Arbeitsplatzbezug; zweitens bezieht sie diese auf alle Beschäftigten, während die Mitwirkungsrechte gemäß dem Betriebsverfassungsgesetz nur für Betriebe mit mehr als fünf Arbeitnehmern galten; zweitens weitet sie mit der Anwendung eines umfassenden Arbeitsschutzbegriffs auch die Mitwirkungsrechte der Arbeitnehmervertretung auf die neuen Regelungstatbestände aus. Damit eröffnet sie den betrieblichen Interessenvertretungsorganen z.B. die Möglichkeit, auf den Inhalt der Arbeitsplatzanalysen und die sich daran anschließenden Maßnahmen Einfluß zu nehmen. Der Anpassungsbedarf betraf nicht nur die Kollektiv-, sondern auch die Individualrechte der Beschäftigten. Insbesondere war es der deutschen Rechtsprechung zufolge Arbeitnehmern bisher nicht gestattet, sich an die zuständigen Behörden zu wenden, wenn die vom Arbeitgeber getroffenen Maßnahmen nach seiner Überzeugung nicht geeignet waren, den Gesundheitsschutz am Arbeitsplatz zu gewährleisten.

8. Vor dem Inkrafttreten der Bildschirmrichtlinie fehlten verbindliche Schutzbestimmungen für die Bildschirmarbeit in Deutschland nahezu vollständig. Das *staatliche* Arbeitsschutzrecht sah diesbezüglich keinerlei spezielle Regelungen vor. Auch die Generalklauseln des § 120a GewO fanden nur in sehr beschränktem Umfang Anwendung auf die Bildschirmarbeit, weil sie den Arbeitgeber nur zum Schutz seiner Beschäftigten vor solchen Gefahren verpflichteten, die unmittelbar von den Arbeitsmitteln ausgingen. Eine Erleichterung der Arbeitsbedingungen oder eine zeitliche Beschränkung der Bildschirmarbeit ließen sich als darüber hinausgehende Aspekte aus diesen Bestimmungen nicht begründen.[10] Zwar konnte man aus der Arbeitsstättenverordnung einige Vorschriften ableiten, die im Grundsatz auch auf die Bildschirmarbeit anwendbar waren, etwa Bestimmungen zur Raumtemperatur

---

9 Vgl. Bücker/Feldhoff/Kohte, Vom Arbeitsschutz zur Arbeitsumwelt, S. 90ff., 207ff.
10 Vgl. ebda., S. 98f.

Kapitel 7

und zur Beleuchtung. Dies waren jedoch eher punktuelle Regelungen; von einem Vorschriftenwerk, das den spezifischen sich aus der Bildschirmarbeit ergebenden Gesundheitsgefährdungen umfassend Rechnung trug, konnte keine Rede sein.[11] Auch die *Berufsgenossenschaften* hatten bisher auf den Erlaß einer UVV zur Bildschirmarbeit verzichtet. Sie hatten sich dazu nicht veranlaßt gesehen, weil ihre Funktion auf die Verhütung von Arbeitsunfällen und Berufskrankheiten beschränkt war. Auch hier waren verbindliche Schutzbestimmungen für Bildschirmbenutzer nur aus den Generalklauseln der UVV »Allgemeine Vorschriften« (VBG 1) ableitbar, die jedoch weit allgemeiner und weniger weitreichend waren als die von der Bildschirmrichtlinie gestellten Anforderungen. Darüber hinaus hatten die Verwaltungs-Berufsgenossenschaft 1980 »Sicherheitsregeln für Bildschirm-Arbeitsplätze im Bürobereich«[12] und das DIN in der Vergangenheit Normen für die Bildschirmarbeit veröffentlicht, die sich vor allem auf den technischen Aspekt des Gesundheitsschutzes bezogen: Sie definierten u.a. Normen für die Darstellungsqualität des Bildschirms (Zeichengröße, Konturenschärfe, Bildschirmfarben)[13] und für die Software-Ergonomie[14]; auch technische Normen für die Arbeitsumgebung (freie Bewegungsflächen, Raumklima, Lärmminderung etc.) ließen sich auf die Gestaltung des Bildschirmarbeitsplatzes anwenden.[15] Jedoch basierten die Sicherheitsregeln und DIN-Normen überwiegend auf einem traditionellen, technisch orientierten Arbeitsschutzbegriff. Überdies handelte es sich bei ihnen nicht um rechtsverbindliche Vorschriften.

Indem die EU-Bildschirmrichtlinie einen Bildschirmarbeitnehmer als einen Beschäftigten definiert, der den Bildschirm »gewöhnlich bei einem nicht unwesentlichen Teil seiner normalen Arbeit« benutzt (Art. 2c), faßt sie Bildschirmarbeit weiter, als dies in Deutschland bisher üblich war. Den bisher maßgeblichen DIN-Normen zufolge sollten Schutzbestimmungen dann Anwendung finden, wenn die Arbeitsaufgabe und die Arbeitszeit am Bildschirmgerät bestimmend für die gesamte Tätigkeit des Arbeitnehmers waren.[16] Damit fielen die in Deutschland zugrunde gelegten Kriterien restriktiver aus als die der Rahmenrichtlinie.[17] In der Rechtsprechung fiel ein Beschäftigter

---

11 Auch die Bundesländer hatten bisher von ihrem Recht, bei fehlenden bundeseinheitlichen Regelungen selbst rechtsetzend tätig zu werden, keinen Gebrauch gemacht.
12 Vgl. HVBG (Hrsg.), Sicherheitsregeln für Bildschirmarbeitsplätze im Bürobereich (ZH 1/618), Ausgabe 10.1980; DIN (Hrsg.), DIN 66234: Bildschirmarbeitsplätze, Teile 1-10.
13 Vgl. DIN (Hrsg.), DIN 66234: Bildschirmarbeitsplätze, Teile 1-10.
14 Vgl. ebda., Teil 5.
15 Vgl. DIN (Hrsg.), DIN 33400: Gestalten von Arbeitssystemen nach arbeitswissenschaftlichen Erkenntnissen. Begriffe und allgemeine Leitsätze.
16 Vgl. DIN (Hrsg.), DIN 66233, Teil 1: Bildschirmarbeitsplätze. Begriffe.
17 Siehe unten, Kapitel 7.4.3.

Die Umsetzung von EU-Arbeitsschutzrichtlinien in Deutschland

üblicherweise dann unter die DIN-Regelungen, wenn er mehr als die Hälfte seiner Arbeitszeit am Bildschirm tätig war.[18] Darüber hinaus wird der Begriff der Bildschirmarbeit nicht auf Bürotätigkeiten beschränkt, sondern schließt auch Produktion, Lagerarbeiten und andere Tätigkeiten ein. Schließlich ist von grundlegender Bedeutung, daß der umfassende Schutzbegriff der Bildschirmrichtlinie den Regelungsbereich auf die Arbeitsorganisation und die Mensch-Maschine-Schnittstelle ausdehnt und damit soziale und psychische Aspekte in das Schutzhandeln integriert. In diesem Zusammenhang ist insbesondere die Vorschrift, Bildschirmarbeit durch andere Tätigkeiten bzw. regelmäßige Pausen zu unterbrechen, eine bedeutende Neuerung. Damit erhält z.B. die langjährige gewerkschaftliche Forderung nach Mischarbeit Unterstützung.

Da auch zur Risikobewertung bei der Bildschirmarbeit und zur Dokumentation der Ergebnisse keinerlei spezielle Regelungen existierten, ließen sich nur die allgemeinen UVVen zur Gefährdungsanalyse (VBG 1) auf die Bildschirmarbeit anwenden. Auch hier trifft zu, was oben bereits im Hinblick auf die Rahmenrichtlinie festgestellt wurde: Gegenüber den europäischen Vorgaben war die UVV »Allgemeine Vorschriften« weit unpräziser und sah zudem keine Dokumentationspflicht vor. Somit stellte auch in dieser Hinsicht die EU-Bildschirmrichtlinie eine weitreichende Veränderung dar.

Das Inkrafttreten der EU-Bildschirmrichtlinie berührte auch die Mitwirkungs- und Mitbestimmungsrechte bei der Bildschirmarbeit. Das Recht der betrieblichen Interessenvertretung, »im Rahmen der gesetzlichen Vorschriften oder UVVen« bei Regelungen über den Gesundheitsschutz am Arbeitsplatz mitzubestimmen (§ 87 Abs. 1 Nr. 7 BetrVG), fand auf Bildschirmarbeitsplätze bisher keine Anwendung, weil es nach einem Urteil des Bundesarbeitsgerichts (BAG) erst dann wirksam würde, wenn Gewerbeaufsicht oder Berufsgenossenschaften konkrete Regelungen träfen. Genau dies aber war ja gerade nicht der Fall. Auch aus der Gewerbeordnung ergaben sich keine Möglichkeiten zur Mitbestimmung bei der Bildschirmarbeit, weil sie sich gemäß der BAG-Rechtsprechung nur auf unmittelbar von Maschinen ausgehende Gefahren und auf den Schutz von Leben und Gesundheit bezog, nicht aber auf die Erleichterung der Arbeitsbedingungen.[19] Weil aber die Gesundheitsgefahren bei der Bildschirmarbeit weder unfallträchtig noch als Berufskrankheiten anerkannt waren, schied das Mitbestimmungsrecht bei der Bildschirmarbeit

---

18 Vgl. Richenhagen, Die EU-Bildschirm-Richtlinie, S. 122.
19 Vgl. Pieper, Das Arbeitsrecht in der deutschen und europäischen Arbeits- und Sozialordnung, S. 167ff.; Faber, Das betriebliche Arbeits- und Gesundheitsschutzrecht der Bundesrepublik nach der Umsetzung der europäischen Arbeitsumweltrichtlinien, S. 204ff.

Kapitel 7

auch für Fragen der Arbeitsorganisation aus. Mit dieser Begründung hatte das BAG auch ein Mitbestimmungsrecht des Betriebsrates bei Augenuntersuchungen und bei Pausenregelungen abgelehnt. Aufgrund der bisherigen Rechtsprechung fand das Mitbestimmungsrecht auf die Bildschirmarbeit also kaum Anwendung.[20] Auch die Bestimmungen zur Durchführung von Augenuntersuchungen und die Bereitstellung von Sehhilfen waren bisher nicht bindend.

Verbindliche Vorschriften zum Gesundheitsschutz bei der Arbeit an Bildschirmarbeitsplätzen fehlten also nahezu vollständig. Es ließen sich lediglich vereinzelte Bestimmungen aus allgemeinen Regelwerken auf die Bildschirmarbeit beziehen, jedoch waren sie nur von punktueller Geltung und überdies in der Regel unkonkret.

Die EU-Richtlinien übten somit in verschiedenen Bereichen einen erheblichen Veränderungsdruck auf das deutsche Arbeitsschutzsystem aus. Beträchtliche Regelungslücken mußten geschlossen, alle Beschäftigtengruppen und Tätigkeitsbereiche einem einheitlichen Schutzniveau und einer einheitlichen Schutzphilosophie unterstellt werden. Im Hinblick auf die inhaltliche Ausrichtung des Arbeitsschutzsystems – und darin lag die eigentliche Herausforderung in Deutschland – war es von herausragender Bedeutung, daß die EU-Richtlinien einen umfassenden, modernen Arbeitsschutzbegriffs zugrunde legten und damit arbeitsorganisatorische und psychosoziale Gesundheitsbelastungen in den Gesundheitsschutz einbezogen. Die Einführung einer Pflicht zur Gefährdungsanalyse und ihrer Dokumentation sowie die vorgeschriebene Rangfolge der Schutzmaßnahmen stärkten den Präventionsgedanken und zielten auf eine Systematisierung der betrieblichen Präventionspolitik. Der umfassende Arbeitsschutzbegriff weitete das Mitbestimmungsrecht von Betriebs- und Personalräten auf die neuen Regelungsbereiche des Arbeitsschutzes aus; gleichzeitig erstreckten sich die Mitwirkungsrechte der Beschäftigten auch auf Betriebe ohne gewählte Interessenvertretung.

7.2 *Akteurbeziehungen im Prozeß der Umsetzung von EU-Arbeitsschutzrichtlinien*

In Deutschland erfolgte die Umsetzung des Sechserpakets durch die Verabschiedung eines Arbeitsschutzgesetzes, durch die Korrektur einiger bereits bestehender Gesetze wie des Arbeitssicherheitsgesetzes und durch den Erlaß

---

20 Vgl. Kohte, Die EG-Bildschirmrichtlinie: Einordnung, Struktur und Inhalt, S. 9ff.

Die Umsetzung von EU-Arbeitsschutzrichtlinien in Deutschland

von Verordnungen, zu denen die Bundesregierung durch das Arbeitsschutzgesetz ermächtigt wurde. Bei der Erarbeitung von Gesetzen und umfangreichen Verordnungen zu Fragen des Arbeitsschutzes hat – sofern sie von der Bundesregierung eingebracht werden – das BMA die Federführung, ist dabei aber eingebunden in die Beschlüsse der Koalitionsfraktionen und der Bundesregierung. Der staatlichen Arbeitsschutzrechtsetzung – ob als Gesetz oder Verordnung – geht ebenso wie in Großbritannien in der Regel ein umfassender Beratungsprozeß voraus, für dessen Koordinierung das BMA zuständig ist (Interview BMA, 17.2.1997). Für das BMA ist es von wesentlicher Bedeutung, beim Erlaß von Vorschriften einen Konsens zwischen den Beteiligten zu organisieren, »der alle einigermaßen befriedigt« (Interview BMA, 21.2.1997). Der Konsens erscheint grundsätzlich als möglich, weil Arbeitsschutz im Kern als ein gemeinsames Interesse von Kapital und Arbeit aufgefaßt wird. Zugleich gilt er als wesentliche Erfolgsvoraussetzung für den Arbeitsschutz (Interview BMA, 17.2.1997; BMA, 21.2.1997), denn fehle den Vorschriften die Akzeptanz bei den unmittelbar beteiligten Akteuren, sei auch ihre tatsächliche Anwendung im Betrieb unwahrscheinlich. »Akzeptanz ist für das BMA das A und O, nicht nur für's BMA, für den Arbeitsschutz das A und O« (Interview BMA, 21.2.1997). Darüber hinaus ist eine vorgelagerte Zustimmung von Verbänden und Arbeitsschutzinstitutionen auch unter prozeduralen Aspekten von erheblicher Bedeutung, weil sie die Durchsetzung von Rechtsetzungsvorhaben in der Regierung und im Parlament erleichtert. Gelingt es, Entscheidungen im Konsens herbeizuführen, so erhöht dies ihr politisches Gewicht und die Wahrscheinlichkeit, daß die Beteiligten sich an die getroffenen Vereinbarungen halten.

Allerdings trifft auch hier zu, was oben bereits für Großbritannien festgestellt worden ist: Bei dem erzielten Konsens handelt sich keineswegs lediglich um die staatliche Sanktionierung eines zuvor zwischen den Arbeitsschutzakteuren vorgenommenen und zudem symmetrischen Abtauschs von Vorteilen. Vielmehr vollzieht sich die Entscheidungsfindung auf der Folie der vom BMA verfolgten Ziele. Ihm geht es darum, »unser inhaltliches Interesse durchzusetzen [...], aber gleichzeitig [...] die Zustimmung dieser sehr unterschiedlichen und divergierenden Interessengruppen zu bekommen.« (Interview BMA, 21.2.1997) Daher werden die Handlungsmöglichkeiten zum Ausbau von Arbeitsschutzregelungen durch die makropolitischen Leitlinien der Regierungspolitik beeinflußt – und in der Regel bedeutet dies: begrenzt.

Arbeitgeberverbände und Gewerkschaften üben in der Arbeitsschutzpolitik einen besonderen Einfluß aus. Er manifestiert sich zunächst in der bevorzugten Konsultation durch das BMA. Bereits im Stadium der ministeriellen Vorbereitung eines Gesetzes – bei der Erarbeitung eines Referentenentwurfs – werden üblicherweise die wichtigsten Verbände und Arbeitsschutzinstitutionen

Kapitel 7

gehört und nach dessen Fertigstellung erneut um ihre Stellungnahme gebeten (Interview BMA, 21.2.1997). Nach der Veröffentlichung eines Gesetzentwurfs führt, sofern es sich um umfangreichere oder bedeutendere Regelungen handelt, der zuständige Bundestagsausschuß in der Regel eine Anhörung durch, an der die wichtigsten Verbände teilnehmen und zu der die Parteien darüber hinaus Sachverständige aus Wissenschaft, Wirtschaft und Verwaltung benennen können. In der Arbeitsschutzpolitik sind gegenüber allen anderen Akteuren die Dachverbände von Kapital und Arbeit, die Bundesvereinigung der Deutschen Arbeitgeberverbände (BDA) und der Deutsche Gewerkschaftsbund (DGB), die wichtigsten Ansprechpartner des BMA. Sie haben bevorzugten Zugang zu Informationen und Entscheidungen, und ihr Votum hat ein besonderes Gewicht.

Darüber hinaus nehmen die Verbände von Kapital und Arbeit in erster Linie über die paritätische Selbstverwaltung der gesetzlichen Unfallversicherung großen Einfluß auf die Entwicklung der Arbeitsschutzpolitik. In ihr findet der überbetriebliche Korporatismus gleichsam seinen öffentlich-rechtlich institutionalisierten Ausdruck. Die Delegation von Kompetenzen an Verbände bzw. parastaatliche Institutionen bringt für den Staat in Deutschland dieselben Vorteile mit sich wie in Großbritannien: Sie entlastet ihn von Aufgaben, bindet die Interessen von Kapital und Arbeit in die Regulierung des Politikfeldes ein und mobilisiert das in den Verbänden und Normungsinstitutionen vorhandene Expertenwissen für die Wahrnehmung öffentlicher Aufgaben. Von besonderer Bedeutung ist das Recht zum Erlaß von UVVen, wobei auch hier der sich aus der Parität ergebende Zwang zum Konsens den Arbeitgebern die Macht verleiht, eine Anhebung des Schutzniveaus zu blockieren. Der ministerielle Genehmigungsvorbehalt für UVVen verleiht dem BMA auf dem Gebiet der Rechtsetzung gegenüber den mit Steuerungskompetenzen ausgestatteten Verbänden eine ähnliche Schlüsselstellung wie die des zuständigen *Secretary of State* in Großbritannien. Haben sich aber die Verbände von Kapital und Arbeit auf bestimmte Vorschriften verständigt, braucht das Ministerium sehr gute Gründe, um eine solche Regelung nicht zu übernehmen. So ist es z.B. kaum denkbar, daß die bei der Genehmigung einer UVV, die ja stets schon eine Einigung zwischen den Interessenparteien voraussetzt, vom BMA durchgeführte Zweckmäßigkeitsprüfung negativ ausfällt und ein Regelwerk deshalb zurückgewiesen wird (Interview BMA, 21.2.1997). Ebenso wie der *Secretary of State* macht auch der BMA gegenüber den parastaatlichen Arbeitsschutzinstitutionen kaum einmal von seinem Drohpotential – etwa einer ministeriellen Ersatzvornahme – Gebrauch (Interview BMA, 17.2.1997). So wird von gewerkschaftlicher Seite denn auch häufig beklagt, daß die arbeitsschutzpolitischen Entscheidungen des BMA sich stark an den Interessen der Arbeitgeber orientierten und auch der ministerielle Genehmigungsvorbehalt

Die Umsetzung von EU-Arbeitsschutzrichtlinien in Deutschland

für UVVen kein wirksames Korrektiv für die institutionelle Benachteiligung der Gewerkschaften in der berufsgenossenschaftlichen Selbstverwaltung darstelle.

Erheblicher eingeschränkter sind die Handlungsmöglichkeiten des BMA im Hinblick auf das staatliche Arbeitsschutzrecht, denn hier bedürfen Gesetz- und Verordnungsentwürfe, die die Kompetenzen der Länder im Arbeitsschutz berühren, der Zustimmungspflicht des Bundesrates. Da der Bundesrat ein zustimmungspflichtiges Gesetz zwar ablehnen, aber Änderungen nicht gegen den Willen der Bundestagsmehrheit durchsetzen kann, handelt es sich bei der Länderzuständigkeit primär um ein Blockadeinstrument. Die Länder können ihre Vetomacht im Bundesrat aber auch dazu nutzen, um über Verhandlungen im Vermittlungsausschuß Tauschgeschäfte mit dem Bund einzugehen, und damit Einfluß auf Regelungsinhalte erlangen, die formell nicht in ihrer Zuständigkeit liegen. Insofern ist es grundsätzlich auch denkbar, daß sich das Blockadeinstrument zu einem positiven Gestaltungsinstrument wandelt. Dies ist allerdings nur möglich, wenn sich die Bundesländer auf gestaltende Initiativen in der Arbeitsschutzpolitik verständigen können und diese zugleich auch für den Bundestag zustimmungsfähig sind – eine eher unwahrscheinliche Voraussetzung, weil sich in den Ländern – in Abhängigkeit von Arbeitsschutztraditionen, von der parteipolitischen Zusammensetzung von Landesregierungen und nicht zuletzt auch von Überzeugungen und Handlungsorientierungen der verantwortlichen Experten in den Arbeitsschutzverwaltungen – unterschiedliche Handlungsstrategien und -schwerpunkte herausgebildet haben.

Die Beziehungen zwischen der staatlichen Gewerbeaufsicht der Länder und den Berufsgenossenschaften sind durch ein ausgeprägtes Konkurrenzdenken geprägt. Zwar arbeiten die Aufsichtsdienste beider Behörden auf lokaler und regionaler Ebene recht eng zusammen, allerdings gibt es auf Bundesebene seit Jahrzehnten schwelende und immer wieder aufflammende Auseinandersetzungen um die Kompetenzen bei der Rechtsetzung und der Überwachung, in deren Verlauf es an Versuchen beider Seiten nicht gemangelt hat, die eigene Position auf Kosten der anderen zu stärken. Auch hier ist das BMA um einen Ausgleich zwischen den Institutionensystemen bemüht: »Wir haben hier zwei Institutionen, die eigene Interessen verfolgen, und das BMA, die Bundesregierung ist der Moderator.« (Interview BMA, 21.2.1997) Die Positionen von Gewerkschaften und Arbeitgeberverbänden, die sich grundsätzlich zum Dualismus bekennen, lassen sich zwar nicht auf die Unterstützung einer der beiden Seiten reduzieren, aber dennoch nehmen sie zu dem Kompetenzgerangel mit einem deutlichen Akzent Stellung, der auf die jeweiligen Interessen der Verbände zurückzuführen ist: Die Gewerkschaften betonen stets, daß der Arbeits- und Gesundheitsschutz eine staatliche Aufgabe bleiben müsse;

Kapitel 7

die Arbeitgeber machen keinen Hehl daraus, daß sie einen Ausbau berufsgenossenschaftlicher zu Lasten staatlicher Kompetenzen begrüßen würden, weil sie auf die Tätigkeit der Unfallversicherungsträger einen unmittelbareren Einfluß ausüben können als auf staatliche Organe (Interview BDA, 19.12.1996; V-BG 17.2.1998). Allerdings sehen auch die Gewerkschaften in der paritätischen Selbstverwaltung der Unfallversicherungsträger große Einflußmöglichkeiten im Interesse der Versicherten.

Die Verbände von Kapital und Arbeit sind im Hinblick auf ihre Positionsbestimmungen jeweils recht homogen. Auf der Seite der Gewerkschaften findet sich der politische Richtungsstreit zwischen den Einzelgewerkschaften im Arbeitsschutz kaum wieder. Im Hinblick auf materielle Schutzforderungen und auf Schutzkonzepte stimmen sie sehr weitgehend überein, Differenzen existieren eher – wie noch zu zeigen sein wird – in Fragen der politischen Handlungsstrategie (Interview IG Medien, 13.11.1996). Die Unternehmer- bzw. Arbeitgeberverbände beziehen ebenfalls in weiten Teilen dieselben Grundpositionen, allerdings treten Meinungsunterschiede hier etwas deutlicher zutage als auf der Seite der Gewerkschaften. Üblicherweise wenden sich hier die Organisationen kleiner und mittlerer Betriebe – wie z.B. der Deutsche Industrie- und Handelstag (DIHT) oder der Zentralverband des Deutschen Handwerks (ZDH) – schärfer gegen gesetzliche Regelungen als die BDA. Darin widerspiegelt sich – ebenso wie in Großbritannien – der Umstand, daß bei ihnen die Kapazitäten geringer und der relative Aufwand für Arbeitsschutzaktivitäten höher ist als in Großunternehmen. Auch wird ihnen des öfteren die Zwangsmitgliedschaft in der gesetzlichen Unfallversicherung kritisiert. Jedoch sind sie in der Arbeitsschutzpolitik insgesamt nur von geringem Gewicht. Innerhalb der Verbände selbst ist – so der Eindruck aus den Experteninterviews – die Bewertung politischer Entwicklungen sowie die Formulierung von Zielen und Strategien in der Arbeitsschutzpolitik – anders als bei den als zentral erachteten Fragen der Lohn-, Arbeitszeit- und Sozialpolitik – primär die Angelegenheit einer sehr kleinen Zahl von Fachleuten. Die Vorstände der Verbände befassen sich nur selten mit Fragen des Arbeitsschutzes. Die Positionsbestimmungen und Handlungsstrategien auf diesem Politikfeld sind gewiß nicht unabhängig von den übergreifenden Orientierungen der Verbände, aber dennoch unterliegen sie in besonderem Maße der Meinungsbildung der zuständigen Experten.

Die Kompetenzverteilung auf eine Vielzahl relativ autonomer Akteure bringt eine große Zahl von Bühnen hervor, auf denen Entscheidungen über Rechtsetzung und Vollzugskontrolle fallen. Im Hinblick auf die Vollzugskontrolle sind die Steuerungskapazitäten des BMA weit geringer als die seines britischen Kollegen, weil sowohl die Länder als auch die Unfallversicherungsträger die Finanzierung ihrer Aufsichtsdienste und die Gestaltung ihrer

Die Umsetzung von EU-Arbeitsschutzrichtlinien in Deutschland

Kontrollpraxis in autonomer Verantwortung vornehmen. Gleichzeitig sind die Interessenkonstellationen aufgrund der institutionellen Zersplitterung des deutschen Arbeitsschutzes recht unübersichtlich. Dennoch agieren die Akteure in jeweils stabilen, historisch gewachsenen und relativ geschlossenen Netzwerken, die den Beteiligten ein hohes Maß an Erwartungssicherheit verleihen. Um der Gefahr einer Divergenz von Arbeitsschutzpraktiken entgegenzuwirken, erfolgt auf unterschiedlichen Ebenen eine enge Abstimmung nicht nur zwischen Staat – in diesem Fall dem Bund – und Verbänden von Kapital und Arbeit, sondern auch im Dreieck Bund-Länder-Unfallversicherungsträger. So finden z.B. beim BMA regelmäßig Spitzengespräche zwischen dem Ministerium, dem Länderausschuß für Arbeitsschutz und Sicherheitstechnik (LASI) und den Spitzenverbänden der Unfallversicherungsträger statt (Interview BMA, 21.2.1997). Auch auf Länderebene gibt es eine Reihe von Beratungs- und Koordinationsgremien der Arbeitsschutzakteure.

7.3 Interessen und Handlungsstrategien der Akteure

Seit der Schaffung der gesetzlichen Unfallversicherung waren wiederholt Anläufe zu einer grundlegenden Reform des Arbeitsschutzsystems unternommen worden, die aus unterschiedlichen Gründen allerdings stets gescheitert waren. Daher stand nach der Verabschiedung der EU-Richtlinien die Frage im Raum, ob die bevorstehende Umsetzung der EU-Richtlinien zu einer umfassenden Neuformulierung des rechtlich-organisatorischen Rahmens für den deutschen Arbeitsschutz genutzt werden sollte. Eine solche Lösung lag nicht zuletzt auch deshalb nahe, weil die Anpassung an die europäischen Vorgaben mit der im Einigungsvertrag (Art. 30 Abs. 1 Nr. 2) eingegangenen Verpflichtung zusammenfiel, den öffentlich-rechtlichen Arbeitsschutz in Deutschland zeitgemäß neu zu regeln. Die Beseitigung der existierenden Strukturmängel würde nicht nur die konzeptionelle Ausrichtung der bisherigen Präventionspraxis betreffen, sondern auch den Aufbau und die Struktur des Vorschriftensystems sowie die Neuordnung der institutionellen Zuständigkeiten im Arbeitsschutz. Zwar machte die EU-Rahmenrichtlinie eine Reform der Vorschriftensystematik und der Kompetenzverteilung nicht zwingend erforderlich, allerdings sollten die damit verbundenen Auseinandersetzungen den gesamten Umsetzungsprozeß begleiten und sich nicht selten auch in den Vordergrund schieben.

7.3.1 Bundesregierung

Das BMA trat im Spätsommer 1991 mit einem Thesenpapier an die Öffentlichkeit, in dem es die Leitlinien darlegte, denen es bei der Umsetzung der europäischen Mindeststandards folgen wollte.[21] Das Papier sah im Hinblick auf den Inhalt der Reform drei Grundsatzentscheidungen vor. Zum ersten machte das BMA deutlich, daß es nicht beabsichtigte, über das Schutzniveau der EU-Vorgaben hinauszugehen: »Entsprechend den Vorgaben der EG-Rahmenrichtlinie werden neu die grundlegenden Pflichten von Arbeitgebern und Arbeitnehmern im betrieblichen Arbeitsschutz [in das Arbeitssicherheitsgesetz; T.G.] eingefügt.«[22] Nach der Veränderung der gesetzlichen Bestimmungen sollten die Einzelrichtlinien einheitlich jeweils durch staatliche Verordnungen in deutsches Recht übertragen werden, »und zwar so, daß die Mindestanforderungen möglichst wortgetreu und inhaltsgleich wiedergegeben werden.«[23] Diese Option für eine Minimalanpassung verband das Ministerium mit dem Hinweis, daß die Mindestanforderungen der Richtlinien teilweise sehr weit gefaßte Bestimmungen enthielten und es den Berufsgenossenschaften weiterhin möglich sei, mit ihren UVVen über den Inhalt der Verordnungen hinausgehende Bestimmungen zu erlassen. Zum zweiten plädierte das BMA nicht nur bei der inhaltlichen Festsetzung des Schutzniveaus, sondern auch »rechtstechnisch« für eine »kleine« Lösung und damit gegen eine umfassende Kodifizierung des Rechts in einem einheitlichen Arbeitsschutzgesetzbuch. Die notwendig gewordenen Veränderungen sollten in Form eines Artikelgesetzes, mit einem novellierten Arbeitssicherheitsgesetz als Kern, vorgenommen werden.[24] Dieses Arbeitssicherheitsgesetz, und nicht mehr die als unzeitgemäß geltende Gewerbeordnung, sollte künftig die wichtigste Grundlage des Arbeitsschutzes darstellen. Die notwendig gewordene Anpassung der zahlreichen Detailregelungen sollte durch Veränderungen in den fortbestehenden Einzelgesetzen und -verordnungen erfolgen.[25]

Die dritte Grundsatzentscheidung betraf die Neuordnung der institutionellen Zuständigkeiten. Das BMA wollte das duale System des Arbeitsschutzes im Grundsatz beibehalten, weil es von seiner Leistungsfähigkeit überzeugt

---

21 Vgl. BMA, Arbeit und Umwelt sicherer machen, S. 133ff.
22 Ebda., S. 138.
23 Ebda., S. 139.
24 Vgl. ebda., S. 137f.
25 So wurde 1992 eine Novelle zum Gerätesicherheitsgesetz verabschiedet; das neu geschaffene Arbeitszeitgesetz, mit dem die Arbeitszeitrichtlinie umgesetzt werden sollte, trat 1994 an die Stelle der Arbeitszeitordnung aus dem Jahre 1938, und die Novelle der Gefahrstoffverordnung von 1993 diente der Anpassung des deutschen Rechts an eine Reihe von EU-Gefahrstoffrichtlinien.

Die Umsetzung von EU-Arbeitsschutzrichtlinien in Deutschland

war (Interview BMA, 21.2.1997), allerdings innerhalb dieses Rahmens eine Reihe von Kompetenzverschiebungen vornehmen.[26] Im Hinblick auf die Rechtsetzungsbefugnisse sollte der bisherige Regelungsvorbehalt zugunsten der Unfallversicherungsträger künftig nur noch für den *alten* Kernbereich des Arbeitssicherheitsgesetzes gelten, also die betriebsmedizinische Versorgung und die betriebliche Sicherheitsorganisation. Die Umsetzung europäischen Arbeitsschutzrechts sollte künftig jedoch einheitlich durch entsprechende Gesetze und Verordnungen des Bundes, also durch staatlich gesetztes Recht, erfolgen. Zur Begründung führte das BMA an, daß die Bundesrepublik gegenüber der EU zu einer fristgerechten und flächendeckenden Umsetzung verpflichtet sei – eine Aufgabe, die kaum durch eigenständige Regelungen von mehr als 90 zuständigen Unfallversicherungsträger erfüllt werden könne. Darüber hinaus würde sich der Bund vorbehalten, unter Berufung auf seine grundgesetzliche Pflicht zum Schutz von Leben und Gesundheit seiner Bürger selbst tätig zu werden, wenn neue Gefahrentatbestände bekannt werden oder neue Erkenntnisse zur Verbesserung des Arbeitsschutzes vorliegen und die Berufsgenossenschaften darauf nicht, nicht rechtzeitig oder nicht ausreichend durch den Erlaß von UVVen reagieren.[27] Um dem nach eigenem Bekunden hohen Stellenwert der UVVen Rechnung tragen zu tragen[28], wollte das BMA von den neuen Kompetenzen zwar nur Gebrauch machen, »wenn dies zur einheitlichen Geltung von Arbeitsschutzvorschriften oder zur Fortentwicklung des Arbeitsschutzes geboten ist«.[29] Wegen der wachsenden Bedeutung der EU für den Arbeitsschutz würde mit einer solchen Lösung aber dennoch eine beträchtliche Ausweitung staatlicher Rechtsetzungskompetenzen auf Kosten der Unfallversicherungsträger einhergehen. Im Hinblick auf die Befugnisse bei der Überwachung des Arbeitsschutzrechts beabsichtigte das BMA, die Überwachungsbefugnis der Berufsgenossenschaften vom Vollzug autonomen Satzungsrechts auf den Vollzug staatlicher Vorschriften zu erweitern und den Präventionsauftrag der Berufsgenossenschaften von der bloßen Zuständigkeit für Arbeitsunfälle und Berufskrankheiten auf die Verhütung arbeitsbedingter Gesundheitsgefahren auszudehnen. Damit wollte man die Berufsgenossenschaften in gewissem Umfang für ihren Kompetenzverlust auf dem Gebiet der Rechtsetzung entschädigen, ihnen allerdings auch eine Funktion bei der Anwendung eines erweiterten Arbeitsschutzbegriffs im Sinne der Rahmenrichtlinie zuweisen.

---

26 Vgl. BMA, Arbeit und Umwelt sicherer machen, S. 138.
27 Vgl. ebda., S. 140.
28 »Der Verordnungsgeber soll sich dementsprechend [...] Zurückhaltung auferlegen, wenn Arbeitsschutzfragen auch durch den Erlaß von Unfallverhütungsvorschriften zufriedenstellend, praxisnah und in angemessener Zeit gelöst werden können.« Ebda., S. 139.
29 Ebda., S. 139.

Kapitel 7

Die Leitlinie des BMA-Konzepts war es zum einen, bezüglich der Reichweite der inhaltlich-materiellen Regelungen als auch der Struktur des Arbeitsschutzrechts die vorzunehmenden Änderungen auf ein unumgängliches Mindestmaß zu beschränken. Im Hinblick auf die *Reichweite der inhaltlich-materiellen Regelungen* war – den makropolitischen Leitlinien der Koalition folgend – die Absicht vorhanden, die ökonomischen Belastungen für die Unternehmen in Grenzen zu halten, aber auch die Überzeugung, daß weitergehende Regelungen nicht im Konsens der Beteiligten zu erzielen und daher auf der betrieblichen Ebene auch nicht anwendbar waren. Außerdem gab es keine Klientel, die diesbezüglich im politischen Raum mit Nachdruck ihre Interessen artikulierte und deren Einbindung aus Regierungssicht als angeraten erscheinen mußte. Darüber hinaus – oder: auch deshalb – nahm der Arbeitsschutz in der Gesamtpolitik des Ministeriums einen eher untergeordneten Stellenwert ein. Neben der Reform der Rentenversicherung waren für das BMA in der ersten Hälfte der neunziger Jahre vor allem die Übertragung der sozialen Sicherungssysteme auf die neuen Bundesländer, die Arbeitsmarktpolitik und die Einführung der Pflegeversicherung Probleme von vorrangiger Bedeutung.[30] Zudem würde sich selbst eine Minimalumsetzung gegenüber der Öffentlichkeit noch als ein sozialpolitischer Fortschritt darstellen lassen. Angesichts dieses Konstellationsbündels gab es für das BMA – das als »Bein« der CDU-Sozialausschüsse in der Bundesregierung galt[31] und in dieser Funktion auch vor gelegentlichen Konflikten mit dem Koalitionspartner und dem Wirtschaftsflügel der Union in sozialpolitischen Fragen nicht zurückschreckte – keinen Anlaß, weitergehende Positionen zu beziehen.

Den anvisierten *Verzicht auf eine umfassende Kodifizierung* des Arbeitsschutzrechts begründete das BMA zum einen damit, daß es nicht möglich sei, die unterschiedlichen Regelungsspielräume der EG-Richtlinien in einem einzigen Gesetz zusammenzufassen. Dies würde zusätzlich dadurch erschwert, daß dann über Sachbereiche diskutiert werden müßte, die zwar reformbedürftig seien, zu denen aber keine EG-Bestimmungen vorlägen und über die aus diesem Grunde wohl kaum eine Einigung zu erzielen wäre. Auch bei den in Spezialgesetzen (Chemikaliengesetz, Gerätesicherheitsgesetz etc.) geregelten Bereichen des Arbeitsschutzes wäre »eine schwierige Diskussion über Inhalt und Umfang der einzugliedernden Teile zu erwarten [...].«[32] Freilich wollte das BMA nicht nur eine mögliche Verzögerung des Umsetzungsprozesses

---

30 Vgl. Schmidt, Sozialpolitik in Deutschland, S. 107ff., 137ff.; Nullmeier/Rüb, Die Transformation der Sozialpolitik, S. 185ff., 225ff., 399ff.; Meyer, Der Weg zur Pflegeversicherung, S. 311ff.
31 Vgl. von Winter, Die Sozialausschüsse der CDU, S. 401ff.
32 BMA, Arbeit und Umwelt sicherer machen, S. 137.

vermeiden; es war zu auch erwarten, daß bei einer Auseinandersetzung um den Inhalt eines Arbeitsschutzgesetzbuches eine Vielzahl von verstreuten Regelungen zur Disposition gestellt werden und in den Sog des Leitbilds der EU-Rahmenrichtlinie geraten könnte.[33] Insofern war auch die Entscheidung gegen eine umfassende rechtliche Neuordnung des Arbeitsschutzes Ausdruck des Interesses, die unausweichliche Anpassung mit möglichst geringen Veränderungen am bestehenden Recht vorzunehmen und Auseinandersetzungen nach Möglichkeit zu vermeiden. Zum anderen hielt das BMA ein Herauslösen des Arbeitsschutzes aus den zahlreichen Spezialgesetzen nicht für wünschenswert, weil damit die in diesen Regelwerken geknüpfte Verbindung von Arbeits-, Umwelt- und Verbraucherschutz zerrissen würde. Außerdem würde es zur Übersichtlichkeit des Arbeitsschutzes beitragen, wenn die unterschiedlichen Normadressaten entsprechend der bisherigen Rechtssystematik und den EG-Richtlinien in gesonderten Gesetzen und Verordnungen behandelt würden.[34]

Bei den Entscheidungen über die *Neuordnung der Kompetenzverteilung zwischen Bund, Ländern und Unfallversicherungsträgern* faßte das BMA die weitreichendsten Veränderungen ins Auge. Dabei war die Ausweitung der staatlichen Verordnungsermächtigung auf die Umsetzung europäischen Rechts kaum zu umgehen, weil die EU-Richtlinien sich an die Mitgliedstaaten wenden und eine ausschließlich über die Unfallversicherungsträger erfolgende Umsetzung vor dem EuGH wohl keinen Bestand gehabt hätte. Mit der diesen gleichzeitig in Aussicht gestellten Erweiterung ihrer Zuständigkeiten bei der Vollzugskontrolle machte das BMA zugleich deutlich, daß es die Gewichtsverschiebungen zu Lasten der Unfallversicherungsträger, die mit der Kompetenzübertragung an die EU verbunden waren, korrigieren wollte. Freilich berührte dies die bisherige Alleinzuständigkeit der Länder bei der Kontrolle staatlichen Rechts.

7.3.2 Länder

Die arbeitsschutzpolitischen Interessen der Länder unterschieden sich von denen des Bundes sowohl hinsichtlich des anzustrebenden materiellen Schutzniveaus und der Kompetenzverteilung zwischen den Vollzugsbehörden als auch hinsichtlich der Struktur und des Aufbaus des Arbeitsschutzrechts. Die Differenzen im Hinblick auf das festzuschreibende Schutzniveau hatten zwei Gründe. Zum einen wurde die Mehrheit der Bundesländer von der SPD oder

---
33 Genau dies war wiederum, wie noch zu zeigen sein wird, ein wichtiger Grund für die Gewerkschaften, sich für die Schaffung eines Arbeitsschutzgesetzbuches einzusetzen.
34 Vgl. BMA, Arbeit und Umwelt sicherer machen, S. 137.

von SPD-geführten Koalitionen regiert, die nicht in der Schärfe wie die Regierungskoalition für eine Politik der Deregulierung eintraten und durchaus Verbesserungen im Arbeitsschutz für wünschenswert hielten. Demgegenüber neigten die konservativ geführten Landesregierungen in dieser Frage insgesamt eher der Haltung der Bundesregierung zu. Zum anderen waren einige Regierungen der neuen Bundesländer – darunter auch CDU-regierte Länder – daran interessiert, einzelne der weiterreichenden und aus ihrer Sicht bewährten Vorschriften aus dem ehemaligen DDR-Recht in das bundesdeutsche Arbeitsschutzsystem zu übernehmen.[35] Dazu gehörten vor allem die Dokumentationspflichten über die Unterweisung von Beschäftigten (Interview Sachsen-Anhalt, 25.3.1997). Im Hinblick auf das Schutzniveau existierte also eine ausgeprägte Interessenheterogenität zwischen den Bundesländern.

Sehr einig waren sich die Länder hingegen in ihrer Forderung nach einer umfassenden Neuordnung des Arbeitsschutzrechts. Die bevorstehende Umsetzung der EU-Richtlinien, so eine Entschließung des Bundesrates, biete die »einzigartige Möglichkeit zu der dringend erforderlichen Gesamtreform des deutschen Arbeitsschutzsystems«.[36] Im Zentrum stand die Forderung nach Schaffung eines in mehreren Schritten zu verabschiedenden Arbeitsschutzgesetzbuches. Es sollte alle arbeitsschutzrelevanten Schutzbestimmungen in kohärenter Form zusammenfassen und damit die überkommene Zersplitterung, Inkonsistenz und Anwenderfeindlichkeit des deutschen Arbeitsschutzrechts überwinden.[37] Auch die unionsregierten Länder traten für ein Arbeitsschutzgesetzbuch ein (Interview Hessen, 20.2.1997) und begaben sich damit in Widerspruch zur Bundesregierung. Die Differenzen zwischen Bund und Ländern bezüglich des Regelungsortes ergaben sich in erster Linie aus den unterschiedlichen Funktionen, die beide im Arbeitsschutz wahrnehmen:

»Es gibt eigentlich seit vielen Jahren aus der Aufgabenwahrnehmung herrührende Auffassungsdifferenzen zwischen den Länderregierungen. Diese Differenzen rühren daher, daß die Bundesregierung im legislativen Bereich des Arbeitsschutzes tätig ist, die Erfahrungen aus dem Vollzug des Rechtes aber ausschließlich bei den Bundesländern anfallen. Dies bringt [...] bei einer Reihe von Problemen unabhängig von der Partei unterschiedliche Blickwinkel auf das gleiche Problem mit sich, die im Grunde genommen parteiübergreifend sind. Derjenige, der ein Gesetz mit seinen Behörden praktisch zu vollziehen

---

35 Trotz der auf dem Papier rigideren Bestimmungen blieb das reale Schutzniveau aufgrund des ökonomischen Drucks und des technologischen Rückstands der DDR-Wirtschaft in vielen Bereichen allerdings deutlich hinter dem des Westens zurück. Vgl. zum Arbeitsschutzsystem und zu den arbeitsbedingten Gesundheitsbelastungen in der DDR: Lehder, Der Umbruch in den formellen Bedingungen, S. 29ff.; Schweres/Rohde, Arbeitsbedingungen, Gesundheits- und Arbeitsschutz in Ostdeutschland, S. 312ff.
36 BR-Drs. 440/92 vom 23.6.1992, S. 1.
37 Vgl. BR-Drs. 192/92 vom 24.3.1992; BR-Drs. 440/92 vom 23.6.1992, S. 3ff.

Die Umsetzung von EU-Arbeitsschutzrichtlinien in Deutschland

hat, gewinnt einen anderen Blick auf die Vorschriften, insbesondere auf die Zweckmäßigkeit dieser Vorschriften, als derjenige, der sie als Gesetz- und Verordnungsgeber formuliert.« (Interview Sachsen-Anhalt, 25.3.1997)[38]

Im Hinblick auf den Arbeitsschutzvollzug waren die Bundesländer bestrebt, verbindlichere Vorschriften zur Kooperation zwischen Gewerbeaufsicht und Unfallversicherungsträgern mit einer Ausweitung der staatlichen Kompetenzen zu verbinden. Ihren Vorstellungen zufolge sollte künftig eine Koordination »unter Federführung der Länder«[39] erfolgen. Zu diesem Zweck wollten sie auf Länderebene »Leitstellen« einrichten, die einem Letztentscheidungsrecht des Staates unterliegen sollten. Danach sollte die einzelne Berufsgenossenschaft die Planung ihrer Überwachungsmaßnahmen weiterhin selbständig durchführen, müßte allerdings die Information über die entsprechenden Vorhaben unter Einschluß der vorgesehenen Personalkapazitäten an die Koordinierungsstelle weiterleiten. Anschließend sollte die Koordinierungsstelle mit der obersten Landesbehörde eine einvernehmliche Planung des Einsatzes sowohl der berufsgenossenschaftlichen Aufsichtsdienste als auch der Gewerbeaufsicht vornehmen. Das grundsätzliche Interesse an einer verbesserten Koordination zwischen den Aufsichtsbehörden entsprang der verbreiteten Erfahrung einer ineffizienten Überwachungstätigkeit. Die Länder lehnten die Forderung der Unfallversicherungsträger nach der Übertragung von Anordnungskompetenzen zur Umsetzung staatlichen Rechts entschieden ab und äußerten sich zur Ausweitung des berufsgenossenschaftlichen Präventionsauftrags deutlich reserviert. Daß sie ihre Prädominanz bei der Überwachung festschreiben wollten, begründeten sie mit der Überzeugung, daß der Staat die grundsätzliche Verantwortung für Leben und körperliche Unversehrtheit der Bürger zu tragen habe; auch spielte die Konkurrenz der Institutionensysteme sicherlich eine wichtige Rolle. Von mindestens ebenso großer Bedeutung aber waren handfeste finanzielle Interessen der Länder: Das Letztentscheidungsrecht bei Meinungsverschiedenheiten hätte den staatlichen Arbeitsschutzinstitutionen die Möglichkeit eröffnet, über die Ressourcen der Aufsichtsdienste der Unfallversicherungsträger zu verfügen und selbst Einsparungen bei der Gewerbeaufsicht vorzunehmen – bei der großen Finanznot der Länder eine verlockende Aussicht: »Das waren ganz vordergründige ökonomische Interessen der Länder, zu versuchen, ihre Aufgaben von Dritten ableisten zu lassen.« (Interview Hessen, 20.2.1997)[40] Sowohl die

---

38 Ebenso auch: Interview Hessen, 20.2.1997.
39 BR-Drs. 440/92 vom 23.6.1992, S. 5.
40 Ebenso auch: Interview BMA, 21.2.1997.

Forderung nach Schaffung eines Arbeitsschutzgesetzbuchs als auch die nach Ausweitung staatlicher Vollzugskompetenzen basierten auf den gemeinsamen Interessen der Länder gegenüber dem Bund bzw. den Unfallversicherungsträgern, die von ihnen über die Parteigrenzen hinweg getragen wurden.

7.3.3 Berufsgenossenschaften

Sowohl im Hinblick auf die Überwachung als auch auf die Rechtsetzung brachten die EU-Richtlinien für die Berufsgenossenschaften tiefgreifende Veränderungen mit sich. Im Zuge der arbeitsschutzrechtlichen Kompetenzverlagerung nach Europa hatten die Berufsgenossenschaften einen großen Teil ihrer Befugnisse zum Erlaß autonomer UVVen an die EU abgeben müssen. Aufgrund der Umsetzung von nach Art. 100a EWGV erlassenen Richtlinien, allen voran der Maschinenrichtlinie, hatten etwa zwei Drittel der UVVen ihre rechtliche Verbindlichkeit verloren.[41] Damit wurde den Technischen Aufsichtsdiensten in der entsprechenden Größenordnung das Rechtsinstrument zur Überwachung entzogen. Vor diesem Hintergrund befürchteten die Berufsgenossenschaften einen erheblichen Funktionsverlust ihrer Aufsichtsdienste und wachsende Defizite im Arbeitsschutz.[42] Hinzu kam, daß selbst der Fortbestand der Berufsgenossenschaften durch die europäische Integration in Frage gestellt werden könnte, nämlich auf dem Wege einer Ausweitung der Dienstleistungsfreiheit auf den Bereich der Unfallversicherung oder auch einer wechselseitigen Anpassung der nationalstaatlichen Sicherungssysteme.

---

41 Vgl. Buss/Eiermann, Die Schaffung des europäischen Binnenmarktes aus der Sicht der berufsgenossenschaftlichen Unfallverhütung, S. 44ff.; siehe auch die Stellungnahme von Klaus Hinne (HVBG), in: Deutscher Bundestag, 12. Wahlperiode, Ausschuß für Arbeit und Sozialordnung, Wortprotokoll der 117. Sitzung, Öffentliche Anhörung zum Arbeitsschutzrahmengesetz, S. 42f. (im folgenden zitiert als: Anhörung zum Arbeitsschutzrahmengesetz). Bereits 1992 wurde die Maschinenrichtlinie mit der Novellierung des Gerätesicherheitsgesetzes sowie einiger darauf beruhender Verordnungen in deutsches Recht umgesetzt. Damit waren zugleich die sicherheitstechnischen Aspekte der berufsgenossenschaftlichen UVVen funktionslos geworden. Insoweit europäische Normen noch nicht festgesetzt worden waren, dienten sie allerdings noch als Anhaltspunkt dafür, wie die allgemeinen Sicherheitsbestimmungen der Richtlinien im deutschen Recht konkretisiert werden sollten. Vgl. Maschmann, Deutsches und Europäisches Arbeitsschutzrecht, S. 618f.

42 Vgl. etwa: Buss/Eiermann, Die Schaffung des europäischen Binnenmarktes aus der Sicht der berufsgenossenschaftlichen Unfallverhütung, S. 44ff. Buss war seinerzeit Hauptgeschäftsführer des HVBG, Eiermann dort Referent für Recht und Regeln. Die Position kann daher als Verbandsposition des HVBG gelten. Vgl. Jansen/Römer, Die EG-Politik zur Verwirklichung eines gemeinsamen Binnenmarktes und ihre Auswirkungen auf den Arbeitsschutz, S. 438ff., 498ff. Auch bei diesen Autoren handelt es sich um Mitarbeiter des HVBG.

Die Umsetzung von EU-Arbeitsschutzrichtlinien in Deutschland

Insbesondere die 1992 verabschiedete Empfehlung des EU-Ministerrats zur Konvergenz der sozialen Sicherungssysteme hat diesbezüglich bei den Berufsgenossenschaften eine starke Verunsicherung ausgelöst.[43]

Die starken Vorbehalte, ja die Ablehnung der europäischen Arbeitsschutzpolitik waren kaum verklausuliert, als Dieter Waldeck, stellvertretender Hauptgeschäftsführer des HVBG, formulierte: »Die Gesetzliche Unfallversicherung steht den europäischen Harmonisierungsbestrebungen vom Grundsatz her nicht ablehnend, in der Sache aber kritisch gegenüber.«[44] Nicht selten wurde in berufsgenossenschaftlichen Stellungnahmen insinuiert, daß von der europäischen Rechtsetzung eine Gefahr für das deutsche Schutzniveau ausgehe, und mit Blick auf die Maschinenrichtlinie und die Frage der technischen Normung wurde dies auch explizit behauptet.[45] Zum erweiterten Arbeitsschutzbegriff der EU-Richtlinien äußerten sich die Berufsgenossenschaften sehr zurückhaltend. Der innovative Charakter der Richtlinien kam in den Erörterungen der neuen Rechtsgrundlagen kaum vor, und wenn dies doch einmal der Fall war, so wurde ein positiver Bezug auf den neuen Ansatz in aller Regel vermieden.[46] Gelegentlich war auch der Hinweis anzutreffen, daß die als innovativ geltenden europäischen Vorschriften bereits im berufsgenossenschaftlichen Regelwerk enthalten seien und im übrigen auch der seit längerem praktizierten Präventionspolitik entsprächen – verbunden mit einer Zurückweisung der verbreiteten Kritik an einer ausschließlich auf die Verhütung von Arbeitsunfällen und Berufskrankheiten gerichteten Handlungsstrategie. Nur vereinzelt bezogen sich Vertreter von Berufsgenossenschaften auch positiv auf die europäische Arbeitsschutzpolitik oder einzelne ihrer Aspekte.[47]

An den Umstand, daß sich die europäischen Richtlinien an die Mitgliedstaaten wandten und damit eine Umsetzung der Vorschriften durch staatliches Recht erforderten, knüpfte sich die Frage an, inwieweit die Technischen

---

43 Vgl. Breuer, Historische und sozialpolitische Grundlagen, S. 49f., 52ff.; Sokoll, Die gesetzliche Unfallversicherung als Gestaltungsfaktor der sozialen Sicherheit in Europa, S. 706ff.; Doll, Konvergenz des Arbeitsschutzes in Europa, S. 229ff.
44 Vgl. Waldeck, Entwicklungen auf EG-Ebene aus Sicht der gesetzlichen Unfallversicherung, S. 562. Bei dieser Formulierung handelte es sich vermutlich um eine offizielle Sprachregelung des HVBG. Sie findet sich wortgleich auch bei: Hinne, Gesundheitsschutz in der Arbeitsumwelt, S. 74.
45 Vgl. Jansen/Römer, Die EG-Politik zur Verwirklichung eines gemeinsamen Binnenmarktes und ihre Auswirkungen auf den Arbeitsschutz, S. 438ff., 498ff.; Waldeck, Entwicklungen auf EG-Ebene aus Sicht der gesetzlichen Unfallversicherung, S. 560ff.; Buss/Eiermann, Die Schaffung des europäischen Binnenmarktes aus der Sicht der berufsgenossenschaftlichen Unfallverhütung, S. 44ff.
46 Vgl. z.B. Hinne, Gesundheitsschutz in der Arbeitsumwelt, S. 69ff.
47 Vgl. z.B. Siller, Der europäische Wind weht frisch im Vorschriftenwesen, S. 750ff.

Kapitel 7

Aufsichtsdienste der Berufsgenossenschaften künftig befugt sein würden, auch staatliches Arbeitsschutzrecht zu überwachen und Verstöße zu ahnden. Ausgangspunkt für die Position der Berufsgenossenschaften war die Forderung nach umfassenden Überwachungskompetenzen. »Die UV-Träger [Unfallversicherungsträger; T.G.] wollen [...] über alle rechtlichen Möglichkeiten verfügen, in ihren Mitgliedsbetrieben den Arbeitsschutz ganzheitlich zu überwachen und notwendige Maßnahmen mittels Anordnung durchzusetzen.«[48] Allerdings sollte sich die geforderte Aufgabenerweiterung nicht auf den sozialen Arbeitsschutz erstrecken, weil es sich dabei »um Regelungen mit ordnungspolitischem Inhalt« handele.[49] Die Berufsgenossenschaften wollten sich auf die Überwachung solcher Vorschriften beschränken, »die einen Bezug zur Sicherheit und zum Gesundheitsschutz der Beschäftigten bei der Arbeit« haben.[50] Im Interesse einer wirkungsvollen Wahrnehmung ihrer Aufgaben hielten sie es für erforderlich, daß »die Unfallversicherungsträger auch die Überwachungs- und Anordnungskompetenz für staatliche Arbeitsschutzvorschriften erhalten.«[51] Auf die Forderung der Länder nach der Einrichtung von Leitstellen antworteten die Berufsgenossenschaften mit dem Vorschlag, die Gewerbeaufsicht zu unterstützen und enger mit ihr zu kooperieren. Beide Überwachungsinstanzen könnten gemeinsam Ziele erarbeiten und sich für einen gewissen Zeitrahmen auf die dafür notwendigen Kapazitäten verständigen. Zu diesem Zweck sollten länderbezogene Koordinierungsstellen eingerichtet werden[52], jedoch lehnte es die Selbstverwaltung der gesetzlichen Unfallversicherungsträger

»nachdrücklich ab, wenn über verbindliche Regelungen zur personellen und organisatorischen Ausstattung sowie über den Einsatz ihrer Technischen Aufsichtsbeamten ein Letztentscheidungsrecht des jeweiligen Landes – so wie es in der Entschließung des Bundesrates vom 25.09.1992 zum Ausdruck kommt – eingeführt werden soll.«[53]

Dies hätte nicht nur die Autonomie ihrer Aufsichtsdienste empfindlich eingeschränkt, sondern zugleich die Wahrscheinlichkeit regionaler Unterschiede in

---

48 So der Hauptgeschäftsführer des Hauptverbandes der gewerblichen Berufsgenossenschaften, Sokoll. Vgl. Sokoll, Der Handlungsrahmen der Berufsgenossenschaften nach dem neuen Unfallversicherungs- und Arbeitsschutzrecht, S. 60.
49 Ebda.
50 Ebda.
51 So die gemeinsame Stellungnahme der Unfallversicherungsträger, in: Stellungnahmen für die Anhörung im Ausschuß für Arbeit und Sozialordnung des Deutschen Bundestages am 9.12.1992 zum SPD-Antrag »Schaffung eines Arbeitsschutzgesetzbuches« (im folgenden zitiert als: Stellungnahmen zum SPD-Antrag »Schaffung eines Arbeitsschutzgesetzbuches«), S. 126.
52 Vgl. ebda., S. 126f.
53 Ebda., S. 127.

Die Umsetzung von EU-Arbeitsschutzrichtlinien in Deutschland

der Vollzugspraxis erhöht. Zudem war den branchenbezogen organisierten Unfallversicherungsträgern sehr an einer länderübergreifenden Gleichbehandlung ihrer Mitgliedsbetriebe gelegen.[54] Daher sollte die Kompetenz zur Festlegung der jeweiligen Einsatzkapazitäten bei den einzelnen Unfallversicherungsträgern verbleiben.

Schließlich strebten die Berufsgenossenschaften eine Ausweitung ihres Präventionsauftrags auf alle arbeitsbedingten Gesundheitsgefahren an. Allerdings tauchten diese Forderung und damit ein ausdrücklich positiver Bezug auf eine Erweiterung des Präventionshandelns tauchte erst zu Beginn der neunziger Jahre – unter dem Eindruck der EU-Richtlinien – in den Positionsbestimmungen des HVBG auf, also immerhin mehr als vier Jahre nach der Verabschiedung der Rahmenrichtlinie. Diese Ausweitung war für sie nicht nur eine partielle Kompensation für verlorene Kompetenzen auf anderen Gebieten des Arbeitsschutzes, sondern auch aus sachlichen Gründen geboten, verbanden sie damit doch die Erwartung, mit diesem Instrument die Entstehung von Berufskrankheiten effektiver bekämpfen zu können:

»[...] denn es gibt auch außerhalb der jeweils gültigen BK-Liste [Berufskrankheitenliste; T.G.] chemische, biologische und physikalische Einwirkungen, die zu späterer Anerkennung von Berufskrankheiten führen können. Berücksichtigt man die Latenzzeiten, die zwischen der arbeitsbedingten Einwirkung und dem Auftreten einer Erkrankung liegen können, und den in dieser Zeit stattfindenden wissenschaftlichen Erkenntnisgewinn hinsichtlich der Zusammenhangsfragen, so wird deutlich, welche Bedeutung einer frühzeitigen Prävention hier zukommt. Mit der Erweiterung des Präventionsauftrages auf die Abwehr arbeitsbedingter Gesundheitsgefahren wird die rechtliche Möglichkeit eröffnet, durch die Ermittlung von Ursache-Wirkung-Beziehungen und mit geeigneten Präventionsmaßnahmen weit genug vorausgreifen zu können, um die Entstehung von Berufskrankheiten zu verhindern.«[55]

Auch im Hinblick auf ihre *Rechtsetzungskompetenzen* befanden sich die Berufsgenossenschaften in einer schwierigen Ausgangssituation. Mit der im BMA-Thesenpapier anvisierten Ausweitung der staatlichen Verordnungsermächtigung auf alle die Umsetzung von EU-Richtlinien betreffende Angelegenheiten drohte ihnen über die technische Normung hinaus ein weiterer Kompetenzverlust. Daher forderten sie den Gesetzgeber auf, den berufsgenossenschaftlichen Subsidiaritätsvorbehalt auch bei der Umsetzung von EU-Bestimmungen anzuerkennen:

»Wir glauben, daß bei einer Umsetzung die Berufsgenossenschaften zunächst einmal die Chance erhalten sollen, praxisnah [...] die Fragen regeln zu können. Ich glaube, daß die

---

54 Vgl. Sokoll, Der Handlungsrahmen der Berufsgenossenschaften nach dem neuen Unfallversicherungs- und Arbeitsschutzrecht, S. 60.
55 Coenen/Waldeck, Die neue Arbeitsschutzgesetzgebung aus Sicht der gewerblichen Berufsgenossenschaften, S. 576.

Kapitel 7

betriebliche Akzeptanz auch größer ist, als wenn Richtlinien des Staates hier vorgelegt werden würden, weil eben aufgrund dieser Praxisnähe durch Versicherte und Arbeitgeber entschieden werden kann. Wenn das nicht funktoniert – das kann man ja nun nie ausschließen, daß sich hier diese beiden Sozialpartner abblocken –, dann sind wir schon der Meinung, sollte der Staat hier über Richtlinien die weitere Umsetzung der EG verfolgen. Aber zunächst bitten wir darum, die Chance zu erhalten, das selbst regeln zu können.«[56]

Ebenso wandten sie sich entschieden gegen den Vorschlag, den Ländern im Falle eines Verzichts des Bundes den Vorrang bei der Anpassung an europäische Vorschriften einzuräumen.[57] Die Meinungsverschiedenheiten mit den Ländern betrafen darüber hinaus auch den Aufbau und die Struktur des Arbeitsschutzrechts. Zur Schaffung eines Arbeitsschutzgesetzbuches nahmen die Berufsgenossenschaften eine deutlich ablehnende Position ein:

»Ziel jeglicher Arbeitsschutzgesetzgebung muß eine Verbesserung der Sicherheit und des Gesundheitsschutzes der Beschäftigten sein. Insofern ist die Standortfrage entsprechender Regelungen nachrangig. Die Durchführung des Arbeitsschutzes hat nicht darunter gelitten, daß Arbeitsschutzregelungen in Einzelgesetzen verstreut waren. Die Schaffung eines umfassenden Arbeitsschutzgesetzbuches wäre zwingend, wenn das Arbeitsschutzrecht in der Bundesrepublik unvollständig oder veraltet wäre. Dies ist jedoch nicht der Fall.«[58]

Für keinen der an der Formulierung von Arbeitsschutzpolitik beteiligten Akteure brachte der Verlust nationalstaatlicher Regelungskompetenzen und die Reichweite der europäischen Innovationen derart weitgehende Einschnitte und Verunsicherungen mit sich wie für die Unfallversicherungsträger. Daher begleiteten die Unfallversicherungsträger die Diskussion über die Arbeitsschutzreform überwiegend mit Skepsis und Ablehnung. Nach den Worten des Hauptgeschäftsführers des HVBG, Sokoll, wollten die Unfallversicherungsträger insgesamt darauf hinwirken, daß die mit der Anwendung des europäischen Rechts einhergehenden und sie betreffenden Veränderungen »nur so weit wie unbedingt nötig« vorgenommen wurden.[59] So waren sie nicht an größeren Veränderungen der Schutzphilosophie interessiert, sehr wohl aber an einer weitestmöglichen Bewahrung ihrer Rechtsetzungskompetenzen und an einer Ausweitung ihrer Befugnisse bei der Vollzugskontrolle.

---

56 Klaus Hinne (HVBG), in: Anhörung zum Arbeitsschutzrahmengesetz, S. 44.
57 Vgl. Klaus Hinne (HVBG), in: Ebda., S. 53f.
58 Gemeinsame Stellungnahme der Unfallversicherungsträger, in: Stellungnahmen zum SPD-Antrag »Schaffung eines Arbeitsschutzgesetzbuches«, S. 163.
59 Sokoll, Der Handlungsrahmen der Berufsgenossenschaften nach dem neuen Unfallversicherungs- und Arbeitsschutzrecht, S. 60.

Die Umsetzung von EU-Arbeitsschutzrichtlinien in Deutschland

7.3.4 Unternehmer- und Arbeitgeberverbände

Daß der betriebs- und volkswirtschaftliche Schaden, der durch Arbeitsunfälle, Berufskrankheiten und arbeitsbedingte Erkrankungen entsteht, sehr hoch ist, wird in der Öffentlichkeit immer wieder betont. Dieser Aspekt ist zugleich Grund für die verbreitete Überzeugung, daß der Gesundheitsschutz im wohlverstandenen ökonomischen Eigeninteresse der Unternehmen liege, und Anknüpfungspunkt für Appelle, dementsprechend zu handeln. In der Tat lassen sich für den betriebs- und volkswirtschaftlichen Schaden arbeitsbedingter Gesundheitsschäden beeindruckende Zahlen anführen. Trotz des niedrigen und während der letzten Jahrzehnte sogar geringfügig gesunkenen Beitragssatzes ist die Höhe der anfallenden Ausgaben in der gesetzlichen Unfallversicherung nach wie vor beachtlich: 1997 zahlten die gewerblichen Berufsgenossenschaften immerhin über 14 Milliarden DM an Entschädigungsleistungen für Arbeitsunfälle und Berufskrankheiten; die Summe ihrer Gesamtaufwendungen belief sich auf fast 23 Milliarden DM.[60] Betriebswirtschaftlich kommen die Kosten des Produktionsausfalls und die mit der Umstellung der Arbeitsorganisation verbundenen Ausgaben hinzu, volkswirtschaftlich der Produktionsausfall sowie die Aufwendungen für die medizinische Behandlung im Rahmen der gesetzlichen Krankenversicherung und für die Frühverrentung von Arbeitnehmern wegen Erwerbsunfähigkeit. Allein Schätzungen über die Kosten des Produktionsausfalls bewegen sich nicht selten in der Nähe einer dreistelligen Milliardensumme.

Insgesamt sind in Deutschland die betrieblichen Internalisierungseffekte gesundheitsschädlicher Arbeitsbedingungen deutlicher ausgeprägt als in Großbritannien. Die stärkere Orientierung des sozialen Sicherungssystems am Äquivalenzprinzip – statt an der Gewährleistung einer Mindestsicherung – führt zu durchschnittlich höheren Leistungen bei der Entschädigung von Arbeitsunfällen und Berufskrankheiten sowie bei der Lohnfortzahlung im Krankheitsfall. Zu Beginn der neunziger Jahre überstiegen die Gesamtausgaben für die Folgen von Arbeitsunfällen und Berufskrankheiten in Deutschland diejenigen Großbritanniens um das Fünffache; mit immerhin 3,1 % fiel der Anteil dieser Aufwendungen an allen Sozialleistungen in Deutschland 1991 dreieinhalbmal so hoch aus wie in Großbritannien.[61] Hinzu kommt, daß die Finanzierungsmodalitäten der gesetzlichen Unfallversicherung – Beitrags-

---

60 Vgl. Reiß, Umfang der Versicherung, Unfälle und Berufskrankheiten, S. 476, 491.
61 Vgl. Schmid, Wohlfahrtsstaaten im Vergleich, S. 191. Diese überaus große Differenz ist allerdings nicht nur auf das unterschiedliche Niveau der Kompensationszahlungen, sondern auch – wenn auch zu einem geringeren Teil – auf die geringere Zahl der Entschädigungsfälle zurückzuführen.

staffelung nach Gefahrenklassen, Möglichkeit der Gewährung von Zuschüssen für Investitionen in die betriebliche Sicherheitsorganisation – einen größeren Anreiz zur Prävention von Arbeitsunfällen und Berufskrankheiten schaffen. Trotz dieser Kosten existierte aus Sicht der Bundesvereinigung der Deutschen Arbeitgeberverbände (BDA) und des Bundesverbandes der Deutschen Industrie (BDI) in der Arbeitsschutzpolitik kein dringender Handlungsbedarf:

»Und wir meinen auch, daß der Arbeitsschutz in der Bundesrepublik ohne die EG-Rahmenrichtlinie und ohne ihre Umsetzung keinen Schaden nimmt. Also niemand kann behaupten, daß der Arbeitsschutz sich in unserem Land auf einem Stand befindet, der große Defizite aufweist. Insofern besteht eigentlich gar keine grundlegende Notwendigkeit für eine Reform des Arbeitsschutzes. Selbst wenn Vorschriften zum Teil sehr alt sind, auch alte Vorschriften können durchaus gut sein, wenn sie auch nicht immer dem Sprachgebrauch von heute entsprechen.«[62]

Von einer Neuregelung des Arbeitsschutzes befürchteten die Arbeitgeberverbände eine Ausweitung betrieblicher Auflagen und eine Verschlechterung der Wettbewerbsposition des deutschen Kapitals:

»Arbeitsschutz muß integraler Bestandteil jeder Produktion sein. Er kann jedoch auch nicht ohne Rücksicht auf ökonomische Folgewirkungen, insbesondere im Hinblick auf die internationale Wettbewerbsposition der deutschen Wirtschaft gestaltet und weiterentwickelt werden. Maßnahmen des Arbeitsschutzes müssen vor allem den unterschiedlichen Bedingungen und Erfordernissen in den Betrieben (z.B. Gefahrenpotential, Betriebsgröße) Rechnung tragen.«[63]

Zwar erkannte auch die Arbeitgeberseite an, daß Ausgaben für den Gesundheitsschutz am Arbeitsplatz zur Erschließung von Rationalisierungsreserven beitragen könnten; jedoch verwiesen sie zugleich darauf, daß, war erst einmal ein bestimmtes Schutzniveau erreicht, der zusätzliche ökonomische Nutzen jeder weiteren ausgegebenen Mark sinken würde (Interview BDA, 19.12.1996). Zudem sah sich die deutsche Wirtschaft im Vergleich mit derjenigen der übrigen EU-Mitgliedstaaten in einem strukturellen Nachteil, denn es würde der deutschen Rechtskultur entsprechen, daß Vorschriften kontrolliert und eingehalten würden, während man es damit in manchen anderen Ländern häufig nicht so genau nehme.

»Die entscheidende Frage ist, ob und inwieweit die anderen Mitgliedstaaten ihrerseits die Richtlinien auch befolgen oder umsetzen. Es geht nicht, daß einheitliche Richtlinien für den Bereich des Arbeitsschutzes in Europa aufgestellt werden, und letztendlich sind wir es, die Deutschen, die alles bis ins letzte Detail umsetzen, und andere Länder, die setzen sie zwar um bzw. haben die umgesetzt, aber in Wirklichkeit sieht die Realität anders aus [...].« (Interview BDA, 19.12.1996)

---

62 Eugen Müller (BDA), in: Anhörung zum Arbeitsschutzrahmengesetz, S. 9. Ebenso auch: BDA/BDI, Stellungnahme zum Entwurf eines Gesetzes über Sicherheit und Gesundheitsschutz bei der Arbeit, S. 2.
63 Ebda., S. 3.

Die Umsetzung von EU-Arbeitsschutzrichtlinien in Deutschland

Die BDA wandte sich insbesondere gegen die Ausweitung des Arbeitsschutzbegriffs auf psychische, psychosoziale und arbeitsorganisatorische Aspekte.

»Aufgabe des Arbeitsschutzes ist die Verhütung von Arbeitsunfällen und der Schutz vor Gesundheitsgefahren im Betrieb. Dieser Aufgabenbereich sollte beibehalten werden. Er ist abgrenzbar und normativ abdeckbar. Dies gilt nicht für eine Ausweitung der Aufgabenstellung auf sämtliche körperlichen, psychischen und sozialen Aspekte menschlichen Wohlbefindens. [...] Eine Vermengung des Arbeitsschutzes mit derartigen Zielvorstellungen läßt [...] eine Schwächung hinsichtlich der eigentlichen Aufgaben befürchten. Der Bereich des Wohlbefindens unterliegt in starkem Maße subjektiver Einschätzung und ist kaum normativ zu erfassen.«[64]

»Mit einer Ausweitung über den eigentlichen Aufgabenbereich des Arbeitsschutzes hinaus würde in Fragen der Arbeitsorganisation eingegriffen, die überwiegend in die Kompetenz der betrieblichen Personalpolitik und der Betriebspartner fällt. Gerade hier wäre es unter Kosten- und Wettbewerbsgesichtspunkten unvertretbar, deutschen Betrieben über die EG-Vorschriften hinaus weitere Auflagen zu machen.«[65]

Somit waren die Arbeitgeber von vornherein an einer Minimalumsetzung der Rahmenrichtlinie interessiert. In der Anhörung des Bundestagsausschusses für Arbeit und Sozialordnung zum Entwurf eines Arbeitsschutzrahmengesetzes wies der Vertreter der BDA, Eugen Müller, darauf hin,

»daß wir insgesamt jetzt darauf achten müssen, daß die Arbeitsschutzrahmenrichtlinie der EG tatsächlich im Verhältnis 1:1 umgesetzt wird. Das ist eine grundlegende Forderung unsererseits, denn es kann nicht angehen, daß wir neue Wettbewerbsverzerrungen durch Auflagen im Arbeitsschutz erleben, die andere Mitgliedsstaaten der Europäischen Gemeinschaft so nicht zu tragen hätten. Insofern hat der Arbeitsschutz auch sicherlich eine ökonomische, eine wichtige ökonomische Seite.«[66]

Außerdem müsse bei der Reform beachtet werden, daß die den Unternehmen auferlegten Maßnahmen in einem angemessenen Verhältnis zu den wirklichen Gefährdungen stünden (Interview BDA, 19.12.1996).

Im Hinblick auf die Verteilung von Kompetenzen im Arbeitsschutz stellten sich die Arbeitgeber- und Unternehmerverbände einmütig hinter die Position der Berufsgenossenschaften. Sie hielten den Dualismus grundsätzlich für leistungsfähig und waren bemüht, die bedeutende Rolle der Berufsgenossenschaften in diesem System aufrechtzuerhalten und nach Möglichkeit sogar auszuweiten.

»Die Kritik, die derzeit am dualen Arbeitsschutzsystem vor allem von Seiten der Bundesländer geübt wird, entbehrt nach Auffassung der Arbeitgeber einer sachlichen

---

64 Stellungnahme der BDA, in: Stellungnahmen zum SPD-Antrag »Schaffung eines Arbeitsschutzgesetzbuches«, S. 38; ähnlich auch die Stellungnahme des ZDH, in: ebda., S. 93.
65 BDA/BDI, Stellungnahme zum Entwurf eines Gesetzes über Sicherheit und Gesundheitsschutz bei der Arbeit, S. 24.
66 Anhörung zum Arbeitsschutzrahmengesetz, S. 3.

Grundlage. Aus Sicht der Betriebe besteht keine Veranlassung, die Aufgaben und Kompetenzen der Berufsgenossenschaften im Hinblick auf die Beratung und Überwachung der Betriebe zu beschneiden.«[67]
Diese Auffassung bezog sich sowohl auf die Rechtsetzung als auch auf die Überwachungstätigkeit. Mit Blick auf die Rechtsetzungsbefugnisse der Berufsgenossenschaften forderte die BDA, daß bei der Umsetzung der EU-Richtlinien durch staatliche Gesetze und Verordnungen

» – das Subsidiaritätsprinzip beachtet wird, d.h., daß der Staat nur dann rechtsetzend tätig wird, wenn dies von den Berufsgenossenschaften nicht oder nicht ausreichend geschieht,
  – die Aufgabenstellung und Befugnisse der Berufsgenossenschaften im Rahmen dessen erhalten und wo immer möglich gestärkt werden.«[68]

Bei der Umsetzung der EU-Richtlinien sollte sich der Staat darauf beschränken, die Mindestvorschriften »wort- bzw. sinngetreu wiederzugeben. Aufgabe der Berufsgenossenschaften sollte es dann sein, die sehr beachtlichen Spielräume, die die EG-Vorschriften belassen, durch UVVen praxis- und branchennah zu konkretisieren.«[69] Nicht nur die Rechtsetzungs-, sondern auch die Sanktions- und Anordnungsbefugnisse der Berufsgenossenschaften wollte die BDA erhalten und gestärkt wissen. Sie sollten auf den Vollzug auch des staatlichen Arbeitsschutzrechts ausgedehnt werden:

»Die Tätigkeit der technischen Aufsichtsdienste wird betrieblicherseits positiv bewertet, vor allem weil die technischen Aufsichtsbeamten über branchenspezifische Kenntnisse und Erfahrungen verfügen. Keinesfalls darf die Aufgabenstellung der Berufsgenossenschaften auf die Beratungsfunktion beschränkt werden. Ohne Sanktionsmöglichkeiten wäre Aufsicht und Kontrolle nicht effizient. Es wird für sinnvoll gehalten, den technischen Aufsichtsbeamten der Berufsgenossenschaften auch die Überwachung staatlichen Arbeitsschutzrechts zu übertragen. Regelungen des sozialen Arbeitsschutzes sollten allerdings nur insofern einbezogen werden, als sie einen unmittelbaren Bezug zum Arbeitsschutz bieten.«[70]

Die Arbeitgeber traten zwar auch für eine verbesserte Zusammenarbeit zwischen Gewerbeaufsicht und Berufsgenossenschaften ein, wollten aber eine Unterordnung der technischen Aufsichtsdienste unter staatliche Stellen unbedingt verhindern und wiesen daher die entsprechenden Vorschläge des Bundesrates zurück.

»Im dualen Arbeitsschutzsystem können gegenseitige Information und die Kooperation zwischen technischem Aufsichtsdienst und Gewerbeaufsicht verbessert werden.

---

67 Stellungnahme der BDA, in: Stellungnahmen zum SPD-Antrag »Schaffung eines Arbeitsschutzgesetzbuches«, S. 121.
68 Ebda., S. 99f.
69 Ebda., S. 117. Ebenso auch: Stellungnahme des ZDH, ebda., S. 138.
70 Stellungnahme der BDA, in: Ebda., S. 121.

Die Umsetzung von EU-Arbeitsschutzrichtlinien in Deutschland

Grundlage dafür sollte die schon existierende Allgemeine Verwaltungsvorschrift sein. Seitens der Wirtschaft wird es nicht befürwortet, der Gewerbeaufsicht eine vorrangige Rolle in der Beratung und Kontrolle der Betriebe einzuräumen.«[71]

Auch der Vorschlag zur Schaffung eines Arbeitsschutzgesetzes stieß bei der BDA auf entschiedene Ablehnung:

»Die Verteilung des Arbeitsschutzrechts auf verschiedene Gesetze und Verordnungen ist Ergebnis einer historischen Entwicklung. Die These, die ›Zersplitterung‹ sei die Ursache für eine Unzulänglichkeit des deutschen Arbeitsschutzrechtes, wird durch die Realität widerlegt. [...] Gegen eine Zusammenfassung der verschiedenen Gesetzesmaterien spricht, daß Gesetze und Verordnungen teilweise über den Regelungsbereich des Arbeitsschutzes hinausgehen (Umweltschutz, Verbraucherschutz). Die im Arbeitsschutzrahmengesetz vorgesehenen Regelungsbereiche sollten dem Inhalt der EG-Rahmenrichtlinie entsprechen. Auch im Hinblick auf Inhalt und Struktur der EG-Richtlinien besteht kein Anlaß, ein umfassendes Arbeitsschutzgesetzbuch [...] zu schaffen.«[72]

Insgesamt zeigt sich, daß die Arbeitgeberverbände an einer Minimalumsetzung der europäischen Vorschriften interessiert waren. Insbesondere wollten sie verbindliche und detaillierte Regelungen über arbeitsorganisatorische Aspekte des Arbeitsschutzes und Vorschriften zur Prävention psychischer Belastungen verhindern. Ihre Positionsbestimmungen beinhalteten insofern eine deutliche Ablehnung des innovativen Ansatzes der europäischen Arbeitsschutzpolitik. Darüber hinaus waren sie bestrebt, die Rolle des Staates im Arbeitsschutz zu begrenzen und gleichzeitig die Berufsgenossenschaften zu stärken, denn bei diesen garantierte ihnen die paritätische Selbstverwaltung einen direkteren und weit stärkeren Einfluß auf die Rechtsetzungs- und Überwachungstätigkeit, als dies bei den – eher mißtrauisch beäugten – staatlichen Institutionen der Fall war.

7.3.5 Gewerkschaften

Im Gegensatz zu den Arbeitgebern, aber auch zu den Berufsgenossenschaften und zur Position der Bundesregierung beurteilten der DGB und seine Mitgliedsgewerkschaften den erreichten Stand des Arbeitsschutzes in Deutschland sehr kritisch: »Das deutsche Arbeitsschutzsystem ist durch schwerwiegende Mängel im Arbeitsschutzrecht, seinem Vollzug in der betrieblichen Praxis und durch unzureichende Kapazitäten für die Erforschung, Ermittlung und Bewertung von Gesundheitsrisiken in der Arbeitsumwelt gekennzeichnet.«[73]

---

71 Ebda. Vgl. auch: Eugen Müller (BDA), in: Anhörung zum Arbeitsschutzrahmengesetz, S. 6.
72 Stellungnahme der BDA, in: Stellungnahmen zum SPD-Antrag »Schaffung eines Arbeitsschutzgesetzbuches«, S. 159.
73 DGB (Hrsg.), Zukunft der Sozialpolitik, S. 24.

Kapitel 7

Im Zentrum der gewerkschaftlichen Kritik standen die Ausrichtung an einem antiquierten, auf die Verhütung von Arbeitsunfällen und Berufskrankheiten beschränkten Arbeitsschutzbegriff; die Zersplitterung und Anwenderfeindlichkeit des Rechts sowie der Mangel an innerer Konsistenz und Präzision vieler Einzelvorschriften; die großen Regelungslücken im Arbeitsschutzrecht; die mangelhafte Koordination der Aufsichtsbehörden beim Vollzug des Arbeitsschutzrechts; ein restriktives Berufskrankheitenrecht sowie unzureichende Rechte für Beschäftigten und Interessenvertretungen im betrieblichen Arbeitsschutz.[74] Angesichts dieser Strukturmängel konstatierte der DGB, daß man, alles zusammengenommen, »eigentlich nicht besser da[steht] als die südeuropäischen Länder«[75] und das deutsche Arbeitsschutzsystem umfassend reformiert werden müsse.

Er sah nun die historische Chance, mit der fälligen Anpassung eine umfassende Reform des deutschen Arbeitsschutzsystems durchzuführen, zumal die EU-Richtlinien Pflichten formulierten, »deren Umfang und Schutzniveau weit über dem deutschen Arbeitsschutzrecht liegt.«[76] An deren Zustandekommen schrieb er sich selbst einen wichtigen Beitrag zu:

»Angesichts der arbeitsschutzpolitischen Passivität der nationalen Gesetzgebung ging der DGB erfolgreich den Weg über die Europäische Gemeinschaft. Die von der EG erlassenen Arbeitsschutzrichtlinien [...] gehen in wesentlichen Punkten auf Vorschläge des DGB zurück.«[77]

Nach seinen Vorstellungen sollte die Umsetzung der EU-Richtlinien zu einer umfassenden Neuordnung des deutschen Arbeitsschutzsystems genutzt werden. Er forderte die Bundesregierung auf, sich nicht auf die Umsetzung der vorgeschriebenen Mindeststandards zu beschränken, sondern, um dem grundgesetzlichen Auftrag zum Schutz von Leben und körperlicher Unversehrtheit der Beschäftigten nachzukommen, über die EU-Richtlinien hinauszugehen. Dies betraf insbesondere – über die Erweiterung des berufsgenossenschaftlichen Präventionsauftrags auf die Verhütung arbeitsbedingter Gesundheitsgefahren hinaus – die Ausweitung der Arbeitgeberpflicht zur Förderung des physischen, psychischen und sozialen Wohlbefindens bei der Arbeit, den Aufbau einer betrieblichen Gesundheitsberichterstattung sowie den Aufbau eines Systems zur Erforschung, Ermittlung, Bewertung und Dokumentation gesundheitlicher Risiken in der Arbeitsumwelt. Zudem sollten die betrieblichen

---

74 Vgl. DGB, Forderungen des Deutschen Gewerkschaftsbundes zur Reform des Arbeitsschutz- und Berufskrankheitenrechts, S. 3ff.
75 So der DGB-Vertreter, Reinhold Konstanty, in: Anhörung zum Arbeitsschutzrahmengesetz, S. 27.
76 DGB, Forderungen des Deutschen Gewerkschaftsbundes zur Reform des Arbeitsschutz- und Berufskrankheitenrechts, S. 14.
77 Ebda., S. 5.

Die Umsetzung von EU-Arbeitsschutzrichtlinien in Deutschland

Interessenvertretungen in allen Fragen einer gesundheitsgerechten Arbeitsgestaltung ein Mitbestimmungsrecht erhalten.[78]

Rechtliche Grundlage einer Neuordnung und Modernisierung des deutschen Arbeitsschutzsystems sollte ein neu zu schaffendes »Gesetzbuch zur Förderung und zum Schutz der Gesundheit im Arbeitsleben« (Arbeitsschutzgesetzbuch) sein. Es sollte, dem Sozialgesetzbuch vergleichbar, einen einheitlichen Rahmen für das gesamte deutsche Arbeitsschutzrecht formulieren. Dieses sollte einen »Allgemeinen Teil« als Grundlage für die übrigen Regelungen und eine Reihe von konkretisierenden Büchern enthalten, in denen die übrigen Bereiche des Arbeitsschutzes aufgenommen werden sollten. In diesem Vorschlag stimmte der DGB mit den Ländern sowie mit der SPD-Bundestagsfraktion grundsätzlich überein; letztere hatte bereits im April 1992 einen Gesetzentwurf in den Bundestag eingebracht, der die Schaffung eines Arbeitsschutzgesetzbuches vorsah.[79] Der DGB begründete seine Forderung mit der besseren Übersichtlichkeit und den rechtstechnischen Vorteilen eines solchen Regelwerks:

»Ein einheitliches Arbeitsschutzgesetzbuch hat den unschätzbaren Vorteil, daß übersichtlich in einem großen Vorschriftenwerk die Pflichten aller Beteiligten enthalten sind. [...] Auch rein rechtstechnisch ergeben sich eine Reihe von Vereinfachungen und systematischen Vorteilen. Dies wird z.B. am Vorhaben eines Arbeitszeitgesetzes der Bundesregierung in seinem Verhältnis zu dem auch von der Bundesregierung geplanten Arbeitsschutz-Rahmengesetz deutlich. Es ergeben sich an verschiedensten Stellen Überschneidungen, Wiederholungen und Ungereimtheiten, die nur im Rahmen eines umfassenden Arbeitsschutzgesetzbuches zu vermeiden wären. Dies reicht von der Schutzzieldefinition bis zu den Aufgaben der Überwachungsbehörden und den Beteiligungsrechten der Arbeitnehmer und betrieblichen Interessenvertretungen.«[80]

Der Forderung nach einem Arbeitsschutzgesetzbuch lag nicht nur die Absicht zugrunde, das Regelwerk übersichtlicher und damit anwendungsfreundlicher zu gestalten. Zugleich verfolgten die Gewerkschaften, wie in der zitierten Äußerung bereits anklingt, damit die Absicht, die in verstreuten Gesetzen und Verordnungen geregelten Tatbestände, z.B. die Bestimmungen über die Arbeitszeit, einer einheitlichen Regulierungsphilosophie zu unterwerfen und auf diesem Wege zu einer Verbesserung des Schutzniveaus zu gelangen (z.B. Interview IG Metall, 18.11.1996).

Von besonderer Bedeutung war für die Gewerkschaften die Beibehaltung der dualen Struktur des Arbeitsschutzsystems und der bedeutenden Rolle der

---

78 Vgl. ders., Forderungen des Deutschen Gewerkschaftsbundes zur Reform des Arbeitsschutz- und Berufskrankheitenrechts, S. 15f; ders. (Hrsg.), Zukunft der Sozialpolitik, S. 26.
79 Vgl. Bundestagsdrucksache (im folgenden: BT-Drs.) 12/2412 vom 1.4.1992.
80 Stellungnahme des DGB, in: Stellungnahmen zum SPD-Antrag »Schaffung eines Arbeitsschutzgesetzbuches«, S. 160.

Kapitel 7

Unfallversicherungsträger. Sie teilten nicht nur die Einschätzung, daß die technischen Aufsichtsdienste der Berufsgenossenschaften mit ihrer Branchennähe über besondere Kompetenzen verfügten, sondern wollten – ebenso wie die Arbeitgeber – auch an den Einflußmöglichkeiten festhalten, die ihnen die paritätische Mitarbeit in den Selbstverwaltungsgremien der gesetzlichen Unfallversicherung bot. Um die Wirksamkeit der Berufsgenossenschaften zu erhöhen, forderte der DGB, sie auf dem Gebiet der Rechtsetzung und der Überwachung mit einem »uneingeschränkten Präventionsauftrag« auszustatten.[81] Darüber hinaus sollten sie die Kompetenz erhalten, auch die Einhaltung staatlicher Arbeitsschutzvorschriften zu kontrollieren.[82] In dieser Hinsicht existierte also eine breite Übereinstimmung zwischen Berufsgenossenschaften, Arbeitgebern und Gewerkschaften.

Im Hinblick auf das Problem der Kompetenzverteilung zwischen Gewerbeaufsicht und Unfallversicherungsträgern bei der Arbeitsschutzkontrolle hielten sich die Gewerkschaften zunächst zurück. Die auch aus ihrer Sicht unabdingbare Verbesserung der Kooperation sollte durch die gemeinsame Erstellung von Arbeitsschutzplänen auf Landesebene – unter Hinzuziehung der gesetzlichen Renten- und Krankenversicherung – erfolgen, in denen ein arbeitsteiliges Vorgehen festzulegen sei.[83] Trotz der Forderung nach Ausweitung berufsgenossenschaftlicher Kompetenzen betonte der DGB die grundsätzliche und gegenüber den Berufsgenossenschaften vorrangige Verantwortung des Staates für den Gesundheitsschutz am Arbeitsplatz.

»Die Ausweitung der Rechtsetzungkompetenz der Unfallversicherungsträger darf nicht zum Abbau staatlicher Rechtsetzungsbefugnisse führen. Der Staat muß vielmehr seiner Garantstellung für den umfassenden Schutz für Leben und Gesundheit der Arbeitnehmer gerecht werden.«[84]

Daher mußte aus Sicht der Gewerkschaften die Umsetzung der EU-Richtlinien eine Angelegenheit der staatlichen Rechtsetzung sein; den Berufsgenossenschaften sollte aber weiterhin die Möglichkeit bleiben, das staatliche Recht entsprechend den branchenspezifischen Gegebenheiten zu konkretisieren.

»Die Bestimmungen der EG-Rahmenrichtlinie 89/391, ihrer Einzelrichtlinien und der sonstigen EG-Richtlinien müssen schon aus Gründen der Flächendeckung umfassend durch staatliches Recht in nationales Recht umgesetzt werden. Sinnvoll und notwendig ist darüber hinaus auch die möglichst konkrete Ausführung dieser Bestimmungen im staatlichen Recht, sofern es um allgemeine bzw. allgemein verbreitete Risiken geht. Dies schließt auch die Forderung ein, daß das staatliche Recht entsprechende Lücken füllt, die

---

81 DGB, Forderungen des Deutschen Gewerkschaftsbundes zur Reform des Arbeitsschutz- und Berufskrankheitenrechts, S. 7.
82 Ebda., S. 9.
83 Ebda., S. 8.
84 Vgl. DGB (Hrsg.), Zukunft der Sozialpolitik, S. 26.

Die Umsetzung von EU-Arbeitsschutzrichtlinien in Deutschland

im EG-Recht noch nicht konkreter ausgeführt worden sind [...]. In Arbeitsteilung mit einem solchermaßen strukturierten und reformierten staatlichen Arbeitsschutzrecht müssen die Berufsgenossenschaften die Kompetenz bekommen, in allen Fragen arbeitsbedingter Gesundheitsgefährdungen und Erkrankungen über das staatliche Recht hinauszugehen und unter anderem branchenbezogen zu konkretisieren. In vielen Bereichen wird sich auch hier eine subsidiäre Lösung zugunsten der Berufsgenossenschaften anbieten. Ein generelles Vortrittsrecht der Berufsgenossenschaften bei der Arbeitsschutzrechtsetzung im Wege eines uneingeschränkten Subsidiaritätsprinzips ist allerdings unvereinbar mit der Verpflichtung des Staates, Leben und körperliche Unversehrtheit der ArbeitnehmerInnen zu schützen. Der Auftrag des Grundgesetzes ist hier uninterpretierbar eindeutig.«[85]

Eine abweichende Position vertrat hier allerdings die IG Chemie, die den Berufsgenossenschaften den Vorrang bei der Umsetzung des EU-Rechts einräumen wollte (Interview DGB, 3.4.1997).[86]

Die Gewerkschaften traten also für eine in einigen wichtigen Punkten über die Rahmenrichtlinie hinausgehende Umsetzung des europäischen Rechts ein und standen damit im Gegensatz zu den Berufsgenossenschaften, den Arbeitgebern und zur Bundesregierung. Von diesen unterschieden sie sich auch in ihrer Forderung nach Schaffung eines Arbeitsschutzgesetzbuches. Im Hinblick auf die Zuständigkeiten bei der Überwachung stimmten sie mit den Unfallversicherungsträgern und auch der Bundesregierung in der Forderung nach Ausweitung des berufsgenossenschaftlichen Präventionsauftrages überein. Sie unterschieden sich aber – gemeinsam mit den Ländern – insofern von den Berufsgenossenschaften und vor allem von den Arbeitgebern, als sie die grundsätzliche Verantwortung des Staates und staatlicher Rechtsetzung für den Arbeitsschutz betonten. Unterstützung für eine im materiellen Regelungsniveau über die EU-Bestimmungen hinausgehende Umsetzung konnten sie nur bei SPD-regierten Länder finden.

Allerdings konnten die Gewerkschaften kaum mit einer nennenswerten Unterstützung durch ihre Mitglieder oder die Öffentlichkeit rechnen. Zwar kann man seit den siebziger Jahren eine deutliche Aufwertung des Politikfeldes Arbeitsschutz im gewerkschaftlichen Handeln feststellen. So hatten beim Streik für die 35-Stunden-Woche Fragen der Lebensqualität und auch gesundheitliche Aspekte einen durchaus beachtlichen Stellenwert eingenommen und sich auch als mobilisierungsfähig erwiesen[87]; auch hatten sich seit Mitte der achtziger Jahre – als Rückkoppelungseffekt aus dem gesellschaftlichen Bedeutungszuwachs des Umwelt- und Verbraucherschutzes – in Teilen

---

85 Stellungnahme des DGB, in: Stellungnahmen zum SPD-Antrag »Schaffung eines Arbeitsschutzgesetzbuches«, S. 101.
86 Vgl. auch: Schultze/Hinne/Mattik, Neue Aufgaben der Berufsgenossenschaften, S. 535.
87 Vgl. Deppe, Krankheit ist ohne Politik nicht heilbar, S. 227ff.

Kapitel 7

der Gewerkschaften und der gewerkschaftsnahen Wissenschaft die Bemühungen verstärkt, insbesondere auf dem Gebiet der Gefahrstoffpolitik den Zusammenhang von Umwelt-, Verbaucher- und Arbeitsschutz zu thematisieren und auf diese Weise eine Brücke zwischen Gewerkschaften und neuen sozialen Bewegungen zu schlagen.[88] In diesem Zusammenhang kam es zu einer Aufwertung der betrieblichen Gefahrstoffpolitik[89], die im Rahmen des technischen Arbeitsschutzes zuvor eine überwiegend geringe Rolle gespielt hatte; darüber hinaus fanden im Rahmen einer qualitativen Tarifpolitik Fragen des Gesundheitsschutzes, nicht zuletzt die Arbeitnehmerpartizipation in gesundheitsrelevanten Fragen, Eingang in einige Tarifverträge und in eine Vielzahl von Betriebsvereinbarungen.[90] Allerdings ließen sich die in diesem Zusammenhang thematisierten Fragen nicht in einer Mobilisierung im Hinblick auf die anstehenden *gesetzlichen* Veränderungen überführen. Insgesamt blieb Arbeitsschutz auch bei den Gewerkschaften ein Randthema. Angesichts der ökonomischen Rahmenbedingungen standen die Lohnentwicklung, die Sicherheit der Arbeitsplätze und die Zukunft der sozialen Sicherungssysteme im Mittelpunkt des Interesses sowohl der Beschäftigten als auch der Gewerkschaften.

Vergleicht man die Positionsbestimmungen der Gewerkschaften und der Arbeitgeberverbände mit denen der Berufsgenossenschaften, so fällt auf, daß diese mit den Arbeitgebern einen weit größeren Deckungsgrad erreichen als mit den Gewerkschaften. Für das Verständnis dieser Konstellation ist von wesentlicher Bedeutung, daß die Berufsgenossenschaften eine durchaus heterogene Interessenstruktur aufweisen. Neben den Arbeitgeber- und Versichertenvertretern, die in der Vertreterversammlung und im Vorstand über die Grundsatzfragen der Arbeit entscheiden, ist auch der hauptamtliche Apparat – Geschäftsführung und Verwaltung – Träger von Interessen und Positionen, die sich nicht auf den Konsens von Arbeitgebern und Versicherten in der gesetzlichen Unfallversicherung reduzieren lassen.[91] Dabei verfügen Geschäftsführung und Verwaltung der Unfallversicherungsträger durchaus über ein

---

88 Vgl. z.B.: Hildebrandt u.a. (Hrsg.), Umweltschutz und Arbeitsschutz zwischen Eigenständigkeit und Gemeinsamkeit; Heine/Mautz, Industriearbeiter contra Umweltschutz?, S. 169ff.; Hoffmann/Matthies/Mückenberger (Hrsg.), Der Betrieb als Ort ökologischer Politik; Geray, Moderner Arbeitsschutz und Betriebsökologie, S. 44ff.
89 Vgl. Leisewitz/Pickshaus, Ökologische Spurensuche im Betrieb; Pickshaus/Priester (Hrsg.), Lösemittel und Ersatzstoffe.
90 Vgl. Zwingmann, Arbeits- und Gesundheitsschutz durch Tarifvertrag, S. 710ff.; ders., Gesundheitsschutz am Arbeitsplatz durch neue Arbeitnehmerrechte, S. 135ff.; Pickshaus, Gesundheitsschutz und Ökologie als tarifpolitische Gestaltungsfelder, S. 188ff. Siehe auch: Schröer, Soziologie und menschengerechte Arbeitsgestaltung, S. 50ff.; Stautz, Gesundheitsschutz per Tarifvertrag?, S. 14ff.
91 Vgl. zum organisatorischen Aufbau der Berufsgenossenschaften: Bieback, Organisationsrecht, S. 1143ff.

Die Umsetzung von EU-Arbeitsschutzrichtlinien in Deutschland

eigenes Gewicht, denn während die Vertreter in den Selbstverwaltungsorganen ihre Tätigkeit ehrenamtlich und sporadisch ausüben, führen sie die laufenden Geschäfte, bewegen sich in der Routine des Alltagsgeschäfts, repräsentieren die Unfallversicherungsträger gegenüber den anderen Akteuren in der Arbeitsschutz- und Gesundheitspolitik und verfügen über das notwendige Expertenwissen. Auch wenn sie im Grundsatz an die Beschlüsse der Vertreterversammlung gebunden sind, verschafft ihnen nicht zuletzt die wechselseitige Blockade in der paritätischen Selbstverwaltung des öfteren Raum, die institutionellen Eigeninteressen der Berufsgenossenschaften zur Geltung zu bringen.

Daß die Reformpositionen der Berufsgenossenschaften zu denen der Arbeitgeber eine weit größere Nähe aufweisen als zu denen der Gewerkschaften, ist *im Hinblick auf die Kompetenzverteilung zwischen den Institutionensystemen* nicht auf eine Abneigung der Gewerkschaften gegenüber den Unfallversicherungsträgern selbst, sondern vielmehr darauf zurückzuführen, daß sie dem Staat ein deutlich größeres Gewicht im Arbeitsschutz zuschreiben als die Arbeitgeber. Wenn die Gewerkschaften die grundsätzliche Rolle des Staates im Arbeitsschutz betonen, so bringt dies freilich auch ihre – bei allen Einflußmöglichkeiten – strukturelle Unterlegenheit in der paritätischen Selbstverwaltung zum Ausdruck. Dies wiederum erklärt das große Interesse der Arbeitgeber an einer Aufwertung der Berufsgenossenschaften, die ihrerseits ganz offenkundig kompatibel ist mit dem institutionellen Eigeninteresse der Berufsgenossenschaften in der Konkurrenz mit dem staatlichen Arbeitsschutz. Im Hinblick auf die *inhaltlichen Aspekte der Reform* ist das gemeinsam geteilte und auf je eigenen Interessen beruhende Präventionsverständnis die wichtigste Grundlage für die Übereinstimmung von Berufsgenossenschaften und Arbeitgebern. Das traditionelle Schädigungsverständnis und die darauf gründende Interventionsphilosophie haben sich zu Handlungsroutinen verstetigt und liefern zugleich recht eindeutige Kriterien, mit denen die eigenen Aufgaben definiert, Erfolge organisationsintern gemessen und gegenüber der Öffentlichkeit nachgewiesen werden können. Sie fungieren als ideologische Klammer zum Arbeitgeberlager, weil sie genau jene Beschränkung der Rechtsetzung, Überwachung und Entschädigung auf dieses kleine Segment arbeitsbedingter Gesundheitsgefahren legitimieren, die für dieses aus ökonomischem Interesse wesentlich ist.[92] Überdies mußten die Berufsgenossenschaften den gewerkschaftlichen Befund einer grundlegenden Reformbedürftigkeit

---

92 Ein weiterer Grund für die Nähe von Berufsgenossenschaften und Arbeitgebern ist die alleinige Finanzierung der gesetzlichen Unfallversicherung aus Arbeitgeberbeiträgen. Dies bringt eine besondere Verpflichtung gegenüber den Interessen der Arbeitgeber mit sich und verschafft diesen auch die Möglichkeit, auf die Berufsgenossenschaften Druck zur Begrenzung der Ausgaben auszuüben. Dieser Aspekt ist im Zusammenhang mit der

Kapitel 7

des Arbeitsschutzsystems auch als deutliche Kritik an ihrer bisherigen Präventionspraxis verstehen. Andererseits können Meinungsverschiedenheiten mit der Arbeitgeberseite etwa dann auftreten, wenn die Berufsgenossenschaften die langfristigen Interessen an einer Ausgabensenkung im Auge haben und zu diesem Zweck Maßnahmen ergreifen wollen, die kurzfristig ökonomische Belastungen mit sich bringen. Dies wird deutlich, wenn sie für die Ausdehnung z.b. der Risikobewertung und der Dokumentationspflicht auch auf Kleinbetriebe eintreten.

7.4 Die Umsetzung der Arbeitsschutzrichtlinien

7.4.1 Der erste Anlauf: der Entwurf eines Arbeitsschutzrahmengesetzes

Die Bundesregierung nahm die Umsetzung der Rahmenrichtlinie mit beträchtlicher Verzögerung in Angriff. Dies war vor allem auf die zu bewältigende Wiedervereinigung zurückzuführen, die gegenüber anderen Aufgaben Priorität genoß und einen erheblichen Teil der Arbeitskapazitäten absorbierte (Interview BMA, 17.2.1997). Erst im Dezember 1992 legte das BMA einen Referentenentwurf vor[93], im November 1993 faßte das Bundeskabinett einen Beschluß über den Gesetzentwurf, und im Februar 1994 schließlich, mehr als ein Jahr nach Ablauf der Umsetzungsfrist, brachte die Regierung ihn als »Entwurf eines Gesetzes über Sicherheit und Gesundheitsschutz bei der Arbeit (Arbeitsschutzrahmengesetz)«[94] (im folgenden: ArbSchRG) in den Bundestag ein.

7.4.1.1 Der Inhalt des Gesetzentwurfs

Das gesetzgeberische Vorgehen und der Inhalt des Entwurfs entsprachen im Grundsatz den oben erläuterten Vorstellungen des BMA. Daher sollen im folgenden die Kernpunkte des Gesetzentwurfs nur in knapper Form dargelegt werden. Das Arbeitsschutzrahmengesetz war als das Kernstück der Anpassungsmaßnahmen gedacht, das das Arbeitssicherheitsgesetz, dessen überarbeitete Bestimmungen aufnehmend, und die Gewerbeordnung als Zentrum

---

Umsetzung der EU-Richtlinien nur von untergeordneter Bedeutung, spielt aber in der langjährigen Auseinandersetzung um den Umfang der Berufskrankheitenliste, um die von den Gewerkschaften geforderte Umkehr der Beweispflicht und im Streit über die restriktive Praxis bei der Anerkennung von Berufskrankheiten eine überaus große Rolle.

93 Vgl. BMA, Entwurf eines Gesetzes über Sicherheit und Gesundheitsschutz bei der Arbeit (Arbeitsschutzrahmengesetz – ASRG) (Referentenentwurf).
94 Vgl. BT-Drs. 12/6752 vom 3.2.1994.

Die Umsetzung von EU-Arbeitsschutzrichtlinien in Deutschland

des Arbeitsschutzrechts ablösen sollte.[95] Das Vorhaben schloß also die Beibehaltung der Vielzahl von Einzelgesetzen und -verordnungen vor; die erforderliche Anpassung von Detailregelungen sollte in den entsprechenden Regelwerken vorgenommen werden. Den Verzicht auf die Schaffung eines Arbeitsschutzgesetzbuches begründete die Bundesregierung damit, daß dies »sorgfältiger Abklärung« bedurft hätte, der angesichts des Zeitverzugs die »Notwendigkeit zügiger Umsetzung mehrerer EG-Richtlinien« entgegenstehe.[96]

Geltungsbereich
Die Bestimmungen des ArbSchRG sollten grundsätzlich für alle Beschäftigtengruppen und Tätigkeitsbereiche gelten. Ausgenommen waren allerdings die in Heimarbeit beschäftigten Personen sowie Hausangestellte in Privathaushalten (§ 2 Abs. 1 ArbSchRG). Im öffentlichen Dienst sollten Arbeitsschutzbestimmungen dann keine Anwendung finden, wenn spezifische Tätigkeiten, z.B. zur Aufrechterhaltung der öffentlichen Sicherheit, dem zwingend entgegenstehen. Jedoch schrieb der Entwurf dem Arbeitgeber vor, unter Berücksichtigung der Ziele dieser Tätigkeiten für einen größtmöglichen Gesundheitsschutz Sorge zu tragen.[97]

Pflichten der Arbeitgeber
Die grundlegenden Pflichten der Arbeitgeber sollten gemäß der EU-Rahmenrichtlinie zusammengefaßt und damit gegenüber dem bisherigen Recht erweitert werden. Der Gesetzentwurf übernahm sowohl die Pflichten zur Gefahrenbeurteilung (§ 6 ArbSchRG) als auch zur Dokumentation der Ergebnisse (§ 11 Abs. 1 ArbSchRG). Er wies den Arbeitgeber an, beim betrieblichen Arbeitsschutz die abgestufte Rangfolge der allgemeinen Grundsätze der Gefahrenverhütung zu beachten, die den systemischen und kollektiven Schutzmaßnahmen den Vorrang vor den individuellen und persönlichen einräumt (§ 5 ArbSchRG). Darin eingeschlossen war die Pflicht, Arbeitsschutzmaßnahmen »[...] mit dem Ziel einer sachgerechten Verknüpfung von Technik, Arbeitsorganisation, sonstigen Arbeitsbedingungen, sozialen Beziehungen und Einflüssen der Umwelt auf den Arbeitsplatz zu planen [...].« (§ 5 ArbSchRG)

---

95 Mit dem Gesetz sollten nicht nur die Rahmenrichtlinie, sondern auch die Richtlinie über Sicherheit und Gesundheitsschutz in Arbeitsstätten und für Arbeitnehmer mit befristetem Arbeitsverhältnis umgesetzt werden.
96 Vgl. BT-Drs. 12/6752 vom 3.2.1994, S. 2.
97 Er überließ die Konkretisierung der Schutzbestimmungen dem Bundesinnenministerium bzw. den zuständigen Landesbehörden, die mittels Rechtsverordnungen entsprechende Regelungen treffen können (§ 43 Abs. 2 ArbSchRG).

Dabei sollte er u. a. den Stand der Technik, der Arbeitsmedizin und der Hygiene berücksichtigen. Auch in Unternehmen ohne Betriebsrat sollten er die Beschäftigten zu allen Aktivitäten anhören, die sich auf ihre Sicherheit und Gesundheit auswirken können (§ 12 Abs. 2 ArbSchRG). Schließlich verpflichtete der Gesetzentwurf den Arbeitgeber, die Wirksamkeit der ergriffenen Maßnahmen kontinuierlich zu überprüfen, diese im Bedarfsfall anzupassen und dabei »eine Verbesserung der bestehenden Arbeitsbedingungen im Hinblick auf Sicherheit und Gesundheitsschutz anzustreben.« (§ 4 Abs. 1 ArbSchRG) Auch die Arbeitnehmerpflichten zur Unterstützung des betrieblichen Arbeitsschutzes wurden gemäß den Vorgaben der Rahmenrichtlinie erweitert.

Kollektiv- und Individualrechte der Beschäftigten
Zwar verzichtete der Gesetzentwurf auf eine Neuregelung der Mitbestimmungsrechte nach dem Betriebsverfassungsgesetz, allerdings ergab sich durch den umfassenden Arbeitsschutzbegriff indirekt eine Ausweitung des Mitbestimmungsgegenstandes. Darüber hinaus wurden die Individualrechte der Beschäftigten ausdrücklich um die in der Rahmenrichtlinie festgeschriebenen Aspekte erweitert. Insbesondere sollten sie ihre Tätigkeit bei unmittelbarer und erheblicher Gefahr einstellen und sich bei unzureichenden Schutzvorkehrungen direkt an die zuständigen Behörden wenden dürfen, ohne durch die Wahrnehmung dieser Rechte Nachteile zu erleiden (§ 18 Abs. 2 und 3 ArbSchRG).

Rechtsetzungskompetenzen der Berufsgenossenschaften
Im Bereich der Rechtsetzung sah der Gesetzentwurf zwar eine allgemeine Verordnungsermächtigung zur Konkretisierung derjenigen Pflichten vor, die sich aus dem Gesetz für die unmittelbar Beteiligten ergaben (§ 41 Abs. 1 und 2 ArbSchRG). Jedoch wurde diese Verordnungsermächtigung unter einen grundsätzlichen Subsidiaritätsvorbehalt gestellt: Die Bundesregierung sollte von dieser Ermächtigung »erst Gebrauch [machen], wenn ausreichende Regelungen durch UVVen [...] nicht getroffen oder nicht zu erwarten sind« (§ 41 Abs. 3 ArbSchRG). Dieses Vortrittsrecht für die Unfallversicherungsträger sollte, abweichend vom Konzept des BMA-Thesenpapiers, nun auch für die Umsetzung europäischen Rechts gelten (§ 42 ArbSchRG). Schließlich erweiterte der Gesetzentwurf den Präventionsauftrag der Unfallversicherungsträger von der Verhütung von Arbeitsunfällen und Berufskrankheiten auf die Verhütung »arbeitsbedingter Gesundheitsgefahren« (§ 53 Abs. 3 ArbSchRG). Damit sollte die Rechtsgrundlage zum Erlaß von UVVen »auf dem gesamten Feld des Arbeitsschutzes«, insbesondere im Zusammenhang mit der Umsetzung von EU-Richtlinien, geschaffen werden.[98]

---

98   BT-Drs. 12/6752 vom 3.2.1994, S. 56.

Die Umsetzung von EU-Arbeitsschutzrichtlinien in Deutschland

Zuständigkeiten und Kooperation von Gewerbeaufsicht und Berufsgenossenschaften

Der Gesetzentwurf bekräftigte das Festhalten am Dualismus und verpflichtete die Länder und die Berufsgenossenschaften, bei der Planung und Durchführung des Arbeitsschutzes zusammenzuwirken (§ 53 Abs. 3 ArbSchRG). Zu diesem Zweck sollten sie »gemeinsame länderbezogene Stellen« einrichten, in denen die Aufsichtsdienste beider Institutionensysteme ihre Tätigkeit miteinander abstimmen sollten. Die Berufsgenossenschaften wurden angewiesen, diesen Koordinierungsstellen die erforderlichen Informationen »über von ihnen geplante und durchgeführte Betriebsbesichtigungen zu übermitteln« (§ 53 Abs. 3 ArbSchRG). Allerdings verzichtete der Gesetzentwurf auf die noch im BMA-Thesenpapier vorgesehene Ermächtigung der Unfallversicherungsträger zur Überwachung staatlichen Rechts. Nach der Einführung eines Subsidiaritätsvorbehalts auch für die Umsetzung von EU-Recht hätte ein solcher Schritt ihre Rolle auf Kosten der Landesbehörden deutlich aufgewertet. Somit beschränkte sich die Bundesregierung auf allgemein gehaltene Bestimmungen zur Kooperation zwischen den Aufsichtsbehörden, deren konkrete Ausgestaltung den unmittelbar Beteiligten auf Landesebene überlassen bleiben würde. Ganz offenkundig war sie darum bemüht, nicht in den Konflikt zwischen den Institutionensystemen einzugreifen.[99] Angesichts des in dieser Frage vitalen Interesses *aller* Bundesländer und der Zustimmungspflichtigkeit einer Reform des dualen Systems im Bundesrat hätte eine Konfrontation mit den Ländern auch kaum Aussicht auf Erfolg gehabt.

Darüber hinaus beinhaltete der Gesetzentwurf auch einige Regelungen, die sich nicht notwendig aus der Anpassung an die EU-Richtlinien ergaben und sich nicht auf die dort behandelten Gegenstandsbereiche bezogen. Dies betraf zum einen die Festschreibung allgemeiner Grundsätze der arbeitsmedizinischen Vorsorge (§§ 19-27), zum anderen Regelungen zur Tätigkeit der Bundesanstalt für Arbeitsschutz (§ 48) und der Bundesanstalt für Arbeitsmedizin (§ 49).

7.4.1.2 Reaktionen auf den Gesetzentwurf

Der Gesetzentwurf der Bundesregierung stieß bei den Körperschaften und Verbänden überwiegend auf starke Ablehnung, und dies aus höchst unterschiedlichen Gründen. Die *Länder* lehnten den Entwurf mit 16 zu 0 Stimmen ab. Sie wandten sich in ihrer Stellungnahme insbesondere gegen den generellen Subsidiaritätsvorbehalt zugunsten der Berufsgenossenschaften.[100] Damit werde

---
99 Vgl. Maschmann, Deutsches und Europäisches Arbeitsschutzrecht, S. 628ff.
100 Vgl. hierzu und zum folgenden: BR-Drs. 792/93 vom 17.12.1993.

Kapitel 7

der Vorrang staatlichen Handelns aufgegeben, der Gesundheitsschutz am Arbeitsplatz zu einer Frage des Unfallversicherungsschutzes degradiert und überdies die Zersplitterung des deutschen Arbeitsschutzsystems festgeschrieben. Zudem könnten die Berufsgenossenschaften keinen lückenlosen Schutz garantieren, weil sie Vorschriften nur für ihren Zuständigkeitsbereich erlassen dürften. Die Länder forderten nun ihrerseits die Befugnis zum Erlaß arbeitsschutzrechtlicher Detailregelungen: Mache die Bundesregierung von ihrer Verordnungsermächtigung keinen Gebrauch, so sollten zunächst die Länder die Befugnis erhalten, Arbeitsschutzrecht zu setzen, und erst danach die Berufsgenossenschaften mit UVVen zum Zuge kommen können. Darüber hinaus wollten sie eine Reihe konkreter Mindestanforderungen für die Kooperation in den landesbezogenen Leitstellen gesetzlich festgeschrieben sehen.

Jedoch stieß der Entwurf der Bundesregierung in der Länderkammer nicht nur wegen der vorgesehenen Aufwertung der Berufsgenossenschaften auf Ablehnung, sondern auch wegen des mehrheitlich als unbefriedigend empfundenen Schutzniveaus der Vorschriften. Der Bundesrat monierte, daß sie in vielerlei Hinsicht den Anforderungen an einen modernen Arbeitsschutz nicht gerecht würden, und unterbreitete eine Reihe von Vorschlägen, die deutlich über den Regierungsentwurf hinausgingen. Dazu gehörten u.a. die Charakterisierung des Arbeitsschutzes als ganzheitliche Aufgabe, die – im Sinne der WHO-Gesundheitsdefinition – auf ein umfassendes Wohlbefinden ziele; eine Ausweitung von Mitbestimmungsrechten sowie Maßnahmen zu einer systematischeren Erfassung und Dokumentation der Gefährdungsbeurteilungen und der aus ihnen folgenden Maßnahmen. Darüber hinaus bekräftigte der Bundesrat die Forderung nach einem Arbeitsschutzgesetzbuch, gestand angesichts des Zeitdrucks allerdings dessen schrittweise Einführung zu.

Die *Berufsgenossenschaften* waren von allen unmittelbar Betroffenen wohl diejenige Seite, die mit dem Gesetzentwurf am ehesten zufrieden sein konnte. Zwar sollten sie nun doch nicht die Überwachungskompetenz für staatliche Vorschriften erhalten, jedoch ihre Befugnisse mit dem erweiterten Präventionsauftrag und dem Subsidiaritätsvorbehalt bei der Rechtsetzung beträchtlich ausgeweitet werden. Dementsprechend begrüßten sie den Entwurf auch ausdrücklich.[101] Im Hinblick auf das materielle Schutzniveau der Vorschriften hielten sie sich – wie auch schon im Vorfeld der Gesetzesdiskussionen – mit Positionsbestimmungen auffällig zurück. Allerdings zeigten sie sich mit den Bestimmungen des Regierungsentwurfs auch nicht unzufrieden.

---

101 Vgl. HVBG, Stellungnahme zur öffentlichen Anhörung am 20. April 1994, S. 4; Klaus Hinne (HVBG), in: Anhörung zum Arbeitsschutzrahmengesetz, S. 43, 52.

Die Umsetzung von EU-Arbeitsschutzrichtlinien in Deutschland

Ihr Interesse an einem möglichst großen Handlungsspielraum für den Erlaß von UVVen und damit an nicht über die EU-Richtlinien hinausgehenden Bestimmungen hinderte sie nicht daran, gelegentlich auch Forderungen nach einer Abschwächung von Vorschriften zurückzuweisen. So wandten sie sich gegen die BDA-Kritik, daß die Bestimmungen für Klein- und Mittelbetriebe zu weit gingen, und betonten den Handlungsbedarf, der sich in diesem Bereich aus den erhöhten Unfallzahlen und den größeren Schwierigkeiten bei der Gewährleistung einer betriebsmedizinischen und sicherheitstechnischen Betreuung ergebe.[102]

Die *Arbeitgeber* begrüßten im Unterschied zu den Ländern zwar den Subsidiaritätsvorbehalt zugunsten der Berufsgenossenschaften, vor allem weil sie hofften, unter diesen Bedingungen die Reichweite europäischer Schutzvorschriften bei der Umsetzung eher begrenzen zu können.[103] Jedoch unterzogen sie den Gesamtentwurf einer scharfen Kritik. Er enthalte eine Vielzahl von bürokratischen Auflagen, die über die Rahmenrichtlinie hinausgingen, einen erheblichen Kostenschub für die Unternehmen verursachten und im übrigen auch kaum versprächen, eine Verbesserung für den Arbeitsschutz mit sich zu bringen.

»Wir sind der Auffassung, daß die erheblichen Kosten, die dieser Entwurf – seine Realisierung vorausgesetzt – für die Unternehmen aufwerfen wird, nicht so sehr auf einer Erhöhung des Arbeitsschutzniveaus basieren, sondern auf der [...] Einfügung unzähliger bürokratischer Verpflichtungen [...]. Diese Verpflichtungen sind weitgehend nicht von der Rahmenrichtlinie vorgegeben und, was sehr wesentlich ist, diesen Verpflichtungen ist die Konkurrenz in Europa und darüber hinaus nicht unterworfen.«[104]

Ungeachtet der Tatsache, daß pauschale Berechnungen kaum möglich seien, hielt der Vertreter des BDI in der Bundestagsanhörung zum Gesetzentwurf fest: »Jedenfalls werden die Kosten nach unserer Auffassung immens sein, und sie werden insbesondere in kleinen und mittelständischen Betrieben zu einer ernsthaften Gefährdung führen können.«[105] Im Mittelpunkt der Arbeitgeberkritik standen die Pflichten zur Risikobewertung, zur Dokumentation der Ergebnisse sowie zur Information der Beschäftigten und ihrer Vertreter.[106]

---

102 Vgl. Klaus Hinne (HVBG), in: Ebda., S. 45f.
103 Die Bedingungen und Realitäten in den Betrieben seien derart unterschiedlich, daß sie in angemessener Weise nur von den Berufsgenossenschaften konkretisiert werden könnten. Vgl. Eugen Müller (BDA), in: Ebda., S. 7, 21f. Um so schärfer kritisierten sie die Tatsache, daß bereits Entwürfe für Rechtsverordnungen über die Umsetzung von Einzelrichtlinien vorlägen. Offenkundig halte sich der Gesetzgeber nicht an die im Gesetzentwurf selbst auferlegte Zurückhaltung. Vgl. ebda., S. 7.
104 So der BDI-Sachverständige Janiszwewski, in: Ebda., S. 4.
105 Ebda., S. 4.
106 Vgl. ebda., S. 2ff.; 9f.

Kapitel 7

Dabei würden die Klein- und Mittelbetriebe nicht in ausreichendem Maße von den Bestimmungen der Rahmenrichtlinie, insbesondere von der Dokumentationspflicht, ausgenommen.

»Man muß nach unserer Auffassung darauf schauen, daß man die Möglichkeiten, die die Rahmenrichtlinie gibt zu mehr Differenzierung, in den kleinen und mittleren Unternehmen tatsächlich in Angriff nimmt, und das betrifft beispielsweise diese Dokumentationspflicht über die Bewertung von Arbeitsplätzen. Da ist in der EG-Rahmenrichtlinie ausdrücklich festgelegt, daß hier für kleine und mittlere Unternehmen besondere Regelungen getroffen werden. Und das sollte der nationale Gesetzgeber auf jeden Fall auch sich vornehmen.«[107]

Die *Gewerkschaften* gelangten zu einer ambivalenten Bewertung des Gesetzentwurfs.[108] Mit der Umsetzung von EU-Bestimmungen wurden auch eine Reihe von gewerkschaftlichen Forderungen erfüllt. Daher wertete der DGB den Entwurf zum Arbeitsschutzrahmengesetz als eine erste bedeutsame Stufe zur Neuordnung des öffentlich-rechtlichen Arbeitsschutzes. Insbesondere in der Formulierung verbindlicher Arbeitgeberpflichten und der Ausweitung des Präventionsauftrages der Berufsgenossenschaften sah der DGB einen historischen Fortschritt, jedoch kritisierte er, daß der Entwurf keine umfassende Reform des Arbeitsschutzsystems vornehme.[109] Dieser beschränke sich im wesentlichen auf eine bloße Übertragung der Rahmenrichtlinie, die darüber hinausgehenden Forderungen des DGB blieben ebenso unberücksichtigt wie die positiven Ansätze des Arbeitsschutzrechts der ehemaligen DDR. Zudem fiele er in einigen Punkten noch hinter den Referentenentwurf des Arbeitsministeriums zurück.[110] Neben dem Verzicht auf die Schaffung eines einheitlichen Arbeitsschutzgesetzbuchs kritisierte der DGB insbesondere die lückenhafte, unsystematische und unkonkrete Festlegung der Arbeitgeberpflichten und das Fehlen einer gesetzlichen Verpflichtung der überbetrieblichen Arbeitsschutzinstitutionen zum Aufbau eines Systems zur Erforschung, Ermittlung und Bewertung arbeitsbedingter Gesundheitsrisiken. Außerdem sei die Mitbestimmung der Beschäftigten in Fragen des betrieblichen Gesundheitsschutzes unbefriedigend geregelt.

Daß ein Gesetzesentwurf der Regierung von betroffenen Verbänden und Institutionen negativ bewertet wurde, war nichts Ungewöhnliches. Weit ungewöhnlicher war indes, daß er auch bei Teilen der *Koalitionsfraktionen* auf

---

107 Eugen Müller (BDA), in: Ebda., S. 10.
108 Vgl. DGB, Stellungnahme zum Referentenentwurf eines Gesetzes über Sicherheit und Gesundheitsschutz bei der Arbeit (Arbeitsschutzrahmengesetz – ASRG) vom 3. März 1993.
109 Vgl. Reinhold Konstanty (DGB), in: Anhörung zum Arbeitsschutzrahmengesetz, S. 37f.
110 Der DGB führte dies auf den Einfluß des Bundeswirtschaftsministeriums zurück. Vgl. Arbeit & Ökologie-Briefe, 1993, Nr. 24, S. 4.

Die Umsetzung von EU-Arbeitsschutzrichtlinien in Deutschland

offene Kritik stieß. Sie wurde vor allem von der FDP und von denjenigen CDU/CSU-Abgeordneten getragen, die dem Wirtschaftsrat ihrer Parteien nahestehen. Sie bestimmten fortan das Auftreten der Koalitionsparteien; der Arbeitnehmerflügel der Koalition trat weder in den folgenden Anhörungen noch in den Debatten zur Arbeitsschutzreform in Erscheinung. Bereits während der ersten Lesung im Bundestag, die im Februar 1994 stattfand, gingen die Rednerinnen und Redner der Koalitionsfraktionen auf Distanz zum Gesetzentwurf. Die Einwände waren mit denen der Arbeitgeberverbände identisch: Der Entwurf ginge über die EU-Rahmenrichtlinie hinaus, stelle eine Überregulierung dar, bringe unwägbare Kosten für die Unternehmen mit sich und laufe den Bemühungen um eine Stärkung des Wirtschaftsstandorts Deutschland zuwider. Daher bestehe noch ein erheblicher Änderungsbedarf. So forderte der Abgeordnete Ramsauer, Redner für die CDU/CSU-Fraktion:

»[...] nicht zuletzt vor dem Hintergrund der anhaltenden deutschen Standortdebatte muß sich jedes neue Gesetz an zwei grundlegenden Fragen messen lassen. Frage Nummer eins: Welche zusätzlichen Belastungen bringt es für die Wirtschaft und für die Arbeitsplätze? Frage Nummer zwei: In welchem Ausmaß verursacht es zusätzliche öffentliche Bürokratie? Zu diesen beiden Fragen an den Gesetzentwurf müssen im Laufe der Ausschußberatungen noch eine Reihe von Hausaufgaben erledigt werden. Insbesondere darf es zu keinen Überreglementierungen im Bereich des Arbeitsschutzes kommen, die in der Praxis dann kaum mehr umsetzbar sind.«[111]

Grundsätzlich habe sich die Arbeitsschutzreform am Ziel einer Minimalanpassung zu orientieren. Man sollte

»bei der Schaffung dieses Arbeitsschutzrahmengesetzes nicht mehr [...] tun, als die europäischen Richtlinien lediglich um bereits bestehendes deutsches Arbeitsschutzrecht zu ergänzen. Alles, was darüber hinaus aufgepfropft wird, wird auch die Wettbewerbsfähigkeit und damit den Standort Deutschland berühren.«[112]

Noch deutlicher wurde der Redner der FDP, der Abgeordnete Friedhoff:

»[...] ich will nicht verhehlen, daß wir Liberalen uns mit dem Gesetzentwurf ausgesprochen schwer tun. Dies hat vor allem folgende Gründe: Die Regelungsdichte des Entwurfs läuft den Bestrebungen der F.D.P. nach Entbürokratisierung und Deregulierung mit dem Ziel der Stärkung des Wirtschaftsstandorts Deutschland entschieden zuwider.«[113]

Die FDP sah in dem Gesetzentwurf, so die sozialpolitische Sprecherin, Babel, rückblickend, insbesondere für kleine und mittlere Unternehmen »eine Bürokratisierung der Arbeitsabläufe, kaum erfüllbare Beurteilungs-, Dokumentations- und Archivierungspflichten [...].«[114] Außerdem sei die Einrichtung

---

111 Deutscher Bundestag, Stenographischer Bericht, 211. Sitzung vom 25. Februar 1994, S. 18315.
112 Ebda.
113 Ebda., S. 18317.
114 Deutscher Bundestag, Stenographischer Bericht, 86. Sitzung vom 8. Februar 1996, S. 7669*.

neuer Arbeitsschutzgremien in den Betrieben unzumutbar. Das Unbehagen der FDP nährte sich aber nicht nur aus dem *Inhalt* des vorliegenden Gesetzentwurfs. Hinzu traten verfahrenstechnische Aspekte. So befürchtete sie wegen der Zustimmungsbedürftigkeit des Gesetzes im Bundesrat, daß sich unter dem Einfluß der dortigen SPD-Mehrheit das letztlich verabschiedete Reformwerk noch weiter von ihren Vorstellungen entfernen könnte. Dies verdeutlicht z.b. die Frage der FDP-Abgeordneten Babel an den BDA-Sachverständigen bei der Bundestagsanhörung zum Arbeitsschutzrahmengesetz:

»Der Weg, der diesem Gesetz vorgezeichnet ist, ist noch hinlänglich dornenreich, denn es muß ja noch durch den Bundesrat. [...] Wie bewerten Sie die möglichen Gefährdungen, die das Gesetz nun weiterhin noch erleidet angesichts der Tatsache, daß wir ja Bundesratsvoten, 16 zu 0 sozusagen, die nun eigentlich in der Frage Perfektionierung der Materie noch ein Übriges tun?« [gemeint ist die Einführung weiterer bzw. schärferer Vorschriften; T.G.][115]

Ihr eigener Einfluß auf das weitere Gesetzgebungsverfahren war demgegenüber gering. Angesichts der Mehrheitsverhältnisse in der Länderkammer war der FDP – nicht nur in der Arbeitsschutzpolitik – sehr daran gelegen, Gesetzentwürfe so zurechtzuschneiden, daß sie einer Zustimmung des Bundesrates nicht bedurften.[116] Aus diesem Grund waren ihr auch die Verordnungsermächtigungen des Bundes zur künftigen Konkretisierung von Arbeitsschutzpflichten ein Dorn im Auge, weil die Länderkammer in dieser Sache nicht umgangen werden konnte.

»Der Gesetzentwurf ermächtigt auch noch zum Erlaß einer Vielzahl von Rechtsverordnungen, an denen der Bundesminister schon fleißig strickt. Was da alles drin stehen wird, mit immensen Auswirkungen auf die Praxis, ist dem Parlament noch nicht bekannt.«[117]

Damit verband sich auch eine ausdrückliche Kritik an der Verhandlungsführung des Arbeitsministeriums auf EU-Ebene:

»Das [der Gesetzentwurf zum Arbeitsschutzrahmengesetz; T.G.] ist sicher nicht das, was wir Liberalen uns unter Deregulierung vorstellen. Und wenn der Bundesarbeitsminister uns sagt, das alles sei in der Richtlinie der europäischen Union bereits vorgegeben, beginnen wir, uns allmählich zu fragen, was vom Arbeitsminister in Brüssel eigentlich so alles verhandelt wird.«[118]

---

115 Anhörung zum Arbeitsschutzrahmengesetz, S. 9.
116 Darin lag im übrigen auch ein zusätzlicher Grund dafür, daß sich die FDP der Forderung nach Schaffung eines Arbeitsschutzgesetzbuches widersetzte, denn damit wäre der Einfluß der Länder auf das Arbeitsschutzrecht erheblich gewachsen. Vgl. den Redebeitrag des Abgeordneten Friedhoff, in: Deutscher Bundestag, Stenographischer Bericht, 211. Sitzung vom 25. Februar 1994, S. 18318.
117 Ebda., S. 18317.
118 Ebda.

Die Umsetzung von EU-Arbeitsschutzrichtlinien in Deutschland

Nachdem bei der Bundestagsanhörung zum Gesetzentwurf, die am 20.4.1994 stattgefunden hatte, scharfe Kritik von den Vertretern der Arbeitgeber, der Unternehmer und des Handwerks geäußert worden war, setzten die Regierungsparteien eine Koalitionsarbeitsgruppe ein, die klären sollte, wie weit Bestimmungen aus dem Gesetzentwurf herausgenommen werden konnten, ohne die Vorgaben der Rahmenrichtlinie zu mißachten.[119] Damit wurde dem BMA die Verantwortung für den Gesetzentwurf de facto entzogen und der weitere Gang der Dinge zu einer Sache der Experten und der Spitzenpolitiker der Koalitionsparteien. Auch in der Koalitionsrunde zum Arbeitsschutzgesetz vom 18.5.1994 wurden, dem CSU-Politiker Ramsauer zufolge, »massivste Bedenken gegen den ganzen Gesetzentwurf von allen Seiten«[120] erhoben. Im Zentrum der Kritik standen erneut die Einbeziehung von kleinen und mittleren Unternehmen in die neuen Arbeitsschutzbestimmungen, die Dokumentationspflicht sowie die weitreichenden Verordnungsermächtigungen für das Bundesarbeitsministerium. Es wurde auch die Forderung erhoben, den Inhalt der Entwürfe in die Beratungen des Arbeitsschutzrahmengesetzes einzubeziehen.[121]

Schließlich faßten die Vorsitzenden der Koalitionsparteien und -fraktionen am 7.6.1994 in einem Spitzengespräch den Beschluß, den Gesetzentwurf zurückziehen. Tags zuvor hatten sich auf Expertenebene drei Meinungen innerhalb der Koalition abgezeichnet: der Arbeitnehmerflügel der Union stützte den Blüm-Entwurf; die Mehrheit der CDU/CSU-Fraktion verlangte massive Korrekturen, vor allem die Freistellung kleiner und mittlerer Unternehmen von zahlreichen Auflagen und eine Einschränkung der Verordnungsmöglichkeiten des Bundesarbeitsministers; die FDP hielt den Entwurf im Ansatz für einen Irrweg und wollte ihn daher ganz kippen.[122]

Auf der Sitzung des Ausschusses für Arbeit und Sozialordnung am 15. Juni 1994 wurde die Beratung des Arbeitsschutzrahmengesetzes mit den Stimmen der Koalitionsmehrheit von der Tagesordnung genommen.[123] Dieser Beschluß, kam einer Rücknahme des Entwurfs gleich; denn ein Gesetzgebungsverfahren muß innerhalb einer Legislaturperiode abgeschlossen werden, und dies war nun de facto kaum noch möglich. In der kommenden Legislaturperiode würde das gesamte Verfahren wieder neu aufgenommen werden müssen. Damit entstand erneut ein beträchtlicher Zeitverzug bei der ohnehin schon überfälligen Umsetzung des europäischen Arbeitsschutzrechts. Das

---

119 HVBG, Vorstandsbrief 2/94, S. 2.
120 Zit. n. Handelsblatt vom 20.5.1994.
121 Vgl. ebda.
122 Vgl. Handelsblatt vom 8.6.1994.
123 Vgl. Deutscher Bundestag, 12. Wahlperiode, Ausschuß für Arbeit und Sozialordnung, Kurzprotokoll der 123. Sitzung, S. 1.

drohende Vertragsverletzungsverfahren durch die EU-Kommission hinderte die Koalitionsparteien nicht an dieser Entscheidung. Der Verweis darauf wurde von den Gegnern der Reform mit dem Hinweis abgetan, die Bundesregierung sollte der EU-Kommission mitteilen, daß die Rahmenrichtlinie bereits innerstaatliches Recht sei.[124]

Das ganze Gesetzgebungsverfahren war für die Koalition, insbesondere für das zuständige Ministerium, ein Desaster. Wie war es möglich, daß die Regierung einen Gesetzentwurf in den Bundestag einbrachte und die sie tragenden Fraktionen ihn dann selbst scheitern ließen? Es waren wohl mehrere Faktoren, die dabei zusammenwirkten. Von grundlegender Bedeutung war sicherlich der wachsende Druck der wirtschaftsliberalen Teile der Koalition, die angesichts der auf den Wiedervereinigungsboom folgenden Konjunkturkrise vehement für eine forcierte Deregulierungspolitik eintraten. Dies ließ die sozialpolitischen Differenzen zwischen der christlichen Arbeitnehmerschaft einerseits sowie dem CDU-Wirtschaftsrat und der FDP andererseits aufbrechen und erfaßte auch den ansonsten eher randständigen Arbeitsschutz. Gleichzeitig war die Arbeitsschutzreform während des Prozesses der Vorbereitung in besonderem Maße eine Sache der Experten und zog nicht die Aufmerksamkeit der Koalitionsspitzen auf sich. In den Koalitionsfraktionen existierte zudem eine verbreitete Unkenntnis über die inhaltlichen Anforderungen, die an eine Umsetzung der EU-Vorgaben zu stellen waren (Interview BMA, 21.2.1997). Auch wird es im Kabinett auf dem Gebiet der Arbeitsschutzpolitik, sieht man einmal vom Bundesarbeitsminister selbst ab, an dem erforderlichen Expertenwissen gemangelt haben, das die Beteiligten in die Lage hätte versetzen können, die Angemessenheit und Tragweite des vorgelegten Gesetzentwurfs zu beurteilen. Hinzu kam, daß die sozialpolitische Sprecherfunktion der FDP-Bundestagsfraktion erst kurz zuvor neu besetzt worden war; die erforderliche Einarbeitung mag dazu beigetragen haben, daß sich Detailfragen der Aufmerksamkeit der FDP entzogen (Interview BMA, 21.2.1997), und eine frühzeitige Intervention verhindert haben. Vor diesem Hintergrund konnte der Entwurf als ein stark vom BMA geprägtes Papier, das zwar zentrale Forderungen der Gewerkschaften von vornherein nicht berücksichtigte, aber immerhin doch der Deregulierungspolitik der Bundesregierung zuwiderlief, recht unbehelligt bis in den Bundestag gelangen und erfolgten massive Interventionen aus den Reihen der Koalition erst zu einem recht späten Zeitpunkt im Gesetzgebungsverfahren.

---

124 Vgl. Handelsblatt vom 8.6.1994.

Die Umsetzung von EU-Arbeitsschutzrichtlinien in Deutschland

7.4.2 Der zweite Anlauf: das Arbeitsschutzgesetz

Nach der Aufregung um den gescheiterten Entwurf war klar, daß ein zweiter Anlauf nur auf einer neuen inhaltlichen Grundlage würde erfolgen können (Interview BMA, 17.2.1997). Bereits der Referentenentwurf des Gesetzes war vollständig überarbeitet.[125] Die Bundesregierung legte am 23. November 1995 einen Entwurf für das Arbeitsschutzgesetz vor, dessen Eckpunkte – inhaltsgleiche Übernahme der EU-Richtlinien unter Anpassung an die deutsche Rechtssprache und Verzicht auf ein Arbeitsschutzgesetzbuch – im Spitzengespräch der Koalition abgesegnet worden waren (Interview BMA, 21.2.1997). Im Januar 1996 brachte die Bundesregierung den Entwurf in den Bundestag ein.[126] Am 13.6.1996 wurde er – mit nur geringen Veränderungen – im Bundestag in dritter Lesung als »Gesetz zur Umsetzung der EG-Rahmenrichtlinie Arbeitsschutz und weiterer Arbeitsschutz-Richtlinien« verabschiedet, das als Artikel 1 das »Gesetz über die Durchführung von Maßnahmen des Arbeitsschutzes zur Verbesserung der Sicherheit und des Gesundheitsschutzes der Beschäftigten bei der Arbeit (Arbeitsschutzgesetz – ArbSchG)« enthält.[127] Es beinhaltet zugleich Veränderungen am – als eigenständigen Regelwerk fortbestehenden – Arbeitssicherheitsgesetz, am Betriebsverfassungsgesetz, am Arbeitnehmerüberlassungsgesetz und an der Gewerbeordnung. Der Bundesrat stimmte dem Gesetz am 5. Juli 1996 zu, und am 7. August trat es in Kraft.[128] Damit war die Bundesrepublik Deutschland der letzte Mitgliedstaat, der der EU-Kommission die Umsetzung der Rahmenrichtlinie in nationales Recht mitteilen konnte. Parallel zum Arbeitsschutzgesetz wurden die Bestimmungen der Reichsversicherungsordnung (RVO) zum Unfallversicherungsrecht überarbeitet und als siebentes Buch in das Sozialgesetzbuch integriert (SGB VII).[129]

Während des Reformprozesses kam auf allen Seiten Bewegung in die Positionen der Akteure. Der DGB, getrieben von der Befürchtung, daß der Reformversuch aufs neue scheitern oder erheblich verzögert werden könnte, vollzog in wichtigen Fragen einen Schwenk: Er verständigte sich mit der BDA auf eine gemeinsame Erklärung, in der sich beide Seiten für die Reform aussprachen, der DGB aber Abstand von bisherigen Kernforderungen nehmen

---

125 Vgl. BMA, Referentenentwurf eines Gesetzes zur Umsetzung der EG-Rahmenrichtlinie Arbeitsschutz und weiterer Arbeitsschutzrichtlinien.
126 Vgl. BT-Drs. 13/3540 vom 22.1.1996.
127 Vgl. BR-Drs. 427/96 vom 14.6.1996.
128 Vgl. Gesetz zur Umsetzung der EG-Rahmenrichtlinie Arbeitsschutz und weiterer Arbeitsschutzrichtlinien, S. 1246ff.
129 Vgl. Gesetz zur Einordnung des Rechts der gesetzlichen Unfallversicherung in das Sozialgesetzbuch, S. 1254ff. (im folgenden: UVEG).

mußte.[130] Das explizite Votum der BDA für eine Umsetzung der EU-Rahmenrichtlinie, so die Hoffnung, würde eine Durchsetzung des Arbeitsschutzgesetzes in der Regierungskoalition erleichtern. In ihrer gemeinsamen Erklärung forderten DGB und BDA den Gesetzgeber auf, den Unfallversicherungsträgern die Möglichkeit zur Überwachung staatlichen Arbeitsschutzrechts einzuräumen:

»Wesentliche Voraussetzung für eine effiziente Aufgabenerfüllung durch die berufsgenossenschaftlichen Aufsichtsdienste und für eine Aufgabenschwerpunktverteilung mit der Gewerbeaufsicht ist die Möglichkeit der berufsgenossenschaftlichen Aufsichtsdienste, das Arbeitsschutzrecht in vollem Umfang anwenden zu können. Würden ihre Aktionsmöglichkeiten auf das Satzungsrecht der berufsgenossenschaftlichen Selbstverwaltung beschränkt, so hätte dies zur Folge, daß wesentliche Arbeitsschutzbereiche bei der Überwachung mit geringerer Kompetenz und Effizienz behandelt werden müssen. Die Sozialpartner appellieren daher an die für den Arbeitsschutz zuständigen Minister des Bundes und der Länder, sich dafür einzusetzen, daß den Berufsgenossenschaftlichen Aufsichtsdiensten im Rahmen ihrer Überwachungstätigkeit die Anwendung auch staatlichen Arbeitsschutzrechts mit Anordnungsbefugnis ermöglicht wird [...].«[131]

Darüber hinaus sollte geprüft werden, »in welchen Bereichen eine unmittelbare Umsetzung des europäischen Rechts durch Vorschriften der Unfallversicherungsträger möglich ist.«[132] Schließlich wandte sich die gemeinsame Erklärung gegen jede Einschränkung berufsgenossenschaftlicher Kompetenzen. Im Gegenzug willigte die BDA in die Forderung ein, daß die EU-Richtlinien inhaltsgleich umgesetzt werden sollten – eine Position, die sie allerdings bereits vorher eingenommen hatte und zu der es angesichts des Zwangs zur Umsetzung im übrigen auch keine Alternative gab.

»Der Bundesminister für Arbeit und Sozialordnung wird aufgefordert, die europäischen Richtlinien für Sicherheit und Gesundheitsschutz bei der Arbeit inhaltsgleich in nationales Recht umzusetzen sowie die Konkretisierung und Ausgestaltung, bei Bedarf auch die Festsetzung höherer Schutzziele der Selbstverwaltung der Unfallversicherung zu übertragen.«[133]

Damit hatte der DGB einer inhaltsgleichen und raschen Umsetzung den Vorzug gegeben vor einer umfassenderen und in wesentlichen Punkten über die Rahmenrichtlinie hinausgehenden Reform, die aber vermutlich langwieriger und in ihren Erfolgsaussichten weit unsicherer gewesen wäre. Mit dem Verweis auf eine mögliche Heraufsetzung des Schutzniveaus durch UVVen machte man entsprechende Verbesserungen allerdings von der Zustimmung der Arbeitgeberseite abhängig.

---

130 Vgl. BDA/DGB, Gemeinsame Positionen der Sozialpartner zum Arbeitsschutz.
131 Ebda., S. 5.
132 Ebda., S. 3.
133 Ebda.

Die Umsetzung von EU-Arbeitsschutzrichtlinien in Deutschland

Allerdings war damit die Diskussion über die Reichweite der Reform nicht vom Tisch: Im Dezember 1995 brachte Hessen einen Gesetzentwurf für ein Arbeitsschutzgesetzbuch in den Bundesrat ein, der sehr weitgehende Vorstellungen beinhaltete.[134] Der hessische Vorschlag stieß auf ein geteiltes Echo bei den Gewerkschaften, bei denen nun Meinungsverschiedenheiten über die im Reformprozeß einzuschlagende Handlungsstrategie aufbrachen.[135] Er erhielt vor allem von der IG Metall und der IG Medien Unterstützung, die ihn als Beitrag für eine umfassende Modernisierung des Arbeitsschutzes würdigten, während andere Einzelgewerkschaften, insbesondere die IG Chemie und die IG BAU, ihn ablehnten, vor allem weil seine Erörterung zu einer nicht vertretbaren Verzögerung des Gesetzgebungsverfahrens führe.[136] Der DGB schloß sich dieser Einschätzung an. Der Hessen-Entwurf lief seinen Bestrebungen nach einem raschen Abschluß des Gesetzgebungsverfahrens zuwider[137]; zudem hielt er dessen Forderungen für nicht realisierbar (Interview DGB, 3.4.1997). Er warb nun bei den Ländern um Unterstützung für seine Position. Der Bundesrat verzichtete auf eine Beratung des Hessen-Entwurfs und entschied sich wegen der Eilbedürftigkeit des Gesetzes dafür, Konsensgespräche mit der Bundesregierung aufzunehmen und dort die Durchsetzung

---

134 Vgl. BR-Drs. 854/95 vom 7.12.1995.
135 Bereits zwei Jahre zuvor beim Konflikt um die Verabschiedung des Arbeitsschutzrahmengesetzes war die ablehnende Haltung der Länder bei einzelnen Gewerkschaften auf Kritik gestoßen. Sie hatten ihnen vorgeworfen, damit eine Verbesserung des Arbeitsschutzes zu verhindern. So hieß es z.B. in einem Schreiben der ÖTV-Hauptverwaltung an die Bezirksverwaltungen vom 6.5.1994: »Gegner der Verabschiedung des Gesetzes [...] sind nicht nur der Wirtschaftsflügel der CDU-Fraktion und die FDP, sondern auch die Abteilungsleiter für die staatliche Arbeitsschutzaufsicht in den unterschiedlichsten Länderministerien.« Der Entwurf für einen Musterbeschwerdebrief der Mitglieder formulierte: »Ich teile die Einschätzung meiner Gewerkschaft, daß hier von leitenden Beamten der Arbeits- und Sozialminister der Länder Macht gegenüber der Bundesregierung ausgeübt wird, ohne Rücksicht auf die gesundheitlichen Interessen meiner Kolleginnen und Kollegen.«
136 Vgl. die Reaktionen auf den Gesetzentwurf des Landes Hessen in: Arbeit & Ökologie-Briefe, 1996, Nr. 4, S. 14. Für die IG Chemie kam als Ablehnungsgrund hinzu, daß der Hessen-Entwurf nicht den gewünschten Subsidiaritätsvorbehalt zugunsten der Berufsgenossenschaften und deren Ermächtigung zur Überwachung staatlicher Arbeitsschutzvorschriften enthielt. Vgl. IG Chemie-Papier-Keramik, Schreiben an Staatsministerin Stolterfoht vom 18.1.1996.
137 So schildert der SPD-Abgeordnete Gilges die Haltung des DGB folgendermaßen. »Der deutsche Gewerkschaftsbund hat uns gebeten, sich mit dieser Mini-Reform der EG-Rahmenrichtlinie positiv auseinanderzusetzen. Aus einem Schreiben der Stellvertretenden DGB-Vorsitzenden Ursula Engelen-Kefer an die hessische Arbeitsministerin Stolterfoht vom 7. Februar 1996 geht eindeutig hervor, daß die Umsetzung des EG-Arbeitsrechts für den DGB von oberster arbeitsschutzpolitischer Priorität ist.« Deutscher Bundestag, Stenographischer Bericht, 86. Sitzung vom 8. Februar 1996, S. 7669*.

Kapitel 7

eines Teils der eigenen Forderungen anzustreben.[138] Die Verabschiedung des gewünschten Arbeitsschutzgesetzbuches schien nicht mehr durchsetzbar und – aus Sicht der B-Länder vor allem gegenüber der Bundesregierung, aus Sicht der meisten A-Länder vor allem gegenüber einem großen Teil der Gewerkschaften – auch nicht vertretbar. Die Ländermehrheit unterstützte das Gesetzesvorhaben nun im Grundsatz, um überhaupt in absehbarer Zeit noch eine Anpassung an europäisches Recht vornehmen zu können. Somit hatten sich im Prozeß der Arbeitsschutzreform sowohl auf Seiten der Länder wie auf Seiten der Gewerkschaften die vormals harten Fronten gegenüber dem Regierungsentwurf aufgelöst.

7.4.2.1 Das Arbeitsschutzgesetz – Inhalt und Bewertung

Die Regierungskoalition hatte den Entwurf zum Arbeitsschutzgesetz als ein »schlankes« Gesetz konzipiert. Dies machte allein schon der gegenüber dem Arbeitsschutzrahmengesetz von 22 auf 7 Seiten reduzierte Umfang deutlich. Die Kürzungen hatten vor allem rechtstechnische Gründe: Das Arbeitssicherheitsgesetz blieb als eigenständiges Regelwerk erhalten und mußte daher nicht mehr im neuen Regelwerk erscheinen. Darüber hinaus verzichtete die vorgesehene Neufassung auf diejenigen Bestimmungen des Arbeitsschutzrahmengesetzentwurfes, die nicht unmittelbar auf die EU-Richtlinien zurückgingen.[139]

Materielle Schutzbestimmungen
Dem Anspruch nach handelt es sich um ein Gesetz, das die Vorgaben der EU-Rahmenrichtlinie »inhaltsgleich« überträgt. In der Tat enthält das Arbeitsschutzgesetz die Kernbestimmungen der Rahmenrichtlinie: die Einbeziehung aller Arbeitnehmer in den Arbeitsschutz; die Ausweitung des Präventionsauftrages auf arbeitsbedingte Gesundheitsgefahren; die Durchführung von Gefährdungsanalysen, deren Dokumentation, das Ergreifen der erforderlichen Maßnahmen, die Überprüfung ihrer Wirksamkeit und ihre beständige Anpassung an neue Entwicklungen; die kohärente Verknüpfung von Technik, Arbeitsorganisation, Arbeitsbedingungen, sozialen Beziehungen und Einfluß der Umwelt bei der Planung von Schutzmaßnahmen; die Beachtung der allgemeinen Grundsätze der Gefahrenverhütung; die Präzisierung von

---

138 Vgl. Fischer, Artikelgesetz Arbeitsschutz: Große Zustimmung, S. 7.
139 Dazu zählten, wie oben bereits angeführt, v.a. folgende Bereiche: die Aufgaben und Befugnisse der zuständigen Behörden; die gesetzliche Regelung der Bundesanstalten für Arbeitsschutz und Arbeitsmedizin; die konkrete Auflistung der Gegenstandsbereiche der staatlichen Verordnungsermächtigungen.

Die Umsetzung von EU-Arbeitsschutzrichtlinien in Deutschland

arbeitsschutzbezogenen Anhörungs- und Informationspflichten des Arbeitgebers und ihre Ausweitung auch auf Unternehmen ohne Betriebsrat. Der Arbeitgeber hat somit ein umfassendes, auf den Betrieb zugeschnittenes Präventionskonzept zu erarbeiten und nachzuweisen.

Im Hinblick auf die von der EU-Rahmenrichtlinie veranlaßten Reformen enthält das Arbeitsschutzgesetz gegenüber dem Entwurf zum Arbeitsschutzrahmengesetz einige Veränderungen, von denen insbesondere folgende auch das Schutzniveau berühren:

1. Betriebe mit bis zu zehn Beschäftigten werden von der Dokumentationspflicht ausgenommen. Dies betrifft immerhin etwa 25 % aller Beschäftigten. Zudem sollte die Dokumentationspflicht erst zum 21.8.1997 in Kraft treten, also nahezu fünf Jahre nach Ablauf der von der EU gesetzten Frist.
2. Generell wurde die Einschränkung eingefügt, daß sich die Planung und Durchführung von Maßnahmen des betrieblichen Arbeitsschutzes sowie die Unterlagen über die Gefährdungsbeurteilung und die festgelegten Maßnahmen nach »Art der Tätigkeiten und der Zahl der Beschäftigten« zu richten haben (Art. 1 § 6 Abs. 1 und § 3 Abs. 2 ArbSchG). Auch diese Bestimmung läuft auf eine Entlastung von Klein- und Mittelbetrieben hinaus.
3. Die Gegenstandsbereiche, auf die sich die gesundheitsbezogenen Anhörungsrechte der Beschäftigten in Unternehmen ohne Betriebsrat beziehen werden, anders als im Arbeitsschutzrahmengesetz-Entwurf nicht mehr explizit genannt.[140] Die Frage, ob im Einzelfall ein Anhörungsrecht existiert, wird daher unter Umständen erst in einer gerichtlichen Auseinandersetzung geklärt werden können.

Darüber hinaus nimmt das Arbeitsschutzgesetz – unter enger Anlehnung an die Formulierungen der Rahmenrichtlinie – gegenüber seinem Vorgängerentwurf eine Reihe von sprachlichen Modifikationen vor, die allerdings keine oder nur sehr geringfügige Auswirkungen auf das Schutzniveau haben.[141] Dies ist ein deutlicher Hinweis darauf, daß bereits der Arbeitsschutzrahmengesetzentwurf sich eng an den EU-Vorgaben orientierte und hier – entgegen den lautstarken Klagen über großzügige, nicht erforderliche Regelungen – der Handlungsspielraum zur weiteren Abschwächung von Schutzbestimmungen

---

140 Dabei handelte es sich um folgende Bereiche: die Benennung von Verantwortlichen für die Erste Hilfe, die Sicherstellung der betriebsmedizinischen Versorgung; die Unterrichtung über arbeitsbedingte Gefahren; die Dokumentation; die Planung und Organisation der Unterweisung; die Planung und Einführung neuer Technologien, sofern sie sich auf Gesundheit und Sicherheit der Arbeitnehmer auswirken. Vgl. § 12 Abs. 2 ArbSchG.
141 So wurde z.B. bei der Durchführung von Arbeitsschutzmaßnahmen nun nicht mehr die »Berücksichtigung aller die Arbeit berührenden Umstände« gefordert, sondern die »Berücksichtigung der Umstände [...], die Sicherheit und Gesundheit der Beschäftigten bei der Arbeit beeinflussen.« (Art. 1 § 3 Abs. 1)

Kapitel 7

sehr klein war. Auch die Veränderungen, die das Arbeitsschutzgesetz noch am Referentenentwurf vorgenommen hatte, waren geringfügig: Unternehmen mit bis zu zehn Beschäftigten und nicht mehr nur Betriebe mit bis zu fünf Beschäftigten werden von der Dokumentationspflicht befreit; der Arbeitsschutzausschuß soll mindestens vierteljährlich und nicht mehr nur halbjährlich tagen.[142] Allerdings liefern Art und Umfang dieser Veränderungen auch einen Hinweis darauf, wie intensiv die Suche nach möglichen Abschwächungen betrieben wurde. So spiegeln sich nicht nur im Umfang, sondern auch im Inhalt des Arbeitsschutzgesetzes durchaus die Bemühungen der FDP und des Wirtschaftsflügels der Union wider, die Veränderungen auf das unvermeidbare Mindestmaß zu begrenzen; aber bezogen auf die umsetzungsrelevanten Gegenstandsbereiche fielen die Unterschiede zu den vorherigen Entwürfen weit weniger ins Gewicht, als dies von den beteiligten Akteuren – ob mit positiver oder negativer Konnotation – gern behauptet wird. Am Kern der EU-Innovationen kam auch das »schlanker« gewordene Arbeitsschutzgesetz letztlich nicht vorbei.

Darüber hinaus enthält das Arbeitsschutzgesetz einige – zum Teil implizite – Veränderungen, die sich zwar nicht zwingend aus der Rahmenrichtlinie ergeben, jedoch deren Schutzphilosophie in die bestehenden Strukturen und Besonderheiten des deutschen Arbeitsschutzsystems einbauen und die betrieblichen Akteure mit den entsprechenden Rechten und Pflichten ausstatten. Dazu gehört zum einen die Erweiterung der Aufgaben von Betriebsärzten und Fachkräften für Arbeitssicherheit auf die Beurteilung der Arbeitsbedingungen (Art. 2 Ziff. 2 und Ziff. 4). Des weiteren müssen sie vom Arbeitgeber über den Einsatz von befristet Beschäftigten und von Angehörigen von Fremdfirmen unterrichtet werden (Art. 2 Ziff. 1 und Ziff. 3b). Schließlich hält das deutsche Arbeitsschutzrecht auch an denjenigen über die EU-Vorschriften hinausgehenden Bestimmungen fest, die bereits vor dem Inkrafttreten der EU-Rahmenrichtlinie gültig waren und mittlerweile zum Traditionsbestand des Arbeitsschutzes zählen. Dies betrifft insbesondere die Vorschriften des Betriebsverfassungsgesetzes zur Mitbestimmung in Fragen des betrieblichen Gesundheitsschutzes sowie die Vorschriften des Arbeitssicherheitsgesetzes zu Art und Umfang der betriebsmedizinischen Versorgung.[143] Die Bundesregierung

---

142 Zu den Verbesserungen gegenüber dem Referentenentwurf zählt hingegen die Wiederaufnahme des Rechts, die Arbeit im Falle akuter Gefahren für Leben und Gesundheit einzustellen (Art. 1 § 18 Abs. 3 ArbSchG).
143 Als Ausnahme kann lediglich die Beschränkung von Arbeitsschutzausschüssen auf Betriebe mit mehr als zwanzig Beschäftigten, sofern eine andere Rechtsvorschrift nichts Abweichendes vorsieht (Art. 2 Ziff. 7). Da die Rahmenrichtlinie die sicherheitstechnische und arbeitsmedizinische Betreuung auf alle Beschäftigten in Kleinbetrieben ausdehnt, hätten – nach den alten Bestimmungen des Arbeitssicherheitsgesetzes (Art. 11) – nun

Die Umsetzung von EU-Arbeitsschutzrichtlinien in Deutschland

hatte bereits in der Begründung zum Arbeitsschutzrahmengesetz festgestellt, daß »kein Anlaß zu einem Abbau bestehender Regelungen [besteht], die über die Anforderungen des EG-Rechts hinausgehen. Eine derartige Vorgehensweise würde aber auch dem Anliegen widersprechen, das mit den Richtlinien nach Artikel 118a EWG-Vertrag verfolgt wird.«[144] Weil das Thema »Gesundheit« ein beträchtliches Skandalisierungspotential beinhaltet, wäre es freilich auch schwierig gewesen, eine Rücknahme dieser Bestimmungen zu legitimieren. Ein entsprechender Vorstoß gegen die Mitbestimmungsrechte im Arbeitsschutz hätte zudem den entschiedenen Widerstand der Gewerkschaften provoziert und aus dem Reformvorhaben eine weit über den Arbeitsschutz hinausreichende Auseinandersetzung gemacht.

Allerdings ist für das Gesamtwerk charakteristisch, daß es sich sehr weitgehend an den EU-Mindestvorschriften orientiert. In einigen Punkten muß es als fraglich gelten, ob das Arbeitsschutzgesetz in seinem Bemühen, den von der Rahmenrichtlinie freigegebenen Spielraum nach unten möglichst weit auszuschöpfen, nicht zu weit gegangen ist. Hier sind zum einen die Ausnahmebestimmungen für kleinere und mittlere Unternehmen zu nennen, v.a. die erwähnte Ausnahme von der Dokumentationspflicht. Immerhin hatten die Mitgliedstaaten in einer Erklärung zur EEA-Schlußakte bekräftigt, daß die Bestimmung des Art. 118a Abs. 2 EWGV über die Klein- und Mittelbetriebe nicht zu einer sachlich unbegründeten Schlechterstellung der dort Beschäftigten führen dürfe.[145] Vor diesem Hintergrund hat die EU-Kommission gegen Deutschland wegen der Ausnahmebestimmungen zur Dokumentationspflicht mittlerweile ein Vertragsverletzungsverfahren vor dem EuGH eingeleitet.[146] Zum anderen eröffnen – wie oben gezeigt – eine Reihe von Vorschriften einen breiten Interpretationsspielraum, der auch eine Unterschreitung des europäischen Schutzniveaus als möglich erscheinen läßt. Der Verzicht auf eindeutige und konkrete Bestimmungen verlagert die Auseinandersetzung über die Angemessenheit von Schutzmaßnahmen auf die betriebliche Ebene und überläßt sie damit der Konfliktbereitschaft und -fähigkeit der dortigen Akteure. Nicht zuletzt gehört zur Frage der Einhaltung europäischer Arbeitsschutzvorschriften auch der Hinweis, daß die Arbeitsschutzreform in Deutschland erst mit nahezu vierjähriger Verzögerung in Kraft trat. Jedoch gilt es mit Blick auf die Gesamtreform festzuhalten: Die Charakterisierung des Arbeitsschutzgesetzes als eines weitgehend an der Leitlinie der Minimalanpassung orientierten

---

auch alle Kleinbetriebe einen Arbeitsschutzausschuß einrichten müssen, sofern sie einer sicherheitstechnischen und arbeitsmedizinischen Betreuung unterliegen.
144 BT-Drs. 12/6752 vom 3.2.1994, S. 30.
145 Vgl. de Ruyt, L'Acte Unique Européen, S. 194.
146 Vgl. http://europa.eu.int/cj/de/jurisp./index.htm.

Regelwerks bezieht sich auf das Verhältnis zu den europäischen Vorschriften. Nimmt man das zuvor in Deutschland geltende Arbeitsschutzrecht und die darauf aufbauende Praxis zum Maßstab, stellt das Regelwerk eine sehr weitreichende Innovation dar.

Zuständigkeiten und Zusammenarbeit von Gewerbeaufsicht und Berufsgenossenschaften
Bei der Neuregelung der institutionellen Zuständigkeiten war die Erweiterung des berufsgenossenschaftlichen Präventionsauftrags von herausragender Bedeutung. Die Unfallversicherungsträger erhalten mit dem UVEG – wie bereits im Arbeitsschutzrahmengesetz vorgesehen – die Aufgabe, nicht mehr nur Arbeitsunfälle und Berufskrankheiten, sondern nun auch arbeitsbedingte Gesundheitsgefahren »mit allen geeigneten Mitteln« zu verhüten (§§ 1 u. 14 Abs. 1 SGB VII). Dabei haben sie mit den gesetzlichen Krankenkassen zusammenzuarbeiten (§ 14 Abs. 2 SGB VII). Damit war die mehr als hundertjährige gesetzliche Einschränkung ihres Handelns auf die Verhütung von Versicherungsfällen aufgehoben und die rechtliche Grundlage für eine umfassende Modernisierung des berufsgenossenschaftlichen Präventionshandelns geschaffen.[147] Im übrigen ist es den Berufsgenossenschaften erst auf dieser Basis möglich, mittels UVVen die sich aus dem umfassenden Arbeitsschutzbegriff der EU-Richtlinien ergebenden Pflichten branchenspezifisch zu konkretisieren und deren Einhaltung zu kontrollieren. Im Unterschied zum Arbeitsschutzrahmengesetzentwurf sieht das Arbeitsschutzgesetz allerdings für die Rechtsetzung keinen berufsgenossenschaftlichen Subsidiaritätsvorbehalt mehr vor. Ausschließlich der Bund wird ermächtigt, mit Zustimmung des Bundesrates Verordnungen zur Konkretisierung von Arbeitsschutzpflichten zu erlassen (§ 18 ArbSchG). Dies schließt die Umsetzung europäischen Rechts ein (§ 19 ArbSchG).

Auch zur Kooperation von staatlichem Arbeitsschutz und Unfallversicherungsträgern wurden in der Endphase des Reformprozesses noch Bestimmungen in das Gesetz aufgenommen. Um angesichts des Zeitdrucks bei der Umsetzung der EU-Richtlinien nicht von der Länderzustimmung abhängig zu sein, hatte die Bundesregierung – zunächst – auf Bestimmungen zur Zusammenarbeit der Arbeitsschutzinstitutionen und auf die Regelung einiger anderer zustimmungspflichtiger Gegenstandsbereiche verzichtet. Diese Fragen wurden vor der endgültigen Verabschiedung des Gesetzes Gegenstand der erwähnten Konsensgespräche zwischen Bundestag und Bundesrat, denn beiden

---

147 Vgl. z.B. Lenhardt, Betriebliche Gesundheitsförderung unter veränderten gesetzlichen Rahmenbedingungen, S. 273ff.

Die Umsetzung von EU-Arbeitsschutzrichtlinien in Deutschland

Seiten war an einer Einigung gelegen.[148] Die Bundesregierung wollte die arbeitsschutzrelevanten Vorschriften der Gewerbeordnung bundeseinheitlich modernisieren und insbesondere vermeiden, daß die Bestimmungen des neuen Arbeitsschutzgesetzes und der § 120a der Gewerbeordnung (GewO) – »wie es die Natur des Betriebs gestattet« – nebeneinander fortbestehen, weil dies den Vollzug des Arbeitsschutzrechts vor kaum zu bewältigende Probleme gestellt hätte (Interview BMA, 21.2.1997; Hessen, 20.2.1997). Die Länder teilten dieses Interesse: Der § 120a GewO war ihnen ohnehin ein Dorn im Auge, und bundeseinheitliche Regelungen würden die Übersichtlichkeit des Arbeitsschutzrechts für die zahlreichen länderübergreifend operierenden Unternehmen erhöhen und eine einheitliche Rechtsanwendung begünstigen; zudem waren die Länder – gerade nach der Erweiterung des berufsgenossenschaftlichen Präventionsauftrags – darauf bedacht, eine für sie vorteilhafte Form der Zusammenarbeit mit den Berufsgenossenschaften zu fixieren. Im übrigen hatte der Bundesrat seine Zustimmung zum erweiterten Präventionsauftrag der Unfallversicherungsträger nach dem SGB VII von einer gleichzeitigen gesetzlichen Fixierung des Verhältnisses von staatlichem Arbeitsschutz und Berufsgenossenschaften abhängig gemacht.[149] Vor diesem Hintergrund kam ein Kompromiß in den Konsensgesprächen zustande, zu dessen wichtigsten Ergebnissen neben der Streichung des § 120a GewO die folgenden Regelungen zur Zusammenarbeit von Berufsgenossenschaften und Gewerbeaufsicht gehörten[150]:

- Das Arbeitsschutzgesetz stellt – auf Initiative der Länder hin – deutlich heraus, daß die Durchführung des Gesetzes und der auf ihm basierenden Rechtsverordnungen in der Zuständigkeit der staatlichen Aufsichtsbehörden liegt (Art. 1 § 21 Abs. 1 ArbSchG), die Berufsgenossenschaften hingegen ausschließlich auf der Grundlage des Sozialgesetzbuches tätig werden (Art. 1 § 21 Abs. 2 ArbSchG). Damit wird die grundsätzliche Verantwortung des Staates für den Arbeitsschutz festgeschrieben und die Forderung der Berufsgenossenschaften nach Ausweitung ihrer Kontrollbefugnisse auf staatliches Recht zurückgewiesen.
- Die Pflicht zur engen Zusammenarbeit der beiden Institutionensysteme – bisher nur in einer Verwaltungsvorschrift enthalten – wird nun gesetzlich festgeschrieben (Art. 1 § 21 Abs. 3 ArbSchG und § 20 Abs. 1 SGB VII). Die Berufsgenossenschaften haben landesbezogene Stellen einzurichten, über die sie der obersten Arbeitsschutzbehörde des Landes Informationen zu

---

148 Die Gespräche für die Bundesländer führten v.a. Niedersachsen, Hessen und Nordrhein-Westfalen. Vgl. Fischer, Artikelgesetz Arbeitsschutz: Große Zustimmung, S. 7f.
149 BT-Drs. 13/4337 vom 15.4.1996, S. 2ff.
150 Vgl. auch: Bericht des Ausschusses für Arbeit und Sozialordnung, S. 3ff.

ihrer Überwachungstätigkeit zukommen lassen und mit ihnen die Überwachungstätigkeit planen und abstimmen (§ 20 Abs. 2 SGB VII). Diese Bestimmungen gehen von einer gleichberechtigten Zusammenarbeit von Unfallversicherungsträgern und staatlichen Arbeitsschutzbehörden aus. Von einem Letztentscheidungsrecht einer Seite ist nicht die Rede.
- Die Länder erhalten die Option, Kontroll- und Anordnungsbefugnisse für staatliches Recht durch eine vertragliche Vereinbarung den Unfallversicherungsträgern zu übertragen (Art 1 § 21 Abs. 4 ArbSchG). Dies bietet ihnen die Möglichkeit, sich zum einen von Aufgaben zu entlasten und zum anderen den Einfluß auf die Ziele und Bedingungen der Überwachungstätigkeit zu bewahren.

Darüber hinaus werden die Befugnisse der Behörden bei ihrer Überwachungs- und Anordnungstätigkeit (Art. 1 § 22 ArbSchG) sowie die Mitteilungspflichten der Arbeitgeber und die Geheimhaltungspflichten bei Betriebs- und Geschäftsgeheimnissen bundeseinheitlich geregelt (Art. 1 § 23 ArbSchG).

7.4.2.2 Reaktionen auf das Arbeitsschutzgesetz

Die Koalitionsparteien begrüßten den Gesetzentwurf, hoben dabei aber weniger dessen inhaltliche Qualität als die Unterschiede zum gescheiterten Vorgängerentwurf hervor. In der ersten Lesung des Entwurfs betonte die Abgeordnete Babel für die FDP-Fraktion:

»Das heute hier zu behandelnde Arbeitsschutzgesetz ist aus liberaler Sicht ein gelungenes Beispiel für eine erfolgreiche Deregulierung – gemessen jedenfalls an dem Vorentwurf aus der zurückliegenden Wahlperiode. [...] Ich sehe [...] mit Freude und auch etwas Genugtuung, daß die Bundesregierung uns jetzt einen wesentlich vereinfachten, verschlankten und entbürokratisierten Gesetzentwurf zur Umsetzung der EU-Richtlinie vorgelegt hat.«[151]

In gleicher Weise äußerte sich der CSU-Abgeordnete Ramsauer:

»Der nunmehr vorliegende Entwurf eines Arbeitsschutzgesetzes unterscheidet sich erheblich von seinem aufgeblasenen Vorgänger [...]. Er ist jetzt wesentlich schlanker, übersichtlicher, von vieler Last befreit und schlackt. Vor allem handelt es sich eher um eine wirkliche 1:1-Umsetzung der europäischen Rahmenrichtlinie.«[152]

Rechte Freude wollte aber auch bei den Koalitionsparteien nicht aufkommen: Die grundsätzliche Zustimmung wurde nach wie vor von heftiger Kritik im einzelnen begleitet. So forderte Ramsauer in der ersten Lesung noch zahlreiche »Nachbesserungen« am Gesetzentwurf: die Dokumentationspflichten des Arbeitgebers seien überzogen und stellten eine neue bürokratische Belastung

---

151 Deutscher Bundestag, Stenographischer Bericht, 86. Sitzung vom 8. Februar 1996, S. 7669*.
152 Ebda., S. 7667*.

Die Umsetzung von EU-Arbeitsschutzrichtlinien in Deutschland

dar; die Grenze für Ausnahmeregelungen bei der Dokumentationspflicht – also für Betriebe mit bis zu zehn Beschäftigten – sei zu niedrig; die Verordnungsermächtigungen des Bundesarbeitsministeriums seien zu umfangreich und könnten beliebig ausgeweitet werden.[153] Zudem seien die Kostenschätzungen des Entwurfs viel zu unpräzise, so daß man gleichsam »die Katze im Sack« kaufe. Obendrein wollte der CSU-Politiker auch Einfluß auf die nachfolgende Verordnungstätigkeit nehmen.

»Eine wesentliche Bedingung für eine Verabschiedung des Gesetzes ist für mich neben all dem die Vorlage aller Entwürfe für die Verordnungen, mit denen die europäischen Einzelrichtlinien [...] in deutsches Recht umgesetzt werden sollen. [...] Was in den Verordnungen stehen soll, möchte ich als Gesetzgeber vorher wissen, da ich nach Erlaß eines Gesetzes mit entsprechender Verordnungsermächtigung keinen Einfluß mehr auf eine solche Verordnung habe.«[154]

All dies waren allerdings Forderungen, die sich im Verlauf der weiteren Beratungen nicht durchsetzen konnten. Somit handelte es sich aus der Sicht der »Wirtschaftspolitiker« in der CDU und der FDP eher um ein Gesetz, das man mit einem lachenden und einem weinenden Auge betrachtete: man war zwar noch recht glimpflich davongekommen war, hat aber einem Gesetz zustimmen müssen, das man eigentlich überhaupt nicht wollte – und bestimmt nicht verabschiedet hätte, wenn es von der EU nicht aufgezwungen worden wäre.

Das gleiche gilt für die *Arbeitgeberverbände*. Auch sie hatten eine Reform des Arbeitsschutzes dezidiert nicht gewünscht, aber angesichts der einmal gegebenen EU-Vorschriften konnten sie mit den Regelungen des Arbeitsschutzgesetzes zufrieden sein. In einigen Punkten fand das Gesetz sogar ihre ausdrückliche Unterstützung – dies allerdings aus sehr eigenwilligen Motiven. So begrüßten sie die Gleichstellung der Beschäftigten im öffentlichen Dienst und in der gewerblichen Wirtschaft mit dem Argument, daß dies dem Staat die Möglichkeit erschwere, Dienstleistungen durch ein Sozial-Dumping beim Arbeitsschutz billiger anzubieten als private Unternehmen. Die damit geschaffene »Chancengleichheit« werde in Zukunft die Privatisierung staatlicher Aufgabenbereiche erleichtern. Zudem befürworteten sie auch die Kontinuität der Überwachungsstrukturen im Arbeitsschutz. Mit ihrer Veto-Macht in den paritätisch besetzten Gremien der in ihrer Rolle gestärkten Berufsgenossenschaften behielten sie ihre Schlüsselposition im Arbeitsschutz. Die Unwägbarkeiten, die mit einem Einflußgewinn der Länder einhergegangen wären, waren damit beseitigt.

Die *Gewerkschaften* beklagten zwar, daß das Arbeitsschutzgesetz zahlreiche gewerkschaftliche Forderungen nicht berücksichtige, auch sei zweifelhaft,

---

153 Ebda.
154 Ebda., S. 7668*.

Kapitel 7

ob das Gesetz eine vollständige Umsetzung der EU-Rahmenrichtlinie darstelle, aber mit der Umsetzung von Kernbestimmungen des europäischen Rechts, deren Durchsetzung nicht zuletzt das Ergebnis gewerkschaftlichen Engagements gewesen sei, stelle es insgesamt einen großen Fortschritt dar.[155] Dies gelte insbesondere für die Formulierung verbindlicher Arbeitgeberpflichten sowie die Ausweitung des Arbeitsschutzbegriffs und des Präventionsauftrages der Berufsgenossenschaften. Insofern sei die Verabschiedung des Gesetzes auch ein Erfolg der zwanzigjährigen arbeitsschutzpolitischen Aktivitäten des DGB und seiner Einzelgewerkschaften.[156] Auch die Minimalversion der Rahmenrichtlinie enthalte Teile des EU-Rechts, »die dazu geeignet sind, betrieblich und überbetrieblich zu einem besseren Arbeitsschutz zu gelangen.«[157] Über diese Einschätzung des Gesetzes bzw. des Entwurfs bestand – trotz der taktischen Meinungsverschiedenheiten im Hinblick auf das Gesetzgebungsverfahren – auch unter den Einzelgewerkschaften weitgehende Übereinstimmung (Interview IG Medien, 13.11.1996).

Die *Berufsgenossenschaften* zeigten sich mit dem Gesetz insgesamt zufrieden.[158] Zwar hatten sie ihre Forderung nach der Überwachungsbefugnis für staatliches Recht und nach einem generellen Subsidiaritätsvorbehalt für die konkretisierende Rechtsetzung nicht durchsetzen können, sich aber immerhin den Begehrlichkeiten der Länder erfolgreich widersetzt und ihre Autonomie bewahrt. Zugleich konnten sie ihre Rolle durch die neue Zuständigkeit für arbeitsbedingte Gesundheitsgefahren aufgewertet sehen. Die *Länder* ihrerseits waren mit dem Versuch gescheitert, sich die Überwachungsdienste der Unfallversicherungsträger unterzuordnen, hatten aber ihre grundsätzliche Zuständigkeit für die Umsetzung staatlichen Rechts sowie die Beschränkung der Berufsgenossenschaften auf den Vollzug autonomen Satzungsrechts festschreiben können. Mit diesen Bestimmungen wurde das Gleichgewicht bei der Kompetenzverteilung bewahrt. Allein durch das den Ländern zugestandene Recht zur vertraglich geregelten Übertragung von Kontroll- und Anordnungstätigkeiten auf die Unfallversicherungsträger würde es künftig zu einer Veränderung bei der Überwachung kommen können. Die konkrete Ausformung der Zusammenarbeit würde aber den Verhandlungen auf Landesebene vorbehalten bleiben.

---

155 Vgl. zur Einschätzung seitens der Gewerkschaften: Konstanty, Das neue Arbeitsschutzrecht, S. 361ff.; Angermaier, Das neue Arbeitsschutzgesetz, S. 522ff.
156 Vgl. etwa: Konstanty, Das neue Arbeitsschutzrecht, S. 361ff.
157 Angermaier, Das neue Arbeitsschutzgesetz, S. 523.
158 Vgl. Coenen/Waldeck, Die neue Arbeitsschutzgesetzgebung aus Sicht der gewerblichen Berufsgenossenschaften, S. 574ff.

Die Umsetzung von EU-Arbeitsschutzrichtlinien in Deutschland

7.4.3 Die Umsetzung der Bildschirmrichtlinie

Nach den Vorstellungen der Bundesregierung sollten die Vorgaben der EU-Bildschirmrichtlinie durch eine staatliche Verordnung zur Bildschirmarbeit in deutsches Recht umgesetzt werden.[159] Da es im Interesse an einer kohärenten Entwicklung des Arbeitsschutzrechts angeraten schien, zunächst den Rahmen zu definieren, in den sich die Bestimmungen zur Bildschirmarbeit einfügen sollten, war ihr Schicksal von der vorausgehenden Verabschiedung eines Rahmengesetzes abhängig. Aus diesem Grund verzögerte sich mit dessen Scheitern auch die Umsetzung der Bildschirmrichtlinie (Interview BMA, 17.2.1997).

7.4.3.1 Der erste Referentenentwurf für eine Bildschirmarbeitsverordnung

Im Dezember 1993 – also beinahe ein Jahr nach Ablauf der Umsetzungsfrist – legte das BMA einen Referentenentwurf vor, der – so die damalige Planung – die Grundlage für die sofort nach Inkrafttreten des Arbeitsschutzrahmengesetzes zu erlassende Bildschirmverordnung darstellen sollte.[160] Der Referentenentwurf verfolgte der Begründung zufolge das Ziel, nicht nur die Kohärenz mit dem Arbeitsschutzrahmengesetz und den zu verabschiedenden Einzelrichtlinien zu wahren, sondern auch den Inhalt der Bildschirmrichtlinie vollständig zu übernehmen und dabei so weit zu konkretisieren, wie es bei dem breiten Anwendungsbereich und der notwendigen Flexibilität möglich war.[161]

Geltungsbereich
Als Bildschirm galt gemäß dem Referentenentwurf jeder Bildschirm zur Darstellung alphanumerischer Zeichen oder Graphiken (§ 1). Der Arbeitsplatz umfaßte sowohl den Bildschirm selbst als auch die Arbeits- und Einrichtungsgegenstände, die im Zusammenhang mit seiner Anwendung benutzt werden, sowie die unmittelbare Arbeitsumgebung (§ 2). Die Ausschlußbestimmungen für die Arbeitsplatzmerkmale entsprachen denjenigen der Rahmenrichtlinie.[162] Im Unterschied dazu nahm der Referentenentwurf bei der Definition

---

159 Vgl. BMA, Arbeit und Umwelt sicherer machen, S. 133ff.
160 Dass., Referentenentwurf einer Verordnung über Sicherheit und Gesundheitsschutz bei der Arbeit an Bildschirmgeräten.
161 Vgl. ebda., S. 2ff.
162 Ausgenommen vom Geltungsbereich waren: Bildschirme an Bedienerplätzen von Maschinen und an Führerplätzen in Verkehrsmitteln, kleine Bildschirme an Rechnern, Registrierkassen, Schreibmaschinen oder ähnlichen Arbeitsgegenstände; Bildschirmgeräte für den ortsveränderlichen Gebrauch.

Kapitel 7

des Bildschirmarbeitnehmers eine Konkretisierung vor: Als Bildschirmarbeitnehmer sollten solche Beschäftigten gelten, »die regelmäßig wiederkehrend mindestens zwei Stunden je Arbeitstag mit dem Bildschirmgerät arbeiten« (§ 2 Abs. 3). Die Formulierung der EU-Rahmenrichtlinie war als Kompromiß zwischen sehr unterschiedlichen Positionen zwar durchaus allgemein ausgefallen, jedoch lag ihr die informelle Verständigung zugrunde, daß ein Beschäftigter bei einem Zeitanteil »irgendwo zwischen 15 und 30%« als Bildschirmarbeitnehmer anzusehen sei (Interview BMA, 17.2.1997). Die Definition des Referentenentwurfs bewegte sich damit in diesem Rahmen: »Zwei Stunden entsprach mehr oder weniger dem, was der Rat dann auch gewollt hat.« (Interview BMA, 17.2.1997)

Beurteilung der Arbeitsbedingungen und Gefahrenbeseitigung
Der Referentenentwurf beschränkt die Pflicht des Arbeitgebers zu einer Beurteilung der Arbeitsbedingungen auf die mögliche Gefährdung des Sehvermögens sowie körperlicher und psychischer Belastungen. Hingegen geht die Bildschirmrichtlinie von einer Analyse aller Gefährdungen aus und erwähnt die im Referentenentwurf genannten Aspekte nur gesondert. Der Referentenentwurf reduzierte damit den Gegenstand der Analyse auf solche Bereiche, die in der Bildschirmrichtlinie besonders hervorgehoben sind. Bei der Beurteilung der Arbeitsbedingungen sollte die besondere Aufmerksamkeit der Häufung von Gefährdungen sowie der Verknüpfung ihrer Wirkungen gelten. Dabei sollten »die gesicherten arbeitswissenschaftlichen Erkenntnisse zu berücksichtigen« sein (§ 3 Abs. 1). In der EU-Bildschirmrichtlinie selbst findet dies keine Erwähnung, allerdings verlangt die Rahmenrichtlinie, daß die Risikobewertung den »neuesten Stand der Technik und der wissenschaftlichen Erkenntnisse« zugrunde zu legen hat.

Gestaltung der Arbeitsbedingungen
Der Arbeitgeber sollte, um die Belastung der Beschäftigten zu verringern, die Bildschirmtätigkeit so zu gestalten haben, »daß sie durch andere Tätigkeiten oder durch bezahlte Kurzpausen von angemessener Dauer und in angemessenem Abstand unterbrochen wird.« (§ 5) Im Unterschied dazu ist in der EU-Bildschirmrichtlinie von einer »regelmäßigen« Unterbrechung durch Pausen und andere Tätigkeiten die Rede. Hier eröffnete der Referentenentwurf offenkundig einen größeren Interpretationsspielraum als die Bildschirmrichtlinie.

Im Anhang des Referentenentwurfs waren entsprechend dem Anhang der Rahmenrichtlinie die allgemeinen Merkmale des Arbeitsplatzes und der Arbeitsumgebung aufgeführt, denen die Bildschirmarbeitsplätze zu entsprechen

Die Umsetzung von EU-Arbeitsschutzrichtlinien in Deutschland

hatten.[163] Allerdings bezeichnete sie der Referentenentwurf im Unterschied zur Bildschirmrichtlinie nicht als »Mindestvorschriften«, sondern als »Anforderungen«. Die Vorschriften des Anhangs sollten bis Ende 1996 umgesetzt werden und hätten damit der in der Bildschirmrichtlinie festgesetzten Übergangsbestimmung entsprochen.

Augenuntersuchungen und Sehhilfen
Der Referentenentwurf schrieb dem Arbeitgeber vor, den an Bildschirmen tätigen Beschäftigten »eine angemessene Untersuchung der Augen und des Sehvermögens durch einen fachkundigen Arzt schriftlich anzubieten« (§ 6 Abs. 1). Dieses Angebot sollte in Abstand von fünf Jahren und bei Beschäftigten mit einem Lebensalter von über 40 Jahren alle drei Jahre wiederholt werden. Erwiesen sich aufgrund der Untersuchung normale Sehhilfen als unzureichend und spezielle Sehhilfen als notwendig, so hatte der Arbeitgeber diese dem Beschäftigten zur Verfügung zu stellen (§ 6 Abs. 3).

Unterrichtung und Unterweisung der Beschäftigten
Der Arbeitgeber sollte den Beschäftigten vor Beginn der Beschäftigung und bei Veränderungen am Bildschirmarbeitsplatz über alle Fragen unterrichten, die Sicherheit und Gesundheit am Arbeitsplatz betreffen (§ 7 Abs. 1). Auch die Unterweisung der Beschäftigten sollte vor Aufnahme der Bildschirmtätigkeit und bei organisatorischen Veränderungen stattfinden (§ 7 Abs. 2).

Positionsbestimmungen der Akteure
Der Referentenentwurf stieß bei den betroffenen Verbänden und Körperschaften überwiegend auf Ablehnung – allerdings aus ganz unterschiedlichen Gründen. Die Gewerkschaften kritisierten ihn in scharfer Form als »völlig unzureichend« und sahen »in zentralen Punkten keine vollständige Umsetzung« der Bildschirmrichtlinie.[164] Ihre Kritik richtete sich auf den unbestimmten Wortlaut vieler Vorschriften, mit dem der Entwurf dem selbstgesteckten Anspruch nach Konkretisierung der Bestimmungen nicht gerecht werde. Im Gegenteil würden eine Reihe von Vorgaben der Bildschirm- bzw. der Rahmenrichtlinie aus dem Verordnungstext in die Begründung des Entwurfs verlagert. Auf Ablehnung stieß auch die Beschränkung der Arbeitsplatzanalyse auf die Berücksichtigung der »gesicherten arbeitswissenschaftlichen Erkenntnisse«. Damit falle der Referentenentwurf hinter die EU-Vorschriften zurück,

---

163 Vgl. BMA, Referentenentwurf einer Verordnung über Sicherheit und Gesundheitsschutz bei der Arbeit an Bildschirmgeräten, S. 12.
164 Vgl. DGB, Stellungnahme zum Referentenentwurf einer Verordnung über Sicherheit und Gesundheitsschutz bei der Arbeit an Bildschirmgeräten, S. 1.

Kapitel 7

denn der Verweis der Rahmenrichtlinie den »neuesten Stand der Technik und der wissenschaftlichen Erkenntnisse« beziehe das Schutzhandeln auf die technisch möglichen, notwendigen, geeigneten und angemessenen Maßnahmen und beinhalte damit eine stärkere Dynamik als die bloße Beachtung der »gesicherten arbeitswissenschaftlichen Erkenntnisse«, die sich an der überwiegenden Meinung der Fachleute orientieren.[165] Die IG Medien kritisierte zudem, daß die Definition des Bildschirmgeräts der dynamischen Entwicklung moderner Arbeitsbedingungen nicht ausreichend Rechnung trage, denn die Begründung des Referentenentwurfs schloß solche Bildschirmgeräte aus dem Geltungsbereich aus, »deren Hauptzweck es ist, Fernseh- oder Filmbilder zu zeigen«, und sah für solche Fälle eine Einzelfallprüfung vor.[166] Insbesondere falle ein großer Teil der immer zahlreicheren Produktionsarbeitsplätze in Rundfunk- und Fernsehanstalten nicht unter die Verordnung.[167] Schließlich wurde von gewerkschaftlicher Seite auch kritisiert, daß der Charakter der Bestimmungen als Mindestvorschriften nicht herausgestellt werde. Dennoch stellte der Entwurf auch aus ihrer Sicht gegenüber der bisherigen Rechtslage eine deutliche Verbesserung dar.

Die *Arbeitgeberkritik* fiel demgegenüber weit grundsätzlicher aus. Sie richtete sich in erster Linie gegen die EU und hier wiederum dagegen, daß diese sich überhaupt veranlaßt sah, eine Rechtsvorschrift zum Gesundheitsschutz bei der Bildschirmarbeit zu verabschieden, »denn nach bisherigem Verständnis eines präventiven Arbeitsschutzes können Gefahren für die Mitarbeiter von der Arbeit an Bildschirmen nicht ausgehen.«[168] Aus der Arbeitsorganisation erwachsende Belastungen, insbesondere psychische Belastungen und ihre Wechselwirkung mit anderen Faktoren, seien nicht exakt erfaßbar und würden individuell auch höchst unterschiedlich wahrgenommen, weshalb es auch nicht möglich sei, sie mit gesetzlichen Vorschriften detailliert zu regeln (Interview BDA, 19.12.1996). Die Einwände zielten gerade auf diejenigen Komponenten, die den innovativen Charakter der EU-Arbeitsschutzrichtlinien ausmachen.

»Damit dehnt die Kommission den Bogen der Betrachtung präventiver Maßnahmen des Arbeitsschutzes erheblich über die eher physiologisch zu begründenden Faktoren aus – und damit ebenfalls das Verhältnis von Gefährdung durch Arbeitsmittel und Arbeits-

---

165 Vgl. Wank/Börgmann, Deutsches und europäisches Arbeitsschutzrecht, S. 146.
166 Vgl. IG Medien, Anmerkungen zum Referentenentwurf einer Verordnung über Sicherheit und Gesundheitsschutz bei der Arbeit an Bildschirmgeräten, S. 1ff.
167 BMA, Referentenentwurf einer Verordnung über Sicherheit und Gesundheitsschutz bei der Arbeit an Bildschirmgeräten – Begründung, S. 8.
168 So Karl-Josef Keller, BDA-Experte für Bildschirmarbeit. Vgl. Keller, EG-Richtlinie »Arbeit an Bildschirmgeräten«, T. 2, S. 11.

Die Umsetzung von EU-Arbeitsschutzrichtlinien in Deutschland

aufgaben. Dies verleiht der deutschen Sichtweise des Themas ›Prävention‹ eine neue Dimension, indem Belastungen und mögliche Gefährdungen durch psychische Faktoren erstmals als ‚sicherheitsrelevant‹ mitbetrachtet werden müssen [...]. Dies ist ein Novum für den deutschen Arbeitsschutz, das die Betrachtungen zwangsläufig auch auf die Fragen der Arbeitsorganisation und der Arbeitsinhalte im weitesten Sinne ausdehnt [...].«[169]

Die Kritik der BDA ist identisch mit derjenigen der britischen Arbeitgeber, auch wenn sie nicht mit der dort anzutreffenden Schärfe und Beharrlichkeit vorgetragen wurde: Im Kern ging es auch den deutschen Arbeitgebern darum, Arbeitsschutzvorschriften auf einen relativ eng begrenzten Bereich von Tätigkeiten zu begrenzen, deren Gefährdungspotential im Sinne einer Ursache-Wirkung-Beziehung mittels naturwissenschaftlicher Methoden eindeutig nachweisbar war. Entsprechend wandten sich die Arbeitgeber »gegen die Bestrebungen, national recht großzügig über die Maßgaben der ›Bildschirmrichtlinie‹ hinauszugehen [...]«[170], und erhoben – wie mit Blick auf die Unterrichtungs- und Unterweisungspflichten formuliert – die Forderung, »die nationale Umsetzung so nahe wie möglich an die nationalen Praktiken anzulehnen.«[171]

Mit Blick auf den vorgelegten Referentenentwurf standen im Mittelpunkt der die über die Vorgaben hinausgegangen seien. Die Arbeitgeber kritisierten generell, daß das Arbeitsministerium den Subsidiaritätsvorbehalt zugunsten der Berufsgenossenschaften mißachtet und bereits eine eigene Verordnung vorbereitet hatte. Sie bevorzugten von vornherein eine Regelung durch die Berufsgenossenschaften. Überdies bringe der Inhalt des Entwurfs »sehr weitgehende neue bürokratische Auflagen für die Betriebe mit sich«.[172] Insbesondere ginge die Definition des betroffenen Personenkreises weit über die EU-Richtlinie hinaus. Sie setze Bildschirmarbeit »schon bei zwei Stunden (an) [...], während das bei der EG-Richtlinie ganz anders aussieht.«[173] Darüber hinaus begriff die BDA die Bestimmung über bezahlte Pausen für Bildschirmarbeitnehmer als einen Eingriff in die Tarifautonomie (Interview BDA, 19.12.1996). Schließlich stellten die Arbeitgeber auch in Frage, ob der Anhang für aller Bildschirmarbeitsplätze gilt oder nur für solche, an denen Bildschirmarbeitnehmer im Sinne der Richtlinie tätig sind.[174]

Die *Berufsgenossenschaften* unterbreiteten ebenfalls eine Reihe von Vorschlägen, die teilweise auf Veränderungen zugunsten, teilweise aber auch zu

---

169 Ebda., S. 11f.
170 Ebda., T. 1, S. 16.
171 Ebda., T. 2, S. 17.
172 Eugen Müller (BDA), in: Anhörung zum Arbeitsschutzrahmengesetz, S. 7.
173 Ebda., S. 21f.
174 Vgl. Keller, EG-Richtlinie »Arbeit an Bildschirmgeräten«, T. 2, S. 12.

Lasten der Beschäftigten hinausliefen.[175] So traten sie für eine begrenzte Ausweitung des Anwendungsbereichs der Bildschirmarbeitsverordnung ein, nämlich u.a. durch die Einbeziehung von Bedienerplätzen an Maschinen.[176] Auch sollte der einbezogene Personenkreis dadurch erweitert werden, daß die täglich mindestens zweistündige Arbeitszeit sich nun auf die Arbeit »mit und am Bildschirmgerät« beziehen sollte; anderenfalls wäre nur die reine Benutzungszeit des Bildschirmgerätes maßgebend gewesen.[177] Eine solche Bestimmung würde den Geltungsbereich der Verordnung weiter ausdehnen. Zu Lasten des Gesundheitsschutzes der Beschäftigten ging der Vorschlag, die Übergangsfrist für bereits in Betrieb befindliche Arbeitsplätze auf vier Jahre auszudehnen.[178] Dies lief, in Anbetracht des damaligen Standes des Gesetz- und Verordnungsgebungsverfahrens, auf eine Anpassung frühestens zur Jahresmitte 1998 hinaus, hätte also gegenüber den Vorgaben des Referentenentwurfs und der Bildschirmrichtlinie eine Verzögerung um mindestens eineinhalb Jahre bedeutet. Im übrigen traten die Berufsgenossenschaften dafür ein, daß die speziellen Sehhilfen von den Krankenversicherungsträgern und nicht – wie der Referentenentwurf nahelegte – von den Arbeitgebern bezahlt werden sollten.

Letztlich blieben aber alle diese Kritikpunkte ohne Einfluß, weil der Referentenentwurf mit dem Scheitern des Arbeitsschutzrahmengesetzes in der Schublade verschwand und eine Verordnung zur Bildschirmarbeit auf unbestimmte Zeit verschoben wurde.

7.4.3.2 Die Bildschirmarbeitsverordnung – Inhalt und Bewertung

Ebenso wie beim Arbeitsschutzgesetz wurde auch der neue Entwurf für die Bildschirmarbeitsverordnung vollständig überarbeitet. Die Vorbereitungen standen unter der politischen Vorgabe, eine »schlanke Verordnung« zu erarbeiten (Interview BMA, 17.2.1997). Im Frühjahr 1996 legte das BMA einen überarbeiteten Verordnungsentwurf vor, der sich weitgehend an einer bloß

---

175 Vgl. HVBG/Verwaltungsberufsgenossenschaft (V-BG), Stellungnahme zu den Eckpunkten für eine Verordnung zur Umsetzung der EG-Richtlinie »Arbeit an Bildschirmgeräten«; HVBG, Stellungnahme zum Referentenentwurf einer Verordnung über Sicherheit und Gesundheitsschutz bei der Arbeit an Bildschirmgeräten (Schreiben an den BMA vom 17.2.1994).
176 Vgl. HVBG, Stellungnahme zum Referentenentwurf einer Verordnung über Sicherheit und Gesundheitsschutz bei der Arbeit an Bildschirmgeräten (Schreiben an den BMA vom 17.2.1994), S. 2.
177 Vgl. HVBG/V-BG, Stellungnahme zu den Eckpunkten für eine Verordnung zur Umsetzung der EG-Richtlinie »Arbeit an Bildschirmgeräten«, S. 2.
178 Vgl. HVBG, Stellungnahme zum Referentenentwurf einer Verordnung über Sicherheit und Gesundheitsschutz bei der Arbeit an Bildschirmgeräten (Bildschirmarbeit-Verordnung) (Schreiben an den BMA vom 17.2.1994).

Die Umsetzung von EU-Arbeitsschutzrichtlinien in Deutschland

inhaltsgleichen und bisweilen auch wortgleichen Übertragung der Bildschirmrichtlinie orientierte.[179] Er wurde, nach geringfügigen Änderungen durch den Bundesrat, vom Bundeskabinett beschlossen und trat am 20. Dezember 1996 in Kraft.[180] Die Verordnung legte Mindestanforderungen an das Bildschirmgerät selbst, an den Arbeitsplatz, die Arbeitsumgebung, die Arbeitsorganisation sowie an die Software-Ausstattung fest.

Geltungsbereich
Die Definition des Bildschirms entsprach den Vorgaben der EU-Bildschirmrichtlinie und den Formulierungen des Referentenentwurfs. Im Hinblick auf den Personenkreis übernahm die Bildschirmarbeitsverordnung nun wortgleich die Definition der Bildschirmrichtlinie. Aufgrund der bisherigen Rechtsprechung lief diese Bestimmung darauf hinaus, daß eine Arbeitszeit von mindestens vier Stunden Voraussetzung für die Anerkennung als Bildschirmarbeitnehmer sei. Die Vorschriften zur Arbeitsorganisation und den Arbeitsunterbrechungen sowie zu den Augenuntersuchungen und Sehhilfen gelten nur für Bildschirmarbeitnehmer im Sinne der Verordnung, die Vorschriften zur Beurteilung der Arbeitsbedingungen und die Anforderungen des Anhangs hingegen für alle Bildschirmarbeitsplätze.

Beurteilung der Arbeitsbedingungen und Gefahrenbeseitigung
Die Beurteilung der Arbeitsbedingungen soll entsprechend den Bestimmungen des Arbeitsschutzgesetzes vorgenommen werden, und zwar »insbesondere hinsichtlich einer möglichen Gefährdung des Sehvermögens sowie körperlicher Probleme und psychischer Belastungen« (§ 3). Aus der Wortwahl »insbesondere« geht hervor, daß auch andere Gefährdungen als die explizit genannten Gegenstand der Arbeitsplatzbeurteilung sein sollen. Die Bildschirmarbeitsverordnung beinhaltet keine detaillierte und konkrete Auflistung der Beschwerden, auf die sich die Arbeitsplatzanalyse beziehen soll. Allerdings geht aus den internationalen Arbeitsschutznormen hervor, daß mit der Gefährdung des Sehvermögens Beschwerden wie Augenrötung, Lidschwere, verschwommenes Sehen und erhöhte Blendempfindlichkeit angesprochen sind, aber auch die Fähigkeit des Auges, das scharfe Sehen auf unterschiedliche Entfernungen einzustellen, oder die Entstehung von Kopfschmerzen in Folge der Sehtätigkeit am Bildschirm. Körperliche Probleme betreffen insbesondere Muskel-Skelett-Beschwerden wie Muskelverspannungen, Rückenschmerzen

---

179 Vgl. BMA, Referentenentwurf einer Verordnung über Sicherheit und Gesundheitsschutz bei der Arbeit an Bildschirmgeräten.
180 Vgl. Verordnung über Sicherheit und Gesundheitsschutz bei der Arbeit an Bildschirmgeräten, S. 1843ff.

oder Beschwerden im Hand-Arm-Schulter-Bereich. Psychische Probleme umfassen gemäß der internationalen Normung Merkmale wie psychische Sättigung oder Ermüdung, Monotoniezustände und verminderte Wachsamkeit. Solche Zustände können aus Arbeitsbedingungen wie »Überforderung oder Unterforderung, zu späten oder unvollständigen Informationen, zu häufigen Unterbrechungen, zu geringem Handlungsspielraum oder fehlenden sozialen Kontakten resultieren.«[181] Im Hinblick auf die Dokumentationspflichten gelten die oben erläuterten Bestimmungen des Arbeitsschutzgesetzes.

Gestaltung der Arbeitsbedingungen
Die Bestimmungen über den täglichen Arbeitsablauf verpflichten nun den Arbeitgeber, »die Tätigkeit der Beschäftigten so zu organisieren, daß die tägliche Arbeit an Bildschirmgeräten regelmäßig durch andere Tätigkeiten oder durch Pausen unterbrochen wird, die jeweils die Belastung durch die Arbeit am Bildschirmgerät verringern.« (§ 5) Damit wurden sie den Formulierungen der EU-Richtlinie angeglichen. Daß dabei die Reihenfolge der Lösungswege im Unterschied zur EU-Bildschirmrichtlinie umgekehrt wurde, kann Anlaß zu der Interpretation bieten, daß Mischarbeit Pausen vorzuziehen sei. Die Bestimmungen des Anhangs zur Gestaltung von Bildschirmarbeitsplätzen sind, wenngleich nach wie vor noch allgemein gehalten, oftmals präziser und handhabbarer als die der Bildschirmrichtlinie. Allerdings wird den Unternehmen für Arbeitsplätze, die vor Ende 1996 eingerichtet worden waren, eine Übergangsfrist bis zum 31.12.1999 eingeräumt, um die Mindestanforderungen an die Gestaltung der Arbeitsplätze zu erfüllen (§ 4 Abs. 2). Damit wurde die von der EU maximal zugestandene Frist um drei Jahre überschritten.

Augenuntersuchungen und Sehhilfen
Im Unterschied zum ersten Referentenentwurf sollen die Augenuntersuchungen nicht mehr durch einen fachkundigen Arzt, sondern nur noch »durch eine fachkundige Person« erfolgen (§ 6 Abs. 1). Ein Arzt muß erst dann herangezogen werden, wenn sich dies aufgrund der Erstuntersuchung als erforderlich erweist. Sind spezielle Sehhilfen notwendig, so hat der Arbeitgeber diese dem Beschäftigten zur Verfügung zu stellen (§ 6 Abs. 2).

Unterrichtung und Unterweisung der Beschäftigten
Die Bildschirmarbeitsverordnung verzichtet auf eigene Regelungen zur Unterrichtung und Unterweisung der Arbeitnehmer. Es gelten die entsprechenden Vorschriften des Arbeitsschutzgesetzes.

---

181 Harten/Richenhagen, Die neue Bildschirmarbeitsverordnung, S. 887.

Die Umsetzung von EU-Arbeitsschutzrichtlinien in Deutschland

Mit der Bildschirmarbeitsverordnung wurde das deutsche Arbeitsschutzrecht mit einer vierjährigen Verspätung an die EU-Richtlinie übertragen; die Übergangsbestimmungen für die Anpassung bereits eingerichteter Arbeitsplätze sollten drei Jahre nach der von der EU vorgesehenen Frist in Kraft treten. Erneut war Deutschland damit der letzte Mitgliedstaat, der die EU-Bildschirmrichtlinie umsetzte. Inhaltlich handelt es sich bei der Bildschirmverordnung um eine weitgehend inhaltsgleiche und in Teilen wortgleiche Übertragung der europäischen Vorgaben. Sie bewegt sich ebenso wie das Arbeitsschutzgesetz auf der Grundlinie der Minimalanpassung. Dennoch wurde der Gesundheitsschutz bei der Arbeit an Bildschirmgeräten erstmals in verbindlicher Form geregelt. Die Arbeitsplatzanalyse und die Dokumentationspflicht begründen einen systematischen Produktionsansatz; erstmals ist die Bearbeitung psychischer Belastungen verbindlich und explizit vorgeschrieben; alle Bildschirmarbeitnehmer verfügen nun über einen Rechtsanspruch auf Durchführung einer Augenuntersuchung; die Bildschirmarbeitsverordnung betrifft alle Anwendungsbereiche, also nicht nur Büro-, sondern auch Produktionsarbeitsplätze, und alle Arbeitgeber.[182] Nach der Verabschiedung der Bildschirmarbeitsverordnung wies das BMA darauf hin, daß diejenigen »Arbeitgeber, die [...] bereits in der Vergangenheit die Sicherheitsregeln der Berufsgenossenschaften und entsprechende DIN-Normen beachteten, [...] die Anforderungen der Verordnung in der Regel bereits erfüllt [haben].«[183] Allerdings galt dies nicht für die Bestimmungen zur Arbeitsplatzanalyse und zur Dokumentation sowie für die Pausenregelungen. Zudem war für Arbeitnehmer und Gewerkschaften von herausragender Bedeutung, daß es sich bei den Sicherheitsregeln und DIN-Normen nicht um verbindliche Vorschriften handelte und mit der Bildschirmverordnung nun einklagbare Rechte geschaffen waren.

Die insgesamt zaghaften, aber doch vorhandenen Ansätze des Referentenentwurfs zur Konkretisierung der Bildschirmrichtlinie wurden in der schließlich verabschiedeten Verordnung wieder zurückgenommen. Mit der sehr weitgehenden Orientierung am Wortlaut der Richtlinie überließ die Bundesregierung eine Konkretisierung der Vorschriften den Unfallversicherungsträgern bzw. den betrieblichen Aushandlungsprozessen und Auseinandersetzungen. So räumte denn auch das BMA die Konkretisierungsbedürftigkeit der Bildschirmverordnung ein (Interview BMA, 17.2.1997).

Von den Veränderungen gegenüber dem ersten Referentenentwurf fällt vor allem die veränderte Definition des Bildschirmarbeitnehmers ins Gewicht,

---

182 Vgl. Riese, Umsetzung der EU-Richtlinie in deutsches Recht, S. 29.
183 Sozialpolitische Informationen, 30. Jg., 1996, Nr. 17, S. 2.

Kapitel 7

denn sie steckt den Personenkreis ab, auf den sich wesentliche Bestimmungen der Richtlinie erstrecken. Die wörtliche Übernahme der EU-Definition wird eine gerichtliche Klärung des Geltungsbereichs erforderlich machen. Dabei dürfte sich die Rechtsprechung vermutlich an dem auch in der Vergangenheit zugrunde gelegten Schwellenwert von 50 % orientieren (BMA, 17.2.1997). Ein Arbeitnehmer wäre also erst dann ein Bildschirmarbeitnehmer, wenn er im Durchschnitt etwa vier Stunden täglich am Bildschirm tätig ist.[184] Damit würde der geschützte Personenkreis gegenüber den DIN-Regeln nicht ausgeweitet werden und ähnlich definiert sein wie in Italien, wo der Schwellenwert von vier Stunden ausdrücklich festgeschrieben ist. Demgegenüber haben die Niederlande mit einer täglichen Bildschirmarbeitszeit von zwei Stunden die zeitlich großzügigste Regelung getroffen; andere Staaten haben wie Deutschland die EU-Definition einfach übernommen.[185] An einer bloß an der Arbeitszeit orientierten Definition des Bildschirmarbeitnehmers erscheint als problematisch, daß die Belastungsfaktoren »Nutzungsintensität« und »erforderliche Konzentration« sowie deren Kombinationswirkungen mit dem Faktor »Nutzungsdauer« verlorengehen. Daher muß die erwähnte britische Regelung, die den geschützten Personenkreis von Merkmalen der Arbeitstätigkeit abhängig macht, unter dem Gesichtspunkt der Prävention von Gesundheitsschäden bei der Bildschirmarbeit als weit angemessener gelten. Allerdings ist dies mit der Einschränkung zu versehen, daß es sich dabei lediglich um eine Empfehlung handelt. Darüber hinaus ist mit Blick auf den geschützten Personenkreis problematisch, daß der wachsende Bereich der Teleheimarbeit von der Bildschirmarbeitsverordnung nicht erfaßt wird.

Erhebliche Bedeutung für das Schutzniveau kann schließlich im Hinblick auf die Vorschriften des Anhangs auch deren Charakterisierung als »Anforderungen« – und nicht mehr als »Mindestvorschriften« – erlangen. Dabei geht es nicht nur darum, daß damit die Konnotation verbunden ist, bei den aufgeführten Merkmalen handele es sich lediglich um anzustrebende und nicht um verbindliche, möglichst zu überschreitende Schutzbestimmungen.

---

184 Dem wird freilich entgegengehalten, daß die Grundlage dieser Urteile die Bestimmung der DIN-Regel sei, daß die Bildschirmarbeit »bestimmend für die gesamte Tätigkeit« sein müsse. Dies stelle eine höhere Meßlatte dar als die Anforderung der Bildschirmrichtlinie bzw. der Bildschirmarbeitsverordnung, daß ein Arbeitnehmer »gewöhnlich bei einem nicht unwesentlich Teil seiner normalen Arbeit ein Bildschirmgerät benutzt«, und würde daher eine Unterschreitung von vier Stunden rechtfertigen (vgl. Richenhagen/Prümper/Wagner, Handbuch der Bildschirmarbeit, S. 188ff.). Allerdings hat der EuGH in einem Urteil über das entsprechende italienische Regelwerk den dort festgeschriebenen Wert von vier Stunden für rechtmäßig erklärt. Siehe dazu unten, Kapitel 8.3.
185 Vgl. TGB, Vergleichende Daten zur Übertragung in den einzelnen Ländern, Workshop 3: Bildschirmarbeit, S. 2ff.

Die Umsetzung von EU-Arbeitsschutzrichtlinien in Deutschland

Auswirkungen auf den Gesundheitsschutz kann diese Änderung auch insofern haben, als sie möglicherweise die Mitbestimmung berührt; denn diese gilt nur dort, wo gesetzliche Vorschriften den betrieblichen Akteuren einen Spielraum belassen, der offenkundig bei »Mindestvorschriften« vorhanden ist. Mit Blick auf das gesamte Regelwerk wird die Frage, ob zentrale Bestimmungen der Bildschirmarbeitsverordnung der Mitbestimmung unterliegen, kontrovers diskutiert.[186]

7.5 Zwischen Anpassung und Autonomie: Nationalstaatliche Arbeitsschutzpolitik und europäische Vorschriften

Die Anwendung europäischer Vorschriften ist nicht nur von der Übernahme der Mindestvorschriften abhängig, sondern auch von den Handlungsbedingungen im nationalstaatlichen Arbeitsschutzsystem. Im folgenden soll die Entwicklung der Handlungsbedingungen im nationalstaatlichen Arbeitsschutz erörtert und auf ihre Auswirkungen auf die Anwendung des neuen Rechts befragt werden.

7.5.1 Ressourcenentwicklung im Arbeitsschutz

Geht man davon aus, daß das unternehmerische Interesse in vielen Fällen nicht mit dem Gesundheitsschutz der Beschäftigten kompatibel ist oder, wenn dies doch der Fall sein sollte, der Unternehmer aus Desinteresse oder Unwissenheit Schutzmaßnahmen nicht ergreift, gehören angemessene finanzielle und personelle Ressourcen für die Überwachung und Beratung der Unternehmen zu den wichtigsten Voraussetzungen einer wirkungsvollen Präventionspolitik. Seit den achtziger Jahren ist der Kapazitätsbedarf der Arbeitsschutzinstitutionen erheblich angestiegen: Die Zahl der zu beaufsichtigenden Betriebe hat sich mit dem starken Bedeutungszuwachs kleiner und mittlerer Unternehmen und den Privatisierungen bei Bahn und Post erheblich erhöht und damit die Kontrolle erheblich erschwert[187]; zugleich wuchs der Überwachungsbedarf durch das immer umfangreichere Vorschriftenwerk im Arbeitsschutz beträchtlich an. Der Gewerbeaufsicht wurden seit den achtziger Jahren überdies eine Vielzahl neuer Aufgabengebiete im Umweltschutz, vor allem in der Gefahrstoffkontrolle, bei der Abfallentsorgung und

---

186 Vgl. Richenhagen/Prümper/Wagner, Handbuch der Bildschirmarbeit, S. 188ff., 206ff.
187 Allein in den westlichen Bundesländern war die Zahl der Mitgliedsunternehmen der gewerblichen Berufsgenossenschaften zwischen 1980 und 1990 um etwa ein Drittel gestiegen, nämlich von knapp 1,6 Millionen auf fast 2,1 Millionen (Tabelle 16).

Kapitel 7

beim Immissionsschutz, übertragen. Schätzungen zufolge nahmen die Überwachungsaufgaben im Bereich des Umweltschutzes bereits Mitte der achtziger Jahre etwa 50 % der Kapazitäten in Anspruch.[188] Mit der Reform des Arbeitsschutzrechts kamen nun weitere umfangreiche und ihrem Charakter nach in weiten Teilen neue Aufgaben auf die Arbeitsschutzinstitutionen zu. Herrschte sowohl bei den Gewerbeaufsichtsämtern als auch bei den Berufsgenossenschaften bereits vor dem Inkrafttreten der EU-Arbeitsschutzrichtlinien eine große Personalknappheit[189], so waren sich zahlreiche Beobachter darin einig, daß die Behörden nur mit einer drastischen Ausweitung des Personalstandes die neuen Aufgaben angemessen würden wahrnehmen können – wegen des erweiterten Aufgabenspektrums und wegen des hohen Zeitaufwands, den eine Beratung betrieblicher Akteure bei der gesundheitsgerechten Gestaltung von Arbeitsabläufen im Vergleich zu einer auf die Ausschaltung einzelner Gefahrenherde konzentrierten Kontrolle standardisierter Schutznormen mit sich bringt.[190]

Wie entwickelten sich die personellen Kapazitäten im Arbeitsschutz? Mit Blick auf die staatliche Gewerbeaufsicht läßt sich – für die westlichen Bundesländer – feststellen, daß der Personalstand seit den achtziger Jahren im wesentlichen stagniert. Die Länder waren angesichts ihrer hohen Haushaltsdefizite zu einem Ausbau der Kapazitäten nicht bereit, bei einigen kam es im Gegenteil sogar zu einem deutlichen Abbau. Im Unterschied zur staatlichen Gewerbeaufsicht haben die gewerblichen Berufsgenossenschaften den Personalstand ihrer Technischen Aufsichtsdienste seit Beginn der achtziger Jahre erhöht (Tabelle 14). Allerdings konnte auch diese Entwicklung nicht den gewachsenen Überwachungsbedarf auffangen (Tabelle 16).

Im Ergebnis verschärfte sich das chronische Vollzugsdefizit weiter und waren die Arbeitsschutzinstitutionen zunehmend überfordert. Dies galt insbesondere für den staatlichen Arbeitsschutz. Die von der Berliner Gewerbeaufsicht beklagte Situation kann als typisch für die meisten Landesbehörden angesehen werden:

»Obwohl die staatlichen Arbeitsschutzbehörden zwischenzeitlich für die Überwachung von mehr als 600 Arbeitsschutzregelungen zuständig sind, wurde die Zahl der Aufsichtskräfte nicht erhöht. Um die gewachsenen Aufgaben dennoch bewältigen zu können, mußte die Aufsichtsarbeit Veränderungen unterzogen werden. [...] Doch trotz ständiger Anpassung der Arbeitsschwerpunkte ist es nicht einfach, mit dem vorhandenen Personal ein hohes Arbeitsschutzniveau zu gewährleisten.«[191]

---

188 Vgl. Unfallverhütungsbericht 1985, S. 42.
189 Vgl. Schultze/Hinne/Mattik, Neue Aufgaben der Berufsgenossenschaften, S. 538.
190 Vgl. z.B.: Pröll, Reform des Arbeitsschutzes als staatliche Aufgabe, S. 24.
191 Jahresbericht der Berliner Arbeitsschutzbehörden für das Jahr 1995, S. 7.

Die Umsetzung von EU-Arbeitsschutzrichtlinien in Deutschland

Tabelle 14

Personalstand der Arbeitsschutzbehörden 1980 bis 1997

Jahr	Technisches Aufsichtspersonal mit Besichtigungstätigkeit	Gewerbeaufsichtsbeamte mit Aufsichtstätigkeit (Ortsinstanz)	
	ab 1991: einschließlich der neuen Bundesländer	alte Bundesländer (ab 1991: mit Ost-Berlin)	neue Bundesländer
1980	1 583	2 909	–
1985	1 656	3 041	–
1986	1 713	2 969	–
1987	1 826	3 009	–
1988	1 914	3 115	–
1989	1 971	3 069	–
1990	2 223	2 592	–
1991	2 543	2 790	810
1992	2 755	2 852	988 (a)
1993	2 889	2 963	981
1994	2 968	2 944	968
1995	3 041	3 102	964
1996	3 082	3 091	948
1997	3 122	3 083	943

(a) ohne Sachsen 1992

Quelle: Unfallverhütungsbericht 1986, S. 30, 34; 1989, S. 64, 68; 1992, S. 32f., 36; 1994, S. 34ff.; 1995, S. 40ff.; 1997, S. 94, 98; eigene Berechnungen.

Die Revisionsfrequenz der Gewerbeaufsicht war 1997 auf weniger als 60 % des 1980 erreichten Niveaus zurückgegangen: von 195 Besichtigungen auf 112 Besichtigungen je 1 000 Betriebe (Tabelle 15).

Auch bei den Technischen Aufsichtsdiensten war die Revisionsdichte rückläufig, lag Mitte der neunziger Jahre aber noch über derjenigen der staatlichen Gewerbeaufsicht. Allerdings suchten auch sie im Jahre 1997 nur etwa jeden achten Betrieb auf, 1980 war es noch jeder fünfte gewesen. Einschränkend ist sowohl für die Gewerbeaufsicht als auch für die Technischen Aufsichtsdienste darauf hinzuweisen, daß die Überwachungsdichte nicht in gleichem Maße rückläufig ist, wenn man die Zahl der erreichten Arbeitnehmer bzw. Arbeitsplätze zugrunde legt: Die Revisionshäufigkeit ging bei den Großbetrieben nur geringfügig zurück, hier aber wird bei jeder Besichtigung durchschnittlich eine größere Zahl von Arbeitsplätzen erreicht als in den Kleinbetrieben. Darüber hinaus ist auch zu beachten, daß die Zersplitterung der Zuständigkeiten – sowohl im Verhältnis zwischen den staatlichen Behörden und den Diensten der Unfallversicherungsträger als auch im Verhältnis der Länder und der Berufsgenossenschaften untereinander – zu erheblichen Unterschieden in der Überwachungspraxis geführt hat.[192]

---

192 So ist z.B. die Zahl der von einem Mitarbeiter der Gewerbeaufsicht jeweils zu überwachenden Beschäftigten in Baden-Württemberg etwa fünfmal höher als in Brandenburg. Vgl. die entsprechenden Jahresberichte der Arbeitsschutzbehörden.

Kapitel 7

Tabelle 15
Besichtigungstätigkeit der Gewerbeaufsicht 1980 bis 1997

Jahr	Betriebe	Zahl der Arbeitnehmer	besichtigten Betriebe	Besichtigungen	Von 1000 Betrieben wurden besichtigt
1980	1 778 306	19 758 054	347 291	545 934	195
1985	1 559 302	18 595 616	323 618	749 548	208
1986	1 686 124	19 877 260	319 153	748 576	189
1987	1 700 682	20 094 985	313 136	709 584	184
1988	1 754 229	20 604 160	298 299	695 208	170
1989	1 747 408	20 531 501	257 866	709 459	148
1990	1 771 202	20 923 738	247 134	558 323	140
1991	1 844 516 (a)	22 427 969 (a)	267 912 (b)	624 014	145
1992	1 733 359 (a)	21 959 069 (a)	274 757 (b)	612 591	159
1993	2 061 072	25 077 930	288 711	647 064	140
1994	2 214 122	27 342 141	281 344	416 664	127
1995	2 246 750	27 279 440	278 961	585 102	124
1996	2 316 100	27 497 521	273 892	632 199	118
1997	2 337 493	27 575 486	262 593	582 864	112

(a) ohne Sachsen, Schleswig-Holstein und Hessen
(b) ohne Schleswig-Holstein und Hessen
Quelle: Unfallverhütungsbericht 1980, S. 71; 1985, S. 20; 1986, S. 32; 1987, S. 32; 1989, S. 66; 1990, S. 31; 1993, S. 72; S. 36; 1995, S. 38; 1996, S. 38; 1997, S. 96; eigene Berechnungen.

Vom allgemeinen Rückgang der Revisionsdichte sind vor allem die Kleinbetriebe deutlich überproportional betroffen. War 1980 noch jeder sechste Betrieb mit weniger als zwanzig Beschäftigten mindestens einmal pro Jahr aufgesucht worden, so war es 1997 nur noch jeder zehnte. Mit der Konzentration auf die Großbetriebe kann zwar der Wirkungsgrad der Überwachungstätigkeit erhöht werden, allerdings ist sie insofern problematisch, als gerade in den großen Unternehmen betriebliche Fachkräfte und betriebliche Interessenvertretungsstrukturen zur Verfügung stehen, an denen es in den Kleinbetrieben meistens fehlt.[193] Die Arbeitsschutzbehörden sind sich dieser Probleme bewußt, aber trotz vielfältiger Bemühungen um eine verbesserte Überwachung und Betreuung nicht in der Lage, eine angemessene Revisionsdichte bei den Kleinbetrieben zu gewährleisten. Mit der wachsenden Zahl der Kleinbetriebe und der dort Beschäftigten wird die Präsenz des institutionalisierten Arbeitsschutzes in diesem Segment weiter unterminiert.

---

193 Vgl. Marstedt/Mergner, Soziale Dimensionen des Arbeitsschutzes, S. 174ff.

Die Umsetzung von EU-Arbeitsschutzrichtlinien in Deutschland

Tabelle 16

Aufsichtstätigkeit der Technischen Aufsichtsdienste der gewerblichen Berufsgenossenschaften 1980 bis 1997

Jahr	Unternehmen	Zahl der besichtigten Unternehmen	Besichtigungen	Von 1000 Unternehmen wurden besichtigt
1980	1 569 632	300 778	489 133	192
1985	1 671 145	330 738	544 058	198
1986	1 835 716	338 487	560 858	184
1987	1 933 684	318 969	549 558	165
1988	1 974 932	312 016	552 559	158
1989	2 019 802	301 544	535 366	149
1990	2 082 762	283 948	510 209	136
1991	2 417 829	319 489	543 157	132
1992	2 537 550	355 578	596 673	140
1993	2 633 499	378 324	630 416	144
1994	2 718 831	387 212	691 057	142
1995	2 823 228	395 914	702 595	140
1996	2 856 785	393 334	705 876	138
1997	2 948 398	391 149	725 663	133

Quelle: Unfallverhütungsbericht 1986, S. 35f.; 1989, S. 69f; 1992, S. 37f.; 1995, S. 41f.; 1997, S. 100f.; eigene Berechnungen.

Die unzureichende Ausstattung der Arbeitsschutzinstitutionen beeinträchtigt nicht nur ihre Flächenpräsenz, sondern auch die Fähigkeit zur Modernisierung ihrer Präventionspraxis. Üblicherweise orientiert sich das Handeln von Arbeitsschutzinstitutionen an der Eindeutigkeit der rechtlichen Regelungen, an der Beweissicherheit und am Schweregrad der Gefahr: Normen mit relativ offenem Inhalt haben geringere Chancen, beachtet zu werden; Verstöße müssen mit geringem Aufwand eindeutig nachweisbar sein; große Risiken stehen im Zentrum der Aufmerksamkeit.[194] Die Kürzung der Ressourcen wirkt in der Tendenz als Verstärker dieser Selektionskriterien, weil sie organisationsintern einen rationellen Umgang mit den vorhandenen Mitteln und zugleich eine größere Legitimation gegenüber der Öffentlichkeit versprechen. Damit erschweren diese Bedingungen eine Berücksichtigung »weicher« Themen und setzen Aktivitäten auf diesem Feld einem besonderen Legitimationsdruck aus. Dennoch ist bei den Arbeitsschutzinstitutionen sowohl der Länder als auch der Unfallversicherungsträger eine große Bandbreite der Reaktionsweisen auf diese Problemlage zu beobachten. Die Endpunkte sind markiert

---

194 Vgl. Schröer, Soziologie und menschengerechte Arbeitsgestaltung, S. 160ff.

Kapitel 7

durch den Versuch einer umfassenden Modernisierung des Präventionshandelns einerseits und das unter den restriktiven Bedingungen oftmals als um so dringlicher empfundene Festhalten an traditionellen Problemfeldern und Verfahrensweisen andererseits.

Tabelle 17

Besichtigungstätigkeit der Aufsichtsbehörden nach Betriebsgrößenklassen 1980 und 1997 (in %)

Zahl der Beschäftigten bzw. Vollarbeiter	Anteil der besichtigten Betriebe in der jeweiligen Größenklasse			
	Gewerbeaufsicht		gewerbliche Berufsgenossenschaften	
	1980	1997	1980	1997
1-19	17,7	9,3	16,2	11,0
20-199	38,2	25,2	48,1	41,6
200-999	66,6	67,8	89,1	77,9
1000 u. mehr	80,8	76,0 (a)	100,0	81,2
alle Betriebe	19,5	11,2	19,2	13,3

Gewerbeaufsicht: Betriebe nach Zahl der Beschäftigten; Berufsgenossenschaften: Unternehmen nach Zahl der Vollarbeiter.
(a) 1996.
Quelle: Unfallverhütungsbericht 1981, S. 45, 47f.; 1997, S. 96, 99f.; eigene Berechnungen.

Ebenso wie in Großbritannien blieb also auch in Deutschland die Entwicklung der Überwachungskapazitäten hinter den stark wachsenden Anforderungen zurück, allerdings klaffte die Schere zwischen Aufgaben- und Kapazitätsentwicklung nicht so stark auseinander wie in Großbritannien. Die Struktur des deutschen Arbeitsschutzsystems ließ anders eine zielgerichtete zentralstaatliche Steuerung der Überwachungskapazitäten nicht zu. In der gesetzlichen Unfallversicherung hat auch die sinkende Tendenz der Beitragssätze die Arbeitgeber nicht dazu bewegen können, den gewerkschaftlichen Forderungen nach einem durchgreifenden Kapazitätsausbau der Technischen Aufsichtsdienste nachzugeben, obwohl die Ausgaben für Prävention nur 5,5 % der Gesamtausgaben ausmachen.[195]

Das vehemente Interesse der Länder an einer Reduzierung der Ausgaben für den Arbeitsschutz hat nicht dazu geführt, daß § 21 Abs. 4 ArbSchG – also die Möglichkeit, vertragliche Vereinbarungen zur Übertragung staatlicher Überwachungsaufgaben auf die Unfallversicherungsträger zu treffen – zum Instrument für den staatlichen Ausstieg aus dem Arbeitsschutz wurde. Drei Jahre nach dem Inkrafttreten des Arbeitsschutzgesetzes ist es nur in minimalem

---

195 Vgl. Unfallverhütungsbericht 1997, S. 29ff.

Die Umsetzung von EU-Arbeitsschutzrichtlinien in Deutschland

Umfang zu entsprechenden Regelungen gekommen, und es ist auch nicht absehbar, daß sich dies in der nahen Zukunft ändern wird. Die Gründe dafür sind vielfältig: Für viele Berufsgenossenschaften stellte dieser Weg keine attraktive Option dar, weil sie vor allem an einer bundesweit einheitlichen Vollzugspraxis interessiert waren und nicht sichtbar war, wie dies bei Vertragsvereinbarungen mit 16 Ländern gewährleistet werden könnte (Interview HVBG, 22.11.1996); aber auch manche Länder wollten aus prinzipiellen Gründen ihre Zuständigkeit nicht aufgeben und hatten den § 21 Abs. 4 ArbSchG von vornherein mit Argwohn betrachtet; selbst dort, wo ein beiderseitiges Interesse vorhanden war, mußte man sich über die – auch finanziellen – Modalitäten der Aufgabenübertragung erst einigen. Schließlich ist auch die verfassungsrechtliche Zulässigkeit einer solchen Übertragung staatlicher Aufgaben an die Unfallversicherungsträger sehr fraglich.[196] Initiativen zur Privatisierung von staatlichen Arbeitsschutzaufgaben hat es in Deutschland im Unterschied zu Großbritannien nur sehr vereinzelt gegeben.[197]

7.5.2 Wandel des aufsichtsbehördlichen Selbstverständnisses

Als Bestandteil der Landesverwaltungen unterliegen die Handlungsbedingungen der staatlichen Gewerbeaufsicht auch dem Einfluß der sich dort vollziehenden Veränderungen. In den neunziger Jahren hat die Reform der öffentlichen Verwaltung auch die Bundesrepublik Deutschland erreicht, auch wenn sie bisher bei weitem nicht mit jener Radikalität vorangetrieben wurde wie in Großbritannien.[198] Zwar sind die Kommunen die bevorzugte Ebene der Neuordnung, aber auch in den Verwaltungen der Länder haben sich seit Beginn der neunziger Jahre weitreichende Veränderungen vollzogen.[199] Ausgangspunkt für die Modernisierung ist die Finanzkrise der öffentlichen Haushalte und die vielfach konstatierte Ineffizienz des Verwaltungshandelns. Bei allen Unterschieden im einzelnen lassen sich als Kernziele die Schaffung von Anreizen zu wirtschaftlichem Handeln und eine stärkere Ergebnisorientierung des öffentlichen Sektors identifizieren. Dessen Modernisierung

---

196 Vgl. Denninger, Zur Verfassungsmäßigkeit des § 21 Abs. 4 Arbeitsschutzgesetz – Verfassungs- und Verwaltungsrechtliche Prüfung.
197 Dies war etwa der Fall, wenn die sächsische Landesregierung prüfte, ob Messungen und Emissionsbewertungen sowie Aufgaben des gewerbeärztlichen Dienstes privatisiert werden sollten. Vgl. Sachverständigenrat »Schlanker Staat«, Bd. 2: Materialband, S. 279, 289.
198 Vgl. Naschold, Ergebnissteuerung, Wettbewerb, Qualitätspolitik, S. 39ff., 121ff.; König/Beck, Modernisierung von Staat und Verwaltung; Grande/Prätorius (Hrsg), Modernisierung des Staates?; Naschold/Bogumil, Modernisierung des Staates.
199 Vgl. Behrens/Heinze/Hilbert u.a. (Hrsg.), Den Staat neu denken; Felder, Vom »muddling through« zurück zum »eisernen Käfig«?, S. 91ff.

Kapitel 7

ist zugleich eine Reaktion auf die konstatierten Grenzen staatlicher Steuerungsfähigkeit, mit der eine Neubestimmung der Funktionen, Ziele und Formen staatlichen Handelns einhergeht. Dies schließt auch die Anwendung neuer Instrumente ein: Beruhte das klassische Verwaltungshandeln vor allem auf der Setzung und Kontrolle formalen Rechts, so halten nun eine konkretere Zielorientierung und Ergebniskontrolle in den öffentlichen Sektor Einzug, die sich mit einer stärkeren Ausrichtung an den Bedürfnissen der Bürger als Kunden verbinden. Administrativ-hierarchische Interventionsformen treten zunehmend in den Hintergrund; statt dessen zielen die Reformkonzepte darauf, Handlungskompetenzen in die Gesellschaft zurückzuverlagern und die dort schlummernden Handlungspotentiale gesellschaftlicher Akteure zu mobilisieren. Diese strategischen Orientierungen kommen in den Leitbildern eines »aktivierenden Staates« und »gesellschaftlicher Selbstregulierung« zum Ausdruck.

Diese Entwicklungen erfaßten und erfassen auch die Tätigkeit der staatlichen Arbeitsschutzverwaltung.[200] Sie wurden nicht nur von außen – also durch die Finanzkrise der Haushalte und die allgemeine Diskussion über die Modernisierung von Verwaltungen – an sie herangetragen, sondern hatten ihre Grundlage auch in den spezifischen Problemstellungen des Arbeitsschutzes selbst, denn in den zuständigen Landesbehörden war die Erfahrung eines recht geringen Wirkungsgrades aufsichtsbehördlicher Tätigkeit weit verbreitet. Dies hatte seinen Grund nicht nur in der unzulänglichen Kapazitätsausstattung, sondern auch in der wachsenden Kluft zwischen gewachsenen Handlungsroutinen und traditionellem Aufgabenverständnis der Arbeitsschutzinstitutionen einerseits und den vom Wandel der Arbeitsbelastungen ausgehenden Handlungsanforderungen andererseits, die eine angemessene Bearbeitung zahlreicher Probleme nicht (mehr) zuließ.

Angesichts dieser Problemkonstellationen fand und findet in zahlreichen staatlichen Arbeitsschutzverwaltungen eine Leitbilddiskussion statt, die eine Neuformulierung ihres Selbstverständnisses zum Gegenstand hat. Auch wenn diese Debatte noch nicht in allen Landesbehörden abgeschlossen ist, so zeichnet sich doch ein im wesentlichen gleichgerichteter Entwicklungstrend ab. Dazu gehört zum einen, daß die Landesbehörden nunmehr auch dem Anspruch nach auf einen flächendeckenden Vollzug des Arbeitsschutzrechts verzichten. So heißt es z.B. im Jahresbericht der nordrhein-westfälischen Arbeitsschutzbehörden:

---

200 Vgl. z.B. Ministerium für Arbeit, Gesundheit und Soziales des Landes Nordrhein-Westfalen (im folgenden: MAGS NRW), Fachkonzept der Arbeitsschutzverwaltung des Landes Nordrhein-Westfalen, S. 29ff.; Hessisches Ministerium für Frauen, Arbeit und Sozialordnung (im folgenden: HMFAS) (Hrsg.), Arbeitsschutz in Hessen, S. 7ff.

Die Umsetzung von EU-Arbeitsschutzrichtlinien in Deutschland

»Die Arbeitsschutzverwaltung Nordrhein-Westfalens hat sich vom Gedanken der flächendeckenden Kontrolle verabschiedet. Einerseits notgedrungen, knapper gewordener personeller und Geldmittel wegen. Andererseits hat sie die Not als Tugend erkannt: Die wirtschaftliche Strategie der Programmarbeit erweist sich auch als die wirksamere.«[201] Mit einer ähnlichen Stoßrichtung macht der zuständige Minister Sachsen-Anhalts deutlich, daß »es in Zeiten knapper öffentlicher Mittel zunehmend darauf an[kommt], Schwerpunkte richtig zu setzen und von der Vorstellung Abschied zu nehmen, daß der Staat im Arbeitsschutz alle Belange regeln könnte.«[202] Häufig konzentrieren sich Arbeitsschutzbehörden im Rahmen einer sogenannten »Programmarbeit« auf als besonders dringlich empfundene Gefährdungen und bearbeiten diese in Schwerpunktaktionen zu. Die Gewerbeaufsicht Schleswig Holsteins charakterisierte dies als eine »risikoorientierte staatliche Überwachung, Beratung und Qualitätssicherung«.[203] Damit ist allerdings häufig das angedeutete Problem verknüpft, daß die unzureichenden Kapazitäten zu einer inadäquaten Bearbeitung vor allem jener Felder führen, die mit der Anpassung an die EU-Richtlinien zum Gegenstand eines innovativen Arbeitsschutzrechts geworden waren. Angesichts dieser Entwicklungen deutete wenig darauf hin, daß die innovativen Elemente der Rechtsetzung in größerem Umfang auch Eingang in die Praxis finden sollten. So verzichteten einzelne Landesverwaltungen mit Verweis auf die mangelhafte Personalausstattung auf eine betriebliche Überwachung des Vollzugs der Bildschirmarbeitsverordnung.[204]

Zum anderen zielt die Leitbilddiskussion in vielen Fällen auf eine veränderte Rollendefinition der Arbeitsschutzbehörden. Ausgangspunkt ist meistens die Überzeugung, daß Arbeitsschutz im betriebswirtschaftlichen Interesse der Unternehmen liege und entsprechende Maßnahmen in erster Linie deshalb nicht ergriffen würden, weil es ihnen an den entsprechenden Informationen und Kenntnissen sowie an unmittelbar praxisbezogenen Hilfestellungen fehle.[205] In vielen Fällen wird dies mit dem konstatierten konzeptionellen Modernisierungsbedarf des Arbeitsschutzes verknüpft, also dem Paradigmenwechsel von der punktuellen Eliminierung von Gefahrenherden hin zu einer

---

201 Vgl. MAGS NRW, Jahresbericht 1996: Gesundheitsschutz am Arbeitsplatz, S. 9.
202 Vorwort des Ministers, in: MAS S-A, Jahresbericht 1992 der Gewerbeaufsicht Sachsen-Anhalt, S. 3.
203 Ministerium für Arbeit, Gesundheit und Soziales des Landes Schleswig-Holstein (im folgenden: MAGS S-H), Jahresbericht der Gewerbeaufsicht 1996, S. 6.
204 Vgl. z.B. Arbeit & Ökologie-Briefe, 1998, Nr. 2, S. 10.
205 Vgl. etwa: MAGS S-H, Arbeit und Gesundheit – ein Perspektivkonzept für den staatlichen Arbeitnehmerschutz in Schleswig Holstein, S. 10ff.; Meyer-Falcke/Schäffer, Gestalten statt verwalten: Perspektiven für Arbeitsschutzpolitik auf Landesebene, S. 858ff.; Leßwing, Zeitgemäße Strategie in gewandelter Arbeitswelt, S. 9ff.

Kapitel 7

gesundheitsgerechten systemischen Gestaltung betrieblicher Abläufe. Vor diesem Hintergrund verliere die Standardisierung von Schutzvorschriften und deren Kontrolle durch externe Experten stark an Bedeutung und seien vielmehr betriebsindividuelle Betrachtungsweisen, die umfassende Einbeziehung des Erfahrungswissens der betrieblichen Akteure und eine auf die Erweiterung ihrer Handlungskompetenzen gerichtete Beratung erforderlich. Diese Befunde haben für das staatliche Arbeitsschutzhandeln zur Folge, daß die klassisch-hoheitliche Funktion des Staates, also die Kontrolle von Arbeitsschutzvorschriften und die Sanktionierung von Rechtsverstößen, in den Hintergrund tritt und Arbeitsschutz zunehmend als kundenorientierte Dienstleistung verstanden wird. Die neue Rolle der Gewerbeaufsicht wird mit Schlagwörtern wie »kooperative Interventionsstrategie« und »Hilfe zur Selbsthilfe« umschrieben.[206] Die skizzierte Neubestimmung staatlicher Aufgaben im Arbeitsschutz soll der wachsenden Bedeutung des Betriebs als Handlungsebene eines wirkungsvollen Arbeitsschutzes Rechnung tragen und zugleich einen Beitrag zur betrieblichen Modernisierung leisten.[207] Auf der überbetrieblichen Ebene sind die Behörden vielfach um den Aufbau von Arbeitsschutznetzwerken bemüht, die dem Informationsaustausch über und der Abstimmung von Arbeitsschutzaktivitäten in der Region dienen sollen und in die zu diesem Zweck staatliche Instanzen, Verbände, Berufsgenossenschaften, Krankenkassen, betriebliche Vertreter und andere Akteure einbezogen sind.[208] Staatliche Einrichtungen nehmen hier vor allem die Funktion der Koordination und Moderation wahr. Der zuständige Referatsleiter in der nordrhein-westfälischen Landesregierung faßte diese Rollenbestimmung folgendermaßen zusammen: »Der ›Staat‹ hat die Voraussetzungen zu schaffen, dieses System funktionsfähig zu gestatten. Die Kernaufgabe unmittelbarer staatlicher Einrichtungen besteht somit im ›Gesundheitsmanagement‹.«[209]

---

206 Anders als in Großbritannien während der neunziger Jahre ist diese Entwicklung in Deutschland nicht mit einem deutlichen Rückgang bei den Beanstandungen und Auflagen verbunden. Eher sind hier starke Schwankungen typisch, in denen sich die – im Bereich der staatlichen Gewerbeaufsicht – regional höchst unterschiedliche Vollzugspraxis sowie die Konzentration der Aufsichtsbehörden auf Schwerpunktaktionen in besonders risikoträchtigen Tätigkeitsbereichen widerspiegeln.
207 Vgl. z.B. Meyer-Falcke/Schäffer, Gestalten statt verwalten: Perspektiven für Arbeitsschutzpolitik auf Landesebene, S. 858ff.; Lehmann/Leßwing, Zeitgemäße Strategie in gewandelter Arbeitswelt, S. 99ff.
208 Vgl. MAGS NRW, Fachkonzept der Arbeitsschutzverwaltung des Landes Nordrhein-Westfalen, S. 6, 36ff., 56; Meyer-Falcke/Schäffer, Gestalten statt verwalten: Perspektiven für Arbeitsschutzpolitik auf Landesebene, S. 858ff.
209 Sozialforschungsstelle Dortmund/Landesanstalt für Arbeitsschutz Nordrhein-Westfalen (Hrsg.), Regionale Kooperationsnetzwerke Arbeit & Gesundheit, S. 7.

Die Umsetzung von EU-Arbeitsschutzrichtlinien in Deutschland

Nicht nur die staatliche Arbeitschutzverwaltung, auch die Berufsgenossenschaften sind um einen Wandel ihres Profils bemüht. Der HVBG sieht sich nunmehr als Anbieter »bedarfsorientierte[r] Dienstleistungen«, der »Prävention kundenorientiert und qualitätsbewußt« betreibt und für den »Kommunikation Schlüssel für die Akzeptanz« behördlicher Tätigkeit ist.[210] Ihr Selbstverständnis fassen die gewerblichen Berufsgenossenschaften in folgenden Leitsätzen zusammen:

»Die Berufsgenossenschaften:
- sind engagierte Partner in der Arbeitswelt,
- bieten kompetente und praxisnahe Beratung aufgrund ihrer Branchengliederung,
- sind nahe am Arbeitnehmer und kümmern sich um die Betroffenen,
- unterstützen den Unternehmer in seiner Verantwortung für Arbeitssicherheit und Gesundheitsschutz,
- sorgen für Sicherheit und Gesundheit am Arbeitsplatz und im Straßenverkehr,
- sind lebendige Demokratie durch gleichberechtigte Selbstverwaltung der Sozialpartner,
- bieten effiziente und transparente Dienstleistungen,
- arbeiten wirtschaftlich, erfolgreich und zukunftsorientiert durch Prävention, Rehabilitation und Entschädigung aus einer Hand,
- forschen und prüfen für eine gesunde und sichere Arbeitswelt,
- fördern ihre Mitarbeiterinnen und Mitarbeiter durch umfassende Weiterbildung.«[211]

Stieß die Betonung einer Dienstleistungsorientierung bei den Arbeitgebern auf Zustimmung, so meldeten die Gewerkschaften Bedenken an: Zwar hielten auch sie eine verbesserte Beratung von Unternehmen für notwendig, machten aber geltend, daß die Aufrechterhaltung des staatlichen Drohpotentials für einen wirkungsvollen Arbeitsschutz unverzichtbar sei. Beratung und rigide Kontrolle schlössen sich als strategische Orientierungen im Arbeitsschutzvollzug keineswegs aus, erforderten allerdings einen Ausbau der Kapazitäten.[212]

7.5.3 Umfassender Arbeitsschutz und erweiterter Präventionsauftrag – Verbandliche und staatliche Arbeitsschutzstrategien im Wandel?

Nicht nur die Präventionspraxis der staatlichen Gewerbeaufsicht, sondern auch die der Unfallversicherungsträger ist seit vielen Jahren Gegenstand heftiger Kritik. Vor diesem Hintergrund und angesichts des mit der Verabschiedung der EU-Richtlinien sich abzeichnenden Wandels der Arbeitsschutzpolitik hatte der HVBG in der ersten Hälfte der neunziger Jahre eine programmatische Umorientierung eingeleitet und sich in verschiedenen Positionsbestimmungen

---

210 HVBG, Jahresbericht 1996, S. 4, 16, 38.
211 Ebda., S. 41.
212 Vgl. Arbeit & Ökologie-Briefe, 1998, Nr. 2, S. 10.

zu einem umfassenden Präventionsansatz bekannt.[213] In welcher Weise stellten sich die Berufsgenossenschaften, nachdem die Reformen verabschiedet worden waren, nun auf die neuen Anforderungen ein und wie legten sie in diesem Zusammenhang den Auftrag, nunmehr auch arbeitsbedingte Gesundheitsgefahren zu verhüten, aus?

Daß der Gesetzgeber auf eine Legaldefinition des Begriffs »arbeitsbedingte Gesundheitsgefahren« verzichtet hat, öffnet den Raum für sehr unterschiedliche Auslegungen durch die mit der Umsetzung beauftragten Akteure. Die konzeptionellen Überlegungen aus den einschlägigen Abteilungen des Hauptverbandes der gewerblichen Berufsgenossenschaften (HVBG), der für die präventionspolitische Ausrichtung der Berufsgenossenschaften von zentraler Bedeutung ist, verdeutlichen, daß hier eine sehr restriktive Interpretation des erweiterten Präventionsauftrags dominiert.[214] In diesen Positionsbestimmungen steht die gesetzliche Aufgabe, Arbeitsunfälle und Berufskrankheiten zu verhüten und zu entschädigen, nach wie vor im Zentrum der Problemwahrnehmung und wird zum Bezugspunkt für die Interpretation des Auftrags zur Prävention arbeitsbedingter Gesundheitsgefahren. In der Vergangenheit seien insbesondere im Gefahrstoffbereich zahlreiche Einwirkungen erst zu späterer Zeit, nämlich nach dem Nachweis entsprechender Kausalwirkungen, in die Berufskrankheitenliste aufgenommen worden. Die Berufsgenossenschaften hätten bei diesen Erkrankungen bisher nicht präventiv tätig werden können, weil ihr Handlungsauftrag durch die Reichsversicherungsordnung auf die in der aktuellen Berufskrankheitenliste vorgesehenen Krankheiten beschränkt gewesen sei. Der erweiterte Präventionsauftrag solle nun – so der Tenor der HVBG-Konzeptionen – dazu dienen, diesen *potentiell* entschädigungspflichtigen Gefährdungen frühzeitiger und effektiver begegnen zu können. Dies gelte auch für die Verhütung von Arbeitsunfällen, denn hier seien traditionelle Strategien an ihre Grenzen geraten und sei ein weiterer Rückgang in erster Linie durch arbeitsorganisatorische Veränderungen zu erreichen. Besonders deutlich wird die enge Auslegung des erweiterten Präventionsauftrags bei Mehrhoff (HVBG), der mit Blick auf den erweiterten Präventionsauftrag feststellt: »Damit sollen im Endeffekt Berufskrankheiten und solche

---

213 Dieses programmatische Bekenntnis fand seinen Ausdruck in entsprechenden Beschlüssen der HVBG-Gremien, die zwischen 1990 und 1993 gefaßt wurden. Vgl. HVBG, Thesenpapier »Neue Technologien und Arbeitsschutz«; ders., Sicherheit und Gesundheitsschutz bei der Arbeit: Berufsgenossenschaftliches Präventionskonzept, S. 137f..
214 Vgl. dazu und zum folgenden z.B.: Sokoll/Coenen, Warum brauchen die Berufsgenossenschaften eine Erweiterung des Präventionsauftrags zur Verhütung arbeitsbedingter Gesundheitsgefahren?, S. 460ff.; Coenen/Waldeck, Die neue Arbeitsschutzgesetzgebung aus Sicht der gewerblichen Berufsgenossenschaften, S. 574ff.; Coenen, Verhütung arbeitsbedingter Gesundheitsgefahren ... eine neue Dimension des Arbeitsschutzes?, S. 222ff.

Die Umsetzung von EU-Arbeitsschutzrichtlinien in Deutschland

Krankheiten verhütet werden, die künftig in die Liste der Berufskrankheiten aufgenommen werden.«[215] Zugleich machen die Berufsgenossenschaften auf eine Reihe von Gefahren aufmerksam, die mit der Aufnahme von arbeitsbedingten Gesundheitsgefahren in den Präventionsauftrag verbunden seien. So berge die Unbestimmtheit dieses Begriffs das Risiko in sich, »daß überzogene Aktivitäten entwickelt werden.«[216] Außerdem gelte es zu vermeiden, daß die Erweiterung des Präventionsauftrags »zu unvertretbaren Mehrbelastungen der Betriebe« führt und »daß die Prävention als Einfallstor für die Entschädigung arbeitsbedingter Erkrankungen« dient.[217]

Kommt in diesen Positionsbestimmungen bereits eine sehr defensive Grundhaltung zum Ausdruck, so deuten auch die Versuche seitens des HVBG, die jüngeren Veränderungen im Arbeitsschutzrecht in eine Kontinuitätslinie mit der bisherigen berufsgenossenschaftlichen Präventionspraxis zu stellen, nicht auf die Bereitschaft zu einer weitreichenden Neuformulierung der Handlungskonzeptionen: So ist im HVBG nicht selten die Auffassung anzutreffen, daß die Verhütung arbeitsbedingter Gesundheitsgefahren die bisherige Praxis der Berufsgenossenschaften im wesentlichen bestätige[218], daß das europäische Arbeitsschutzrecht gegenüber den berufsgenossenschaftlichen Regelwerken keine wesentliche Neuerung darstelle (Interview HVBG, 22.11.1996) oder daß es sich bei der programmatischen Weiterentwicklung der Berufsgenossenschaften lediglich um eine im nachhinein vollzogene Anpassung an eine bereits seit langem modernisierte Rechtsetzungs- und Überwachungspraxis handele.[219] Darüber hinaus machten die Berufsgenossenschaften auch deutlich, daß sie »nur in begrenztem Umfang an Aufgaben des sozialen Arbeitsschutzes interessiert« sind.[220]

Auch der Umstand, daß der HVBG selbst den Ruf nach einer Erweiterung des Präventionsauftrags erhob, kann kaum als Zeichen für einen ausgeprägten Reformwillen gelten. Die Berufsgenossenschaften hatten sich zu entsprechenden Forderungen von Gewerkschafts- bzw. Versichertenseite in der

---

215 Mehrhoff, Erneuerte Handlungsfelder für die Berufsgenossenschaften, S. 280.
216 Sokoll/Coenen, Warum brauchen die Berufsgenossenschaften eine Erweiterung des Präventionsauftrags zur Verhütung arbeitsbedingter Gesundheitsgefahren?, S. 461.
217 Ebda., S. 461f.
218 Vgl. z.B. Coenen, Verhütung arbeitsbedingter Gesundheitsgefahren... eine neue Dimension des Arbeitsschutzes?, S. 230. Freilich bleibt dabei unklar, aus welchen Gründen die Berufsgenossenschaften dann überhaupt die skizzierten Reformen des Vorschriftenwerks und der Weiterbildung vornehmen.
219 Vgl. auch: Coenen/Waldeck/Ziegenfuß, Sicherheit und Gesundheitsschutz bei der Arbeit: Berufsgenossenschaftliches Präventionskonzept, S. 3f.
220 Sokoll/Coenen, Warum brauchen die Berufsgenossenschaften eine Erweiterung des Präventionsauftrags zur Verhütung arbeitsbedingter Gesundheitsgefahren?, S. 461.

Kapitel 7

Vergangenheit stets ablehnend oder zumindest skeptisch verhalten[221], und mit der skizzierten Gefahrenwahrnehmung durch der HVBG mögen zugleich auch die wichtigsten Gründe für diese Haltung beschrieben sein. Erst die mit der Verabschiedung der EU-Rahmenrichtlinie vorgenommene Ausweitung des Schutzbegriffs war für die Berufsgenossenschaften Anlaß, die Forderung nach einer Ausweitung ihres Präventionsauftrags zu übernehmen.[222] Fragt man nach den Motiven für diesen Gesinnungswandel, so scheinen in den Begründungen der HVBG-Spitze nicht zuletzt auch organisationsegoistische Interessen durch: Die Ausweitung des Präventionsauftrags sei erforderlich, um mit den Krankenkassen bei der betrieblichen Gesundheitsförderung auf der Grundlage von § 20 SGB V zusammenarbeiten zu können; darüber hinaus wäre man auf der Grundlage des alten Rechts nicht befugt gewesen, zum Zweck der Umsetzung von EU-Richtlinien nach Art. 118a des EWG-Vertrages UVVen zu erlassen und deren Umsetzung zu kontrollieren, womit auch der beabsichtigte Versuch, den eigenen Funktionsverlust auf dem Gebiet der Normung durch einen generellen Subsidiaritätsvorbehalt zugunsten der Unfallversicherungsträger zu kompensieren, zum Scheitern verurteilt gewesen wäre; die dauerhafte Mißachtung arbeitsbedingter Gesundheitsgefahren könnte zu einem Legitimationsverlust der Berufsgenossenschaften führen, weil sie sich als unfähig erwiesen, ein von vielen Seiten als relevant erachtetes Problemfeld erfolgreich zu bearbeiten; schließlich könnten die Wahrnahme des erweiterten Präventionsauftrags und entsprechende Erfolge auf diesem Gebiet den Druck auf eine Erweiterung der Berufskrankheitenliste vermindern.[223] So war die Übernahme der Forderung nach einem erweiterten Präventionsauftrag durch den HVBG denn wohl weniger Ausdruck einer umfassenden Innovationsbereitschaft als vielmehr eine Flucht nach vorn, die helfen sollte, die mit der europäischen Integration prekärer gewordene Position der Berufsgenossenschaften im Gefüge der Arbeitsschutzinstitutionen zu festigen.

Insgesamt erscheint der erweiterte Präventionsauftrag in den konzeptionellen Vorstellungen aus dem HVBG also primär als ein Instrument, das zu einer effektiveren Verhütung von Arbeitsunfällen und Berufskrankheiten beitragen soll und in seiner Reichweite zugleich durch diese Funktion beschränkt ist. Er wird hier eher als ein Hilfsmittel zur Effizienzsteigerung

---

221 Vgl. Konstanty, Das neue Arbeitsschutzrecht, S. 364f.
222 Vgl. Waldeck, Europäisches Arbeitsschutzrecht auf dem Wege zur nationalen Umsetzung – Betrachtungen aus berufsgenossenschaftlicher Sicht, S. 700.
223 Vgl. Sokoll/Coenen, Warum brauchen die Berufsgenossenschaften eine Erweiterung des Präventionsauftrags zur Verhütung arbeitsbedingter Gesundheitsgefahren?, S. 461ff.; Coenen/Waldeck, Die neue Arbeitsschutzgesetzgebung aus Sicht der gewerblichen Berufsgenossenschaften, S. 574ff.

Die Umsetzung von EU-Arbeitsschutzrichtlinien in Deutschland

eines weiterhin an traditionellen Gefährdungslagen orientierten Schutz- und Entschädigungsmodells verstanden denn als ein Einstieg in eine innovative Präventionspraxis. Insofern werden die im Sozialgesetzbuch VII (§ 1 Nr. 1 und § 14 Abs. 1) gleichrangig aufgeführten Aufgaben zumindest implizit in eine hierarchische Ordnung gebracht. Auch Befragungen von Mitgliedern der Selbstverwaltung in der gesetzlichen Unfallversicherung deuten auf die Dominanz eines traditionellen Präventionsverständnisses hin.[224]

Gleichwohl sind bei den Berufsgenossenschaften auch Zeichen für einen Wandel zu erkennen. Die 95 Unfallversicherungsträger können im Rahmen der gesetzlichen Vorschriften ihre Präventionsstrategie selbständig bestimmen. Ihre Vielfalt und Autonomie ermöglichen auch bei Dominanz eines restriktiven Verständnisses die Entwicklung und Durchführung innovativer Präventionsvorhaben. So haben eine Reihe von Berufsgenossenschaften mittlerweile Pilotprojekte zur Verhütung arbeitsbedingter Gesundheitsgefahren auf den Weg gebracht.

Tendenzen zu einer Modernisierung des Präventionshandelns ergeben sich insbesondere aus einer engeren Kooperation mit den Krankenkassen, die Ende der achtziger Jahre durch den Gesetzgeber als neue Akteure in der betrieblichen Gesundheitspolitik etabliert worden sind. Diese beruht auf der im Gesundheitsreformgesetz 1988 vorgesehenen Aufnahme von Maßnahmen zur Gesundheitsförderung bzw. zur Krankheitsverhütung (§ 20 SGB V) in den Leistungskatalog der gesetzlichen Krankenkassen.[225] Die Krankenkassen sind in ihrem finanziellen Interesse nicht auf die Bekämpfung von Arbeitsunfällen und Berufskrankheiten beschränkt, sondern haben vielmehr die Kosten für die Behandlung des großen Teils jener Krankheiten zu tragen, für deren Entstehung auch arbeitsbedingte Ursachen verantwortlich sind. Daher läßt sich ihnen auch grundsätzlich ein Interesse an der Bekämpfung arbeitsbedingter Erkrankungen zuschreiben. Da die gesetzlichen Krankenkassen durch ihre Wettbewerbssituation in eine Konkurrenz um die »guten« Risiken getrieben werden, entsteht für sie allerdings ein Anreiz, mit Maßnahmen der betrieblichen Gesundheitsförderung in erster Linie sozial und gesundheitlich Privilegierte zu umwerben.[226] Nicht zuletzt vor diesem Hintergrund bezogen sich die auf der Grundlage von § 20 SGB V entwickelten Aktivitäten ähnlich wie

---

224 Vgl. Wattendorff, Qualifizierung der Selbstverwaltung der gesetzlichen Unfallversicherung zur Erfüllung des Präventionsauftrages, S. 47ff.
225 Allerdings erlebte der § 20 SGB V seitdem eine wechselvolle Geschichte: Nachdem die Handlungskompetenzen der Krankenkassen in der betrieblichen Gesundheitsförderung mit Wirkung von 1997 weitgehend wieder zurückgenommen worden waren, wurden sie von der rot-grünen Koalition aufs neue ausgeweitet. Vgl. zu den Hintergründen dieser Entwicklung: Priester, Betriebliche Gesundheitsförderung, S. 127ff.
226 Vgl. ebda.

Kapitel 7

die Gesundheitsförderung in Großbritannien vorwiegend auf Maßnahmen zur Beeinflussung des Gesundheitsverhaltens und nur zu einem geringen Teil auf die Veränderung der Arbeitsbedingungen.[227] Vielfach sind sie nicht ausreichend in die betrieblichen Abläufe integriert, gehen an einem epidemiologisch begründbaren Bedarf vorbei und mangelt es an einer Evaluation ihrer Wirksamkeit.[228] Allerdings ist in jüngerer Zeit auch »ein gewisser Trend in Richtung auf inhaltlich und methodisch ›anspruchsvollere‹ Handlungskonzepte beobachtbar [...].«[229]

Die gesetzlichen Krankenkassen und die Unfallversicherungsträger sind bei der Verhütung arbeitsbedingter Gesundheitsgefahren zur Zusammenarbeit verpflichtet. Nachdem die Arbeitsschutzreformen in Kraft getreten und die Befugnisse der Krankenkassen in der betrieblichen Gesundheitsförderung beschränkt worden waren, einigten sich die Unfallversicherungsträger und die Spitzenverbände der gesetzlichen Krankenkassen auf eine gemeinsame Grundlage für ihre Zusammenarbeit auf der Basis von § 20 SGB V.[230] In der Praxis bemühen sich die Krankenkassen um eine weite Interpretation ihrer Zuständigkeit und haben in Zusammenarbeit mit den Unfallversicherungsträgern mittlerweile eine Reihe von Projekten auf den Weg gebracht. Der Bundesverband der Betriebskrankenkassen und der HVBG haben 1995 das »Kooperationsprojekt Arbeit und Gesundheit« ins Leben gerufen, mit dem die Zusammenarbeit von Kranken- und Unfallversicherungsträgern erprobt werden sollte.[231]

Der HVBG und die einzelnen Berufsgenossenschaften leiteten auch organisationsintern als Reaktion auf die neuen Rahmenbedingungen Anpassungsprozesse ein. Dies betrifft zunächst die qualifikatorischen Voraussetzungen des Aufsichtspersonals. Die Zugrundelegung eines umfassenden Arbeitsschutzbegriffs erfordert es, das nahezu ausschließlich ingenieur- und naturwissenschaftliche Qualifikationsprofil des Fachpersonals um arbeits- und

---

227 Vgl. Kirschner/Radoschewski/Kirschner, § 20 SGB V Gesundheitsförderung, Krankheitsverhütung, S. 30ff., 43ff.; Preußner, Bestandsaufnahme der betrieblichen Gesundheitsförderung, S. 877ff.; Lenhardt, Betriebliche Strategien zur Reduktion von Rückenschmerzen, S. 118ff.; Hartmann/Traue, Gesundheitsförderung und Krankheitsprävention im betrieblichen Umfeld, S. 114ff.
228 Vgl. z.B. Lenhardt, Betriebliche Gesundheitsförderung durch Krankenkassen, S. 117ff.; Ritter, Arbeit und Gesundheit – Die betriebliche Gesundheitsförderung zwischen Kooperation, Konflikt und Marginalisierung, S. 312ff.
229 Lenhardt, Zehn Jahre »Betriebliche Gesundheitsförderung«, S. 19.
230 Vgl. Spitzenverbände der Krankenkassen/HVBG, Empfehlung zur Zusammenarbeit bei der Verhütung arbeitsbedingter Gesundheitsgefahren. Rahmenvereinbarung der Spitzenverbände der Krankenkassen und der Träger der gesetzlichen Unfallversicherung zur Zusammenarbeit bei der Verhütung arbeitsbedingter Gesundheitsgefahren.
231 Vgl. z.B. Voß, Kooperationsprogramm Arbeit und Gesundheit, S. 328ff.

Die Umsetzung von EU-Arbeitsschutzrichtlinien in Deutschland

gesundheitswissenschaftliche sowie psychologische, pädagogische und medizinische Disziplinen zu ergänzen. Der HVBG selbst hatte in seinem 1993 verabschiedeten Präventionskonzept eine Ausweitung der Personalbestandes bei den Präventionsdiensten, die verstärkte Berücksichtigung von nicht-naturwissenschaftlichen oder -technischen Berufen sowie eine Anpassung des Aus- und Fortbildungskonzepts für die Aufsichtsdienste angekündigt.[232] Darüber hinaus entwickelt er eine neue Weiterbildungskonzeption, mit deren Hilfe die berufsgenossenschaftlichen Aufsichtsdienste befähigt werden sollen, den neuen Aufgaben gerecht zu werden. Insbesondere von Versichertenseite wurden – auch in der berufsgenossenschaftlichen Selbstverwaltung – in diesem Sinne quantitative und qualitativ weitreichende Veränderungen gefordert.[233] Die Gewerkschaften machten allerdings auch geltend, daß die erforderlichen Kenntnisse dem Aufsichtspersonal vielfach nicht durch Qualifizierungsmaßnahmen vermittelt werden könnten; vielmehr sei für eine angemessene Bearbeitung der komplexen Auswirkungen von Arbeitsbedingungen auf die Gesundheit die Einstellung ausgebildeter Psychologen, Soziologen, Arbeitswissenschaftler und Mediziner notwendig.[234] Über den Umfang der Neueinstellungen von Angehörigen dieser Berufsgruppen liegen keine verläßlichen Daten vor. Allerdings gibt der in den meisten Berufsgenossenschaften sehr enge Finanzrahmen Anlaß zu der Vermutung, daß dies nur in geringem Umfang geschehen sein kann.

In den Berufsgenossenschaften gibt es auch Bemühungen, nicht nur die Aufsichtsdienste, sondern auch die Mitglieder der Selbstverwaltung im Hinblick auf die neuen Anforderungen weiterzuqualifizieren. Das Interesse der Selbstverwalter an den neuen Problemfeldern fällt allerdings auch recht schwach aus: Nur 30,3 % von ihnen hatten bis 1998 in der laufenden Legislaturperiode an einer Informationsveranstaltung über arbeitsbedingte Gesundheitsrisiken und 45,5 % an einer Informationsveranstaltung über das SGB VII teilgenommen.[235] Offenkundig ist unter den Mitgliedern der Selbstverwaltung ein traditionelles Verständnis des erweiterten Präventionsauftrags noch weit verbreitet.[236] Das Informations- und Weiterbildungsangebot der Unfallversicherungsträger ist auch nach dem Inkrafttreten des neuen Arbeitsschutzrechts im wesentlichen an den klassischen Themen ausgerichtet.

---

232 Vgl. HVBG, Sicherheit und Gesundheitsschutz bei der Arbeit: Berufsgenossenschaftliches Präventionskonzept, S. 137f.
233 Vgl. z.B. Schultze/Hinne/Mattik, Neue Aufgaben der Berufsgenossenschaften, S. 537; IG Metall/Gewerkschaft Holz und Kunststoff, Der neue Präventionsauftrag für die Berufsgenossenschaften, S. 15ff.
234 Vgl. z.B. ebda., S. 16ff.
235 Vgl. Wattendorff, Qualifizierung der Selbstverwaltung der gesetzlichen Unfallversicherung, S. 77.
236 Vgl. ebda., S. 84.

Kapitel 7

Der staatliche Arbeitsschutz präsentiert hinsichtlich der Einstellung auf die neuen Herausforderungen ein recht uneinheitliches Bild. Daß Fragen des Arbeitsschutzes in besonderem Maße als Expertenangelegenheit verstanden werden und die große Politik im Vergleich zu anderen Bereichen geringes Interesse an ihnen zeigt, verschafft den zuständigen Landesverwaltungen einen nicht unerheblichen Handlungsspielraum. Es hängt daher auch von der Problemsicht und Innovationsfreude der zuständigen Ministerialbürokratie ab, inwieweit die staatlichen Behörden sich auf die veränderten Belastungsprofile und Probleme einstellen. Der aus dem Grundgesetz hergeleitete Handlungsauftrag hatte den staatlichen Arbeitsschutzbehörden in der Vergangenheit sicherlich einen breiteren Rahmen zur Entwicklung einer umfassenden Präventionsstrategie geboten als der Auftrag zur Prävention von Arbeitsunfällen und Berufskrankheiten den Unfallversicherungsträgern. Allerdings hatten ihn in der Vergangenheit nur wenige Landesbehörden tatsächlich dazu genutzt, eine umfassende und moderne Präventionsstrategie zu verfolgen.

In einzelnen Ländern vollzieht sich insofern eine Modernisierung der Arbeitsschutzverwaltung, als sich die Problemwahrnehmung auf ein breiteres Spektrum arbeitsbedingter Gesundheitsgefahren erstreckt und beim Vollzug zum Teil neue Interventionsinstrumente eingesetzt werden. Hier sind die Behörden verstärkt darum bemüht, sich auch arbeitsorganisatorischen Ursachenkomplexen sowie psychosozialen und psychomentalen Belastungen bei der Arbeit zuzuwenden.[237] So entwickelte die hessische Arbeitsschutzverwaltung mit dem Programm ASCA (»Arbeitsschutz und sicherheitstechnischer Check in Anlagen«) ein Instrumentarium zur Analyse nicht nur einzelner Gefährdungen, sondern der Organisation des betrieblichen Arbeitsschutzes insgesamt[238]; Bayern legte einen Modellentwurf für die Einführung eines Arbeitsschutzmanagementsystems vor[239]; in Nordrhein-Westfalen wurde ein Instrument zur Erfassung psychischer Belastungen entwickelt.[240] Von besonderer Bedeutung ist, daß die dortige Landesanstalt für Arbeitsschutz eine Statusanalyse über die Gesundheitssituation in der Arbeitswelt des Landes erstellt, die als Planungs- und Entscheidungshilfe bei der Entwicklung des Arbeitsschutzes dienen soll.[241] Einige Landesbehörden waren darum bemüht, in der Fortbildungstätigkeit für ihre Mitarbeiter neue Probleme der Arbeitswelt zu berücksichtigen. Dazu zählten Themen wie Bildschirmarbeit, Arbeits- und Gesundheitsschutz im Dienstleistungssektor, neue Präventionskonzepte

---

237 Vgl. MAGS NRW, Jahresbericht 1996: Gesundheitsschutz am Arbeitsplatz, S. 199f.
238 Vgl. HMFAS, ASCA: Neue Wege im staatlichen Arbeitsschutz.
239 Vgl. Ritter/Langhoff, Arbeitsschutzmanagementsysteme, passim.
240 Vgl. MAGS NRW, Jahresbericht 1992: Gesundheitsschutz am Arbeitsplatz, S. 151f.
241 Vgl. Lehmann/Leßwing, Zeitgemäße Strategie in gewandelter Arbeitswelt, S. 103f.

Die Umsetzung von EU-Arbeitsschutzrichtlinien in Deutschland

und Präventionsdienstleistungen in der Arbeitsschutzverwaltung sowie arbeitspsychologische und industriesoziologische Aspekte des Gesundheitsschutzes. Die hessische Gewerbeaufsicht entwickelte ein sozialwissenschaftliches Fortbildungskonzept für ihre Aufsichtsdienste.[242] In einigen Landesbehörden spielen Bereiche wie Kommunikation, Verhalten und Methoden in der Aus- und Weiterbildung der Aufsichtspersonen ebenfalls eine größere Rolle und sollen diese dazu befähigen, ihrer Beratungsaufgabe wirkungsvoller nachzukommen.[243]

Jedoch sind derartige Initiativen nicht prägend für die Entwicklung des staatlichen Arbeitsschutzes und kann von einer weit verbreiteten Innovationsbereitschaft nicht die Rede sein. ein Als Vorreiter können sicherlich die Arbeitsschutzverwaltungen Nordrhein-Westfalens und Hessens gelten. Hier waren einige der skizzierten Aktivitäten bereits vor dem Inkrafttreten der Arbeitsschutzreformen in Angriff genommen worden, allerdings konnten die Verantwortlichen die mit ihnen einhergehenden Innovationen auch als eine Bestätigung und Unterstützung ihrer bereits in Angriff genommenen Modernisierungsbemühungen begreifen (Interview Hessen, 7.2.1997). In einigen anderen Ländern hat die Arbeitsschutzreform die Behörden dazu veranlaßt, ihr Tätigkeitsprofil zu erweitern und sich neuen Problemfeldern zuzuwenden. So gehörte die Umsetzung der Bestimmungen zur Gefährdungsbeurteilung z.B. in Baden-Württemberg zu den Schwerpunkten der dortigen Landesbehörden. Sie gingen dabei der Frage nach, wo, auf welcher Grundlage und in welcher Qualität Gefährdungsbeurteilungen in den Betrieben durchgeführt worden waren. Auch die Bildschirmarbeit war in diesem Zusammenhang Gegenstand staatlicher Überwachungsmaßnahmen.

Dennoch sind strukturelle Restriktionen einer durchgreifenden Modernisierung nach wie vor weit verbreitet. Auch in den Arbeitsschutzverwaltungen, die Initiativen in Richtung auf einen umfassenden Präventionsansatz auf den Weg gebracht haben, setzt die unzureichende Ausstattung der Behörden den Bemühungen enge Grenzen. So wurden auch dort, wo z.B. die Durchführung der Gefährdungsbeurteilung zu den Schwerpunkten der Arbeitsschutzverwaltung gehörte, nur eine sehr kleine Zahl von Betrieben erreicht.[244]

---

242 Vgl. Brückner, Handlungsprobleme der Gewerbeaufsicht und soziale Dimensionen des Arbeitsschutzes, S. 9ff.; Marstedt/Mergner, Soziale Dimensionen des Arbeitsschutzes.
243 Vgl. MAGS NRW, Jahresbericht 1995, Gesundheitsschutz am Arbeitsplatz, S. 103f.; Ministerium für Arbeit, Soziales, Gesundheit und Frauen des Landes Brandenburg, Arbeitsschutz: Jahresbericht 1995, S. 30.
244 Vgl. z.B. Ministerium für Umwelt und Verkehr Baden-Württemberg/Sozialministerium Baden-Württemberg, Jahresbericht der Gewerbeaufsicht 1998, S. 23ff. Im übrigen ist damit auch noch nichts über die Qualität der Überwachung bzw. Betreuung gesagt.

Überdies zeichnet sich für die Zukunft in den Arbeitsschutzverwaltungen der Länder insgesamt eine weitere Zuspitzung der Personalsituation ab. Insbesondere klaffen der Fortbildungsbedarf und die Fortbildungsmöglichkeiten – wie z.B. Befragungen von Gewerbeaufsichtsbeamten zeigen – angesichts der raschen Veränderungen in der Arbeitswelt und der Personalknappheit weit auseinander.[245] In den neuen Ländern kam in der ersten Hälfte der neunziger Jahre das Problem hinzu, daß die Umstellung auf das bundesdeutsche Arbeitsschutzsystem bewältigt werden mußte und diese Aufgabe einen erheblichen Teil der Weiterbildungstätigkeit in Anspruch nahm.[246] Die Modernisierung von Aus- und Weiterbildungskonzepten hat insgesamt trotz der skizzierten Initiativen offenkundig noch nicht jene Breite und Tiefe erreicht, die für einen wirklichen Wandel in der Organisationskultur und den Handlungsroutinen der Unfallversicherungsträger erforderlich ist. Insgesamt ist im staatlichen Arbeitsschutz ebenso wie bei den Unfallversicherungsträgern das Festhalten an traditionellen Handlungsmustern also noch weit verbreitet. Es ist nicht ersichtlich, wie mit den vorhandenen Kapazitäten eine Modernisierung der Handlungskonzepte *und* eine Präsenz in der Fläche als Voraussetzung für eine glaubwürdige Sanktionsdrohung für den Fall der Nichtbeachtung von Vorschriften sichergestellt werden kann.

7.5.4 Neuordnung und Deregulierung des Vorschriftensystems

Auch in Deutschland bestimmte seit Beginn der neunziger Jahre mehr und mehr die Forderung nach einer forcierten Deregulierung die politische Debatte. Ähnlich wie in Großbritannien wurden auf Initiative der Regierung Experten aus Wirtschaft, Wissenschaft und Verwaltung damit beauftragt, das existierende Regulierungssystem kritisch zu überprüfen und Vorschläge zu seiner Reform zu unterbreiten. Die Ergebnisse liegen in umfangreichen Veröffentlichungen vor.[247] Auch der Arbeitsschutz geriet in das Blickfeld der Deregulierungsdiskussion: Der Sachverständigenrat »Schlanker Staat« kritisierte den Aufwand für die Erarbeitung von Regelwerken im Bereich des Arbeitsschutzes und mahnte die Berufsgenossenschaften, den Umfang der Vorschriften auf das Notwendige zu beschränken[248]; auch das BMA signalisierte

---

245 Vgl. Mergner, Die Staatliche Gewerbeaufsicht im Spannungsfeld zwischen dem Vollzug von Rechtsvorschriften und sozialen Dimensionen des Arbeitsschutzes.
246 Vgl. MAS S-A, Jahresbericht 1992 der Gewerbeaufsicht Sachsen-Anhalt, S. 16; Ministerium für Arbeit, Soziales, Gesundheit und Frauen des Landes Brandenburg, Arbeitsschutz: Jahresbericht 1993, S. 10.
247 Vgl. Deregulierungskommission, Marktöffnung und Wettbewerb; Sachverständigenrat »Schlanker Staat«, Bd. 1: Abschlußbericht. Siehe auch: Ders., Bd. 2: Materialband.
248 Vgl. Sachverständigenrat »Schlanker Staat«, Bd. 1: Abschlußbericht, S. 76, 78.

Die Umsetzung von EU-Arbeitsschutzrichtlinien in Deutschland

den Unfallversicherungsträgern, daß es von ihnen eine Vereinfachung des Regelwerks erwartete[249]; mitunter wurde der Arbeitsschutz in die pauschale Kritik an einer Überregulierung der Wirtschaft einbezogen.[250] Insgesamt betrachtet spielte in der deutschen Deregulierungsdebatte anders als in Großbritannien die Arbeitsschutzpolitik aber nur eine geringe Rolle. Kaum einmal findet sich in der Vielzahl von Deregulierungsvorschlägen die Forderung nach einer Rücknahme einzelner Verordnungen, Gesetze oder Bestimmungen.[251] Lediglich ein Aspekt des Arbeitsschutzes findet hier immer wieder Erwähnung, dies allerdings an hervorragender Stelle: die Forderung nach einer Flexibilisierung der Arbeitszeiten. Sie erscheint als der zentrale Hebel zur betrieblichen Kostensenkung und zur Verbesserung der Wettbewerbsfähigkeit.[252]

Auch von BDI und BDA als den Hauptverbänden des Kapitals ging – auf der nationalstaatlichen Ebene – wenig Druck auf die Rücknahme von Arbeitsschutzvorschriften aus. Zwar stellten sie den Nutzen vieler Vorschriften, insbesondere zur Bildschirmarbeit, in Frage. Ebenso wie beim CBI findet sich auch hier immer wieder das Argument, daß ein gesundheitlicher Schaden durch Bildschirmarbeit nicht nachgewiesen und daher ein gesetzlicher Schutz nicht erforderlich sei.[253] Auch klagten die Arbeitgeberverbände über die hohen Kosten, die ihnen mit den neuen Vorschriften auferlegt worden seien. Allerdings mündete diese Kritik nicht in eine Kampagne, die in ihrer Schärfe mit jener Deregulierungsinitiative vergleichbar gewesen wäre, die Regierung und Kapital in Großbritannien auf den Weg brachten. Die recht ausgeprägte Bedenkenlosigkeit, mit der die Unternehmerverbände und die Regierung dort öffentlich die Rücknahme von Arbeitsschutzvorschriften forderten und die Notwendigkeit einer Abwägung von Kosten und Nutzen arbeitsschutzrechtlicher Bestimmungen propagierten, war in dieser Form in Deutschland nicht anzutreffen. Kennzeichnend für die deutschen Unternehmer- und Arbeitgeberverbände war, daß sie die EU-Vorschriften erst einmal als gegeben – gleichwohl nicht unkommentiert – hinnahmen, den auf der Bundesregierung lastenden Anpassungsdruck akzeptierten und bemüht waren, bei der untergesetzlichen Konkretisierung und bei der betrieblichen Anwendung von Vorschriften die unwillkommenen Effekte der Arbeitsschutzreform zu begrenzen.

---

249 Vgl. Coenen/Waldeck, Die neue Arbeitsschutzgesetzgebung aus Sicht der gewerblichen Berufsgenossenschaften, S. 577.
250 Dies war etwa der Fall, wenn Helmut Schmidt ihn neben sozial- und umweltrechtlichen Auflagen dafür verantwortlich machte, daß zu wenig neue Arbeitsplätze entstünden. Vgl. Schmidt, Der Paragraphenwust tötet den Unternehmergeist.
251 Vgl. etwa: Deregulierungskommission, Marktöffnung und Wettbewerb; Sachverständigenrat »Schlanker Staat«, Bd. 1: Abschlußbericht.
252 Vgl. Deregulierungskommission, Marktöffnung und Wettbewerb, Ziff. 625ff.
253 Vgl. etwa: Keller, Die Bildschirmarbeitsverordnung, S. 8.

Allerdings waren es auch hier die Organisationen der kleinen und mittleren Unternehmen, die die Berufsgenossenschaften attackierten, weil sie für ein Übermaß an Vorschriften, bürokratischer Kontrolle und dadurch entstehender Kosten verantwortlich seien.[254] Bisweilen erhoben sie auch – wie z.b. der Zentralverband des Deutschen Handwerks – die Forderung, die Berufsgenossenschaften als Unfallversicherungsträger abzuschaffen und durch eine private Unfallversicherung zu ersetzen.[255] Allerdings war diese Forderung weitgehend auf die Kreise der Klein- und Mittelbetriebe beschränkt. BDI und BDA machten stets deutlich, daß sie, auch wenn sie erheblichen Deregulierungsbedarf konstatierten, an der bisherigen Organisation der gesetzlichen Unfallversicherung im Grundsatz festhalten wollten.[256]

Obwohl das Vorschriftensystem des deutschen Arbeitsschutzes in der Deregulierungsdiskussion nur eine geringe Rolle spielte, wurde es Ziel von Neuordnungsbemühungen. In deren Zentrum steht die 1996 vom HVBG beschlossene Neugestaltung des berufsgenossenschaftlichen Vorschriften- und Regelwerks, mit der dieses nicht nur an die neuen Rahmenbedingungen angepaßt, sondern auch vereinfacht und damit transparenter und anwenderfreundlicher werden soll.[257] Das Neuordnungskonzept sieht ein dreifach abgestuftes Regelwerk vor:
- Die berufsgenossenschaftlichen Vorschriften (BGV) sollen an die Stelle der UVVen treten. Sie legen Schutzziele fest und benennen branchen- oder verfahrensspezifische Anforderungen an den Arbeitsschutz. Die BGVen sind für die Normadressaten verbindlich und werden von den Vertreterversammlungen der einzelnen Berufsgenossenschaften verabschiedet.
- Den BGVen nachgeordnet sind die BG-Regeln (BGR). Sie beinhalten allgemein anerkannte Regeln des Arbeitsschutzes und legen den Stand des Arbeitsschutzes dar. Die BGR sollen der praktischen Umsetzung der BGVen dienen. Außerdem sollen hier die bisher in den UVVen aufgeführten Durchführungsanweisungen erscheinen. Bei den BGR handelt es sich nicht um einklagbare Schutznormen.

---

254 Vgl. Hamer, Berufsgenossenschaften müssen auf den Prüfstand.
255 So für den Zentralverband des Deutschen Handwerks: Philipp, Statement zur Pressekonferenz am 9. Januar 1997, S. 5f. Siehe dazu auch: Gitter, Die gesetzliche Unfallversicherung nach der Einordnung ins Sozialgesetzbuch – ein Versicherungszweig ohne Reformbedarf?, S. 1ff.
256 Vgl. z.B. BDA, Sozialstaat vor dem Umbau, S. 40ff.
257 Vgl. dazu und zum folgenden: HVBG, Neuordnung des berufsgenossenschaftlichen Vorschriften- und Regelwerks, bes. S. 15ff., 49ff.; Fischer/Rentrop, Berufsgenossenschaftliches Vorschriften- und Regelwerk in einer Neuordnungskonzeption, S. 456ff.; Rentrop, Neuordnung des berufsgenossenschaftlichen Vorschriften- und Regelwerkes, S. 208ff.

Die Umsetzung von EU-Arbeitsschutzrichtlinien in Deutschland

- BG-Informationen (BGI) schließlich haben bloß beratenden Charakter. Hier werden spezielle Veröffentlichungen zu einzelnen Branchen, Tätigkeiten, Zielgruppen etc. zusammengefaßt.

Mit dieser Neuordnung soll die Zahl der UVVen erheblich reduziert werden. War sie bereits zwischen 1970 und 1997 von 185 auf 133 vermindert worden, so sollen es nach der Neuordnung des berufsgenossenschaftlichen Vorschriften- und Regelwerks nur noch 75 sein.[258] Jedoch versicherte der HVBG, daß diese Deregulierung nicht mit einer Verringerung des Schutzniveaus einhergehen würde. Auch das BMA betonte, daß es bei dem Vorhaben darum gehen sollte, die Systematik der Vorschriften zu verbessern – insbesondere die mehrfache Erwähnung einzelner Bestimmungen in unterschiedlichen Regelwerken zu beseitigen – und solche Vorschriften aufzuheben, die aufgrund der technischen Entwicklung mittlerweile veraltet waren.[259] Zugleich machte es aber auch deutlich:

»Dazu gehört auch eine Antwort auf die Frage, inwieweit es bei den als erhaltenswert anzusehenden Bestimmungen in den Unfallverhütungsvorschriften noch einer verbindlichen Regelung bedarf oder ob ihr Inhalt im Interesse einer größeren Flexibilität für die Betriebe nicht z.B. in eine sicherheitstechnische Regel übernommen werden kann.«[260]

Darüber hinaus kündigte das BMA an, selbst eine Bereinigung des staatlichen Arbeitsschutzrechts, vor allem der Gefahrstoffverordnung und der auf Grundlage des Gerätesicherheitsgesetzes erlassenen Verordnungen, vornehmen zu wollen.[261]

Es wäre sicherlich eine Verkürzung, die skizzierten Neuordnungsansätze pauschal als bloß sektoralen Ausdruck einer übergreifenden Deregulierungspolitik abzutun. Daß mit dem Wandel von Arbeitsbedingungen und Gesundheitsbelastungen traditionelle rechtliche Steuerungsinstrumente in vielen Fällen nicht mehr greifen, ist ein zutreffender Befund. So entsprach z.B. die Neuordnung des berufsgenossenschaftlichen Vorschriftenwerks einem weithin geteilten Bedürfnis der arbeitsschutzpolitischen Akteure und stieß auch bei den Gewerkschaften nicht grundsätzlich auf Kritik.

Allerdings muß fraglich bleiben, ob und inwieweit die Neuordnung des Vorschriftensystems die bisherigen Sicherheitsstandards und ihre Verbindlichkeit unangetastet läßt. Wo verbindliche Vorschriften mit unbestimmteren Rechtsbegriffen versehen oder formalrechtlich herabgestuft werden, wächst der betriebliche Handlungsspielraum – und zwar nach unten, denn gesetzliche

---

258 Vgl. HVBG, Neuordnung des berufsgenossenschaftlichen Vorschriften- und Regelwerks, bes. S. 15ff., 49ff.
259 Vgl. Koll, Neuordnung des Vorschriftenwerks aus Sicht des BMA, S. 21ff.
260 Ebda., S. 22.
261 Vgl. ebda., S. 21ff.

Kapitel 7

Vorschriften im Arbeitsschutz sind stets Mindestvorschriften, deren Überschreitung ohnehin in das Belieben der beteiligten Akteure gestellt ist. Über die Konkretisierung der Regelungen wird dann nach Maßgabe ihrer Konfliktbereitschaft und -fähigkeit auf der betrieblichen Ebene entschieden. Insofern ist davon auszugehen, daß eine »Verschlankung« des Arbeitsschutzrechts nicht nur die Tendenz zu einer den betrieblichen Bedingungen angepaßten Differenzierung von Schutzmaßnahmen freisetzt, sondern daß das Vorschriftensystem auch von seiner Schutz- und Unterstützungsfunktion für die Beschäftigten und ihre Interessenvertretung verlieren wird. Da die Rahmenbedingungen zu einer deutlichen Schwächung der Arbeitnehmerseite geführt haben, ist es wahrscheinlich, daß sich unter dem Signum der Vereinfachung und Transparenz in vielen Fällen eine Absenkung von Schutzvorschriften vollziehen wird. Darüber hinaus bewegte sich Arbeitsschutzpolitik in Deutschland auch nach dem Inkrafttreten der europäischen Richtlinien in einem Umfeld, das von der Standortdiskussion und von der Forderung nach einem Abbau von Auflagen und Vorschriften dominiert war. Gleichzeitig erhöhte die Deregulierungsdebatte den Legitimationsbedarf und damit die Hürden für die Verabschiedung neuer Arbeitsschutzregelungen.

7.5.5 Das Schicksal der UVV Bildschirmarbeit

Sollte nicht nur das staatliche Arbeitsschutzrecht, sondern auch das berufsgenossenschaftliche Regelwerk den Anforderungen der EU-Richtlinien entsprechen und dem erweiterten Präventionsauftrag Rechnung tragen, so bedurfte es in wichtigen Teilen einer Überarbeitung oder gar einer Neufassung von Vorschriften. Dabei war die Regelung der Bildschirmarbeit von herausragender Bedeutung, weil sie eine sehr große Zahl von Arbeitnehmern betraf und im berufsgenossenschaftlichen Regelwerk hierzu bisher keine verbindlichen Vorschriften existierten. Bereits während der europäischen Verhandlungen über die Bildschirmrichtlinie war die Notwendigkeit einer branchenspezifischen Konkretisierung des staatlichen Rechts zwischen allen Beteiligten informell abgeklärt worden (Interview BMA, 17.2.1997). Das BMA hatte auch im Prozeß um die Verabschiedung des Arbeitsschutzgesetzes entsprechende Erwartungen zum Ausdruck gebracht, und auch die Berufsgenossenschaften machten deutlich, daß »der erweiterte Präventionsauftrag [...] seinen Niederschlag in adäquater Form selbstverständlich auch im Vorschriften- und Regelwerk finden muß.«[262] Allerdings machte der HVBG deutlich, daß er den

---

262 Coenen/Waldeck, Die neue Arbeitsschutzgesetzgebung aus Sicht der gewerblichen Berufsgenossenschaften, S. 577.

Die Umsetzung von EU-Arbeitsschutzrichtlinien in Deutschland

Schutz vor psychischen Belastungsfaktoren nicht mit Hilfe von verbindlichen Standards und Normen durchsetzen, sondern auf dem Wege der Beratung und Hilfestellung fördern wollte:

»Dabei werden jedoch auch die Schwierigkeiten gesehen, die sogenannten ›weichen‹, d.h. schwierig zu beschreibenden und zu bestimmenden arbeitsbedingten Faktoren, wie beispielsweise die psychischen Einwirkungen, und die von ihnen möglicherweise ausgehenden Gesundheitsgefährdungen zu regeln. Hierfür dürfte es sich generell empfehlen, nicht die Form der Rechtsnorm zu wählen, sondern den Betrieben Hinweise und Empfehlungen zu geben [...].«[263]

Der Fachausschuß »Verwaltung« der gewerblichen Berufsgenossenschaften hatte bereits im Frühjahr 1995 – also etwa eineinhalb Jahre vor der Verabschiedung des Arbeitsschutzgesetzes – einen Grundentwurf für eine UVV »Arbeit an Bildschirmgeräten« verabschiedet.[264] Die Berufsgenossenschaften verknüpften mit der Verabschiedung einer UVV das Interesse, die Anordnungsbefugnis der Aufsichtsdienste auf den neuen Regelungsbereich auszuweiten:

»Diese staatlichen Verordnungen [...] sind eigentlich Handwerkszeug der Gewerbeaufsicht, d.h. auf der Basis ordnet die Gewerbeaufsicht an, und damit wir eine Möglichkeit haben, dieses Werkzeug auch für den technischen Aufsichtsdienst zu nutzen, wäre es für uns als BG nützlich, wenn wir eine UVV hätten.« (Interview V-BG, 17.2.1998)

Die Gewerkschaften sahen in dem Entwurf die gewünschte Konkretisierung staatlicher Rahmenvorschriften, und aus Sicht der Arbeitgeber wie auch der Berufsgenossenschaften sollte die künftige UVV dazu beitragen, den Klein- und Mittelbetrieben ein höheres Maß an Sicherheit über die an sie gerichteten Anforderungen zu geben (Interview V-BG, 17.2.1998; BDA, 19.12.1996). Der Definition des geschützten Personenkreises kam im UVV-Entwurf eine Schlüsselbedeutung zu. Demnach sollte es sich bei einem Beschäftigten dann um einen Bildschirmarbeitnehmer, wenn mindestens drei der folgenden vier Kriterien erfüllt waren:

- Der Arbeitnehmer benötigt ein Bildschirmgerät zur Erfüllung seiner Aufgaben,
- er benötigt zur Durchführung seiner Aufgaben am Bildschirmgerät besondere Kenntnisse und Fähigkeiten,
- in der Regel benutzt der Arbeitnehmer den Bildschirm an jedem Arbeitstag in ununterbrochenen Zeitabschnitten von mindestens einer Stunde,

---

263 Ebda., S. 577.
264 Vgl. Fachausschuß »Verwaltung« der Berufsgenossenschaftlichen Zentrale für Sicherheit und Gesundheit des Hauptverbandes der gewerblichen Berufsgenossenschaften e.V. (im folgenden: BGZ), Erläuterungen zum Grundentwurf der Unfallverhütungsvorschrift »Arbeit an Bildschirmgeräten« (VBG 104), S. 4.

Kapitel 7

die Bildschirmarbeit erfordert eine hohe Aufmerksamkeit und Konzentration, weil Fehler gravierende Folgen nach sich ziehen.[265] Diese Definition versucht im Unterschied zu der im deutschen Arbeitsschutzsystem gängigen und auch in anderen europäischen Staaten weit verbreiteten Bindung an die Dauer der Bildschirmarbeit[266], die Belastungskomponenten Intensität und Dauer der Nutzung sowie Konzentration bei der Arbeit miteinander zu kombinieren. Die Arbeitgeber kritisierten später, daß der betroffene Personenkreis mit diesen Kriterien in unakzeptabler Weise ausgeweitet würde.[267] Auch in anderer Hinsicht ging das im Grundentwurf formulierte Schutzniveau über die EU-Richtlinie und die Bildschirmarbeitsverordnung hinaus. So hat die Arbeitsplatzanalyse nicht nur bei der Inbetriebnahme und jeder wesentlichen Änderung des Arbeitssystems zu erfolgen, sondern auch »im Einzelfall an einem Arbeitsplatz, wenn an diesem Arbeitsplatz Beschwerden auftreten, die auf die Arbeit am Bildschirmgerät zurückgeführt werden können.« (§ 4 Abs. 3 VBG 104) Im Hinblick auf die Beschaffenheit des Arbeitsplatzes und der Arbeitsumgebung ist der Grundentwurf weit präziser als der Anhang der Bildschirmarbeitsverordnung.

Dieses Regelwerk war in Erwartung eines bald in Kraft tretenden Arbeitsschutzgesetzes und einer daraufhin zu erlassenden Bildschirmarbeitsverordnung erarbeitet worden. Angesichts der Verzögerungen im Gesetzgebungsprozeß ließ man allerdings die weitere Arbeit an dem Regelwerk ruhen.[268] Alle Beteiligten sahen den Grundentwurf als sehr weitgehend an (Interview IG Medien, 13.11.1996; IG Metall, 18.11.1996; BDA, 19.12.1996).[269] Während insbesondere die Gewerkschaften ihn sehr begrüßten, war die anfängliche Zustimmung der Arbeitgeberseite nicht von Dauer. Sie rückte recht bald von diesem Kompromiß ab und machte deutlich, daß sie ihn in der vorliegenden Form nicht weiter unterstützen würden. Die Kritik der Arbeitgeber richtete sich vor allem »auf den Umfang, auf die Akribie der Vorgaben und letztlich auf die Verbindlichkeit der formulierten Inhalte.«[270] Ihren Gesinnungswandel erklärte die BDA folgendermaßen:

---

265 Vgl. Fachausschuß »Verwaltung« der BGZ, Erläuterungen zum Grundentwurf der Unfallverhütungsvorschrift »Arbeit an Bildschirmgeräten«.
266 Vgl. TGB, Vergleichende Daten zur Übertragung in den einzelnen Ländern: Ergebnisse der TGB-Untersuchung, Workshop 3: Bildschirmarbeit.
267 Vgl. Keller, Die Bildschirmarbeitsverordnung, S. 21.
268 Vgl. Fachausschuß »Verwaltung« der BGZ, Umsetzung der EU-Richtlinie »Bildschirmarbeit« in nationales Recht durch die Bildschirmarbeitsverordnung. Siehe auch: Harten/Richenhagen, Die neue Bildschirmarbeitsverordnung, S. 884f.
269 Siehe auch: Arbeit & Ökologie-Briefe, 1995, Nr. 20, S. 2f.
270 So für die BDA: Keller, Die Bildschirmarbeitsverordnung, S. 12.

Die Umsetzung von EU-Arbeitsschutzrichtlinien in Deutschland

»Wir haben das Ding [den Grundentwurf für eine UVV Bildschirmarbeit; T.G.] eigentlich positiv mit begleitet. Wir haben daran mitgearbeitet, und wir stehen eigentlich auch zu diesem Grundentwurf, denn er hat für uns den Vorteil, daß er diesen auslegungsbedürftigen Anhang der Verordnung doch kanalisiert und präzisiert. [...] Wir haben dieses Papier unseren Mitgliedern zukommen lassen und haben dann in einem Ausschuß, der hier schon seit Jahren besteht, den Entschluß gefaßt, es nicht weiter zu unterstützen von Arbeitgeberseite, weil nunmehr die großen Unternehmen, die bei uns hier die wortführenden sind, der Meinung sind, daß sie ohne diese UVV in der betrieblichen Lösungsbindung mehr Freiheit haben und da individuellere Lösungswege finden können – bessere, als wenn sie diese akribischen Vorgaben haben.« (Interview BDA, 19.12.1996)

Die BDA empfahl den Berufsgenossenschaften nun, die Ausarbeitung einer UVV Bildschirmarbeit nicht weiterzuverfolgen, sprach sich aber dafür aus, die seit 1980 bereits existierenden, aber letztlich unverbindlichen »Sicherheitsregeln für die Arbeit an Bildschirmgeräten (ZH 1/618) weiter fortzuschreiben und hierzu die Inhalte des Grundentwurfs mitzuverwerten.«[271] Sie erhob die grundsätzliche Forderung, daß die Erweiterung des Präventionsauftrags auf arbeitsbedingte Gesundheitsgefahren nicht zu neuen UVVen führen dürfe und wies darauf hin, daß der Charakter des Grundentwurfs angesichts der geplanten »Verschlankung« des berufsgenossenschaftlichen Regelwerks nicht mehr zeitgemäß sei (Interview BDA, 19.12.1996).[272] Auch darin kam das Ziel der Arbeitgeber zum Ausdruck, detaillierte und gleichzeitig verbindliche Vorschriften nach Möglichkeiten zu vermeiden. Diese Position wurde auch durch das BMA unterstützt, das einer zu weitgehenden Regelung abgeneigt war.[273]

Im Verlauf des Jahres 1998 zeichnete sich ab, daß die Beteiligten sich allenfalls auf eine Rumpflösung als kleinstem gemeinsamen Nenner verständigen würden.[274] Als Mindestlösung visierten die Verwaltungs-Berufsgenossenschaften einen Weg an, der bereits in der Gefahrstoffpolitik beschritten worden war: Demzufolge sollte eine UVV lediglich die Pflichten der Beschäftigten festlegen und ansonsten bestimmen, daß der Inhalt der Bildschirmarbeitsverordnung auch für die Unfallversicherungsträger gelte (Interview V-BG, 17.2.1998). Konkretisierende Bestimmungen könnten im Rahmen einer – letztlich nicht verbindlichen – BG-Regel vereinbart werden. Diese Lösung lief auf eine Gleichstellung des staatlichen und des berufsgenossenschaftlichen Arbeitsschutzrechts hinaus. Sie würde konkretisierende und weitergehende Bestimmungen vermeiden, allerdings den Berufsgenossenschaften grundsätzlich die Möglichkeit verschaffen, Schutzbestimmungen zur Bildschirmarbeit

---

271 Ebda.
272 Dies wurde von der V-BG geteilt (Interview V-BG, 17.2.1998).
273 Vgl. Arbeit & Ökologie-Briefe, 1998, Nr. 5, S. 4f.
274 Vgl. ebda.

auf der Grundlage der Bildschirmarbeitsverordnung zu überwachen. Allerdings erschien es außerordentlich fraglich, ob eine derartige Lösung zustimmungsfähig sein würde. Das BMA machte erhebliche Vorbehalte dagegen geltend. Im Mittelpunkt stand die Befürchtung, daß die Grenzen zwischen öffentlich-rechtlichem und berufsgenossenschaftlichem Arbeitsschutz verwischt würden. Es erklärte seine Absicht, UVVen nur dann zu genehmigen, wenn sie eine branchenspezifische Konkretisierung staatlichen Arbeitsschutzrechts beinhalteten. Für die gewerkschaftliche Seite wiederum hatte eine UVV zur Bildschirmarbeit nur dann Sinn, wenn sie über den Inhalt der Bildschirmarbeitsverordnung hinausginge und insbesondere die dort nicht konkretisierten Fragen der Software-Ergonomie und psychischer Belastungen regelte (Interview TBS-DGB, 17.12.1997). Mittlerweile betrachten alle beteiligten Akteure eine UVV »Bildschirmarbeit« als gescheitert.

Am Schicksal des Grundentwurfs wird deutlich, wie die Abneigung gegen detailliertere, sich in der Tradition des deutschen Arbeitsschutzsystems bewegende Rechtsvorschriften auf Arbeitgeberseite binnen kurzer Zeit wuchs. Die Parität in der berufsgenossenschaftlichen Selbstverwaltung machte die Verabschiedung von UVVen von der Zustimmung der Arbeitgeber abhängig, die nun von ihrer Blockademacht Gebrauch machten, um konkretere Regelungen zur Bildschirmarbeit zu verhindern. Gleichzeitig blieb auch von seiten des BMA der Druck in Richtung auf eine Konkretisierung des Bildschirmarbeitsverordnung durch die Berufsgenossenschaften aus. In diesem für einen modernen Arbeitsschutz bedeutenden Regelungsbereich vollzog das deutsche Arbeitsschutzsystem damit die bis dahin typische Konkretisierung staatlicher Verordnungen durch branchenspezifische Unfallverhütungsvorschriften nicht mit.

7.5.6 Erste Erfahrungen mit der betrieblichen Umsetzung des neuen Arbeitsschutzrechts

Bei der betrieblichen Umsetzung des neuen Rechts traten zahlreiche Konflikte zwischen Unternehmensleitungen und Betriebsräten zutage. In deren Zentrum stand die Frage nach den Mitwirkungs-, insbesondere den Mitbestimmungsrechten des Betriebsrates auf der Grundlage der neuen Arbeitsschutzvorschriften.[275] Die Arbeitgeberverbände wiesen die von gewerkschaftlicher Seite reklamierten Mitbestimmungsrechte für wichtige Regelungsbereiche zurück. Dies betraf vor allem die Art und Weise der Durchführung der Gefährdungsbeurteilung, ging es hier doch um die Feststellung der arbeitsplatz-

---

275 Vgl. Kittner/Pieper, Arbeitsschutzgesetz.

Die Umsetzung von EU-Arbeitsschutzrichtlinien in Deutschland

bezogenen Gesundheitsrisiken und der zu treffenden Präventionsmaßnahmen. Hier sei ein generelles Mitbestimmungsrecht nicht vorhanden oder müsse von der Prüfung des Einzelfalls abhängig gemacht werden.[276] Die BDA empfahl, nur die Sicherheitsfachkräfte und die Betriebsärzte hinzuzuziehen, nicht aber den Betriebsrat, der lediglich »vor Beginn und nach Abschluß der Gefährdungsanalyse informiert werden« sollte.[277] Sehr häufig verweigerten die Unternehmensleitungen den Betriebsräten eine Mitwirkung und kam es darüber zu zahlreichen gerichtlichen Auseinandersetzungen. Die bisher ergangenen Urteile der Arbeitsgerichte gingen in sehr unterschiedliche Richtungen und lassen kein eindeutiges Bild erkennen.[278] Gegenstand der Auseinandersetzung um die Gefährdungsanalyse war überdies insbesondere die Erfassung psychischer Ursachen.[279] Die BDA beklagte hier, daß psychische Arbeitsbelastungen häufig nicht exakt von anderen Ursachenfaktoren abzugrenzen seien und ihre Analyse einen ausufernden und nicht gerechtfertigten Aufwand erfordere.[280] Die Gewerkschaften kritisierten, daß die Praxis der Arbeitsplatzanalyse an einer traditionellen Arbeitsschutzphilosophie orientiert sei und sich weitgehend auf die technische Beschaffenheit der Arbeitsmittel und -gegenstände beschränke. Generell seien die Unternehmen bemüht, den Aufwand möglichst gering zu halten; häufig würden sie sogar bestreiten, daß das neue Arbeitsschutzrecht überhaupt Handlungsbedarf nach sich ziehe.[281]

Unter den einzelnen Regelungsfeldern waren die Bestimmungen zum Gesundheitsschutz bei der Bildschirmarbeit besonders umstritten.[282] Das frühere Urteil des Bundesarbeitsgerichts (BAG), das eine Mitbestimmungspflichtigkeit von Schutzmaßnahmen bei der Bildschirmarbeit verneint hatte, war mit der Bildschirmarbeitsverordnung hinfällig geworden, denn bisher begründete in diesem Bereich das Fehlen einer konkretisierungsbedürftigen Regelung die Nichtanwendbarkeit des Mitbestimmungsrechts.[283] Vor dem Hintergrund des neuen Arbeitsschutzrechts entbrannte der Konflikt um die

---

276 Vgl. BDA, Erläuterungen zum Arbeitsschutzgesetz, S. 6ff., 10ff., 16.
277 BDA, Die Gefährdungsbeurteilung nach dem Arbeitsschutzgesetz, S. 11.
278 Vgl. Arbeit & Ökologie-Briefe, 1997, Nr. 25-26, S. 14; 1998, Nr. 11, S. 10ff.; 1998, Nr. 13, S. 13f.
279 Vgl. Pickshaus, Zu einigen Problemen bei der Umsetzung der EG-Bildschirmrichtlinie, S. 3.
280 Vgl. BDA, Die Gefährdungsbeurteilung nach dem Arbeitsschutzgesetz, S. 13f.; Keller, Die Bildschirmarbeitsverordnung, S. 24ff.
281 Vgl. Meier, Erste Erfahrungen mit der Bildschirmarbeitsverordnung und dem Arbeitsschutzgesetz im privaten Dienstleistungsbereich, S. 1ff.
282 Vgl. Richenhagen/Prümper/Wagner, Handbuch der Bildschirmarbeit, S. 206ff.; Keller, Die Bildschirmarbeitsverordnung, S. 8ff.; BDA, Erläuterungen zum Arbeitsschutzgesetz, S. 17ff.
283 Vgl. Kittner/Pieper, Arbeitsschutzgesetz, S. 171.

Kapitel 7

Arbeitnehmerbeteiligung neu. Juristischer Kern der Auseinandersetzung war die Frage, ob das Arbeitsschutzgesetz und die auf seiner Basis erlassenen Verordnungen konkretisierungsbedürftige Sachverhalte regelten.[284] Die Gewerkschaften konnten sich dabei auf den Regierungsentwurf zum Arbeitsschutzgesetz berufen, in dem es hieß: »Durch weit gefaßte Formulierungen wird bewußt Spielraum für an die Situation der Betriebe angepaßte Arbeitsschutzmaßnahmen gelassen.«[285]

Fragen der Arbeitsorganisation und der Gefährdungsbeurteilung standen im Mittelpunkt der Auseinandersetzung um die Mitbestimmungspflichtigkeit der Bildschirmarbeitsverordnung. Die erwähnten Pausenregelungen hatte das BAG in einem neuerlichen Urteil vor dem Hintergrund der in Kraft getretenen Bildschirmarbeitsverordnung bereits für mitbestimmungspflichtig erklärt.[286] Die BDA wandte sich heftig gegen eine Ausweitung der Mitbestimmung auf den Bereich der Bildschirmarbeit. Ihr Hauptanliegen war es zu verhindern, daß die Gewerkschaften »über den Einfluß auf die Bildschirmarbeit zum Einfluß auf Arbeitsinhalte, auf Arbeitsorganisationen, auf die gesamte neue Technik gelangen.«[287] Aus ihrer Sicht war das BAG-Urteil zur Mitbestimmung bei den Pausenregelungen, wo ein echter Ermessensspielraum des Arbeitgebers zu konzedieren sei, nicht auf die anderen Arbeitgeberpflichten übertragbar, denn:

»Die Forderungen hinsichtlich Gestaltung von Arbeitsmitteln und Arbeitsumgebung sind sowohl durch den Anhang der Verordnung, durch Richtlinien des Gesetzgebers, durch die Regelwerke der Berufsgenossenschaften und weitere technische Festschreibungen so präzise ausgefüllt, daß echte Ermessensspielräume nicht mehr vorhanden sind.«[288]

Repräsentative Daten über die betriebliche Umsetzung der Rahmenrichtlinie (bzw. des Arbeitsschutzgesetzes) und der Bildschirmrichtlinie (bzw. der Bildschirmarbeitsverordnung) waren drei Jahre nach ihrem Inkrafttreten noch nicht verfügbar.[289] Allerdings sind mittlerweile eine Reihe von Erhebungen durchgeführt worden, die einen ersten Eindruck vom erreichten Stand des Umsetzungsprozesses vermitteln. Im Hinblick auf das Arbeitsschutzgesetz ist die Durchführung der Gefährdungsbeurteilung von besonderem Interesse, weil sie die Grundlage für die betriebliche Erfassung der Gesundheitsgefahren und der zu treffenden Maßnahmen darstellt. Aus einer 1998 durchgeführten Kontrolle der Gewerbeaufsicht Baden-Württemberg geht hervor, daß 68 % der revidierten Betriebe (n=282) die Gefährdungsbeurteilung durchführten

---

284 Vgl. ebda., S. 167ff., bes. 170ff.
285 BT-Drs. 13/3540 vom 22.1.1996, S. 12.
286 Siehe zu den Mitbestimmungsrechten im Hinblick auf die Bestimmungen der Bildschirmarbeit auch: Richenhagen/Prümper/Wagner, Handbuch der Bildschirmarbeit, S. 206ff.
287 Keller, Die Bildschirmarbeitsverordnung, S. 8.
288 Ebda., S. 9.
289 Vgl. Arbeit & Ökologie-Briefe, 1998, Nr. 15/16, S. 3ff.

Die Umsetzung von EU-Arbeitsschutzrichtlinien in Deutschland

und dokumentierten.[290] Dabei wurden vor allem in den Kleinbetrieben recht häufig eine unvollständige bzw. qualitativ unzureichende Dokumentation festgestellt. Eine Befragung des IG Metall-Bezirk Baden-Württemberg ergab, daß in seinem Organisationsbereich knapp 62 % der befragten Betriebe eine Gefährdungsanalyse vorgenommen hatten, während dies in knapp 30 % der Fälle nicht geschehen war. Allerdings waren auch hier nur in gut der Hälfte der Betriebe die Beschäftigten an der Durchführung der Gefährdungsanalyse beteiligt, der Betriebsrat nur in 59 % der Fälle. 55 % der Beteiligten gaben an, daß die Ergebnisse der Gefährdungsanalyse auch dokumentiert würden.

Eine in der ersten Jahreshälfte 1998 durchgeführte Untersuchung bei 30 Bremer Metallbetrieben ergab, daß nur 13 von ihnen eine Gefährdungsanalyse durchgeführt hatten; bei 7 weiteren war sie Vorbereitung.[291] Eine ernsthafte und umfassende Abarbeitung der Vorschriften zur Gefährdungsanalyse war nur in den wenigen Großbetrieben festzustellen, »Mittelbetriebe und erst recht Kleinbetriebe haben die Schutzziele des Arbeitsschutzgesetzes fast durchgängig ignoriert und die Vorgaben nicht erfüllt.«[292] Insbesondere die Beurteilung der Arbeitsorganisation und der psychischen Belastungen bereite den Beteiligten erhebliche Schwierigkeiten. Hier bestehen – auch bei den Betriebsräten – der Erhebung zufolge offenkundig große Qualifikationsmängel.[293]

Auch eine Untersuchung der Hans-Böckler-Stiftung deutet darauf hin, daß die Gefährdungsbeurteilung nur einen Teil der Unternehmen erreicht hat und die Art ihrer Durchführung dem modernen Ansatz des neuen Arbeitsschutzrechts überwiegend nicht ausreichend Rechnung trägt.[294] Hier wurden knapp 1000 Betriebsräte befragt; der Dienstleistungssektor mit 92,7 % und dabei wiederum Großbetriebe (500 oder mehr Beschäftigte) mit 88,5 % waren in dieser Befragung stark überrepräsentiert. Knapp drei Jahre nach dem Inkrafttreten des neuen Regelwerks war ihr zufolge nur in 47,1 Prozent der Betriebe eine Gefährdungsbeurteilung vorgenommen worden. Die Frage nach der Beurteilung psychischer Beanspruchungen beantworteten überhaupt nur knapp die Hälfte der befragten Betriebsräte, nämlich 441, von denen wiederum 115 angaben, nicht zu wissen, ob psychische Beanspruchungen bei der Gefährdungsbeurteilung berücksichtigt worden sind. Mit einem klaren Ja beantworteten dies nur 47 Betriebsräte, also 5 % der Befragten, hingegen fast

---

290 Vgl. Ministerium für Umwelt und Verkehr Baden-Württemberg/Sozialministerium Baden-Württemberg, Jahresbericht der Gewerbeaufsicht 1998, S. 23ff.
291 Vgl. IG Metall Bremen, Umsetzung des neuen Arbeitsschutzgesetzes in Bremer Betrieben, S. 9.
292 Ebda., S. 3.
293 Vgl. ebda., S. 3, 36.
294 Vgl. Giesert, Gefährdungsanalyse – psychische Belastungen – gibt es sie in den Betrieben?, S. 5ff.

Kapitel 7

30 % mit Nein. Dabei stuften 98,1 % der Betriebsräte die psychischen Beanspruchungen und Belastungen ihrer Kollegen als hoch ein.

Bei der erwähnten Erhebung der Gewerbeaufsicht Baden-Württemberg wurde auch die Einhaltung von Bestimmungen der Bildschirmarbeitsverordnung kontrolliert.[295] Von 546 erfaßten Betrieben führten 362 die Gefährdungsbeurteilung durch (66 %). Bei 132 von ihnen (36 %) stellte die Gewerbeaufsicht Mängel bei der Durchführung der Arbeitsplatzbewertung fest. Nur in 284 Fällen, also etwas mehr als der Hälfte, entsprach der Bildschirmarbeitsplatz dem Anhang zur Bildschirmarbeitsverordnung.

Insgesamt zeigen die vorliegenden Erhebungen, daß auch drei Jahre nach dem Inkrafttreten der Arbeitsschutzreform die neuen Bestimmungen in einem relevanten Teil der Unternehmen noch nicht umgesetzt worden sind. Wichtige Voraussetzungen für eine angemessene Gefährdungsbeurteilung scheinen insbesondere im Hinblick auf die Bewertung der Arbeitsorganisation und psychischer Belastungen häufig nicht erfüllt zu sein: Vielfach fehlt bei den Verantwortlichen das für eine angemessene Analyse erforderliche Wissen und ist die Partizipation der betroffenen Arbeitnehmer und ihrer Vertreter unterentwickelt. Besonders häufig und ausgeprägt scheinen die Mängel in den Kleinbetrieben zu sein. Diese Befunde begründen die Vermutung, daß auch dort, wo Gefährdungsanalysen durchgeführt werden, ihre Qualität gerade im Hinblick auf arbeitsorganisatorisch induzierte, psychische Belastungen oftmals mangelhaft ist.

Freilich gehören zu einem Gesamtbild auch die gerade im Vergleich zur bisherigen Präventionspraxis positiven Aspekte in der Entwicklung der betrieblichen Präventionspraxis. Immerhin wurden für einen großen Teil der Arbeitsplätze erstmals Gefährdungsanalysen durchgeführt und daraus Maßnahmen zur Verbesserung des Gesundheitsschutzes abgeleitet. Darüber hinaus hat das neue Recht – nicht zuletzt gefördert über die Berichterstattung in den Medien – das Problembewußtsein gerade für arbeitsorganisatorische Aspekte und psychische Belastungen in den Betrieben gefördert. So stellte ein Gesprächspartner mit Blick auf die Bildschirmarbeit fest:

»Ich habe so das Gefühl, gerade mit Inkrafttreten der Bildschirmarbeitsverordnung ist das Problembewußtsein bei einigen Leuten nicht nur gewachsen, sondern teilweise erst entstanden. Wir haben also, nachdem die Bildschirmarbeitsverordnung diskutiert wurde, viel mehr Anfragen zum Thema Bildschirmarbeit gehabt als vorher [...]. Auch über Arbeitsplatzanalysen [...] ist sehr viel geschrieben worden, so daß also einigen Leuten, glaube ich, im Zusammenhang mit dieser Diskussion erst aufgegangen ist, daß es ja da seit langen Jahren Vorschriften gibt. Also, ich denke, von daher gesehen hat es der Sache sicher sehr genutzt.« (Interview V-BG, 17.2.1998)

---

295 Vgl. Ministerium für Umwelt und Verkehr Baden-Württemberg/Sozialministerium Baden-Württemberg, Jahresbericht der Gewerbeaufsicht 1998, S. 25f.

Die Umsetzung von EU-Arbeitsschutzrichtlinien in Deutschland

Nach Beobachtungen der V-BG betraf dies insbesondere die betrieblichen Arbeitsschutzfachleute, die sich in vielen Fällen zum ersten Mal ernsthaft mit Fragen der Bildschirmarbeit auseinandersetzten (Interview V-BG, 17.2.1998). Allerdings lassen sich das Ausmaß und der gesundheitliche Nutzen dieser Entwicklung nicht exakt quantifizieren.

7.6 Fazit: Charakteristika und Determinanten nationalstaatlicher Arbeitsschutzpolitik unter europäischer Prädominanz

Trotz seiner Erfolge auf dem Gebiet des technischen Arbeitsschutzes war das deutsche Arbeitsschutzsystem, teilweise seit Jahrzehnten, Gegenstand vielfältiger Kritik. Sie richtete sich vor allem gegen die ausgeprägte Fragmentierung des Vorschriftensystems, das zahlreiche Beschäftigtengruppen von manchen Schutzbestimmungen ausnahm und dem es oftmals an Konsistenz mangelte, zum anderen gegen das vorherrschende Interventionsprofil der Arbeitsschutzinstitutionen, die sich zu stark an klassischen Gefährdungslagen und an der auf die Ausschaltung einzelner Gefahren gerichteten Überwachung von Vorschriften orientierten. Die Anpassung an die EU-Rahmenrichtlinie und die EU-Bildschirmrichtlinie bot die Gelegenheit zu einer umfassenden Reform des Arbeitsschutzsystems. Unabdingbar war es,

- einheitliche Schutzbestimmungen auf alle Beschäftigtengruppen in allen Tätigkeitsbereichen anzuwenden;
- den Arbeitsschutzbegriff auf arbeitsorganisatorische Ursachenkomplexe sowie auf psychische und soziale Gesundheitsbelastungen auszuweiten;
- die betriebliche Präventionspolitik mit der Pflicht zur Durchführung von Gefährdungsanalysen, zur Dokumentation der Ergebnisse und zur Einhaltung einer Rangfolge bei den zu ergreifenden Schutzmaßnahmen auf eine neue Grundlage zu stellen und zu systematisieren;
- den Gesundheitsschutz bei der Bildschirmarbeit überhaupt erstmals verbindlich zu regeln.

Inhalt und Reichweite der Umsetzung

Die Vorschriften der Rahmenrichtlinie und der Bildschirmrichtlinie wurden im neuen Arbeitsschutzgesetz und in der neuen Bildschirmarbeitsverordnung umgesetzt. Beide Regelwerke traten erst in der zweiten Jahreshälfte 1996, also mit nahezu vierjähriger Verspätung, in Kraft. Damit war Deutschland der letzte Mitgliedstaat, der die beiden Richtlinien in das nationalstaatliche Arbeitsschutzsystem übertrug. Bei den neuen Regelwerken handelt es sich im wesentlichen um eine inhaltsgleiche, zum Teil sogar um eine wortgleiche Übertragung der EU-Bestimmungen. Fraglich ist, ob nicht einzelne Vorschriften hinter den EU-Vorschriften zurückbleiben. Dies gilt insbesondere für die Befreiung der Kleinbetriebe mit weniger als zehn Beschäftigten von der Pflicht, die Ergebnisse der Risikobewertung und die darauf gründenden Arbeitsschutzmaßnahmen zu dokumentieren. Gleichzeitig wurden allerdings solche Bestimmungen beibehalten, die bereits vor der Reform existierten und mittlerweile zum Traditionsbestand des deutschen Arbeitsschutzes zählten. Dies betraf insbesondere die arbeitsmedizinische Versorgung und die Mitbestimmungsrechte des Betriebsrates in Arbeitsschutzfragen, die mit der Erweiterung des Arbeitsschutzbegriffs auch auf die neuen Gegenstandsbereiche ausgeweitet wurden.

Zwar haben sich die anfänglichen Hoffnungen auf eine über die europäischen Bestimmungen hinausreichende Umsetzung nicht erfüllt, aber dennoch stellen die Reformen des Jahres 1996 insgesamt eine bedeutende Innovation des deutschen Arbeitsschutzsystems dar: Alle Beschäftigtengruppen und Tätigkeitsbereiche werden einem einheitlichen Schutzniveau unterstellt; die Einführung eines weiten Arbeitsschutzbegriffs begründet eine Ausweitung des Präventionshandelns auf die bisher vernachlässigten psychischen und sozialen Belastungen bei der Arbeit; die Pflicht zur Durchführung und Dokumentation von Gefährdungsanalysen sowie die geforderte Verknüpfung von Technik, Arbeitsorganisation, sozialen Beziehungen und Einflüssen der Umwelt auf den Arbeitsplatz verlangen eine Systematisierung und Dynamisierung der betrieblichen Präventionspolitik. Gleichzeitig erweitert das parallel zum Arbeitsschutzgesetz verabschiedete siebente Sozialgesetzbuch den berufsgenossenschaftlichen Präventionsauftrag von der Verhütung von Arbeitsunfällen und Berufskrankheiten auf die Verhütung arbeitsbedingter Gesundheitsgefahren. Schließlich wird der Gesundheitsschutz bei der Bildschirmarbeit erstmals verbindlich geregelt.

Gegenüber den zunächst von der Bundesregierung vorgelegten und dann zurückgezogenen Reformentwürfen schöpfen die schließlich verabschiedeten Regelungen den von der EU belassenen Spielraum noch weitergehend aus. Allerdings sind – mit Blick auf die supranational vorgegebenen Mindeststandards – die Unterschiede zwischen den gescheiterten und den in Kraft getretenen Regelwerken weit geringer, als die öffentliche Debatte glauben machen wollte. Dies verweist darauf, daß die europäische Arbeitsschutzpolitik für die Bundesregierung unausweichliche Handlungszwänge erzeugte. Auch wenn ihr Inhalt von dem Bemühen gekennzeichnet ist, nicht mehr zu tun als notwendig, so mußte die Koalitionsmehrheit doch Arbeitsschutzvorschriften verabschieden, die sich im Widerspruch zu den zentralen Orientierungspunkten der Regierungspolitik befanden. Es gibt keine Anzeichen dafür, daß ohne die EU-Richtlinien eine derart weitreichende Reform des deutschen Arbeitsschutzsystems in Angriff genommen worden wäre.

Die Umsetzung von EU-Arbeitsschutzrichtlinien in Deutschland

Indes zeichnete sich ab, daß die praktische Anwendung des neuen Arbeitsschutzrechts angesichts veränderter Handlungsbedingungen im Arbeitsschutz und der Reaktionsweisen wichtiger arbeitsschutzpolitischer Akteure vor großen Schwierigkeiten stehen würde. *Erstens* verschärfte sich das Vollzugsdefizit bei den Aufsichtsbehörden. Zwar wurden deren Kapazitäten in den achtziger Jahren insgesamt leicht ausgebaut, jedoch hielt der Zuwachs nicht mit den wachsenden Aufgaben Schritt. Dies gilt insbesondere für die staatliche Arbeitsschutzverwaltung, bei der sich die angespannte Haushaltslage der Länder bemerkbar machte. Aber auch die Berufsgenossenschaften sind mit restriktiven Handlungsbedingungen konfrontiert, weil die Arbeitgeber sich entschlossen zeigen, die Ausgaben der gesetzlichen Unfallversicherung strikt zu begrenzen. *Zweitens* wurde deutlich, daß bei den Berufsgenossenschaften eine enge Auslegung des erweiterten Präventionsauftrag dominiert, der im wesentlichen auf eine effizientere Bekämpfung von Arbeitsunfällen und Berufskrankheiten und damit auf das im Gesamtbild arbeitsbedingter Gesundheitsgefahren sehr schmale Spektrum der entschädigungspflichtigen Fälle beschränkt werden soll. Offenkundig wird ein solches Verständnis dem umfassenden Ansatz der EU-Richtlinien nicht gerecht. *Drittens* zeichnete sich ab, daß die Arbeitgeber sich gegen eine verbindliche und konkrete Regelung psychischer und arbeitsorganisatorischer Aspekte des Gesundheitsschutzes im Rahmen der berufsgenossenschaftlichen Unfallverhütungsvorschriften sperren würden. So nutzten sie ihre Veto-Position in der gemeinsamen Selbstverwaltung, um die Verabschiedung einer Unfallverhütungsvorschrift zur Arbeit an Bildschirmgeräten zu blockieren. Die untergesetzliche, branchenspezifische Konkretisierung staatlichen Arbeitsschutzrechts durch Unfallverhütungsvorschriften, die für das deutsche Arbeitsschutzsystem bisher charakteristisch war, blieb somit in dem neuen und für ein breites Spektrum moderner arbeitsbedingter Gesundheitsgefahren sehr wichtigen Regelungsbereich der Bildschirmarbeit aus.

Schließlich nehmen im staatlichen Arbeitsschutz zahlreiche Überwachungsinstanzen als Reaktion auf die zunehmend knappen Ressourcen und in manchen Fällen auch auf die wahrgenommene Ineffektivität der traditionellen Präventionspraxis eine Neuformulierung ihrer Interventionsstrategie vor. Die Aufsichtsbehörden gehen nun auch explizit vom Anspruch eines flächendeckenden Vollzugs ab. Dabei zeigt sich eine große Reaktionsvielfalt bei den staatlichen Behörden: Einige von ihnen konzentrieren ihre Überwachungstätigkeit – häufig auf dem Wege von Schwerpunktaktionen – auf die als besonders dringlich erachteten Gefährdungen im Bereich der klassischen Kernaufgaben; andere sind stärker um die Modernisierung ihrer Handlungsstrategie bemüht, öffnen sich für die Bearbeitung eines über Arbeitsunfälle und Berufskrankheiten hinausgehenden Feldes gesundheitsrelevanter

Arbeitsbedingungen und zielen dabei auf die Etablierung eines in die betrieblichen Abläufe integrierten Arbeitsschutzmanagements. Freilich ist dies oftmals nur in sehr engen Grenzen möglich, denn im allgemeinen begünstigen die personellen und finanziellen Restriktionen der Aufsichtsbehörden die Tendenz, die eigene Präventionspraxis an der Eindeutigkeit der rechtlichen Regelungen, an der Beweissicherheit und am Schweregrad der Gefahr auszurichten. Gleichzeitig deutet sich bei einigen Arbeitsschutzbehörden ein Wandel ihres Rollenverständnisses an. Gegenüber der staatlichen Kontrolle des Vollzugs von Arbeitsschutzvorschriften und der Sanktionierung von Rechtsverstößen erhält die Beratung der Unternehmen ein größeres Gewicht. In diesem Verständnis wird die Aktivierung betrieblicher Akteure zu einem Instrument, mit dessen Hilfe die Verknappung staatlicher Ressourcen im Arbeitsschutz bewältigt und zugleich eine effektivere Bearbeitung moderner Gesundheitsrisiken ermöglicht werden soll.

Die Verschärfung des Vollzugsdefizits, die enge Auslegung des erweiterten Präventionsauftrags durch die Berufsgenossenschaften – begünstigt durch die fortbestehende Verknüpfung des Entschädigungs- mit dem traditionellen Präventionsauftrag in der gesetzlichen Unfallversicherung –, die Blockade konkretisierender Vorschriften durch die Arbeitgeber und die Stabilität traditioneller Problemwahrnehmungs- und Handlungsmuster wirken als Bremsklötze für einen wirklichen Innovationsschub im Arbeitsschutz. Ein nationalstaatlicher Handlungsspielraum von Verbänden und Arbeitsschutzinstitutionen blieb auch unter europäischen Vorgaben bestehen und wurde in der Absicht genutzt, die unerwünschten Auswirkungen europäischer Regelungen zu begrenzen. Dennoch zogen die Reformen auch in der Praxis des Arbeitsschutzes wichtige Verbesserungen nach sich: So wurden die Mitbestimmungsrechte der Betriebsräte und die Individualrechte der Beschäftigten gestärkt und Millionen von Arbeitsplätzen erstmals einer Risikobewertung unterzogen. Gleichzeitig erweiterte das Arbeitsschutzgesetz die Handlungsspielräume für die betriebliche Interessenvertretung der Beschäftigten, auch wenn die Veränderungen in den Arbeitsbeziehungen und die politisch-ökonomischen Rahmenbedingungen es erschweren, sie wirkungsvoll zu nutzen.

Einflußfaktoren und Handlungsmotive
Die sich im Umsetzungsprozeß durchsetzende Linie der Minimalanpassung wurde getragen von einer Koalition aus Regierungsparteien und Unternehmerverbänden. Bei der Umsetzung der europäischen Arbeitsschutzrichtlinien stellten auch in Deutschland der mit der Standortkonkurrenz begründete Zwang zur Deregulierung den wichtigsten Bezugsrahmen und Begründungszusammenhang dar. Dabei kam es allerdings zu Unstimmigkeiten innerhalb der Regierungskoalition. So mußte die Bundesregierung ihren ersten Entwurf

Die Umsetzung von EU-Arbeitsschutzrichtlinien in Deutschland

zu einem Arbeitsschutzrahmengesetz zurückziehen, weil er nach Auffassung der wirtschaftsliberalen Kräfte zu hohe Auflagen und Kosten für die heimischen Unternehmen mit sich brachte. Die konstruktive Haltung, die Bundesregierung und auch Unternehmerverbände bei der Verabschiedung der Richtlinien auf der europäischen Ebene eingenommen hatten, war Mitte der neunziger Jahre unter dem Eindruck der ungünstigen ökonomischen Rahmenbedingungen und angesichts neu akzentuierter strategischer Optionen einer deutlichen Zurückhaltung und in vielen Fällen auch einer Ablehnung gewichen.

Generell wurde die Anpassung an die europäischen Vorschriften überlagert von der Auseinandersetzung um die künftige Struktur und Organisation des Arbeitsschutzsystems. Insbesondere für die Länder und die Berufsgenossenschaften standen diese Aspekte – und nicht die materiellen Regelungen des neuen Arbeitsschutzrechts – im Zentrum, weil die Organisationsstrukturen unmittelbar ihre Kompetenzen bei der Rechtsetzung und Überwachung berührten. Bei den Ländern war die Interessenkonstellation im Hinblick auf das Schutzniveau der durchzuführenden Reform insgesamt recht unübersichtlich. Sie waren sich einig in der Forderung nach einem Arbeitsschutzgesetzbuch, weil sie – anders als die Bundesregierung mit der Anwendung des Arbeitsschutzrechts befaßt – dessen Fragmentierung in der Praxis als äußerst hinderlich wahrnahmen. Ebenso teilten sie das Interesse, bei der Überwachung und Rechtsetzung keine Kompetenzen an die Berufsgenossenschaften abzugeben. Nicht wenige Länder liebäugelten sogar mit dem Gedanken, sich eine Verfügung über die Aufsichtsdienste der Berufsgenossenschaften zu verschaffen, um so den Abbau der eigenen Arbeitsschutzressourcen forcieren und so den Landeshaushalt entlasten zu können.

Im Hinblick auf die Reforminhalte waren es vor allem die SPD-regierten Länder, die für einen umfassenden Arbeitsschutzbegriff und für möglichst verbindliche Vorschriften zur Systematisierung des Präventionshandelns eintraten. Darüber hinaus waren auch die Arbeitsschutzverwaltungen in den neuen Bundesländern zum Teil an weiterreichenden Regelungen interessiert, zumal das Arbeitsschutzrecht der DDR im Hinblick auf einzelne Bestimmungen zur Gefährdungsanalyse und zum Arbeitsschutzbegriff durchaus fortschrittlich gewesen war. Handlungsmöglichkeiten im Sinne eines modernen Arbeitsschutzes waren bei den Ländern auch vor der Verabschiedung des Arbeitsschutzgesetzes vorhanden. Der grundgesetzliche Auftrag zum Schutz von Leben und körperlicher Unversehrtheit bot einen weiten Interpretationsrahmen, innerhalb dessen staatliche Verwaltungen auch innovative Arbeitsschutzkonzepte verfolgen konnten, allerdings hatten die Länder nur vereinzelt derartige Initiativen vor dem Inkrafttreten der EU-Richtlinien auch auf den Weg gebracht. In den stärker von konservativen Regierungen geprägten Ländern war das Interesse an einer Verbesserung des Schutzniveaus und einer

Kapitel 7

Modernisierung des Arbeitsschutzrechts kaum vorhanden. Dies betraf nicht unbedingt die Einschätzung, ob etwa die Anwendung eines umfassenden Arbeitsschutzbegriffs sinnvoll sei, sehr wohl aber die Bereitschaft, diese und andere Aspekte des Gesundheitsschutzes gesetzlich festzuschreiben. Somit waren bei den Ländern durchaus unterschiedliche Interessen und Positionen vertreten. Das stärkste einigende Band zwischen ihnen war die parteiübergreifende Forderung nach Einführung eines Arbeitsschutzgesetzbuchs sowie das Bestreben, den Gesundheitsschutz als eigenständige staatliche Aufgabe aufrechtzuerhalten und einen Kompetenzzuwachs der Unfallversicherungsträger auf Kosten der Gewerbeaufsicht zu verhindern. Bei der Forderung nach einem Arbeitsschutzgesetzbuch stand aber nicht das Ziel eines umfassenden und dynamischen Schutzkonzepts im Sinne der EU-Rahmenrichtlinie im Mittelpunkt, sondern die vorwiegend rechtstechnisch motivierte und auf eine erhöhte Anwenderfreundlichkeit zielende Systematisierung der Vorschriften.

Die Berufsgenossenschaften betrachteten die EU-Arbeitsschutzpolitik lange Zeit mit einer Mischung aus Mißtrauen und Ablehnung. Sie hatten bereits ihre Zuständigkeit für die technische Normung an die EU abgeben müssen und befürchteten mit dem Inkrafttreten der Richtlinien nach Art. 118a EWGV einen weiteren Bedeutungsverlust, weil diese sich an die *Mitgliedstaaten* richteten und daher in der Tendenz das staatliche gegenüber dem berufsgenossenschaftlichen Arbeitsschutzrecht aufwerteten. Hinzu kam, daß mit der Herstellung des freien Verkehrs von Dienstleistungen im Binnenmarkt generell die Frage aufgeworfen war, ob ein staatlich verliehenes Monopol für die Unfallversicherung dauerhaft Bestand haben würde. Die geforderte Übertragung der Überwachungskompetenz nunmehr auch für das staatliche Arbeitsschutzrecht sollte aus Sicht der Berufsgenossenschaften dazu beitragen, ihr Gewicht im System der Arbeitsschutzinstitutionen zu stabilisieren. Auch die Erweiterung des berufsgenossenschaftlichen Präventionsauftrages auf die Verhütung arbeitsbedingter Gesundheitsgefahren war Bestandteil und Instrument der Auseinandersetzung um die Kompetenzverteilung im Arbeitsschutz. In der Vergangenheit hatten die Berufsgenossenschaften derartige Forderungen – insbesondere von Versicherten- bzw. Gewerkschaftsseite in den Selbstverwaltungsgremien der gesetzlichen Unfallversicherung erhoben – stets mit dem Argument zurückgewiesen, daß eine solche Neubestimmung ihrer Aufgaben ihrem Charakter als Unfallversicherungsträger widersprechen und ihre Aufsichtsdienste überfordern würde. Erst als sich deutlich abzeichnete, daß die Übertragung von Regelungskompetenzen auf die EU die Position der Berufsgenossenschaften dauerhaft schwächen könnte, machten sich Arbeitgebervertreter und die Spitzen in der Verwaltung der gesetzlichen Unfallversicherung die Forderung nach einem erweiterten Präventionsauftrag zu eigen. Auch dessen später verfochtene restriktive Interpretation ist ein deutlicher Hinweis darauf, daß weniger ein Wandel der präventionspolitischen Überzeugungen in den Planungsabteilungen der Berufsgenossenschaften als vielmehr organisationsegoistische Erwägungen das treibende Motiv für den recht späten Gesinnungswandel waren. Mit eindeutig formulierten Positionen zu den materiellen Schutzbestimmungen hielten sich die Berufsgenossenschaften während des gesamten Gesetzgebungsverfahrens weitgehend zurück. Sie betrachteten die Rechtsanpassung als eine staatliche Angelegenheit, ließen gegenüber dem Gesetzgeber aber die Erwartung durchblicken, nicht durch eine Überschreitung der EU-Mindeststandards in ihrem Spielraum beim Erlaß von Unfallverhütungsvorschriften eingeengt werden zu wollen. Insofern wies auch die Position der Berufsgenossenschaften in Richtung auf eine Minimalanpassung.

Die Gewerkschaften konnten sich mit ihrer Forderung nach einer in ihren materiellen Regelungen weiterreichenden Reform nicht durchsetzen. In der gewerkschaftlichen Politik und auf der betrieblichen Handlungsebene standen Fragen der Lohn- und Gehaltsfragen sowie Probleme der Arbeitsmarktpolitik im Vordergrund; auch in der Öffentlichkeit wurde kein dringender Handlungsbedarf zur Reform des Arbeitsschutzes gesehen. Die Mitgliedsgewerkschaften des DGB waren sich in ihren Hauptforderungen zur Arbeitsschutzreform zwar weitgehend einig, jedoch ließen unterschiedliche Handlungsstrategien auch ihre Front in der Entscheidungsphase bröckeln. Meinungsverschiedenheiten entzündeten sich an der Frage, ob die Gewerkschaften auf die Verwirklichung ihrer Forderungen, insbesondere der nach einem Arbeitsschutzgesetzbuch, drängen und entsprechende Initiativen der Länder auch auf die Gefahr hin unterstützen sollten, daß damit eine Reform des Arbeitsschutzsystems scheitern oder auf unabsehbare Zeit verzögert werden könnte. Der DGB gab in dieser Situation einer zügigen Verabschiedung der Regierungsvorlage den Vorzug, denn auch wenn diese hinter den gewerkschaftlichen Forderungen zurückblieb, so sah er in ihr dennoch einen beachtlichen Fortschritt gegenüber der bisherigen Situation, der ihm im Falle einer weiterhin ablehnenden Haltung des Bundesrates gefährdet schien. Diese Position stieß bei einzelnen Gewerkschaften, etwa der IG Metall oder der IG Medien, auf Ablehnung. Zwar wußten die Gewerkschaften im Hinblick auf die Forderung nach einem Arbeitsschutzgesetzbuch über lange Zeit die Länder an ihrer Seite, jedoch erwies sich deren Zusammenhalt mit dem Fortgang des Reformprozesses als schwach und war der positiv-gestaltende Einfluß des Bundesrats auf eine Arbeitsschutzpolitik letztlich begrenzt. Je stärker die politische Auseinandersetzung auf die Entscheidung zulief, desto deutlicher machten sich Desintegrationstendenzen im anfangs recht geschlossen auftretenden Block der Länder bemerkbar, so daß es im Gesetzgebungsverfahren noch zu einem späten Kompromiß zwischen dem Bundesrat und der Regierungsmehrheit im Bundestag kam.

Obwohl sich die Strategie der Minimalanpassung im Reformprozeß durchsetzte, waren die Gewerkschaften mit dem erreichten Ergebnis der rechtlichen Anpassung letztlich durchaus zufrieden, denn es stellte gegenüber dem bisherigen Arbeitsschutzrecht eine erhebliche Verbesserung dar und war im übrigen in einer Zeit forcierter Deregulierungspolitik erreicht worden. Der DGB wertete das Arbeitsschutzgesetz daher als einen Erfolg der gewerkschaftlichen Arbeit und verwies dabei darauf, daß das jahrzehntelange Engagement auf europäischer Ebene die innovative Arbeitsschutzpolitik der EU erst ermöglicht habe. Unter Bezugnahme auf die Entstehung der EU-Richtlinien mag man diese Einschätzung durchaus teilen. Nimmt man jedoch die Phase der nationalstaatlichen Umsetzung in den Blick und sieht man die Pflicht zur nationalstaatlichen Anpassung an die EU-Richtlinien erst einmal als gegeben an, so zeigt sich, daß die Gewerkschaften keine ihrer Forderungen nach einer über die EU-Richtlinien hinausgehenden Reform durchsetzen konnten. Daß am Ende dieses Prozesses – zudem in einer Periode der Deregulierung und der Hegemonie neoliberaler Politikstrategien – ein erheblich verbessertes Arbeitsschutzrecht stand, war eine Nachwirkung vergangener Erfolge bzw. Zugeständnisse und beruhte nicht auf einer nationalstaatlichen Durchsetzungsfähigkeit der Gewerkschaften während der Phase der Umsetzung. Zugleich bestärkt dieser Umstand die Einschätzung, daß eine deutliche Anhebung von Arbeitsschutznormen in erster Linie auf der supranationalen Ebene zu erzielen sind.

Institutionelle Aspekte und Akteurbeziehungen
Bei der Rechtsanpassung an die EU-Richtlinien handelte es sich in Deutschland um einen langwierigen, zähen und konflikthaften Prozeß. Dieser besondere Verlauf des Umsetzungsprozesses ist auf das Zusammenwirken unterschiedlicher Faktoren zurückzuführen. *Erstens* wurden im Verlauf der Umsetzung innerhalb der Regierungskoalition unterschiedliche Interessen hinsichtlich der Arbeitsschutzpolitik sichtbar. Die späte Rücknahme eines Gesetzentwurfs, der bereits alle Regierungsgremien durchlaufen hatte, verweist sowohl auf ein wachsendes Gewicht der wirtschaftsliberalen Kräfte als auch auf eine mangelhafte Abstimmung innerhalb der Koalition. *Zweitens* begründete der Dualismus im deutschen Arbeitsschutz unterschiedliche Interessen von staatlicher Arbeitsschutzverwaltung und Unfallversicherungsträgern, die nur schwer zum Ausgleich zu bringen waren. *Drittens* erforderte die föderale Ordnung des politischen Systems eine Abstimmung zwischen Bund und Ländern, die sich aufgrund der unterschiedlichen Interessen überaus schwierig gestaltete.

Die Umsetzung von EU-Arbeitsschutzrichtlinien in Deutschland

In institutioneller Hinsicht dominiert als Ergebnis der Arbeitsschutzreform der Fortbestand des Dualismus und des Grenzverlaufs zwischen staatlichen und berufsgenossenschaftlichen Kompetenzen. In den Augen aller Beteiligten hatte sich der Dualismus im Grundsatz bewährt, auch wenn die Zusammenarbeit als verbesserungsbedürftig angesehen wird. Neben der Kontinuität werden allerdings auch einige Veränderungen im institutionellen Zuschnitt des Arbeitsschutzes sichtbar. Der wichtigste Wandel besteht in der erwähnten Erweiterung des berufsgenossenschaftlichen Präventionsauftrags, der nachgerade eine gesetzliche Neuformulierung des Organisationszwecks der Unfallversicherungsträger darstellt. Außerdem waren bereits vor der Arbeitsschutzreform die Krankenkassen mit Kompetenzen zur Prävention und Gesundheitsförderung ausgestattet und als neuer Akteur im betrieblichen Gesundheitsschutz etabliert worden. Schließlich werden im Hinblick auf die Zuständigkeitsverteilung insofern Veränderungen künftig ermöglicht, als das Arbeitsschutzgesetz den Ländern gestattet, Überwachungskompetenzen an die Berufsgenossenschaften zu übertragen. Jedoch haben die Länder bisher nur in sehr geringem Umfang von dieser Möglichkeit Gebrauch gemacht.

Im Hinblick auf die Strukturen des Arbeitsschutzrechts konnten Länder und Gewerkschaften ihre Forderung nach Schaffung eines Arbeitsschutzgesetzbuches nicht durchsetzen. Die neuen Regelungen stellen gleichsam eine »kleine Lösung« dar: Das Arbeitsschutzgesetz bildet mit dem Arbeitssicherheitsgesetz das zentrale Regelwerk, während die Gewerbeordnung als Bezugspunkt des staatlichen Arbeitsschutzes nunmehr ausgedient hat. Gleichzeitig bestehen die Vielzahl der Einzelregelungen und das Nebeneinander von staatlichem und berufsgenossenschaftlichem Recht fort. Trotz der mit dem Arbeitsschutzgesetz herbeigeführten Vereinheitlichung von Schutzbestimmungen ist das deutsche Arbeitsschutzrecht daher nach wie vor recht unübersichtlich.

Kontinuität dominiert auch im Hinblick auf die prozeduralen Aspekte bei der Rechtsetzung im Arbeitsschutz. Auch in Deutschland führte die Verlagerung der Zuständigkeit auf die EU nicht zu einer Erosion der korporatistischen Strukturen im Arbeitsschutz. Dies hat dieselben Gründe, die oben auch für die Stabilität der Strukturen in Großbritannien angeführt worden sind: Eine Reihe von Aspekten wurde bisher nicht durch europäische Vorschriften reguliert; bei der Umsetzung existiert ein Spielraum, der auf nationalstaatlicher Ebene ausgefüllt werden muß; die Fragen des Vollzugs liegen in der Zuständigkeiten der Mitgliedstaaten; alle Beteiligten haben ein Interesse am Fortbestand des arbeitsschutzpolitischen Korporatismus. Diejenigen Gruppierungen im Unternehmerlager, die eine Abschaffung der gesetzlichen Unfallversicherung fordern und damit der Zusammenarbeit von Kapital und Arbeit ein Ende setzen wollen, befinden sich deutlich in der Minderheit.

Kapitel 7

Dennoch bleibt auch der Korporatismus in der gesetzlichen Unfallversicherung von Wandlungsprozessen nicht unberührt. So verdeutlicht das Schicksal der Unfallverhütungsvorschrift Bildschirmarbeit, daß die Arbeitgeber bestrebt sind, den thematischen Rahmen verbindlicher Regelungen auf den Bereich der technischen Arbeitssicherheit zu beschränken, und ihre Vetoposition in der paritätischen Selbstverwaltung verleiht ihnen dafür auch die Macht. Damit wird gerade die von den EU-Richtlinien geforderte Ausweitung des Arbeitsschutzes auf arbeitsorganisatorische Ursachenkomplexe und psychische Belastungen im Bereich der berufsgenossenschaftlichen Unfallverhütungsvorschriften blockiert. Die sich hier abzeichnende Beschränkung der Regelsetzung auf den traditionellen Rahmen stellt zugleich eine Entwertung der mesokorporatistischen Arrangements im Arbeitsschutz dar.

Kapitel 8

Europäische Arbeitsschutzpolitik nach Maastricht und die nationalstaatliche Umsetzung von EU-Arbeitsschutzrichtlinien

Die EU ist eingangs als ein Mehrebenensystem charakterisiert worden, in dem sowohl supranationale als auch nationalstaatliche Institutionen über Entscheidungskompetenzen verfügen und sich die Politikentwicklung in der Interaktion dieser Ebenen vollzieht. Im folgenden soll der Frage nachgegangen werden, wie sich in der Phase der nationalstaatlichen Umsetzung des Sechserpakets – in Großbritannien und Deutschland betraf dies den Zeitraum von 1991 bis 1996 – die Arbeitsschutzpolitik auf der europäischen Ebene entwickelte und in welcher Weise die europäischen Institutionen die nationalstaatliche Umsetzung der Rahmenrichtlinie und der Bildschirmrichtlinie beeinflußten.

8.1 Europäische Arbeitsschutzpolitik nach der Verabschiedung des Sechserpakets

Mit der Konferenz von Maastricht erfuhr die Sozialpolitik der EU eine formelle Aufwertung.[1] In dem dort vereinbarten »Protokoll über die Sozialpolitik« erklärten die Unterzeichnerstaaten, auf dem mit der Sozialcharta beschrittenen Weg weitergehen zu wollen. Zu diesem Zweck erhielt der Rat die Vollmacht, über den bisherigen Bereich der Arbeitsumwelt und den Gesundheitsschutz hinaus auch auf den Feldern Arbeitsbedingungen, Unterrichtung und Anhörung der Arbeitnehmer, Chancengleichheit von Männern und Frauen auf dem Arbeitsmarkt und Gleichbehandlung am Arbeitsplatz sowie berufliche Eingliederung der aus dem Arbeitsmarkt ausgegrenzten Personen auf der Grundlage des Kooperationsverfahrens mit einer qualifizierten Mehrheit Rechtsakte zu erlassen (Art 2. Abs. 1). Allerdings wurde das Abkommen nur von elf Mitgliedstaaten unterzeichnet und lediglich im Rahmen eines Protokolls dem EWG-Vertrag beigefügt, da die britische Regierung sich jeder Ausweitung sozialpolitischer Kompetenzen strikt widersetzte. Auf Großbritannien fanden die entsprechenden Regelungen damit keine Anwendung.[2]

---

1 Vgl. Streeck, European Social Policy after Maastricht, S. 151ff.
2 Vgl. ebda.

Kapitel 8

Trotz ihrer formellen Aufwertung blieb die EU-Sozialpolitik auch in den neunziger Jahren von geringer Bedeutung. Weder der »Maastricht-Vertrag« einschließlich des »sozialpolitischen Protokolls« noch die Ergebnisse der Amsterdamer Konferenz von 1997 änderten daran etwas Grundsätzliches.[3] Dies ist auf unterschiedliche Gründe zurückzuführen: Erstens erstrecken sich die neuen Regelungen nur auf ein vergleichsweise kleines Segment der Sozialpolitik. Zentrale sozialpolitische Felder (z.b. soziale Sicherheit und sozialer Schutz der Arbeitnehmer, Vertretung und kollektive Wahrnehmung von Interessen, finanzielle Beiträge zur Beschäftigungsförderung) unterlagen weiterhin dem Einstimmigkeitsprinzip oder blieben der Regelungskompetenz der EU vorenthalten (Arbeitsentgelt, Koalitionsrecht, Streik- und Aussperrungsrecht). Gleichzeitig bedeutete die *opting-out*-Klausel für Großbritannien nicht nur den einstweiligen Verzicht auf einheitliche Regelungen für *alle* EU-Mitglieder, sondern erschwerte auch zwischen den verbleibenden elf Unterzeichnerstaaten weitreichende Vereinbarungen, sofern diese direkte oder indirekte Kosten und damit einen Standortnachteil gegenüber Großbritannien mit sich bringen würden.[4] Überdies wurden mit der Festschreibung des Subsidiaritätsprinzips neue Bedingungen für die Beschlußfassung über europaweite Regelungen formuliert.[5] Sie sollten künftig nur noch getroffen werden, »sofern und soweit die Ziele der in Betracht gezogenen Maßnahmen auf Ebene der Mitgliedstaaten nicht ausreichend erreicht werden können und daher wegen ihres Umfangs oder ihrer Wirkungen besser auf Gemeinschaftsebene erreicht werden können.« (Art. 3b EWGV)

Zweitens engten die Beschlüsse über die Herstellung einer Wirtschafts- und Währungsunion und die restriktive Fassung der Stabilitätskriterien den nationalstaatlichen Handlungsspielraum in der Finanz-, Wirtschafts- und Sozialpolitik deutlich ein. Die Wirtschaftskrise zu Beginn der neunziger Jahre tat ein übriges, um die Mitgliedstaaten dazu zu veranlassen, auf nationaler Ebene die Deregulierungspolitik zu intensivieren und sich auf europäischer Ebene bei der Vereinbarung gemeinsamer Bestimmungen zur Sozialpolitik

---

3 Die auf der Amsterdamer Konferenz erzielte Einigung auf ein »Beschäftigungspaket«, die Ausweitung der qualifizierten Mehrheitsentscheidung auf »Maßnahmen zur Bekämpfung sozialer Ausgrenzung« (Art. 118 Abs. 1 und 2 EWGV) sowie der britische Verzicht auf das *opting-out* verbesserten die beschäftigungspolitischen Rahmenbedingungen. Doch der Verbleib zentraler Regelungsbereiche im Einstimmigkeitsverfahren, die Verweigerung finanzieller Mittel zur Umsetzung der beschäftigungspolitischen Leitlinien sowie die Unterordnung der neuen Regelungen unter die Prämissen einer deregulierenden Integrationspolitik halten den direkten sozialpolitischen Fortschritt in engen Grenzen. Vgl. Aust, Der Amsterdamer-Vertrag: »Vertrag der sozialen Balance«?, S. 748ff.
4 Vgl. Streeck, Vom Binnenmarkt zum Bundesstaat?, S. 369ff., bes. 386ff.
5 Vgl. Lecheler, Das Subsidiaritätsprinzip, S. 12ff.

Europäische Arbeitsschutzpolitik nach Maastricht

zurückzuhalten. Drittens trug der europäische Integrationsprozeß zu einer vielschichtigen Fragmentierung von Interessen bei, die europaweite Regelungen – sowohl zwischen den Mitgliedstaaten als auch zwischen den Sozialpartnern – sehr unwahrscheinlich machte.[6] Somit war die Post-Maastricht-Ära sozialpolitisch durch eine fortgesetzte Enthaltsamkeit der EU gekennzeichnet. Auch die im Maastricht-Vertrag vorgesehene Stärkung des EP, in der Vergangenheit einer europäischen Sozialpolitik – insbesondere einer innovativen Arbeitsschutzpolitik – gegenüber durchaus aufgeschlossen, vermochte daran nichts zu ändern.[7]

Die Zurückhaltung der EU kam auch in den Beschlüssen und Absichtserklärungen von Kommission und Ministerrat, befreit man sie von ihrer wohlklingenden Unbestimmtheit, zum Ausdruck. Die Kommission konstatierte in ihrem 1993 vorgelegten Grünbuch zur Sozialpolitik, daß die EU-Sozialpolitik in eine kritische Phase eingetreten und daher eine Verständigung über deren künftige Ausrichtung erforderlich sei.[8] Ausgangspunkt ihrer Überlegungen sei das Ziel, zur Förderung humaner Arbeits- und Lebensbedingungen beizutragen, dabei allerdings zu beachten, daß strategische Ziele wie die Verbesserung der Wettbewerbsfähigkeit nicht gefährdet würden.

Auch die Entschließungen des Rates betonten nun stärker die Restriktionen in der europäischen Sozialpolitik.[9] Für das behutsame Voranschreiten sei »nicht ein umfangreiches Rechtsetzungsprogramm notwendig [...], sondern vielmehr die Verständigung auf konkrete Handlungsfelder für einen schrittweisen, pragmatischen und flexiblen Aufbau des Sockels sozialer Mindeststandards«.[10] Der Rat versah diese Feststellung mit der Einschränkung, daß die einzelnen Maßnahmen »die Gegebenheiten in allen Mitgliedstaaten berücksichtigen« müßten und »keinen Mitgliedstaat überfordern« dürften.[11] Die gemeinschaftliche Rechtsetzung solle »nicht mit Details überfrachtet werden«,

---

6 Vgl. Streeck, Vom Binnenmarkt zum Bundesstaat?, S. 369ff., bes. 386ff. Vgl. hingegen als positive Einschätzung des Maastrichter Vertrags z.B.: Kowalsky, Europäische Sozialpolitik, bes. S. 157ff.
7 Im Rahmen der Schaffung einer Politischen Union erweiterte der Maastrichter Vertrag den Einfluß des EP, indem er für einige Rechtsakte, darunter auch für Richtlinien über die Arbeitsumwelt, Art. 118a EWGV,[9] das Mitentscheidungsverfahren einführte (Art. 189b EWGV). Das EP kann nun in drei Lesungen über Vorschläge der Kommission beraten, im Falle einer Nichtübereinstimmung den Vermittlungsausschuß anrufen und in dritter Lesung mit absoluter Mehrheit einen Kommissionsvorschlag zurückweisen. Allerdings hatte das EP nach wie vor kein Initiativrecht und blieb die letztliche Entscheidungsbefugnis weiter beim Ministerrat.
8 Vgl. KOM(93)551 endg. vom 17.11.1993.
9 Vgl. z.B. Rat der Europäischen Gemeinschaften, Dok. 94/C 368/03 vom 6.12.1994, S. 6ff.
10 Ebda., S. 8.
11 Ebda.

vielmehr müßten die Bestimmungen flexibel sein und den Sozialpartnern durch Öffnungsklauseln einen kollektivvertraglichen Spielraum zur Ausgestaltung und Umsetzung belassen.[12]

Hatte schon das Grünbuch recht zurückhaltend zu den Perspektiven der Sozialpolitik Stellung bezogen, so fiel das 1994 vorgelegte Weißbuch zur Sozialpolitik noch vorsichtiger aus.[13] Die Kommission kritisierte darin die schleppende Umsetzung von Richtlinien und erklärte nun die Konsolidierung und den Ausbau des Erreichten zur Leitlinie der Sozialpolitik. Gleichzeitig wies sie den Sozialpartnern eine wichtige Rolle für die Vereinbarung bzw. Konkretisierung kollektiv verbindlicher Bestimmungen in der Sozialpolitik zu, ohne allerdings einen rechtlichen und politischen Handlungsrahmen zu schaffen, der sie in die Lage versetzt hätte, diese Aufgabe zu erfüllen. Der Hinweis auf ihre besondere Rolle blieb vor allem deshalb fruchtlos, weil der europäische Unternehmerverband UNICE in dem existierenden institutionellen Rahmen der EU keinen Grund hatte, mit dem EGB verbindliche kollektivvertragliche Regelungen auf europäischer Ebene zu treffen. Offenkundig war die Kommission mit ihrem Konzept darum bemüht, der Kritik zahlreicher Regierungen an den Vorschlägen des Grünbuchs Rechnung zu tragen. Ebenso wie das Weißbuch sah auch das »Mittelfristige sozialpolitische Aktionsprogramm 1995-1997« eine Drosselung legislativer Aktivitäten in der Sozialpolitik vor.[14]

Diese Entwicklung schlug sich auch in der Arbeitsschutzpolitik nieder. In der Debatte um das Grünbuch der Kommission hatten die Mitgliedstaaten, nicht zuletzt Großbritannien und Deutschland, bereits in aller Deutlichkeit darauf beharrt, die Regulierungstätigkeit zu begrenzen und einer effektiveren Umsetzung der geltenden Richtlinien den Vorrang zu geben.[15] Daraufhin nahm die Kommission die zuvor noch vorhandenen Ansätze für eine intensivere Rechtsetzungstätigkeit im Arbeitsschutz mit der Veröffentlichung des Weißbuchs weitgehend zurück.[16] Sie hob hervor, daß die Lage insofern »besonders kritisch«[17] sei, als ein erheblicher Teil der Arbeitsschutzrichtlinien nicht fristgerecht in nationales Recht übertragen worden war, und kündigte an:

---

12 Ebda., S. 8f.
13 Vgl. KOM(94)333 endg. vom 27.7.1994.
14 Vgl. KOM(95)134 endg. vom 12.4.1995.
15 Vgl. die Reaktionen der Mitgliedstaaten auf das Grünbuch der EU-Kommission, in: KOM(94)333 endg./2 vom 27.7.1994, bes. die Stellungnahmen Deutschlands (S. 63ff.) und Großbritanniens (S. 252ff.).
16 Vgl. KOM(94)333 endg. vom 27.7.1994.
17 Ebda, S. 67.

Europäische Arbeitsschutzpolitik nach Maastricht

»Die Kommission will entschlossen dafür sorgen, daß in Zukunft größerer Nachdruck auf die effiziente Durchführung und Durchsetzung des Unionsrechts gelegt wird. [...] Sie wird für die unverzügliche Umsetzung sämtlicher Rechtsvorschriften im sozialen Bereich weiterhin prioritär Sorge tragen.«[18]

Im Falle einer Nichtumsetzung von Vorschriften drohte sie den betreffenden Mitgliedstaaten die Einleitung von Vertragsverletzungsverfahren an.

Auch im Arbeitsschutz wurde die Konsolidierung des Erreichten nun zur Leitlinie der EU-Politik. Dieser Kurs stieß in Deutschland wie in Großbritannien sowohl bei den Regierungen als auch bei den Unternehmerverbänden auf Zustimmung, während die Gewerkschaften zwar nicht die Initiativen zur Anwendung der Vorschriften kritisierten, aber dennoch einen rascheren Fortgang der Rechtsetzungstätigkeit forderten. Das 1995 von der Kommission vorgelegte vierte Aktionsprogramm zur Sicherheit und zum Gesundheitsschutz am Arbeitsplatz, das die arbeitsschutzpolitischen Vorhaben bis zum Jahr 2000 umriß, fügte sich in diesen Handlungsrahmen ein: »Ein wesentlicher Teil der Tätigkeit wird entweder in nichtlegislativen Maßnahmen oder in der Kontrolle der bereits erlassenen Richtlinien bestehen.«[19] Die Rechtsvorschriften seien dort weiterzuentwickeln, wo neue Erkenntnisse, der technische Fortschritt oder erkannte Mängel dies als geboten erscheinen ließen. Im Mittelpunkt sollten diejenigen Expositionen stehen, von denen erhebliche Gefährdungen, insbesondere durch schädliche Stoffe, ausgingen. Dennoch wurde aus dem Aktionsprogramm unmißverständlich deutlich, daß das Tempo bei der Rechtsetzung erheblich reduziert werden sollte. Das wichtigste Instrument zu einer effektiven Anwendung der Vorschriften sah das Aktionsprogramm in einer verbesserten Bereitstellung von Informationen. Damit sollte insbesondere der Arbeitsschutz in kleinen und mittleren Unternehmen unterstützt werden. In diesem Zusammenhang wurde auch der »Europäischen Agentur für Gesundheit und Sicherheit am Arbeitsplatz«, die 1996 ihre Arbeit aufnahm, eine wichtige Funktion zugewiesen.[20] Sie sollte technische, wissenschaftliche und ökonomische Informationen für die Sicherheit und den Gesundheitsschutz am Arbeitsplatz sammeln und den EU-Einrichtungen, den Mitgliedstaaten und den »betroffenen Kreisen« zur Verfügung stellen. Darüber hinaus sollte sie den Informationsaustausch zwischen den Mitgliedstaaten fördern und den Aufbau eines Informationsnetzwerks für den Arbeitsschutz koordinieren.[21] Mit der Schaffung der Agentur ging die EU auf diesem Politikfeld über den bloßen Rahmen der Rechtsetzung hinaus und trug zugleich dessen

---

18 Ebda.
19 KOM(95)282 endg. vom 12.7.1995, S. 15.
20 Verordnung (EG) 2062/94 des Rates vom 18.7.1994, S. 1ff.
21 Vgl. Konkolewsky, Developing a European Work Environment Information System, S. 1ff.

Kapitel 8

besonderen Implementationsbedingungen Rechnung. Allerdings wurde die neue Einrichtung nicht zu einer mit Durchsetzungsbefugnissen ausgestatteten Implementationsbehörde.

Auf dem Gebiet der Rechtsetzung hatte die europäische Arbeitsschutzpolitik bereits nach der Verabschiedung des Sechserpakets an Schwung verloren. Ihr nur noch schleppender Fortgang fand seinen Ausdruck zum einen in einer rückläufigen Zahl der jährlich verabschiedeten Richtlinien. Zwar wurden bis 1993 noch eine Reihe von Richtlinien zu wichtigen Einzelbereichen des Arbeitsschutzes verabschiedet, jedoch handelte es sich dabei um späte und mühsame, nach langwierigen Verhandlungen erzielte Kompromisse über Regelwerke, die bereits Ende der achtziger Jahre auf den Weg gebracht worden waren. Mitte der neunziger Jahre kam die Rechtsetzungstätigkeit, sieht man einmal von einigen Veränderungen an bereits verabschiedeten Richtlinien ab, fast zum Erliegen. Die Verabschiedung wichtiger Regelwerke, die die EU-Kommission anvisiert hatte, wurde verzögert[22]; Richtlinien, die von gewerkschaftlicher Seite gefordert worden waren – wie etwa eine Richtlinie zu einer europäischen Berufskrankheitenliste –, wurden nicht in Angriff genommen.[23]

Die nachlassende Dynamik der EU-Arbeitsschutzpolitik fand ihren Ausdruck zum anderen darin, daß das Schutzniveau und die Innovationskraft der jüngeren Regelwerke hinter denen der Jahre 1989 und 1990 zurückblieben.[24] Als genereller Trend läßt sich festhalten, daß sie den Mitgliedstaaten nun weit größere Freiheiten bei der nationalstaatlichen Rechtsanpassung ließen.[25] Dies galt insbesondere sowie für die Arbeitszeitrichtlinie[26], aber auch für die Richtlinien zum Schutz schwangerer Arbeitnehmerinnen[27] und für die Richtlinie zum Jugendarbeitsschutz[28].

Wesentliche Bestimmungen der *Arbeitszeitrichtlinie* waren eine Begrenzung der durchschnittlichen Wochenhöchstarbeitszeit auf 48 Stunden (Art. 6), eine ununterbrochene Ruhezeit von mindestens 24 Stunden wöchentlich (Art. 5) und mindestens elf Stunden täglich (Art. 3), das Recht auf eine Pause nach einer sechsstündigen Arbeitszeit (Art. 4) sowie ein Anspruch auf mindestens vier Wochen bezahlten Jahresurlaub (Art. 7). Allerdings schwächten eine Vielzahl von – vorwiegend berufsgruppenspezifischen und dabei sehr

---

22 Vgl. Rhodes, Das Verwirrspiel der »Regulierung«, S. 122ff.; Ross, Das »Soziale Europa« des Jacques Delors, S. 327ff., bes. 337.
23 Vgl. Arbeit & Ökologie-Briefe, 1995, Nr. 5, S. 4f.
24 Vgl. als Überblick über die arbeitsschutzpolitische Rechtsetzung der EU in den neunziger Jahren: Berg, Gesundheitsschutz als Aufgabe der EU, S. 312ff.
25 Vgl. Schulz, Maastricht und die Grundlagen einer Europäischen Sozialpolitik, S. 161ff.
26 Richtlinie 93/104/EG des Rates vom 23.11.1993, S. 18ff.
27 Richtlinie 92/85/EWG des Rates vom 19.10.1992, S. 1ff.
28 Richtlinie 94/33/EG des Rates vom 22.6.1994, S. 12ff.

Europäische Arbeitsschutzpolitik nach Maastricht

vage formulierten – Ausnahmen (Art. 17) sowie großzügig bemessene Ausgleichszeiträume (Art. 16) und Übergangsfristen (Art. 18) diese Bestimmungen erheblich ab und eröffneten zahlreiche Möglichkeiten zu einer Flexibilisierung der Arbeitszeiten.[29] So konnten die Mitgliedstaaten den Ausgleichszeitraum zur Einhaltung der wöchentlichen Höchstarbeitszeiten auf vier Monate und unter besonderen Bedingungen sogar noch länger ausdehnen. Jeder Mitgliedstaat durfte für drei Jahre auch einen Urlaubsanspruch von jährlich lediglich drei Wochen festschreiben. Darüber hinaus gewährte die Arbeitszeitrichtlinie den Mitgliedstaaten für die Umsetzung immerhin eine dreijährige Übergangszeit. Schließlich eröffnete sie den Tarifparteien grundsätzlich die Möglichkeit, im Einzelfall auch von der Richtlinie abweichende Vereinbarungen auszuhandeln (Art. 17 Abs. 3). Diese Verwässerung des Regelwerks wurde insbesondere auf britischen Druck hin vorgenommen.[30] Selbst der CBI räumte ein, daß die zahlreichen Ausnahmeregelungen die negativen ökonomischen Auswirkungen der Richtlinie beschränkten[31], und der EuGH wies in seinem späteren Urteil zur Rechtmäßigkeit der Arbeitszeitrichtlinie das britische Argument, das Regelwerk verstoße gegen den Grundsatz der Verhältnismäßigkeit der Mittel, mit dem ausdrücklichen Hinweis auf die Vielfalt und Reichweite der nationalstaatlichen Handlungsspielräume zurück.[32]

Auch die *Richtlinie über den Gesundheitsschutz schwangerer Arbeitnehmerinnen* enthielt zahlreiche Bestimmungen, die den Mitgliedstaaten einen erheblichen nationalstaatlichen Spielraum beließen. Insbesondere die Verweise auf die nationalen Traditionen und Gepflogenheiten ließen zum Teil höchst unterschiedliche Regelungen in den Mitgliedstaaten zu. So sah die Richtlinie für den Mutterschaftsurlaub im Unterschied zu vorangegangenen Entwürfen ein Mindestentgelt in Höhe des Krankengeldes – und nicht mehr eine volle Lohnfortzahlung – vor; der Anspruch auf Fortzahlung wurde nunmehr von der nationalen Gesetzeslage und nicht mehr von einer europaweit definierten einheitlichen Mindestbeschäftigungsdauer abhängig gemacht (Art. 11). Eine ähnliche Interpretationsoffenheit kennzeichnete auch die *Richtlinie über den Jugendarbeitsschutz*. Hier gelang es der britischen Regierung sogar, die Aufnahme exklusiver Ausnahmebestimmungen durchzusetzen. Demzufolge sollte es in Großbritannien für einen Zeitraum von mindestens vier Jahren nach Inkrafttreten der Richtlinie weiterhin möglich sein, die wöchentliche Arbeits-

---

29 Vgl. Schulz, Maastricht und die Grundlagen einer Europäischen Sozialpolitik, S. 161ff.; Schnorpfeil, Sozialpolitische Entscheidungen der Europäischen Union, S. 141ff.
30 Vgl. Ross, Das »Soziale Europa« des Jacques Delors, S. 343; Schulz, Maastricht und die Grundlagen einer Europäischen Sozialpolitik, S. 166f.
31 Vgl. Frankfurter Allgemeine Zeitung vom 13.11.1996.
32 Vgl. EuGH, Rechtssache C-84/94, S. 5809.

Kapitel 8

zeit von 14jährigen über zwölf Stunden sowie die von 15-18jährigen über 40 Stunden hinaus auszudehnen; darüber hinaus sollte auch das Nachtarbeitsverbot für Jugendliche in Großbritannien vorerst nicht in Kraft treten (Art. 17 Abs. 1b).

Zwar fiel auf dem Gebiet des Arbeitsschutzes die EU nicht auf die Handlungsunfähigkeit vor der Verabschiedung der EEA zurück, allerdings rückte in dem Maße, wie in den meisten Mitgliedstaaten die Abneigung gegen neue Richtlinien wuchs, wieder die Einigung auf den kleinsten gemeinsamen Nenner in den Vordergrund. Auch qualifizierte Mehrheitsentscheidungen sind – wie Scharpf zu Recht betont – noch keine Garantie für eine Intensivierung der Regulierungstätigkeit.[33] Die vielfach hervorgehobene Rolle der Kommission als eines einflußreichen und – zumindest im Arbeitsschutz – innovativen »Prozeßmanagers«[34] stieß in der Arbeitsschutzpolitik der Post-Maastricht-Ära an die Grenze der nationalstaatlichen Interessen. Allerdings war die Kommission – insbesondere gegen Widerstände aus Großbritannien – in ihren Bemühungen um eine extensive Auslegung des Art. 118a EWGV erfolgreich und konnte auch nur so ihre prinzipielle Zuständigkeit für Regelwerke wie die Arbeitszeitrichtlinie behaupten.[35]

8.2 Großbritannien und Deutschland in der europäischen Arbeitsschutzpolitik

Auch Großbritannien und Deutschland intensivierten auf europäischer Ebene nach der Verabschiedung des Sechserpakets ihre Bemühungen, die Regulierungsdichte und das Regulierungsniveau im Arbeitsschutz zu begrenzen: »Attitudes hardened after the legislation had passed through the system.« (Interview MdEP, 11.10.1995). Insbesondere Großbritannien tat sich dabei hervor. Die britische Regierung hatte mit der Durchsetzung der *opting-out*-Klausel im Maastrichter Sozialprotokoll ihre Ablehnung europäischer Sozialpolitik erneut verdeutlicht. Da sich das *opting-out* aber nicht auf die Bestimmungen zur Arbeitsumwelt nach Art. 118a EWGV sowie einige andere Bereiche sozialregulativer Politik erstreckte, widmete sie der europäischen Ebene weiterhin eine große Aufmerksamkeit.[36]

Die britische Regierung zog aus der weitgehend erfolglosen Verhandlungsführung über die Arbeitsschutzrichtlinien in den Jahren 1989 und 1990 die

---

33 Vgl. Scharpf, Politische Optionen im vollendeten Binnenmarkt, S. 109ff.
34 Vgl. Pierson/Leibfried, Zur Dynamik sozialpolitischer Integration, S. 426ff.
35 Vgl. Rhodes, Das Verwirrspiel der »Regulierung«, S. 122ff.
36 Vgl. Schulz, Maastricht und die Grundlagen einer Europäischen Sozialpolitik, S. 121f.

Europäische Arbeitsschutzpolitik nach Maastricht

Schlußfolgerung, ihr gesamtes Vorgehen auf europäischer Ebene zu professionalisieren. Künftig sollten bereits zu einem sehr frühen Zeitpunkt Experten zu den Verhandlungen hinzugezogen werden, die die juristischen Implikationen und das Kosten-Nutzen-Verhältnis einzelner Vorschläge prüfen sollten.[37] Angesichts der vorangegangenen negativen Erfahrungen mit dem Verfahren der qualifizierten Mehrheitsentscheidung hatte sich die britische Seite dazu entschlossen, »to adopt a positive, constructive approach [...]«, und konnte eine aus ihrer Sicht positive Bilanz ziehen: »This approach produced substantial improvements in various proposals made by the European Commission [...].«[38] Allerdings verfolgte auch die nunmehr flexiblere Verhandlungsführung nach wie vor – vielleicht sogar: stärker denn je – die alten Ziele: »Increasingly the focus is on minimising Community regulation required to ensure free movement; leaving maximum leeway to Member States in accordance with the principle of subsidiarity; and in relying where possible on mutual recognition of national systems.«[39] Europaweite Regelungen dürften der Wirtschaft auf keinen Fall zusätzliche Kosten auferlegen. Für die Umsetzung sozialpolitischer Vorhaben, die diesen Kriterien nicht entsprächen, verwies die britische Regierung die übrigen Mitgliedstaaten auf Initiativen im Rahmen des Maastrichter Sozialprotokolls: »If our partners favour proposals that raise business costs, then the Social Protocol route is open to them.«[40]

Leitlinie der britischen Politik war es, auf europäischer Ebene solche Vorschriften zu vermeiden, die über das Schutzniveau des eigenen Arbeitsschutzsystems hinausgingen und dessen Regulierungsphilosophie widersprachen.[41] Im Jahresbericht der HSC heißt es zu den Verhandlungszielen der britischen Delegationen in den europäischen Gremien:

»The UK has consistently argued in the Council negotiations for flexible legislation, properly prioritised according to assessment of risk and the available technical, scientific and medical evidence, and which would not add unnecessary burdens on industry. In bringing its influence to bear on Commission proposals at the draft stage, HSE has argued consistently that directives should be expressed as general principles, leaving detail to be decided nationally, and for better prioritisation of the proposals, proper cost justification and more thorough preparation before they were advanced to Council-level discussion.«[42]

---

37 Department of Trade and Industry, Review of the Implementation and Enforcement of EC Law in the UK, S. 90, 93.
38 HSC, Annual Report 1991/92, S. 7.
39 White Paper, Competitiveness: Helping Business to Win, S. 27.
40 Ebda.
41 Vgl. Beresford, The Government Agenda for Occupational Health and Safety, S. 13.
42 HSC, Annual Report 1991/92, S. 6. Siehe z.B. auch: HSC, Annual Report 1992/93, S. 6; Committee of Public Accounts, Enforcing Health and Safety Legislation in the Workplace, Ziff. 112; Beresford, The Government Agenda for Occupational Health and Safety, S. 12f.

Kapitel 8

Das aus britischer Sicht zentrale Problem detaillierter und absolut formulierter Arbeitgeberpflichten sollte durch die Aufnahme von Bestimmungen zum *risk assessment* in die europäischen Rechtsakte aufgefangen werden: »The UK has attempted to ease this problem by negotiating risk assessment related provisions into Directives, as an analogue of the principle of ›reasonable practicability‹ which underpins all domestic health and safety law.«[43]

Die Forderung, Tempo und Reichweite der EU-Arbeitsschutzpolitik zu verringern, wurde nicht nur mit dem Hinweis auf eine notwendige Kostensenkung für die Unternehmen, sondern auch mit spezifisch arbeitsschutzpolitischen Argumenten begründet. In den Mittelpunkt rückte nun immer stärker die Frage der nationalstaatlichen Umsetzung der bereits beschlossenen Richtlinien. Großbritannien, Deutschland und andere Staaten mit einem gut entwickelten Arbeitsschutzsystem äußerten immer häufiger die Vermutung, daß die südeuropäischen Mitgliedstaaten mit der Umsetzung der Vielzahl neuer Vorschriften überfordert seien. Dies stelle eine nicht hinnehmbare wirtschaftliche Benachteiligung derjenigen Mitgliedstaaten dar, die eine betriebliche Anwendung der Richtlinien gewährleisteten. In dieser Sichtweise wurden sie von den Unternehmerverbänden unterstützt (z.B. Interview BDA, 19.12.1996). Daher müsse die EU-Kommission das Tempo der Rechtsetzung drosseln und in ihrer Politik der Anwendung der Vorschriften eine große Aufmerksamkeit widmen. So unternahmen die britischen Arbeitsschutzbehörden bereits 1990/91

»continued efforts [...] to prompt the European Community to take a closer interest in enforcement by member states of EC legislation. This is important not only because Treaty objectives are frustrated if enforcement is inadequate, but also because competitive distortions arise for industry.«[44]

Diese Forderungen wurden im Ruf nach einer Phase der Konsolidierung in der europäischen Arbeitsschutzpolitik gebündelt.[45] Dies war auch der zentrale Gegenstand der Arbeitsschutzpolitik während der britischen Ratspräsidentschaft in der zweiten Jahreshälfte 1992. Die EU-Kommission geriet nun unter einen wachsenden Druck von seiten zahlreicher Mitgliedstaaten. Freilich kam in der Forderung nach Konsolidierung auch das Interesse der Mitgliedstaaten mit einem entwickelteren Arbeitsschutzsystem zum Ausdruck, bis auf weiteres von neuen Initiativen der EU verschont zu bleiben und deren Aktivität auf die Anhebung des Arbeitsschutzniveaus in den schwächeren Mitgliedstaaten zu lenken.

---

43 HSC, Review of Health and Safety Regulation, S. 23.
44 HSC, Annual Report 1990/91, S. 2.
45 So führte die HSC im November 1991 einen Besuch bei der EU-Kommission und beim EP durch, »the central message of which was that the emphasis for EC activity post-1992 should be one of consolidation.« (HSC, Annual Report 1991/92, S. 7)

Europäische Arbeitsschutzpolitik nach Maastricht

Wie läßt sich die Haltung Deutschlands in der europäischen Arbeitsschutzpolitik der Post-Maastricht-Ära charakterisieren? Weil der deutsche Regulierungsansatz im Arbeitsschutz mit dem der EU größere Gemeinsamkeiten aufwies als der britische, hatte die deutsche Seite generell eine geringere Veranlassung, die eigenen Verhandlungsziele in dezidierter Abgrenzung zur bisherigen Regulierungstätigkeit der EU zu definieren. Allerdings trat aus deutscher Perspektive das bisher zentrale Motiv für die Forcierung der europäischen Arbeitsschutzpolitik – die sozialpolitische Legitimationsbeschaffung für den Integrationsprozeß – nun in den Hintergrund, denn zum einen war die Herstellung des gemeinsamen Marktes vollzogen, zum anderen verschärfte die Bundesregierung als Antwort auf das Ende des Einigungsbooms und angesichts der verschärften Standortkonkurrenz die nationalstaatliche Deregulierungspolitik. Gleichzeitig war sie auf europäischer Ebene darum bemüht, Regelungen zur Sozialpolitik im Konsens mit Großbritannien zu verabschieden und den Briten so den Beitritt zum Maastrichter Sozialprotokoll offenzuhalten.[46] Freilich traf sich diese Einbindungsstrategie mit dem Eigeninteresse der Bundesregierung an einer Zurückhaltung in der europäischen wie in der nationalstaatlichen Sozialpolitik. Vor diesem Hintergrund nahm Deutschland nicht mehr die vorwärtstreibende Rolle ein, die es noch Ende der achtziger Jahre in der Arbeitsschutzpolitik gespielt hatte. Auch in der deutschen Position rückte nun unter Verweis auf das Subsidiaritätsprinzip und mit dem Argument, daß eine europaweite Anwendung der beschlossenen Richtlinien sichergestellt werden müsse, die Forderung nach einer Konsolidierung der Arbeitsschutzpolitik in den Mittelpunkt.[47] Insbesondere bei der Arbeitszeitrichtlinie stand die Bundesregierung unter einem wachsenden Druck von seiten der Arbeitgeberverbände.[48] Hier war es die Bundesregierung, die gemeinsam mit Großbritannien und Irland einen qualifizierten Mehrheitsbeschluß für einen Gemeinsamen Standpunkt des Rates verhinderte und so den Weg zu einer abgeschwächten, auch für diese beiden Länder zustimmungsfähigen Fassung des Regelwerks ebnete.[49]

Mitte der neunziger Jahre machte sich Deutschland zum Initiator von Deregulierungsinitiativen auf europäischer Ebene. Bereits die Koalitionsvereinbarung von CDU/CSU und FDP zur 13. Legislaturperiode hatte keinerlei Initiativen mehr für die Umsetzung von EU-Richtlinien enthalten, sah dafür aber unter den Ausführungen zur europäischen Integration die »strikte Anwendung und Konkretisierung des Subsidiaritätsgrundsatzes« sowie die

---

46 Vgl. Reh, Europäische Sozialpolitik und Subsidiarität, S. 70.
47 Vgl. z.B.: Clever, Die EG auf dem Weg zur politischen Union, S. 124ff.
48 Vgl. Schnorpfeil, Sozialpolitische Entscheidungen der Europäischen Union, S. 162.
49 Vgl. ebda., S. 161ff., 169.

Kapitel 8

»Überprüfung von Vorschriften auf ihre Vereinbarkeit mit dem Subsidiaritätsprinzip [vor], einschließlich der Streichung derjenigen Vorschriften, die nicht mit dem Subsidiaritätsprinzip vereinbar sind.«[50] Unter dem Vorsitz eines hohen Beamten aus dem Bundeswirtschaftsministerium, Bernhard Molitor, wurde eine Kommission (»Molitor-Gruppe«) eingesetzt, die die europäische Rechtsetzung auf unnötige Auflagen hin durchforsten sollte. Der Bericht dieser Kommission (»Molitor-Bericht«) beinhaltete umfassende Vorschläge für die Rücknahme von Vorschriften, bei denen auch der Gesundheitsschutz am Arbeitsplatz einen durchaus prominenten Platz einnahm.[51] Die Molitor-Gruppe empfahl, Richtlinien künftig nicht mehr so detailliert zu gestalten wie in der Vergangenheit und bis auf weiteres »bei neuen Gesetzgebungsinitiativen auf europäischer Ebene große Zurückhaltung«[52] zu üben.

Im gleichen Zeitraum unternahmen Großbritannien und Deutschland einen gemeinsamen Vorstoß für eine forcierte Deregulierung auf europäischer Ebene. Auf einem deutsch-britischen Regierungsgipfel wurde, weil »Überregulierung die Wettbewerbsfähigkeit der Wirtschaft in der Europäischen Union zunehmend gefährdet«[53], ebenfalls eine Expertengruppe eingesetzt, die Vorschläge für Deregulierungsmaßnahmen erarbeiten sollte. Auch hier spielte der Gesundheitsschutz am Arbeitsplatz eine wichtige Rolle. Die deutsch-britische Deregulierungsgruppe empfahl, Arbeitsschutzmaßnahmen »nur auf der Grundlage fundierter wissenschaftlicher Erkenntnisse, einer Kosten- und Nutzenanalyse sowie gegebenenfalls aufgrund einer Risikobewertung« vorzunehmen.[54] Insbesondere die Bildschirmrichtlinie, die Arbeitszeitrichtlinie sowie die Richtlinie über atypische Arbeitsverhältnisse wurden wegen überflüssiger Bestimmungen und hoher Kosten bei nicht nachgewiesenem Nutzen kritisiert. Auch der europäische Unternehmerverband UNICE setzte sich für eine Konsolidierung und Überprüfung bestehender Vorschriften ein, bevor bestehende Richtlinien überarbeitet oder neue auf den Weg gebracht würden, und unterbreitete zahlreiche Vorschläge für die Rücknahme europäischer Vorschriften.[55]

Die massiv und von unterschiedlichen Seiten vorgetragene Kritik führte allerdings nicht zu einer Revision des vor 1992 geschaffenen Arbeitsschutzrechts. Sind Vorschriften erst einmal verabschiedet, so müssen nun Mehrheiten

---

50 CDU-/CSU-Bundestagsfraktion/FDP-Bundestagsfraktion, Koalitionsvereinbarung für die 13. Legislaturperiode des Deutschen Bundestages, Ziff. VIII. A. 5.
51 Vgl. KOM(95)288 endg. vom 21.6.1995, S. 14ff.
52 Ebda., S. 15.
53 Deregulierung Jetzt. Bericht der Deutsch-Britischen Deregulierungsgruppe, S. 1.
54 Ebda., S. 13.
55 Vgl. KOM(94)333 endg./2 vom 27.7.1994, hier: S. 19. Siehe auch: European Safety Newsletter, 1995, No. 6, S. 4f.

Europäische Arbeitsschutzpolitik nach Maastricht

organisiert werden, um sie wieder außer Kraft zu setzen. Die geschaffenen Rechtsgrundlagen entwickelten so ihre eigene Beharrungskraft. Dennoch sind die Vorstöße gegen die EU-Arbeitsschutzpolitik nicht ohne Wirkung geblieben: Immerhin machten sie deutlich, daß die Fortsetzung einer innovativen Rechtsetzungspraxis auf starken Widerstand stoßen würde, und insofern dürften sie auch zur skizzierten Zurückhaltung der EU beigetragen haben.

8.3 Die Rolle der europäischen Institutionen bei der nationalstaatlichen Umsetzung von Arbeitsschutzrichtlinien

Die EU-Kommission überwacht die Einhaltung der europäischen Vorschriften durch die Mitgliedstaaten. Wenn sie der Auffassung ist, daß ein Mitgliedstaat europäische Vorschriften nicht angemessen in das nationalstaatliche Recht übertragen hat, so hat sie die Möglichkeit, gegen ihn ein Vertragsverletzungsverfahren einzuleiten und vor dem EuGH Klage zu erheben. Im Falle einer Verurteilung kann der EuGH empfindliche Geldstrafen verhängen und so den Mitgliedstaat zu einer Umsetzung der fraglichen Bestimmungen veranlassen; in aller Regel wird aber bereits der drohende diplomatische Gesichtsverlust ausreichen, um dieses Ziel zu erreichen. Auf diesem Wege ist die EU in der Lage, einen starken Druck zur Anpassung des nationalstaatlichen Rechts an die europäischen Vorgaben auszuüben.

Die von der Kommission angekündigte Verfolgung von Fristüberschreitungen bei der Umsetzung von Arbeitsschutzrichtlinien war allerdings mit einigen Problemen verbunden. Dies zeigte insbesondere das Schicksal des Vertragsverletzungsverfahrens, das die EU-Kommission im Frühjahr 1994 gegen die Bundesrepublik wegen der Nichteinhaltung der Fristen zur Umsetzung des Sechserpakets einleitete.[56] Mehr als ein Jahr nach dem Inkrafttreten der Richtlinien forderte die Kommission die Bundesregierung auf, ihrer diesbezüglichen Mitteilungspflicht nachzukommen. Die Bonner Regierungsparteien zeigten sich davon wenig beeindruckt. Als sie sich entschlossen, den Entwurf des Arbeitsschutzrahmengesetzes nicht weiter zu verfolgen, nahmen sie ohne Zögern auch eine weitere erhebliche Überschreitung der Anpassungsfristen in Kauf. Einwände wurden mit der Bemerkung von Tisch gewischt, man sollte der EU-Kommission einfach mitteilen, daß die EU-Vorschriften mit dem geltenden Recht bereits umgesetzt worden seien.[57] Die Bundesregierung

---

56 Vgl. Arbeit & Ökologie-Briefe, 1995, Nr. 5, S. 3. Darüber hinaus leitete die Kommission gegen die Bundesrepublik auch ein Verfahren wegen der Nichtumsetzung der Richtlinie über biologische Arbeitsstoffe und der Richtlinie über Baustellensicherheit ein.
57 Vgl. Deutscher Bundestag, Stenographischer Bericht, 211. Sitzung vom 25. Februar 1994, S. 18315ff.; Handelsblatt vom 8.6.1994.

übersandte der EU-Kommission daraufhin im Juli 1994 eine offizielle Mitteilung, die eine Liste von 37 Regelwerken enthielt, mit denen die Bundesregierung behauptete, die europäischen Vorschriften bereits in deutsches Recht übertragen zu haben. Mit der Übersendung der Mitteilung war allerdings der formelle Grund für die Einleitung des Vertragsverletzungsverfahrens, die Nichtmitteilung der Bundesrepublik an die EU-Kommission, entfallen. Dabei war allen Beteiligten klar, daß dieser Schritt lediglich der Verzögerung des Verfahrens diente. Nicht von ungefähr bezeichnete der DGB die Liste in einem Schreiben an den zuständigen EU-Kommissar Flynn als eine »Anhäufung irreführender Verweise«.[58] Erst im Frühjahr 1995 begann die EU-Kommission mit der Prüfung der ihr zugegangenen Unterlagen.[59] Im Juni 1995 übersandte sie der Bundesregierung einen Fragenkatalog, den diese im darauffolgenden Oktober beantwortete. Im April 1996 – also mehr als drei Jahre nach dem Inkrafttreten der Richtlinien – hatte die EU-Kommission ihre Prüfung noch nicht abgeschlossen und daher auch noch keine Entscheidung über die erneute Aufnahme eines Vertragsverletzungsverfahrens gegen die Bundesrepublik getroffen.[60] Die Überwachung der Umsetzung durch die EU-Kommission litt vor allem darunter, daß sie nur über sehr geringe Kapazitäten verfügte und häufig nur mit größerer Zeitverzögerung tätig werden konnte.[61] Zwar konnte ein Mitgliedstaat europäische Vorschriften kaum auf Dauer ignorieren, allerdings war es sehr wohl möglich, die Umsetzung europäischer Vorgaben beträchtlich zu verzögern. Darüber hinaus erscheint auch der Umstand als schwerwiegend, daß sich die EU-Kommission ganz auf die rechtliche Prüfung der nationalstaatlichen Vorschriften beschränkt (Interview EU-Kommission, 14.4.1998).[62] Daß sie im Prozeß der Umsetzung darauf verzichtete, eindeutige Ziele für die Konkretisierung einzelner Bestimmungen vorzugeben und die nationalstaatlichen Entwicklungen miteinander zu koordinieren, hat fraglos die Tendenz zu bisweilen höchst unterschiedlichen Praktiken bei der Umsetzung von Vorschriften begünstigt.[63]

Hinzu tritt ein weiteres Problem, das den Einfluß der EU auf den nationalstaatlichen Arbeitsschutz berührt. Im Arbeitsschutz als einem sozialregulativen Bereich hängt die Wirksamkeit von Rechtsetzungsinstrumenten – anders, als dies in den redistributiven Feldern der Sozialpolitik üblicherweise der Fall

---

58 Vgl. ebda.
59 Vgl. BT-Drs. 13/4302 vom 9.4.1996, S. 2.
60 Vgl. ebda.
61 Vgl. Baldwin, Regulatory Legitimacy in the European Context: the British Health and Safety Executive, S. 83ff. Dazu bereits auch: Rehbinder/Stewart, Environmental Protection Policy, S. 235, 238.
62 Vgl. Daintith, Introduction, S. 4.
63 Vgl. Vogel, Das TGB-Observatorium zur Anwendung der europäischen Richtlinie: eine erste Bilanz.

Europäische Arbeitsschutzpolitik nach Maastricht

ist – in entscheidendem Maße von einer angemessenen Kontrolltätigkeit und vom Vorhandensein entsprechender Voraussetzungen in den Mitgliedstaaten ab.[64] Die Rahmenrichtlinie weist den Mitgliedstaaten zwar die generelle Verantwortung für eine angemessene Überwachung und Kontrolle der Vorschriften zu, schreibt allerdings keine Kriterien fest, die diese Pflicht konkretisieren. Damit verfügte die EU über keine ausreichende Handhabe, gegen die Bereitstellung von nur unzureichenden Überwachungskapazitäten – und damit gegen eine eventuell stillschweigende Inkaufnahme der Nichtanwendung von Vorschriften – in den Mitgliedstaaten vorzugehen.[65] Insbesondere die britische Seite thematisierte dieses Problem wiederholt in den europäischen Gremien (Interview EU-Kommission, 14.4.1998).[66] Jedoch waren eine Verabschiedung verbindlicher Standards für die Überwachung von Arbeitsschutzvorschriften und eine Übertragung von Überwachungskompetenzen auf eine europäische Behörde nicht durchsetzbar, weil sie den sozialpolitischen Integrationskonzepten einer Mehrheit der Mitgliedstaaten widersprach und auch im Hinblick auf ihre Praktikabilität umstritten war. Unter dem Gesichtspunkt der Schaffung eines Gemeinsamen Marktes war das Problem möglicher – durch die unterschiedliche Implementation europaweiter Normen herbeigeführter – Wettbewerbsverzerrungen[67] also auch im Arbeitsschutz virulent.

Mit der erwähnten Gründung der »Europäischen Agentur für Gesundheit und Sicherheit am Arbeitsplatz« versuchten die Mitgliedstaaten, dem Implementationsproblem, wenn schon nicht mit der Schaffung von Machtbefugnissen auf europäischer Ebene, so doch mit einer europaweiten Bereitstellung und Koordinierung von Informationen zu begegnen. Damit erweiterte die EU ihre Aktivitäten von der Rechtsetzung auf die Schaffung von Voraussetzungen für eine angemessene Implementation von Arbeitsschutznormen. Pierson/Leibfried zufolge ergeben sich *spill-over*-Effekte in der europäischen Politik dadurch, daß sich einzelne Regelungsbereiche nicht wirksam voneinander isolieren lassen.[68] Da die Vermeidung von Wettbewerbsverzerrungen durch

---

64 Vgl. van Waarden, Harmonization of European Regulatory Styles?, S. 95ff.; Baldwin, Regulatory Legitimacy in the European Context: the British Health and Safety Executive, S. 99ff.
65 Somit war es z.B. auch unwahrscheinlich, daß die oben erwähnte Verschärfung des Vollzugsdefizits im britischen und deutschen Arbeitsschutz Anlaß für eine Beanstandung durch die EU werden könnte. Im übrigen mußten Großbritannien und Deutschland allein schon deshalb kein Vertragsverletzungsverfahren befürchten, weil die Vollzugsbedingungen in den südeuropäischen Mitgliedstaaten weit unzureichender waren und sich die Aufmerksamkeit der Kommission zunächst auf diese Staaten richten würde. Vgl. Baldwin/Daintith (Eds.), Harmonization and Hazard, passim.
66 Vgl. Cullen (Interview), On the Record – HSC Chair, Sir John Cullen, S. 13.
67 Vgl. van Waarden, Harmonization of European Regulatory Styles?, S. 116ff.
68 Vgl. Pierson/Leibfried, Zur Dynamik sozialpolitischer Integration, S. 431f.

Kapitel 8

sozialregulative Normen ein wichtiges Motiv für die Gründung der Agentur war und ihr insofern auch eine Verschränkung von sozialregulativen Vorschriften und funktionierendem Binnenmarkt zugrunde lag, kann man in ihr auch den Ausdruck eines solchen *spill-over*-Mechanismus sehen. Jedoch erscheinen Mutmaßungen, daß die in den vergangenen Jahren in größerer Zahl gebildeten europäischen Agenturen, zunächst lediglich mit dem europaweiten Informationsmanagement betraut, ihre Aktivitäten auf die Operationalisierung von Implementationsnormen und schließlich auf die Kontrolle der nationalstaatlichen Anwendung ausweiten könnten[69], mit Blick auf den Arbeitsschutz als übertrieben. Daß Mitgliedstaaten sich einer Übertragung sozialpolitischer Kompetenzen an die EU widersetzen, ist – selbst unter den Bedingungen liberalisierter Märkte und einer an den Prämissen der Angebotspolitik orientierten Handlungsstrategie – zwar kein ehernes Gesetz der Integrationspolitik. Wie Beispiele aus dem Umwelt- und Verbraucherschutz zeigen, können sie unter bestimmten Bedingungen durchaus Interesse an einer Kompetenzübertragung entwickeln.[70] Dies gilt insbesondere dann, wenn sie sich dem Erwartungsdruck ihrer Wähler ausgesetzt sehen. Genau dies war aber in der Arbeitsschutzpolitik nicht der Fall. Arbeitsschutz war und ist ein von der Öffentlichkeit weitgehend unbeachtetes Politikfeld. Die Nationalstaaten haben kein Interesse an einer Übertragung weiterer arbeitsschutzpolitischer Kompetenzen an die EU, und einstweilen liegen auch keine Anhaltspunkte vor, die eine derartige Aufgabenerweiterung wahrscheinlich machen. Weit eher ist davon auszugehen, daß die Europäische Agentur auf eine supranationale »regulation by information«[71] im Arbeitsschutz und damit auf jene Steuerungsinstrumente beschränkt bleibt, auf deren Anwendung sich die nationalstaatlichen Arbeitsschutzinstitutionen zunehmend verlegen. Allerdings sind angesichts der manifesten Interessen im Politikfeld Arbeitsschutz erhebliche Zweifel angebracht, ob diese sich für die Sicherstellung einer europaweiten Anwendung von Arbeitsschutzvorschriften als ausreichend erweisen werden.

Eindeutig nachweisbar ist hingegen – auch für die zurückliegenden Jahre – ein erheblicher Einfluß des EuGH auf die Entwicklung der nationalstaatlichen Arbeitsschutzpolitik. In den hier betrachteten Zeitraum fielen Urteile, die für die Auslegung des EU-Arbeitsschutzrechts von erheblicher Bedeutung sind. Dies gilt insbesondere für das EuGH-Urteil zur Rechtmäßigkeit der Arbeits-

---

69 So etwa: van Waarden, Harmonization of European Regulatory Styles?, S. 120ff.
70 Vgl. Dehousse, Integration v. Regulation?, S. 396ff.
71 Majone, The new European Agencies: Regulation by Information, S. 262ff.

Europäische Arbeitsschutzpolitik nach Maastricht

zeitrichtlinie.[72] Hier hatte die britische Regierung gegen die EU geklagt, weil sie die Auffassung vertrat, daß sich der Geltungsbereich des Art. 118a EWGV nicht auf Regelungen zur Arbeitszeit erstreckte. Bei derartigen Bestimmungen handele es sich um Fragen des Arbeits- und Sozialrechts und als solche hätten sie auf der Basis von Artikel 100 verabschiedet werden müssen, also der Einstimmigkeit bedurft. Die Regierung Major warf dem Rat vor, mit der Berufung auf diese Grundlage das Maastrichter *opting-out* Großbritanniens in Fragen der Sozialpolitik rechtswidrig umgangen zu haben. Zudem habe der Rat nicht nur seine Kompetenzen überschritten und die falsche Rechtsgrundlage gewählt, sondern mit der vorgenommenen Ausgestaltung der Richtlinie auch unverhältnismäßige Mittel zur Erreichung seiner Ziele eingesetzt.

In seinem Urteil wies der EuGH die Klage zurück und erteilte dem britischen Ansinnen eine deutliche Absage. Er entschied, daß Art. 118a EWGV auch für weitreichende Regelungen beim Arbeitsschutz herangezogen werden könne: Es gebe keinen Anlaß für eine restriktive Interpretation der Begriffe »Arbeitsumwelt«, »Gesundheit« und »Sicherheit«; sie würden sowohl physische als auch andere Faktoren umfassen. Ein solches Verständnis könne Unterstützung auch aus der Gesundheitsdefinition der WHO beziehen. Vor diesem Hintergrund erklärte er die Verabschiedung der Arbeitszeitrichtlinie unter Art. 118a EWGV grundsätzlich für rechtmäßig, weil ihre gesundheitlichen Wirkungen hinreichend untermauert seien. Maßnahmen, deren Hauptziel der Gesundheitsschutz am Arbeitsplatz sei, müßten und könnten sich auch dann auf Art. 118a EWGV berufen, wenn sie Nebenwirkungen auf die Errichtung und das Funktionieren des Binnenmarktes haben. Gleichzeitig stellte der EuGH fest, daß die Mindestvorschriften über das in den einzelnen Mitgliedstaaten geltende Niveau hinausgehen dürften. Der Rat verfüge auf Gebieten, auf denen er sozialpolitische Entscheidungen treffe und komplexe Abwägungen vornehmen müsse, über einen weiten Entscheidungsspielraum.

Ging es in der Auseinandersetzung um die Arbeitszeitrichtlinie um sehr grundsätzliche Aspekte – die Frage nach den Rechtsgrundlagen und der Reichweite des Ratsmandats bei der Verabschiedung von Arbeitsschutzrichtlinien –, so befaßte sich der EuGH im Betrachtungszeitraum auch mit einigen Rechtsstreitigkeiten über wichtige Einzelbestimmungen der Rahmenrichtlinie und der Bildschirmrichtlinie. Im Mittelpunkt standen zum einen die Beteiligungsrechte der Arbeitnehmer und Arbeitnehmervertreter beim Arbeitsschutz. Ausgangspunkt war erneut ein Konflikt mit Großbritannien, das bei der Umsetzung der Richtlinie über die Arbeitnehmerrechte beim Betriebsübergang und der Richtlinie über Massenentlassungen die Beteiligungsrechte

---

72 Vgl. dazu und zum folgenden: EuGH, Rechtssache C-84/94, S. 5755ff., bes. 5795ff.

der Arbeitnehmer auf die Unternehmen mit anerkannten Gewerkschaften beschränkt hatte. Nachdem diese Regelung von der Kommission beanstandet worden war, erklärte der EuGH sie 1994 für unrechtmäßig.[73] Diese Urteile hatten präjudizierende Wirkung auch für die Arbeitnehmerbeteiligung in Fragen des Arbeitsschutzes, so daß Großbritannien – wie oben dargelegt – die auch hier zunächst vorgenommene Beschränkung auf die Unternehmen mit anerkannten Gewerkschaften aufgab, ohne daß in dieser Sache eigens ein Urteil des EuGH ergangen wäre. Damit kam die britische Regierung allerdings lediglich einer allen Seiten als sicher geltenden Entscheidung des EuGH zuvor.

Zum anderen befaßte sich das Gericht in zwei weiteren Entscheidungen mit der Definition des Bildschirmarbeitnehmers und mit der arbeitsmedizinischen Vorsorgeuntersuchung gemäß der EU-Bildschirmrichtlinie.[74] Strittig waren in diesem Fall die entsprechenden Passagen des italienischen Regelwerks, das den Begriff des Bildschirmarbeitnehmers auf solche Beschäftigten beschränkte, die täglich mindestens vier Stunden ununterbrochen Bildschirmarbeit leisteten, und damit außerordentlich restriktiv ausfiel. Der EuGH erklärte diese Regelung für rechtmäßig und schränkte damit den Kreis der geschützten Personen sehr weitgehend ein.[75] Teilzeitbeschäftigte wurden damit nahezu vollständig von den Bestimmungen über den Schutz von Bildschirmarbeitnehmern ausgenommen. Hingegen beinhaltete das Urteil zu zwei weiteren umstrittenen Bestimmungen der Bildschirmrichtlinie eine Ausweitung des Gesundheitsschutzes für die Arbeitnehmer: Erstens erklärte der EuGH die italienische Beschränkung des Anhangs – mit den Bestimmungen über die Mindestanforderungen an den Arbeitsplatz, an die Arbeitsumgebung und an die Software-Ergonomie – auf solche Arbeitsplätze, an denen als Bildschirmarbeitnehmer definierte Personen arbeiten, für nichtig und entschied, daß diese Anforderungen für alle Arbeitsplätze gelten; zweitens sprach er allen Beschäftigten das Recht zu arbeitsmedizinischen Vorsorgeuntersuchungen bei der Bildschirmarbeit zu und wies die im italienischen Regelwerk vorgesehene Beschränkung auf Arbeitnehmer über 45 Jahre zurück.[76]

Der EuGH nahm in diesen Urteilen ausschließlich und ausdrücklich auf den sich durch den Wortlaut der Richtlinien ergebenden Interpretationsspielraum der Mitgliedstaaten Bezug. »Weiche« Regelungen zum Nachteil von

---

73 Vgl. EuGH, Rechtssache C-382/92, S. 2435ff., bes. 2461ff.; EuGH, Rechtssache C-383/93, S. 2479ff., bes. 2483ff.
74 Vgl. EuGH, Urteil des Gerichtshofes in den verbundenen Rechtssachen C-74/95 und C-129/95, S. 6629ff. Siehe dazu auch: siehe TUTB-Newsletter No. 5, February 1997, S. 11f.
75 Vgl. EuGH, Urteil des Gerichtshofes in den verbundenen Rechtssachen C-74/95 und C-129/95, S. 6637f.
76 Vgl. ebda., S. 6639ff.

Europäische Arbeitsschutzpolitik nach Maastricht

Arbeitnehmern sah er dann als zulässig an, wenn die EU-Richtlinien selbst mit unbestimmten Begriffe operierten; hier gestand er den Mitgliedstaaten großzügige Handlungsmöglichkeiten zu. Er erklärte sie hingegen für unzulässig, wenn die europäischen Vorschriften eindeutig sind und die nationalstaatlichen Bestimmungen ihnen nicht Rechnung tragen. Die Zuständigkeit von Kommission und Rat wurde in den Urteilen bekräftigt und eine Einschränkung ihrer Kompetenzen durch das Subsidiaritätsprinzip verneint: Halte der Ministerrat eine Verbesserung des Arbeitsschutzes für erforderlich, »setzt die Erreichung dieses Zieles durch das Setzen von Mindestvorschriften unvermeidlich ein gemeinschaftsweites Vorgehen voraus [...].«[77] Der Handlungsspielraum von Kommission und Ministerrat wurde insofern sogar erweitert, als der EuGH ihr Tätigwerden dann als gerechtfertigt ansah, wenn ein positiver Zusammenhang zwischen der Schutzmaßnahme und dem Gesundheitszustand von Beschäftigten nachgewiesen sei. Diesen Nachweis vorausgesetzt, ergibt sich daraus ein weites Betätigungsfeld für eine europäische Rechtsetzung im Arbeitsschutz.

Mittlerweile hat die EU-Kommission auch gegen Deutschland wegen der unzureichenden Umsetzung der Rahmenrichtlinie Klage vor dem EuGH erhoben. Gegenstand des Rechtsstreits ist § 6 ArbSchG, der Kleinbetriebe mit bis zu zehn Beschäftigten von der Dokumentationspflicht ausnimmt. Die Kommission sieht darin einen Verstoß gegen europäisches Recht, weil dieses allen Arbeitnehmervertretern einen Zugang zur Gefährdungsanalyse einräume und eine Dokumentation für alle Arbeitsplätze mit besonderen Gesundheitsrisiken fordere. Außerdem unterlaufe die Ausnahmebestimmung das übergeordnete Ziel der Arbeitnehmerbeteiligung im Arbeitsschutz.[78]

8.4 Fazit

Auch nach der Herstellung des gemeinsamen Marktes fristete die europäische Sozialpolitik im großen und ganzen ein Schattendasein. Zwar wurden auf den Konferenzen von Maastricht und Amsterdam die sozialpolitischen Kompetenzen der EU erweitert, jedoch verschlechterten sich gleichzeitig die Rahmenbedingungen für verbindliche und weitreichende europaweite Regelungen. In den Mitgliedstaaten sank angesichts der sich verschärfenden Wirtschaftskrise, der fortschreitenden Globalisierung der Wirtschaftsbeziehungen und vor dem Hintergrund der Maastrichter Konvergenzkriterien die Bereitschaft, derartigen

---

77 Vgl. EuGH, Rechtssache C-84/94, S. 5809.
78 Vgl. http://europa.eu.int/cj/de/jurisp./index.htm.

Kapitel 8

Initiativen zuzustimmen. Diese Entwicklung machte sich auch in der Arbeitsschutzpolitik bemerkbar. In der europäischen Rechtsetzung vollzog sich nach der Verabschiedung des Sechserpakets im Mai 1990 eine Trendwende. Sie äußerte sich in drei Entwicklungstendenzen:
- Die Arbeitsschutzpolitik verlor deutlich an Dynamik und Innovationskraft: Die Zahl der jährlich neu verabschiedeten Richtlinien ging zurück; die materiellen Regelungen erreichten überwiegend nicht mehr das Niveau des Sechserpakets; die Verabschiedung einzelner Richtlinien wurde verzögert und vorgesehene Verbesserungen bereits geltender Regelwerke blieben teilweise auf der Strecke. Allerdings reklamierte die Kommission – gegen den Widerstand Großbritanniens – auch unter dem Subsidiaritätsprinzip grundsätzlich eine weit definierte Zuständigkeit für die Rechtsetzung im Arbeitsschutz auf der Grundlage von Art. 118a EWGV.
- In den meisten Mitgliedstaaten verstärkten sich die Widerstände gegen eine Fortsetzung des bisherigen Kurses in der europäischen Arbeitsschutzpolitik. Verschiedene von einzelnen Mitgliedstaaten und den europäischen Unternehmerverbänden getragene Initiativen auf europäischer Ebene verfolgten ausdrücklich das Ziel, das in den vorangegangen Jahren erreichte Regulierungsniveau wieder zurückzuführen. Großbritannien lehnte europaweite Vorschriften zur Sozialpolitik nach wie vor ab. Deutschland gab die forcierende Rolle, die es in der Vergangenheit wahrgenommen hatte, auf und verhielt sich gegenüber neuen Initiativen unter Verweis auf das Subsidiaritätsprinzp und auf eine angesichts des Rückstands bei der nationalstaatlichen Rechtsanpassung -notwendige Konsolidierung ebenso wie Großbritannien sehr zurückhaltend. Die Regierungen beider Staaten waren in den Verhandlungen bemüht, ihre nationalstaatliche Regulierungsphilosophie zum Orientierungspunkt neuer Regelwerke zu machen. Trotz der auf europäischer Bühne unternommenen Vorstöße zu einer partiellen Rücknahme von Bestimmungen der Rahmenrichtlinie und der Bildschirmrichtlinie blieben der in den Jahren 1989 und 1990 geschaffene arbeitsschutzpolitische *aquis communautaire* und sein innovativer Kern letztlich unangetastet. Es zeigte sich, daß einmal geschaffene Rechtsgrundlagen und eingegangene Verpflichtungen nicht ohne weiteres rückgängig zu machen waren. Allerdings brachten die Deregulierungsinitiativen politisch zum Ausdruck, daß die Fortsetzung einer innovativen Rechtsetzung im Arbeitsschutz auf starken Widerstand stoßen würde, und auf nationalstaatlicher Ebene ermutigten sie eher zu einer weniger arbeitnehmerfreundlichen Interpretation der EU-Vorschriften.
- Die EU-Kommission verzichtete – nicht zuletzt auf Druck zahlreicher Mitgliedstaaten – mit der Verabschiedung des vierten Aktionsprogramms weitgehend auf rechtliche Fortschritte im Arbeitsschutz und setzte vor

Europäische Arbeitsschutzpolitik nach Maastricht

allem auf eine Konsolidierung des Erreichten. Die neue Leitlinie wurde sowohl mit übergreifenden als auch mit arbeitsschutzspezifischen Argumenten begründet: Zum einen dürfe man die Unternehmen nicht mit weiteren Auflagen und Kosten belasten, zum anderen sei nach einer Vielzahl von Rechtsakten nunmehr der Schwerpunkt auf eine tatsächliche Anwendung der Mindestvorschriften zu legen.

Im Hinblick auf die nationalstaatliche Rechtsanpassung an die europäischen Richtlinien beschränkte sich die EU-Kommission weitgehend auf eine bloß juristische Prüfung der nationalen Bestimmungen. Allerdings waren ihre diesbezüglichen Handlungsmöglichkeiten durch den Personalmangel und durch die Langwierigkeit des Vertragsverletzungsverfahrens begrenzt. Am deutlichsten wurde dies im Falle Deutschlands, gegen dessen nahezu vierjährige Fristüberschreitung die Kommission nicht wirkungsvoll vorging bzw. vorgehen konnte. Darüber hinaus verzichtete sie auf Initiativen zur Definition konkreter Umsetzungsziele und auf eine Koordinierung der verschiedenen nationalstaatlichen Anpassungsaktivitäten. Den im Prozeß der Umsetzung bisweilen erheblichen Abweichungen in der Interpretation einzelner Mindestanforderungen konnte sie daher auch nicht wirksam begegnen.

Erheblichen Einfluß auf die nationalstaatliche Umsetzung der Arbeitsschutzrichtlinien nahm der EuGH. Grundsätzlich bestätigte er eine weit gefaßte Zuständigkeit von Kommission und Ministerrat für die Rechtsetzung zu Fragen des Gesundheitsschutzes am Arbeitsplatz und gestand ihnen hier auch einen breiten Entscheidungsspielraum zu. Wo die Richtlinientexte unbestimmte und auslegungsbedürftige Bestimmungen vorsahen, räumte der EuGH den Mitgliedstaaten einen weiten Spielraum bei der nationalstaatlichen Rechtsanpassung ein. Damit erklärte er auch bisweilen recht »weiche« Regelungen für richtlinienkonform. Umgekehrt schränkte er bei eindeutig formulierten Mindestvorschriften den Handlungsspielraum in der nationalstaatlichen Rechtsanpassung aber auch ein. Insgesamt erwies er sich in einem für den Arbeitsschutz schwierigen politischen Umfeld eher als ein Stabilisator für eine innovative europäische Arbeitsschutzpolitik.

Mit der Schaffung der »Europäischen Agentur für Gesundheit und Sicherheit am Arbeitsplatz« ging die EU in ihren Aktivitäten über die Rechtsetzung hinaus und trug damit den besonderen Implementationsbedingungen im Arbeitsschutz Rechnung. Getragen wurde dies nicht zuletzt vom Interesse der mit einem entwickelteren Arbeitsschutzsystem ausgestatteten Mitgliedstaaten, die Vollzugsbedingungen in den arbeitsschutzpolitisch rückständigeren Ländern zu verbessern und damit deren Chancen zu verringern, auf dem Wege der Nichtanwendung von Vorschriften einen Wettbewerbsvorteil zu erzielen. Man mag in der Gründung der Europäischen Agentur einen *spillover*-Effekt europäischer Arbeitsschutzaktivitäten von der bloßen Recht-

Kapitel 8

setzung auf Aspekte des Vollzugs von Vorschriften sehen. Allerdings war mit dieser Entwicklung keine Ausweitung supranationaler Kompetenzen verbunden, sondern lediglich die europaweite Bereitstellung und Koordinierung von Informationen. Die oben bereits für die Nationalstaaten konstatierte Betonung koordinierender und aktivierender Instrumente im Staatshandeln schlug sich so auch bei der Gestaltung europäischer Staatlichkeit auf dem Gebiet des Arbeitsschutzes nieder.

Kapitel 9

Schluß: Nationalstaatliche Arbeitsschutzpolitik im europäischen Mehrebenensystem – Großbritannien und Deutschland im Vergleich

Sowohl in Großbritannien als auch in Deutschland vollzogen sich in den neunziger Jahren binnen kurzer Zeit weitreichende Veränderungen im Arbeitsschutzsystem, die jeweils durch die europäischen Arbeitsschutzvorschriften einen wichtigen Anstoß erhielten. Beide Staaten sahen sich durch die EU-Rahmenrichtlinie und die EU-Bildschirmrichtlinie bedeutenden Anpassungszwängen ausgesetzt, die teils gleichgerichtet, wegen der besonderen Strukturmerkmale und Traditionen der Arbeitsschutzsysteme teils aber auch unterschiedlich ausfielen. Sowohl Großbritannien als auch Deutschland standen vor der Anforderung, ihre Arbeitsschutzpolitik in dreierlei Hinsicht zu modernisieren: *Erstens* mußten sie ihre Präventionspraxis durch die Einführung einer Gefährdungsanalyse, die Dokumentation der Ergebnisse und die Beachtung einer hierarchischen Abfolge von Präventionsmaßnahmen systematisieren. Ein derartiges Vorgehen war bisher nur in einigen wenigen Hoch-Risiko-Bereichen verbindlich. *Zweitens* mußten sie im betrieblichen Arbeitsschutz einen umfassenden Schutzbegriff zugrunde legen, der arbeitsorganisatorische Ursachenkomplexe von Gesundheitsrisiken sowie psychosoziale und psychomentale Belastungen einschloß. *Drittens* mußten die beiden Staaten – auf der Basis des erweiterten Arbeitsschutzverständnisses – Vorschriften zur Bildschirmarbeit einführen, die zuvor weder in Großbritannien noch in Deutschland Gegenstand verbindlicher Regelungen war. Darüber hinaus waren in Großbritannien konkretere, detailliertere, ihrem Gehalt nach verbindliche Vorschriften einzuführen. Eine solche Verrechtlichung stand im Widerspruch zur Tradition des *goal-setting approach* und der *self-regulation*. Im deutschen Arbeitsschutzsystem mußten alle Beschäftigten und alle Tätigkeitsgruppen einem einheitlichen Schutz unterstellt werden.

Ergebnisse der rechtlichen Anpassung
In beiden Staaten vollzog sich die Umsetzung der europäischen Vorschriften in das nationalstaatliche Arbeitsschutzrecht im wesentlichen als eine Minimalanpassung. Die nationalstaatlichen Rechtsbestimmungen entsprechen in weiten Teilen den EU-Mindeststandards, gehen dabei allerdings nicht über sie hinaus. Manche Experten bezweifeln sogar, ob tatsächlich alle EU-Vorschriften

Kapitel 9

erfüllt werden. Hier sind insbesondere die Ausnahmeregelungen für die Kleinbetriebe bei der Dokumentation der Risikobewertungen umstritten. Gleichzeitig wurden allerdings die zum Traditionsbestand der nationalstaatlichen Arbeitsschutzsysteme zählenden Bestimmungen beibehalten, auch wenn sie das europäische Regelungsniveau überschritten. Dies gilt in Großbritannien für die Rechte der gewerkschaftlichen *safety representatives* im betrieblichen Arbeitsschutz und für die Einbeziehung der Selbständigen in die Bestimmungen des *Health and Safety at Work Act*, in Deutschland für die arbeitsschutzbezogenen Mitbestimmungsrechte des Betriebsrates und für die Vorschriften zur arbeitsmedizinischen Versorgung.

Insbesondere in Großbritannien war die Umsetzung von dem Bestreben gekennzeichnet, die EU-Vorschriften in ihrer *Verbindlichkeit* zu relativieren und so die Kernelemente des Arbeitsschutzsystems – *goal-setting approach*, *self-regulation* und *reasonable practicability* – zu erhalten. Dies geschah dadurch, daß eine Reihe von in den EU-Richtlinien verbindlichen Pflichten des Arbeitgebers in die minder verbindlichen *Approved Codes of Practice* oder gar in die bloß Empfehlungscharakter tragenden *guidance notes* verlagert wurden. Außerdem hielt der Gesetzgeber an der mit dem *Health and Safety at Work Act* vorgenommenen Generaleinschränkung der Arbeitgeberpflichten *(so far as is reasonably practicable)* fest. Damit ist es nach wie vor nicht ausgeschlossen, daß auch nunmehr konkretisierte Arbeitgeberpflichten in der Rechtsprechung nach dieser Maßgabe eingeschränkt werden. In Deutschland wurde hingegen die in der Gewerbeordnung vorgesehene Einschränkung »wie es die Natur des Betriebs gestattet« (§ 120a), die sich in der Vergangenheit häufig als Hindernis für die Verbesserung des Arbeitsschutzes erwiesen hatte, gestrichen. Weil ein detailliertes Vorschriftensystem hier eine lange Tradition hatte, fiel der rechtliche Anpassungsbedarf aber insgesamt geringer aus als in Großbritannien. Beide Staaten versuchten, die den Mitgliedstaaten bei der Umsetzung belassenen Handlungsspielräume so weit wie möglich auszuschöpfen. Insbesondere machten sie von der Möglichkeit Gebrauch, kleinere und mittlere Unternehmen von einzelnen Schutzbestimmungen auszunehmen bzw. einzelne Vorschriften gemäß den nationalen Traditionen umzusetzen. Dies betrifft in Deutschland und Großbritannien jeweils die Befreiung kleiner Unternehmen von der Dokumentationspflicht und darüber hinaus in Großbritannien die Beschränkung der Bestimmungen zur Arbeitnehmerbeteiligung auf Unternehmen mit anerkannten Gewerkschaften. Großbritannien hat diese Beschränkung erst im Jahre 1996 auf europäischen Druck hin zurückgenommen und die Beteiligungsrechte auf alle Beschäftigten ausgeweitet.

Trotz des Versuchs, das eigene System gegen unwillkommene externe Anpassungsanforderungen abzuschotten, kamen die nationalstaatlichen Akteure nicht umhin, Kernelemente der EU-Richtlinien zu übernehmen. Auch

Nationalstaatliche Arbeitsschutzpolitik in Großbritannien und Deutschland

wenn sich die von Regierungen und Unternehmerverbänden verfolgte Strategie der Minimalanpassung durchsetzen konnte, erhielt das Arbeitsschutzrecht mit der Anpassung an die europäischen Vorschriften beachtliche Innovationsimpulse. Im Ergebnis dieses Prozesses vollzog sich bei den Rechtsvorschriften eine Annäherung der beiden Arbeitsschutzsysteme. Die jeweiligen Vorschriftensysteme legten nun einen umfassenden Arbeitsschutzbegriff zugrunde, der dort zuvor bestenfalls ansatzweise oder nur in sehr allgemeiner Form vorhanden war. In Deutschland gelten nun gemeinsame Rahmenvorschriften für nahezu alle Beschäftigten. Damit wurde das deutsche Arbeitsschutzrecht in gewissem Maße zusammengefaßt und vereinheitlicht, auch wenn es nach wie vor recht weit vom übersichtlichen Aufbau des britischen Rechts entfernt ist. Dieses wiederum erfuhr nun insofern einen beachtlichen Verrechtlichungsschub, als die Reformen trotz aller Abfederungsbemühungen eine Reihe detaillierter und konkreter Vorschriften beinhalten. Dabei mußten sie insbesondere im Hinblick auf einige Bestimmungen der Bildschirmrichtlinie Abschied von dem bisherigen Grundsatz nehmen, Vorschriften nur zur Abwehr eindeutig nachgewiesener Gesundheitsgefahren zu erlassen. Mit der erreichten Regulierungsdichte stellt der Arbeitsschutz einen Sonderfall im System der britischen Arbeitsbeziehungen dar. Dies gilt insbesondere für die arbeitsschutzbezogenen Mitwirkungsrechte der Beschäftigten. Somit wurden in einer Periode forcierter Deregulierungspolitik die Regulierungsdichte und das Schutzniveau – zumindest auf der Ebene der Rechtsetzung – beträchtlich erhöht. Ohne die EU-Richtlinien wären in einem bloß nationalstaatlichen Rahmen weder in Deutschland noch in Großbritannien angesichts der Kräfteverhältnisse zwischen Staat, Kapital und Arbeit die Innovationen im Arbeitsschutzrecht durchsetzbar gewesen.

Interessenkoalitionen
Welche Einflußfaktoren und Handlungsmotive waren es, die die Umsetzung der EU-Arbeitsschutzrichtlinien und die nationalstaatliche Arbeitsschutzpolitik in die skizzierte Richtung lenkten? In beiden Staaten wurde die Strategie der Minimalanpassung getragen von einer Interessenkoalition aus Regierung und Unternehmerverbänden. Für beide Akteurgruppen waren die Globalisierung der Wirtschaftsbeziehungen und der daraus abgeleitete Zwang zur Deregulierung der wichtigste Bezugsrahmen und das überragende Handlungsmotiv. Unter den Vorzeichen der Standortdiskussion erstreckte sich das Bestreben, die Auflagen und Kosten für die Unternehmen zu reduzieren, auch auf das Feld der Arbeitsschutzpolitik und begründete die Entschlossenheit, die Reformen auf das Maß des rechtlich Unvermeidbaren zu beschränken.

In beiden Staaten war die Unzufriedenheit mit dem existierenden Arbeitsschutzsystem am stärksten bei den Gewerkschaften ausgeprägt. Dementsprechend erhoben sie auch die am weitesten reichenden Reformforderungen, konnten sich damit aber weder in Großbritannien noch in Deutschland durchsetzen. Die generelle politische Schwächung der Gewerkschaften und das mangelnde Interesse der Öffentlichkeit am Thema Arbeitsschutz schufen dafür ungünstige Voraussetzungen. Dabei zeigten sich zwischen den britischen und den deutschen Gewerkschaften durchaus Unterschiede in den arbeitsschutzpolitischen Orientierungen. Während beim DGB und seinen Einzelgewerkschaften Fragen des Arbeitsschutz*rechts* eine große Aufmerksamkeit auf sich zogen, waren sie bei den britischen Gewerkschaften von deutlich geringerer Bedeutung. Sie sahen in einer verbesserten Ausstattung der Arbeitsschutzbehörden das weit wichtigere Instrument zur Verbesserung des Arbeitsschutzes. In den britischen Gewerkschaften war die Erfahrung prägend, daß Rechtsvorschriften in der Praxis oftmals wirkungslos waren, weil es an staatlichem Droh- und Sanktionspotential mangelte. Zwar stellte das neue Arbeitsschutzrecht einen erheblichen Fortschritt dar und wurde von den Gewerkschaften auch als solcher bewertet, allerdings war dieser nicht auf ihre Durchsetzungsfähigkeit in der Phase der Umsetzung zurückzuführen, sondern die Spätfolge einer in den vorangegangenen Jahren unter veränderten Bedingungen auf europäischer Ebene vorgenommenen Reform.

Weder in Deutschland noch in Großbritannien kam es im Verlauf der Umsetzung zu einem Bündnis zwischen den Gewerkschaften als Verfechtern weitergehender Regulierungsmaßnahmen im Arbeitsschutz und den Modernisierern im Unternehmerlager, die in ihren Betrieben eine durchaus innovative Präventionspolitik verfolgen. In keinem Punkt unterstützten Unternehmerverbände weitgehende gesetzliche Maßnahmen zur Verbesserung des Gesundheitsschutzes. Aus ihrer Sicht begründet das Interesse an einem hohen betrieblichen Schutzniveau noch kein Interesse an entsprechenden kollektiv verbindlichen Regelungen. Die betriebliche Arbeitsschutzpolitik erscheint bei ihnen als Bestandteil einer auf die Erzielung von individuellen Wettbewerbsvorteilen gerichteten Rationalisierungsstrategie. Die Handlungsebene, auf der über einen verbesserten Arbeitsschutz entschieden werden soll, kann aus ihrer Perspektive daher nur der einzelne Betrieb sein.[1] Generell taucht in den

---

1   Man mag einwenden, daß dem Kapital insofern ein kollektives Interesse an verbindlichen Gesetzesregelungen im Arbeitsschutz zuzuschreiben ist, als darüber steuer- oder beitragsfinanzierte Aufwendungen für die gesellschaftlichen Folgekosten (z.B. bei der Krankenbehandlung oder bei den Entschädigungszahlungen der Unfallversicherung), an deren Aufbringung auch Unternehmen beteiligt sind, verringert werden können. Dieser Einwand ist auf den ersten Blick zwar plausibel, nur läßt er außer acht, daß dieser Weg mit anderen Instrumenten zur Kostensenkung gleichsam »konkurriert«, nämlich mit einer forcierten Externalisierung der negativen Effekte des betrieblichen Gesundheitsverschleißes. Es ist genau dieser Weg, den die Unternehmerverbände bevorzugt beschreiten. Dies äußert sich

Nationalstaatliche Arbeitsschutzpolitik in Großbritannien und Deutschland

hier betrachteten Gegenstandsbereichen das ökonomische Interesse niemals als ausschlaggebendes Argument für eine Anhebung des gesetzlich vorgeschriebenen Schutzniveaus auf, sondern stets als Argument, Regelungen zu unterlassen oder zurückzunehmen. Staatliche Vorschriften sollen sich aus der Perspektive der Arbeitgeber auf das Maß beschränken, das für einen störungsfreien Verlauf des Akkumulationsprozesses und zur Akzeptanz der Arbeitsbedingungen unabdingbar ist. In diesem Rahmen ist es dann die wichtigste Aufgabe staatlicher Arbeitsschutzpolitik sicherzustellen, daß das vorgeschriebene Schutzniveau von einzelnen Unternehmen nicht mit dem Ergebnis einer Wettbewerbsverzerrung unterschritten wird. Die unterschiedlichen Motive von Kapital und Arbeit für den betrieblichen Gesundheitsschutz spiegeln sich somit als Konflikt über den Stellenwert *kollektiv verbindlicher* Regelungen wider.

Die Rolle der Arbeitsschutzinstitutionen bei der Umsetzung läßt sich nicht auf einen gemeinsamen Nenner bringen. In Großbritannien traten *Health and Safety Commission and Executive* gemeinsam mit Regierung und Unternehmerverbänden für eine Strategie der Minimalanpassung ein. Diese Option läßt sich weder mit dem Hinweis auf die Standortkonkurrenz noch mit einer administrativen Unterordnung der Behörden unter die übergreifenden politischen Ziele der Regierung erklären. Entscheidend für das Verhalten der *Health and Safety Executive* war vielmehr die Überzeugung, daß die nationalstaatlich gewachsenen Strukturen des Arbeitsschutzsystems sich bewährt hatten. So ist in ihren Planungsabteilungen die Überzeugung tief verankert, daß *goalsetting approach*, *self-regulation* und die in der *reasonable practicability* eingeschlossene Abwägung der Kosten und Nutzen von Schutzmaßnahmen unverzichtbare Instrumente für einen erfolgreichen Arbeitsschutz sind, weil nur auf dieser Grundlage die Unternehmer zu einer aktiven Mitwirkung an der Verbesserung des Gesundheitsschutzes bewogen werden können. Zugleich traten sie für eine Beschränkung verbindlicher Vorschriften auf den Bereich des technischen Arbeitsschutzes ein, weil sie sich der Tatsache bewußt waren, daß die Trennung von *health and safety* und *industrial relations* eine Kernvoraussetzung für den Fortbestand des Tripartismus im britischen Arbeitsschutz war. Diese bei den Trägern strategischer Arbeitsschutzfunktionen dominierenden Handlungsnormen und Überzeugungen waren zugleich die Legitimationsbasis für eine weitgehende Enthaltsamkeit des Staates und fungierten

---

z.B. in der Forderung nach einer Privatisierung der Krankenbehandlungskosten – sei es im NHS oder in der GKV –, in der Forderung nach einer Ausgliederung der Wegeunfälle aus der Zuständigkeit der gesetzlichen Unfallversicherung oder im fortgesetzten Widerstand gegen eine Ausweitung der Berufskrankheitenliste. Es findet sich mit Blick auf die nationalstaatliche Umsetzung nicht ein Hinweis, daß Unternehmerverbände für eine Anhebung des kollektiv-verbindlichen Schutzniveaus eingetreten wären.

Kapitel 9

insoweit gleichsam als ideologisches Bindeglied zwischen Arbeitsschutzbehörden einerseits sowie Regierung und Unternehmerverbänden andererseits.[2] In Deutschland stellte sich die Rolle der Arbeitsschutzinstitutionen im Umsetzungsprozeß weit heterogener dar, denn hier begründeten die institutionelle Zersplitterung und die Verknüpfung der Reformen mit dem Kompetenzverteilungsstreit zwischen staatlichem Arbeitsschutz und Unfallversicherungsträgern eine ausgeprägte Vielfalt der Interessenlagen. Generell spielte das zu fixierende Schutzniveau hier eine eher untergeordnete Rolle. Dezidierte Forderungen nach über den EU-Richtlinien hinausgehenden Vorschriften wurden nur von der Mehrheit der SPD-regierten Länder im Bundesrat erhoben. Die Berufsgenossenschaften hielten sich mit Positionsbestimmungen überwiegend zurück und machten deutlich, daß sie Fragen des materiellen Schutzniveaus als eine staatliche Angelegenheit betrachteten. Allerdings ließen sie auch ihr Interesse durchblicken, einen möglichst großen Spielraum bei der branchenspezifischen Konkretisierung staatlichen Rechts zu behalten, und konnten, wenn denn schon EU-Vorschriften umgesetzt werden mußten, daher ebenso wie die CDU-regierten Länder mit einer Minimalanpassung gut leben.

Prozedurale Unterschiede

Die augenfälligsten Unterschiede zwischen Deutschland und Großbritannien, die bei der Umsetzung sichtbar wurden, betrafen die prozeduralen Aspekte. Großbritannien, das die europäische Arbeitsschutzpolitik stets heftig kritisiert hatte, nahm die Anpassung außerordentlich rasch vor und gehörte zu den wenigen Staaten, die der EU-Kommission fristgerecht eine Umsetzung des Sechserpakets melden konnten. In Deutschland, das die Verabschiedung des Sechserpakets in den europäischen Gremien Ende der achtziger Jahre unterstützt und forciert hatte, zog sich die Umsetzung in einem konfliktgeladenen Prozeß außerordentlich lang hin und wurde die von der EU gesetzte Frist um nahezu vier Jahre überschritten. Großbritannien war insbesondere deshalb an einer zügigen Umsetzung interessiert, weil es bei der sozialpolitischen Integration nicht immer als Buhmann dastehen wollte und mit einer raschen Erfüllung der europäischen Vorgaben hoffte, die eigene Verhandlungsposition in den Fragen der EU-Arbeitszeitrichtlinie sowie der Richtlinien zum Gesundheitsschutz Jugendlicher und Schwangerer bei der Arbeit zu verbessern. Dies verweist darauf, daß dem Arbeitszeitregime bei der Verbesserung der betrieblichen Verwertungsbedingungen generell eine größere Bedeutung beigemessen wurde als anderen Fragen des Arbeitsschutzes und Großbritannien angesichts

---

2 Man kann darin mit Sabatier auch eine Advocacy-Koalition sehen (Sabatier, Advocacy-Koalitionen, Policy-Wandel und Policy-Lernen, S. 116ff.), allerdings soll hier stärker betont werden, daß die *belief systems* der Akteure auf je eigenen Interessen aufbauen sowie aus je eigenen Rollen und Problemwahrnehmungsperspektiven resultieren.

Nationalstaatliche Arbeitsschutzpolitik in Großbritannien und Deutschland

überaus großzügiger Arbeitszeitregelungen hier durch europäische Regelungen besonders empfindliche Einschränkungen befürchtete. Die zügige Anpassung an die Bestimmungen des Sechserpakets wurde in Großbritannien auch dadurch erleichtert, daß es bei den Arbeitsschutzinstitutionen selbst aufgrund ihrer einheitlichen Struktur keine nennenswerten Interessendivergenzen gab, die einer raschen Umsetzung hätten im Wege stehen können. Aber auch wenn dies der Fall gewesen wäre, hätten die Suprematie des Parlaments und der politische Zentralismus die britische Regierung weit eher als die deutsche in die Lage versetzt, sich über mögliche Konflikte hinwegzusetzen.

Mit Blick auf Deutschland ist insbesondere erklärungsbedürftig, warum es nach der zwischen 1987 und 1989 betriebenen Forcierung der EU-Arbeitsschutzpolitik zu einem hinhaltendem Widerstand und zu der eklatanten Fristüberschreitung bei der Umsetzung kam. Der entscheidende Grund liegt in den gegenüber den achtziger Jahren veränderten Rahmenbedingungen der Nach-Maastricht-Ära. Im Hinblick auf die Arbeitsschutzpolitik stand nun nicht mehr der mit ihrer Hilfe zu befriedigende soziale Legitimationsbedarf für die europäische Integration im Mittelpunkt, sondern das Ziel einer umfassenden Deregulierung, die aus der Perspektive wirtschaftsliberaler Deutungsmuster angesichts der Globalisierung der Wirtschaftsbeziehungen und der 1992/93 einsetzenden Konjunkturkrise dringlicher wurde. Vor diesem Hintergrund gewannen die wirtschaftsliberalen Kräfte in der Regierungskoalition weiter an Gewicht und setzten durch, daß der erste Regierungsentwurf für ein Arbeitsschutzrahmengesetz zurückgezogen wurde. Darüber hinaus wurde die Anpassung an die europäischen Vorschriften in Deutschland durch die Auseinandersetzung zwischen der staatlichen Arbeitsschutzverwaltung und den Unfallversicherungsträgern um die künftige Struktur und Organisation des Arbeitsschutzsystems überlagert. Schließlich erforderte die föderale Ordnung des politischen Systems eine aufgrund der unterschiedlichen Interessen überaus schwierige Abstimmung zwischen Bund und Ländern.

Restriktive Vollzugsbedingungen

In beiden Staaten wurde der Prozeß der rechtlichen Umsetzung begleitet von zum Teil weitreichenden Veränderungen in den Vollzugsbedingungen, die einer dem Inhalt und dem Leitbild der EU-Rahmenrichtlinie folgenden Arbeitsschutzpolitik entgegenwirkten. Dies betraf zum einen die personelle und finanzielle Ausstattung der Arbeitsschutzbehörden: In beiden Ländern bereits seit Jahrzehnten unzureichend, hielt sie seit den achtziger Jahren immer weniger mit den wachsenden Anforderungen an die Überwachungs- und Beratungstätigkeit Schritt. Es waren in Großbritannien die restriktive Haushaltspolitik der konservativen Regierung, in Deutschland die Sparpolitik vieler Länder sowie die Weigerung der Arbeitgeber, die Mittel für die Aufsichts-

Kapitel 9

dienste der Berufsgenossenschaften substantiell aufzustocken, die zu dieser Entwicklung führten. Insbesondere in Großbritannien ist die Ausstattung der Aufsichtsbehörden stark defizitär. Im Ergebnis gingen die Revisionsfrequenzen in beiden Staaten erheblich zurück. Die chronische Ressourcenknappheit vermindert das Drohpotential staatlichen Vollzugs und verstärkt die Tendenz zu einer überwiegend reaktiven, auf die großen Risiken beschränkten Überwachungstätigkeit. Im behördlichen Vollzug spielen Tätigkeiten im »Niedrig-Risiko-Bereich« – wie z.b. die Bildschirmarbeit – eine notorisch geringe Rolle. In Großbritannien kommt hinzu, daß einige der dem Kernbereich der Kontrolle und Beratung vor- bzw. nachgelagerten Tätigkeiten der Arbeitsschutzbehörden privatisiert oder einer privaten Konkurrenz geöffnet wurden. Diese Entwicklung beförderte die Fragmentierung der Arbeitsschutzbehörden und führte nach Überzeugung zahlreicher Beobachter zu einem weiteren Effektivitätsverlust bei der Überwachung.

Zum anderen trug der Ruf nach einer forcierten Deregulierung zur Schaffung eines Klimas bei, in dem Initiativen für einen verbesserten Arbeitsschutz, die sich als Hindernisse für die Entfaltung der freien Marktkräfte erweisen konnten, als illegitim erschienen. Dies zeigte sich insbesondere in Großbritannien. Im Rahmen ihrer nach der Krise 1992/93 aufs neue intensivierten Deregulierungsbemühungen ließ die Regierung das gesamte Arbeitsschutzrecht auf seine weitere Notwendigkeit hin überprüfen. Gemeinsam mit den Unternehmerverbänden richteten sich ihre Bemühungen darauf, die Ökonomisierung des Arbeitsschutzes voranzutreiben, und faßte sie die Legitimationskriterien für staatliche Interventionen immer restriktiver: Gesetzliche Vorschriften dürften sich – so wurde immer häufiger betont – nur auf zweifelsfrei nachgewiesene Gefahren erstrecken; jede vorgeschlagene Neuregelung wurde einer *cost-benefit analysis* unterzogen; das Konzept der Risikobewertung, in den EU-Richtlinien noch Voraussetzung für eine umfassend-präventive Arbeitsschutzstrategie, wurde nun zu einem Hilfsinstrument der Kosten-Nutzen-Analyse umgedeutet, das ermitteln sollte, welche finanziellen Belastungen den Unternehmen überhaupt zugemutet werden dürften, um ein bestimmtes Risiko zu bekämpfen. Auch wurden einzelne Bestimmungen, die auf europäische Vorschriften zurückgingen, insbesondere zur Bildschirmarbeit, fortgesetzt attackiert. Es bestätigen sich gängige Interpretationen, denen zufolge das britische Regulierungsmodell – gleichsam als Ausdruck einer stark auf Erfahrung basierenden Alltagskultur – dazu neige, am Bewährten festzuhalten, und Veränderungen üblicherweise erst dann vornehme, wenn unumstößliche Beweise für deren Notwendigkeit vorliegen.[3] Allerdings ist präzisierend zu

---

3 Vgl. Brickman/Jasanoff/Ilgen, Controlling Chemicals, S. 187ff; Jasanoff, Risk Management and Political Culture, S. 11ff. Siehe auch: Münch, Risikopolitik, S. 217ff., bes. 222ff.

ergänzen, daß daneben der Nachweis eines angemessenen Kosten-Nutzen-Verhältnisses als Kriterium für eine hinreichende Interventionsvoraussetzung ein wachsendes Gewicht erhält.

Daß auch in Deutschland der Arbeitsschutz unter einem wachsenden Deregulierungsdruck stand, wurde nicht nur am Scheitern des ersten Entwurfs für ein Arbeitsschutzrahmengesetz deutlich, sondern auch in der Auseinandersetzung um die branchenspezifische Konkretisierung des neuen staatlichen Rechts. Mit der Weigerung der Arbeitgeberseite, einer Unfallverhütungsvorschrift »Bildschirmarbeit« die Zustimmung zu erteilen, zeichnete sich ab, daß es kaum möglich sein würden, auch gesundheitsrelevante Fragen der Arbeitsorganisation und psychosoziale Gesundheitsrisiken zum Gegenstand konkretisierender, verbindlicher Regelungen zu machen. Auch die berufsgenossenschaftlichen Handlungskonzeptionen weisen eher in Richtung auf einen Abbau der Regulierungsdichte. Die vor allem mit dem Ziel einer größeren Übersichtlichkeit und Anwenderfreundlichkeit in Angriff genommene Neuordnung des berufsgenossenschaftlichen Vorschriften- und Regelwerks schließt explizit auch die Absicht ein, verbindliche Bestimmungen aus den bisherigen Unfallverhütungsvorschriften in die unverbindlicheren berufsgenossenschaftlichen Regeln zu verlagern. Auch wenn dies in manchen Fällen sinnvoll sein mag, so bedeutete der Verzicht auf eindeutige und verbindliche Regelungen doch auch, daß in diesen Fällen über das Maß des konkreten Schutzniveaus auf der betrieblichen Ebene und damit nach Maßgabe der dortigen Kräfteverhältnisse entschieden wird. Zweifel an der praktischen Reichweite der Innovationen nähren insbesondere die berufsgenossenschaftlichen Konzeptionen zur Umsetzung des erweiterten Präventionsauftrags, denn hier dominiert eine Interpretation, die ihn im wesentlichen als ein Instrument zur effektiveren Verhütung von Arbeitsunfällen und insbesondere von Berufskrankheiten beschränken will.

Im Vergleich zwischen beiden Staaten lassen sich deutliche Unterschiede in der politischen Rhetorik und in der Schärfe der Auseinandersetzung feststellen. Während in Großbritannien weder Regierung noch Unternehmerverbände einen Hehl daraus machten, daß sie wichtige Teile der Rahmenrichtlinie und der Bildschirmrichtlinie ablehnten, wurde die Kritik in Deutschland weit moderater formuliert. Auch verfochten Regierung und Unternehmerverbände das Konzept der Ökonomisierung des Arbeitsschutzes mit einer Selbstverständlichkeit und Bedenkenlosigkeit, die in Deutschland wohl kaum vorstellbar wäre. Daran wird nicht nur deutlich, daß die dem britischen System abverlangten Rechtsanpassungen größer waren als in Deutschland, sondern auch, daß in der britischen Arbeitsschutzkultur die pragmatische Abwägung der Kosten und Nutzen von Maßnahmen weit selbstverständlicher ist.[4] Diese

---

4 Vgl. auch: Jasanoff, Risk Management and Political Culture, S. 11ff.

Kapitel 9

wiederum steht allerdings in einem deutlichen Kontrast zum Geist der EU-Rahmenrichtlinie, die eine Unterordnung des Gesundheitsschutzes unter wirtschaftliche Interessen ausschließt.

Neuakzentuierung aufsichtsbehördlicher Interventionsmuster
In beiden Staaten vollzieht sich seit der ersten Hälfte der neunziger Jahre ein Wandel – oder vielleicht besser: eine Neuakzentuierung – der aufsichtsbehördlichen Handlungs*konzepte* im Arbeitsschutz. Dieser Wandel ist gekennzeichnet durch den verstärkten Versuch, die Arbeitgeber zu einer systematischen Integration des Gesundheitsschutzes in die betrieblichen Abläufe anzuhalten; durch eine – nicht zuletzt in diesem Zusammenhang vorgenommene – Aufwertung weicher Steuerungsinstrumente wie Beratung, Information und Überzeugung gegenüber administrativ-hierarchischen Interventionsformen wie Überwachung und Kontrolle[5]; durch eine Erweiterung des Problemwahrnehmungshorizonts von der Verhütung von Arbeitsunfällen und Berufskrankheiten auf die Prävention arbeitsbedingter Gesundheitsgefahren. Dieser Wandel vollzieht sich beileibe nicht in allen seinen Komponenten in allen Institutionen in demselben Tempo, und er mag vielfach erst in den Ansätzen stecken oder manche Einrichtung noch nicht erreicht haben – aber *daß* sich in der Arbeitsschutzpolitik diese Entwicklungsrichtung abzeichnet, ist beiden Ländern gemeinsam.

In Großbritannien steht der skizzierte Entwicklungstrend in vielerlei Hinsicht in einer Kontinuitätslinie zur bisherigen Praxis, denn hier war die am Vollzug von Vorschriften orientierte Überwachungsfunktion der Arbeitsschutzbehörden traditionell weniger stark ausgeprägt als in Deutschland.[6] Allerdings stellt die wachsende Aufmerksamkeit für arbeitsbedingte Gesundheitsgefahren auch für das britische Arbeitsschutzsystem sehr wohl eine neue Problemperspektive dar, denn es war ebenso wie das deutsche einseitig an der Verhütung von Arbeitsunfällen und Berufskrankheiten ausgerichtet. Die Erweiterung der Problemwahrnehmung deutete sich mit einer bereits 1989/90 erstmals durchgeführten und 1995/96 wiederholten repräsentativen Erhebung über Art und Verbreitung arbeitsbedingter Gesundheitsschäden an. Die *Health and Safety Executive* hatte sie in Auftrag gegeben, um sich eine informationelle Grundlage für eine erweiterte Präventionspraxis zu verschaffen. In diesem

---

5   In ähnlicher Weise wird für die Umweltpolitik ein Bedeutungsverlust behördlicher Intervention konstatiert. Vgl. Héritier u.a., Die Veränderung von Staatlichkeit in Europa, S. 394.
6   Dawson u.a. (Safety at Work, S. 224) hatten für Großbritannien bereits Ende der achtziger Jahre eine im Vergleich zur Mitte der siebziger Jahre stärkere Betonung des Konsens und weicher Interventionsinstrumente konstatiert.

Zusammenhang richtete sie erstmals eine *Health Policy Division* ein und intensivierte in der Folge ihre Beratungs- und Informationstätigkeit im Hinblick auf einige als besonders bedeutsam identifizierte arbeitsbedingte Gesundheitsgefahren. In Großbritannien ist der skizzierte Wandel mit einem deutlichen zahlenmäßigen Rückgang behördlicher Sanktionen verbunden, während dies für Deutschland nicht nachweisbar ist.

Im Unterschied zu Großbritannien nimmt der Wandel der Interventionsmuster in Deutschland stärker den Charakter einer Neuorientierung an. Die Aufwertung arbeitsbedingter Gesundheitsgefahren als Gegenstand der Präventionspolitik findet in Deutschland ihren Ausdruck in der Ausweitung des Aufgabenbereichs der gesetzlichen Krankenkassen auf die Gesundheitsförderung bzw. Krankheitsverhütung, in den Modernisierungsinitiativen vereinzelter staatlicher Arbeitsschutzverwaltungen – beides ging dem Inkrafttreten der EU-Richtlinien voraus – und vor allem im erweiterten Präventionsauftrag der Berufsgenossenschaften. Weil der Wandel in Deutschland stärker auf eine Neuorientierung hinausläuft, ist es auch nicht verwunderlich, daß er hier vielfach mit einer Neuformulierung des Leitbildes von Arbeitsschutzinstitutionen verbunden war, während in Großbritannien eine solche Selbstverständnisdiskussion ausblieb. In beiden Ländern wenden sich seit geraumer Zeit auch private Unternehmensberatungen – und in Großbritannien zusätzlich die privaten Versicherungsunternehmen – einem breiteren Spektrum arbeitsbedingter Gesundheitsgefahren zu.

Motive des Wandels

Der skizzierte Wandel aufsichtsbehördlicher Interventionsprofile steht in einem engen inhaltlichen Zusammenhang zum umfassenden Verständnis der EU-Richtlinien, jedoch war deren Inkrafttreten nicht in allen Fällen auch seine Ursache. Weil die EU keine Standardisierung aufsichtsbehördlicher Umsetzungsaktivitäten vornimmt, verfügten die nationalstaatlichen Arbeitsschutzinstitutionen über einen breiten Handlungsspielraum bei der Gestaltung ihrer Präventionspraxis, können also selbst etwa darüber entscheiden, welche Schwerpunkte sie setzen und welche Interventionsinstrumente sie anwenden. Insofern wurde der Wandel des Interventionsprofils nicht einfach durch die EU erzwungen, was u.a. auch dadurch deutlich wird, daß – allerdings sehr selten – einzelne Innovationen dem Inkrafttreten der EU-Richtlinien sogar vorausgingen.

Was waren die Gründe für den Wandel der Interventionsprofile? *Erstens* führte die Dominanz übergreifender Deregulierungsstrategien dazu, daß auch im Arbeitsschutz die Abneigung gegen Auflagen für Unternehmen wuchs und Vorschriften einer besonderen Legitimationsbedürftigkeit ausgesetzt wurden. Ein stärker auf Beratung bei der gesundheitlichen Optimierung komplexer

Kapitel 9

Abläufe setzendes Tätigkeitsprofil stößt in diesem Zusammenhang auf größere Akzeptanz als die Überwachung gesetzlicher Vorschriften und die Sanktionierung von Zuwiderhandlungen. *Zweitens* war angesichts der steigenden Komplexität des Zusammenhangs von Arbeit und Gesundheit, insbesondere der wachsenden Bedeutung von in der Arbeitsorganisation liegenden Ursachen von Erkrankungen und von psychosozialen Belastungen, eine Vielzahl arbeitsbedingter Gesundheitsgefahren nicht mehr einer einfachen Standardisierung im Sinne klassischer Schutzvorschriften und einer raschen Erfassung durch externe Experten zugänglich. Somit ließen sich auf dem Wege der klassischen Handlungsabfolge Vorschrift-Vollzug-Kontrolle-Sanktion auch viele Gesundheitsgefahren nicht mehr adäquat bearbeiten. *Drittens* stießen vor diesem Hintergrund die Initiativen zur Verwaltungsmodernisierung und die unter dem Schlagwort eines aktivierenden Staates verfolgte Neuformulierung staatlicher Aufgaben im Arbeitsschutz auf sektorspezifische Anknüpfungspunkte bzw. ließen sich die sektorspezifische Bemühungen gut in den übergreifenden Rahmen staatlicher Modernisierungsprojekte einfügen, denn nun rückt ins Zentrum staatlicher Arbeitsschutzpolitik die Aufgabe, durch Beratung, Information und Überzeugung die Eigenaktivität der betrieblichen Akteure zu stimulieren. *Viertens* kann der institutionalisierte Arbeitsschutz, indem er sich auf ein weites Feld arbeitsbedingter Gesundheitsgefahren bezieht und dabei die Produktivitätsreserven von Gesundheit – sei es durch den Abbau von Fehlzeiten, sei es durch die Erhöhung der Arbeitsmotivation – zu erschließen verspricht, postulieren, einen Beitrag zur Stärkung des Wirtschaftsstandorts zu leisten. Er fügt sich so in das Konzept eines »nationalen Wettbewerbsstaates«[7] oder eines »Schumpetarian Workfare State«[8] ein, der seine Hauptaufgabe darin sieht, auf der Angebotsseite Innovationen zu fördern, um die Wettbewerbspositionen der Unternehmen zu verbessern. *Fünftens* kann der institutionalisierte Arbeitsschutz auf diese Weise seine Position in einem für sozialregulative Institutionen prekären politischen Umfeld stabilisieren und unter schwierigen Bedingungen Legitimationsressourcen für das Festhalten an einer Regulierung dieses Politikfeldes mobilisieren. Die Bestands- und Einflußsicherungsinteressen kommen als Modernisierungsmotiv der Arbeitsschutzinstitutionen in Deutschland insbesondere beim Votum der Berufsgenossenschaften für die Erweiterung des Präventionsauftrags auf die Verhütung arbeitsbedingter Gesundheitsgefahren zum Ausdruck, sind aber auch in der Diskussion um die Modernisierung des staatlichen Arbeitsschutzes präsent.[9]

---

7 Vgl. Hirsch, Der nationale Wettbewerbsstaat.
8 Vgl. Jessop, Veränderte Staatlichkeit, S. 43ff., bes. 57.
9 So begründet Ulrich Pröll, der die wissenschaftliche und politische Debatte um die Modernisierung des Arbeitsschutzes maßgeblich geprägt hat, seine Reformforderungen mit der

Auch für Großbritannien ist dieses Motiv plausibel; in jedem Fall war die Stabilisierung der Arbeitsschutzinstitutionen ein Ergebnis der Modernisierungsbestrebungen.

Stabilität der organisatorischen Strukturen
Sowohl in Großbritannien als auch in Deutschland vollzogen sich die Reformen innerhalb der bestehenden Strukturen. Damit bleiben wesentliche institutionelle Unterschiede zwischen beiden Arbeitsschutzsystemen bestehen: die zentralistisch organisierten, in die staatliche Verwaltung integrierten Arbeitsschutzbehörden in Großbritannien; der Dualismus von staatlichem, in der Überwachung auf föderaler Ebene organisierten Arbeitsschutz und branchenspezifisch organisierten Unfallversicherungsträgern in Deutschland. Der Grund für die institutionelle Stabilität liegt darin, daß sich die gewachsenen Strukturen in den Augen der verbandlichen und staatlichen Akteure bewährt hatten. Auch die Unternehmerverbände in beiden Staaten machten deutlich, daß sie an den bestehenden Strukturen festhalten wollten – vor allem deshalb, weil sie das in den Institutionen vorhandene Expertenwissen zu schätzen wußten, die Zusammenarbeit im wesentlichen zu ihrer Zufriedenheit verlief und das Vertrauen der Öffentlichkeit in die Institutionen des Arbeitsschutzes der Akzeptanz der Arbeitsbedingungen diente. Die Veränderungen blieben insgesamt geringfügig: Die Privatisierungen in Großbritannien erfaßten nur solche Tätigkeitsbereiche der Arbeitsschutzbehörden, die dem eigentlichen Kernbereich des Vollzugs und der strategischen Planung vor- oder nachgelagert waren. Auch in Deutschland blieben die institutionellen Veränderungen – sieht man einmal von der Etablierung der Krankenkassen als Akteuren in der betrieblichen Gesundheitsförderung ab – im Rahmen des bestehenden Systems. Dies gilt insbesondere für den Fortbestand des Dualismus. Die organisatorischen Reformen waren auf den Versuch beschränkt, Ländern und Berufsgenossenschaften eine größere Flexibilität bei der Gestaltung ihrer Zusammenarbeit zu ermöglichen und den Berufsgenossenschaften weitergehende Handlungsmöglichkeiten beim Vollzug europäischen Rechts zu verschaffen. Von den Möglichkeiten, staatliche Überwachungsaufgaben an die Unfallversicherungsträger zu übertragen, wurde bisher so gut wie nicht Gebrauch gemacht. Das fortbestehende Nebeneinander von staatlichem und berufsgenossenschaftlichem Institutionensystemen ist wohl kaum auf dessen

---

Befürchtung, daß eine unterlassene Anpassung der Interventionskonzepte an neue Probleme und Bedingungen einen dauerhaften Funktionsverlust der staatlichen Arbeitsschutzinstitutionen nach sich ziehen würde. Vgl. etwa: Pröll, Reform des Arbeitsschutzes als staatliche Aufgabe, S. 10; Pröll, Von der Gewerbepolizei zum Vorsorgemanagement, S. 150ff.

erwiesene Leistungsfähigkeit zurückzuführen, sondern eher auf die Beharrungskraft einmal geschaffener Institutionen und auf die hohen Kosten einer umfassenden Neuordnung. Das Festhalten an diesem Organisationsmerkmal kann als Beispiel für die Bestandsfähigkeit suboptimaler Entwicklungspfade gelten.[10] Generell behielten die beiden Arbeitsschutzsysteme in ihrer institutionellen Struktur ihre unterschiedlichen Entwicklungspfade bei und kam es – wie Baldwin zu Recht vermutete – diesbezüglich zu keiner Harmonisierung oder Annäherung.[11]

Korporatistische Politikmuster:
Kontinuität der Strukturen – Begrenzung des Regelungsgegenstands
Die erwähnte Stabilität der Strukturen dominierte auch im Hinblick auf das Zusammenwirken von Staat und Verbänden im Arbeitsschutz. Die Erwartung, daß die Kompetenzübertragung auf die EU zu einer Erosion der korporatistischen Strukturen führen würde[12], bestätigte sich nicht: In Deutschland blieb der Arbeitsschutz von der partiellen Erosion korporatistischer Politikmuster unberührt, in Großbritannien war die *Health and Safety Commission* eine der wenigen tripartistischen Organisationen, die die Zerschlagung korporatistischer Arrangements unter den konservativen Regierungen überlebten. Die Beharrungskraft des nationalstaatlichen Korporatismus ist zum einen auf den für die Mitgliedstaaten fortbestehenden Regelungsbedarf zurückzuführen. So weist das europäische Vorschriftensystem nach wie vor Regelungslücken auf, vor allem aber sind EU-Bestimmungen häufig konkretisierungsbedürftig und belassen den Mitgliedstaaten Interpretationsspielräume, die zudem in dem Maße wachsen, wie die europäische Arbeitsschutzpolitik unter den Vorzeichen des Subsidiaritätsprinzips wieder stärker mit Ausnahmeregelungen und Formelkompromissen operiert. Zum anderen resultiert die Stabilität des nationalstaatlichen Korporatismus im Arbeitsschutz aus dem Nutzen, den alle Beteiligten – neben den Gewerkschaften eben auch Staat und Unternehmerverbände – aus ihm ziehen. Er beruhte bisher vor allem auf dem – bei allen Konflikten im einzelnen – in weiten Teilen gleichgerichteten Interesse beider Seiten an einem verbesserten *technischen* Arbeitsschutz und auf der weitgehenden Beschränkung auf eben diesen Gegenstandsbereich. In Großbritannien ließ es die für den Arbeitsschutz konstitutive Trennung von *health and safety* und *industrial relations* sowie die Strategie des *goal-setting approach* nicht zu,

---

10 Vgl. David, Clio and the Economics of QWERTY, S. 332ff.
11 Vgl. Baldwin, The Limits of Legislative Harmonization, S. 223ff.
12 Vgl. Windhoff-Héritier, Wohlfahrtsstaatliche Intervention im internationalen Vergleich Deutschland–Großbritannien, S. 121.

daß arbeitsorganisatorische Fragen und psychische Aspekte zum Gegenstand verbindlicher arbeitsschutzpolitischer Regelungen gemacht wurden. Auch in Deutschland waren die von den Unfallversicherungsträgern erlassenen Regelungen weitgehend auf Fragen des technischen Arbeitsschutzes beschränkt. Für die Unternehmen gehen mit einem verbesserten technischen Arbeitsschutz zwar auch Kosten und Auflagen einher, zugleich aber tragen die Vorschriften zu einem weitgehend störungsfreien Ablauf des Akkumulationsprozesses bei und gewährleisten die Behörden, daß zumindest die gröbsten Wettbewerbsverzerrungen durch Unterschreitung von Schutzstandards ausgeschlossen oder geahndet werden. Übergreifende Regulierungsmaßnahmen im Arbeitsschutz fügen sich damit noch nicht widerspruchsfrei in Kapitalverwertungsstrategien ein, sie werden allerdings in eine Form gebracht, die gewährleistet, daß die Kosten in einem vertretbaren Verhältnis zum Nutzen von Schutzbestimmungen stehen. Die Gewerkschaften sehen den Nutzen korporatistischer Arrangements im Zuwachs an Einflußmöglichkeiten auf die Arbeitsschutzpolitik; für Staat und Unternehmerverbände wiederum verleiht die Einbeziehung der Gewerkschaften den Entscheidungen auf dem sensiblen Feld des Gesundheitsschutzes ein höheres Maß an Legitimation.[13]

An der weitgehenden Beschränkung der Reichweite der von den Institutionen getragenen Regulierungsmaßnahmen änderte sich auch mit der Umsetzung der europäischen Richtlinien nichts Grundsätzliches. Nach der Anpassung an die europäischen Vorschriften nahmen weder die *Health and Safety Commission* noch – wie das Schicksal der Unfallverhütungsvorschrift zur Bildschirmarbeit zeigt – die Berufsgenossenschaften eine verbindliche Konkretisierung derjenigen Bestimmungen vor, die sich auf arbeitsorganisatorische Aspekte und psychosoziale Belastungen beziehen. Schließlich spielen sie auch im Tätigkeitsprofil der Aufsichtsbehörden nur eine untergeordnete Rolle – sei es wegen des Mangels an Ressourcen, sei es wegen der Stabilität traditioneller Handlungsmuster im Arbeitsschutz. Mit diesen Entwicklungen deutet sich an, daß die traditionellen mesokorporatistischen Arrangements die Ausweitung von verbindlichen Schutzvorschriften auf die gesundheitsgerechte Gestaltung einer umfassend verstandenen Arbeitsumwelt nicht mitvollziehen.

In Deutschland entwickeln sich auf der Länderebene zugleich neue Formen der Kooperation zwischen den Arbeitsschutzbehörden und den Organisationen von Kapital und Arbeit. Letztere wurden in zahlreichen Ländern im Zuge des Aufbaus einer landesbezogenen bzw. regionalen Netzwerkstruktur

---

13 Für Deutschland kommt hinzu, daß der überbetriebliche Arbeitsschutzkorporatismus zusätzlich durch die institutionelle Verknüpfung von Rechtsetzung, Überwachung und Entschädigung im Rahmen der Gesetzlichen Unfallversicherung stabilisiert wird.

Kapitel 9

an der Entwicklung der Arbeitsschutzpolitik beteiligt. Diese Form der Kooperation verläuft allerdings nicht mehr im Sinne eines auf die Verbände von Kapital und Arbeit beschränkten und damit privilegierten Zugangs zu Entscheidungen und erstreckt sich nicht auf die Kompetenz zur Rechtsetzung.

Aufbrechen nationalstaatlicher Innovationsblockaden?
Die Übersetzung europäischer Anforderungen in nationalstaatliche Arbeitsschutzpolitik vollzieht sich üblicherweise in einem zweistufigen Anpassungsprozeß: Zunächst werden die EU-Vorschriften in das nationale Rechtssystem übertragen, dann tragen die zuständigen Arbeitsschutzinstitutionen für die Anwendung dieser Vorschriften Sorge. Es ist oben bereits betont worden, daß die EU-Vorschriften bei der Übertragung in das nationalstaatliche Rechtssystem vielfach kleingearbeitet und die Veränderungen auf ein Mindestmaß beschränkt wurden, gleichwohl mit den Reformen bedeutende Innovationen einhergingen. Die entsprechenden Regelungsgegenstände sind oben aufgeführt worden. Das Arbeitsschutz*recht* ist derjenige Reformbereich, in dem den EU-Richtlinien zweifellos eine *auslösende* Wirkung zukam.

Wenn die zuständigen Arbeitsschutzinstitutionen ihre präventionspolitischen Handlungskonzepte entwickeln, sind ihr Ausgangs- und Bezugspunkt die jeweiligen nationalstaatlichen Konstellationen – vor allem die wahrgenommenen Arbeitsschutzprobleme, die eigenen konzeptionellen Überzeugungen, die eigene Rollendefinition, die vorhandenen Ressourcen und die politisch-ökonomischen Rahmenbedingungen. Zugespitzt: Es geht nicht in erster Linie darum, europäische Rechtsvorschriften anzuwenden, sondern darum, nach Maßgabe der genannten Gesichtspunkte eine möglichst effektive Präventionspolitik zu betreiben. Sowohl bei den britischen wie bei den deutschen Arbeitsschutzinstitutionen dominiert dabei ein pragmatischer Umgang mit den europäischen Herausforderungen: Sie bedienen sich der auf die EU-Richtlinien zurückgehenden Bestimmungen – und beziehen auch Unterstützung aus ihnen – dort, wo sie in Übereinstimmung mit den eigenen Routinen stehen oder man in ihnen ein sinnvolles Instrument für selbst anvisierte Innovationen sieht; bei Bedarf werden die europäischen Herausforderungen in die eigenen Arbeitsschutzkonzeptionen »eingelesen«, also auf der Folie der eigenen Handlungspräferenzen modifiziert und so in die eigenen Präventionsstrategien eingepaßt; man ist allerdings letztlich auch frei, sie zu vernachlässigen oder zu ignorieren, wenn man sie als wenig hilfreich oder gar hinderlich betrachtet. Dieser selektive Zugriff auf die Anwendung von Rechtsvorschriften ist keine Besonderheit im Umgang mit den jüngeren europäischen Innovationen, sondern gehört angesichts der chronischen Ressourcenknappheit ohnehin zum Alltagsgeschäft von Arbeitsschutzinstitutionen. Allerdings wird er durch das Fehlen verbindlicher Umsetzungsstandards in der EU erleichtert. Dabei

Nationalstaatliche Arbeitsschutzpolitik in Großbritannien und Deutschland

schließt dies im übrigen nicht unbedingt aus, daß von den Behörden vernachlässigte Probleme auf der betrieblichen Ebene dennoch bearbeitet werden – dann aber ohne ihr Zutun. Freilich werden Ausmaß und Richtung dieser Selektions- und Adaptionsleistungen auch von der Konfliktbereitschaft und Durchsetzungsfähigkeit der Verbände von Kapital und Arbeit beeinflußt.

Die Innovationsbedingungen stellen sich in den beiden Staaten durchaus unterschiedlich dar. In Großbritannien bietet zunächst der umfassende Schutzauftrag des *Health and Safety at Work Act* einen oftmals zwar recht unbestimmten, aber immerhin sehr breiten Rahmen für die Bearbeitung eines größeren Spektrums arbeitsbedingter Gesundheitsgefahren, auch wenn die Präventionspraxis weitgehend auf Bereiche des technischen Arbeitsschutzes beschränkt blieb. Auch die stärkere Ausrichtung der Gesundheitspolitik an epidemiologisch relevanten Gesundheitsproblemen eröffnet dem institutionalisierten Arbeitsschutz dafür eher Anknüpfungspunkte. Darüber hinaus begründet eine auch Fragen der Arbeitsorganisation berücksichtigende Problemwahrnehmung eine gewisse Offenheit für die Modernisierung des Arbeitsschutzes, wobei bisher allerdings die Verhütung des Arbeitsunfalls als Endpunkt einer Kette von Fehlhandlungen im Zentrum der Aufmerksamkeit stand. Allerdings sind zugleich auch die Grenzen einer umfassenden Modernisierung eng gesteckt. Sie bestehen zum einen in der generellen Abneigung staatlicher Instanzen, verbindliche Regelungen zu treffen und die Anwendung von Vorschriften auf administrativem Wege durchzusetzen. Sanktionsbewehrte Interventionen stehen im britischen Arbeitsschutz damit vor außerordentlich hohen Legitimationshürden und sind generell ohnehin auf solche Bereiche beschränkt, in denen Gefahren eindeutig nachgewiesen sind. Wo der gute Wille der Arbeitgeber nicht vorhanden ist, sind allerdings auch die Chancen für eine moderne Präventionspolitik recht gering: Die Rechtsprechung fällt unter Rückgriff auf die Formel *so far as is reasonably practicable* häufig arbeitgeberfreundlich aus; die betriebliche Durchsetzungsfähigkeit der Beschäftigten ist angesichts der politisch-ökonomischen Rahmenbedingungen und fehlender Mitbestimmungsrechte oftmals nur schwach ausgeprägt. Des weiteren ergeben sich Modernisierungsrestriktionen aus dem hohen Stellenwert von Kosten-Nutzen-Analysen für Arbeitsschutzvorschriften und aus ihrer rigiden Handhabung durch Regierung und Behörden. Daraus erwächst die Tendenz, die Prävention arbeitsbedingter Gesundheitsbelastungen nur insoweit in den Blick zu nehmen, wie davon ein Beitrag zur betrieblichen Produktivitätssteigerung zu erwarten ist. Schließlich wird eine moderne Präventionspraxis erheblich durch den Ressourcenmangel der Arbeitsschutzbehörden behindert, denn angesichts der vorrangigen Bearbeitung großer Risiken gehen die Kürzungen vor allem zu Lasten der Bearbeitung unspezifischer Belastungen. Im übrigen wird durch den Ressourcenmangel auch der

Kapitel 9

erwähnte selektive Bezug der Arbeitsschutzbehörden auf die europäischen Vorschriften verstärkt.

In Deutschland ist das Bild wegen der Vielzahl der politischen Bühnen, auf denen arbeitsschutzpolitische Entscheidungen fallen, weit heterogener. Der Blick auf die Handlungskonzepte im staatlichen Arbeitsschutz zeigt eine große Variationsbreite bei den Landesbehörden. Hier ist es neben dem weit interpretierbaren (grund)gesetzlichen Handlungsrahmen vor allem der Umstand, daß es sich beim Arbeitsschutz in hohem Maße um eine Expertenangelegenheit handelt, der – in den von übergreifenden Politikstrategien gesetzten Grenzen – eine gewisse Handlungsautonomie und damit auch einen Innovationsspielraum der Behörden begründet. Inwiefern sich der staatliche Arbeitsschutz – zumindest konzeptionell – neuen Problemen zuwendet, scheint vor allem von der Problemwahrnehmung und Innovationsbereitschaft in den zuständigen Ministerien und Behörden abhängig zu sein. So war es möglich, daß der europäischen Rechtsetzung in einzelnen Bundesländern bereits Modernisierungsbemühungen vorausgingen. Allerdings war dies nur in sehr wenigen Landesbehörden der Fall; für die Mehrzahl von ihnen ist das Verharren in überkommenen Handlungsroutinen typisch.

Die Berufsgenossenschaften sind sicherlich dasjenige Institutionensystem, dem mit den Arbeitsschutzreformen die weitreichendsten Veränderungen auferlegt worden sind. Hier erwachsen Handlungsrestriktionen insbesondere aus der institutionellen Verknüpfung von Präventions- und Entschädigungsauftrag. Dessen bisherige Kongruenz wurde mit der Erweiterung des Aufgabenfeldes auf die Verhütung arbeitsbedingter Gesundheitsgefahren aufgelöst. Der erweiterte Präventionsauftrag wird bei den Berufsgenossenschaften überwiegend nicht als Instrument zu einer umfassenden Modernisierung der Präventionspraxis begriffen, sondern auf die effektivere und frühzeitigere Bekämpfung von entschädigungspflichtigen Fällen, also Arbeitsunfällen und Berufskrankheiten, beschränkt. Nach wie vor wird die Problemwahrnehmung der Unfallversicherungsträger vom Entschädigungsauftrag bestimmt, und daß auch der erweiterte Präventionsauftrag aus dieser Perspektive wahrgenommen wird, kann auch nicht verwundern, denn immerhin entfallen etwa 90 % des gesamten Ausgabenvolumens der gewerblichen Berufsgenossenschaften auf dadurch ausgelöste Leistungen. Vor diesem Hintergrund erscheint die restriktive Interpretation des neuen Aufgabenfeldes nicht allein als Ausdruck der Beharrungskraft von in Jahrzehnten verfestigten Handlungsroutinen und Problemwahrnehmungsmustern, sondern resultiert auch aus den fortbestehenden institutionellen Eigenheiten der gesetzlichen Unfallversicherung. Es ist gerade die mit Blick auf die Verhütung von Arbeitsunfällen und Berufskrankheiten vielfach als vorbildlich bewertete Verknüpfung von Rechtsetzung, Überwachung und Kompensation, die sich bei der Öffnung für ein weites

Spektrum arbeitsbedingter Gesundheitsgefahren als durchaus problematisch erweist. Wenn die britischen Arbeitsschutzbehörden eine insgesamt größere Offenheit für die Bearbeitung eines breiten Spektrums arbeitsbedingter Gesundheitsgefahren an den Tag legen, so ist dies weniger auf den ihnen gemeinhin zugeschriebenen Pragmatismus zurückzuführen, sondern hat auch damit zu tun, daß eben diese institutionelle Hürde bei ihnen nicht existiert. Darüber hinaus erwachsen auch in Deutschland Modernisierungsrestriktionen aus den knappen Ressourcen der Arbeitsschutzinstitutionen. Allerdings spielen diese Faktoren keine so große Rolle wie in Großbritannien.

Wenn oben darauf hingewiesen wurde, daß sich ein Wandel im Tätigkeitsprofil der Arbeitsschutzinstitutionen abzeichnet und Innovationen gelegentlich auch dem Inkrafttreten der EU-Richtlinien vorausgingen, so darf der Hinweis nicht fehlen, daß derartige Initiativen in beiden Ländern insgesamt nur einen kleinen Ausschnitt der Arbeitsschutzrealität darstellen und sich vielfach noch auf der konzeptionellen Ebene bewegen. Nach wie vor dominiert ein an den klassischen Gesundheitsgefahren und Interventionsformen orientiertes Tätigkeitsprofil und ist die Praxis des Arbeitsschutzes noch weit von einer flächendeckenden Implementation eines weit gefaßten und partizipativ ausgerichteten Arbeitsschutzes entfernt. Auch dort, wo europäische Innovationen Eingang in die betriebliche Praxis fanden – etwa bei der Durchführung der Risikobewertung –, haben sie bisher nur einen Teil der Unternehmen erreicht und entsprechen in ihrer Durchführung oftmals nicht oder nur unzureichend dem umfassenden, partizipativen Arbeitsschutzverständnis der EU-Richtlinien. Sofern sich ein Wandel in der Präventionspraxis der Arbeitsschutzbehörden andeutet, so ist er in den meisten Fällen durch die EU-Reformen erst angestoßen worden. Dies gilt vor allem für die Unfallversicherungsträger in Deutschland und die Erweiterung ihres Präventionsauftrages. Aber auch dort, wo Innovationen vorher in Angriff genommen worden waren, erhielten die entsprechenden Bemühungen durch die europäischen Innovationen – auch wenn sich dieser Effekt nicht exakt messen läßt – einen wichtigen Schub. In jedem Fall haben die Rahmenrichtlinie wie die Bildschirmrichtlinie bei den betrieblichen und überbetrieblichen Akteuren die Aufmerksamkeit auf bisher gar nicht oder nur unzureichend bearbeitete Problembereiche des Arbeitsschutzes gelenkt.

In welchem Maße und mit welcher Tiefenwirkung Politikblockaden aufgebrochen werden, läßt sich gegenwärtig nicht abschließend beantworten und wird sich erst über einen längeren Zeitraum entscheiden. Allerdings zeigt sich schon jetzt, daß das Aufbrechen nationalstaatlicher Politikblockaden ein überaus langwieriger und voraussetzungsreicher Prozeß ist, in dem die Veränderung der Rechtsgrundlagen nur ein erster Schritt sein kann. Angesichts der empirischen Befunde ist der These vom Aufbrechen nationalstaatlicher

Innovationsblockaden durch die EU[14] nur dann zuzustimmen, wenn man sie auf die Reform des nationalstaatlichen Arbeitsschutz*rechts* bezieht; nimmt man sie als Zustandsbeschreibung nationalstaatlicher Arbeitsschutz*praxis*, ist sie hingegen in weiten Teilen unzutreffend. Nimmt man sie als Zukunftsprognose, ist sie voreilig.

Nationalstaatlicher Politikstil?

Häufig wird die Existenz nationalstaatlicher Politikmuster auf ihre Verankerung in den übergreifenden Politiktraditionen und auf die Beharrungskraft der Institutionen zurückgeführt.[15] In der Tat behalten Deutschland und Großbritannien Besonderheiten ihrer Arbeitsschutzsysteme auch dann bei, wenn sie das europäische Niveau überschreiten. Dies geschieht dort, wo sie entweder als sinnvoll gelten oder die politischen Kosten einer Rücknahme von Schutzbestimmungen als zu hoch eingeschätzt werden. Auch ist im Prozeß der Umsetzung das Bestreben deutlich erkennbar, die europäischen Anforderungen an die jeweiligen Handlungstraditionen anzupassen. Beim Blick auf die Entwicklung der Arbeitsschutzsysteme fällt allerdings weniger die Aufrechterhaltung nationalstaatlicher Besonderheiten auf, sondern eher der gleichgerichtete Wandel der arbeitsschutzpolitischen Regulierungsformen. Grundlage dieser Konvergenz sind zum einen die europäischen Mindeststandards, die die Mitgliedstaaten auch zur Berücksichtigung unerwünschter Bestimmungen zwingen. Hinzu kommt aber auch, daß die Deregulierungspolitik und der Wandel der arbeitsbedingten Gesundheitsbelastungen im wesentlichen gleichgerichtete Antworten der nationalstaatlichen Arbeitsschutzsysteme hervorrufen. So ist die offenkundige Annäherung der Rechtssysteme nicht allein die Folge europäischer Zuständigkeit, die mit detaillierteren Vorschriften gleichsam »von oben« eine Annäherung des britischen Systems an das deutsche herbeiführt. Umgekehrt bewegt sich auch das deutsche System auf das britische zu, indem es die Detailgenauigkeit und Verbindlichkeit des untergesetzlichen Vorschriftensystems teilweise zurückzuführen beabsichtigt (Neuordnung des berufsgenossenschaftlichen Vorschriften- und Regelwerks) bzw. auf die traditionelle branchenspezifische Konkretisierung staatlicher Rahmenvorschriften in neuen Regelungsbereichen verzichtet (Scheitern der Unfallverhütungsvorschrift »Bildschirmarbeit«). Gerade diese Entwicklung wird keineswegs durch die EU erzwungen, sondern basiert auf autonomen Entscheidungen im

---

14 Vgl. Eichener, Die Rückwirkungen der europäischen Integration auf nationale Politikmuster, S. 277.
15 Vgl. van Waarden, Über die Beständigkeit nationaler Politikstile und Politiknetzwerke, S. 191ff.; Feick/Jann, »Nations matter« – Vom Eklektizismus zur Integration in der vergleichenden Policy-Forschung?, S. 196ff.

deutschen Arbeitsschutzsystem. Eine vergleichbare Tendenz findet sich auch im Wandel der Interventionsprofile, insbesondere mit der Aufwertung weicher Steuerungsinstrumente gegenüber administrativ-hierarchischen Interventionsformen.

Mit dem skizzierten Wandel des Leitbilds bewegte sich die Vollzugsphilosophie der deutschen Behörden deutlich auf die Praxis des britischen Regulierungsmodells zu[16], das angesichts seiner traditionellen Ausrichtung an weichen Steuerungsinstrumenten gleichsam über einen »Vorsprung« bei der Anpassung staatlichen Handelns an postfordistische Regulierungsmuster verfügt.[17] Wenn in Großbritannien dieser Wandel schwächer ausfällt bzw. eher unter dem Gesichtspunkt der Kontinuität erscheint, so ist dafür weniger eine in diesem Fall ausgeprägte Beharrungskraft oder Reformresistenz ausschlaggebend gewesen. Entscheidend ist vielmehr der Umstand, daß die gewachsenen Grundprinzipien staatlicher Steuerungstätigkeit im Arbeitsschutz ohnehin eine große Flexibilität gestatten und daher bereits mit den Deregulierungsoptionen von Regierung und Kapital kompatibel sind wie auch eine größere Offenheit gegenüber neuen Problemen des Arbeitsschutzes begründen.

Kontinuität und Wandel der Regulierungsformen in den Arbeitsschutzsystemen verweisen darauf, daß es sich bei nationalstaatlichen Politikstilen um Handlungsorientierungen in Politik und Verwaltung handelt, deren Bestandsfähigkeit vor allem davon abhängig ist, daß sie mit den politisch-ökonomischen Rahmenbedingungen sowie den dominanten Interessen und Strategien in Übereinstimmung zu bringen sind. Häufig genug gehört dies zur stummen Existenzvoraussetzung eines bestimmten Politikstils. Umgekehrt erweist sich im Arbeitsschutz die Nichtübereinstimmung zwischen sektoralen Handlungsmustern und allgemeinen Akkumulationsanforderungen als ein wichtiger Impuls für den Wandel von Politikstilen. Für die Entwicklung der Arbeitsschutzpolitik ist typisch, daß die Formen staatlicher Intervention entscheidend von den Prämissen der Deregulierungspolitik und vom Wandel der Arbeitsbedingungen geprägt werden. Dies ist die wichtigste Grundlage für eine Annäherung der nationalstaatlichen Politikkonzepte im Arbeitsschutz. Davon unberührt blieb allerdings – als Ausdruck historisch gewachsener Unterschiede – der institutionelle Aufbau der Arbeitsschutzsysteme einschließlich

---

16 Vgl. Jordan/Richardson, The British Policy Style or the Logic of Negotiation, S. 80ff.; Peacock/Ricketts/Robinson (Eds.), The Regulation Game, S. 78ff., 96ff.
17 Vertretern neoliberaler Konzeptionen in der Bundesrepublik galt Großbritannien als positives Beispiel dafür, daß die freie Entfaltung der Marktkräfte die Attraktivität des Wirtschaftsstandorts erhöhe und starke Wachstumsimpulse freisetzen könne. Der Blick nach Großbritannien offenbarte in ihren Augen vieles von dem, was der Bundesrepublik noch bevorstehen sollte. Vgl. etwa: Deregulierungskommission, Marktöffnung und Wettbewerb, S. 337ff.

ihrer Beziehung zum Unfallversicherungssystem. In dieser Hinsicht bestätigt sich die These von der Beharrungskraft der Institutionen und der anhaltenden Bedeutung nationalstaatlicher Unterschiede.[18]

Von fordistischen zu postfordistischen Regulierungsmustern?
Bezieht man die eingangs zugrunde gelegte Unterscheidung von Fordismus und Postfordismus auf den Wandel der Arbeitsschutzpolitik, so liegt es zunächst nahe, die europäischen Innovationen als Ausdruck eines sich unter nunmehr postfordistisch geprägten Arbeits- und Produktionsbedingungen neu akzentuierenden kapitalistischen Verwertungsinteresses zu begreifen, das in erster Linie darin bestünde, die im psychischen Wohlbefinden der Beschäftigten schlummernden betrieblichen Produktivitätsressourcen zu aktivieren. Jedoch ist gegen eine solche funktionalistische Deutung zweierlei einzuwenden. Erstens ist sie theoretisch nicht plausibel: Zwar läßt sich ein solches Verwertungsinteresse durchaus identifizieren, aber es ist nicht einsichtig, warum es zu seiner Realisierung gesetzlicher Regelungen bedurfte. Zweitens trifft sie empirisch nicht zu. Es war gerade das unter den Regierungen der Mitgliedstaaten weit verbreitete politische Interesse, die Gewerkschaften in das Projekt der europäischen Integration einzubinden und dessen Legitimationsbasis zu verbreitern, das eine derartige soziale Flankierung des Integrationsprozesses überhaupt erst ermöglichte. Insofern kann man im Hinblick auf die Handlungsmotive in den europäischen Richtlinien des Sechserpakets eine Spätfolge – gleichsam den »langen Atem« – der politischen Regulierungsmuster des Fordismus sehen. Die europäische Arbeitsschutzpolitik kann daher auch als ein Beispiel für die Überschneidung historischer Formationen bzw. für die Ungleichzeitigkeit sektoraler und allgemein-gesellschaftlicher Entwicklungen gelten.

Zugleich kommt noch in der Wahl des Regelungsgegenstands »Arbeitsschutz« zum Ausdruck, daß die Grundlagen fordistischer Regulierungsmuster bereits in der Erosion begriffen waren. Nicht etwa Vorschriften zur Angleichung der sozialen Sicherungssysteme, sondern in ihren finanziellen Auswirkungen begrenzte und dabei symbolträchtige sozialregulative Maßnahmen waren das Instrument, das der Integration eine soziale Dimension verleihen sollte. So profitierte der Arbeitsschutz auch davon, daß eine Fortsetzung der sozialen Umverteilungspolitik der Nachkriegsjahrzehnte oder eine Anhebung der Regulierungsdichte in unmittelbar die Wettbewerbsfähigkeit der Unternehmen betreffenden Angelegenheiten aus der Perspektive einer an der Stärkung des nationalen Wettbewerbsstaates bzw. des Standorts Europa orientierten Politik nicht mehr zeitgemäß war. Wenn also die innovative

---

18 Vgl. Krasner, Sovereignty: An Institutional Perspective, S. 66ff.

Nationalstaatliche Arbeitsschutzpolitik in Großbritannien und Deutschland

Arbeitsschutzpolitik der EU in Zusammenhang mit postfordistischen Politikmustern gebracht werden kann, dann nicht, weil sie auf ein neu akzentuiertes kapitalistisches Verwertungsinteresse zurückgeht, sondern weil sie im Vergleich zu anderen denkbaren Instrumenten die Mitgliedstaaten wenig zu kosten versprach. Freilich lassen sich den Arbeitsschutzrichtlinien auch insofern postfordistische Züge zuschreiben, als sie den mit modernen Arbeitsbedingungen einhergehenden Gesundheitsbelastungen in besonderer Weise Rechnung tragen und dabei eine systemische Betrachtungsweise des Arbeitsprozesses zugrunde legen. Allerdings lag eine solche, an den sich wandelnden Arbeitsbedingungen orientierte Fassung der Richtlinien auch nahe, wenn sie denn tatsächlich eine Legitimationsfunktion wahrnehmen sollten.[19]

Die europäische Integration wirkte somit als Katalysator für eine Arbeitsschutzpolitik, die unter günstigen Bedingungen dem übergreifenden und weit stärkeren Trend der Deregulierung in den Arbeitsbeziehungen erfolgreich zuwiderlaufen konnte. Daß die Grundlagen dieser gegentendenziellen Entwicklung durchaus labil waren, kam in der recht bald erlahmenden Dynamik auf europäischer und in der von restriktiven Tendenzen geprägten Umsetzung auf nationalstaatlicher Ebene zum Ausdruck. Sowohl die Motive für die innovative Arbeitsschutzpolitik am Ende der achtziger Jahre als auch ihre seitherige Entwicklung sind ein Hinweis darauf, daß der Arbeitsschutz nicht analog zur Entwicklung in einigen Staaten während des 19. Jahrhunderts als Auftakt für eine umfassende Sozialpolitik in Europa begriffen werden kann.[20] Die Arbeitsschutzpolitik ist aber auch ein Beispiel dafür, daß selbst unter der Dominanz einer negativen Integration sozialpolitische Innovationen auf europäischer Ebene möglich sind, nämlich dann, wenn anderenfalls die politischen Kosten für die Eliten in Wirtschaft und Politik zu hoch zu werden drohen.

Auf nationalstaatlicher Ebene vermittelt der Blick auf die Entwicklung der politikfeldspezifischen Regulierungsmuster kein eindeutiges Bild. Von einer einfachen Ablösung traditioneller Interventionsmuster kann keine Rede sein, vielmehr scheint sich ein Nebeneinander von Regulierungsformen in den unterschiedlichen Segmenten des Arbeitsschutzes herauszubilden. Im Bereich des klassischen technischen Arbeitsschutzes erweist sich der Korporatismus im Arbeitsschutz als vergleichsweise stabil und unterscheidet sich darin – insbesondere in Großbritannien – von den übergreifenden Regulierungsmustern der Arbeitsbeziehungen. Dies ist ein Hinweis darauf, daß die Steuerungsformen in einzelnen Politikfeldern keinen gleichgerichteten

---

19 ...wobei die Fixierung eines hohen Schutzniveaus allerdings auch dadurch begünstigt wurde, daß sie mit den ökonomischen Interessen der wohlhabenderen Mitgliedstaaten und mit den Eigeninteressen der EU-Bürokratie kompatibel war.
20 Vgl. Streeck, Politikverflechtung und Entscheidungslücke, S. 101ff.; Streeck/Schmitter, From National Corporatism to Transnational Pluralism, S. 133ff.

Kapitel 9

Veränderungen unterliegen. In beiden Ländern sind es die stabilen politikfeldspezifischen Interessen aller Beteiligten, die das Festhalten an bisherigen Regulierungsmustern begründen. Daneben – jenseits des technischen Arbeitsschutzes – scheint sich gegenwärtig ein Interventionstypus herauszubilden, der sich in vielerlei Hinsicht von bisher charakteristischen Merkmalen abhebt. Sowohl dem Gegenstand (Arbeitsorganisation, systemische Integration, psychosoziale Gesundheitsbelastungen), den Steuerungsinstrumenten (Beratung, Information, Überzeugung), der Bedeutung der Handlungsebenen (Aufwertung betriebsindividueller Lösungen, Bedeutungsverlust kollektiv verbindlicher Regelungen) als auch der von Arbeitgeberseite verfolgten Zwecksetzung (Mobilisierung psychosozialer Produktivitätsressourcen) nach kommen hier postfordistische Problemkonstellationen und Regulierungsmuster zum Ausdruck.

Zur Problemlösungsfähigkeit von Arbeitsschutzpolitik
Mit der Übertragung der Rechtsetzungskompetenz auf die EU sind die europäischen Institutionen zur wichtigsten Entscheidungsebene bei der Reform des Arbeitsschutzrechts avanciert. Vor allem auf sie richten sich daher auch die Versuche von Verbänden, Einfluß auf die Entwicklung des Arbeitsschutzrechts zu nehmen. Die bedeutenden Innovationen europäischer Arbeitsschutzpolitik sind oben hervorgehoben worden. Allerdings kann auch nicht übersehen werden, daß die europäische Arbeitsschutzpolitik seit 1992 deutlich an Schwung verloren hat. Angesichts der starken Abneigung von Mitgliedstaaten gegen die fortgesetzte Fixierung eines hohen Schutzniveaus wächst auch unter den Bedingungen einer qualifizierten Mehrheitsentscheidung auf europäischer Ebene die Gefahr von Politikblockaden im Arbeitsschutz und gewinnt unter den Vorzeichen des Subsidiaritätsprinzips eine Politik des kleinsten gemeinsamen Nenners wieder an Bedeutung. Wenig spricht aus gegenwärtiger Sicht dafür, daß auf europäischer Ebene in der nahen Zukunft die Dynamik und Innovationskraft der Arbeitsschutzpolitik aus den späten achtziger Jahren wiederaufleben werden. Wichtige Komponenten einer künftigen Modernisierung arbeitsschutzpolitischer Handlungsinstrumente, etwa die Erweiterung der Arbeitnehmerpartizipation auf die Durchführung der Risikobewertung, die systematische Erfassung und Bewertung von arbeitsbedingten Gesundheitsschäden im Rahmen einer betrieblichen Gesundheitsberichterstattung oder die Einführung detaillierterer und verbindlicher Bestimmungen zur arbeitsmedizinischen Versorgung, werden bis auf weiteres wohl kaum Gegenstand europaweiter Regelungen werden. Zwar verspräche es wenig Erfolg, sich unter diesem Eindruck auf die nationalstaatliche Handlungsebene zu beschränken, denn zum einen sind die Kräfteverhältnisse zwischen Kapital und Arbeit nicht so beschaffen, daß dies größeren Erfolg verspräche, zum

anderen entwickeln die EU-Vorschriften, einmal verabschiedet, insofern ihre eigene Prägekraft, als sie in der politischen Auseinandersetzung mit dem Hinweis auf mögliche Wettbewerbsnachteile von Regierung und Kapital als jenes Maß genommen werden, das im nationalstaatlichen Arbeitsschutzrecht nicht überschritten werden dürfe. Dennoch liegen auf der nationalstaatlichen Ebene insofern nach wie vor erhebliche arbeitsschutzpolitische Gestaltungspotentiale, als hier darüber entschieden wird, in welcher Weise die Mitgliedstaaten und ihre Arbeitsschutzinstitutionen die europäischen Vorschriften konkretisieren und anwenden.

Wenn der europäischen Arbeitsschutzpolitik in der Regel ein hohes Maß an Problemlösungsfähigkeit zugeschrieben wird[21], so ist dem also mit Blick auf die späten achtziger und frühen neunziger Jahre zuzustimmen, hingegen wäre für die nachfolgende Zeit ein vorsichtigeres Urteil angemessen. Eine weitere Einschränkung ist hinzuzufügen: Der Befund einer hohen Problemlösungsfähigkeit europäischer Arbeitsschutzpolitik kann – mit der erwähnten Einschränkung – dann als zutreffend gelten, wenn man ihn auf die Fähigkeit der Mitgliedstaaten bezieht, sich bei der Fixierung von Rechtsvorschriften auf ein hohes Schutzniveau zu einigen. Differenzierter fällt das Urteil allerdings aus, wenn man nach der Fähigkeit von Politik fragt, Voraussetzungen für eine wirkungsvolle Prävention von arbeitsbedingten Gesundheitsbelastungen zu schaffen. Dazu zählt zunächst die Bereitstellung angemessener Ressourcen, um die Anwendung der Vorschriften sicherzustellen. Hier eröffnet der Verzicht auf die europaweite Definition verbindlicher Umsetzungsstandards den Mitgliedstaaten die Möglichkeit, die europäischen Vorschriften in ihrer praktischen Wirksamkeit abzuschwächen. So konnte sich in Großbritannien und in Deutschland unter dem Dach innovativer Vorschriften das behördliche Vollzugsdefizit weiter verschärfen[22], und es gibt keinen Anlaß zu der Vermutung, daß sich viele Mitgliedstaaten von diesem Entwicklungstrend abkoppeln. Damit wird die Last, auf die Einhaltung von Arbeitsschutzpflichten hinzuwirken, verstärkt auf die Beschäftigten und ihre Interessenvertretungen

---

21 Vgl. z.B. Scharpf, Regieren in Europa, S. 107ff.
22 Van Waardens Annahme, daß das Bestreben der Nationalstaaten, die eigenen Kosten einer Umsetzung europäischer Vorschriften unter die der anderen Mitgliedstaaten zu senken, das ausschlaggebende Motiv für die Ingangsetzung einer Abwärtsspirale bei den nationalstaatlichen Umsetzungsstandards ist, läßt sich im hier untersuchten Fall insofern nicht bestätigen, als das sich verschärfende Vollzugsdefizit sowohl in Großbritannien als auch in Deutschland vor allem auf den übergreifenden Rückzug des Staates zurückgeht. Der Arbeitsschutz ist nicht bevorzugtes Ziel von Haushaltskürzungen, wenn sie ihn aber treffen, kann dies eine an der Reduzierung von Auflagen orientierte Politik auch billigend in Kauf nehmen. Freilich bleibt dennoch van Waardens Hinweis zutreffend, *daß* die Mitgliedstaaten angesichts fehlender Umsetzungsstandards die Möglichkeit haben, die Anwendung von Bestimmungen zu umgehen. Vgl. van Waarden, Harmonization of European Regulatory Styles?, S. 118.

Kapitel 9

verlagert. Schließlich sollte bei der Beurteilung der arbeitsschutzpolitischen Problemlösungsfähigkeit auch der Hinweis nicht fehlen, daß die einseitig vom Abbau von Handelshemmnissen geprägte Integrationspolitik maßgeblich zur Erhöhung jenes einzelbetrieblichen Wettbewerbsdrucks beigetragen hat, der über die – empirisch gut belegte – Zunahme der Leistungsanforderungen bei der Arbeit, des Termindrucks, die Erosion des Normalarbeitstages und des Normalarbeitsverhältnisses an die Beschäftigen weitergegeben wird. Diese fortschreitende Intensivierung und Flexibilisierung der Arbeit führt zu einem deutlichen Anstieg jener unspezifischen Gesundheitsbelastungen, die ihrerseits wichtige Faktoren für die Entstehung und Verbreitung der großen Volkskrankheiten sind. Bei den europäischen Bemühungen um eine Verbesserung des Arbeitsschutzes geht es also nicht zuletzt auch um die Bearbeitung von Problemen, an deren Verschärfung einer einseitig auf Marktintegration ausgerichteten Integrationspolitik selbst ein nicht unerheblicher Anteil zuzuschreiben ist.

Ob die sich auf nationalstaatlicher Ebene abzeichnenden Modernisierungsprozesse eine angemessene Antwort auf den Wandel der Arbeit und der arbeitsbedingten Gesundheitsbelastungen geben, scheint aus derzeitiger Sicht ungewiß. Eine Steigerung der Wirksamkeit des Arbeitsschutzes wird in der Tat nur zu erreichen sein, wenn die bisher dominierende punktuelle Ausschaltung von Gefahrenherden durch eine umfassende Integration des Gesundheitsschutzes in die betriebliche Gesamtorganisation abgelöst wird. Ebenso ist der Befund zutreffend, daß die Instrumente Normung, Standardisierung und externe Kontrolle dabei oftmals nicht mehr sinnvoll einsetzbar sind und insgesamt an Bedeutung verlieren, auch wenn traditionelle Gesundheitsrisiken eine durchaus beachtliche Beharrungskraft an den Tag legen. Insofern tragen die Modernisierungsansätze – sofern sie sich abzeichnen – den veränderten Problemlagen vielfach durchaus Rechnung. Allerdings lassen sich eine Reihe von Einflußfaktoren identifizieren, die Zweifel an einer angemessenen Prävention arbeitsbedingter Gesundheitsbelastungen begründen.

Der anvisierte Paradigmenwechsel basiert – implizit oder explizit – auf der Vorstellung gleichgerichteter Interessen beider Seiten an einer Verbesserung des Gesundheitsschutzes und bzw. oder auf der Vorstellung eines die Interessen ausbalancierenden Kräftegleichgewichts zwischen Kapital und Arbeit. Nur vor diesem Hintergrund kann die Absicht, das Handlungspotential der betrieblichen Akteure zu erhöhen, weitgehend auf die Förderung ihrer individuellen Kenntnisse und Fertigkeiten beschränkt und der Überwachungstätigkeit der Status einer nachgeordneten Größe zugewiesen werden. Es ist oben gezeigt worden, daß dieses Urteil in dieser Generalisierung unzutreffend ist: Zwar sind partielle Überschneidungen zwischen Gesundheit und Verwertungsinteresse nicht auszuschließen, im Kern aber beinhalten sie unterschiedliche

Zielorientierungen und Handlungslogiken. Der weitgehende Verzicht auf den Einsatz staatlichen bzw. aufsichtsbehördlichen Drohpotentials läuft darauf hinaus, die Reichweite des betrieblichen Gesundheitsschutzes auf jenes Maß zu begrenzen, das die Erschließung betrieblicher Rationalisierungseffekte zuläßt. Der weit verbreitete Hinweis auf den ökonomischen Nutzen des betrieblichen Gesundheitsschutzes entspringt der Absicht, angesichts der Hegemonie neoliberaler Politikkonzepte das Interesse auch von Unternehmen an einer Verbesserung der betrieblichen Gesundheitspolitik zu mobilisieren und damit deren Durchsetzungschancen zu erhöhen. Damit ist zwar eine Erschließung von Gesundheitspotentialen bei der Arbeit nicht ausgeschlossen, allerdings ist eine derartige Strategie stets in der Gefahr, die vielfältigen Segmentierungen der Belegschaften in Abhängigkeit von Qualifikation, Alter und Stellung im Betrieb auch unter dem Gesichtspunkt des Gesundheitsschutzes zu reproduzieren. Darüber hinaus trägt sie zu einer Entwicklung bei, in der die Legitimation sozialer Schutznormen an den Nachweis geknüpft wird, daß sie keinen negativen Einfluß auf die Wettbewerbsfähigkeit des Standorts nehmen. Unter solchen Bedingungen muß freilich auch der betriebliche Gesundheitsschutz, der zu einer Produktivitätssteigerung des Unternehmens beiträgt, stets prekär bleiben, eben weil er an das Vorhandensein dieses ökonomischen Interesses gekoppelt ist. Schließlich kann auch von einem betrieblichen Kräftegleichgewicht zwischen Kapital und Arbeit kaum ausgegangen werden, sind doch die Handlungsmöglichkeiten der Belegschaften durch die ökonomischen und gesellschaftspolitischen Rahmenbedingungen nachhaltig eingeschränkt worden. Insofern sind Kontrolle und Sanktionsdrohung auch künftig unverzichtbare Instrumente eines funktionierenden Arbeitsschutzes.

Mit dem Hinweis auf den wachsenden Stellenwert weicher Steuerungsinstrumente verliert der Ruf nach einem Ausbau staatlicher Handlungskapazitäten im Arbeitsschutz nicht seine Berechtigung, weil gerade Beratung und Information überaus zeitintensiv sind, er erweist sich allerdings auch nicht (mehr) als ausreichend. Arbeitsschutzpolitik steht – zumindest gilt dies für zahlreiche der modernen Risiken – daher vor dem Dilemma, daß dem betrieblichen Handeln eine wachsende Bedeutung zukommt, hier aber weder staatliche Kontrolle noch – über die Vermittlung von Wissen und Information – die bloße Stärkung personaler Handlungskapazitäten ausreichende Voraussetzungen für eine Verbesserung des Gesundheitsschutzes darstellen, eben weil die betrieblichen und gesellschaftlichen Rahmenbedingungen den Beschäftigten vielfältige Handlungsrestriktionen auferlegen. Will Arbeitsschutzpolitik erfolgreich sein, so werden die Akteure, die daran interessiert sind, nicht umhin können, auch solche Einflußfaktoren in Wirtschaft und Gesellschaft in den Blick zu nehmen, die die Beschäftigten daran hindern, ihr Interesse an dem Erhalt und der Förderung ihrer Gesundheit zum Maßstab der Arbeit zu machen.

//
Quellen

1. Gesetze, Verordnungen, Richtlinien, Normen, Rechtsprechung, weitere Rechtsinstrumente

Betriebsverfassungsgesetz (BetrVG) vom 15. Januar 1972, in: Bundesgesetzblatt, Teil I, Nr. 2 vom 18. Januar 1972, S. 13-56, zuletzt geändert durch Gesetz vom 25. September 1996, in: Bundesgesetzblatt, Teil I, Nr. 48 vom 27. September 1996, S. 1476-1479
British Standards Institution, BS 7179:1990 – Ergonomics of Design and Use of Visual Display Terminals (VDTs) in Offices, Part 1-6, London 1991
Der Bundesminister für Arbeit und Sozialordnung, Referentenentwurf eines Gesetzes über Sicherheit und Gesundheitsschutz bei der Arbeit (Arbeitsschutzrahmengesetz – ASRG), Bonn, 22. Dezember 1992
Der Bundesminister für Arbeit und Sozialordnung, Referentenentwurf einer Verordnung über Sicherheit und Gesundheitsschutz bei der Arbeit an Bildschirmgeräten (Bildschirmarbeit-Verordnung; BildschArbV), Bonn, 17. Dezember 1993
Der Bundesminister für Arbeit und Sozialordnung, Referentenentwurf einer Verordnung über Sicherheit und Gesundheitsschutz bei der Arbeit an Bildschirmgeräten (Bildschirmarbeit-Verordnung; BildschArbV) – Begründung, Bonn, 17. Dezember 1993
Der Bundesminister für Arbeit und Sozialordnung, Referentenentwurf eines Gesetzes zur Umsetzung der EG-Rahmenrichtlinie Arbeitsschutz und weiterer Arbeitsschutzrichtlinien, Bonn, 21. Juli 1995
Berufskrankheiten-Verordnung vom 31. Oktober 1997, in: Bundesgesetzblatt, Teil I, Nr. 73 vom 5. November 1997, S. 2623-2626
Deregulation and Contracting Out Act 1994
Deutsches Institut für Normung (Hrsg.), DIN 33400: Gestalten von Arbeitssystemen nach arbeitswissenschaftlichen Erkenntnissen. Begriffe und allgemeine Leitsätze. Oktober 1983
Deutsches Institut für Normung (Hrsg.), DIN 66233, Teil 1: Bildschirmarbeitsplätze. Begriffe. April 1983
Deutsches Institut für Normung (Hrsg.), DIN 66234: Bildschirmarbeitsplätze, Teile 1-10, o.O. 1980-1988
Employer's Liability (Compulsory Insurance) Act 1969
Gerichtshof der Europäischen Gemeinschaften, Rechtssache C-84/94: Vereinigtes Königreich Großbritannien und Nordirland gegen Rat der Europäischen Union. »Richtlinie 93/104/EG des Rates über bestimmte Aspekte der Arbeitszeitgestaltung – Nichtigkeitsklage«, in: Sammlung der Rechtsprechung des Gerichtshofes und des Gerichts erster Instanz, Teil I: Gerichtshof, 1996-11, S. 5755-5818
Gerichtshof der Europäischen Gemeinschaften, Rechtssache C-382/92: Kommission der Europäischen Gemeinschaften gegen Vereinigtes Königreich Großbritannien und Nordirland. »Wahrung der Ansprüche der Arbeitnehmer beim Übergang von Unternehmen«, in: Sammlung der Rechtsprechung des Gerichtshofes und des Gerichts erster Instanz, Teil I: Gerichtshof, 1994-6, S. 2435-2478
Gerichtshof der Europäischen Gemeinschaften, Rechtssache C-383/92: Kommission der Europäischen Gemeinschaften gegen Vereinigtes Königreich Großbritannien und Nordirland. »Massenentlassungen«, in: Sammlung der Rechtsprechung des Gerichtshofes und des Gerichts erster Instanz, Teil I: Gerichtshof, 1994-6, S. 2479-2496

Quellen

Gerichtshof der Europäischen Gemeinschaften, Urteil des Gerichtshofes in den verbundenen Rechtssachen C-74/95 und C-129/95, in: Sammlung der Rechtsprechung des Gerichtshofes und des Gerichts erster Instanz, Teil I: Gerichtshof, 1996-12, S. 6629-6642

Gesetz über Betriebsärzte, Sicherheitsingenieure und andere Fachkräfte für Arbeitssicherheit (Arbeitssicherheitsgesetz – ASiG) vom 12. Dezember 1973, in: Bundesgesetzblatt, Teil I, Nr. 105 vom 15. Dezember 1973, S. 1885-1890, zuletzt geändert durch Gesetz vom 25. September 1996, in: Bundesgesetzblatt, Teil I, Nr. 48 vom 27. September 1996, S. 1476-1479

Gesetz zur Umsetzung der EG-Rahmenrichtlinie Arbeitsschutz und weiterer Arbeitsschutz-Richtlinien vom 7. August 1996, in: Bundesgesetzblatt, Teil I, Nr. 43 vom 20. August 1996, S. 1246-1253

Gesetz zur Einordnung des Rechts der gesetzlichen Unfallversicherung in das Sozialgesetzbuch (Unfallversicherungs-Einordnungsgesetz – UVEG) vom 7. August 1996, in: Bundesgesetzblatt, Teil I, Nr. 43 vom 20. August 1996, S. 1254-1317

Hauptverband der gewerblichen Berufsgenossenschaften, Unfallverhütungsvorschrift »Allgemeine Vorschriften« (VBG 1) vom 1. April 1977 in der Fassung vom 1. Juli 1991, Köln o.J. (1991)

Health and Safety (Display Screen Equipment) Regulations 1992 (SI 1992 No. 2792)

Health and Safety (Consultation with Employees) Regulations 1996 (SI 1996 No. 1513)

Health and Safety (Enforcing Authorities) Regulations 1989 (SI 1989 No. 513)

Health and Safety (Repeals and Revocations) Regulations 1995 (SI 1995 No. 3234)

Health and Safety at Work etc. Act 1974

International Labour Organisation, Übereinkommen Nr. 155 über Arbeitsschutz und Arbeitsumwelt vom 22.6.1981

Management of Health and Safety at Work Regulations 1992 (SI 1992 No. 2051)

Manual Handling Operations Regulations 1992 (SI 1992 No. 2793)

Personal Protective Equipment at Work Regulations 1992 (SI 1992 No. 2966)

Provision and Use of Work Equipment Regulations 1992 (SI 1992 No. 2932)

Reporting of Injuries, Diseases and Dangerous Occurences Regulations 1985 (SI 1985 No. 2023)

Richtlinie 89/391/EWG des Rates vom 12.6.1989 über die Durchführung von Maßnahmen zur Verbesserung der Sicherheit und des Gesundheitsschutzes der Arbeitnehmer bei der Arbeit, in: Abl.EG Nr. L 183 vom 29.6.1989, S. 1-8

Richtlinie 89/392/EWG des Rates vom 14.6.1989 zur Angleichung der Rechtsvorschriften der Mitgliedstaaten für Maschinen, in: ABl.EG Nr. L 183 vom 29.6.1989, S. 9-47

Richtlinie 89/654/EWG des Rates vom 30.11.1989 über Mindestvorschriften für Sicherheit und Gesundheitsschutz in Arbeitsstätten (Erste Einzelrichtlinie im Sinne von Artikel 16 Absatz 1 der Richtlinie 89/391/EWG), in: ABl.EG Nr. L 393 vom 30.12.1989, S. 1-12

Richtlinie 89/655/EWG des Rates vom 30.11.1989 über Mindestvorschriften für Sicherheit und Gesundheitsschutz bei Benutzung von Arbeitsmitteln durch Arbeitnehmer bei der Arbeit (Zweite Einzelrichtlinie im Sinne von Artikel 16 Absatz 1 der Richtlinie 89/391/ EWG), in: ABl.EG Nr. L 393 vom 30.12.1989, S. 13-17

Richtlinie 89/656/EWG des Rates vom 30.11.1989 über Mindestvorschriften für Sicherheit und Gesundheitsschutz bei Benutzung persönlicher Schutzausrüstungen durch Arbeitnehmer bei der Arbeit (Dritte Einzelrichtlinie im Sinne von Artikel 16 Absatz 1 der Richtlinie 89/391/EWG), in: ABl.EG Nr. L 393 vom 30.12.1989, S. 18-28

Richtlinie 90/269/EWG des Rates vom 29.5.1990 über die Mindestvorschriften bezüglich der Sicherheit und des Gesundheitsschutzes bei der manuellen Handhabung von Lasten, die für die Arbeitnehmer insbesondere eine Gefährdung der Lendenwirbelsäule mit sich bringt (Vierte Einzelrichtlinie im Sinne von Artikel 16 Absatz 1 der Richtlinie 89/391/ EWG), in: Abl.EG. Nr. L 156 vom 21.6.1990, S. 9-13

Quellen

Richtlinie 90/270/EWG des Rates vom 29.5.1990 über die Mindestvorschriften bezüglich der Sicherheit und des Gesundheitsschutzes bei der Arbeit an Bildschirmgeräten (Fünfte Einzelrichtlinie im Sinne von Art. 16 Abs. 1 der Richtlinie 89/391/EWG), in: ABl.EG Nr. L 156 vom 21.6.1990, S. 14-18

Richtlinie 92/85/EWG des Rates vom 19.10.1992 zur Verbesserung der Sicherheit und des Gesundheitsschutzes von schwangeren Arbeitnehmerinnen, Wöchnerinnen und stillenden Arbeitnehmerinnen am Arbeitsplatz, in: ABl.EG Nr. L 348 vom 28.11.1992, S. 1-8

Richtlinie 93/104/EG des Rates vom 23.11.1993 über bestimmte Aspekte der Arbeitszeitgestaltung, in: ABl.EG Nr. L 307 vom 13.12.1993, S. 18-24

Richtlinie 94/33/EG des Rates vom 22.6.1994 über den Jugendarbeitsschutz, in: ABl.EG Nr. L 216 vom 20.8.1994, S. 12-19

The Safety Representatives and Safety Committee Regulations 1977 (SI 1977 No. 500)

Siebente Berufskrankheiten-Verordnung vom 20. Juni 1968, in: Bundesgesetzblatt, Teil I, Nr. 42 vom 28. Juni 1968, S. 721-729

Statutory Sick Pay Act 1994

Verordnung (EG) 2062/94 des Rates vom 18.7.1994 zur Errichtung einer Europäischen Agentur für Sicherheit und Gesundheitsschutz am Arbeitsplatz in: ABl.EG 1994 Nr. L 216 vom 20.8.1994, S. 1-7

Verordnung zur Umsetzung von EG-Einzelrichtlinien zur EG-Rahmenrichtlinie Arbeitsschutz vom 4. Dezember 1996, Art. 3: Verordnung über Sicherheit und Gesundheitsschutz bei der Arbeit an Bildschirmgeräten, in: Bundesgesetzblatt, Teil I, Nr. 63 vom 10. Dezember 1996, S. 1843-1845

Workplace (Health, Safety and Welfare) Regulations 1992 (SI 1992 No. 3004)

World Health Organisation, Ottawa-Charta zur Gesundheitsförderung, abgedruckt in: Die Ortskrankenkasse, 70. Jg., 1988, H. 4. S. 117-120

Zweite Verordnung zur Änderung der Berufskrankheiten-Verordnung vom 18. Dezember 1992, in: Bundesgesetzblatt, Teil I, Nr. 59 vom 29. Dezember 1992, S. 2343-2344

2. Regierungsveröffentlichungen, Amtliche und Parlamentarische Quellen

Amtsblatt der Europäischen Gemeinschaften, Verhandlungen des Europäischen Parlaments, lfd.

Bericht des Ausschusses für Arbeit und Sozialordnung (11. Ausschuß) zu dem Gesetzentwurf der Bundesregierung – Drucksachen 13/3549, 13/4337, 13/4756 – Entwurf eines Gesetzes zur Umsetzung der EG-Rahmenrichtlinie Arbeitsschutz und weiterer Arbeitsschutz-Richtlinien (= Bundestagsdrucksache 13/4854 vom 12.6.1996)

Building Businesses... Not Barriers (Green Paper), London 1986 (Cmnd. 9794)

Der Bundesminister für Arbeit und Sozialordnung, Arbeit und Umwelt sicherer machen. EG und Einigungsvertrag zwingen zum raschen Handeln. Thesenpapier des Bundesministers für Arbeit und Sozialordnung, abgedruckt in: Soziale Sicherheit, 40. Jg., 1991, H. 5, S. 133-140

Bundesministerium für Arbeit und Sozialordnung (Hrsg.), Euro-Atlas: Soziale Sicherheit im Vergleich, Bonn 1994

Bundesratsdrucksache 192/92 vom 24.3.1992, Entschließung des Bundesrates zur gesetzlichen Neuordnung des Arbeitsschutzrechtes in der Bundesrepublik Deutschland

Bundesratsdrucksache 440/92 vom 23.6.1992, Entschließung des Bundesrates zur Schaffung eines Arbeitsschutzgesetzbuches in der Bundesrepublik Deutschland

Bundesratsdrucksache 792/93 vom 17.12.1993 (Beschluß), Stellungnahme des Bundesrates: Entwurf eines Gesetzes über Sicherheit und Gesundheitsschutz bei der Arbeit (Arbeitsschutzrahmengesetz – ArbSchRG)

Quellen

Bundesratsdrucksache 854/95 vom 7.12.1995, Gesetzesantrag des Landes Hessen: Entwurf eines Arbeitsschutzgesetzbuches Erstes Buch (I) Allgemeiner Teil (ArbSchGB I)
Bundesratsdrucksache 427/96 vom 14.6.1996, Gesetzesbeschluß des Deutschen Bundestages: Gesetz zur Umsetzung der EG-Rahmenrichtlinie Arbeitsschutz und weiterer Arbeitsschutz-Richtlinien
Bundesratsdrucksache 793/96 vom 23.10.1996, Entwurf eines Gesetzes zur Bekämpfung der Scheinselbständigkeit
Bundestagsdrucksache 11/4699 vom 6.6.1989, Antwort der Bundesregierung auf die Große Anfrage der Abgeordneten Peter (Kassel) u.a.: Europäischer Binnenmarkt und Soziale Demokratie
Bundestagsdrucksache 11/4700 vom 6.6.1989, Antwort der Bundesregierung auf die Große Anfrage der Abgeordneten Frau Dr. Hellwig u.a.: Sozialraum Europäische Gemeinschaft
Bundestagsdrucksache 12/2412 vom 1.4.1992, Schaffung eines Arbeitsschutzgesetzbuchs
Bundestagsdrucksache 12/6752 vom 3.2.1994, Entwurf eines Gesetzes über Sicherheit und Gesundheitsschutz bei der Arbeit (Arbeitsschutzrahmengesetz – ArbSchRG)
Bundestagsdrucksache 13/3540 vom 22.1.1996, Entwurf eines Gesetzes zur Umsetzung der EG-Rahmenrichtlinie Arbeitsschutz und weiterer Arbeitsschutz-Richtlinien
Bundestagsdrucksache 13/4302 vom 9.4.1996, Antwort der Bundesregierung auf die Kleine Anfrage des Abgeordneten Dr. Manuel Kiper und der Bundestagsfraktion Bündnis 90/Die Grünen – Drucksache 13/4153 – Gesundheitsschutz an Bildschirmarbeitsplätzen (I): Umsetzung der EG-Bildschirmrichtlinie
Bundestagsdrucksache 13/4337 vom 15.4.1996, Unterrichtung durch die Bundesregierung: Entwurf eines Gesetzes zur Umsetzung der EG-Rahmenrichtlinie Arbeitsschutz und weiterer Arbeitsschutz-Richtlinien – Drucksache 13/3540 –, hier: Stellungnahme des Bundesrates und die Gegenäußerung der Bundesregierung zu der Stellungnahme des Bundesrates
Bundestagsdrucksache 13/5498 vom 6.9.1996, Achter Bericht der Bundesregierung über Erfahrungen bei der Anwendung des Arbeitnehmerüberlassungsgesetzes – AÜG – sowie über die Auswirkungen des Gesetzes zur Bekämpfung der illegalen Beschäftigung – BillBG –
CDU-/CSU-Bundestagsfraktion/FDP-Bundestagsfraktion, Koalitionsvereinbarung für die 13. Legislaturperiode des Deutschen Bundestages, Ms., o.O. o.J. (Bonn 1994)
Central Statistical Office, Annual Abstracts of Statistics, London 1983ff.
Central Statistical Office, Social Trends, London 1980ff.
The Citizen's Charter, London 1991 (Cmnd. 1599)
Committee of Public Accounts, Enforcing Health and Safety Legislation in the Workplace. Minutes of Evidence, Monday 14 March 1994 (House of Commons, Session 1993-94, HC 292-i)
Committee of Public Accounts, Thirty-Fifth Report, Health and Safety Executive: Enforcing Health and Safety Legislation in the Workplace (House of Commons, Session 1993-94, HC 292)
Competitiveness: Forging Ahead (White Paper), London 1995 (Cmnd. 2867)
Competitiveness: Helping Business to Win (White Paper), London 1994 (Cmnd. 2563)
Department of Health and Social Security, Inequalities in Health. Report of a Research Working Group Chaired by Sir Douglas Black (The Black Report), London 1980
Department of Health, The Health of the Nation. A Strategy for Health in England, London 1992 (Cmnd.1986)
Department of Social Security, Social Security Statistics, London 1990ff. (jährlich)
Department of Trade and Industry, Burdens on Business, London 1985
Department of Trade and Industry, The Department for Enterprise, London 1988
Department of Trade and Industry, Deregulation: Cutting Red Tape, London 1994

Quellen

Department of Trade and Industry, The Government Response to the Deregulation Task Force Report 1996, London 1996
Department of Trade and Industry, Regulation in the Balance. A Guide to Risk Assessment, o.O. o.J. (London 1994)
Department of Trade and Industry, Review of the Implementation and Enforcement of EC Law in the UK. An Efficiency Scrutiny Report Commissioned by the President of the Board of Trade, London 1993
Department of Trade and Industry, Statistical Press Release P/98/597: Small and Medium Enterprise (SME) Statistics for the UK 1997 (29. Juli 1998)
Department of Trade and Industry, Thinking about Regulation: A Guide to Good Regulation, London 1994
Deutscher Bundestag, 12. Wahlperiode, Ausschuß für Arbeit und Sozialordnung, 752 – 2401, Wortprotokoll (teilredigierte Tonbandabschrift) der 117. Sitzung des Ausschusses für Arbeit und Sozialordnung am 20.4.1994: Öffentliche Anhörung von Sachverständigen zum Entwurf eines Gesetzes über Sicherheit und Gesundheit bei der Arbeit (Arbeitsschutzrahmengesetz – ArbSchRG)
Deutscher Bundestag, 12. Wahlperiode, Ausschuß für Arbeit und Sozialordnung, 752 – 2401, Kurzprotokoll der 123. Sitzung des Ausschusses für Arbeit und Sozialordnung am 15.6.1994
Deutscher Bundestag, Stenographische Berichte (Plenarprotokolle)
Employment Committee, The Work of the Health and Safety Commission and Executive, Minutes of Evidence, Wednesday 12 December 1990 (House of Commons, Session 1990-91, HC 118-i)
Employment Committee, The Work of the Health and Safety Commission and Executive, Minutes of Evidence, Wednesday 16 June 1993 (House of Commons, Session 1992-93, HC 755-i)
Employment Committee, The Work of the Health and Safety Commission and Executive, Minutes of Evidence, Tuesday 17 May 1994 (House of Commons, Session 1993-94, HC 413)
Employment Committee, The Work of the Health and Safety Commission and Executive, Tuesday 1 November 1994 (House of Commons, Session 1993-94, HC 733)
Employment Department Group, Departmental Report: The Government's Expenditure Plans 1994-1995 to 1996-97, London 1994
Employment Department, Health and Safety Statistics 1990-91, in: Employment Gazette, Occasional Supplement No. 3
The Environment Committee, The Work of the Health and Safety Executive, Minutes of Evidence Wednesday 5 February 1997, Wednesday 12 February 1997, Wednesday 5 March 1997 (House of Commons, Session 1996-97, HC 277-i, -ii, iii)
Europäische Kommission, Beschäftigung in Europa 1998, Luxemburg 1999
Europäisches Parlament, Dok. B2-1703/87 vom 12.2.1988: Entschließung zum Sicherheits- und Gesundheitsschutz am Arbeitsplatz, in: ABl. EG Nr. C 68 vom 14.3.1988, S. 100
Europäisches Parlament, Dok. A2-241/88 vom 16.11.1988: Legislative Entschließung (Verfahren der Zusammenarbeit: Zweite Lesung) mit der Stellungnahme des Europäischen Parlaments zu dem Vorschlag der Kommission an den Rat für eine Richtlinie über die Durchführung von Maßnahmen zur Verbesserung der Sicherheit und des Gesundheitsschutzes der Arbeitnehmer am Arbeitsplatz, in: Dass., Zweite Wahlperiode, Vom Europäischen Parlament angenommene Texte, Sitzungsperiode 1988/89, H. 11/1988, S. 65-94
Europäisches Parlament, Dok. A2-241/88 vom 3.11.1988: Bericht im Namen des Ausschusses für Umweltfragen, Volksgesundheit und Verbraucherschutz über den Vorschlag der Kommission der Europäischen Gemeinschaften an den Rat (KOM(88)73 endg. – Dok.

Quellen

C2-26/88 – SYN 123) für eine Richtlinie über die Durchführung von Maßnahmen zur Verbesserung der Sicherheit und des Gesundheitsschutzes der Arbeitnehmer am Arbeitsplatz, Berichterstatter: Kurt Vittinghoff, in: Dass., Sitzungsdokumente 1988-89
Europäisches Parlament, Dok. A2-241/88/B vom 10.11.1988: Bericht im Namen des Ausschusses für Umweltfragen, Volksgesundheit und Verbraucherschutz über den Vorschlag der Kommission der Europäischen Gemeinschaften an den Rat (KOM(88)73 endg. – Dok. C2-26/88) für eine Richtlinie über die Durchführung von Maßnahmen zur Verbesserung der Sicherheit und des Gesundheitsschutzes der Arbeitnehmer am Arbeitsplatz, Teil B: Begründung, Berichterstatter: Kurt Vittinghoff, in: Dass., Sitzungsdokumente 1988-89
Europäisches Parlament, Dok. A2-279/88 vom 14.12.1988: Legislative Entschließung (Verfahren der Zusammenarbeit: Erste Lesung) mit der Stellungnahme des Europäischen Parlaments zu dem Vorschlag der Kommission an den Rat für eine Richtlinie über die Mindestvorschriften bezüglich der Sicherheit und des Gesundheitsschutzes bei der Arbeit an Bildschirmgeräten, in: ABl.EG Nr. C 12 vom 16.1.1989, S. 92-103
Europäisches Parlament, Dok. A2-226/88 vom 15.12.1988: Entschließung zu dem Begriff der Arbeitsumwelt und dem Anwendungsbereich von Artikel 118a des EWG-Vertrags, in: ABl.EG Nr. C 12 vom 16.1.1989, S. 181-183
Europäisches Parlament, Dok. A2-399/88 vom 15.3.1989: Entschließung zur sozialen Dimension des Binnenmarktes, in: Dass., Zweite Wahlperiode, Vom Europäischen Parlament angenommene Texte, Sitzungsperiode 1988/89, H. 3/1989, S. 22-32
Europäisches Parlament, Dok. A2-91/89/Teil A-C vom 20.4.1989: Zweite Lesung: Empfehlung des Ausschusses für Umweltfragen, Volksgesundheit und Verbraucherschutz betreffend den Gemeinsamen Standpunkt des Rates im Hinblick auf die Annahme einer Richtlinie über die Durchführung von Maßnahmen zur Verbesserung der Sicherheit und des Gesundheitsschutzes der Arbeitnehmer am Arbeitsplatz (Dok. C2-326/88), in: Dass., Sitzungsdokumente 1989-90
Europäisches Parlament, Dok. A2-91/89 vom 24.5.1989: Beschluß (Verfahren der Zusammenarbeit: Zweite Lesung) betreffend den Gemeinsamen Standpunkt des Rates im Hinblick auf die Annahme einer Richtlinie über die Durchführung von Maßnahmen zur Verbesserung der Sicherheit und des Gesundheitsschutzes der Arbeitnehmer am Arbeitsplatz, in: Dass., Zweite Wahlperiode, Vom Europäischen Parlament angenommene Texte, Sitzungsperiode 1989/90, H. 5/1989, S. 85-92
Europäisches Parlament, Dok. A3-76/90 vom 4.4.1990: Beschluß (Verfahren der Zusammenarbeit: Zweite Lesung) betreffend den Gemeinsamen Standpunkt des Rates im Hinblick auf die Annahme einer Richtlinie über die Mindestvorschriften bezüglich der Sicherheit und des Gesundheitsschutzes bei der Arbeit an Bildschirmgeräten, in: ABl.EG Nr. C 113 vom 7.5.1990, S. 75-81
European Commission, Europe for Safety and Health at Work (= Social Europe, Nr. 3/93), Luxemburg 1994
Eurostatistik. Daten zur Konjunkturanalyse, lfd.
Hansard, Parliamentary Debates, House of Commons, Official Report, lfd.
Industrial Injuries Advisory Council, Periodic Report 1993, London 1993
Kommission der Europäischen Gemeinschaften, Binnenmarkt – Soziale Gemeinschaftspolitik, Luxemburg 1993
KOM(85)310 endg. vom 14.6.1985: Kommission der Europäischen Gemeinschaften, Vollendung des Binnenmarktes. Weißbuch der Kommission an den Europäischen Rat
KOM(88)73 endg. vom 7.3.1988: Kommission der Europäischen Gemeinschaften, Vorschlag für eine Richtlinie des Rates über die Durchführung von Maßnahmen zur Verbesserung der Sicherheit und des Gesundheitsschutzes der Arbeitnehmer am Arbeitsplatz

Quellen

KOM(88)77 endg. vom 7.3.1988: Kommission der Europäischen Gemeinschaften, Vorschlag für eine Richtlinie des Rates über die Mindestvorschriften bezüglich der Sicherheit und des Gesundheitsschutzes bei der Arbeit an Bildschirmgeräten
Kommission der Europäischen Gemeinschaften, KOM(88)1148 endg. vom 14.9.1988: Die Soziale Dimension des Binnenmarktes
Kommission der Europäischen Gemeinschaften, Empfehlung 90/326/EWG vom 22.5.1990 über die Annahme einer europäischen Liste der Berufskrankheiten, in: ABl.EG Nr. L 160 vom 26.6.1990, S. 39-48
KOM(89)195 – SYN 127: Kommission der Europäischen Gemeinschaften, Geänderter Vorschlag für eine Richtlinie des Rates über die Mindestvorschriften bezüglich der Sicherheit und des Gesundheitsschutzes bei der Arbeit an Bildschirmgeräten, in: ABl.EG Nr. C 130 vom 26.5.1989, S. 5-12
KOM(93)551 endg. vom 17.11.1993: Kommission der Europäischen Gemeinschaften, Grünbuch über die Europäische Sozialpolitik. Weichenstellung für die Europäische Union
KOM (93)700 endg. vom 5.12.1993: Kommission der Europäischen Gemeinschaften, Wachstum, Wettbewerbsfähigkeit, Beschäftigung. Herausforderungen und Wege ins 21. Jahrhundert. Weißbuch
KOM (94)333 endg. vom 27.7.1994: Kommission der Europäischen Gemeinschaften, Europäische Sozialpolitik. Ein zukunftsweisender Weg für die Union. Weißbuch
KOM(94)333 endg./2 vom 27.7.1994: Kommission der Europäischen Gemeinschaften, Europäische Sozialpolitik. Ein zukunftsweisender Weg für die Union. Weißbuch (Teil B)
KOM(95)134 endg. vom 12.4.1995: Kommission der Europäischen Gemeinschaften, Mittelfristiges sozialpolitisches Aktionsprogramm 1995-1997. Mitteilung der Kommission an den Rat und das Europäische Parlament sowie an den Wirtschafts- und Sozialausschuß und den Ausschuß der Regionen
KOM(95)282 endg. vom 12.7.1995: Kommission der Europäischen Gemeinschaften, Mitteilung der Kommission über ein Gemeinschaftsprogramm für Sicherheit, Arbeitshygiene und Gesundheitsschutz am Arbeitsplatz (1996-2000)
KOM(95)288 endg. vom 21.6.1995: Kommission der Europäischen Gemeinschaften, Bericht der Gruppe unabhängiger Experten für die Vereinfachung der Rechts- und Verwaltungsvorschriften. Zusammenfassung und Vorschläge
Kommission der Europäischen Gemeinschaften, Vorschlag für eine Richtlinie des Rates über die Durchführung von Maßnahmen zur Verbesserung der Sicherheit und des Gesundheitsschutzes der Arbeitnehmer am Arbeitsplatz (Rahmenrichtlinie), in: ABl.EG Nr. C 141 vom 30.5.1988, S. 1-5
Kommission der Europäischen Gemeinschaften, Dok. 88/C 28/02: Mitteilung der Kommission über ihr Aktionsprogramm für Sicherheit, Arbeitshygiene und Gesundheitsschutz am Arbeitsplatz, in: ABl.EG Nr. C 28 vom 3.2.1988, S. 3-8
Labour Force Survey, in: Employment Gazette, lfd.
Lifting the Burden (White Paper), London 1985 (Cmnd. 9571)
National Audit Office, Enforcing Health and Safety Legislation in the Workplace. Report by the Comtroller and Auditor General (House of Commons, Parliamentary Papers 1993-94, HC 208), London 1994
Next Steps. Agencies in Government, Review 1995. Presented to Parliament by the Chancellor of the Duchy of Lancaster, London 1996 (Cmnd. 3164)
Office for National Statistics, Annual Abstracts of Statistics, London 1997ff.
Office for National Statistics, Social Trends, London 1997ff.
Presse- und Informationsamt der Bundesregierung, Bulletin, lfd.
Presse- und Informationsamt der Bundesregierung, Politik der Bundesregierung für mehr Wachstum und Beschäftigung, 2., aktualis. Aufl., Bonn o.J. (1998)

Quellen

Rat der Europäischen Gemeinschaften, Dok. 88/C 28/01 vom 21.12.1987: Entschließung über Sicherheit, Arbeitshygiene und Gesundheitsschutz am Arbeitsplatz, in: ABl.EG Nr. C 28 vom 3.2.1988, S. 1-2

Rat der Europäischen Gemeinschaften, Dok. 94/C 368/03 vom 6.12.1994: Entschließung zu bestimmten Perspektiven einer Sozialpolitik der Europäischen Union: Ein Beitrag zur wirtschaftlichen und sozialen Konvergenz in der Union, in: ABl.EG Nr. C 368 vom 23.12.1994, S. 6-10

Robens Comittee (Committee on Safety and Health at Work), Safety and Health at Work. Report of the Committee 1970-72 (Chairman Lord Robens), Vol. 1, London 1972 (Cmnd. 5034)

Statistisches Bundesamt, Bevölkerung und Erwerbstätigkeit, Fachserie 1, Reihe 4.1.2: Beruf, Ausbildung und Arbeitsbedingungen der Erwerbstätigen, Ergebnisse des Mikrozensus, Stuttgart, lfd.

Stellungnahmen für die Anhörung im Ausschuß für Arbeit und Sozialordnung des Deutschen Bundestages am 9.12.1992 zum SPD-Antrag »Schaffung eines Arbeitsschutzgesetzbuches« (BT-Drucksache 12/2412), Bonn o. J. (1993)

Unfallverhütungsbericht 1980ff., Bericht der Bundesregierung über den Stand der Unfallverhütung und das Unfallgeschehen in der Bundesrepublik Deutschland – Unfallverhütungsbericht Arbeit (1980 = BT-Drs.9/901 vom 13.10.1981; 1985 = BT-Drs. 10/6690 vom 5.12.1986; 1986 = BT-Drs. 11/1574 vom 22.12.1987; 1987 = BT-Drs. 11/3736 vom 14.12.1988; 1989 = BT-Drs. 11/8165 vom 22.10.1990; 1990 = BT-Drs. 12/1845 vom 16.12.1991; 1992 = BT-Drs. 12/6429 vom 9.12.1993; 1993 = BT-Drs. 13/122 vom 21.12.1994; 1994 = BT-Drs. 13/3091 vom 24.11.1995; 1995 = BT-Drs. 13/6120 vom 13.11.1996; 1996 = BT-Drs. 13/9259 vom 20.11.1997; 1997 = BT-Drs. 14/156 vom 8.12.1998)

Verband Deutscher Rentenversicherungsträger, Statistik Rentenzugang des Jahres 1997, Bd. 125, Frankfurt a.M. 1998

Wirtschafts- und Sozialausschuß der Europäischen Gemeinschaften, Dok. 88/C 318/13: Stellungnahme zu dem Vorschlag für eine Richtlinie des Rates über die Mindestvorschriften bezüglich der Sicherheit und des Gesundheitsschutzes bei der Arbeit an Bildschirmgeräten. in: ABl.EG Nr. C 318 vom 12.12.1988, S. 32-35

Wirtschafts- und Sozialausschuß der Europäischen Gemeinschaften, WSA(89)270 vom 22.2.1989: Stellungnahme zu den sozialen Grundrechten der Europäischen Gemeinschaften

3. Arbeitsschutzbehörden (Berichte, Stellungnahmen, Entwürfe von Rechtsetzungsinstrumenten etc.)

Fachausschuß »Verwaltung« der Berufsgenossenschaftlichen Zentrale für Sicherheit und Gesundheit des Hauptverbandes der gewerblichen Berufsgenossenschaften e.V., Erläuterungen zum Grundentwurf der UVV »Arbeit an Bildschirmgeräten« (VBG 104), unveröff. Ms., o.O. o.J. (1995)

Fachausschuß »Verwaltung« der Berufsgenossenschaftlichen Zentrale für Sicherheit und Gesundheit des Hauptverbandes der gewerblichen Berufsgenossenschaften e.V., Umsetzung der EU-Richtlinie »Bildschirmarbeit« in nationales Recht durch die Bildschirmarbeitsverordnung, unveröff. Ms., o.O. o.J. (November 1997)

Hauptverband der gewerblichen Berufsgenossenschaften (Hrsg.), BK-DOK 93 – Dokumentation des Berufskrankheiten-Geschehens in der Bundesrepublik Deutschland 1993, Sankt Augustin 1995

Quellen

Hauptverband der gewerblichen Berufsgenossenschaften, Jahresbericht 1996, Sankt Augustin o.J. (1997)

Hauptverband der gewerblichen Berufsgenossenschaften, Neuordnung des berufsgenossenschaftlichen Vorschriften- und Regelwerks, Sankt Augustin 1997

Hauptverband der gewerblichen Berufsgenossenschaften, Sicherheit und Gesundheitsschutz bei der Arbeit: Berufsgenossenschaftliches Präventionskonzept (1993), abgedruckt in: WSI-Mitteilungen, 48. Jg., 1995, H. 2, S. 137-138

Hauptverband der gewerblichen Berufsgenossenschaften, Stellungnahme zum Referentenentwurf einer Verordnung über Sicherheit und Gesundheitsschutz bei der Arbeit an Bildschirmgeräten (Bildschirmarbeit-Verordnung) (Schreiben an den Bundesminister für Arbeit und Sozialordnung vom 17.2.1994)

Hauptverband der gewerblichen Berufsgenossenschaften, Stellungnahme zur öffentlichen Anhörung des Ausschusses für Arbeit und Sozialordnung am 20. April 1994 zum Entwurf eines Gesetzes über Sicherheit und Gesundheitsschutz bei der Arbeit (Arbeitsschutzrahmengesetz – ArbSchRG) – BT-Drucksache 12/6752 – (= Deutscher Bundestag, 12. Wahlperiode, Ausschuß für Arbeit und Sozialordnung, Ausschußdrucksache 1209), Sankt Augustin, April 1994

Hauptverband der gewerblichen Berufsgenossenschaften, Unfallverhütungsvorschrift »Arbeit an Bildschirmgeräten« (VBG 104) (Grundentwurf März 1995), o.O. o.J. (Sankt Augustin 1995)

Hauptverband der gewerblichen Berufsgenossenschaften, Thesenpapier »Neue Technologien und Arbeitsschutz«, Sankt Augustin 1990

Hauptverband der gewerblichen Berufsgenossenschaften/BKK-Bundesverband (Hrsg.), Erkennen und Verhüten arbeitsbedingter Gesundheitsgefahren, o.O. 1998

Hauptverband der gewerblichen Berufsgenossenschaften/Verwaltungsberufsgenossenschaft, Stellungnahme zu den Eckpunkten für eine Verordnung zur Umsetzung der EG-Richtlinie »Arbeit an Bildschirmgeräten« vom 21.9.1993

Health and Safety Commission, Annual Report, London 1984ff.

Health and Safety Commission, Control of Substances Hazardous to Health Regulations 1988: Control of Substances Hazardous to Health in Fumigation Operations. Approved Codes of Practice, London 1988

Health and Safety Commission, Control of Substances Hazardous to Health Regulations 1988: Control of Substances Hazardous to Health; Control of Carcinogenic Substances. Approved Codes of Practice, London 1988

Health and Safety Commission, Health and Safety in Small Firms, Discussion Document, London 1995

Health and Safety Commission, Health and Safety Statistics, London 1993ff. (jährlich)

Health and Safety Commission, The Health and Safety System in Great Britain, London 1992

Health and Safety Commission, Local Authorities Report on Health and Safety in Service Industries (seit 1996: National Picture of Health and Safety in the Local Authority Enforced Sector), London 1993ff. (jährlich)

Health and Safety Commission, Management of Health and Safety at Work. Management of Health and Safety at Work Regulations 1992. Approved Code of Practice, London 1992

Health and Safety Commission, Occupational Health Advisory Committee, The Employment Medical Advisory Service: Changing Priorities in a Changing World, London 1988

Health and Safety Commission, Plan of Work, London 1986ff. (jährlich)

Health and Safety Commission, Proposals for Health and Safety (General Provisions) Regulations and Approved Code of Practice. Consultative Document (CD 34), London 1991

Health and Safety Commission, The Proposed Removal of Outdated Health and Safety Legislation. Consultative Document (CD 86), London 1995

Quellen

Health and Safety Commission, Rationalisation of Risk Assessment and other Common Provisions in Health and Safety Legislation. Discussion Document, London 1994

Health and Safety Commission, Review of Health and Safety Regulation. Main Report, London 1994

Health and Safety Commission, The Role and Status of Approved Codes of Practice. Consultative Document (CD 85), London 1995

Health and Safety Commission, Statement of Policy for the Development of Occupational Health Services, London 1986

Health and Safety Commission, Work with Display Screen Equipment. Proposals for Regulations and Guidance. Consultative Document (CD 42), London 1992

Health and Safety Commission, HELA Strategy 1998/99: Reducing Risks; Protecting People in the Service Industries, London 1998

Health and Safety Executive, Developing an Occupational Health Strategy for Great Britain. Discussion Document, London 1998

Health and Safety Executive, Draft Proposals for Health and Safety Consultation with Employees. Regulations and Guidance. Consultative Document, London 1995

Health and Safety Executive, Economic Impact of Occupational Health and Safety, Questionnaire of The European Agency for Safety and Health at Work, o.O. (London) 1997

Health and Safety Executive, A Guide to the HSW Act, London 1980

Health and Safety Executive, Health Risk Management, London 1995

Health and Safety Executive, Human Factors in Industrial Safety, London 1989

Health and Safety Executive, Management of Health and Safety at Work Regulations. Approved Codes of Practice and Guidance, London 1992

Health and Safety Executive, The Tolerability of Risk from Nuclear Power Stations. Revised version, London 1992

Health and Safety Executive, Visual Display Units, London 1983

Health and Safety Executive, Work with Display Screen Equipment. Health and Safety (Display Screen Equipment) Regulations. Guidance on Regulations, London 1992

Health and Safety Executive, Working with VDUs, o.O. o.J.

Hessisches Ministerium für Frauen, Arbeit und Sozialordnung (Hrsg.), Arbeitsschutz in Hessen. Fachkonzeption der Hessischen Arbeitsschutzverwaltung, Wiesbaden 1998

Hessisches Ministerium für Frauen, Arbeit und Sozialordnung, ASCA: Neue Wege im staatlichen Arbeitsschutz, Wiesbaden 1995

Hessisches Ministerium für Frauen, Arbeit und Sozialordnung, Ziele und Leitbilder der Hessischen Arbeitsschutzverwaltung, Wiesbaden 1996

Jahresbericht der Berliner Arbeitsschutzbehörden, Berlin, lfd.

Der Minister für Arbeit und Soziales des Landes Sachsen-Anhalt, Jahresbericht der Gewerbeaufsicht Sachsen-Anhalt, Magdeburg 1991ff.

Ministerium für Arbeit, Gesundheit und Soziales des Landes Nordrhein-Westfalen, Jahresbericht: Gesundheitsschutz am Arbeitsplatz, Düsseldorf 1990ff.

Ministerium für Arbeit, Gesundheit und Soziales des Landes Nordrhein-Westfalen, Fachkonzept der Arbeitsschutzverwaltung des Landes Nordrhein-Westfalen, Düsseldorf 1994

Ministerium für Arbeit, Gesundheit und Soziales des Landes Schleswig-Holstein, Jahresbericht der Gewerbeaufsicht, Kiel 1991ff.

Ministerium für Arbeit, Gesundheit und Soziales des Landes Schleswig-Holstein, Arbeit und Gesundheit – ein Perspektivkonzept für den staatlichen Arbeitnehmerschutz in Schleswig Holstein, unveröff. Ms., o.O. o.J. (Kiel 1995)

Ministerium für Umwelt und Verkehr Baden-Württemberg/Sozialministerium Baden-Württemberg, Jahresbericht der Gewerbeaufsicht, Stuttgart 1991ff.

Quellen

Printing Industry Advisory Committee, Safety in the Case of Chemical Products in the Printing Industry, London 1987
Rahmenvereinbarung der Spitzenverbände der Krankenkassen und der Träger der gesetzlichen Unfallversicherung zur Zusammenarbeit bei der Verhütung arbeitsbedingter Gesundheitsgefahren vom 28. Oktober 1997, vervielf. Ms.
Spitzenverbände der Krankenkassen/Hauptverband der gewerblichen Berufsgenossenschaften, Empfehlung zur Zusammenarbeit bei der Verhütung arbeitsbedingter Gesundheitsgefahren durch die Spitzenverbände der Krankenkassen und die Unfallversicherungsträger vom 17. Oktober 1997
Thüringer Landesamt für Arbeitsschutz und Arbeitsmedizin, Stand der innerbetrieblichen Arbeitsschutzorganisation nach dem Arbeitssicherheitsgesetz in Thüringer Betrieben, o.O. (Erfurt) 1999
Verwaltungs-Berufsgenossenschaft, Berufsgenossenschaftlicher Grundsatz für arbeitsmedizinische Vorsorgeuntersuchungen Bildschirm-Arbeitsplätze (G 37) (mit Kommentar), Ausgabe 04.1997, o.O. 1997

4. Verbände (Berichte, Stellungnahmen etc.)

The British Chambers of Commerce, Small Firms Survey: Health and Safety in Small Firms, London 1995
The British Chambers of Commerce, Policy Brief: Deregulation (August 1996), o.O. (London) 1996
Bundesvereinigung der Deutschen Arbeitgeberverbände, Stellungnahme zum Referentenentwurf über Sicherheit und Gesundheitsschutz bei der Arbeit (Arbeitsschutzrahmengesetz – ASRG) – Stand 22.12.1992, Köln, Februar 1993
Bundesvereinigung der Deutschen Arbeitgeberverbände, Sozialstaat vor dem Umbau. Leistungsfähigkeit und Finanzierbarkeit sichern, Köln 1994
Bundesvereinigung der Deutschen Arbeitgeberverbände, Die Gefährdungsbeurteilung nach dem Arbeitsschutzgesetz – Hinweise für Arbeitgeber –, Bergisch-Gladbach 1997
Bundesvereinigung der Deutschen Arbeitgeberverbände, Erläuterungen zum Arbeitsschutzgesetz – Auswirkungen auf Mitbestimmungs- und Mitwirkungsrechte des Betriebsrats –, vervielf. Ms., o.O. 1997 (Köln)
Bundesvereinigung der Deutschen Arbeitgeberverbände/Bundesverband der Deutschen Industrie, Stellungnahme zum Entwurf eines Gesetzes über Sicherheit und Gesundheitsschutz bei der Arbeit (Arbeitsschutzrahmengesetz – ASRG) – BT-Drucksache 12/6752 – (= Deutscher Bundestag, 12. Wahlperiode, Ausschuß für Arbeit und Sozialordnung, Ausschußdrucksache 1213), Köln, April 1994
Bundesvereinigung der Deutschen Arbeitgeberverbände/Deutscher Gewerkschaftsbund, Schreiben vom 30.5.1995 an die Ministerpräsidenten der Länder
Bundesvereinigung der Deutschen Arbeitgeberverbände/Deutscher Gewerkschaftsbund, Gemeinsame Positionen der Sozialpartner zum Arbeitsschutz. Ergebnis eines Spitzengesprächs der Bundesvereinigung der Deutschen Arbeitgeberverbände und des Deutschen Gewerkschaftsbundes im Hauptverband der gewerblichen Berufsgenossenschaften am 22. Mai 1995, vervielf. Ms.
Chemical Industries Association, Response to the HSC Consultative Document on Proposals for Health and Safety (General Provisions) Regulations and Approved Code of Practice (CD 34), 3rd February 1992, unpublished paper, London 1992
Confederation of British Industry, Assessing the Risk. Implementing Health and Safety Regulations, London 1993

Quellen

Confederation of British Industry, Comments on the Health and Safety Commission's Consultative Document »Proposals for Health and Safety (General Provisions) Regulations and Approved Code of Practice«, unpublished paper, o.O. (London) 1992
Confederation of British Industry, Comments on the Health and Safety Commission's Consultative Document »Work with Display Screen Equipment. Proposals for Regulations and Guidance«, unpublished paper, o.O. (London) 1992
Confederation of British Industry, European Business Concerns with the Display Screen Equipment Directive, in: European Safety Newsletter, 1995, No. 6, S. 7-8
Confederation of British Industry, Working for your Health. Practical Steps to Improve the Health of your Business, London 1993
Confederation of British Industry, Developing a Safety Culture. Business for Safety, London 1990
Confederation of British Industry, CBI Supports Health and Safety Commission Executive and Commission, Press Release, 12. Februar 1997
Deutscher Gewerkschaftsbund, Forderungen des Deutschen Gewerkschaftsbundes zur Reform des Arbeitsschutz- und Berufskrankheitenrechts – Beschluß des DGB-Bundesvorstandes vom 8.9.1992, Ms., Düsseldorf 1992
Deutscher Gewerkschaftsbund, Stellungnahme zum Referentenentwurf eines Gesetzes über Sicherheit und Gesundheitsschutz bei der Arbeit (Arbeitsschutzrahmengesetz – ASRG) vom 3. März 1993, Düsseldorf 1993
Deutscher Gewerkschaftsbund, Stellungnahme zum Referentenentwurf einer Verordnung über Sicherheit und Gesundheitsschutz bei der Arbeit an Bildschirmgeräten (Bildschirmarbeit-Verordnung) vom 17. Dezember 1993, Düsseldorf, Februar 1994
Deutscher Gewerkschaftsbund, Stellungnahme zur Anhörung des Bundestagsausschusses Arbeit und Sozialordnung am Mittwoch, 20.04.1994, zum Referentenentwurf eines Gesetzes über Sicherheit und Gesundheitsschutz bei der Arbeit (Arbeitsschutzrahmengesetz – ASRG) vom 11. April 1994, Düsseldorf 1994
Deutscher Gewerkschaftsbund (Hrsg.), Zukunft der Sozialpolitik – Fakten, Argumente, Reformvorschläge –, Düsseldorf 1995
Federation of Small Businesses, Response to the Consultation on the Quinquennial Review of the Health & Safety Commission and Executive (London, 29 February), unpublished paper, London 1997
General Municipal and Boilermakers Union, Comments on Proposals for the Draft Health and Safety (Display Screen Equipment) Regulations and Guidance, unpublished paper, London 1992
General Municipal and Boilermakers Union, Comments on Proposals for the Health and Safety (General Provisions) Regulations and Approved Code of Practice, unpublished paper, London 1992
IG Chemie-Papier-Keramik, Schreiben an Staatsministerin Stolterfoht vom 18.1.1996
IG Medien, Anmerkungen zum Referentenentwurf einer Verordnung über Sicherheit und Gesundheitsschutz bei der Arbeit an Bildschirmgeräten (Bildschirmarbeit-Verordnung) zur Umsetzung der EG-Bildschirm-Richtlinie 90/270/EWG vom 17. Dezember 1993, Ms., Stuttgart, 28. Januar 1994
IG Metall/Gewerkschaft Holz und Kunststoff, Der neue Präventionsauftrag für die Berufsgenossenschaften, Frankfurt a.M./Düsseldorf 1997
Institute of Directors, Health and Safety, London 1996
Institute of Directors, Deregulation: Economic Comment, London 1997
Institution of Professionals, Managers and Specialists, Health and Safety – Keep it Together, London 1993
Institution of Professionals, Managers and Specialists, Health and Safety. An Alternative Report. The Real Facts About the Work of the Health and Safety Executive in 1989, London 1990

Quellen

Institution of Professionals, Managers and Specialists, Health and Safety. An Alternative Report. The Real Facts About the Work of the Health and Safety Executive in 1991, London 1992

Institution of Professionals, Managers and Specialists, The Third Alternative Report on the Work of the Health and Safety Executive, London 1992

Memorandum by the Confederation of British Industry, The Work of the Health and Safety Executive, in: The Environment Committee, The Work of the Health and Safety Executive, Minutes of Evidence Wednesday 5 February 1997, Wednesday 12 February 1997, Wednesday 5 March 1997 (House of Commons, Session 1996-97, HC 277-i, -ii, iii), S. 49-53

Memorandum by the Trades Union Congress, in: The Environment Committee, The Work of the Health and Safety Executive, Minutes of Evidence Wednesday 5 February 1997, Wednesday 12 February 1997, Wednesday 5 March 1997 (House of Commons, Session 1996-97, HC 277-i, ii, iii), S. 45-49

National and Local Government Officers Association, NALGO's Comments on the HSC Consultative Document: Health & Safety (General Provisions) Regulations and ACoP, unpublished paper, London 1992

Trades Union Congress, Congress Report 1995, London 1995

Trades Union Congress, Greening the Workplace. A TUC Guide to Environmental Policies and Issues at Work, London 1991

Trades Union Congress, The Future of Union Workplace Safety Representatives. A TUC Health and Safety Report (October 1995), London 1995

Trades Union Congress, Health and Safety Bulletin, 1987, Issue no. 7, London 1987

Trades Union Congress, Making VDU Work Safer: The Case Against Deregulation. Report of a TUC Survey of Safety Reps on the Operation of the Display Screen Equipment Regulations 1992, London 1996

Trades Union Congress, Memorandum of Comment on Health and Safety Commission »Proposals for Health and Safety (General Provisions) Regulations and Approved Code of Practice«, unpublished paper, o.O. (London) 1992

Trades Union Congress, Memorandum of Comment on HSC Consultative Document CD 42 »Work with Display Screen Equipment (DSE). Proposals for Regulations and Guidance«, unpublished paper, o.O. (London) 1992

Trades Union Congress, Report, London 1990ff. (jährlich)

Trades Union Congress, Report of TUC Health and Safety Project, London 1991

Trades Union Congress, Speaking up for Safety Rights: Worker Safety Reps and Better Safety Standards. The TUC's Response to the Health and Safety Commission Consultation Document: »Draft Proposals for Health and Safety Consultation with Employees« (Regulations and Guidance), (January 1996), London 1996

5. Interviewpartner

British Printing Industries Federation (London, 3.4.1996)
Bundesministerium für Arbeit und Sozialordnung (Bonn, 21.2.1997)
Bundesministerium für Arbeit und Sozialordnung (Dortmund, 17.2.1997)
Bundesvereinigung der Deutschen Arbeitgeberverbände (Köln, 19.12.1996)
Confederation of British Industry (London, 9.6.1995)
Deutscher Gewerkschaftsbund (Düsseldorf, 3.4.1997)
Europäische Kommission, Generaldirektion V (Luxemburg, 14.4.1998)
Europäisches Parlament, MdEP (Bad Kreuznach, 20.1.1997)
Europäisches Parlament, MdEP (Straßburg, 11.10.1995)

Quellen

Europäisches Parlament, MdEP (Straßburg, 12.10.1995)
Europäisches Parlament, MdEP (Straßburg, 12.10.1995)
General Municipal and Boilermakers Union (London, 17.7.1995)
Graphical, Paper and Media Union (Bedford, 29.9.1995)
Hauptverband der gewerblichen Berufsgenossenschaften (Sankt Augustin, 22.11.1996)
Hessisches Ministerium für Frauen, Arbeit und Sozialordnung (Wiesbaden, 7.2.1997)
Hessisches Ministerium für Frauen, Arbeit und Sozialordnung (Wiesbaden, 20.2.1997)
Industriegewerkschaft Medien (Frankfurt/M., 13.11.1996)
Industriegewerkschaft Metall (Frankfurt/M., 18.11.1996)
Health and Safety Executive (London, 16.6.1995)
Health and Safety Executive (London, 12.6.1995)
Health and Safety Executive (London, 3.4.1996)
Health and Safety Executive (London, 25.3.1998)
Health and Safety Commission (London, 10.11.1995)
Health and Safety Commission (London, 11.3.1995)
Deutscher Bundestag, MdB (Bonn, 12.12.1996)
Ministerium für Arbeit, Soziales und Gesundheit des Landes Sachsen-Anhalt
   (Magdeburg, 25.3.1997)
The Paper Federation of Great Britain (London, 4.4.1996)
Port and City of London (Local Authority) (London, 2.12.1996)
Trades Union Congress (London, 14.3.1995)
Trades Union Congress (London, 10.11.1995)
Transport and General Workers Union (London, 13.6.1995)
Technologieberatungsstelle beim DGB-Landesbezirk Nordrhein-Westfalen
   (Oberhausen, 17.12.1997)
UNISON (London, 11.11.1996)
Verwaltungs-Berufsgenossenschaft (Ludwigsburg, 17.2.1998)

Literatur

Abelshauser, Werner, Wirtschaftsgeschichte der Bundesrepublik Deutschland 1945-1980, Frankfurt a.M. 1983
Abromeit, Heidrun, Entwicklungslinien im Verhältnis von Staat und Wirtschaft, in: Kastendiek/Rohe/Volle (Hrsg.), Länderbericht Großbritannien, S. 298-314
Abromeit, Heidrun, Interessenvermittlung zwischen Konkurrenz und Konkordanz. Studienbuch zur Vergleichenden Lehre politischer Systeme, Opladen 1993
Abt, Wolfgang/Burkhard Hoffmann, Arbeitsschutz und Unfallversicherung in den Ländern der EFTA, in: Die BG, 1989, H. 7, S. 462-466
Ackers, Peter/Chris Smith/Paul Smith (Eds.), The New Workplace and Trade Unionism. Critical Perspectives on Work and Organization, London, New York 1996
Akass, Ron, Essential Health and Safety for Managers. A Guide to Good Practice in the EU, Aldershot 1994
Aldrich, Howard E./Jeffrey Pfeffer, Environments of Organizations, in: Annual Review of Sociology, Vol. 2, 1976, No. 1, S. 79-105
Alemann, Ulrich von (Hrsg.), Neokorporatismus, Frankfurt a.M./New York 1981
Alemann, Ulrich von/Rolf G. Heinze, Kooperativer Staat und Korporatismus: Dimensionen der Neo-Korporatismusdiskussion, in: Alemann (Hrsg.), Neokorporatismus, S. 43-61
Alemann, Ulrich von/Rolf G. Heinze (Hrsg.), Verbände und Staat. Vom Pluralismus zum Korporatismus. Analysen, Positionen, Dokumente, Opladen 1979
Allen, Mike/Celia Mather and the London Hazard Centre, Protecting the Community. A Worker's Guide to Health and Safety in Europe, London 1992
Altvater, Elmar, Die Zukunft des Marktes. Ein Essay über die Regulation von Geld und Natur nach dem Scheitern des »real existierenden Sozialismus«, Münster 1990
Altvater, Elmar/Jürgen Hoffmann/Willi Semmler, Vom Wirtschaftswunder zur Wirtschaftskrise. Ökonomie und Politik in der Bundesrepublik, 2 Bde., 2. Aufl., Berlin 1980
Altvater, Elmar/Birgit Mahnkopf, Gewerkschaften vor der europäischen Herausforderung. Tarifpolitik nach Mauer und Maastricht, Münster 1993
Altvater, Elmar/Birgit Mahnkopf, Grenzen der Globalisierung. Ökonomie, Ökologie und Politik in der Weltgesellschaft, Münster 1996
Angermaier, Max, Das neue Arbeitsschutzgesetz. Eine erste Einschätzung, in: Arbeitsrecht im Betrieb, 17. Jg., 1996, H. 9, S. 522-529
Angermaier, Max, Neue Produktionskonzepte. Chancen für den Arbeits- und Gesundheitsschutz im Betrieb, in: Schmitthenner (Hrsg.), Der »schlanke« Staat, S. 180-194
Anzinger, Rudolf/Rolf Wank (Hrsg.), Entwicklungen im Arbeitsrecht und Arbeitsschutzrecht. Festschrift für Otfried Wlotzke zum 70. Geburtstag, München 1996
Armingeon, Klaus, Einfluß und Stellung der Gewerkschaften im Wechsel der Regierungen, in: Blanke/Wollmann (Hrsg.), Die alte Bundesrepublik, S. 271-291
Armingeon, Klaus, Korporatismus im Wandel. Ein internationaler Vergleich, in: Tálos (Hrsg.), Sozialpartnerschaft, S. 285-309
Armingeon, Klaus, Staat und Arbeitsbeziehungen. Ein internationaler Vergleich, Opladen 1994
Armstrong, Michael, A Handbook of Personal Management Practice, 5th ed., London 1995
Asherson, Janet, Erfahrungen britischer Unternehmen mit der Anwendung der Risikobeurteilung, in: Bundesanstalt für Arbeitsschutz (Hrsg.), Beurteilung der Risiken bei der Arbeit, S. 91-105

Literatur

Ashford, Douglas E., The Emergence of the Welfare State, Oxford/New York 1986
Aucoin, Peter, Administrative Reform in Public Management: Paradigmas, Principles, Paradoxes and Pendulums, in: Governance, Vol. 3, 1990, No. 2, S. 115-137
Aulmann, Heinz/Horst Römer, Die Systeme des Arbeitsschutzes in den Mitgliedstaaten der Europäischen Gemeinschaft, in: Die BG, 1989, H. 7, S. 406-452
Aust, Andreas, Der Amsterdamer-Vertrag: »Vertrag der sozialen Balance«? Sozial- und Beschäftigungspolitik in der Regierungskonferenz 1996/97, in: Zeitschrift für Sozialreform, 1997, 43. Jg., H. 10, S. 748-777
Bach, Stephen, The Working Environment, in: Sisson (Ed.), Personnel Management, S. 117-149
Bäcker, Gerhard/Reinhard Bispinck/Klaus Hofemann/Gerhard Naegele, Sozialpolitik und soziale Lage in der Bundesrepublik Deutschland, 2 Bde., 2., grundlegend überarb. u. erw. Aufl., Köln 1989
Bäcker, Gerhard/Walter Hanesch/Peter Kraus, Niedrige Arbeitseinkommen und Armut bei Erwerbstätigkeit in Deutschland, in: Sozialer Fortschritt, 47. Jg., 1998, H. 7, S. 165-173
Bäcker, Gerhard/Brigitte Stolz-Willig, Teilzeitarbeit – Probleme und Gestaltungschancen, in: WSI-Mitteilungen, 46. Jg., 1993, H. 9, S. 545-553
Bacon, Jenny (Interview), Total Quality Management Approach Should Incorporate Health and Safety at Work... the Two are not Separate, in: Safety Management, 1993, No. 7/8, S. 12-63
Badie, Bertrand/Pierre Birnbaum, The Sociology of the State, Chicago 1983
Badura, Bernhard, Gesundheitsförderung durch Arbeits- und Organisationsgestaltung – Die Sicht des Gesundheitswissenschaftlers, in: Pelikan/Demmer/Hurrelmann (Hrsg.), Gesundheitsförderung durch Organisationsentwicklung, S. 20-33
Badura, Bernhard/Falko Schlottmann/Christoph Kuhlmann, Germany, in: Walters (Ed.), Identification and Assessment of Occupational Health and Safety Strategies in Europe, Vol. I, S. 75-89
Badura, Bernhard/Falko Schlottmann/Christoph Kuhlmann, Identification and Assessment of Occupational Health and Safety Strategies in Europe: Germany (=European Foundation for the Improvement of Living and Working Conditions, Working Paper No.: WP/95/57/EN), Dublin 1995
Baethge, Martin/Herbert Overbeck, Zukunft der Angestellten. Neue Technologien und berufliche Perspektiven in Büro und Verwaltung, Franfurt a.M./New York 1986
Baethge, Martin/Herbert Overbeck, Systemische Rationalisierung von Dienstleistungsarbeit und Dienstleistungsbeziehungen: Eine neue Herausforderung für Unternehmen und wissenschaftliche Analyse, in: Rock/Ulrich/Witt (Hrsg.), Strukturwandel der Dienstleistungsrationalisierung, S. 149-175
Baggott, Rob, Regulatory Reform in Britain: The Changing Face of Self-Regulation, in: Public Administration, Vol. 67, 1989, No. 4, S. 435-454
Baglioni, Guido, Industrial Relations in Europe in the 1980s, in: Baglioni/Crouch (Eds.), European Industrial Relations, S. 1-41
Baglioni, Guido/Colin Crouch (Eds.), European Industrial Relations. The Change of Flexibility, London 1990
Bagnara, Sebastiano/Raffaello Misiti/Helmut Wintersberger (Eds.), Work and Health in the 1980s. Experiences of Direct Workers' Participation in Occupational Health, Berlin 1985
Bailey, Stephen/Kirsten Jorgensen/Wolfgang Krüger/Henrik Litske, Economic Incentives to Improve the Working Environment. Summary and Conclusions of an International Study, Luxemburg 1994
Bain, George S. (Ed.), Industrial Relations in Britain, Oxford 1983
Baldwin, Robert, Health and Safety at Work: Consensus and Self-Regulation, in: Baldwin/McCrudden (Eds.), Regulation and Public Law, S. 132-158

Literatur

Baldwin, Robert, The Limits of Legislative Harmonization, in: Baldwin/Daintith (Eds.), Harmonization and Hazard, S. 223-251
Baldwin, Robert, Regulatory Legitimacy in the European Context: the British Health and Safety Executive, in: Majone (Ed.), Regulating Europe, S. 83-105
Baldwin, Robert, Rules and Government, Oxford 1995
Baldwin, Robert, Why Rules Don't Work, in: The Modern Law Review, Vol. 53, 1990, No. 3, S. 321-337
Baldwin, Robert/Terence Daintith (Eds.), Harmonization and Hazard. Regulating Health and Safety in the European Workplace, London 1992
Baldwin, Robert/Christopher McCrudden (Eds.), Regulation and Public Law, London 1987
Balze, Wolfgang, Die sozialpolitischen Kompetenzen der Europäischen Union, Baden-Baden 1994
Barrett, Brenda/Richard Howells, Cases and Materials on Occupational Health and Safety Law, London 1995
Barrett, Brenda/Richard Howells, Occupational Health and Safety Law, 2nd ed., London 1995
Barrett, Brenda/Richard Howells/Philip James, Employee Participation in Health and Safety. The Impact of the Legislative Provisions, London 1985
Bartrip, Peter W.J./P.T. Fenn, The Administration of Safety. The Enforcement Policy of the Early Factory Inspectorate, 1844-1864, in: Public Administration, Vol. 58, 1980, No. 1, S. 87-102
Bartrip, Peter W.J., Workmen's Compensation in Twentieth Century Britain. Law, History and Social Policy, Aldershot 1987
Bateman, Mike/Brian King/Paul Lewis, The Handbook of Health & Safety at Work, London 1996
Batstone, Eric, The Reform of Workplace Industrial Relations, Oxford 1988
Batstone, Eric/Stephen Gourlay/Hugo Levie/Roy Moore, New Technology and the Process of Labour Regulation, Oxford 1987
Batstone, Eric/Stephen Gourlay/Hugo Levie/Roy Moore, Unions, Unemployment and Innovation, Oxford 1986
Bauerdick, Johannes, Arbeitsschutz zwischen staatlicher und verbandlicher Regulierung, Berlin 1994
Beaumont, Philip B., Change in Industrial Relations. The Organization and the Environment, London, New York 1990
Beaumont, Philip B., The Decline of Trade Union Organisation, London 1987
Beaumont, Philip B., Safety at Work and the Unions, London, Canberra 1983
Beaumont, Philip B., Select Committee, in: Occupational Safety and Health, Vol. 23, 1993, No. 2, S. 29-33
Beaumont, Philip B./J.R. Coyle/J.W. Leopold, The Recession Bites: How the Current Economic Climate Has Affected Safety in Industry, in: Occupational Safety and Health, Vol. 12, 1982, No. 1, S. 39-40
Bechtle, Günter, Systemische Rationalisierung als neues Paradigma industriesoziologischer Forschung?, in: Beckenbach/van Treeck (Hrsg.), Umbrüche gesellschaftlicher Arbeit, S. 45-64
Beck, Ulrich, Risikogesellschaft. Auf dem Weg in eine andere Moderne, Frankfurt a.M. 1986
Beckenbach, Niels/Werner van Treeck (Hrsg.), Umbrüche gesellschaftlicher Arbeit (= Soziale Welt, Sonderband 9), Göttingen 1994
Becker, Irene/Richard Hauser (Hrsg.), Einkommensverteilung und Armut. Deutschland auf dem Weg zur Vierfünftel-Gesellschaft, Frankfurt a.M./New York 1997
Behrens, Fritz/Rolf G. Heinze/Josef Hilbert u.a. (Hrsg.), Den Staat neu denken. Reformperspektiven für die Landesverwaltungen, Berlin 1995
Bentele, Karlheinz/Bernd Reissert/Ronald Schettkat (Hrsg.), Die Reformfähigkeit von Industriegesellschaften. Fritz W. Scharpf – Festschrift zu seinem 60. Geburtstag, Frankfurt a.M./New York 1995

Literatur

Beresford, Paul, The Government Agenda for Occupational Health and Safety, in: The Safety and Health Practitioner, Vol. 14, 1996, No. 9, S. 12-13

Berg, Werner, Gesundheitsschutz als Aufgabe der EU. Entwicklungen, Kompetenzen, Perspektiven, Baden-Baden 1997

Berggren, Christian, Lean Production – the End of History?, in: Work, Employment and Society, Vol. 7, 1993, No. 2, S. 163-188

Berié, Hermann, Erfolg für den europäischen Sozialraum, in: Bundesarbeitsblatt, 1988, H. 9, S. 5-12

Berié, Hermann, Europäische Sozialpolitik. Von Messina bis Maastricht, in: Kleinhenz (Hrsg.), Soziale Integration in Europa I, S. 31-107

Beuter, Rita/Jacques Pelkmans (Eds.), Cementing the Internal Market, Maastricht 1986

Beyersmann, Detmar, Gefahrstoffe: Exposition, Gesundheitsgefahren, Grenzwerte – unter besonderer Berücksichtigung krebserzeugender Stoffe, in: Elsner (Hrsg.), Leitfaden Arbeitsmedizin, S. 143-159

Bieback, Karl-Jürgen, Organisationsrecht, in: Schulin (Hrsg.), Handbuch des Sozialversicherungsrechts, Bd. 2, S. 1115-1173

Bieback, Karl-Jürgen/Alfred Oppolzer (Hrsg.), Strukturwandel des Arbeitsschutzes, Opladen 1999

Bieber, Roland/Renaud Dehousse/John Pinder/Joseph H.H. Weiler (Eds.), One European Market?, Baden-Baden 1988

Biedenkopf, Kurt H., Die neue Sicht der Dinge, München/Zürich 1985

Bieling, Hans-Jürgen/Frank Deppe (Hrsg.), Arbeitslosigkeit und Wohlfahrtsstaat in Westeuropa. Neun Länder im Vergleich, Opladen 1997

Bieling, Hans-Jürgen/Frank Deppe, Internationalisierung, Integration und politische Regulierung, in: Jachtenfuchs/Kohler-Koch (Hrsg.), Europäische Integration, S. 481-512

Bieneck, Hans-Jürgen, Arbeitsschutz in Europa, in: Langer-Stein/Pompe/Waskow u.a., Arbeitsmarkt in Europa, S. 75-84

Bieneck, Hans-Jürgen/Anette Rückert, Neue Herausforderungen für die Arbeitswissenschaft – Konsequenzen aus den EG-Richtlinien, in: Zeitschrift für Arbeitswissenschaft, 48. (20. N.F.) Jg., 1994, H. 1, S. 1-13

Binkelmann, Peter/Hans-Joachim Braczyk/Rüdiger Seltz, Entwicklung der Gruppenarbeit in Deutschland, Frankfurt a.M./New York 1993

Birk, Rolf, Die Rahmenrichtlinie über die Sicherheit und den Gesundheitsschutz am Arbeitsplatz – Umorientierung des Arbeitsschutzes und bisherige Umsetzung in den Mitgliedstaaten der Europäischen Union, in: Anzinger/Wank (Hrsg.), Entwicklungen im Arbeitsrecht und Arbeitsschutzrecht, S. 645-667

Bispinck, Reinhard, Bundesrepublik Deutschland, in: Bispinck/Lecher (Hrsg.), Tarifpolitik und Tarifsysteme in Europa, S. 48-79

Bispinck, Reinhard, Deregulierung, Differenzierung und Dezentralisierung des Flächentarifvertrags. Eine Bestandsaufnahme neuerer Entwicklungstendenzen der Tarifpolitik, in: WSI-Mitteilungen, 50. Jg., 1997, H. 8, S. 551-565

Bispinck, Reinhard, Gewerkschaften und arbeitsweltbezogene Gesundheitsforschung – Anmerkungen zu einem widersprüchlichen Verhältnis –, in: Peter (Hrsg.), Arbeitsschutz, Gesundheit und neue Technologien, S. 98-111

Bispinck, Reinhard, Stabil oder fragil? Die bundesdeutschen Arbeitsbeziehungen im Umbruch, in: Mesch (Hrsg.), Sozialpartnerschaft und Arbeitsbeziehungen in Europa, S. 75-100

Bispinck, Reinhard/Wolfgang Lecher (Hrsg.), Tarifpolitik und Tarifsysteme in Europa. Ein Handbuch über 14 Länder und europäische Kollektivverhandlungen, Köln 1993

Literatur

Blanchflower, David G./Richard B. Freeman, Did The Thatcher Reforms Change British Labour Market Performance? (=London School of Economics and Political Sciences, Centre for Economic Performance, Discussion Paper No. 168), London 1993
Blanke, Bernhard/Hellmut Wollmann (Hrsg.), Die alte Bundesrepublik. Kontinuität und Wandel (=Leviathan-Sonderheft 12/1991), Opladen 1991
Blüm, Norbert, Sozialraum Europa – Fortschritt oder gefährlicher Irrweg?, in: Zeitschrift für Sozialhilfe und Sozialgesetzbuch, 32. Jg., 1993, H. 1, S. 1-6
Bodewig, Kurt (Hrsg.), Gesundheit nicht nur denken. Handlungsansätze für Arbeitsschutz und betriebliche Gesundheitsförderung in Nordrhein-Westfalen, Essen 1998
Böck, Ruth/Dieter Sadowski, Die internationale Regulierung von Arbeit: Europäische Innovationen trotz Kompetenzmangels und Deregulierungswettbewerbs?, Gelsenkirchen 1994
Böhle, Fritz/Hanna Kaplonek, Interessenvertretung am Arbeitsplatz und Reformen im Gesundheitsschutz. Das Beispiel Großbritannien – ein Beitrag zur sozialpolitischen Diskussion in der BRD, Frankfurt a.M./New York 1980
Borchert, Jens, Ausgetretene Pfade? Zur Statik und Dynamik wohlfahrtsstaatlicher Regime, in: Lessenich/Ostner (Hrsg.), Welten des Wohlfahrtskapitalismus, S. 137-176
Bourdieu, Pierre, Die feinen Unterschiede. Kritik der gesellschaftlichen Urteilskraft, Frankfurt a.M. 1982
Boyer, Robert, Neue Richtungen von Managementpraktiken und Arbeitsorganisation. Allgemeine Prinzipien und Entwicklungspfade, in: Demirovic/Krebs/Sablowski (Hrsg.), Hegemonie und Staat, S. 55-103
Brake, Michael/Chris Hale, Public Order and Private Lives: The Politics of Law and Order, London, New York 1991
Brandes, Wolfgang/Peter Beyer/Jörg Konken, »Neue« Heimarbeit, in: WSI-Mitteilungen, 46. Jg., 1993, H. 9, S. 560-569
Braul, Hans, Das Arbeitsschutzsystem in Großbritannien – Ein Erfahrungsbericht, in: WSI-Mitteilungen, 48. Jg., 1995, H. 2, S. 139-143
Breuer, Joachim, Historische und sozialpolitische Grundlagen, in: Schulin (Hrsg.), Handbuch des Sozialversicherungsrechts, Bd. 2: Unfallversicherungsrecht, S. 1-67
Brewster, Chris/Paul Teague. European Community Social Policy. Its Impact on the UK, London 1989
Brickman, Ronald/Sheila Jasanoff/Thomas Ilgen, Controlling Chemicals. The Politics of Regulation in Europe and the United States, Ithaca and London 1985
Brinckmann, Hans, Strategien für eine effektivere und effizientere Verwaltung, in: Naschold/ Pröhl (Hrsg.), Produktivität öffentlicher Dienstleistungen, Bd. 1, S. 167-242
Brückner, Bernd, Handlungsprobleme der Gewerbeaufsicht und soziale Dimensionen des Arbeitsschutzes, in: Hessische Landesanstalt für Umwelt (Hrsg.) Sozialwissenschaftliche Reflexions- und Handlungshilfen für die Gewerbeaufsicht, Bd. 2, S. 9-18
Buchanan, David A., Principles and Practice in Work Design, in: Sisson (Ed.), Personnel Management, S. 85-116
Buck-Heilig, Lydia, Die Gewerbeaufsicht. Entstehung und Entwicklung, Opladen 1989
Bücker, Andreas/Kerstin Feldhoff/Wolfhard Kohte, Vom Arbeitsschutz zur Arbeitsumwelt. Europäische Herausforderungen für das deutsche Arbeitsrecht, Neuwied 1994
Bullinger, Hans-Jörg (Hrsg.), EU-Richtlinie Bildschirmarbeit. Konsequenzen der Umsetzung in deutsches Arbeitsschutzrecht, Stuttgart o.J. (1995)
Bundesanstalt für Arbeitsschutz (Hrsg.), Beurteilung der Risiken bei der Arbeit – Beispiele und Erfahrungen aus europäischen Ländern. Internationale Konferenz der Europäischen Union und der Bundesanstalt für Arbeitsschutz am 30.11. und 1.12.1994 in Dresden, Bremerhaven 1995
Bundesanstalt für Arbeitsschutz (Hrsg.), Europäisches Netzwerk »Betriebliche Gesundheitsförderung«. Vorträge des Workshops am 21. Juni 1995 in Dortmund, Bremerhaven 1996

Literatur

Bundesanstalt für Arbeitsschutz und Unfallforschung (Hrsg.), Arbeitsschutzsystem. Untersuchung in der Bundesrepublik Deutschland, 5 Bde., Dortmund 1980

Bundesinstitut für Berufsbildung/Institut für Arbeitsmarkt- und Berufsforschung (Hrsg.), Neue Technologien: Verbreitungsgrad, Qualifikation und Arbeitsbedingungen. Analysen aus der BIBB/IAB-Erhebung 1985/86 (=Beiträge aus der Arbeitsmarkt- und Berufsforschung 118), Nürnberg 1987

Der Bundesminister für Arbeit und Sozialordnung (Hrsg.), Prävention im Betrieb. Arbeitsbedingungen gesundheitsgerecht gestalten, Bonn 1992

Bundesministerium für Arbeit und Sozialordnung (Hrsg.), Übersicht über das Arbeitsrecht, 6., neubearb. u. erw. Aufl., Bonn 1997

Bunt, Karen, Occupational Health Provision at Work (= HSE Contract Research Report, No. 57/1993), London 1993

Burgess, Pete, Großbritannien, in: Bispinck/Lecher (Hrsg.), Tarifpolitik und Tarifsysteme in Europa, S. 153-180

Burgess, Pete, Struktur und Standpunkt des britischen Arbeitgeberverbandes CBI, in: Lecher/Platzer (Hrsg.), Europäische Union – Europäische Arbeitsbeziehungen?, S. 91-98

Busch, Klaus, Umbruch in Europa. Die ökonomischen, ökologischen und sozialen Perspektiven des einheitlichen Binnenmarktes, Köln 1991

Buss, Peter/Willi Eiermann, Die Schaffung des europäischen Binnenmarktes aus der Sicht der berufsgenossenschaftlichen Unfallverhütung, in: Arbeit und Sozialpolitik, 43. Jg., 1989, H. 3, S. 44-46

Bußhoff, Heinrich (Hrsg.), Politische Steuerung. Steuerbarkeit und Steuerungsfähigkeit. Beiträge zur Grundlagendiskussion, Baden-Baden 1992

Cecchini, Paolo, Europa '92. Der Vorteil des Binnenmarktes, Baden-Baden 1988

Celentano, David D., Health Issues in Office Work, in: Green/Baker (Eds.), Work, Health, and Productivity, S. 127-141

Clark, John, Die Gewerkschaftsgesetzgebung 1979-1984 und ihre Folgen für die Politik der Gewerkschaften, in: Jacobi/Kastendiek (Hrsg.), Staat und industrielle Beziehungen in Großbritannien, S. 163-187

Clever, Peter, Binnenmarkt '92: Die »soziale Dimension«, in: Zeitschrift für Sozialhilfe und Sozialgesetzbuch, 28. Jg., 1989, H. 5, S. 225-238

Clever, Peter, Die EG auf dem Weg zur politischen Union – sozialpolitische Perspektiven –, in: Zeitschrift für Sozialhilfe und Sozialgesetzbuch, 30. Jg., 1991, H. 3, S. 124-132

Clever, Peter, Gemeinschaftscharta sozialer Grundrechte und soziales Aktionsprogramm der EG-Kommission – Zwischenbilanz und Ausblick -, in: Zeitschrift für Sozialhilfe und Sozialgesetzbuch, 29. Jg., 1990, H. 5, S. 225-235

Clever, Peter, Soziale Grundrechte und Mindestnormen in der Europäischen Gemeinschaft,, in: Zeitschrift für Sozialhilfe und Sozialgesetzbuch, 28. Jg., 1989, H. 8, S. 393-402

Clever, Peter, Sozialpolitische Entwicklungen in der EG, in: Die BG, 1991, H. 10, S. 586-594

Coenen, Wilfried, Verhütung arbeitsbedingter Gesundheitsgefahren... eine neue Dimension des Arbeitsschutzes?, in: Die BG, 1997, H. 5, 222-231

Coenen, Wilfried/Dieter Waldeck, Die neue Arbeitsschutzgesetzgebung aus Sicht der gewerblichen Berufsgenossenschaften, in: Die BG, 1996, H. 9, S. 574-578

Coenen, Wilfried/Dieter Waldeck/B. Ziegenfuß, Sicherheit und Gesundheitsschutz bei der Arbeit: Berufsgenossenschaftliches Präventionskonzept, in: Die BG, 1995, H. 2, S. 2-8

Colling, Trevor/Anthony Ferner, Privatization and Marketization, in: Edwards (Ed.), Industrial Relations, S. 491-514

Cooper, Jacqui, Occupational Injuries at Work, in: Drever (Hrsg.), Occupational Health, S. 185-194

Literatur

Corcoran, Louise, Trade Union Membership and Recognition: 1994 Labour Force Survey Data, in: Employment Gazette, Vol. 103, 1995, No. 5, S. 191-202
Cox, Robert W., Structural Issues of Global Governance: Implications for Europe, in: Gill (Ed.), Gramsci, Historical Materialism and International Relations, S. 259-289
Cox, Tom, Stress Research and Stress Management: Putting Theory to Work (= HSE Contract Research Report, No. 61/1993), London 1993
Crouch, Colin, Class Conflict and the Industrial Relations Crises. Compromise and Corporatism in the Policies of the British State, London 1977
Crouch, Colin, Industrial Relations and European State Traditions, Oxford 1993
Crouch, Colin, United Kingdom: The Rejection of Compromise, in: Baglioni/Crouch (Eds.), European Industrial Relations, S. 326-362
Cullen, Sir John, The Future of the Health and Safety Commission. Chairman's Speech to the Scottish Chamber of Safety Conference, 3 May 1984, unpublished paper.
Cullen, Sir John (Interview), »The legislation we are introducing now is streets ahead of what we had before«, in: Health and Safety at Work, Vol. 13, 1991, No. 9, S. 22-23
Cullen, Sir John (Interview), On the Record – HSC Chair, Sir John Cullen, in: Occupational Health Review, September/October 1993, S. 11-15
Cully, Mark/Stephen Woodland, Trade Union Membership and Recognition 1996-97: An Analysis of data from the Certification Officer and the LFS, in: Labour Market Trends, 1998, No. 7, S. 353-362
Czada, Roland/Manfred G. Schmidt (Hrsg.), Verhandlungsdemokratie, Interessenvermittlung, Regierbarkeit. Festschrift für Gerhard Lehmbruch, Opladen 1993
Daintith, Terence (Ed.), Implementing Law in the United Kingdom: Structures for Indirect Rule, Chichester 1991
Daintith, Terence, Introduction, in: Ders. (Ed.), Implementing Law in the United Kingdom: Structures for Indirect Rule, Chichester 1991
Dalton, Alan, Lessons From the United Kingdom. Fightback of Workplace Hazards 1979-1992, in: International Journal of Health Services, Vol. 22, 1992, No. 3, S. 489-495
Damaska, Mirjan R., The Faces of Justice and State Authority. A Comparative Approach to the Legal Process, New Haven 1986
Daniel, William W./Neil Millward, Workplace Industrial Relations in Britain, London 1983
Däubler, Wolfgang, Die soziale Dimension des Binnenmarkts – Realität oder Propagandafigur?, in: Däubler/Lecher (Hrsg.), Die Gewerkschaften in den 12 EG-Ländern, S. 285-321
Däubler, Wolfgang, Sozialstaat EG? Die andere Dimension des Binnenmarktes, Gütersloh 1989
Däubler, Wolfgang/Wolfgang Lecher (Hrsg.), Die Gewerkschaften in den 12 EG-Ländern. Europäische Integration und Gewerkschaftsbewegung, Köln 1991
David, Paul A., Clio and the Economics of QWERTY, in: American Economic Review, Vol. 75, 1985, No. 2, S. 332-337
Davies, Neil/Paul Teasdale, The Costs to the British Economy of Work Accidents and Work-Related Ill Health, London 1994
Davies, Paul, A Challenge to the Single Channel, in: Industrial Law Journal, Vol. 23, 1994, No. 3, S. 272-285
Davies, Paul/Mark Freedland, Labour Legislation and Public Policy. A Contemporary History, Oxford 1993
Dawson, Patrick/Janette Webb, New Production Arrangements: The Total Flexible Cage?, in: Work, Employment and Society, Vol. 3, 1989, No. 2, S. 221-238
Dawson, Sam, HSC on Defensive as Fatal Accidents Drop to All-time Low, in: Health and Safety Bulletin 241, January 1996, S. 7-10
Dawson, Sandra/Paul Willman/Alan Clinton/Martin Bamford, Safety at Work: The Limits of Self-Regulation, Cambridge 1988

Literatur

Dehousse, Renaud, Integration v. Regulation? On the Dynamics of Regulation in the European Community, in: Journal of Common Market Studies, Vol. 30, 1992, No. 4, S. 383-402
Demirovic, Alex/Hans-Peter Krebs/Thomas Sablowski (Hrsg.), Hegemonie und Staat. Kapitalistische Regulation als Projekt und Prozeß, Münster 1992
Denninger, Erhard, Zur Verfassungsmäßigkeit des § 21 Abs. 4 Arbeitsschutzgesetz – Verfassungs- und Verwaltungsrechtliche Prüfung. Rechtsgutachten, erstattet im Auftrag des Hessischen Ministeriums für Frauen, Arbeit und Sozialordnung, Frankfurt a.M. 1998
Deppe, Frank, Autonomie und Integration. Materialien zur Gewerkschaftsanalyse, Marburg 1979
Deppe, Frank, Der Deutsche Gewerkschaftsbund (DGB) (1945-1965), in: Deppe/Fülberth/Harrer (Hrsg.), Geschichte der deutschen Gewerkschaftsbewegung, S. 471-575
Deppe, Frank, Auf dem Weg zum Jahr 2000, in: Deppe/Fülberth/Harrer (Hrsg.), Geschichte der deutschen Gewerkschaftsbewegung, S. 708-787
Deppe, Frank, Die Dynamik der europäischen Integration und die Arbeitsbeziehungen, in: Deppe/Weiner (Hrsg.), Binnenmarkt '92, S. 9-37
Deppe, Frank, Fin de Siècle. Am Übergang ins 21. Jahrhundert, Köln 1997
Deppe, Frank/Georg Fülberth/Jürgen Harrer (Hrsg.), Geschichte der deutschen Gewerkschaftsbewegung, 4., aktualis. u. neu bearb. Aufl., Köln 1989
Deppe, Frank/Jörg Huffschmid/Klaus-Peter Weiner (Hrsg.), 1992 – Projekt Europa. Politik und Ökonomie in der Europäischen Gemeinschaft, Köln 1989
Deppe, Frank/Klaus-Peter Weiner (Hrsg.), Binnenmarkt '92. Zur Entwicklung der Arbeitsbeziehungen in Europa, Hamburg 1991
Deppe, Hans-Ulrich, Industriearbeit und Medizin. Zur Soziologie medizinischer Institutionen am Beispiel des werksärztlichen Dienstes in der BRD, Frankfurt a.M. 1973
Deppe, Hans-Ulrich, Krankheit ist ohne Politik nicht heilbar. Zur Kritik der Gesundheitspolitik, Frankfurt a.M. 1987
Deppe, Hans-Ulrich/Uwe Lenhardt, Westeuropäische Integration und Gesundheitspolitik, Marburg 1990
Deregulation Task Forces' Proposals for Reform. The Detailed Proposals of the Seven Business Deregulation Task Forces, with an Introduction by Lord Sainsbury of Preston Candover (January 1994), London 1994
Deregulation Task Force Report 1994/95, London 1995
Deregulation Task Force Report 1995/96, London 1996
Deregulierung Jetzt. Bericht der Deutsch-Britischen Deregulierungsgruppe, o.O. 1995
Deregulierungskommission (Unabhängige Expertenkommission zum Abbau marktwidriger Regulierungen), Marktöffnung und Wettbewerb, Stuttgart 1991
Deubner, Christian (Hrsg.), Europäische Einigung und soziale Frage. Möglichkeiten europäischer Sozialpolitik, Frankfurt a.M./New York 1990
Dewis, Malcolm, Tolley's Health and Safety at Work Handbook 1995, 7th ed., Croydon 1994
Dickens, Linda, The Advisory Conciliation and Arbitration Service: Regulation and Voluntarism in Industrial Relations, in: Baldwin/McCrudden (Eds.), Regulation and Public Law, S. 107-131
Dickens, Linda/Mark Hall, The State: Labour Law and Industrial Relations, in: Edwards (Ed.), Industrial Relations, S. 255-303
Dietrich, Hans, Empirische Befunde zur »Scheinselbständigkeit«. Zentrale Ergebnisse des IAB-Projektes »Freie Mitarbeiter und selbständige Einzelunternehmer mit persönlicher und wirtschaftlicher Abhängigkeit«, Nürnberg 1996
DiMaggio, Paul J./Walter W. Powell, Introduction, in: Powell/DiMaggio (Eds.), The New Institutionalism in Organizational Analysis, S. 1-38
Doll, Andreas, Konvergenz des Arbeitsschutzes in Europa: Chancen, Risiken und rechtliche Grenzen, in: Sozialer Fortschritt, 43. Jg., 1994, H. 10, S. 229-232

Literatur

Döring, Herbert, Parlament und Regierung, in: Gabriel/Brettschneider (Hrsg.), Die EU-Staaten im Vergleich, S. 336-358
Drake, Charles D./Frank B. Wright, Law of Health and Safety at Work, London 1983
Drever, Frances (Ed.), Occupational Health. Decennial Supplement. The Registrar General's Decennial Supplement for England and Wales (Office of Population Censuses and Surveys, Health and Safety Executive, Series DS No. 10), London 1995
Dyson, Kenneth (Ed.), The Politics of German Regulation, Aldershot/Brookfield 1992
Dyson, Kenneth, Regulatory Culture and Regulatory Change: Some Conclusions, in: Dyson (Ed.), The Politics of German Regulation, S. 257-271
Dyson, Kenneth, The State Tradition in Western Europe, Oxford 1980
Dyson, Kenneth, Theories of Regulation and the Case of Germany: A Model of Regulatory Change, in: Dyson (Ed.), The Politics of German Regulation, S. 1-28
Edeling, Thomas/Werner Jann/Dieter Wagner (Hrsg.), Institutionenökonomie und Neuer Institutionalismus. Überlegungen zur Organisationstheorie, Opladen 1999
Edwards, Paul (Ed.), Industrial Relations. Theory & Practice in Britain, Oxford 1995
Edwards, Paul/Mark Hall/Richard Hyman u.a., Great Britain: Still Muddling Through, in: Ferner/Hyman (Eds.), Industrial Relations in the New Europe, S. 1-68
Ehrenberg, Herbert/Anke Fuchs, Sozialstaat und Freiheit. Von der Zukunft des Sozialstaats, Frankfurt a.M. 1980
Eichener, Volker, Die Rückwirkungen der europäischen Integration auf nationale Politikmuster, in: Jachtenfuchs/Kohler-Koch (Hrsg.), Europäische Integration, S. 249-280
Eichener, Volker, Social Dumping or Innovative Regulation? Processes and Outcomes of European Decision-Making in the Sector of Health and Safety at Work Harmonization, Florence 1993
Eichener, Volker/Helmut Voelzkow, Europäische Regulierung im Arbeitsschutz. Überraschungen aus Brüssel und ein erster Versuch ihrer Erklärung, in: Böck/Sadowski, Die internationale Regulierung von Arbeit, S. 5-38
Eichener, Volker/Helmut Voelzkow, Ko-Evolution politisch-administrativer und verbandlicher Strukturen: Am Beispiel der technischen Harmonisierung des europäischen Arbeits-, Verbraucher- und Umweltschutzes, in: Streeck (Hrsg.), Staat und Verbände, S. 256-290
Elger, Tony, Technical Innovation and Work Organization in British Manufacturing in the 1980s: Continuity, Intensification or Transformation?, in: Work, Employment and Society, Vol. 4, 1990, Special Issue (May), S. 67-101
Eliassen, Kjell A./Jan Kooiman (Eds.), Managing Public Organizations. Lessons from Contemporary European Experience, London 1993
Elkeles, Thomas/Jens-Uwe Niehoff/Rolf Rosenbrock/Frank Schneider (Hrsg.), Prävention und Prophylaxe. Theorie und Praxis eines gesundheitspolitischen Grundmotivs in zwei deutschen Staaten 1949-1990, Berlin 1991
Elkeles, Thomas/Wolfgang Seifert, Arbeitslosigkeit und Gesundheit. Langzeitanalysen mit dem Sozio-Ökonomischen Panel, in: Soziale Welt, 43. Jg., 1992, H. 3, S. 278-300
Ellwein, Thomas/Joachim Jens Hesse/Renate Mayntz/Fritz W. Scharpf (Hrsg.), Jahrbuch zur Staats- und Verwaltungswissenschaft, Bd. 1/1987, Baden-Baden 1987
Ellwein, Thomas/Joachim Jens Hesse/Renate Mayntz/Fritz W. Scharpf (Hrsg.), Jahrbuch zur Staats- und Verwaltungswissenschaft, Bd. 3/1989, Baden-Baden 1989
Elsner, Gine (Hrsg.), Leitfaden Arbeitsmedizin. Ein Handbuch für Betriebsräte, Personalräte und Gewerkschafter, Hamburg 1998
Engel, Christian/Christine Borrmann, Vom Konsens zur Mehrheitsentscheidung. EG-Entscheidungsverfahren und nationale Interessenpolitik nach der Einheitlichen Europäischen Akte, Bonn 1991

Literatur

Esping-Andersen, Gøsta, After the Golden Age? Welfare State Dilemmas in a Global Economy, in: Esping-Andersen (Ed.), Welfare States in Transition, S. 1-31
Esping-Andersen, Gøsta, The Three Worlds of Welfare Capitalism, Cambridge 1990
Esping-Andersen, Gøsta, Welfare States and the Economy, in: Smelser/Swedberg (Eds.), The Handbook of Economic Sociology, S. 711-732
Esping-Andersen, Gøsta (Ed.), Welfare States in Transition. National Adaptions in Global Economies, London 1996
Esser, Josef, Gewerkschaften in der Krise. Die Anpassung der deutschen Gewerkschaften an neue Weltmarktbedingungen, Frankfurt a.M. 1982
Esser, Josef, Konzeption und Kritik des kooperativen Staates, in: Görg/Roth (Hrsg.), Kein Staat zu machen, S. 38-48
Esser, Josef, Die »theoretische Auflösung« des Staates in der Politikwissenschaft, in: Glatzer (Hrsg.), Ansichten der Gesellschaft, S. 227-237
Esser, Josef/Christoph Görg/Joachim Hirsch (Hrsg.), Politik, Institutionen und Staat. Zur Kritik der Regulationstheorie, Hamburg 1994
Europäische Stiftung zur Verbesserung der Lebens- und Arbeitsbedingungen, Erste europäische Umfrage über die Arbeitsumwelt 1991-1992, Dublin 1992
Europäisches Technikbüro der Gewerkschaften für Gesundheit und Sicherheit, Vergleichende Daten zur Übertragung in den einzelnen Ländern: Ergebnisse der TGB-Untersuchung. Papier zur Konferenz »Die Arbeitsumwelt in der Europäischen Union: Schwieriger Weg vom Gesetz zur Praxis«, Brüssel, 1./2. Dezember 1997
European Foundation for the Improvement of Living and Working Conditions, Economic Incentives, Luxemburg 1984
European Foundation for the Improvement of Living and Working Conditions, Second European Survey on Working Conditions, Dublin 1997
European Foundation for the Improvement of Living and Working Conditions, Working Conditions in the European Union, Dublin 1997
Evans, Peter B./Dietrich Rueschemeyer/Theda Skocpol (Eds.), Bringing the State Back In, London 1985
Everley, Mike, Leaked Letter Causes Rumpus over HSE Risk-Taking, in: The Safety and Health Practitioner, Vol. 14, 1993, No. 1, S. 3
Everley, Mike, The Changing Role of the TUC, in: Health and Safety at Work, Vol. 15, 1993, No. 4, S. 13-16
Everley, Mike, The Price of Cost-Benefit, in: Health and Safety at Work, Vol. 17, 1995, No. 9, S. 13-15
Evers, Adalbert/Helga Nowotny, Über den Umgang mit Unsicherheit. Die Entdeckung der Gestaltbarkeit von Gesellschaft, Frankfurt a.M. 1987
Faber, Ulrich, Das betriebliche Arbeits- und Gesundheitsschutzrecht der Bundesrepublik nach der Umsetzung der europäischen Arbeitsumweltrichtlinien, in: Arbeit, 7. Jg., 1998, H. 3, S. 203-218
Fairman, Robyn, Robens – 20 Years on, in: Health and Safety Information Bulletin 221, May 1994, S. 13-16
Fairman, Robyn, Whither Regulation?, in: Health and Safety Information Bulletin 227, November 1994, S. 9-10
Falkner, Gerda, Supranationalität trotz Einstimmigkeit. Entscheidungsmuster der EU am Beispiel Sozialpolitik, Bonn 1994
Feick, Jürgen/Werner Jann, »Nations matter« – Vom Eklektizismus zur Integration in der vergleichenden Policy-Forschung?, in: Schmidt (Hrsg.), Staatstätigkeit, S. 196-220
Felder, Michael, Verwaltungsmodernisierung und Staatsprojekte. Mit der schlanken Verwaltung zum nationalen Wettbewerbsstaat?, in: Forum Wissenschaft, 12. Jg., 1995, H. 4, S. 6-10

Literatur

Felder, Michael, Vom »muddling through« zurück zum »eisernen Käfig«? Aktuelle Strategien der Verwaltungsmodernisierung, in: Z. Zeitschrift Marxistische Erneuerung, 9. Jg., 1998, Nr. 34, S. 91-109

Ferner, Anthony/Richard Hyman (Eds.), Industrial Relations in the New Europe, Oxford 1992

Ferner, Anthony/Richard Hyman (Eds.), New Frontiers in European Industrial Relations, Oxford 1994

Fischer, Cornelia, Artikelgesetz Arbeitsschutz: Große Zustimmung, in: Bundesarbeitsblatt, 1996, H. 10, S. 5-9

Fischer, Klaus J./Manfred Rentrop, Berufsgenossenschaftliches Vorschriften- und Regelwerk in einer Neuordnungskonzeption, in: Die BG, 1997, H. 9, S. 456-463

Fitzpatrick, Barry, UK Implementation of Directive 89/391/EEC on the Introduction of Measures to Encourage Improvements in the Safety and Health of Workers at Work, in: Zeitschrift für ausländisches und internationales Arbeits- und Sozialrecht, 13. Jg., 1999, H. 1, S. 119-129

Forsyth, Michael (Minister of State for Employment and Government spokesman on health and safety), Interview, in: Safety Management, 1994, No. 1, S. 12-15

Freedman, David, Health and Safety at Work: Perceptions of National Trade Union Officials, Oxford 1989

Fröhner, Klaus Dieter (Hrsg.), Sicherheit und Gesundheit im Betrieb. Deutsch-deutsche Transformation und europäischer Wandel, Opladen 1997

Fuchs, Karl-Detlef, Die Entschädigung als Leitgedanke und die Folgen versicherungsrechtlichen Denkens, in: Müller/Milles (Hrsg.), Berufsarbeit und Krankheit, S. 166-191

Fulton, Lionel, Das britische System der Kollektivverhandlungen, in: Lecher/Platzer (Hrsg.), Europäische Union – Europäische Arbeitsbeziehungen?, S. 84-90

Fulton, Lionel, Neue Kraft nach zwei Jahrzehnten des Rückschlags. Perspektiven der britischen Gewerkschaftsbewegung am Ende des Thatcherismus, in: Gewerkschaftliche Monatshefte, 1995, H. 4, S. 238-244

Gabriel, Oscar W./Frank Brettschneider (Hrsg.), Die EU-Staaten im Vergleich. Strukturen, Prozesse, Politikinhalte, 2., überarb. u. erw. Aufl., Bonn 1994

Gallie, Duncan/Michael White, Employee Commitment and the Skills Revolution: First Findings from the Employment in Britain Survey, London 1993

Gamble, Andrew, Britain in Decline. Economic Policy, Political Strategy and the British State, 4th ed., Basingstoke 1994

Gamble, Andrew, The Free Economy and the Strong State. The Politics of Thatcherism, 2nd ed., Basingstoke 1994

Gamble, Andrew, The Politics of Thatcherism, in: Parliamentary Affairs, Vol. 42, 1989, No. 3, S. 350-361

Gawatz, Reinhard, Gesundheitskonzepte: Ihre Bedeutung im Zusammenhang von sozialer Lage und Gesundheit, in: Gawatz/Novak (Hrsg.), Soziale Konstruktionen von Gesundheit, S. 155-168

Gawatz, Reinhard/Peter Novak (Hrsg.), Soziale Konstruktionen von Gesundheit. Wissenschaftliche und alltagspraktische Gesundheitskonzepte, Ulm 1993

Geary, John, Work Practices: The Structure of Work, in: Edwards (Ed.), Industrial Relations, S. 368-396

Geldman, Adam, Workplace Health Promotion – an IRS Survey, in: Occupational Health Review, July/August 1994, S. 21-27

Genn, Hazel, Business Responses to the Regulation of Health and Safety in England, in: Law & Policy, Vol. 15, 1993, No. 3, S. 219-233

Geray, Max, Moderner Arbeitsschutz und Betriebsökologie – aktuelle Herausforderungen für Unternehmen und Interessenvertretungen, Frankfurt a.M. 1998

Literatur

Gevers, J.K.M., Health and Safety Protection in Industry: Participation and Information of Employers and Workers, Luxemburg 1988

Giddens, Anthony, Die Konstitution der Gesellschaft. Grundzüge einer Theorie der Strukturierung, 2., durchges. Aufl., Frankfurt a.m./New York 1995

Giesert, Marianne, Gefährdungsanalyse – psychische Belastungen – gibt es sie in den Betrieben?, unveröff. Ms., Düsseldorf 1999

Gill, Colin, Participation within the European Community, Luxemburg 1993

Gill, Stephen (Ed.), Gramsci, Historical Materialism and International Relations, Cambridge 1993

Gitter, Wolfgang, Die gesetzliche Unfallversicherung nach der Einordnung ins Sozialgesetzbuch – ein Versicherungszweig ohne Reformbedarf?, in: Betriebs-Berater, 53. Jg., 1998, H. 22, Beilage 6, S. 1-19

Glagow, Manfred/Helmut Willke/Helmut Wiesenthal (Hrsg.), Gesellschaftliche Steuerungsrationalität und partikulare Handlungsstrategien, Pfaffenweiler 1989

Göhler, Gerhard (Hrsg.), Die Eigenart der Institutionen. Zum Profil politischer Institutionentheorie, Baden-Baden 1994

Göhler, Gerhard (Hrsg.), Institutionenwandel, Opladen 1997

Göhler, Gerhard/Rainer Kühn, Institutionenökonomie, Neoinstitutionalismus und die Theorie politischer Institutionen, in: Edeling/Jann/Wagner (Hrsg.), Institutionenökonomie und Neuer Institutionalismus, S. 17-42

Göhler, Gerhard/Kurt Lenk/Rainer Schmalz-Bruns (Hrsg.), Die Rationalität politischer Institutionen. Interdisziplinäre Perspektiven, Baden-Baden 1990

Görg, Christoph/Roland Roth (Hrsg.), Kein Staat zu machen: Zur Kritik der Sozialwissenschaften, Münster 1998

Gold, Michael (Ed.), The Social Dimension. Employment Policy in the European Community, Basingstoke 1993

Gottschalk, Bernhard, Kosten-Nutzen-Betrachtung betrieblicher Gesundheitspolitik noch vor der Investition, in: Der Bundesminister für Arbeit und Sozialordnung (Hrsg.), Prävention im Betrieb, S. 228-240

Grande, Edgar, Die neue Architektur des Staates, in: Czada/Schmidt (Hrsg.), Verhandlungsdemokratie, Interessenvermittlung, Regierbarkeit, S. 73-98

Grande, Edgar/Rainer Prätorius (Hrsg), Modernisierung des Staates?, Baden-Baden 1997

Grant, Wyn/Jane Sargent, Business and Politics in Britain, Basingstoke 1987

Grimm, Dieter, The Modern State: Continental Traditions, in: Kaufmann (Hrsg.), The Public Sector, S. 117-139

Grimm, Dieter, Recht und Staat der bürgerlichen Gesellschaft, Frankfurt a.M. 1987

Grimm, Dieter (Hrsg.), Staatsaufgaben, Baden-Baden 1994

Gruber, Stefan, Die Arbeitskräfteerhebung der Europäischen Union, in: Wirtschaft und Statistik, 1995, H. 7, S. 518-529

Grunberg, Leon, The Effects of Social Relations of Production on Productivity and Workers' Safety: An Ignored Set of Relationships, in: International Journal of Health Studies, Vol. 13, 1983, No. 4, S. 621-634

Haas, Ernst B., Beyond the Nation-State. Functionalism and International Organization, Stanford 1964

Habermas, Jürgen, Der philosophische Diskurs der Moderne. Zwölf Vorlesungen, Frankfurt a.M. 1985

Hall, Mark, Beyond Representation? Employee Representation and EU Law, in: Industrial Law Journal, Vol. 25, 1996, No. 1, S. 15-27

Hall, Mark, Industrial Relations and the Social Dimension, in: Ferner/Hyman (Eds.), New Frontiers in European Industrial Relations, S. 281-311

Literatur

Hall, Peter A./Taylor, Rosemary C. R., Political Science and the Three New Institutionalisms, in: Political Studies, Vol. 44, 1996, No 5, S. 936-957

Hall, Stuart, Der Thatcherismus und die Theoretiker, in: Hall, Ausgewählte Schriften, Hamburg, Berlin 1989, S. 172-206

Hall, Stuart, Authoritarian Populism: A Reply to Jessop et al, in: New Left Review, No. 151, 1985, S. 115-124

Hall, Stuart/Martin Jacques (Eds.), The Politics of Thatcherism, London 1983

Hamer, Eberhard, Berufsgenossenschaften müssen auf den Prüfstand, in: Frankfurter Allgemeine Zeitung vom 1.4.1998

Hantrais, Linda, Social Policy in the European Union, Basingstoke 1995

Harding, Christopher/Bert Swart (Eds.), Enforcing European Community Rules, Aldershot u.a. 1996

Harrington, John M./T.C. Aw, Occupational and Environmental Medicine in the United Kingdom, in: International Archives of Occupational and Environmental Health, Vol. 68, 1996, No. 2, S. 69-74

Harten, Gerd von/Gottfried Richenhagen, Die neue Bildschirmarbeitsverordnung, in: WSI-Mitteilungen, 50. Jg., 1997, H. 12, S. 884-890

Hartmann, Jürgen, Interessenverbände, in: Gabriel/Brettschneider (Hrsg.), Die EU-Staaten im Vergleich, S. 258-278

Hartmann, Michael, Abschied vom Taylorismus – Perspektiven der Bürorationalisierung, in: Rock/Ulrich/Witt (Hrsg.), Strukturwandel der Dienstleistungsrationalisierung, S. 127-148

Hartmann, Stephan/Harald C. Traue, Gesundheitsförderung und Krankheitsprävention im betrieblichen Umfeld, Ulm 1996

Harvey, Sarah, Just an Occupational Hazard? Policies for Health at Work, London 1988

Hauß, Friedrich, Vom Arbeitsschutz zur betrieblichen Gesundheitsförderung – Eine denkbare Entwicklung?, in: Elkeles/Niehoff/Rosenbrock/Schneider (Hrsg.), Prävention und Prophylaxe, S. 205-226

Hawkins, Keith/Bridget M. Hutter, The Response of Business to Social Regulation in England and Wales: An Enforcement Perspective, in: Law & Policy, Vol. 15, 1993, No. 3, S. 199-217

Health and Safety Executive, Safely Appointed. HSE's Survey into the Impact of Legislation on Safety Committees, in: Employment Gazette, Vol. 89, 1981, No. 2, S. 55-58

Health and Safety Executive, Self-Reported Work-Related Illness. Results from a Trailer Questionnaire on the 1990 Labour Force Survey in England and Wales (= Research Paper 33), London 1993

Health and Safety Executive, Workplace Health and Safety in Europe. A Study of the Regulatory Arrangements in France, West Germany, Italy and Spain, London 1991

Heine, Hartwig/Rüdiger Mautz, Industriearbeiter contra Umweltschutz?, Frankfurt a.M./New York 1989

Heinze, Rolf G., Verbändepolitik und »Neokorporatismus«, Opladen 1981

Heinze, Rolf G./Josef Schmid/Christoph Strünck, Vom Wohlfahrtsstaat zum Wettbewerbsstaat. Arbeitsmarkt- und Sozialpolitik in den 90er Jahren, Opladen 1999

Hendy, John/Michael Ford (Eds.), Redgrave, Fife and Machin: Health and Safety, 2nd ed., London 1993

Henninges, Hasso von, Arbeitsbelastungen aus der Sicht von Erwerbstätigen (=Beiträge zur Arbeitsmarkt- und Berufsforschung 219), Nürnberg 1998

Henninges, Hasso von, Arbeitsplätze mit belastenden Arbeitsanforderungen, in: Mitteilungen aus der Arbeitsmarkt- und Berufsforschung, 1981, 14. Jg., H. 4, S. 362-383

Henninges, Hasso von, Auswirkungen moderner Technologien auf Arbeitsbedingungen, in: Bundesinstitut für Berufsbildung/Institut für Arbeitsmarkt- und Berufsforschung (Hrsg.), Neue Technologien, Qualifikation und Arbeitsbedingungen, S. 309-418

Hennock, E.P., British Social Reform and German Precedents. The Case of Social Insurance 1880-1914, Oxford 1987
Hentschel, Volker, Geschichte der deutschen Sozialpolitik (1880-1980), Frankfurt a.M. 1983
Hepple, Bob, Individual Labour Law, in: Bain, George S. (Ed.), Industrial Relations in Britain, Oxford 1983, S. 393-417
Héritier, Adrienne, Die Koordination von Interessenvielfalt im europäischen Entscheidungsprozeß und deren Ergebnis: Regulative Politik als »Patchwork« (Max-Planck-Institut für Gesellschaftsforschung, MPIFG Discussion Paper 95/4), Köln 1995
Héritier, Adrienne (Hrsg.), Policy-Analyse. Kritik und Neuorientierung, Opladen 1993
Héritier, Adrienne, Policy-Netzwerkanalyse als Untersuchungsinstrument im europäischen Kontext: Folgerungen aus einer empirischen Studie regulativer Politik, in: Héritier (Hrsg.), Policy-Analyse, S. 432-447
Héritier, Adrienne/Susanne Mingers/Christoph Knill/Martina Becker, Die Veränderung von Staatlichkeit in Europa. Ein regulativer Wettbewerb: Deutschland, Großbritannien und Frankreich in der Europäischen Union, Opladen 1994
Hesse, Joachim Jens/Thomas Ellwein, Das Regierungssystem der Bundesrepublik Deutschland, Bd. 1: Text, 8., völlig. neubearb. u. erw. Aufl., Opladen 1997
Hessische Landesanstalt für Umwelt (Hrsg.) Sozialwissenschaftliche Reflexions- und Handlungshilfen für die Gewerbeaufsicht, Bd. 2: Soziale Dimensionen des Arbeitsschutzes. Ansätze zur Erweiterung gewerbeaufsichtlicher Spielräume, Wiesbaden 1992
Hildebrandt, Eckart/Gudrun Linne/Rainer Lucas/Gerda Sieben (Hrsg.), Umweltschutz und Arbeitsschutz zwischen Eigenständigkeit und Gemeinsamkeit. Vom Programm zur Praxis (= Hans-Böckler-Stiftung, Graue Reihe – Neue Folge 77), Düsseldorf 1994
Hiller, Petra/Georg Krücken (Hrsg.), Risiko und Regulierung. Soziologische Beiträge zu Technikkontrolle und präventiver Umweltpolitik, Frankfurt a.M. 1997
Hinne, Klaus, Gesundheitsschutz in der Arbeitsumwelt. Aufgaben und künftige Anforderungen an die Berufsgenossenschaften, in: Neumann (Hrsg.), Arbeits- und Gesundheitsschutz aktuell, S. 69-80
Hirsch, Joachim, Der nationale Wettbewerbsstaat. Staat, Demokratie und Politik im globalen Kapitalismus, Berlin, Amsterdam 1995
Hirsch, Joachim, Kapitalismus ohne Alternative? Materialistische Gesellschaftstheorie und Möglichkeiten einer sozialistischen Politik heute, Hamburg 1990
Hirsch, Joachim, Politische Form, Institutionen und Staat, in: Esser/Görg/Hirsch (Hrsg.), Politik, Institutionen und Staat, S. 157-211
Hirsch, Joachim, Regulation, Staat und Hegemonie, in: Demirovic/Krebs/Sablowski (Hrsg.), Hegemonie und Staat, S. 203-231
Hirsch, Joachim/Roland Roth, Das neue Gesicht des Kapitalismus. Vom Fordismus zum Post-Fordismus, Hamburg 1986
Hobsbawm, Eric, Industrie und Empire, 2 Bde., Frankfurt a.M. 1980
Hockerts, Hans Günter, Sozialpolitische Entscheidungen im Nachkriegsdeutschland, Stuttgart 1980
Hoffmann, Edeltraut/Ulrich Walwei, Normalarbeitsverhältnis: ein Auslaufmodell? Überlegungen zu einem Erklärungsmodell für den Wandel der Beschäftigungsformen, in: Mitteilungen aus der Arbeitsmarkt- und Berufsforschung, 31. Jg., 1998, H. 3, S. 409-425
Hoffmann, Jürgen/Hildegard Matthies/Ulrich Mückenberger (Hrsg.), Der Betrieb als Ort ökologischer Politik: am Beispiel einer Schadstoffgruppe, Münster 1992
Hogwood, Brian W., Restructuring Central Government: The ›Next Steps‹ Initiative in Britain, in: Eliassen/Kooiman (Eds.), Managing Public Organizations, S. 207-223
Holgate, Geoffrey, Risk Pricing: An Alternative to Workplace Safety Legislation?, in: Health and Safety Bulletin 259, July 1997, S. 11-14

Literatur

Holgate, Geoffrey, Workplace Health and Safety: Challenging Regulatory Standards, in: The Industrial Law Journal, Vol. 23, 1994, No. 3, S. 246-252
Honey, S./J. Hillage/D. Frost/I. La Valle, Evaluation of the Display Screen Equipment Regulations 1992 (= HSE-Contract Research Report 130/1997), London 1997
Hood, Christopher, A Public Management for All Seasons?, in: Public Administration, Vol. 69, 1991, No. 1, S. 3-19
Hoover, Kenneth/Raymond Plant, Conservative Capitalism in Britain and the United States, London, New York 1989
Howells, Richard/Brenda Barrett, The Health and Safety at Work Act: A Guide for Managers, 2nd ed., London 1982
Hübner, Kurt, Theorie der Regulation. Eine kritische Rekonstruktion eines neuen Ansatzes der Politischen Ökonomie, 2., durchges. u. erw. Aufl., Berlin 1990
Huffschmid, Jörg, Das Binnenmarktprojekt '92 – Hintergründe und Stoßrichtung, in: Deppe/Huffschmid/Weiner (Hrsg.), 1992 – Projekt Europa, S. 39-60
Humphrey, John/Paul Smith, Looking after Corporate Health, London 1991
Hurrelmann, Klaus, Sozialisation und Gesundheit. Somatische, psychische und soziale Risikofaktoren im Lebenslauf, Weinheim 1988
Hutter, Bridget M., The Reasonable Arm of the Law? The Law Enforcement Procedures of Environmental Health Officers, Oxford 1988
Hutter, Bridget M., Regulating Employers and Employees: Health and Safety in the Workplace, in: Journal of Law and Society, Vol. 20, 1993, No. 4, S. 452-470
Hutter, Bridget M./Lloyd Bostock, The Power of Accidents: The Social and Psychological Impact of Accidents and the Enforcement of Safety Regulations, in: British Journal of Criminology, Vol. 30, S. 409-422
Hyman, Richard, British Industrial Relations: The Limits of Corporatism, in: Jacobi/Jessop/Kastendiek/Regini (Eds.), Economic Crisis, Trade Unions and the State, S. 79-104
Hyman, Richard, The Historical Evolution of British Industrial Relations, in: Edwards (Ed.), Industrial Relations, S. 27-49
IG Metall Bremen, Umsetzung des neuen Arbeitsschutzgesetzes in Bremer Betrieben – eine Bestandsaufnahme (Februar – Juni 1998), o.O. o.J. (Bremen 1998)
Immergut, Ellen M., The Theoretical Core of the New Institutionalism, in: Politics & Society, Vol. 26, 1998, No. 1, S. 5-34
Ing, Tessa, Betriebliche Gesundheitsförderung in Großbritannien, in: Bundesanstalt für Arbeitsschutz (Hrsg.), Europäisches Netzwerk »Betriebliche Gesundheitsförderung«, S. 41-49
Ingham, Geoffrey, Capitalism Divided? The City and Industry in British Social Development, Basingstoke 1984
Institut für angewandte Arbeitswissenschaft e.V. (Hrsg.), Anforderungen des EG-Binnenmarktes an Unternehmen und Verbände – insbesondere hinsichtlich Sicherheit und Gesundheitsschutz am Arbeitsplatz, Köln 1992
Ismayr, Wolfgang, Das politische System Deutschlands, in: Ismayr (Hrsg.), Die politischen Systeme Westeuropas, S. 407-444
Ismayr, Wolfgang (Hrsg.), Die politischen Systeme Westeuropas, Opladen 1997
Jachtenfuchs, Markus/Beate Kohler-Koch (Hrsg.), Europäische Integration, Opladen 1996
Jachtenfuchs, Markus/Beate Kohler-Koch, Regieren im dynamischen Mehrebenensystem, in: Jachtenfuchs/Kohler-Koch (Hrsg.), Europäische Integration, S. 15-44
Jacobi, Otto/Bob Jessop/Hans Kastendiek/Marino Regini (Eds.), Economic Crisis, Trade Unions and the State, London 1986
Jacobi, Otto/Hans Kastendiek (Hrsg.), Staat und industrielle Beziehungen in Großbritannien, Frankfurt a.M./New York 1985

Jacobi, Otto/Berndt Keller/Walther Müller-Jentsch, Germany: Codetermining the Future, in: Ferner/Hyman (Eds.), Industrial Relations in the New Europe, S. 218-269
Jacobson, Bobbie/Alwyn Smith/Margaret Whitehead, The Nation's Health. A Strategy for the 1990s. A Report from an Independent Multidisciplinary Committee, revised ed., London 1991
Jacqué, Jean-Paul, L'Acte unique européen, in: Revue trimestrielle de droit européen, Vol. 22, 1986, No. 4, S. 575-612
James, Phil, The EC »Framework« Directive and UK Law: Part I, in: Health and Safety Information Bulletin 172, April 1990, S. 2-5
James, Phil, The EC »Framework« Directive and UK Law: Part II, in: Health and Safety Information Bulletin 173, May 1990, S. 2-5
James, Phil, The European Community: A Positive Force for UK Health and Safety Law?, London 1993
James, Phil, Health and Safety: A Case of Economic Necessity? (= Middlesex Polytechnic, Faculty of Business Studies and Management Working Paper, No. 6), London 1983
James, Phil, Occupational Health and Safety, in: Gold (Ed.), The Social Dimension, S. 135-152
James, Phil, Reforming British Health and Safety Law: A Framework for Discussion, in: The Industrial Law Journal, Vol. 21, 1992, No. 2, S. 83-105
James, Phil, Responses to HSC's Proposals on the Framework Directive, in: Health and Safety Information Bulletin 196, April 1992, S. 2-6
James, Phil/David Lewis, Health and Safety at Work, in: Lewis (Ed.), Labour Law, S. 448-471
James, Philip/David Walters, Non-union Rights of Involvement: The Case of Health and Safety at Work, in: Industrial Law Journal, Vol. 26, 1997, No 1, S. 35-50
Jansen, Michael/Horst Römer, Die EG-Politik zur Verwirklichung eines gemeinsamen Binnenmarktes und ihre Auswirkungen auf den Arbeitsschutz, in: Die BG, 1988, H. 7, S. 438-441 (Teil 1); 1988, H. 8, S. 498-500 (Teil 2)
Jansen, Rolf, Arbeitsbelastungen und qualifikationsrelevante Arbeitsbedingungen, in: Jansen/Stooß, Qualifikation und Erwerbssituation im geeinten Deutschland, S. 97-105
Jansen, Rolf/Friedemann Stooß, Qualifikation und Erwerbssituation im geeinten Deutschland - Ein Überblick über die Ergebnisse der BIBB/IAB-Erhebung 1991/92. Eine Informationsgrundlage für den Hauptausschuß des Bundesinstituts für Berufsbildung und den Verwaltungsrat der Bundesanstalt für Arbeit, Berlin, Nürnberg 1992
Jasanoff, Sheila, Risk Management and Political Culture. A Comparative Study of Science in the Policy Context, New York 1986
Jesse, Eckhard, Wahlsysteme und Wahlrecht, in: Gabriel/Brettschneider (Hrsg.), Die EU-Staaten im Vergleich, S. 174-193
Jessop, Bob, Politik in der Ära Thatcher: Die defekte Wirtschaft und der schwache Staat, in: Grimm (Hrsg.), Staatsaufgaben, S. 353-389
Jessop, Bob, Regulation und Politik, in: Demirovic/Krebs/Sablowski (Hrsg.), Hegemonie und Staat, S. 232-262
Jessop, Bob, The Prospects for the Corporatisation of Monetarism in Britain, in: Jacobi/Jessop/Kastendiek/Regini (Eds.), Economic Crisis, Trade Unions and the State, S. 105-130
Jessop, Bob, State Theory. Putting Capitalist States in their Place, Cambridge 1990
Jessop, Bob, Veränderte Staatlichkeit. Veränderungen von Staatlichkeit und Staatsprojekten, in: Grimm (Hrsg.), Staatsaufgaben, S. 43-73
Joerges, Christian, Das Recht im Prozeß der Europäischen Integration, in: Jachtenfuchs/Kohler-Koch (Hrsg.), Europäische Integration, S. 73-108
Johnson, Jeffrey V./Gunn Johansson (Eds.), The Psychological Work Environment: Work Organization, Democratization and Health. Essays in Memory of Bertil Gardell, Amityville, N.Y. 1991

Literatur

Jones, J.R./J.T. Hodgson/T.A. Clegg/R.C. Elliott, Self-Reported Work-Related Illness in 1995. Results from a Household Survey, London 1998

Jordan, Grant/Jeremy Richardson, The British Policy Style or the Logic of Negotiation, in: Richardson (Ed.), Policy Styles in Western Europe, S. 80-110

Kaiser, André, Staatshandeln ohne Staatsverständnis. Die Entwicklung des Politikfeldes Arbeitsbeziehungen in Großbritannien, Bochum 1995

Karasek, Robert/Thöres Theorell, Healthy Work. Stress, Productivity, and the Reconstruction of Working Life, New York 1990

Kastendiek, Hans, Die lange Wende in der britischen Gesellschaftspolitik: Zur Interpretation des Thatcherismus, in: Stinshoff (Hrsg.), Die lange Wende, S. 17-41

Kastendiek, Hans, Zwischen Ausgrenzung und krisenpolitischer Konditionierung. Zur Situation der britischen Gewerkschaften, in: Müller-Jentsch (Hrsg.), Zukunft der Gewerkschaften, S. 160-190

Kastendiek, Hans/Karl Rohe/Angelika Volle (Hrsg.), Länderbericht Großbritannien. Geschichte – Politik – Wirtschaft – Gesellschaft, Bonn 1994

Katzenstein, Peter J. (Ed.), Industry and Politics in West Germany. Toward the Third Republic, Ithaca and London 1989

Katzenstein, Peter J., Stability and Change in the Emerging Third Republic, in: Katzenstein (Ed.), Industry and Politics in West Germany, S. 307-353

Kaufmann, Franz-Xaver (Hrsg.), The Public Sector – Challenge for Coordination and Learning, Berlin/New York 1991

Kaupen-Haas, Heidrun/Christiane Rothmaler (Hrsg.), Industrielle Pathogenität und Krankheit, Frankfurt a.M. 1995

Kavanagh, Dennis, Thatcherism and British Politics. The End of Consensus?, 2nd ed., Oxford 1990

Keck, Otto, Der neue Institutionalismus in der Theorie der Internationalen Politik, in: Politische Vierteljahresschrift, 32. Jg., 1991, H. 4, S. 635-653

Keck, Otto, Die Bedeutung der rationalen Institutionentheorie für die Politikwissenschaft, in: Göhler (Hrsg.), Die Eigenart der Institutionen, S. 187-220

Keller, Berndt, Die soziale Dimension des Binnenmarktes. Zur Begründung einer euro-pessimistischen Sicht, in: Politische Vierteljahresschrift, 34. Jg., 1993, H. 4, S. 588-612

Keller, Berndt, Einführung in die Arbeitspolitik, 5., völlig überarb. u. wes. erw. Aufl., München/Wien 1997

Keller, Berndt/Seifert, Hartmut (Hrsg.), Deregulierung am Arbeitsmarkt, Hamburg 1998

Keller, Berndt/Seifert, Hartmut, Regulierung atypischer Beschäftigungsverhältnisse, in: WSI-Mitteilungen, 46. Jg., 1993, H. 9, S. 538-545

Keller, Karl-Josef, Die Bildschirmarbeitsverordnung. Ein Vorschlag zur praktischen Umsetzung (= Leistung und Lohn, Nr. 301-305, hrsg. v. d. Bundesvereinigung der Deutschen Arbeitgeberverbände), Bergisch-Gladbach 1996

Keller, Karl-Josef, EG-Richtlinie »Arbeit an Bildschirmgeräten«, Teil 1: Gefahren und Probleme bei der Harmonisierung der europäischen Arbeitsbedingungen (=Leistung und Lohn, hrsg. v. d. Bundesvereinigung der Deutschen Arbeitgeberverbände), Bergisch-Gladbach 1993

Keller, Karl-Josef, EG-Richtlinie »Arbeit an Bildschirmgeräten«, Teil 2: Die problematischen Inhalte (=Leistung und Lohn, hrsg. v. d. Bundesvereinigung der Deutschen Arbeitgeberverbände), Bergisch-Gladbach 1993

Kenis, Patrick/Volker Schneider, Policy Networks and Policy Analysis: Scrutinizing a New Analytical Toolbox, in: Marin/Mayntz (Hrsg.), Policy Networks, S. 25-59

Keohane, Robert O./Stanley Hoffmann (Eds.), The New European Community. Decisionmaking and Institutional Change, Boulder, Oxford 1991

Literatur

Kern, Horst/Michael Schumann, Das Ende der Arbeitsteilung? Rationalisierung in der industriellen Produktion, München 1984

Kessler, Sid/Fred Bayliss, Contemporary British Industrial Relations, 2nd ed., London 1995

Kilper, Heiderose/Roland Lhotta, Föderalismus in der Bundesrepublik Deutschland. Eine Einführung, Opladen 1996

Kiralfy, Albert K.R., The English Legal System, 8th ed., London 1990

Kirschner, Wolf/Michael Radoschewski/R. Kirschner, §20 SGB V Gesundheitsförderung, Krankheitsverhütung: Untersuchung zur Umsetzung durch die Krankenkassen, Sankt Augustin 1995

Kittner, Michael/Ralf Pieper, Arbeitsschutzgesetz. Basiskommentar, Köln 1997

Kleinhenz, Gerhard (Hrsg.), Soziale Integration in Europa I, Berlin 1993

Kloppenburg, Horst, Inhalt und Ziel einer Beurteilung der Risiken am Arbeitsplatz in verbindlichen und unverbindlichen Rechtsakten der Europäischen Union, in: Bundesanstalt für Arbeitsschutz (Hrsg.), Beurteilung der Risiken bei der Arbeit, S. 9-24

Knill, Christoph, Staatlichkeit im Wandel. Großbritannien im Spannungsfeld innenpolitischer Reformen und europäischer Integration, Wiesbaden 1995

Knoche, Monika/Germanus Hungeling (Hrsg.), Soziale und ökologische Gesundheitspolitik. Standorte und Grundlagen einer grünen Gesundheitspolitik, Frankfurt a.M. 1998

Kogan, Helen/Keith Holdaway (Eds.), The Corporate Healthcare Handbook, London 1997

Kohler-Koch, Beate, Die Gestaltungsmacht organisierter Interessen im westeuropäischen Integrationsprozeß, in: Jachtenfuchs/Kohler-Koch (Hrsg.), Europäische Integration, S. 193-222

Kohler-Koch, Beate, Interessen und Integration. Die Rolle organisierter Interessen im westeuropäischen Integrationsprozeß, in: Kreile (Hrsg), Die Integration Europas, S. 81-119

Kohte, Wolfhard, Die EG-Bildschirmrichtlinie: Einordnung, Struktur und Inhalt, in: Werthebach/Wienemann (Hrsg.), EG-Arbeitsschutzpolitik: Praktische Umsetzung am Beispiel der neuen Bildschirmrichtlinie, S. 7-23

Koll, Michael, Neuordnung der Vorschriftenwerks aus Sicht des BMA, in: Hauptverband der gewerblichen Berufsgenossenschaften, Neuordnung des berufsgenossenschaftlichen Vorschriften- und Regelwerks, S. 21-28

Koll, Michael, Umsetzung von EG-Richtlinien in deutsches Recht, in: Institut für angewandte Arbeitswissenschaft e.V. (Hrsg.), Anforderungen des EG-Binnenmarktes an Unternehmen und Verbände, S. 96-102

König, Klaus/Joachim Beck, Modernisierung von Staat und Verwaltung. Zum Neuen Öffentlichen Management, Baden-Baden 1997

Konkolewsky, Hans-Horst, Developing a European Work Environment Information System. Papier zur Konferenz »Die Arbeitsumwelt in der Europäischen Union: Schwieriger Weg vom Gesetz zur Praxis«, Brüssel, 1./2. Dezember 1997

Konstanty, Reinhold, Skandal ohne Ende? Die Entschädigungspraxis der gewerblichen Berufsgenossenschaften bei Berufskrankheiten, in: Soziale Sicherheit, 38. Jg., 1989, H. 5, S. 105-112

Konstanty, Reinhold, Forderungen für ein »Gesetz zur Förderung und zum Schutz der Gesundheit in der Arbeitsumwelt« – Zur Neuordnung des Arbeitsschutzes in der Bundesrepublik –, in: WSI-Mitteilungen, 44. Jg., 1991, H. 9, S. 576-588

Konstanty, Reinhold, Das neue Arbeitsschutzrecht – Zukunftschance für die Gewerkschaften, in: Soziale Sicherheit, 45. Jg., 1996, H. 10, S. 361-366

Konstanty, Reinhold/Bruno Zwingmann, Aussicht auf höhere Sicherheitsstandards in der Arbeitsumwelt?, in: Die Mitbestimmung, 37. Jg., 1991, H. 4, S. 266-270

Konstanty, Reinhold/Bruno Zwingmann, Europäische Einigung und Gesundheitsschutz in der Arbeitswelt – Risiken und Chancen, in: WSI-Mitteilungen, 42. Jg., 1989, H. 10, S. 558-566

Literatur

Konstanty, Reinhold/Bruno Zwingmann, Perspektiven der Arbeitsschutzreform nach dem Scheitern des Arbeitsschutzrahmengesetzes, in: WSI-Mitteilungen, 48. Jg., 1995, H. 2, S. 61-76
Konstanty, Reinhold/Bruno Zwingmann, Perspektiven des Arbeitsschutzes und der betrieblichen Gesundheitsförderung nach der Arbeitsschutzgesetzgebung, in: WSI-Mitteilungen, 50. Jg., 1997, H. 12, S. 817-828
Kowalsky, Wolfgang, Europäische Sozialpolitik. Ausgangsbedingungen, Antriebskräfte und Entwicklungspotentiale, Opladen 1999
Krasner, Stephen D., Sovereignty: An Institutional Perspective, in: Comparative Political Studies, Vol. 21, 1988, No. 1, S. 66-94
Kreile, Michael (Hrsg), Die Integration Europas, Opladen 1992
Krüger, Helmut, Arbeit mit dem Bildschirm, in: Konietzko/Dupuis (Hrsg.), Handbuch der Arbeitsmedizin, S. 1-41
Kühn, Hagen, Healthismus. Eine Analyse der Präventionspolitik und Gesundheitsförderung in den U.S.A., Berlin 1993
Kühn, Hagen, Betriebliche Arbeitsschutzpolitik und Interessenvertretung der Beschäftigten, Frankfurt a.M./New York 1982
Labour Research Department, 1992 and Health & Safety, London 1992
Labour Research Department, Health & Safety Law. A Guide for Union Representatives, London 1995
Labour Research Department, Using Health & Safety Law. LRD's Guide for Safety Reps, London 1993
Lange, Peter, The Politics of the Social Dimension, in: Sbragia (Ed.), Euro-Politics, S. 225-256
Langer-Stein, Rose/Peter Pompe/Siegrfried Waskow u.a., Arbeitsmarkt in Europa. Arbeitsrecht – Arbeitsschutz – Soziale Sicherung, Bonn 1991
Le Blansch, Kees/Eckart Hildebrandt/Deborah Pearson, Industrial Relations and the Environment. Case Studies, Dublin 1994
Lecheler, Helmut, Das Subsidiaritätsprinzip. Strukturprinzip einer europäischen Union, Berlin 1993
Lecher, Wolfgang/Hans-Wolfgang Platzer (Hrsg.), Europäische Union – Europäische Arbeitsbeziehungen? Nationale Voraussetzungen und internationaler Rahmen, Köln 1994
Lecher, Wolfgang/Reinhard Naumann, Zur aktuellen Lage der Gewerkschaften, in: Däubler/Lecher (Hrsg.), Die Gewerkschaften in den 12 EG-Ländern, S. 15-130
Lehder, Günter, Der Umbruch in den formellen Bedingungen, in: Fröhner (Hrsg.), Sicherheit und Gesundheit im Betrieb, S. 29-42
Lehmann, Eleftheria/Günter Leßwing, Zeitgemäße Strategie in gewandelter Arbeitswelt, in: Bodewig (Hrsg.), Gesundheit nicht nur denken, S. 99-112
Lehmbruch, Gerhard, Der Beitrag der Korporatismusforschung zur Entwicklung der Steuerungstheorie, in: Politische Vierteljahresschrift, 37. Jg., 1996, H. 4, S. 735-751
Lehmbruch, Gerhard, Wandlungen der Interessenpolitik im liberalen Korporatismus, in: Alemann/Heinze (Hrsg.), Verbände und Staat, S. 50-73
Leibfried, Stephan, The Social Dimension of the European Union: En Route to Positively Joint Sovereignty, in: Journal of European Social Policy, Vol. 4, 1994, No. 4, S. 239-262
Leibfried, Stephan/Paul Pierson (Hrsg.), Standort Europa. Sozialpolitik zwischen Nationalstaat und Europäischer Integration, Frankfurt a.M. 1998
Leibfried, Stephan/Paul Pierson, Halbsouveräne Wohlfahrtsstaaten: Der Sozialstaat in der europäischen Mehrebenen-Politik, in: Leibfried/Pierson (Hrsg.), Standort Europa, S. 58-99
Leighton, Patricia, European Law: Its Impact on UK Employers (The Institute of Manpower Studies, Paper No. 156), Brighton 1990
Leighton, Patricia, The Work Environment: The Law of Health, Safety and Welfare, London 1991

Literatur

Leisewitz, André/Klaus Pickshaus, Ökologische Spurensuche im Betrieb, Frankfurt a.M. 1992
Lenhardt, Uwe, Betriebliche Gesundheitsförderung durch Krankenkassen. Rahmenbedingungen – Angebotsstrategien – Umsetzung, Berlin 1999
Lenhardt, Uwe, Betriebliche Gesundheitsförderung unter veränderten gesetzlichen Rahmenbedingungen, in: Zeitschrift für Gesundheitswissenschaft, 5. Jg., 1997, H. 3, S. 273-278
Lenhardt, Uwe, Betriebliche Strategien zur Reduktion von Rückenschmerzen – Aspekte des Interventionswissens und der Interventionspraxis (Wissenschaftszentrum Berlin für Sozialforschung, Forschungsgruppe Gesundheitsrisiken und Präventionspolitik, WZB-Paper P94-206), Berlin 1994
Lenhardt, Uwe, Zehn Jahre betriebliche Gesundheitsförderung. Eine Bilanz (Wissenschaftszentrum Berlin für Sozialforschung, Arbeitsgruppe Public Health, WZB-Paper P97-201), Berlin 1997
Lenhardt, Uwe/Rolf Rosenbrock, Gesundheitsförderung in der Betriebs- und Unternehmenspolitik. Voraussetzungen – Akteure – Verläufe, in: Müller/Rosenbrock (Hrsg.), Betriebliches Gesundheitsmanagement, Arbeitsschutz und Gesundheitsförderung, S. 298-326
Leopold, John W., Worker Participation and Joint Union-Management Health and Safety Committees in the United Kingdom, in: Bagnara/Misiti/Wintersberger (Eds.), Work and Health in the 1980s, S. 249-268
Lessenich, Stephan/Ilona Ostner (Hrsg.), Welten des Wohlfahrtskapitalismus. Der Sozialstaat in vergleichender Perspektive, Frankfurt a.M./New York 1998
Leßwing, Günter, Zeitgemäße Strategie in gewandelter Arbeitswelt, in: Ministerium für Arbeit, Gesundheit und Soziales des Landes Nordrhein-Westfalen, Jahresbericht 1996: Gesundheitsschutz am Arbeitsplatz, S. 9-14
Lewis, Roy (Ed.), Labour Law, Oxford, New York 1986
Lewis, Roy, Collective Labour Law, in: Bain (Ed.), Industrial Relations in Britain, S. 361-392
Lipietz, Alain, Akkumulation, Krisen und Auswege aus der Krise. Einige methodische Überlegungen zum Begriff »Regulation«, in: Prokla, 1985, Nr. 58, S. 109-138
Lißner, Lothar, Arbeitsbedingte Gesundheitsrisiken. Auf dem Weg in eine ungewisse Zukunft, in: WSI-Mitteilungen, 48. Jg., 1995, H. 2, S. 77-88
Loss Prevention Council, Occupational Ill-Health in Britain, London 1994
Luhmann, Niklas, Die Gesellschaft der Gesellschaft, 2 Bde., Frankfurt a.M. 1997
Luhmann, Niklas, Grenzen der Steuerung, in: Luhmann, Die Wirtschaft der Gesellschaft, S. 324-349
Luhmann, Niklas, Politische Steuerung: Ein Diskussionsbeitrag, in: Politische Vierteljahresschrift, 30. Jg., 1989, H. 1, S. 4-9
Luhmann, Niklas, Soziale Systeme. Grundriß einer allgemeinen Theorie, Frankfurt a.M. 1984
Luhmann, Niklas, Soziologie des Risikos, Berlin 1991
Luhmann, Niklas, Die Wirtschaft der Gesellschaft, Frankfurt a.M. 1988
Lutz, Burkart, Der kurze Traum immerwährender Prosperität, Frankfurt a.M./New York 1984
Majone, Giandomenico, The New European Agencies: Regulation by Information, in: Journal of European Public Policy, Vol. 4, 1997, No. 2, S. 262-275
Majone, Giandomenico, Redistributive und sozialregulative Politik, in: Jachtenfuchs/Kohler-Koch (Hrsg.), Europäische Integration, S. 225-247
Majone, Giandomenico, Regulating Europe, London, New York 1996
Majone, Giandomenico, Regulating Europe: Problems and Prospects, in: Ellwein/Hesse/Mayntz/Scharpf (Hrsg.), Jahrbuch zur Staats- und Verwaltungswissenschaft, Bd. 3/1989, S. 159-177
March, James G./Johan P. Olsen, Rediscovering Institutions. The Organizational Basis of Politics, New York 1989

Literatur

March, James G./Johan P. Olsen, The New Institutionalism: Organizational Factors in Political Life, in: American Political Science Review, Vol. 78, 1984, No. 3, S. 734-749
Marin, Bernd/Renate Mayntz, Introduction: Studying Policy Networks, in: Marin/Mayntz (Hrsg.), Policy Networks, S. 11-23
Marin, Bernd/Renate Mayntz (Hrsg.), Policy Networks: Empirical Evidence and Theoretical Considerations, Frankfurt a.M./New York 1991
Marsh, David, The New Politics of British Trade Unionism. Union Power and the Thatcher Legacy, Basingstoke 1992
Marsh, David/Rod A.W. Rhodes, Policy Communities and Issue Networks. Beyond Typology, in: Dies. (Eds.), Policy Networks in British Government, Oxford 1992, S. 249-268
Marsh, David/Rod A.W. Rhodes (Eds.), Policy Networks in British Government, Oxford 1992
Marsh, David/Rod A.W. Rhodes, Policy Networks in British Politics. A Critique of Existing Approaches, in: Marsh/Rhodes (Eds.), Policy Networks in British Government, S. 1-26
Marstedt, Gerd, Rationalisierung und Gesundheit. »Neue Produktionskonzepte«, »systemische Rationalisierung«, »lean production« – Implikationen für Arbeitsbelastungen und betriebliche Gesundheitspolitik (Wissenschaftszentrum Berlin für Sozialforschung, Forschungsgruppe Gesundheitsrisiken und Präventionspolitik, WZB-Paper P94-204), Berlin 1994
Marstedt, Gerd/Ulrich Mergner, Gesundheit als produktives Potential. Arbeitsschutz und Gesundheitsförderung im gesellschaftlichen und betrieblichen Strukturwandel, Berlin 1995
Marstedt, Gerd/Ulrich Mergner, Soziale Dimensionen des Arbeitsschutzes. Ein Handbuch für die staatliche Arbeitsschutzaufsicht, Bremerhaven 1995
Martin, A.B./A.J. Linehan/I. Whitehouse, The Regulation of Health and Safety in Five European Countries. Denmark, France, Germany, Spain, and Italy, with a Supplement on Recent Developments in the Netherlands (=HSE Contract Research Report, No. 84/1996), London 1996
Marx, Karl, Das Kapital, Bd. 1 (=Marx/Engels-Werke, Bd. 23), Berlin 1979
Marx, Karl, Das Kapital, Bd. 3 (=Marx/Engels-Werke, Bd. 25), Berlin 1979
Mascarenhas, Reginald C., Building an Enterprise Culture in the Public Sector: Reform of the Public Sector in Australia, Britain, and New Zealand, in: Public Administration Quarterly, Vol. 53, 1993, No. 4, S. 319-328
Maschewsky-Schneider, Ulrike, Gesundheitskonzepte und Gesundheitshandeln von Frauen, in: Gawatz/Novak (Hrsg.), Soziale Konstruktionen von Gesundheit, S. 195-213
Maschmann, Frank, Deutsches und Europäisches Arbeitsschutzrecht – Arbeitssicherheit im Wandel der Zeit. Ein Beitrag zur Einführung in die Grundprobleme sowie zur neuesten Entwicklung, in: Zeitschrift für Sozialreform, 40. Jg., 1994, H. 9, S. 595-632
Matthöfer, Hans, Humanisierung der Arbeit und Produktivität in der Industriegesellschaft, Köln 1977
May, Vicki/Katherine Bird, Berufskrankheiten in England und Deutschland. Historische Entwicklungen und Forschungsfragen, in: Milles (Hrsg.), Gesundheitsrisiken, Industriegesellschaft und soziale Sicherungen in der Geschichte, S. 389-418
Mayer, Udo/Ulrich Paasch, Ein Schein von Selbständigkeit, Köln 1990
Mayntz, Renate, Funktionelle Teilsysteme in der Theorie sozialer Differenzierung, in: Mayntz/Rosewitz/Schimank/Stichweh, Differenzierung und Verselbständigung, S. 11-44
Mayntz, Renate, Modernisierung und die Logik von interorganisatorischen Netzwerken, in: Journal für Soziologie, 32. Jg., 1992, H. 1, S. 19-32
Mayntz, Renate, Policy-Netzwerke und die Logik von Verhandlungssystemen, in: Héritier (Hrsg.), Policy-Analyse, S. 39-56
Mayntz, Renate, Politische Steuerung und gesellschaftliche Steuerungsprobleme – Anmerkungen zu einem theoretischen Paradigma, in: Ellwein/Hesse/Mayntz/Scharpf (Hrsg.), Jahrbuch zur Staats- und Verwaltungswissenschaft, Bd. 1/1987, S. 89-110

Literatur

Mayntz, Renate (Hrsg.), Verbände zwischen Mitgliederinteressen und Gemeinwohl, Gütersloh 1992

Mayntz, Renate/Bernd Rosewitz/Uwe Schimank/Rudolf Stichweh, Differenzierung und Verselbständigung. Zur Entwicklung gesellschaftlicher Teilsysteme, Frankfurt a.M./New York 1988

Mayntz, Renate/Fritz W. Scharpf (Hrsg.), Gesellschaftliche Selbstregelung und politische Steuerung, Frankfurt a.M./New York 1995

Mayntz, Renate/Fritz W. Scharpf, Der Ansatz des akteurzentrierten Institutionalismus, in: Mayntz/Scharpf (Hrsg.), Gesellschaftliche Selbstregelung und politische Steuerung, S. 39-72

Mayntz, Renate/Fritz W. Scharpf, Steuerung und Selbstorganisation in staatsnahen Sektoren, in: Mayntz/Scharpf (Hrsg.), Gesellschaftliche Selbstregelung und politische Steuerung, S. 9-38

Mehrhoff, Friedrich, Erneuerte Handlungsfelder für die Berufsgenossenschaften, in: Sozialer Fortschritt, 47. Jg., 1998, H. 11, S. 279-282

Meier, Christine, Erste Erfahrungen mit der Bildschirmarbeitsverordnung und dem Arbeitsschutzgesetz im privaten Dienstleistungsbereich – Kritische Einschätzung und Veränderungsbedarf, Ms., o.O. 1997

Mergner, Ulrich, Soziale Dimensionen des Arbeitsschutzes: Ein modellhaftes Fortbildungskonzept der Hessischen Gewerbeaufsicht, in: Hessische Landesanstalt für Umwelt (Hrsg.) Sozialwissenschaftliche Reflexions- und Handlungshilfen für die Gewerbeaufsicht, Bd. 2, S. 19-27

Mergner, Ulrich, Die Staatliche Gewerbeaufsicht im Spannungsfeld zwischen dem Vollzug von Rechtsvorschriften und sozialen Dimensionen des Arbeitsschutzes, Wiesbaden 1992

Merten, Detlef (Hrsg.), Die Subsidiarität Europas, 2., durchges. Aufl., Berlin 1994

Merten, Detlef/Rainer Pitschas (Hrsg.), Der Europäische Sozialstaat und seine Institutionen, Berlin 1993

Mesch, Michael (Hrsg.), Sozialpartnerschaft und Arbeitsbeziehungen in Europa, Wien 1995

Meyer, Jörg Alexander, Der Weg zur Pflegeversicherung. Positionen – Akteure – Politikprozesse, Frankfurt a.M. 1996

Meyer-Falcke, Andreas/Wilhelm D. Schäffer, Gestalten statt verwalten: Perspektiven für Arbeitsschutzpolitik auf Landesebene, in: WSI-Mitteilungen, 50. Jg., 1997, H. 12, S. 858-865

Middlemas, Keith, Orchestrating Europe. The Informal Politics of the European Union 1973-1995, London 1995

Mielck, Andreas (Hrsg.), Krankheit und soziale Ungleichheit. Ergebnisse der sozialepidemiologischen Forschung in Deutschland, Opladen 1993

Milles, Dietrich, Am »Punkt Null« stehen die alten Probleme, und aufgebaut werden die alten Schwierigkeiten. Der Umgang mit Berufsarbeit und Krankheit nach 1945, in: Müller/ Milles (Hrsg.), Berufsarbeit und Krankheit, S. 129-134

Milles, Dietrich (Hrsg.), Gesundheitsrisiken, Industriegesellschaft und soziale Sicherungen in der Geschichte, Bremerhaven 1993

Milles, Dietrich, Das Unfallparadigma in der Entwicklung des Berufskrankheitenkonzepts, in: Kaupen-Haas/Rothmaler (Hrsg.), Industrielle Pathogenität und Krankheit, S. 15-28

Millward, Neil/Mark Stevens/David Smart/W.R. Hawes, Workplace Industrial Relations in Transition. The ED/ESRC/PSI/ACAS Surveys, Aldershot 1992

Millward, Neil/Mark Stevens, British Workplace Industrial Relations 1980-1984. The DE/ESRC/PSI/ACAS Surveys, Aldershot 1986

Millward, Neil, The New Industrial Relations? Based on the ED/ESRC/PSI/ACAS Surveys, London 1994

Moore, Roger, The Price of Safety: The Market, Workers' Rights and the Law, London 1992

Moravcsik, Andrew, Negotiating the Single European Act: National Interests and Conventional Statecraft in the European Community, in: International Organization, Vol. 45, 1991, No. 1, S. 19-56

Literatur

Müller, Rainer, Prävention von arbeitsbedingten Erkrankungen? Zur Medikalisierung und Funktionalisierung des Arbeitsschutzes, in: Wambach (Hrsg.), Der Mensch als Risiko, S. 176-195

Müller, Rainer/Dietrich Milles (Hrsg.), Berufsarbeit und Krankheit, Frankfurt a.M./New York 1985

Müller, Rainer/Dietrich Milles, Industrielle Pathologie – arbeitsbedingte Erkrankungen – Gewerbehygiene, in: Müller/Milles (Hrsg.) Berufsarbeit und Krankheit, S. 195-223

Müller, Rainer/Rolf Rosenbrock (Hrsg.), Betriebliches Gesundheitsmanagement, Arbeitsschutz und Gesundheitsförderung – Bilanz und Perspektiven, Sankt Augustin 1998

Müller-Jentsch, Walther (Hrsg.), Zukunft der Gewerkschaften. Ein internationaler Vergleich, Frankfurt a.M./New York 1988

Münch, Richard, Dialektik der Kommunikationsgesellschaft, Frankfurt a.M. 1991

Münch, Richard, Risikopolitik, Frankfurt a.M. 1996

Narr, Wolf-Dieter/Alexander Schubert, Weltökonomie. Die Misere der Politik, Frankfurt a.M. 1994

Naschold, Frieder, Ergebnissteuerung, Wettbewerb, Qualitätspolitik. Entwicklungspfade des öffentlichen Sektors in Europa, Berlin 1995

Naschold, Frieder/Jörg Bogumil, Modernisierung des Staates. New Public Management und Verwaltungsreform, Opladen 1998

Naschold, Frieder/Marga Pröhl (Hrsg.), Produktivität öffentlicher Dienstleistungen, Bd. 1: Dokumentation eines wissenschaftlichen Diskurses zum Produktivitätsbegriff, 3. Aufl., Gütersloh 1995

Neal, Alan C., The European Framework Directive on the Health and Safety of Workers: Challenges for the United Kingdom?, in: International Journal of Comparative Labour Law and Industrial Relations, Vol. 6, 1990, No. 2, S. 80-117

Neal, Alan C./Frank B. Wright (Eds.), The European Communities' Health and Safety Legislation, London 1992

Nettl, John P., The State as a Conceptual Variable, in: World Politics, Vol. XX, July 1968, No. 4, S. 559-592

Neumann, Lothar F. (Hrsg.), Arbeits- und Gesundheitsschutz aktuell. Beiträge aus der Praxis, Köln 1992

New Safety Consultation Rights for Non-unionised Workplaces, in: Health and Safety Bulletin 237, September 1995, S. 10-12

New UK Health and Safety Proposals. Implementing the Framework Directive, in: Occupational Health Review, December 1991/January 1992, S. 6-9

Nichols, Theo, The Business Cycle and Industrial Injuries in British Manufacturing over a Quarter of a Century: Continuities in Industrial Injury Research, in: The Sociological Review, Vol. 37, 1989, No. 3, S. 538-550

Nichols, Theo, Industrial Injuries in British Manufacturing in the 1980's, in: The Sociological Review, Vol. 34, 1986, No. 2, S. 290-306

Nichols, Theo, Industrial Injuries in British Manufacturing Industry and Cyclical Effects: Continuities and Discontinuities in Industrial Injury Research, in: The Sociological Review, Vol. 39, 1991, No. 1, 131-139

Nichols, Theo, Industrial Safety in Britain and the 1974 Health and Safety at Work Act: The Case of Manufacturing, in: International Journal of the Sociology of Law, Vol. 18, 1990, No. 3, S. 317-342

Nichols, Theo, On the Analysis of Size Effect and Accidents – Comment, in: Industrial Relations Journal, Vol. 20, 1989, S. 62-65

Nichols, Theo, Problems in Monitoring the Safety Performance of British Manufacturing at the End of the Twentieth Century, in: The Sociological Review, Vol. 42, 1994, No. 1, S. 104-110

Literatur

Nichols, Theo, The Sociology of Industrial Injury, London 1997
Noelle-Neumann, Elisabeth/Renate Köcher (Hrsg.), Allensbacher Jahrbuch für Demoskopie, Bd. 10: 1993-1997, München 1997
Noelle-Neumann, Elisabeth/Burkhard Strümpel, Macht Arbeit krank? Macht Arbeit glücklich? Eine aktuelle Kontroverse, München/Zürich 1984
Noetzel, Thomas, Die Revolution der Konservativen. England in der Ära Thatcher, Hamburg 1987
Nullmeier, Frank/Friedbert W. Rüb, Die Transformation der Sozialpolitik. Vom Sozialstaat zum Sicherungsstaat, Frankfurt a.M./New York
O'Leary, Laura, The Role of Insurance Companies in Promoting Occupational Health, in: Occupational Health Review, March/April 1993, S. 18-20
Offe, Claus, Die Aufgabe von staatlichen Aufgaben. »Thatcherismus« und die populistische Kritik der Staatstätigkeit, in: Grimm (Hrsg.), Staatsaufgaben, S. 317-352
Offe, Claus, Die Staatstheorie auf der Suche nach ihrem Gegenstand. Beobachtungen zur aktuellen Diskussion, in: Ellwein/Hesse/Mayntz/Scharpf (Hrsg.), Jahrbuch zur Staats- und Verwaltungswissenschaft, Bd. 1/1987, S. 309-320
Oppenheim, Phillip, UK Approach to European Health and Safety Issues, in: Health & Safety Europe, 1995, No. 6, S. 18
Oppolzer, Alfred, Die Arbeitswelt als Ursache gesundheitlicher Ungleichheit, in: Mielck (Hrsg.), Krankheit und soziale Ungleichheit, S. 125-165
Oppolzer, Alfred, Handbuch Arbeitsgestaltung. Leitfaden für eine menschengerechte Arbeitsorganisation, Hamburg 1989
Osman, John/John Hodgson/Sally Hutchings/Jacky Jones/Trevor Benn/Richard Elliott, Monitoring Occupational Diseases, in: Drever (Ed.), Occupational Health. Decennial Supplement, S. 153-184
Partikel, Heinz, Die Arbeitsschutzpolitik der Europäischen Gemeinschaften auf der Grundlage der Einheitlichen Europäischen Akte, in: Deubner (Hrsg.), Europäische Einigung und soziale Frage, S. 124-140
Partikel, Heinz, Europäische Arbeitsschutzpolitik – Risiko und Chance, in: Soziale Sicherheit, 38. Jg., 1989, H. 5, S. 146-149
Peacock, Alan/Martin Ricketts/Jonathan Robinson (Eds.), The Regulation Game. How British and West German Companies Bargain with Governments, Oxford 1984
Pelikan, Jürgen M./Hildegard Demmer/Klaus Hurrelmann (Hrsg.), Gesundheitsförderung durch Organisationsentwicklung. Konzepte, Strategien und Projekte für Betriebe, Krankenhäuser und Schulen, Weinheim, München 1993
Pelkmans, Jacques, The New Approach to Harmonization and Standardization, in: Beuter/Pelkmans (Eds.), Cementing the Internal Market, S. 15-36
Peretzki-Leid, Ulrike, Aufgaben der Bundesländer im Gesundheitsschutz in der Arbeitsumwelt, in: WSI-Mitteilungen, 44. Jg., 1991, H. 9, S. 540-543
Perrow, Charles, Normale Katastrophen, Frankfurt a.M./New York 1987
Peter, Gerd (Hrsg.), Arbeitsschutz, Gesundheit und neue Technologien, Opladen 1988
Petersen, Ulrich/Eveline Höpfner, Scheinselbständigkeit – Ein Beitrag zur aktuellen Diskussion –, in: Die Angestelltenversicherung, 44. Jg., 1997, H. 2, S. 65-76
Pheasant, Steven, Ergonomics, Work and Health, Basingstoke 1991
Philipp, Dieter (Präsident des Zentralverbandes des Deutschen Handwerks), Statement zur Pressekonferenz am 9. Januar 1997
Pickert, Klaus, Rahmenrichtlinie 89/391/EWG über die Durchführung von Maßnahmen zur Verbesserung der Sicherheit und des Gesundheitsschutzes der Arbeitnehmer bei der Arbeit, in: Werthebach/Wienemann (Hrsg.), EG-Arbeitsumweltpolitik: Rahmenrichtlinie – Neue Herausforderungen für die Sicherheit und den Gesundheitsschutz am Arbeitsplatz, S. 13-27

Literatur

Pickert, Klaus/Erwin Scherfer, Neue Impulse für Technikgestaltung und Arbeitsumweltschutz durch die Europäische Union, in: WSI-Mitteilungen, 47. Jg., 1994, H. 7, S. 452-459

Pickshaus, Klaus, Gesundheitsschutz und Ökologie als tarifpolitische Gestaltungsfelder, in: WSI-Mitteilungen, 44. Jg., 1991, H. 3, S. 188-194

Pickshaus, Klaus, Zu einigen Problemen bei der Umsetzung der EG-Bildschirmrichtlinie, unveröff. Ts., o.O. o.J. (1997)

Pickshaus, Klaus/Klaus Priester (Hrsg.), Lösemittel und Ersatzstoffe, Frankfurt a.M. 1991

Pieper, Ralf, Das Arbeitsschutzrecht in der europäischen Arbeits- und Sozialordnung – Grundlagen, Bestandsaufnahme und Bewertung der Reform –, Dortmund, Berlin 1998

Pierson, Paul/Stephan Leibfried, Mehrebenen-Politik und die Entwicklung des »Sozialen Europa«, in: Leibfried/Pierson (Hrsg.), Standort Europa, S. 11-57

Pierson, Paul/Stephan Leibfried, Zur Dynamik sozialpolitischer Integration: Der Wohlfahrtsstaat in der europäischen Mehrebenen-Politik, in: Leibfried/Pierson (Hrsg.), Standort Europa, S. 422-463

Piotet, Françoise, Policies on Health and Safety in Thirteen Countries of the European Union, Vol. II: The European Situation, Dublin 1996

Platz, Albert, Finanzierung der gesetzlichen Unfallversicherung, in: Schulin (Hrsg.), Handbuch des Sozialversicherungsrechts, Bd. 2, S. 1175-1245

Platzer, Hans-Wolfgang, Erosionsvehikel, Rettungsanker oder Gestaltungsfaktor? Die Auswirkungen der Europäischen Union auf den Sozialstaat, in: Internationale Politik und Gesellschaft, 1996, H. 1, S. 23-35

Platzer, Hans-Wolfgang (Hrsg.), Sozialstaatliche Entwicklungen in Europa und die Sozialpolitik der Europäischen Union, Baden-Baden 1997

Pollard, Sidney, The Development of the British Economy 1914-1990, 4th ed., London 1992

Pollard, Sidney, Struktur- und Entwicklungsprobleme der britischen Wirtschaft, in: Kastendiek/Rohe/Volle (Hrsg.), Länderbericht Großbritannien, S. 247-279

Powell, Walter W./Paul J. DiMaggio (Eds.), The New Institutionalism in Organizational Analysis, Chicago 1991

Preußner, Irene, Bestandsaufnahme der betrieblichen Gesundheitsförderung. Ergebnisse aus einer ExpertInnenbefragung in Berlin und Brandenburg, in: WSI-Mitteilungen, 50. Jg., 1997, H. 12, S. 877-883

Priester, Klaus, Betriebliche Gesundheitsförderung. Voraussetzungen – Konzepte – Erfahrungen, Frankfurt a.M. 1998

Prince, Les/Adrian Campbell/Philip Nanton, Training for Health and Safety Enforcement (= HSE-Contract Research Report 155/1997), London 1997

Prince, Les/Philip Nanton/Tanya Arroba, Training in Health and Safety Enforcement for Local Authority Environmental Health Officers and Technicians (=HSE-Contract Research Report 156/1997), London 1997

Pröll, Ulrich, Arbeitsschutz und neue Technologien. Handlungsstrukturen und Modernisierungsbedarf im institutionalisierten Arbeitsschutz, Opladen 1991

Pröll, Ulrich, Reform des Arbeitsschutzes als staatliche Aufgabe – Konzeptionsstudie Gewerbeaufsicht NRW (= Werkstattbericht Nr. 71 des Ministeriums für Arbeit, Gesundheit und Soziales Nordrhein-Westfalen), Düsseldorf 1989

Pröll, Ulrich, Von der Gewerbepolizei zum Vorsorgemanagement. Funktionswandel staatlichen Handelns in der betrieblichen Prävention, in: Jahrbuch für Kritische Medizin, Bd. 20: Die Regulierung der Gesundheit, Hamburg 1993, S. 150-163

Redmann, Alexander/Isabel Rehbein/Christian Vetter, Krankheitsbedingte Fehlzeiten in der deutschen Wirtschaft. Branchenreport '97 (= WidO-Materialien 39), Bonn 1998

Regini, Marino (Ed.), The Future of Labour Movements, London 1992

Literatur

Regini, Marino, Introduction: the Past and Future of Social Studies of Labour Movements, in: Regini (Ed.), The Future of Labour Movements, S. 1-16

Reh, Hans-Ulrich, Europäische Sozialpolitik und Subsidiarität. Testfall für die Akzeptanz der Bürger, in: Merten (Hrsg.), Die Subsidiarität Europas, S. 61-76

Rehbinder, Eckard/Stewart, Richard, Environmental Protection Policy. Integration Through Law, Berlin, New York 1985

Reilly, Barry/Pierella Paci/Peter Holl, Unions, Safety Committees and Workplace Injuries, in: British Journal of Industrial Relations, Vol. 33, 1995, No. 2, S. 275-288

Reiß, Sigrid, Umfang der Versicherung, Unfälle und Berufskrankheiten sowie Leistungsaufwendungen bei den gewerblichen Berufsgenossenschaften im Jahre 1997, in: Die BG, 1998, H. 8, S. 476-491

Renn, Ortwin (Ed.), Risk Management in Europe: New Challenges for the Industrial World, Vol. 1, No. 2: Proceedings of the Society for Risk Analysis-Europe Annual Conference in Stuttgart, Stuttgart 1997

Rentrop, Manfred, Neuordnung des berufsgenossenschaftlichen Vorschriften- und Regelwerkes, in: Die BG, 1999, H. 4, S. 208-213

Rhodes, Martin, Das Verwirrspiel der »Regulierung«: Industrielle Beziehungen und »soziale Dimension«, in: Leibfried/Pierson (Hrsg.), Standort Europa, S. 100-154

Rhodes, Rod A.W., The Hollowing Out of the State: The Changing Nature of the Public Service in Britain, in: The Political Quarterly, Vol. 65, 1994, No. 2, S. 138-151

Rhodes, Rod A.W., Understanding Governance. Policy Networks, Governance, Reflexivity and Accountability, Buckingham 1997

Richardson, Jeremy (Ed.), Policy Styles in Western Europe, London 1982

Richenhagen, Gottfried, Bildschirmarbeitsplätze, 3. Aufl., Neuwied 1997

Richenhagen, Gottfried, Die EU-Bildschirm-Richtlinie: Rechtslage, Umsetzungsprobleme und Lösungsvorschläge, in: WSI-Mitteilungen, 49. Jg., 1996, H. 2, S. 118-124

Richenhagen, Gottfried/Jochen Prümper/Joachim Wagner, Handbuch der Bildschirmarbeit, Neuwied 1997

Ridley, John (Ed.), Safety at Work, 4th ed., Oxford 1994

Rieger, Elmar, Die Institutionalisierung des Wohlfahrtsstaates, Opladen 1992

Riese, Ulrich, Umsetzung der EU-Richtlinie in deutsches Recht, in: Bullinger (Hrsg.), EU-Richtlinie Bildschirmarbeit, S. 27-39

Riese, Ulrich/Anette Rückert, Bildschirmarbeit: Umsetzung der EG-Richtlinie, in: Bundesarbeitsblatt, 1992, H. 9, S. 20-23

Rimington, John, The Legitimacy of Decision Making in Industrial Health and Safety Matters, unpublished paper, o.O. (London) 1988

Rimington, John, Valedictory Summary of Industrial Health and Safety since the 1974 Act. Paper by John Rimington, Director General HSE, to The Electricity Association (26 April 1995, Aviemore, Scotland), London 1995

Rimington, John (Interview), »Remember, complacency is always the enemy of safety«, in: Health and Safety Europe, UK Edition, 1995, No. 5, S. 31-33

Ritter, Albert/Thomas Langhoff, Arbeitsschutzmanagementsysteme. Vergleich ausgewählter Standards, Dortmund/Berlin 1998

Ritter, Gerhard A., Der Sozialstaat. Entstehung und Entwicklung im internationalen Vergleich, München 1989

Ritter, Gerhard A., Sozialversicherung in Deutschland und England. Entstehung und Grundzüge im Vergleich, München 1983

Ritter, Wolfgang, Arbeit und Gesundheit – Die betriebliche Gesundheitsförderung zwischen Kooperation, Konflikt und Marginalisierung, in: Knoche/Hungeling (Hrsg.), Soziale und ökologische Gesundheitspolitik, S. 309-324

Literatur

Robin Thompson and Partners, Health and Safety at Work: The New Law 1993
Rock, Reinhard/Peter Ulrich/Frank Witt (Hrsg.), Strukturwandel der Dienstleistungsrationalisierung, Frankfurt a.m./New York 1990
Rodenstein, Marianne, Wandlungen des Gesundheitsverständnisses in der Moderne, in: Medizin – Mensch – Gesellschaft, 12. Jg., 1987, H. 4, S. 292-298
Römer, Horst/Michael Jansen, Die EG-Politik zur Verwirklichung eines gemeinsamen Binnenmarktes und ihre Auswirkungen auf den Arbeitsschutz, in: Die BG, 1988, H. 7 u. H. 8
Rosenbrock, Rolf, Arbeit und Gesundheit. Elemente und Perspektiven betrieblicher Gesundheitsförderung (= Wissenschaftszentrum Berlin für Sozialforschung, Arbeitsgruppe Public Health, WZB-Paper P96-206), Berlin 1996
Rosenbrock, Rolf, Arbeitsmediziner und Sicherheitsexperten im Betrieb, Frankfurt a.m./New York 1982
Rosenbrock, Rolf, Prävention und Gesundheitsförderung in der Arbeitswelt – Der mögliche Beitrag der Krankenkassen zum Paradigmenwechsel betrieblicher Gesundheitspolitik (=Wissenschaftszentrum Berlin für Sozialforschung, Forschungsgruppe Gesundheitsrisiken und Präventionspolitik, WZB-Paper P93-205), Berlin 1993
Rosenbrock, Rolf/Uwe Lenhardt, Die Bedeutung der Betriebsärzte für eine moderne betriebliche Gesundheitspolitik. Ein Gutachten, Gütersloh 1999
Ross, George, Das »Soziale Europa« des Jacques Delors: Verschachtelung als politische Strategie, in: Leibfried, Stephan/Paul Pierson (Hrsg.), Standort Europa. Sozialpolitik zwischen Nationalstaat und Europäischer Integration, Frankfurt a.m. 1998, S. 327-368
Roth, Elisabeth/Katharine Nicholas, Occupational Illness, London 1995
Rowland, Diane, Enforcement of Health and Safety at Work, with Special Reference to the UK, in: Harding/Swart (Eds.), Enforcing European Community Rules, S. 124-145
Ruysseveldt, Joris van/Jelle Visser (Eds.), Industrial Relations in Europe: Traditions and Transitions, London 1996
Ruyt, Jean de, L'Acte Unique Européen. Commentaire, 2ème ed., Bruxelles 1989
Sabatier, Paul A., Advocacy-Koalitionen, Policy-Wandel und Policy-Lernen: Eine Alternative zur Phasenheuristik, in: Héritier (Hrsg.), Policy-Analyse, S. 116-168
Sachverständigenrat »Schlanker Staat«, Bd. 1: Abschlußbericht; Bd. 2: Materialband, Bonn o.J. (1997)
Salder, Stacey/Mary Thomas, Workplace Health: Surveying Employers' Attitudes, in: Occupational Health, 1994, No. 8, S. 272-274
Sauter, Steven L./Joseph J. Hurrell Jr./Cary L. Cooper (Eds.), Job Control and Worker Health, Chichester 1989
Sbragia, Alberta M. (Ed.), Euro-Politics. Institutions and Policymaking in the »New« European Community, Washington, D.C. 1992
Scharpf, Fritz W., Die Handlungsfähigkeit des Staates am Ende des zwanzigsten Jahrhunderts, in: Politische Vierteljahresschrift, 32. Jg., 1991, H. 4, S. 621-634
Scharpf, Fritz W., Die Politikverflechtungs-Falle: Europäische Integration und deutscher Föderalismus im Vergleich, in: Politische Vierteljahresschrift, 26. Jg., 1985, H. 4, S. 323-356
Scharpf, Fritz W., Politische Optionen im vollendeten Binnenmarkt, in: Jachtenfuchs/Kohler-Koch (Hrsg.), Europäische Integration, S. 109-140
Scharpf, Fritz W., Politische Steuerung und Politische Institutionen, in: Politische Vierteljahresschrift, 30. Jg., 1989, H. 1, S. 10-21
Scharpf, Fritz W., Positive und negative Koordination in Verhandlungssystemen, in: Héritier (Hrsg.), Policy-Analyse, S. 57-83
Scharpf, Fritz W., Regieren in Europa. Effektiv und demokratisch?, Frankfurt a.M./New York 1999

Literatur

Scharpf, Fritz W., Sozialdemokratische Krisenpolitik in Europa. Das »Modell Deutschland« im Vergleich, Frankfurt a.M./New York 1987
Schimank, Uwe, Theorien gesellschaftlicher Differenzierung, Opladen 1996
Schmähl, Winfried/Herbert Rische (Hrsg.), Europäische Sozialpolitik, Baden-Baden 1997
Schmid, Josef, Wohlfahrtsstaaten im Vergleich. Soziale Sicherungssysteme in Europa: Organisation, Finanzierung, Leistungen und Probleme, Opladen 1996
Schmidt, Gustav, Industrial Relations in Großbritannien: Vom »Voluntarism« zum »New Realism«, in: Stinshoff (Hrsg.), Die lange Wende, S. 54-72
Schmidt, Helmut, Der Paragraphenwust tötet den Unternehmergeist, in: Die Zeit vom 4.4.1997
Schmidt, Manfred G., Nationale Politikprofile und Europäische Integration, in: Gabriel/Brettschneider (Hrsg.), Die EU-Staaten im Vergleich, S. 422-438
Schmidt, Manfred G., Sozialpolitik in Deutschland. Historische Entwicklung und internationaler Vergleich, 2. Aufl., Opladen 1998
Schmidt, Manfred G. (Hrsg.), Staatstätigkeit. International und historisch vergleichende, Opladen 1988
Schmidt, Manfred G., West Germany: The Policy of the Middle Way, in: Journal of Public Policy, Vol. 7, 1987, No. 2, S. 135-177
Schmitthenner, Horst (Hrsg.), Der »schlanke« Staat. Zukunft des Sozialstaates – Sozialstaat der Zukunft, Hamburg 1995
Schmucker, Rolf, Großbritannien: Das Ende der »konservativen Revolution«?, in: Bieling/Deppe (Hrsg.), Arbeitslosigkeit und Wohlfahrtsstaat in Westeuropa, S. 55-87
Schnabel, Claus, Entwicklungstendenzen der Arbeitsbeziehungen in der Bundesrepublik Deutschland seit Beginn der achtziger Jahre, in: Mesch (Hrsg.), Sozialpartnerschaft und Arbeitsbeziehungen in Europa, S. 53-74
Schnorpfeil, Willi, Sozialpolitische Entscheidungen der Europäischen Union. Modellierung und empirische Analyse kollektiver Entscheidungen des europäischen Verhandlungssystems, Berlin 1996
Schröer, Alfons, Soziologie und menschengerechte Arbeitsgestaltung – Eine wissenssoziologische Untersuchung des Arbeitsschutzes, Diss., Bochum 1989
Schulin, Bertram (Hrsg.), Handbuch des Sozialversicherungsrechts, Bd. 2: Unfallversicherungsrecht, München 1996
Schulte, Bernd, Die Entwicklung der europäischen Sozialpolitik, in: Winkler/Kaelble (Hrsg.), Nationalismus – Nationalitäten – Supranationalität, S. 261-287
Schultze, Wolfgang/Klaus Hinne/Ulrich Mattik, Neue Aufgaben der Berufsgenossenschaften, in: WSI-Mitteilungen, 44. Jg., 1991, H. 9, S. 533-540
Schulz, Erika/Werner Schulz, Öko-Management. So nutzen Sie den Umweltschutz im Betrieb, München 1994
Schulz, Otto, Maastricht und die Grundlagen einer Europäischen Sozialpolitik. Der Weg – Die Verhandlungen – Die Ergebnisse – Die Perspektiven, Köln 1996
Schumann, Michael, Rücknahme der Entwarnung. Neue Gefährdungen der Industriearbeit, in: Gewerkschaftliche Monatshefte, 1998, H. 6-7, S. 457-460
Schumann, Michael/Volker Baethge-Kinsky/Martin Kuhlmann u.a., Trendreport Rationalisierung. Automobilindustrie, Werkzeugmaschinenbau, Chemische Industrie, Berlin 1994
Schumann, Michael/Volker Baethge-Kinsky/Martin Kuhlmann u.a., Der Wandel der Produktionsarbeit im Zugriff neuer Produktionskonzepte, in: Beckenbach/van Treeck (Hrsg.), Umbrüche gesellschaftlicher Arbeit, S. 11-43
Schwarz, Klaus-Dieter, Englands Probleme mit Europa. Ein Beitrag zur Maastricht-Debatte, Baden-Baden 1997
Schweres, Manfred/R. Rohde, Arbeitsbedingungen, Gesundheits- und Arbeitsschutz in Ostdeutschland, in: Die BG, 1991, H. 6, S. 312-318

Literatur

Seldon, Anthony/Stuart Ball (Eds.), Conservative Century: The Conservative Party since 1900, Oxford, New York 1994
Selwyn, Norman, The Law of Health and Safety at Work, 3rd ed., London 1994
Siedentopf, Heinrich/Jacques Ziller, Making European Policies Work: The Implementation of Community Legislation in the Member States, 2 Vols., London 1988
Siller, Ewald, Der europäische Wind weht frisch im Vorschriftenwesen. Gedanken zur EG-Richtlinie über Arbeitssicherheit und Gesundheitsschutz, in: Die BG, 1989, H. 11, S. 750-754
Simons, Rolf, Staatliche Gewerbeaufsicht und gewerbliche Berufsgenossenschaften. Entstehung und Entwicklung des dualen Aufsichtssystems im Arbeitsschutz in Deutschland von den Anfängen bis zum Ende der Weimarer Republik, Frankfurt a.M. 1984
Simpson, Stan, Principal Health and Safety Acts, in: Ridley (Ed.) Safety at Work, S. 38-56
Simpson, Stan, Subordinate Safety Legislation, in: Ridley (Ed.), Safety at Work, S. 57-82
Sisson, Keith (Ed.), Personnel Management. A Comprehensive Guide to Theory and Practice in Britain, 2nd ed., Oxford 1994
Skocpol, Theda, Bringing the State Back In: Strategies of Analysis in Current Research, in: Evans/Rueschemeyer/Skocpol (Eds.), Bringing the State Back In, S. 3-37
Slapper, Gary/David Kelly, Principles of the English Legal System, 3rd. ed., London 1997
Smelser, Neil J./Richard Swedberg (Eds.), The Handbook of Economic Sociology, Princeton/Chichester 1994
Smith, Ian/Christopher Goddard/Nicholas Randall, Health and Safety – The New Legal Framework, London 1993
Smith, Ian T./John Wood, Industrial Law, 5th ed., London, Edinburgh 1993
Sokoll, Günther, Berufsgenossenschaften – starke Partner der Wirtschaft, in: Frankfurter Allgemeine Zeitung vom 1.7.1998
Sokoll, Günther, Die gesetzliche Unfallversicherung als Gestaltungsfaktor der sozialen Sicherheit in Europa, in: Die BG, 1994, H. 11, S. 706-715
Sokoll, Günther, Der Handlungsrahmen der Berufsgenossenschaften nach dem neuen Unfallversicherungs- und Arbeitsschutzrecht, in: Sozialer Fortschritt, 43. Jg., 1994, H. 3, S. 59-63
Sokoll, Günther/Wilfried Coenen, Warum brauchen die Berufsgenossenschaften eine Erweiterung des Präventionsauftrags zur Verhütung arbeitsbedingter Gesundheitsgefahren?, in: Die BG, 1995, H. 9, S. 460-462
Sozialforschungsstelle Dortmund/Landesanstalt für Arbeitsschutz Nordrhein-Westfalen (Hrsg.), Regionale Kooperationsnetzwerke Arbeit & Gesundheit. Modelle – Projekte – Erfahrungen – Tagungsdokumentation, o.O. o.J. (1995)
Stapleton, Jane, Disease and the Compensation Debate, Oxford 1986
Stautz, Andreas, Gesundheitsschutz per Tarifvertrag? – Erfahrungen aus der Druckindustrie –, Düsseldorf 1993
Steinkühler, Franz (Hrsg.), Europa '92. Industriestandort oder sozialer Lebensraum, Hamburg 1989
Stinshoff, Richard (Hrsg.), Die lange Wende. Beiträge zur Landeskunde Großbritanniens am Ausgang der achtziger Jahre, Oldenburg 1989
Stötzel, Regina (Hrsg.), Ungleichheit als Projekt. Globalisierung – Standort – Neoliberalismus, Marburg 1998
Stranks, Jeremy, Health and Safety Law, London 1994
Strauss-Fehlberg, Gerlinde, Die Forderung nach Humanisierung der Arbeitswelt. Eine Analyse aus der Sicht der Tarifvertragsparteien, Köln 1978
Streeck, Wolfgang, European Social Policy after Maastricht: The ›Social Dialogue‹ and ›Subsidiarity‹, in: Economic and Industrial Democracy, Vol. 15, 1994, No. 2, S. 151-177
Streeck, Wolfgang, German Capitalism: Does it Exist? Can it Survive? (= Max-Planck-Institut für Gesellschaftsforschung, MPIFG Discussion Paper 95/5), Köln 1995

Literatur

Streeck, Wolfgang, Politikverflechtung und Entscheidungslücke. Zum Verhältnis von zwischenstaatlichen Beziehungen und sozialen Interessen im europäischen Binnenmarkt, in: Bentele/Reissert/Schettkat (Hrsg.), Die Reformfähigkeit von Industriegesellschaften, S. 101-128

Streeck, Wolfgang (Hrsg.), Staat und Verbände, Opladen 1994

Streeck, Wolfgang, Staat und Verbände: Neue Fragen. Neue Antworten?, in: Streeck (Hrsg.), Staat und Verbände, S. 7-34

Streeck, Wolfgang, Vom Binnenmarkt zum Bundesstaat? Überlegungen zur politischen Ökonomie der europäischen Sozialpolitik, in: Leibfried/Pierson (Hrsg.), Standort Europa, S. 369-421

Streeck, Wolfgang/Philippe C. Schmitter, Community, Market, State – and Associations? The Prospective Contribution of Interest Governance to Social Order, in: Streeck (Eds.), Private Interest Government, S. 1-29

Streeck, Wolfgang/Philippe C. Schmitter, From National Corporatism to Transnational Pluralism: Organized Interests in the Single European Market, in: Politics & Society, Vol. 19, 1991, No. 2, S. 133-164

Streeck, Wolfgang/Philippe C. Schmitter (Eds.), Private Interest Government. Beyond Market and State, London 1985

Streffer, Christel, Das neue europäische Arbeitsschutzrecht und seine Umsetzung in der Bundesrepublik Deutschland, in: Sozialer Fortschritt, 43. Jg., 1994, H. 3, S. 54-59

Sturm, Roland, Das politische System Großbritanniens, in: Ismayr (Hrsg.), Die politischen Systeme Westeuropas, S. 213-247

Sweeney, Kate, Membership of Trade Unions in 1994: An Analysis based on Information from the Certification Officer, in: Labour Market Trends, Vol. 104, 1996, No. 2, S. 49-54

Tálos, Emmerich (Hrsg.), Sozialpartnerschaft. Kontinuität und Wandel eines Modells, Wien 1993

Taylor, Andrew, The Party and the Trade Unions, in: Seldon/Ball (Eds.), Conservative Century: The Conservative Party since 1900, S. 499-534

Taylor, Stewart/Neil Davies/Philip McCrea, Demographic and Employment Trends, in: Drever (Ed.), Occupational Health, S. 16-22

Teague, Paul/John Grahl, 1992 and the Emergence of a European Industrial Relations Area, in: Journal of European Integration, Vol. 13, 1990, No. 2, S. 167-183

Teague, Paul/John Grahl, Industrial Relations and European Integration, London 1992

Tennstedt, Florian, Sozialgeschichte der Sozialpolitik in Deutschland. Vom 18. Jahrhundert bis zum Ersten Weltkrieg, Göttingen 1981

Terry, Michael, Shop Steward Development and Managerial Strategies, in: Bain (Ed.), Industrial Relations in Britain, S. 67-91

Thiehoff, Rainer, Erweiterte Wirtschaftlichkeitsrechnung – ein Beitrag zur ganzheitlichen Investitionsplanung, in: Der Bundesminister für Arbeit und Sozialordnung (Hrsg.), Prävention im Betrieb, S. 32-44

Thomas, Peter/Kim Smith, Results of the 1993 Census of Employment, in: Employment Gazette, Vol. 103, 1995, No. 10, S. 369-377

Thompson, Brian & Partners, Health and Safety at Work. The New Law, London 1993

Tilly, Richard H., Vom Zollverein zum Industriestaat. Die wirtschaftlich-soziale Entwicklung Deutschlands 1834 bis 1914, München 1990

Tombs, Steve, Industrial Injuries in British Manufacturing Industry, in: The Sociological Review, Vol. 38, 1990, No. 3, S. 324-343

Traxler, Franz, Entwicklungstendenzen in den Arbeitsbeziehungen Westeuropas. Auf dem Weg zur Konvergenz?, in: Mesch (Hrsg.), Sozialpartnerschaft und Arbeitsbeziehungen in Europa, S. 161-230

Literatur

Traxler, Franz, Der Staat in den Arbeitsbeziehungen. Entwicklungstendenzen und ökonomische Effekte im internationalen Vergleich, in: Politische Vierteljahresschrift, 39. Jg., 1998, H. 2, S. 235-260

Tudor, Owen, Putting a Price on Life and Death, in: European Safety Newsletter, 1997, No. 55 (May), S. 6-7

Union Eyesight Testing Arrangements for VDU Workers, in: Health and Safety Information Bulletin 175, July 1990, S. 2-4

Union Health and Safety Initiatives, in: Health and Safety Information Bulletin 162, June 1989, S. 7-9

Urban, Hans-Jürgen, Deregulierter Standort-Kapitalismus? Krise und Erneuerung des Sozialstaats, in: Schmitthenner (Hrsg.), Der »schlanke« Staat, S. 9-38

Urban, Hans-Jürgen, Globalisierung, Staat und Gewerkschaften, in: Stötzel (Hrsg.), Ungleichheit als Projekt, S. 433-447

Visser, Jelle/ Joris van Ruysseveldt, From Pluralism to ... where? Industrial Relations in Great Britain, in: Ruysseveldt/Visser (Eds.), Industrial Relations in Europe: Traditions and Transitions, S. 42-81

Visser, Jelle/ Joris van Ruysseveldt, Robust Corporatism, still? Industrial Relations in Germany, in: Ruysseveldt/Visser (Eds.), Industrial Relations in Europe: Traditions and Transitions, S. 124-174

Voelzkow, Helmut, Technische Normung, Frankfurt a.M./New York 1996

Vogel, David, National Styles of Regulation. Environmental Policy in Great Britain und the United States, Ithaca, London 1986

Vogel, Laurent, Gefahrenverhütung am Arbeitsplatz. Erste Bilanz über die Umsetzung der Gemeinschaftsrichtlinien von 1989, Brüssel o.J.

Vogel, Laurent, Das TGB-Observatorium zur Anwendung der europäischen Richtlinie: eine erste Bilanz. Papier zur Konferenz »Die Arbeitsumwelt in der Europäischen Union: Schwieriger Weg vom Gesetz zur Praxis«, Brüssel, 1./2. Dezember 1997

Vogt, Wolfgang, Europäischen Sozialraum schaffen, in: Bundesarbeitsblatt, 1988, H. 3, S. 5-7

Volle, Angelika, Großbritannien und der europäische Einigungsprozeß, Bonn 1989

Voß, K.-Dieter, Kooperationsprogramm Arbeit und Gesundheit, in: Die Betriebskrankenkasse, 83. Jg., 1995, H. 6, S. 328-330

Waarden, Frans van, Über die Beständigkeit nationaler Politikstile und Politiknetzwerke. Eine Studie zur Genese ihrer institutionellen Verankerung, in: Czada/Schmidt (Hrsg.), Verhandlungsdemokratie, Interessenvermittlung, Regierbarkeit, S. 191-212

Waarden, Frans van, Harmonization of European Regulatory Styles?, in: European Monographs, Vol. 20, 1999, No. 1, S. 95-124

Waddington, Jeremy, Großbritannien: Auf der Suche nach neuen politischen Prioritäten, in: Mückenberger/Schmidt/Zoll (Hrsg.), Die Modernisierung der Gewerkschaften in Europa, S. 271-284

Waddington, Jeremy/Colin Whitston, Empowerment versus Intensification. Union Perspectives of Change at the Workplace, in: Ackers/Smith/Smith (Eds.), The New Workplace and Trade Unionism, S. 149-177

Waldeck, Dieter, Entwicklungen auf EG-Ebene aus Sicht der gesetzlichen Unfallversicherung, in: Die BG, 1989, H. 9, S. 560-562

Waldeck, Dieter, Europäisches Arbeitsschutzrecht auf dem Wege zur nationalen Umsetzung – Betrachtungen aus berufsgenossenschaftlicher Sicht, in: Die BG, 1991, H. 12, S. 700-702

Wallace, Helen, Die Dynamik des EU-Institutionengefüges, in: Jachtenfuchs/Kohler-Koch (Hrsg.), Europäische Integration, 141-163

Wallace, Helen/William Wallace (Eds.), Policy-Making in the European Union, Oxford 1996

Literatur

Walters, David, Identification and Assessment of Occupational Health and Safety Strategies in Europe 1989-1994: The United Kingdom (=European Foundation for the Improvement of Living and Working Conditions, Working Paper No.: WP/95/63/EN), Dublin 1995
Walters, David (Ed.), The Identification and Assessment of Occupational Health and Safety Strategies in Europe, Vol. I: The National Situations, Dublin 1996
Walters, David, Preventive Services in Occupational Health and Safety in Europe: Developments and Trends in the 1990s, in: International Journal of Health Services, Vol. 27, 1997, No. 2, S. 247-271
Walters, David, Trade Unions and the Effectiveness of Worker Representation in Health and Safety in Britain, in: International Journal of Health Services, Vol. 26, 1996, No. 4, S. 625-641
Walters, David, United Kingdom, in: Ders. (Ed.), The Identification and Assessment of Occupational Health and Safety Strategies in Europe, Vol. I: The National Situations, Dublin 1996, S. 187-206
Walters, David, Worker Participation in Health and Safety. A European Comparison, London 1991
Walters, David/Alan Dalton/David Gee, Die Beteiligung von Arbeitnehmern an Arbeitsschutzmaßnahmen in Europa, Brüssel o.J. (1993)
Walters, David/R.J. Freeman, Employee Representation in Health and Safety at the Workplace. A Comparative Study in Five European Countries, Luxemburg 1992
Walters, David/Stephen Gourlay, Statutory Employee Involvement in Health and Safety at the Workplace: A Report of the Implementation and Effectiveness of the Safety Representatives and Safety Committees Regulations 1977 (=HSE Contract Research Report, No. 20/1990), London 1990
Walters, David/Philip James, Non-union Rights of Involvement: The Case of Health and Safety at Work, in: Industrial Law Journal, Vol. 26, 1997, No. 1, S. 35-50
Walwei, Ulrich, Atypische Beschäftigungsformen in EG-Ländern, in: WSI-Mitteilungen, 46. Jg., 1993, H. 9, S. 584-593
Walwei, Ulrich/Heinz Werner, Entwicklung der Teilzeitbeschäftigung im internationalen Vergleich. Ursachen, Arbeitsmarkteffekte und Konsequenzen, in: Mitteilungen aus der Arbeitsmarkt- und Berufsforschung, 28. Jg., 1995, H. 3, S. 365-382
Wambach, Manfred Max (Hrsg.), Der Mensch als Risiko, Frankfurt a.M. 1983
Wank, Rolf/Udo Börgmann, Deutsches und europäisches Arbeitsschutzrecht. Eine Darstellung der Bereiche Arbeitsstätten, Geräte- und Anlagensicherheit, Gefahrstoffe und Arbeitsorganisation, München 1992
Wattendorff, Frank, Qualifizierung der Selbstverwaltung der gesetzlichen Unfallversicherung zur Erfüllung des Präventionsauftrages, Sankt Augustin 1999
Watterson, Andrew, Industrial Relations and Health and Safety at Work in Post-war Britain. A Study of Conflict and Control in the Workplace, Diss., Bristol 1988
Watterson, Andrew, British and Related European Workplace Health and Safety Policies and Practices: No Major Changes Likely, in: New Solutions, Vol. 5, 1994, No. 1, S. 62-71
Watts, Brenda, Explaining the Law, in: Ridley (Ed.), Safety at Work, S. 3-37
Weaver, R. Kent/Bert A. Rockman, Assessing the Effects of Institutions, in: Weaver/Rockman (Eds.), Do Institutions Matter?, S. 1-41
Weaver, R. Kent/Bert A. Rockman (Eds.), Do Institutions Matter? Government Capabilities in the United States and Abroad, Washington 1993
Weber, Axel, Entwicklungslinien der Gesundheitspolitik in Europa, in: Arbeit und Sozialpolitik, 47. Jg., 1993, H. 11-12, S. 49-56
Weber, Helmut, Recht und Gerichtsbarkeit, in: Kastendiek/Rohe/Volle (Hrsg.), Länderbericht Großbritannien, S. 170-184

Literatur

Weber, Max, Wirtschaft und Gesellschaft. Grundriß der verstehenden Soziologie. Studienausgabe, hrsg. v. Johannes Winckelmann, 2 Halbbde., 6., revid. Aufl., Tübingen 1976
Wedderburn, Charlton K.W., Labour Law and Freedom. Further Essays in Labour Law, London 1995
Weiler, Joseph H.H., The White Paper and the Application of Community Law, in: Bieber/Dehousse/Pinder/Weiler (Eds.), One European Market?, S. 337-358
Weinert, Rainer, Institutionenwandel und Gesellschaftstheorie. Modernisierung, Differenzierung und Neuer Ökonomischer Institutionalismus, in: Göhler (Hrsg.), Institutionenwandel, S. 70-93
Weinkopf, Claudia, Arbeitskräftepools – eine Alternative zur gewerblichen Leiharbeit?, in: WSI-Mitteilungen, 46. Jg., 1993, H. 9, S. 569-577
Weir, Janette, Employers' Liability Insurance: A Role in Workplace Health and Safety?, in: Kogan/Holdaway (Eds.), The Corporate Healthcare Handbook, S. 14-25
Werthebach, Erich/Marianne Wienemann (Hrsg.), EG-Arbeitsschutzpolitik: Praktische Umsetzung am Beispiel der neuen Bildschirmrichtlinie (=EG-Materialien Nr. 2), 4. Aufl., Bochum 1994
Werthebach, Erich/Marianne Wienemann (Hrsg.), EG-Arbeitsumweltpolitik: Rahmenrichtlinie – Neue Herausforderungen für die Sicherheit und den Gesundheitsschutz am Arbeitsplatz (=EG-Materialien Nr. 4), 2. Aufl., Bochum 1994
West, Ashton, Insurance Cover and Compensation, in: Ridley (Ed.), Safety at Work, S. 127-140
Wikeley, Nicholas, Compensation for Industrial Disease, Aldershot 1993
Willke, Helmut, Gesellschaftssteuerung oder partikulare Handlungsstrategien? Der Staat als korporativer Akteur, in: Glagow/Willke/Wiesenthal (Hrsg.), Gesellschaftliche Steuerungsrationalität und partikulare Handlungsstrategien, S. 9-29
Willke, Helmut, Ironie des Staates. Grundlinien einer Staatstheorie polyzentrischer Gesellschaft, Frankfurt a.M. 1992
Willke, Helmut, Prinzipien politischer Supervision, in: Bußhoff (Hrsg.), Politische Steuerung, S. 51-80
Willke, Helmut, Systemtheorie entwickelter Gesellschaften. Dynamik und Riskanz moderner gesellschaftlicher Selbstorganisation, Weinheim, München 1989
Wilson, David/Chris Game, Local Government in the United Kingdom, 2nd ed., Houndmills 1998
Wilson, Graham K., Business and Politics – A Comparative Introduction, 2nd ed., Chatham, N.J. 1990
Wilson, Graham K., The Politics of Safety and Health. Occupational Safety and Health in the United States and Britain, Oxford 1985
Winchester, David/Stephen Bach, The State: The Public Sector, in: Edwards (Ed.), Industrial Relations, S. 304-334
Windhoff-Héritier, Adrienne, Die Veränderung von Staatsaufgaben aus politikwissenschaftlich-institutioneller Sicht, in: Grimm (Hrsg.), Staatsaufgaben, S. 75-91
Windhoff-Héritier, Adrienne, Wohlfahrtsstaatliche Intervention im internationalen Vergleich Deutschland – Großbritannien. Regulative Sozialpolitik am Beispiel des Arbeitsschutzes, in: Leviathan, 21. Jg., 1993, H. 1, S. 103-126
Windhoff-Héritier, Adrienne/Sylvia Gräbe/Carsten Ullrich, Verwaltungen im Widerstreit von Klientelinteressen. Arbeitsschutz im internationalen Vergleich, Wiesbaden 1990
Winkler, Heinrich August/Hartmut Kaelble (Hrsg.), Nationalismus – Nationalitäten – Supranationalität, Stuttgart 1993
Winter, Thomas von, Die Sozialausschüsse der CDU. Sammelbecken für christdemokratische Arbeitnehmerinteressen oder linker Flügel der Partei?, in: Leviathan, 18. Jg., 1990, H. 3, S. 390-416

Literatur

Wirtschafts- und Sozialwissenschaftliches Institut des DGB, WSI-Informationsblätter, Arbeit, Gesundheit, Humanisierung, Nr. 1, Düsseldorf 1987

Wlotzke, Otfried, Technischer Arbeitsschutz im Spannungsverhältnis von Arbeits- und Wirtschaftsrecht, in: Recht der Arbeit, 45. Jg., 1992, H. 1, S. 85-102

Wlotzke, Otfried, Das neue Arbeitsschutzgesetz – zeitgemäßes Grundlagengesetz für den betrieblichen Arbeitsschutz, in: Neue Zeitschrift für Arbeitsrecht, 13. Jg., 1996, H. 19, S. 1017-1024

Woitowitz, Hans-Joachim, Arbeitsunfälle und Berufskrankheiten: Schwerpunktverlagerung zur Berufskrankheiten-Prävention begründbar, in: Die BG, 1997, H. 11, S. 665-669

Wokutch, Richard E., Cooperation and Conflict in Occupational Safety and Health: A Multination Study of the Automative Industry, New York 1990

Wright, Vincent, Reshaping the State: The Implications for Public Administration, in: West European Politics, Vol. 17, 1994, No. 3, S. 102-137

Zoike, Erika, BKK-Krankheitsartenstatistik 1996: Neue Auswertungen nach Branchen, Berufsgruppen und Bundesländern liegen vor, in: Die Betriebskrankenkasse, 84. Jg., 1998, H. 3, S. 117-124

Zoike, Erika, Sinkender Krankenstand bei Zunahme der psychischen Erkrankungen, in: Die Betriebskrankenkasse, 85. Jg., 1999, H. 5, S. 249-258

Zwingmann, Bruno, Arbeits- und Gesundheitsschutz durch Tarifvertrag – Neue Ansätze in der Druckindustrie, in: WSI-Mitteilungen, 42. Jg., 1989, H. 12, S. 710-720

Zwingmann, Bruno, Gesundheitsschutz am Arbeitsplatz durch neue Arbeitnehmerrechte. Tarifvertrag der Druckindustrie hat Pionierfunktion, in: Soziale Sicherheit, 38. Jg., 1989, H. 5, S. 135-143

Verzeichnis der Tabellen, Abbildungen und Übersichten

Tabellen

Tabelle 1: Verbreitung von Fachpersonal im Rahmen betrieblicher Gesundheitsdienste nach Unternehmensgrößenklasse und Wirtschaftssektor 1993
Tabelle 2: Neu anerkannte Berufskrankheiten in Großbritannien 1996/97
Tabelle 3: Angezeigte und erstmals entschädigte Berufskrankheiten in Deutschland 1997
Tabelle 4: Verbreitung arbeitsbedingter Erkrankungen in England und Wales 1989/90
Tabelle 5: Entwicklung von Arbeitsumweltbelastungen und körperlichen Belastungen bei der Arbeit zwischen 1979 und 1992
Tabelle 6: Verbreitung und Betroffenheit von ausgewählten Arbeitsbelastungen in Deutschland 1995/96
Tabelle 7: Rentenzugänge wegen verminderter Erwerbsfähigkeit in Deutschland 1997
Tabelle 8: Fachpersonal der Health and Safety Executive 1979-1998
Tabelle 9: Zahl der zu überwachenden Arbeitsstätten je Feldinspektor der Health and Safety Executive 1978-1992
Tabelle 10: Inspektionen der Health and Safety Executive 1986-1996
Tabelle 11: Vollzugstätigkeit der Local Authorities im Arbeitsschutz 1986-1997
Tabelle 12: Ausgesprochene Auflagen der Health and Safety Executive 1981 bis 1996/97
Tabelle 13: An Bildschirmarbeitsplätzen in Großbritannien durchgeführte Veränderungen der Arbeitsbedingungen 1993-1995
Tabelle 14: Personalstand der Arbeitsschutzbehörden 1980 bis 1997
Tabelle 15: Besichtigungstätigkeit der Gewerbeaufsicht 1980 bis 1997
Tabelle 16: Aufsichtstätigkeit der Technischen Aufsichtsdienste der gewerblichen Berufsgenossenschaften 1980 bis 1997
Tabelle 17: Besichtigungstätigkeit der Aufsichtsbehörden nach Betriebsgrößenklassen 1980 und 1997

Abbildung

Abbildung 1: Strafverfolgungen und Verurteilungen im britischen Arbeitsschutz 1981 bis 1996/97

Übersicht

Übersicht 1: Der formale Ablauf der Erarbeitung und Verabschiedung von *Regulations* zur Umsetzung des EU-Arbeitsschutzrechts

Abkürzungsverzeichnis

ABCC	Association of British Chambers of Commerce
Abl.EG	Amtsblatt der Europäischen Gemeinschaften
ACoP	Approved Code of Practice
ArbSchG	Arbeitsschutzgesetz
ArbSchGB	Arbeitsschutzgesetzbuch
ArbSchRG	Arbeitsschutzrahmengesetz
ASiG	Arbeitssicherheitsgesetz
BAG	Bundesarbeitsgericht
BASI	Bundesarbeitsgemeinschaft für Arbeitssicherheit
BAU	Bundesanstalt für Arbeitsschutz und Unfallforschung
BCC	British Chambers of Commerce
BDA	Bundesvereinigung der Deutschen Arbeitgeberverbände
BDI	Bundesverband der Deutschen Industrie
BetrVG	Betriebsverfassungsgesetz
BG	Berufsgenossenschaft
BGI	BG-Informationen
BGR	BG-Regeln
BGV	BG-Vorschriften
BGBl.	Bundesgesetzblatt
BGZ	Berufsgenossenschaftlichen Zentrale für Sicherheit und Gesundheit des Hauptverbandes der gewerblichen Berufsgenossenschaften e.V.
BIBB	Bundesinstitut für Berufsbildung
BildschArbV	Bildschirmarbeitsverordnung
BK	Berufskrankheit
BMA	Bundesminister für Arbeit und Sozialordnung
BR-Drs.	Bundesratsdrucksache
BS	British Standards
BSI	British Standards Institution
BT-Drs.	Bundestagsdrucksache
CAD	Computer Aided Design
CBI	Confederation of British Industry
CD	Consultative Document
CEN	Comité Européen de Normalisation
CENELEC	Comité Européen de Normalisation Électrotechnique
Cmnd.	Command number
COSHH	Control of Substances Hazardous to Health
CSO	Central Statistical Office

Abkürzungsverzeichnis

DGB	Deutscher Gewerkschaftsbund
DIHT	Deutscher Industrie- und Handelstag
DIN	Deutsches Institut für Normung e.V.
DSE	Display Screen Equipment
DSS	Department of Social Security
DTI	Department of Trade and Industry
EEA	Einheitliche Europäische Akte
EG	Europäische Gemeinschaft
EGB	Europäischer Gewerkschaftsbund
EMAS	Employment Medical Advisory Service
EP	Europäisches Parlament
ETUC	European Trades Union Confederation
EU	Europäische Union
EuGH	Gerichtshof der Europäischen Gemeinschaften
EWGV	EWG-Vertrag
FSB	Federation of Small Businesses
GD	Generaldirektorat (der Europäischen Kommission)
GewO	Gewerbeordnung
GKV	Gesetzliche Krankenversicherung
GMB	General Municipal and Boilermakers Union
GPMU	Graphical, Paper and Media Union
GSG	Gerätesicherheitsgesetz
GUV	Gesetzliche Unfallversicherung
HC	House of Commons
HdA	Humanisierung der Arbeit
HELA	Health and Safety Executive/Local Authority Enforcement Liaison Committee
HSC	Health and Safety Commission
HSCE	Health and Safety (Consultation with Employees)
HSE	Health and Safety Executive
HSW Act	Health and Safety at Work etc. Act
HVBG	Hauptverband der gewerblichen Berufsgenossenschaften
IAB	Institut für Arbeitsmarkt- und Berufsforschung der Bundesanstalt für Arbeit
IG BAU	Industriegewerkschaft Bauen-Agrar-Umwelt
IIAC	Industrial Injuries Advisory Council
ILO	International Labour Organisation
IoD	Institute of Directors
IPMS	Institution of Professionals, Managers and Specialists
ISO	International Standards Organisation
KMU	Kleine und mittlere Unternehmen
LASI	Länderausschuß für Arbeitsschutz und Sicherheitstechnik

Abkürzungsverzeichnis

LFS	Labour Force Survey
IPMS	Institution of Professionals, Managers and Specialists
MAGS NRW	Ministerium für Arbeit, Gesundheit und Soziales des Landes Nordrhein-Westfalen
MAGS S-H	Ministerium für Arbeit, Gesundheit und Soziales des Landes Schleswig-Holstein
MAS S-A	Ministerium für Arbeit und Soziales des Landes Sachsen-Anhalt
MHSW	Management of Health and Safety at Work
NAO	National Audit Office
NALGO	National and Local Government Officers Association
NHS	National Health Service
NPM	New Public Management
ONS	Office for National Statistics
QMV	Qualified Majority Voting
RVO	Reichsversicherungsordnung
SFAIRP	So far as is reasonably practicable
SGB V	Sozialgesetzbuch, Fünftes Buch: Gesetzliche Krankenversicherung
SGB VII	Sozialgesetzbuch, Siebtes Buch: Gesetzliche Unfallversicherung
SI	Statutory Instrument
SRSCR	Safety Representatives and Safety Committee Regulations
TGB	Europäisches Technikbüro der Gewerkschaften für Gesundheit und Sicherheit
TGWU	Transport and General Workers Union
TUC	Trades Union Congress
TÜV	Technischer Überwachungsverein
TUTB	European Trade Union Technical Bureau for Health and Safety
UK	United Kingdom
UNICE	Union des Confédération de l'Industries et des Employeurs d'Europe
UVEG	Unfallversicherungseinordnungsgesetz
UVV	Unfallverhütungsvorschrift
V-BG	Verwaltungs-Berufsgenossenschaft
VDI	Verein Deutscher Ingenieure
VDE	Verein Deutscher Elektrotechniker
VDT	Visual Display Terminal
VDU	Visual Display Unit
WHO	World Health Organization
WIRS	Workplace Industrial Relations Survey
WSA	Wirtschafts- und Sozialausschuß der Europäischen Gemeinschaften
ZDH	Zentralverband des Deutschen Handwerks